PRINCÍPIOS DE DIREITO PENAL

W424p Weinmann, Amadeu de Almeida
    Princípios de direito penal / Amadeu de Almeida Weinmann. 2. ed.
rev., atual. e ampl. – Porto Alegre: Livraria do Advogado Editora, 2009.
    421 p.; 25 cm.
    ISBN 978-85-7348-638-4

    1. Direito Penal: princípios. I. Título.

            CDU – 341.5

    Índice para catálogo sistemático
    Direito Penal: princípios   341.5

(Bibliotecária responsável: Marta Roberto, CRB-10/652)

Amadeu de Almeida Weinmann

PRINCÍPIOS DE DIREITO PENAL

2ª Edição
REVISTA, ATUALIZADA E AMPLIADA

livraria
DO ADVOGADO
editora

Porto Alegre, 2009

© Amadeu de Almeida Weinmann, 2009

Capa, projeto gráfico e diagramação
Livraria do Advogado Editora

Revisão
Rosane Marques Borba

Direitos desta edição reservados por
Livraria do Advogado Editora Ltda.
Rua Riachuelo, 1338
90010-273 Porto Alegre RS
Fone/fax: 0800-51-7522
editora@livrariadoadvogado.com.br
www.doadvogado.com.br

Impresso no Brasil / Printed in Brazil

À Rejane Weinmann,
companheira de casa e trabalho.

A João Uchoa Cavalcanti Netto,
inventor desta obra.

À memória de Paulo Cláudio Tovo,
meu professor e paraninfo.

Prefácio à 2ª edição

O homem, o nome, a personalidade, a cultura, a atuação profissional, enfim, a pessoa de Amadeu de Almeida Weinmann e suas circunstâncias a ele conferem uma excelência conceitual no meio onde atua. Com a obra *Princípios de Direito Penal*, agora em nova edição, o advogado e professor ultrapassam os lindes meramente profissionais e sociais de seu dia a dia.

A obra doutrinária de Amadeu Weinmann teve a primeira edição rapidamente esgotada, como se vaticinava. Ao examiná-la, Nelson Jobim, então Ministro do Supremo Tribunal Federal, e Oswaldo Lia Pires, o Advogado Criminalista por excelência, traçaram, no prefácio e na apresentação da obra, o perfil do autor e a importância do livro. Nada mais caberia dizer.

No entanto, agora, quando se lança a segunda edição, pedindo perdão pela ousadia, podem-se tecer algumas considerações, sob outro ângulo de visualização o do professor de ciências penais por mais de quarenta anos. É o que se trata de fazer.

Basta compulsar o livro para perceber, desde suas primeiras linhas, a excelência da obra. Demonstra, já na abordagem da historiografia do direito criminal, o perfeito domínio da matéria, como erudito conhecedor desse ramo jurídico, partindo de suas origens e navegando, como é preciso, até chegar ao atual estágio jurídico e humanístico do regramento penal. Sua obra, no entanto, não é apenas fruto de erudição, mas, principalmente, de uma aprimorada cultura, construída com as reflexões de um profundo pensador. Não se limita a reproduzir o conhecimento acumulado em obras similares. Vai além, construindo e fundamentando suas concepções pessoais. São exemplares suas ideias sobre o direito aplicável aos indígenas, e para compreender sua civilização incursiona por obras literárias, como I-Juca-Pirama, de Gonçalves Dias, e pelas lendas dos primeiros habitantes do Brasil. Com a base histórica e sociológica, chega aos primórdios do direito penal brasileiro.

É exímio ao analisar a sequência das escolas penais, concluindo com exatidão, após acurado exame de seus postulados, que "um código penal não pode ser escravizado a posicionamentos filosóficos oriundos dessa ou daquela corrente histórica. Ele deve representar com fidelidade o momento em que vive, a nacionalidade e as necessidades básicas que sua cultura encontra".

Dedica especial capítulo à criminologia tão a gosto dos juristas que se dedicam ao direito penal e dos pensadores que se debruçam sobre a problemática do crime. Até mesmo em seu livro pode-se lembrar a antológica obra de Erasmo de Roterdam em seu elogio da loucura. Suas ideias são instigantes, como é a inquieta personalidade dos verdadeiros criminalistas.

São preciosas suas considerações doutrinárias sobre criminologia ao incursionar pelas posições de Pinel e Freud. Examina o sentimento de culpa na gênese do crime, a paixão geratriz da morte, bem como variadas causas de delitos, numa perspectiva psicológica e antropológica.

Prossegue ingressando pela dogmática penal, examinando a teoria do crime e a estrutura da norma punitiva, inclusive na justiça penal universal. Da obra constam, em escorreita lição, orientações fundamentais sobre o concurso aparente de normas e as soluções doutrinárias para superar esse angustiante problema. Disseca as várias espécies de crimes e de penas, e sua classificação sob vários ângulos de visão.

Ingressa com desenvoltura na teoria do tipo e seus diversos componentes, incluindo o elemento subjetivo, limitado ao dolo e à culpa. Passa pela antijuridicidade e as causas de sua exclusão; e pela culpabilidade em seus variados elementos. Mostra também quando a culpabilidade não se configura. Disserta sobre o concurso de crimes e de agentes e culmina com amplo exame da pena, de sua aplicação e até mesmo da transação penal, agora estabelecida, a partir da Constituição de 88, como solução relevante no direito punitivo.

Enfim, em sua obra, conseguiu Amadeu Weinmann percorrer, de modo sistemático e amplo, em redação clara, direta e elegante, a extensa problemática criminal e penal, demonstrando suas vinculações com a linha dogmática. No entanto, oferece, ao mesmo tempo, uma visão humana do Direito Penal, vinculada à sistemática e aos princípios gerais.

Para os profissionais do direito, o livro de Amadeu Weinmann representa verdadeira revisão atualizada da matéria e a consolidação de seus fundamentos, mesmo para aqueles que os tenham haurido de forma pouco sistemática; para os estudantes e iniciantes na carreira profissional, uma ampla abertura para formar a base necessária de uma compreensão segura do Direito Penal.

Marco Aurélio Costa Moreira de Oliveira
Advogado e Professor de Direito Penal

Apresentação à 2ª edição

Num Estado Democrático de Direito, o Direito Penal exerce papel de fundamental importância, pois embora esteja sempre impregnado de conteúdo ideológico e de significação política, não deixa de ser uma garantia do cidadão, inclusive contra o poder punitivo do Estado.

O livro que ora se apresenta, em 2ª edição, tem a seriedade científica que é peculiar de seu autor, trazendo um estudo alentado a respeito dos Princípios do Direito Penal. Trabalha com maestria as origens, conceitos e escolas penais; aborda a Lei Penal no tempo, no espaço, lugar do crime, causa e resultado, inclusive a questão tormentosa da culpabilidade no direito penal.

Aponta, após exame cuidadoso, as diversas análises a respeito da coação no direito penal, antijuridicidade, o erro no direito penal, além dos concursos de pessoas, formal e material, concluindo no estudo das penas e medidas de segurança, sem se olvidar da decadência, perempção e prescrição.

A obra *Princípios de Direito Penal* é um tema atual e importante, sendo trabalhado em âmbito científico pelo ilustre Advogado, Jurista e Acadêmico *Amadeu de Almeida Weinmann*. Com sua reconhecida experiência profissional, tratou das questões com posições que são oportunas e necessárias.

A ciência penal se engrandece com o presente livro; ganham a comunidade científica, os leitores e toda a cidadania. Cumprimento o autor pela excelência do trabalho.

São Paulo, outono de 2009.

Marco Antonio Marques da Silva
Presidente da Academia Brasileira de Direito Criminal
Professor Titular em Direito Processual Penal da PUC/SP
Desembargador do Tribunal de Justiça de São Paulo

Prefácio à 1ª edição

Amadeu de Almeida Weinmann é um notável. Sabe tudo da advocacia criminal. Sua atuação profissional fala por si. Processos em que atuou e atua despertaram e despertam o interesse de todos – da mídia, de profissionais e curiosos.

Culto e erudito. Comprometido, até a medula, com os interesses que defende. Em suma, um lutador sem ferrugem.

Agora, sai dos autos e aparece em livro. Diz ser um mero esquema de aulas. É a argúcia do advogado,

Na verdade, a obra se constitui em conhecimento teórico comprometido e fiscalizado pelo dia a dia forense.

Amadeu sabe, por que nisso vive e luta, que, no direito, a teoria descolada e inútil para a prática perde o seu sentido.

Não se esquece de seu público-alvo: os alunos do Curso de Graduação e também os profissionais da advocacia criminal.

Em 1984, com a reforma da Parte Geral do Código, modernos princípios da doutrina foram adotados, trazendo profundas modificações no ensino jurídico.

Amadeu põe tais inovações. Aplaude algumas. Critica outras.

Os argumentos são sólidos. Vão alguns até a contundência.

A adoção dos princípios da teoria finalista deslocou para a tipicidade o elemento psicológico do delito. Tudo porque é exclusivamente esse dado que distingue, por exemplo, o homicídio doloso do culposo.

A tradicional estrutura quadripartita do delito, como se ensinava até então, ficou abalada com o finalismo (Ação, tipicidade, antijuridicidade e culpabilidade).

Na estrutura convencional só se analisava o elemento subjetivo no quarto momento. Ignorava-se, por completo, sua profunda e inafastável identificação com o tipo penal.

A doutrina ainda discute os efeitos de tal inovação.

O importante é que o autor vincula o estudo teórico com o direito vivo. Por isso são inúmeras as referências a decisões dos Tribunais brasileiros.

Tal vinculação, na análise da Parte Geral do Código Penal, é extremamente útil ao estudo. Demonstra ao leitor como os Tribunais têm entendido os preceitos legais vigentes.

A obra é excelente. Está fadada ao sucesso.

Brasília, janeiro de 2004.

Min. Nelson Jobim
Ministro do Supremo Tribunal Federal

Apresentação à 1ª edição

Grandes são os laços afetivos que me ligam a Amadeu de Almeida Weinmann, ou melhor, o Amadeu. Não esqueço daquele jovem a quem buscava para assistir aos meus júris. Pois desde então fomos nos aproximando. Era o laço que unia as pontas da maturidade com a juventude sequiosa do saber, e que, por sinal, graças ao permanente estudo, já sabia muito. E assim tem sido a vida do autor de *Princípios de Direito Penal*, obra que retrata o direito penal desde seu parto até agora. E o importante é que o inteligente autor enriqueceu o exaustivo trabalho com o brilho didático que só os que sabem podem fazê-lo.

Agora, comentar a obra, depois do que diz o autor do seu Prefácio, o Ministro Nelson Jobim, cujo talento e cultura constituem um binômio de dar inveja, seria até petulância minha. Todavia, impõe-se proclamar que se trata de uma obra de imenso proveito não só para os que pretendem o bacharelato em Direito, como também para os profissionais da advocacia. Enfim: a leitura de *Princípios de Direito Penal* é agradável; enseja consulta permanente.

Parabéns, meu caríssimo Amadeu, pois a vitória é marca da tua vida.

Oswaldo Lia Pires

Introdução

O homem por sua essência gregária não pode prescindir da sociedade, que por sua vez não cumpre sua função sem o direito, que a sistematiza e a mantém útil e fiel a seu destino.[1]

Desde o alvorecer da humanidade, teve o homem de conviver com o equilíbrio. Assim, a virtude não poderia sobreviver, sem o evidente antagonismo do vício e da maldade, pena de desequilibrarem-se todas as regras da convivência social.

O conceito de *bem* não existiria sem o ideológico entendimento do que fosse o *mal*. A compreensão, e a própria conceituação de um, somente pode ser apreendida pela enunciação do outro.

Sem a consciência da infração, o Direito não se dinamizaria e nenhum sentido teria a própria existência do castigo, da punição, ou da pena. Infração e Direito devem conviver numa xifopagia necessária, e obrigatória até para que se possa vivenciar a resistência do jurídico.

Esta espetacular contradição – lei e infração – é que justifica a nossa existência, ora investigando, ora pesquisando, ora perquirindo, ora devassando e aprofundando-nos no estudo de toda a gama de problemas que justifiquem a própria necessidade da existência do Direito.[2]

O resultado destas contradições, que podem ir desde o belo até o horrível, do certo ao errado, do justo ao injusto, desde o moral ao imoral ou torpe, compõe aquilo que se quedam nos diferentes pratos de uma mesma balança, e que o nosso instinto maniqueísta nomeou de jurídico.

E jurídico é o entendimento da triste regra onde devemos, profundamente, nos conscientizar de que, "se o mal acabasse, o Direito perderia definitivamente o seu sentido de ser, a sua razão de existir".[3]

E é por isso que os delitos convivem conosco desde o início da humanidade e, lamentavelmente, pela própria quebra do equilíbrio social, tenderão sempre e cada vez mais, a existir, não somente em quantidade, quanto em formas cada vez mais crescentes em agressividade e violência.

O Direito é, portanto, diz Uchoa Cavalcanti Netto, o filho dileto da infração, em cujo ventre se originou. E tanto é verdade que se busca combatê-la, numa incestuosa atuação daquele, e vice-versa, buscando-se cada vez mais no Direito, as armas para combater, quase que inutilmente, a infração.

---

[1] THEODORO JÚNIOR, Humberto. O Juiz e a Revelação do Direito in Concreto. *Juris Síntese* nº 31 – SET/OUT de 2001.
[2] CAVALCANTI NETTO, João Uchoa. *O Direito, um Mito*, Editora Rio.
[3] CAVALCANTI NETTO, João Uchoa. Op. cit.

Na busca de sua subsistência, o Direito teve de inventar o processo. O processo seria a estratégia criada pelos generais combatentes da infração que, em seus estados-maiores, inventam as modalidades pelas quais se tornariam, não através da virtude, mas da forma, os vencedores.

Alguém teria de ser alçado ao Olimpo para buscar um vencedor. Alguém teria que defender o Direito. Mas, outro alguém teria que defender, não mais a infração, mas a sua humanização feita infrator.

E daí o surgimento do triângulo que se convencionou chamar de juiz, acusação e defesa.

Mas, se o bem é o que se busca, se é a virtude que se procura atingir, não menos certo é que se identifique, não mais a existência da infração, mas a sua ontológica razão de ser, e qual a força que leva o infrator até a quebra de uma regra de comportamento social, tão humana quanto a virtude.

E, nesta busca incessante, o homem chega à triste conclusão de que é falível, infinitamente falível, ainda que vaidosamente se diga feito à imagem e à semelhança de Deus, seu Criador.

E é nesta falibilidade que se encontram, em suas idênticas raízes, tanto o Direito quanto a infração, irmãos siameses, ligados como já se disse, por uma xifopagia inseparável.

A crise no Direito Penal na pós-modernidade

A modernidade. O Psicólogo e Doutor em Educação Amadeu de Oliveira Weinmann entende por "modernidade" a ruptura na história das culturas ocidentais, a qual institui o racionalismo como um dos eixos cruciais, em torno dos quais se organizam essas culturas. Em termos cronológicos, esse processo multifacetado abarca a Renascença (séc. XVI), a Era Clássica (sécs. XVII e XVIII) e a Era Moderna (sécs. XIX e XX). Adoto a periodização utilizada pelo filósofo Michel Foucault, pois suas pesquisas consistem na principal referência teórico-metodológica desta tese.[4]

Temos de entender o sentido filosófico e científico daquilo que se chama de pós-modernidade, para podermos nos situar e entender o período antecedente, e sabermos o que é, e o que representou o período que se convencionou denominar modernidade.

Digamos, então, que o marco histórico a caracterizá-la foi a mudança de um estilo de vida, de costumes ou de organização social, surgido na Europa a partir do século XVII e que devido a sua influência veio a se tornar mundial.

O florescimento do enciclopedismo, filosofia das Luzes difundida a partir do século XVIII, pregava o desenvolvimento moral e material do homem pelo conhecimento, com movimentos intelectuais, literários e artísticos, aliados a alicerces nos planos econômicos, ligados ao advento da máquina a vapor que impulsionou o capitalismo.

No plano das ideias, pregava o desenvolvimento moral e material do homem pelo conhecimento. Apresentava-se carregada de ambiguidades, ao mesmo tempo em

---

[4] Amadeu de Oliveira Weinmann, "in" Infância: um dos nomes da não razão. Tese apresentada ao Programa de Pós-Graduação em Educação da Faculdade de Educação da Universidade Federal do Rio Grande do Sul, Linha de Pesquisa "Ética, Alteridade e Linguagem na Educação", como requisito parcial para obtenção do título de Doutor em Educação. Porto Alegre, 2008

que oferecia segurança, oferecia também perigos, em que oferece confiança, oferece risco.

Foucault, em memorável palestra pronunciada em 1983 no Collège de France, marca o nascimento do discurso filosófico da modernidade, o ano de 1784, ano em que Kant tornou público seu ensaio *O que é o Iluminismo*, no qual apresentava a interrogação sobre si mesmo e sobre a atualidade. Mas a obra mais caracterizadora da nova era, sem dúvida, foi a sua *Crítica da Razão Pura*.

A partir daí, a atualidade se transforma em objeto de tematização autônoma, permitindo-se o abandono das verdades eternas.

A sociedade se vê impulsionada por um ritmo vertiginoso de mudanças onde o avanço da intercomunicação punha em conexão com diferentes partes do globo, pelo desenvolvimento do telégrafo, mais tarde, a telefonia e depois o rádio.

As ideias de Karl Marx representavam o primeiro passo relativo à crítica ao capitalismo crescente que, pelo desenvolvimento da máquina, ia diminuir o mercado de trabalho, sugerindo a socialização do capital.

Duas guerras mundiais interferiram, fundamentalmente, nos critérios sociais e morais que caracterizavam a modernidade.

A segunda guerra, especialmente, fez com que a sociedade mudasse, fundamentalmente. A ida do chefe de família para o ao campo de batalha obrigou a ida das mulheres à luta, substituindo os homens nas fábricas, tirando-as do contato direto com os filhos, quebrando um vínculo milenar da educação matriarcal. Com isso houve o abandono daquele rigorismo educacional que se manifestava no sistema educacional familiar que, de moderno, não havia nada. Os próprios menores tiveram que ir à luta, abandonando o lar, e com isso, fazendo surgir os primeiros sinais de independência filial.

Surgem, então, os primeiros sinais da quebra da obediência hierárquica tão bem simbolizada no respeito e obediência à autoridade, representada pela organização familiar.

A música, clássica por excelência, passa a obedecer a um ritmo alucinante, e as crises traumáticas dos destroços da guerra fazem com que a busca de alucinógenos não mais se restrinjam a poetas como Baudelaire e artistas vizinhos do Sacré Coeur de Paris.

Os costumes vão mudando e nisso têm influência fundamental os músicos, o teatro e o cinema. "Juventude Transviada" e James Dean, "Sindicato dos Ladrões" e Marlon Brando, e tantos outros filmes que mostravam o encantamento dos *transviados*, não nos esquecendo das atitudes comportamentais dos *Beatles*, tudo isso veio a modificar os costumes, criando uma nova era que se convencionou chamar de pós-modernidade.

Em suma, o comportamento da época passou a implicar, essencialmente, a "profanação do sagrado", com a desvinculação com o passado e antes e acima de tudo, com a morte do "tradicional".

Muito se tem a pós-modernidade a partir da década de 1960, na realidade ela tem origens bem anteriores. Mas, fundamentalmente, essa é a sequência que nos leva a meditar sobre a criminalidade nos dias atuais. É claro que como elemento fundamental dos acima enumerados, o problema social veio marcar o comportamento dos homens em sociedade.

O Direito Penal, como trata o problema jurídico do comportamento social, que vinha já sofrendo com as mudanças de costumes, passou a se ver fracassada ante o crescente e incontrolável aumento da criminalidade. Surgem as experiências, quase todas fracassadas de combater a criminalidade com medidas mais vigorosas.

Alguns *slogans* passam a vigir como soluções milagrosas. Punição máxima e tolerância zero. Aumento de penas nos elencos dos códigos penais. Multiplicar a dor para exorcisar o penlizado. Entre nós, a teoria dos crimes hediondos.

Prisão perpétua e pena de morte voltam a ser ventiladas. Surge, então, nos Estados Unidos, na década de 80, a teoria da vidraça quebrada, apresentada pelos cientistas políticos americanos James Q. Wilson e George Kelling.

Apregoavam eles que se uma vidraça quebrada em um edifício não fosse logo reparada, a aparência de abandono e descaso iria fazer com que os passantes se sentissem encorajados a quebrar outras vidraças, de forma que, em breve, todas as janelas do edifício estariam também quebradas. Vêm-nos então, a teoria da repressão imediata e severa, especialmente para as infrações menores acontecidas na via pública.

Exigem a tolerância zero para com qualquer tipo de violação da lei.

Imaginam que o desencadeamento destas medidas restabeleceria nas ruas um clima de ordem. Quer dizer: ao se prender o pequeno infrator cessariam os grandes crimes, inibindo aos praticantes das infrações de maior gravidade.

Rudolph Giuliani, Prefeito de Nova Iorque, inspirado nas ideias de Wilson e Kelling, a modalidade de policiamento tolerância zero foi adotada no início da década de 90 materializando, assim, a teoria da vidraça quebrada.

Embora tenha se mostrado efetiva por um breve período de tempo, esta modalidade de policiamento revelou-se impossível de ser sustentada por períodos mais longos, por razões orçamentárias e sociais.

Além disso, o foco da tolerância zero estaria voltado para infrações contra a "qualidade de vida" ou "a ordem pública".

Nos lugares onde foi adotado, provocou a redução do orçamento destinado a outras áreas, como, por exemplo, os programas de combate à violência doméstica e os crimes de colarinho branco, etc.

Isso terminou por criar dificuldade para conseguir emprego àqueles que apresentavam algum histórico criminal leve após a implantação da tolerância zero, criando a quase necessidade de envolvimento em atividades ilegais.

Notou-se, por final, que o maior impacto do problema se dava nas minorias raciais e sociais, levando à marginalização dos indivíduos que pertencem a esses grupos.

O rigorismo demonstrou-se ineficaz no combate à criminalidade.

Direito Penal líquido

Propondo como tema uma nova visão sobre a modernidade, voltada à fluidez das relações, no individualismo pregando o dinamismo, Zygmunt Bauman norteia seu tema que denominou "Modernidade líquida".

Líquida porque fluída, fluída porque flexível, flexível porque fácil de ser amoldada. Questiona o tema da liberdade como real objetivo almejado, indagando: "A libertação é uma bênção ou uma maldição? Uma maldição disfarçada de bênção, ou uma bênção temida como maldição?"

Ele mesmo responde: "A verdade que torna os homens livres é, na maioria dos casos, a verdade que os homens preferem não ouvir".

Segundo sua interpretação, esta sociedade que ele chama de simbiótica, entre a máquina e o homem, entre a comunicação e a globalização, entre a liberdade e a segurança, esta sociedade líquida optou pela segurança.

"Comunidades de carnaval" parece ser outro nome adequado para as comunidades em discussão. Tais comunidades, afinal, dão um alívio temporário às agonias de solitárias lutas cotidianas, à cansativa condição de indivíduos *de jure* persuadidos ou forçados a puxar a si mesmos pelos próprios cabelos. Comunidades explosivas são eventos que quebram a monotonia da solidão, cotidiana, e como todos os eventos de carnaval liberam a pressão e permitem que os foliões suportem melhor a rotina que devem retornar no momento em que a brincadeira terminar. E, como a filosofia, nas melancólicas meditações de Wittgenstein, "deixam tudo como estava" (sem contar os feridos e as cicatrizes morais dos que escaparam ao destino de "baixas marginais").

Teoria do Direito Penal mínimista

De um lado para outro se jogam os doutrinadores, todos eles acreditando que a solução da criminalidade está no direito penal.

No atual contexto brasileiro, de um Estado Democrático de Direito, garantista por excelência, o mais coerente sem dúvida seria partir para um direito penal mínimo.

Este Direito Penal mínimo tem que ser assentado nas máximas garantias constitucionais, tais como: princípio da dignidade da pessoa humana, princípio da intervenção mínima, princípio da ofensividade, princípio da insignificância, princípio da legalidade, dentre tantos outros.

Haveria de se pensar num direito penal baseado num direito econômico e social máximo, com a possibilidade de se ter, forte no desenvolvimento econômico, a perspectiva de um país mais rico.

Note-se que países orientais como China, Coréia e até a Índia têm um crescimento de 12% ao ano, quando nós nos orgulhamos de projetar para um desenvolvimento de menos de 4% do nosso PIB.

CAPÍTULO I

AS ORIGENS DO DIREITO

1. Origens do Direito

O homem como indivíduo é uma utopia. Robson Crusoé não passa de uma ficção literária.[5] O homem passa a ter significado a partir da existência de um segundo ser, semelhante a si.

Hobbes dizia que as pessoas temem umas às outras e, por esta razão, deveriam submeter-se à supremacia absoluta do Estado.[6] A expressão usada era "o homem é lobo de outros homens". Tal expressão configurava a realidade dos homens no estado de natureza, onde não havia nem mesmo a presença do direito.

Com o contrato social, o estado civil, ao emergir, traz consigo uma nova ideia de homem, não mais aquele natural da primeira fase, mas sim uma ideia de homem "normatizado", uma vez que o direito, fruto de um estado soberano, passa a determinar a sua própria essência. Analisando o estado de natureza de uma forma mais geral, compreende-se este momento como uma fase-limite: por um lado, ao homem exigia-se a superação de todas aquelas dificuldades que ameaçavam a sua sobrevivência. Tanto as forças agressivas da natureza quanto a sua excessiva individualidade dificultavam o projeto de uma organização capaz de fazê-lo se desenvolver.

Por outro lado, as exigências do meio levaram-no a se organizar em bandos, tribos que se iniciavam de forma rudimentar, um processo a construir o campo social. Abandonava-se, assim, a imagem do homem animal, individual, à mercê da natureza, para aquela do homem social, coletivo e dominador do meio. A cooperação passou a ser o elemento mais importante para o homem primitivo.

A congregação trouxe a necessidade de se buscar um poder político mais organizado. O líder era encontrado entre aqueles que detinham a força física e, principalmente, entre aqueles que já entendiam os sinais da embrionária religião.

Na necessidade desse poder recém-nascido se realizar, o grupo social buscou, de todas as formas, identificar as regras e as normas que, quotidianamente, foram reforçando, tanto a liderança, quanto o próprio poder. O Direito vem então como um instrumento do poder para, trazendo a segurança jurídica, consolidar a passagem desse homem ainda em evolução, para o homem "animal social".

Não raro a liderança recaía sobre uma figura feminina, impondo a determinadas tribos o regime matriarcal, mas que, quanto mais complexa ficava a sociedade, quanto mais racionalizado ficava o sistema de normas, mais emergia com força a sociedade patriarcal.

---

[5] DEFOE, Daniel. *Robinson Crusoé*, Rio de Janeiro: Livraria Ediouro, 1998.
[6] HOBBES, Thomas (1588-1679). *Leviatã ou a Essência*, Forma e Poder de uma Comunidade Eclesiástica e Civil.

No conflito em que se dá a disputa do poder político entre homens e mulheres, essa luta avança sobre as relações sexuais, que se travam, num primeiro momento, de forma espontânea, mas que depois, acabam por adentrar no universo valorativo de uma sociedade que se organiza e se masculiniza.

No início, a promiscuidade era a regra, entretanto, como já se disse, a masculinização da sociedade e a emergência de regras de um direito organizado fizeram da mulher um objeto de posse e propriedade. Perde ela a sua liberdade, mas a sociedade ganha com a sua submissão, na segurança necessária para construir a figura emblemática da família.

Nesse momento, vivemos a soma dos dois conceitos que permitem ao homem avançar, de forma definitiva, para uma sociedade mais clara, qual seja, a família e o direito.

Por isso, os agrupamentos familiares – formadores das *gens* primitiva – eram reconhecidos pelo lado da mãe, que sempre era certa, ao passo que o pai nem sempre o era, fase essa em que o regime social era o do matriarcado, e o direito era todo ele materno.[7]

A promiscuidade, segundo Sergio Resende de Barros, foi confirmada pelas pesquisas do etnógrafo norte-americano Lewis Henry Morgan.[8] Os estudos de Johann Jacob Bachofen, historiador do direito primitivo, professor de direito romano em Basiléia, não deixa dúvidas de que preexistiu à monogamia, um estágio social em que homens e mulheres mantinham relações sexuais em pluralidade de acasalamentos, sem recaírem na reprovação social.[9]

Outro elemento que deve ter influído fundamentalmente para a imposição da monogamia e para a organização da família foram os efeitos da consanguinidade. Hoje sabemos que, tecnicamente, é ela fator gerador de proles defeituosas, com marcantes anomalias psíquicas como a oligofrenia, má-formação ou displasia, adactilia, o albinismo, a retinite pigmentar, a surdo-mudez e outras tantas manifestações teratológicas que o ser humano, aos poucos, foi reconhecendo.

As tribos que já discerniam a família, sendo nômades, desconheciam a agricultura e a pecuária e, justamente por serem nômades, não davam valor à terra e nem tampouco à sua propriedade. Tais valores eram visualizados, por certo, de forma diferente da que encaramos hoje a propriedade. Viviam da caça e da pesca, alimentando-se das plantas e frutas existentes na natureza.

A necessidade de diminuir o surgimento de conflitos paralelos ao desenvolvimento experimentado pelos grupos humanos obrigou o homem a desenvolver a consciência da unidade do grupo social, tanto ante os perigos internos, quanto aos externos.

Destarte, à família, organização rudimentar do poder, foi acrescentada a obrigação de dividir o trabalho para que os papéis sociais viessem a se tornar mais claros, reforçando, para todo o grupo, os laços da cooperação. Não esquecendo que, sempre,

---

[7] BARROS, Sérgio Resende de. Matrimônio e Patrimônio. In *Revista Brasileira de Direito de Família*. jan-fev-mar.2001. p. 5.

[8] MORGAN, Lewis Henry (1818-1881), antropólogo norte-americano. Um estudo dos sistemas de parentesco em diferentes sociedades deu lugar à sua monumental obra "Sistemas de consangüinidade e afinidade da família humana" (1870). Em "A sociedade primitiva" (1877), plantou sua teoria segundo a qual a família humana surgiu ao longo de algumas etapas concretas e sucessivas de promiscuidade, matrimônio em grupo, poligamia e monogamia.

[9] BARROS, Sérgio Resende de. Op. cit.

como fiel dessas transformações, o direito manteve-se em constante vigilância, evoluindo para deter as condições de amarrar todas essas mudanças, dando-lhes o sentido e o limite.

E se todos trabalhavam, por exemplo, na produção de alimentos, a distribuição passava a ser igual a todos e, consequentemente, a produção coletiva correspondia ao consumo coletivo. Se todos concorriam com o seu esforço físico, deveriam receber, na partilha, porções iguais de alimentos.[10]

Não só a produção e o consumo eram coletivos! Os utensílios de trabalho, as moradias, todos os bens materiais eram de propriedade da coletividade. Tudo era social, pois no social estava o segredo e o próprio conteúdo da vida.

A separação do indivíduo do seu grupo social, o isolamento, representava a sua morte, pois não havia condição para o homem viver como ser solitário. Como o animal solitário se enfraquecia, na medida em que se afastava do coletivo, se tornava presa fácil do jângal, perecendo.

Ainda que o homem tenha ficado com a certeza de que ser afastado do grupo era para ele, enquanto indivíduo, uma sentença de morte, a evolução da sociedade caminhou para outro lado, isto é, o da vitória do grupo sobre o indivíduo. Mas a experiência do isolamento foi tão marcadamente incorporada ao patrimônio cultural do homem, que muitas sociedades, em diferentes tempos, dele se utilizaram como forma sancionadora de algum tipo de delito praticado.

É o caso, por exemplo, da sociedade ateniense, que em pleno apogeu de Péricles (século V a.C.), dele se fez uso, na forma da pena de "ostracismo". Era para o cidadão uma morte por isolamento político. Felizmente, essa forma de penalização existiu apenas por reduzido lapso temporal.

Pouco a pouco, o bando primitivo evoluiu para um outro tipo de formação social a comunidade gentílica. O ser humano, aproveitando-se dessas novas formas de organização social: pôde organizar, "o tempo". Dominando-o, viu-se frente a novas experiências que lhe possibilitaram, inclusive, criar e desenvolver a agricultura.

Com essas novas forças de produção, o homem, que antes só podia pescar e caçar, pôde variar de atividade. Multifacetando a sua capacidade criativa, conseguiu enriquecer todos os elementos que lhe permitiram, como já dizia Hobbes, "sair do estado de natureza e inaugurar o estado civil".

Para isso, organizou não apenas a estrutura material da sociedade, tais como áreas urbanas mais definidas, atividades econômicas distintas e complementares, bem como estruturas sociais mais sólidas, como a família, o Estado e todos aqueles outros elementos que fizeram emergir aquilo que chamamos de civilização.

Mais uma vez, para solidificar esse patamar e tornar a espada da soberania eficiente, o direito, enquanto aparelho normatizador, sancionador e organizador, foi peça definitiva.

Nessa nova sociedade dita "gentílica", o trabalho e o consumo permaneceram coletivos. Isso resultou no progresso em relação ao regime do bando ou da ordem, vez que a nova sociedade passava a apoiar-se no que se convencionou chamar de "gentes".

---

[10] Esse trabalho coletivo e cooperativo se pode notar nas atividades dos índios brasileiros, tão bem registradas, entre tantas, nas ruínas dos sete Povos das Missões, especialmente nas de São Miguel, no Rio Grande do Sul.

Resumindo, a "gens" era tida como um grupo de indivíduos ligados por laços sanguíneos. Pelo trabalho coletivo, era um vínculo pessoal de parentesco que agora, em grupo, formava os membros da coletividade. Não somente a "gens" os congrega por laços de sangue, como também assegura entre eles uma profunda coesão e uma forte disciplina interna.

"Gens", então, que significa linhagem, estirpe, ascendência, descendência, genealogia, era composta de um pequeno número de pessoas, que oscilavam de várias dezenas a algumas centenas, dirigido por um chefe que, a princípio, como já se disse, se impunha pela força. Mais adiante passou a ser escolhido pela maioria de seus membros. A sabedoria e a experiência de viver, unidas à capacidade de lutar pela defesa do grupo social, é que elegiam um líder de grupo.

Como no bando primitivo, havia um rudimentar poder político, diferenciado, colocado acima do grupo, mas não ainda como um Estado. O Estado não existia e, não existindo, não se conhecia o direito, pois a sua aparição coincide com a aparição do Estado como forma de união das gentes.

Todavia, regras, normas, ainda que oriundas dos "deuses", elaboravam e explicavam os comportamentos, justificando, mesmo naquele momento, a existência desse poder embrionário.

Mas é claro que dentro da sociedade gentílica havia alguma ordem. Existia uma ordem nas relações humanas, nas de produção, como nas de trabalho, de consumo, ordem nas relações de pai para filho, de chefe para subordinado e de indivíduo para indivíduo.

Para explicar todas essas situações sociais, os grupos humanos viram emergir a figura do sacerdote que, num discurso que misturava religião com direito latente, dava o contorno e estabelecia os limites nessas sociedades antigas.

E, graças a essa ordenação natural e racional, é que a humanidade sobreviveu e foi, aos poucos e cada vez mais, se civilizando. Nesse ordenamento primário, impunha-se não a lei dos costumes, mas sim a lei das armas. E o chefe passava a ser escolhido pelos gentílicos, em assembléia.

Já havia, com isso, um conjunto de regras (não escritas), às quais era devida uma obediência cega, porque eram regras ditadas pela experiência divinizada, demonstrando que violar aquelas regras era causar mal a si, a todo o conjunto social e aos próprios "deuses".

Daí surgiram os costumes, normas sociais mais ou menos espontâneas, cuja observância não exigia um poder coativo especial, colocado acima da sociedade, eis que impostos pela imperiosa necessidade.

As regras adotadas pelo costume deveriam ser religiosamente cumpridas porque vinham de gerações anteriores. Eles tinham a autoridade das coisas antigas, porque haviam servido às outras gerações. E se serviram às velhas gerações teriam, forçosamente, que servir às novas, admitindo-se sempre que a evolução dos grupos passava, obrigatoriamente, pela transformação dos valores. Quer dizer, todo o grupo em algum momento é obrigado a abrir mão de velhas tradições, para continuar a existir enquanto grupo.

Por isso passavam de geração a geração, conservadas pela oralidade. Esses costumes eram, não só costumes jurídicos, mas também morais e, fundamentalmente, religiosos.

Não havia ainda sinais de Estado, isto é, de um poder organizado. Mas já havia, sim, um poder que era exercido de cima para baixo e a cargo de um grupo de pessoas que se separara da comunidade para dirigi-la, fazendo da coação e da força, bem como da legitimidade, instrumentos de dominação primitiva.

Aos poucos os problemas foram se agravando e foi se tornando necessária a criação de instrumentos que, na medida em que fossem restringindo a ação das gentes, fossem encontrando a paz. E foi dessa necessidade vital que surgiu o Direito e, com ele, a norma como a conhecemos.

Os conflitos, num primeiro momento, eram resolvidos pela força. A pena de Talião, prevista também na Lei das XII Tábuas,[11] era exemplo da justiça privada, sob forma de vingança do ofendido contra o ofensor. As lutas passaram a ser a norma para solucionar os problemas havidos entre a vítima e o ofensor ou entre os grupos de que cada um fazia parte. O Estado, então incipiente, passa a intervir em questões vinculadas especialmente a questões religiosas. Os costumes vão se transformando e, com eles, as regras para que se pudesse distinguir a violência legítima da violência ilegítima.

Depois, com o tempo, as vítimas, em vez de usarem a vingança individual ou coletiva contra o ofensor, passam a buscar uma indenização, escolhendo um terceiro para fixá-la.

O Direito primitivo abrangia regras religiosas, confundindo-se o direito com a moral, fato que, com o aperfeiçoamento do Estado, passou a se diferenciar.[12]

Finalmente, o Estado, ainda que incipiente, condena o emprego da justiça privada e, por meio de seus escolhidos, resolve os conflitos de interesses surgidos, executando a força, se necessário, a decisão, baseada sempre no direito que, no conceituar de Edgar Carlos de Amorim, não é uma obra da natureza, porém um fenômeno social.

Daí não ser uma obra de um só homem, mas de vários homens; não só de uma época, mas de várias épocas. "Não é ciência do ser; é a ciência do dever ser. Logo, é fenômeno não somente social, mas também cultural".[13]

2. Breves considerações históricas acerca do Direito e do Direito Penal

Afirma Louis Althusser que "o direito é um dos mais importantes aparelhos ideológicos do Estado, uma vez que permite ao poder político buscar de forma mais segura a dominação".[14] Quer dizer, o direito e o seu conteúdo se prestam não somente

---

[11] Pena antiga pela qual se vingava o delito, infligindo ao delinquente o mesmo dano ou mal que ele praticara. "Olho por olho, dente por dente, braço por braço, vida por vida."

[12] PAULO: *Non omne quod licet honestum est.* (nem tudo que é lícito é honesto).

[13] AMORIM, Edgar Carlos de. *O Juiz e a Aplicação das Leis*, 3. ed., Rio de Janeiro: Forense, 1997, p. 28.

[14] ALTHUSSER, Louis. *Aparelhos Ideológicos do Estado*, 2ª ed. Rio de Janeiro: Edições Graal, 1985.

para solver os conflitos dos indivíduos em sociedade, mas também para disciplinar, de forma legítima, as relações entre os grupos sociais.

Não é por acaso que, mesmo na antiga União Soviética, o dito Estado proletário manteve, de forma bastante explícita, uma estrutura de leis que, em muitos aspectos, lembrava o regime anterior. Nenhuma sociedade organizada pode se dar ao luxo de conviver sem a presença de um ordenamento jurídico. E tal paradigma foi desenvolvido ao longo de todo o processo histórico. Podemos observar o afirmado quando falamos do direito penal.

Embora o direito penal tenha surgido junto com o homem, não se pode falar em um sistema orgânico formado por princípios penais desde os tempos primitivos. Os grupos sociais dessa época viviam em um momento histórico dominado pela linguagem mágica e religiosa. Assim, todos os fenômenos (desde as pestes, as secas, as guerras, etc.) eram resultantes da vontade dos deuses. O homem era mero coadjuvante no mundo que se prestava a viver para interpretar os desígnios divinos.

Para buscar conter a ira e o capricho dos deuses, foram criadas várias proibições, e estas, não obedecidas, resultavam em sanções. A desobediência que ameaçava o grupo frente aos deuses, obrigou a coletividade a punir a infração, surgindo, assim, o crime e a pena.

O castigo era cumprido, assim, com a própria vida ou com oferendas de todos os tipos, todas dedicadas aos deuses. A pena era, dessa forma, nada mais do que uma vingança que tinha o objetivo de acalmar a divindade, ou simplesmente revidar a agressão praticada pelo infrator.

Toda a possível preocupação em castigar o indivíduo infrator não estava calcada na ofensa à pessoa que fora vítima da agressão, mas sim, na preocupação em se praticar a justiça do grupo. Quando um crime era cometido, ocorria a reação, não só da vítima como também dos seus familiares e, igualmente, de toda a tribo. E a reação à ação do infrator era tão desproporcional e desmedida que, em muitos casos, ela não se destinava somente ao indivíduo que dera causa ao crime, mas a todo o seu grupo.

Se o infrator pertencesse ao próprio grupo, portanto, numa ação intrassocial, ele poderia ter como pena a expulsão, aquilo que, como já se disse, os gregos viriam a chamar de "ostracismo", ficando, assim, à mercê de outros grupos, o que muito provavelmente o levaria à morte.

Numa hipótese de o delito ser praticado por membro de tribo ou grupo distinto daquele do infrator, a vingança era de sangue, sendo mesmo uma obrigação sagrada, marcada pela honra ao deus da tribo ofendida. Tal reação resultava, muitas vezes, em conflitos entre os grupos, levando assim, ao caminho da guerra.

Evoluindo, portanto, de uma reação ao indivíduo para a reação ao grupo social, a necessidade cultural de reagir e praticar a vingança foi estendida aos grupos. Para se evitar que essa prática de justiça levasse à extinção dos povos, surge a lei do Talião, que disciplinava a reação.

Limitava a reação à ofensa praticada, retribuindo-a com um mal idêntico ao praticado. Adotado no Código de Hamurabi, no Êxodo e na lei das XII Tábuas, foi ela um grande avanço na história do direito penal, pois permitiu uma redução da abrangência da ação punitiva. Na realidade, a lei de Talião disciplinou a espada dos grupos sociais, fazendo com que a reação não fosse, por sua vez, instrumento de uma nova ação a ensejar outra reação.

Mais tarde surge a composição, sistema no qual o ofensor se livrava da punição com a compra de sua liberdade, também adotada pelo Código de Hamurabi, pelo Pentateuco e pelo Código de Manu.

O direito penal impregnou-se de sentido místico desde os seus primórdios, já que se devia reprimir o crime como satisfação aos deuses pela ofensa praticada no grupo social. Impregnado, assim, pelo discurso religioso, o castigo era aplicado pelos sacerdotes, os únicos com capacidade para entender a vontade dos deuses.

As penas eram cruéis e desumanas, uma vez que justificadas pela vontade divina. Visavam, principalmente à intimidação, ao terror, objetivando com isso, o controle social. Note-se que tal prática foi amplamente copiada pela Igreja Católica no período medieval, o que denota a profunda influência sofrida em sua gênese.

Com a intenção de dar maior estabilidade ao Estado, visou-se à segurança do soberano através da aplicação da pena ainda vinculada ao sentido religioso, mantendo-se severa e cruel. Partia-se do conceito de que, proteger ao soberano era proteger o próprio deus.

Finalmente, mais tarde, a pena perde seu caráter religioso, transformando a responsabilidade do grupo para do indivíduo.

3. Direito Penal no mundo antigo, a Legislação Mosaica e o Velho Testamento

Conta-nos a tradição que Moisés, um dos grandes profetas de Israel, salvo das águas por vontade de Deus, teve por este reservado grandes desígnios, pois a ele foi dada a missão de libertar o povo hebreu.

Do Egito, Moisés não levara nenhuma de suas leis e nenhum de seus costumes. Assim, por exemplo, abominou a ideia politeísta, pregando os princípios do monoteísmo. Abandonou toda e qualquer ideia política e não imaginou criar um Estado, recusando ser tido como rei, pois não admitiu sequer ser o chefe de qualquer um de seus filhos. Sua filosofia se baseava no que lhe reservara Jeová.

Após um longo retiro nas alturas do Monte Sinai, recebeu a legislação das mãos de Deus, que disse: "Eis que os teus dias estão chegados para que morras; chama Josué e põe-te na tenda da congregação para que lhe dê ordem".

O direito penal dos hebreus evolui após a Legislação Mosaica com o Talmud. A pena de Talião que se limita na reação da ofensa a um mal idêntico ao praticado (olho por olho, dente por dente), constitui uma evolução das primeiras sanções existentes, frutos da vingança defensiva, sendo, gradualmente, substituída por multa, prisão e imposição de gravames físicos.

A pena de morte é praticamente extinta e em seu lugar surge a prisão perpétua sem trabalhos forçados.

Assim, os crimes são divididos em: a) delitos contra a divindade e b) crimes contra os semelhantes.

Desta forma, pode-se perceber que o Talmud surge como um suavizador das penas da lei mosaica. Em sua trajetória, o direito hebreu vê desenvolver o Pentateuco, englobando os primeiros cinco livros do Antigo Testamento, atribuídos a Moisés.

O primeiro deles, *O Gênesis*, relata o começo do mundo desde o momento em que Deus o criou, até a morte de José, décimo primeiro filho do patriarca hebreu Jacó. É dividido em duas partes: a primeira, dedicada à história primitiva da humanidade. Contém narrativas sobre o primeiro homem e a primeira mulher, além de construir o mito do pecado original. Elabora, ainda, as imagens da primeira morte, do primeiro homicídio e do dilúvio redentor. Gênesis contém, ainda, a primeira aliança estabelecida por Deus com a humanidade através de Noé, base de um dos primeiros contratos entre as partes da humanidade.

O Êxodo relata os acontecimentos ocorridos entre a morte de José, no Egito, e a construção pelos hebreus do Tabernáculo Sagrado, no Sinai. Trata da opressão dos judeus nas mãos egípcias após a morte de José; do nascimento de Moisés e sua salvação de um massacre; da escolha divina de Moisés para liderar a saída do povo de Israel do Egito; das dez pragas que caíram sobre o Egito até a libertação dos judeus.

O Levítico é dedicado aos sacerdotes levitas e às suas funções. Continha as leis do culto, os ensinamentos morais e as normas sociais, com dois códigos legais relativos aos sacrifícios. Apresenta uma descrição detalhada da consagração de Aarão e de seus filhos ao sacerdócio.

Descreve as leis dietéticas e as sanitárias, incluindo uma lista dos animais puros e impuros, permitidos ou não à alimentação. Fala dos procedimentos de purificação das parturientes e dos fluxos corporais. Há nele um capítulo dedicado ao dia da Expiação (Yom Kippur dos judeus). Contém capítulos denominados de "A lei da Santidade", devido à referência recorrente à santidade ritual de objetos e de pessoas, e à frequente aparição de Deus na primeira pessoa.

O quarto livro é o *Livro dos Números*, onde a primeira seção está dedicada a assuntos estatísticos e legais. A segunda começa com um relato da partida dos judeus do Sinai. A terceira parte relata a morte de Aarão e a fracassada intenção judaica de entrar em Canaã atravessando o país de Edom, além da eleição de Josué como sucessor de Moisés.

O último livro, o *Deuteronômio*, é também, como os demais, atribuído por tradição a Moisés. Inicia o "Discurso de Moisés na Planície do Jordão", relembra fatos das agruras da trajetória dos judeus em busca de Canaã, a terra prometida. Muitos estudiosos acreditam que a maior parte do Deuteronômio foi composta em finais do séc. VII a.C., sendo atribuído a Moisés para capitalizar seu prestígio em apoio às importantes reformas religiosas impostas por Josias em 622-621 a.C.

No entender do professor Jayme Altavila, "no cotejo dessa constituição político-coreligioso do Velho Testamento, encontramos normas jurídicas que influíram não somente no direito que a sucedeu, como no direito moderno".[15]

4. O Código de Manu

Segundo a lenda, Sarasvati foi a primeira mulher, criada por Brahma a partir de sua própria substância. Desposou-a depois e, do casamento, nasceu Manu, o pai da

---
[15] ALTAVILA, Jayme. *A Origem dos Direitos dos Povos*, 3ª ed. São Paulo: Melhoramentos, 1963.

humanidade, a quem se atribui o mais popular código de leis reguladoras da convivência social.

É personagem mítico, constantemente citado e altamente honrado, não somente como o sumo legislador, mas também excelente em outras obras, abrangendo todo o gênero da literatura indiana. É frequentemente envolvido na lenda, assumindo ora a figura de um antigo sábio, de um rei, de um legislador, ora como o único ser sobrevivente após a catástrofe do dilúvio.

Manu, progênie de Brahma, pode ser considerado como o mais antigo legislador do mundo. A data de promulgação de seu código não é certa. Alguns estudiosos calculam que seja aproximadamente entre os anos 1300 e 800 a.C.

É importante observar que o Código de Hamurabi, mais antigo que o de Manu em pelo menos 1500 anos, não se trata de um verdadeiro código no sentido técnico da palavra, mas de uma coletânea de normas que abrange vários assuntos e preceitos.

Redigidos em forma poética e imaginosa, as regras no Código de Manu são expostas em versos. Cada regra consta de dois versos cuja metrificação, segundo os indianos, teria sido inventada por um santo eremita chamado Valmiki, em torno do ano 1500 a.C.

Existem estudos indicando que, originalmente, o código era composto por mais de cem mil dísticos (grupo de dois versos) e que, em razão de manipulações e cortes feitos em épocas diversas, foram reduzidas a uma forma menos cansativa de texto; as edições hoje conhecidas constam de 2.685 dísticos, distribuídos em 12 livros.

A seguir, apresentaremos uma síntese do conteúdo dos 12 livros, onde podemos concluir que, excluindo-se os livros Primeiro e Décimo Segundo, os demais podem ser divididos em três grupos: a) sanciona o ordenamento religioso da sociedade; b) disciplina os deveres do rei; e, c) discorre sobre o direito processual.

Livro Primeiro – Descreve a apresentação e o pedido das leis compiladas pelos Maharqui (os dez santos eminentes) dirigido a Manu; a criação do mundo; a hierarquia celeste e humana; a divisão do tempo; o alternar-se da vida e da morte, em cada ser criado e a explicação das regras para que possam ser difundidas.

Livro Segundo – Institui os deveres que devem cumprir os homens virtuosos os quais são inatacáveis, tanto pelo ódio quanto pelo amor, e as obrigações, a vida prescrita para o noviciado e a assunção dos sacramentos para os brâmanes, sacerdotes, membros da mais alta casta hindu.

Livro Terceiro – Estipula normas sobre o matrimônio e os deveres do chefe da família, trazendo descrições minuciosas sobre os inúmeros costumes nupciais, o comportamento do bom pai frente à mulher e aos filhos; a obrigação de uma vida virtuosa, a necessidade de excluir do meio familiar pessoas indesejáveis como, por exemplo, os portadores de doenças infecciosas, os ateus, os que blasfemam, os vagabundos, os parasitas, os dançarinos de profissão, etc., as oblações que devem ser feitas aos deuses, etc.

Livro Quarto – Ratifica como de fundamental importância o princípio de que qualquer meio de subsistência é bom se não prejudica, ou prejudica o menos possível, os outros seres humanos e ensina de que maneira, honesta e honrosa, se pode procurar como e do que viver.

Livro Quinto – Indica os alimentos que devem ser preferencialmente consumidos para ter uma vida longa, e as normas de existência que devem ser seguidas para a purificação do corpo e do espírito; eleva simbolicamente a função do trabalho e determina normas de conduta para as mulheres, que devem estar sempre submetidas ao homem (pai, marido, filho ou parente e, na falta, ao soberano).

Livro Sexto – Regula a vida dos anacoretas (religiosos contemplativos) e dos ascetas (praticantes); não apenas as suas regras de vida, mas, também estabelece o caminho que deve ser seguido pelo homem comum para alcançar as condições de anacoretas e ascetas, conhecendo as escrituras, cumprindo os sacrifícios determinados e abandonando as paixões humanas.

Livro Sétimo – Determina os deveres dos reis e confirma as normas de sua conduta, que deve ter como objetivo proteger com justiça todos aqueles que estão submetidos ao seu poder.

O código se ocupa não só das relações internas, como também das externas e dita regras de diplomacia para os embaixadores do rei e da arte da guerra quando for preciso recorrer às armas. O princípio romano "se queres a paz prepara-te para a guerra" *(si vis pacem para bellum)* já é aplicado aqui, quando diz que o rei, cuja armada mantém-se eficiente e constantemente em exercício, é temido e respeitado pelo mundo inteiro.

Aqui, como se quer apenas analisar de forma mais abrangente, sem ser um estudo de caso, transcrevemos os Livros Oitavo e Nono, por serem os de maior interesse no campo jurídico.

Livros Oitavo e Nono – São os mais interessantes, pois contêm normas de direito substancial e processual, como também as normas de organização judiciária. A justiça vem do rei, que deve decidir pessoalmente as controvérsias que podem ser resumidas nos dezoito títulos do Livro Oitavo e nos três do Livro Nono.

Livro Oitavo: Parte Geral: I – Da Administração da Justiça – Dos Ofícios dos Juízes; II – Dos Meios de Provas; III – Das Moedas; Parte Especial: IV – Das Dívidas; V – Dos Depósitos; VI – Da Venda de Coisa Alheia; VII – Das Empresas Comerciais; VIII – Da Reivindicação da Coisa Doada; IX – Do não Pagamento por Parte do Fiador; X – Do Inadimplemento em Geral das Obrigações; XI – Da Anulação de uma Compra e Venda; XII – Questões entre Patrão e Servo; XIII – Regulamento dos Confins; XIV – Das Injúrias; XV – Das Ofensas Físicas; XVI – Dos Furtos; XVII – Do Roubo; XVIII – Do Adultério;

Livro Nono: XIX – Dos Deveres do Marido e da Mulher; XX – Da Sucessão Hereditária; XXI – Dos Jogos e dos Combates de Animais; Disposições Finais.

Livro Décimo – Regula a hierarquia das classes sociais, a possibilidade do matrimônio e os direitos que têm os filhos nascidos durante sua vigência e estabelece normas de conduta para aqueles que não conseguem, por contingências adversas, viver segundo as prescrições e as exigências de sua própria casta.

Livro Décimo Primeiro – Enumera uma longa série de pecados e faltas e estabelece as penitências e os meios para se redimir.

Livro Décimo Segundo – Enfoca a recompensa suprema das ações humanas. Aquele que faz o bem terá o bem eterno nas várias transmigrações de sua alma; o que faz o mal receberá a devida punição nas futuras encarnações. As transmigrações da alma são detalhadamente previstas e descritas, tanto em bem quanto em mal, até que a alma chegue à perfeita purificação e, em consequência, possa ser reabsorvida por Brahma.

5. O Código de Hamurabi

Mesmo o mais desatento viajante que visitar o Museu do Louvre, em Paris, ao se deparar com um bloco de pedra negra, com mais de dois metros de altura, com quase dois outros metros de circunferência, se sentirá atraído e examinará tal monumento. Ao alto e em baixo relevo, vê-se Hamurabi, o árabe Khamu-Rabi, em atitude de inspiração, apreendendo os "decretos de equidade" redigidos na parte inferior do código de pedra em quarenta e seis colunas, contendo um texto de três mil e seiscentas linhas. Hamurabi se encontra com a mão direita tocando o ombro esquerdo, comprimindo o seu coração, como se o quisesse despertar para ouvir as palavras divinas da lei corporificada.[16]

O **Código de Hamurabi** consiste em uma coleção de leis e editos que constitui o primeiro código conhecido da história. Compõe-se de uma série de emendas ao direito comum da Babilônia. O código mesopotâmico era constituído por 282 artigos, antecedidos por um preâmbulo que justificava a sua edição, como sendo uma doação divina e sobrenatural.[17]

Mas, apesar de todas as justificativas de glorificação às divinas emanações inspiradoras, já no seu primeiro artigo, mantinha vivos os princípios da lei do Talião.

O capítulo primeiro tratava dos sortilégios, dos juízos de Deus, do falso testemunho e da prevaricação dos juízes. O primeiro artigo da lei já denunciava a regra do olho por olho, dente por dente.[18] O mesmo artigo era previsto para o falso testemunho. O juiz prevaricador se penalizava com a perda da cátedra.

O capítulo segundo tratava dos crimes de furto, roubo e de reivindicações de móveis. A pena era gravíssima, eis que de morte. Ao que contam os historiadores, as casas da Babilônia não possuíam fechaduras, daí talvez a necessidade da proteção do lar, com a ameaça de morte.

A mesma pena era dada ao escravo que praticasse o crime de homicídio, punindo-se, também, e com a mesma pena, aquele que abrigasse em sua propriedade o homicida.

O capítulo terceiro do Código é destinado aos direitos e deveres dos oficiais, dos gregários e dos "vassalos" em geral, e à organização de seus benefícios. Duas grandes transformações viriam ser geradas desse capítulo: instituição do bem de família e a proibição de compra e venda entre cônjuges e filhos.

O capítulo quarto regulava as locações e o regime geral dos fundos rústicos, os mútuos, a locação de casas e as dações em pagamento. Obrigava a produção das

---

[16] ALTAVILA, Jayme, op. cit. p. 29.

[17] HARPER. *Code of Hamurabi*, citado por Will Durant: "Quando o alto Anu, Rei de Anunaki e Bel, Senhor da Terra e dos céus, determinador dos destinos do mundo, entregou o governo de toda a humanidade a Marduc; quando foi pronunciado o alto nome de Babilônia; Quando ele a fez famosa no mundo e nela estabeleceu um duradouro reino cujos alicerces tinham a firmeza do céu e da terra, – por esse tempo Anu e Bel me chamaram, a mim Hamurabi, o excelso príncipe, o adorador dos deuses, para implantar justiça na terra, para destruir os maus e o mal, para prevenir a opressão do forte pelo fraco, para iluminar o mundo e propiciar o bem estar do povo. Hamurabi, governador escolhido por Bel, sou eu; eu o que trouxe a abundância a terra; o que fez obra completa para Nippur e Durilu; o que deu vida a cidade de Uruk; supriu água com abundância aos seus habitantes; o que tornou bela a cidade de Brasippa; o que encelerou grãos para a poderosa Urash; o que ajudou o povo em tempo de necessidade; o que estabeleceu a segurança na Babilônia; governador do povo, o servo cujos feitos são agradáveis a Anuit".

[18] Art. 1º Se alguém acusa um outro, lhe imputa um sortilégio, mas não pode dar a prova disso, aquele que acusou deverá ser morto.

terras locadas, impondo, inclusive, multas para aqueles que não produzissem adequadamente, prevendo as exceções para os casos de força maior causados pelas intempéries.

No capítulo quinto se encontrava a regulamentação das relações havidas entre comerciantes, prevendo igualmente a obrigatoriedade da escrituração dos negócios, das indenizações do capital mal empregado e da negligência dos intermediários, passíveis de punições com multa de até três vezes o valor do dinheiro recebido.

O capítulo sexto regulamentava o funcionamento das tavernas, bem como a atividade dos taverneiros, e dos prepostos. Punia o taverneiro que vendesse a preços extorsivos. Tratava também da polícia, das penas e das tarifas.

O sétimo capítulo estabelecia os vínculos obrigacionais, o processo executivo e as servidões por dívidas. O comércio tinha que ser eminentemente sério, pois, para os que assim não agissem, as leis eram impiedosas.

O capítulo oitavo tratava dos contratos de depósito, consubstanciados em oito dispositivos que obrigavam os comerciantes babilônicos a uma fiel atividade mercantil.

O capítulo nono tratava da punição aos crimes contra a honra, a injúria e a difamação.[19] O delinquente teria que se exilar, pois não poderia ficar na cidade com a marca da infâmia gravada na testa.

O décimo capítulo regulava as relações relativas ao matrimônio e à família, previa os delitos contra a ordem familiar. Tratava das contribuições relativas a contribuições e dotações do casamento e, por fim, tratava do direito de sucessões.

O décimo primeiro capítulo se referia às adoções, às ofensas aos pais[20] e à substituição de crianças. O respeito aos pais era um dos fundamentos mais importantes do Código de Hamurabi.

O décimo segundo capítulo se dedicava ao exame dos delitos e das penas, sem que houvesse qualquer dispositivo que admitisse, por exemplo, a atenuação das penas.

O décimo terceiro capítulo se dedicava aos médicos e veterinários, arquitetos e bateleiros, especialmente sobre os seus salários, honorários profissionais e suas responsabilidades civis e penais. Tratava, também dos efeitos dos choques de embarcações.

O décimo quarto capítulo tratava dos processos de sequestro, locação de animais, lavradores de campo, pastores, operários. Tratava, ainda, do processo criminal relativo a danos, furtos de água, de escravos (ação redibitória) responsabilidade por evicção e disciplina. Havia a previsão de um salário mínimo tutelado pelo Estado.

6. O Direito Helênico

Conforme o direito penal grego, as etapas de justiça punitiva se dividem em: a) Primeira época. Crime é atentado contra os deuses, e a pena tem como função aplacar a cólera divina. b) Segunda época. Crime é agressão de uma tribo contra a

---

[19] Art. 127. Se alguém difama uma mulher consagrada ou mulher de um homem livre e não pode provar, se deverá arrastar esse homem perante o Juiz e tosquiar-lhe a fonte.

[20] Art. 195. Se um filho espanca seu pai, dever-se-lhe-á decepar as mãos.

outra, sendo a pena a vingança de sangue de tribo a tribo. c) Terceira época. Crime é transgressão da ordem jurídica estabelecida pelo poder do Estado, o que resulta na reação do Estado contra a vontade individual, através da pena.

O direito penal helênico existiu como uma transição entre as legislações do Oriente e do Ocidente.

Na Grécia antiga, a vingança privada é superada pela composição voluntária, que estabelecia que o ofensor poderia se livrar do castigo com a compra de sua liberdade, sendo esta a origem remota das formas modernas de indenização do Direito Civil e da multa penal.

O caráter individual das penas só foi conquistado por volta do século IV, com o desaparecimento da atimia, sanção que previa a "morte política do indivíduo e o confisco dos bens, a partir de sua expulsão da comunidade". O ostracismo, isto é, o exílio, retirava do sujeito político o seu espaço na sociedade, fazendo-o como que um morto-vivo para a vida da *pólis*. Saliente-se que o ostracismo não era uma sanção em definitivo, pois em média ele durava até 10 anos, já que Atenas não podia presidir de seus principais homens políticos, uma vez que cidade-estado, necessitava da presença e colaboração desses de tempos em tempos.

A pena pecuniária era estabelecida para a grande maioria dos crimes penais relevantes, já que a pena detentiva só era aplicada excepcionalmente. Esta, em determinada época, foi difundida a ponto de substituir a punição com a morte devido à ocorrência de certos atos ilícitos. Essas tinham nos delitos privados um caráter misto de pena e indenização, cujo valor era dividido entre o Estado e a vítima.

7. Lei das XII Tábuas. Antecedentes históricos

Diz Pompônio que a causa que originou a compilação da Lei das XII Tábuas não foi a exigência da plebe de ser equiparada aos patrícios, para que fosse colocado um termo ao arbítrio dos cônsules e para que houvesse igualdade de direitos e deveres frente à lei. Foi feita porque as leis do período monárquico não mais se adaptavam à nova forma de governo, isto é, à República.

Com a queda da monarquia, fazia-se necessária a renovação das normas que eliminavam as diferenças de classes.

Silvio Meira diz que Pompônio não fez nenhuma alusão às pretensões plebeias, alegou simplesmente que a transformação política operada com a queda da monarquia e o nascimento da República estava a exigir uma legislação nova que viesse a substituir os costumes tradicionalmente aplicados.[21] Refere-se a uma das classificações do direito romano, sendo que, a primeira, a lei das XII Tábuas, foi a que deu origem ao Direito Civil e às ações da lei.

Nela, cabia aos Pontífices o direito de interpretar as leis, fixar as ações e nomear os juízes que as deviam julgar. Tal uso se manteve durante quase um século.

A composição do Estado Romano anteriormente às XII Tábuas era formada, essencialmente, por um Estado monárquico e racial, já que nesse período o universo

---

[21] MEIRA, Sílvio. *A lei das XII Tábuas*. 3ª ed. Rio de Janeiro: Forense, 1972.

romano era determinado, basicamente, pelo grupo que havia alcançado a região do Lácio.

Por sua vez, a sociedade romana era um conjunto social estruturado por dois grupos distintos e complementares: de um lado, os patrícios, senhores da terra e detentores dos cargos políticos, e de outro, os plebeus, membros do mesmo grupo racial dos patrícios, mas apenas trabalhadores do campo e da cidade.

Os patrícios têm a sua origem na figura do *pater familia,* responsáveis que eram pelo bem-estar e pela sobrevivência da família. O chefe da família acumulava o cargo político e religioso, além de também controlar a economia do grupo.

Para manter o poder político e econômico, os patrícios, desde o final da monarquia, tornaram lei o casamento intragrupo, o que muito veio a desagradar os plebeus. Tradicionalmente, os patrícios eram identificados como o setor mais nobre daquele povo que formou Roma.

São divergentes, contudo, as opiniões quanto à origem da classe plebeia, entendendo alguns tratar-se de pequenos agricultores que tinham como objetivo tocar os próprios negócios. Não tendo depois conseguido as condições para resolver suas dívidas, foram se tornando cada vez mais dependentes dos credores.

A figura do credor se confunde, então, com a do patrício. Dessa forma, aquilo que já era uma oposição natural entre o grupo patrício e o plebeu vai se acirrando, quanto mais o camponês depende do senhor da terra.

O conflito foi tomando a dimensão de guerra, a tal ponto que a própria sobrevivência de Roma se viu ameaçada. Os conflitos obrigaram os patrícios a pôr fim à Monarquia, mas, ao mesmo tempo, a responderem ao conjunto das reivindicações dos plebeus.

Essas reivindicações ganharam corpo em leis, direitos e institutos criados pelos patrícios para pacificar a sociedade. Nessa gênese, viu-se nascer a figura fundamental do tribuno da plebe.

Não resta dúvida de que o tribunato da plebe nasceu de um movimento popular, tornando-se o instrumento para lutar e alcançar a igualdade desejada, isto é, a equiparação dos plebeus aos patrícios. Entende-se o tribunato da plebe como um espaço constituído a fim de que os plebeus pudessem ter um canal aberto para o senado que, com o fim da monarquia, passou a ser o centro de poder em Roma, e não por acaso controlado pelos patrícios.

O tribuno da plebe seria, portanto, aquele responsável pela oitiva de todas as reclamações plebeias, levando-as aos senadores. Ao mesmo tempo, paralelo ao desenvolvimento da história romana, o Tribuno da Plebe passou a desempenhar um papel mais relevante, chegando, inclusive, a deter o poder de veto sobre todas aquelas decisões que viessem a prejudicar os interesses plebeus. Não é por acaso que muitos políticos romanos, entre eles, Caio Júlio César, se utilizaram deste cargo para desenvolver suas carreiras.

Para alguns autores, entre eles Pierre Grimal, a luta entre patrícios e plebeus teria o condão de ser a gênese da Lei das XII Tábuas, pois estas representariam a necessidade de positivar todo aquele conflito percebido ao fim da realeza.

De outra forma, Pierre Noailles, um dos mais conceituados romanistas, partindo de Pompônio, diz que: "A luta entre patrícios e plebeus deveria ser eliminada da história da Lei das XII Tábuas. Ela é uma falsa explicação da história. As numerosas hipóteses que nos nossos textos tendem a explicar as instituições jurídicas primitivas originadas por esse antagonismo entre patrícios e plebeus merecem ser revistas".[22]

Essa afirmação é por demais radical, pois coloca este período histórico num halo de dúvida que não é aceito, muito embora diga-se que essas lutas sociais teriam ocorrido no fim da República, e não no começo, como afirmam os historiadores, o que não se concorda.

Silvio Meira traz opiniões tais como a de Floro e de Diodoro quanto às dissensões que minavam a sociedade da época: as primeiras perturbações foram causadas pelos excessos dos usuários que faziam vergastar os devedores como escravos.

Esses usurários eram patrícios, e os devedores, quase sempre plebeus. Diz Floro que a reação da plebe foi contra os que a exploravam (*Plebs Armata Secessit*).

Outras divergências foram provocadas pela atuação dos decênviros: "A segunda divergência surgiu no interior de Roma e teve por motivo a licenciosidade dos decênviros. O povo havia escolhido dez dos principais cidadãos e os havia encarregado de redigir as leis vindas da Grécia. Todo o direito romano fora codificado nas XII Tábuas e, no entanto, eles conservavam com uma espécie de furor real, os fatos que lhes tinham sido conferidos".[23]

Acompanhando, entretanto, a opinião da maioria, o primitivo Estado romano estava dividido em tribos, cada qual autônoma, mas integrante do Estado, e que funcionavam como distritos, os quais arregimentavam homens para a formação de contingentes militares.

A divisão em tribos não era a que mais caracterizava o Estado romano primitivo, mas sim a distinção, bem acentuada, que separava a classe patrícia da plebeia. E a distinção se fazia sentir exatamente na exclusão dos plebeus da administração do município, além da proibição recíproca do casamento, isto é, não podia um plebeu, ou uma plebeia, casar-se com uma patrícia ou patrício, e vice-versa.[24]

Foi assim que a plebe, na primeira metade do século V a.C., pôde constituir-se em Estado dentro do Estado, para combater os privilégios dos patrícios e conquistar a igualdade civil e política. A civil foi obtida através da legislação das XII Tábuas.

Tais leis tomaram o nome de Leis Sobre o Império Consular (*Leges de Imperio Consulari*). Isto significava a integração do município plebeu dentro do Estado, segundo a tendência da secessão.

A luta teve bom êxito: os patrícios finalmente acabaram por concordar que fossem nomeados os decênviros para escrever as leis (*Decemviri Legibus Scribundis*), decisão esta que remonta ao ano 455 a.C. Portanto, a importância básica das XII Tábuas foi a de ter estabelecido o princípio da igualdade jurídica entre os patrícios e os plebeus (alicerce do princípio da igualdade). Assim, também, codificaram, em

---

[22] MEIRA, Sílvio, op. cit., *caput* Noaillles P., in *Du Droit Sacré au Droit Civil*.

[23] Idem.

[24] Aliás, essa proibição do casamento evidencia profundamente a distinção entre as duas classes e tudo leva a crer ter sido tal proibição obra dos mesmos patrícios que dominavam o decenvirado, chefiado por Apio Cláudio. A esse respeito Cícero diz: "Aqueles que, com as XII Tábuas, escreveram a suprema das leis, por equidade e prudência, um ano depois substituíram outros decênviros que acrescentaram suas Tábuas de leis iníquas, as quais também para os povos que costumam ser divididos em tribos, sancionaram-lhe esta lei iniquíssima (pela qual) os plebeus não podem casar com os patrícios". [ANUIDE, Pierre. *História da Antiguidade*, 4ª ed., São Paulo, 1988, p. 77].

grande parte, o direito consuetudinário preexistente, que representa já um sistema ainda rudimentar de direito civil e penal.[25]

Os decênviros nomeados compuseram, no ano 451 a.C., dez tábuas de leis, mas diz Bonfante que "O colégio renovado – e esta vez diz-se, misto de patrício e de plebeus por ambição demagógica de Apio Cláudio, – compôs no segundo ano mais duas Tábuas".

Como dissemos acima, a justiça era administrada pelos magistrados que pertenciam à classe patrícia e a eles cabia a nomeação de outros magistrados e, logicamente, houve uma decenal resistência por parte dos patrícios antes de ceder às exigências dos plebeus.

As penalidades para os devedores insolventes eram pesadas, visando a garantir os interesses privados dos credores. Com efeito, o processo executivo da sentença é totalmente privado e dirigido não contra os bens, mas contra a pessoa.

O condenado, se dentro de trinta dias não satisfizesse seu débito, era entregue ao credor, o qual procedia à *manus injectio*, isto é, com o auxílio dos seus pares. Tornava-se dono dele e depois de deixá-lo por sessenta dias acorrentado e exposto inutilmente durante três dias no mercado sem que alguém se apresentasse para liberá-lo, tinha direito de matá-lo ou vendê-lo além do Tibre, porque nenhum cidadão romano podia ser reduzido à escravidão dentro do seu território.

Portanto, nas XII Tábuas o que prevalece e é colocado em evidência é a parte processual. O código foi o resultado de um contraste entre plebeus devedores e patrícios credores. Por isso, na Lei das XII Tábuas percebe-se, no rigor da parte processual, a mão autoritária do patriciado.

Portanto, a Lei das XII Tábuas foi o resultado de lutas sociais. Representa a necessidade que a sociedade romana se viu obrigada a resolver: normatizar os conflitos para evitar a própria destruição.

Percebe-se, então que, desde Roma, o direito já surge como instrumento catalizador de todas os matizes sociais, ao mesmo tempo em que propõe soluções, permite aos grupos de elite dirigir a sociedade, controlando o conflito, organizando as diferenças e consolidando as formas que, através da sanção, elaboram a paz social.

8. O Direito Romano

Não se pode falar em "direito" sem nos reportarmos aos romanos. Desde o surgimento da cidade de Roma (*civitas*) que o direito passou a se desenvolver profundamente, atingindo com os seus princípios, até as civilizações mais recentes. Expandiu-se pela Europa continental, espraiou-se por países orientais, vindo até nós, latino-americanos. Tão importante foi a sua influência que todo o nosso direito é baseado no sistema jurídico romanístico.

Segundo Correia & Sciascia, o estudo das fontes do direito passa pelo direito romano e suas diversas fases:

---

[25] Para que fosse possível a compilação da lei que regulasse as relações entre patrícios e plebeus, e que os colocassem num mesmo plano de direito e deveres, teria sido enviada à Grécia uma embaixada de três personagens para estudar as leis de Sólon. Quando da volta dos triúnviros (ano 453 a.C.) teriam sido criados, para a compilação das leis e o governo da cidade, dez magistrados novos, todos patrícios, tendo, os plebeus, nesta parte capitulado.

I – **O Período Régio**, que vai da fundação de Roma (754 a.C.) até o período da expulsão dos reis (509 a.C.), onde o rei é o magistrado único, vitalício e irresponsável (o rei não erra), assistido por um conselho de anciãos (Patres), geralmente chefes de tribos (gentes) e que eram conhecidos como "senatores".[26] Não há distinção entre o direito sagrado (*por fas ou por nefas*) e o direito humano (*jus*), pois todos estão sujeitos ao Colégio Sacerdotal dos Pontífices.

II – **O Período da República** [510 a 27 a.C.], quando da instauração do principado por Otaviano Augusto. Ao rei sucedem dois magistrados supremos, eleitos anualmente como cônsules, multiplicando-se gradativamente as magistraturas, surgindo os *questores*, os *praetores*, os *censores*, os *aediles curales*, os *tribuni plebis* com suas jurisdições coletivas estabelecidas e sendo responsáveis perante o povo. O *jus* já se distingue do *fas*. Deste período é que faz parte a Lei das XII Tábuas [*Lex Duodecim Tabularum*, 450 a.C.].

III – **O Período do Principado**, de Augusto até Diocleciano (anos 27 a.C. – 284 d.C.). É o período de maior poder de Roma. O imperador é um novo órgão que se insere na constituição republicana, gozando de um prestígio pessoal (*auctorita*) que o coloca *primus inter pares*. As instituições antigas, também conservadas vivas pelo príncipe, vão perdendo a sua importância; ao lado dos magistrados republicanos, o imperador nomeia funcionários responsáveis diretamente perante ele. A obra dos juristas manifesta-se na órbita do poder imperial (*ius respondendi ex auctoritate principis*). Neste período, lá pelos anos de 130 d.C., o Imperador Adriano mandou consolidar pelo jurisconsulto Sálvio Juliano o edito do pretor. Em 212 d.C., Antonio Caracala estendeu a cidadania romana a todos os homens livres, habitantes do mundo romano. Depois da morte de Alexandre Severo (235 d.C.), há cinquenta anos de caos político, que preludiam a última forma de governo do império.

IV – **O Período da Monarquia** absoluta dá ascensão ao trono a Diocleciano, em 284 d.C., a morte do imperador Justiniano, em 565 d.C. O imperador (*dominus et deus*) é o único órgão revelador do direito; o Estado burocratiza-se em todas as suas manifestações. Faltam os grandes juristas, e a evolução se realiza como resultado do Estado de fato precedente. Constantino, em 322 d.C., reconhece oficialmente a religião cristã (*Edito de Milão*). Pertence a este período a Lei das Citações de Teodósio II e Valentiniano III, de 426 d.C., pela qual somente os escritos de cinco jurisconsultos têm valor de lei. Justiniano, enfim, recolhe a jurisprudência clássica e as constituições dos imperadores anteriores, só dando força de lei a essa coletânea por ele organizada e às suas constituições posteriores.[27]

9. O Direito na Idade Média

A Idade Média caracterizou-se por ser uma época de intolerância, de crueldade, de guerras e ódios, de perseguições e torturas, o que acabou por repercutir no campo jurídico. Nesse período, vigorou o direito penal comum, constituído pelos direitos

---

[26] Algumas *Leges Regis* foram editadas pelo fundador da cidade, Rômulo, outras por Numa Pompílio e outras, ainda, por Sérvio Túlio.
[27] CORREIA, Alexandre; SCIASCIA, Gaetano. *Manual de Direito Romano*, 4ª ed., vol. 1, São Paulo: Saraiva, 1961, p. 15 e 16.

romano, canônico e germânico. O primeiro prevaleceu, ao longo dos tempos, sobre seus concorrentes, mas não podemos esquecer grande influência da religião sobre as questões temporais, principalmente sobre a justiça criminal.

A influência do Cristianismo na legislação penal foi extensa e importante. Iniciou-se com a proclamação da liberdade de culto pelo imperador Constantino, em 313 d.C.,[28] e depois, em 379 d.C., quando o Cristianismo foi declarado a única religião do Estado, sob o Imperador Teodósio I.[29]

Com a crescente influência da Igreja sobre o governo civil, o direito canônico foi aos poucos se estendendo a pessoas não sujeitas à disciplina religiosa, desde que se tratasse de fatos de natureza espiritual. Desde então, o papado lutou para obter o predomínio sobre o poder temporal, pretendendo impor leis ao Estado, como representante de Deus. O controle desse poder garantiu ao papado, no contexto da Contra-Reforma, a criação dos severos tribunais eclesiásticos, principal instrumento durante a Inquisição, que fez largo emprego de punições implacáveis contra os pobres e oprimidos, mas protegendo os crimes e as injustiças dos opressores: a nobreza e o clero. A pena de morte, na época, aplicada com uma frequência inadmissível, era executada com requintes de crueldade, comumente precedida de uma série de suplícios, que tinha por objetivo não aterrorizar o condenado, mas sim dar uma lição de exemplaridade. Isso garantiu uma página negra na história do direito penal.

No final desse período, o direito penal passa a ser a expressão do Estado absolutista, autoritário, cruel, desumano e implacável com os infratores pertencentes às classes populares (servos, pequenos agricultores, artesãos e a plebe em geral), mas assegurando os privilégios e protegendo os interesses da aristocracia e do clero. Mas o direito canônico também teve seus méritos no desenvolvimento do direito penal. Foi ele que proclamou a igualdade de todos os homens, opôs-se à vingança privada decisivamente, através do direito de asilo e da trégua de Deus e também das Ordálias[30] e duelos judiciários e procurou introduzir as penas privativas da liberdade substituindo as penas patrimoniais, para possibilitar o arrependimento e a emenda do réu.

9.1. O Direito Germânico

Não era composto de leis escritas, apenas costumes. Tinha fortes características de vingança privada, sendo só mais tarde aplicada a Lei de Talião por influência do direito romano e do cristianismo. Não havia a distinção entre dolo, culpa e caso fortuito, determinando-se a punição do autor do fato em relação ao dano causado, e não

---

[28] Edito de Milão: Constantino I, o Grande (274-337 d.C.), imperador romano (306-337), filho de Constâncio I e de santa Helena. Lutou contra os sármatas e uniu-se ao pai na Britânia em 306. Derrotou Maxêncio na batalha da Ponte Mílvia, perto de Roma. Constantino julgou que o Deus cristão havia lhe proporcionado a vitória, razão pela qual se converteu e proclamou o Edito de Milão (313), que concedia liberdade ao cristianismo. Ao derrotar Licínio em 324, seu coimperador emergiu como o único dono do Império. Interveio nos assuntos eclesiásticos, procurando estabelecer a unidade da Igreja, ameaçada pelo arianismo; com este fim, presidiu o primeiro Concílio de Nicéia em 325. Começou a construção de Constantinopla como nova capital do império, no local da antiga Bizâncio.

[29] Edito de Tessalônica: Teodósio I, o Grande (346-395), imperador romano do Oriente (379-395) e do Ocidente (394-395). Substituiu Valente, imperador romano do Oriente. Foi defensor do cristianismo dogmático e perseguiu o arianismo e o paganismo romano. Após derrotar os usurpadores do trono do Ocidente, constituiu-se no último homem a dirigir o Império Romano unido. Sucederam-lhe seus filhos, Arcádio, no Oriente, e Honório, no Ocidente.

[30] Prova judiciária sem combate, usada na Idade Média, também entendida como prova frente ao Juízo de Deus que, nesse período, era o único juiz legítimo.

de acordo com o aspecto subjetivo do ato. No processo, vigoravam as "ordálias" ou "juízos de Deus" (prova de água fervente, de ferro em brasa) e os duelos judiciários, com os quais se decidiam os litígios, "pessoalmente ou através de lutadores profissionais".

9.2. Direito Canônico

Também chamado de direito penal da Igreja, foi influenciado decisivamente pelo cristianismo. Assimilou e adaptou o direito romano às novas condições sociais, contribuindo de forma relevante para a humanização do direito penal; proclamou-se a igualdade entre os homens, acentuou-se o aspecto subjetivo do crime e da responsabilidade penal e tentou-se banir ordálias e os duelos judiciários. As penas passaram a ter não só o fim da expiação, mas também a regeneração do criminoso pelo arrependimento e purgação da culpa, o que, paradoxalmente, levou à Inquisição. A legislação eclesiástica era contrária à pena de morte, entregando-se o condenado ao poder civil para a execução.

9.3. Direito Medieval

Adotava a pena de morte, executada pelas formas mais cruéis (fogueira, afogamento, soterramento, enforcamento), como forma de intimidação. As sanções penais eram desiguais, dependendo da condição social e política do réu, sendo comum o confisco, a mutilação, os açoites, a tortura e as penas infamantes.

O arbítrio judiciário criou em torno da justiça penal uma atmosfera de incerteza, insegurança e medo. Essas bases não podem ser vistas apenas pelo seu lado mais negativo. O mundo da Europa estava em franca transformação, com poderes se fragmentando e se reorganizando. A cultura romana sofria o assalto de outros valores e, principalmente, de outras influências culturais. Havia um verdadeiro sentimento de terror instaurado no universo das mentalidades. O povileu tinha medo; a elite estava acuada. Apenas a Igreja, com seu discurso religioso, poderia estabelecer um novo rumo.

É nesse sentido que a aplicação de um direito tão repressor se justificaria. Fazia-se necessário restabelecer a ordem, mas num universo geográfico de línguas e costumes radicalmente confusos e distintos.

Somente com um verbo tão dominador, com uma espada legal tão absoluta a construção da ordem perdida seria possível. É nesse sentido que se entende a necessidade de criar todas essas regras de direito que tinham como objetivo, ao destruir o corpo e a mente, gerar o exemplo.

Ainda, a Igreja era marcada por suas próprias limitações, presa nos primeiros séculos às cidades; somente a partir do século X, ela começou o retorno ao campo, e nesse sentido de retomada, o direito não poderia ser outro que não o da repressão.

Assim, a Idade Média testou os limites de leis e normas que expressavam a mais pura repressão, mas ao mesmo tempo apresentava-se como a única forma possível para responder ao processo de perda da cultura romana, da influência dos bárbaros germânicos e das incertezas que cercavam o mundo europeu.

10. O Direito Penal indígena

> "(...) os homens primitivos vivem, pensam, sentem, se movem e agem num mundo que em numerosos pontos não coincidem com os nossos."
> (Lévi-Bruhl, *La Mentalité Primitive*).[31]

Muito pouco nos ensinaram sobre a vida social dos nossos índios e, consequentemente, pouco, ou quase nada sabemos sobre o seu mundo jurídico.

Aprendemos bastante pela literatura, desde José de Alencar, com o seu romance *O Guarani* [levado ao teatro da Ópera por Antônio Carlos Gomes], até os poemas de Gonçalves Dias, e de tantos outros poetas e literatos que tanto exaltaram o índio brasileiro.

Além disso, pouco, ou quase nada mais se escreveu. Mas, o certo é que temos que reconhecer que o nosso país não é apenas o resultado da cultura europeia. Sem dúvida que tem ela, sobre a nossa formação, um papel importante, mas, é evidente que não é o único.

Somos uma construção que resulta de diferentes tradições, não se podendo esquecer o fato de que fomos, igualmente, tocados por elementos afro-americanos, bem como por elementos chamados de povos indígenas.

É difícil e delicado, em um país como o nosso, reconhecer que a exclusão social também deriva de um contexto racial. E, em nome dessa verdade incômoda para qualquer nação, observamos a política de cotas nas universidades.

Ainda que com boa intenção, o que essa política protecionista revela é a mais sórdida diferença social que impera em uma cultura que se acostumou à dissimulação racial.

Se, por um lado, quanto aos negros, os espaços vão sendo preenchidos, ainda que lentamente, apesar do constante resgate de sua vital contribuição para aquilo que chamamos de "cultura brasileira", prepondera, de outro lado, no caso dos nossos indígenas, a mais completa letargia sobre o estudo de uma cultura por demais importante na nossa nacionalidade.

O exemplo, talvez o mais dramático desse abandono, dessa exclusão e isolamento, é retratado no caso do índio Pataxó – Hã-Hã-Hãe Galdino Jesus dos Santos –, que acabou morrendo porque era indígena. Estava ele em Brasília, sozinho, à procura de justiça à sua tribo, já que buscava saber do andamento das ações judiciais relativas à posse e propriedade das terras onde morava.

As chamas que consumiram a sua vida, indubitavelmente, não mataram apenas o homem. Atingiram a tribo Pataxó e toda a coletividade indígena. O que se viu, no episódio, é que, numa escala de valores, um índio é igual a nada.

Por isso é que, infelizmente, para muitos, a cultura indígena é igual ao esquecimento, ao quase nada legal. De outro lado, a crescente busca por novos espaços na fronteira agrícola ameaçam, violentamente, o território indígena. Observe-se o crescente desmatamento de áreas da floresta amazônica, até há pouco tão distante da civilização branca.

---

[31] GONZAGA, João Bernardino. *O Direito Penal Indígena*, 2ª ed., São Paulo: Max Limonad, p. 63.

E esses fatos devem ser considerados, não só pela antropologia, mas também, e principalmente, pelo universo jurídico. Em sendo assim, e mantendo o cuidado para evitar um olhar engajado [apesar de que todo o olhar do cientista social seja sempre envolvido por um espaço ideológico] pretende-se destacar alguns aspectos dessa primeira organização humana encontrada aqui, por ocasião do nosso descobrimento.

A ausência de regras de um direito como o conhecemos, leva-nos ao estudo, simplesmente, de um conjunto de hábitos, costumes que para eles significava definir o certo ou o errado, sempre difícil de uma conceituação possível.

Tentando minimizar essas falhas sociológicas, é que se busca encontrar os fundamentos que possam nos levar a estudar um possível Direito Penal Indígena.

10.1. Da visão penal sobre o universo indígena

> "Um amigo não tenhas piedoso
> Que teu corpo na terra embalsame,
> Pondo em vaso d'argila cuidoso
> Arco e flecha e tacape a teus pés!
> Sê maldito, e sozinho na terra;
> Pois que a tanta vileza chegaste,
> Que em presença da morte chorastes,
> Tu, covarde, meu filho não és."
> (Gonçalves Dias, in I Juca Pirama)

A visão é de Paulmier de Gonneville: "Alguns tripulantes do navio viram um exemplo digno de memória, a saber, de um rapaz de 18 a 20 anos, que em ocasião de disputa dera na própria mãe uma bofetada; do que, sabendo o cacique, embora a mãe ofendida se não queixasse, mandou buscar o ofensor, e o mandou lançar no rio com uma pedra ao pescoço, chamados por aviso público todos os mancebos da sua aldeia e das aldeias vizinhas, e ninguém pôde obter remissão, nem a própria mãe, que de joelhos veio implorar o perdão do filho".[32]

A pena criminal, fruto de nossa cultura, é imposta, segundo o pensamento indígena, como um mal sobre toda a tribo, e não somente sobre o autor do delito. Entre os autóctones, os laços que uniam o grupo, e consequentemente, o peso dos atos do sujeito para com o grupo, seriam radicalmente distintos da nossa forma de compreender a ação de um só sujeito.

A infração penal, para o nosso índio, "não é tanto um problema individual é, também, um problema que afeta o grupo".[33]

A pena é cumprida por um indivíduo, mas não é vista como individual, e sim, percebida como uma pena coletiva. Logo, repartem entre eles o seu cumprimento. De uma maneira geral, pode-se afirmar que os indígenas são solidários tanto no bem, quanto no mal. Por essa visão coletiva do cumprimento da pena, não raro se pode perceber que acontecem casos onde o verdadeiro culpado acaba por ser substituído, ou por um irmão, ou por um primo, ou mesmo, por um simples amigo da mesma tribo.

---

[32] GONZAGA, João Bernardino. Op. cit., p. 36.
[33] SCHNEIDER, Hans Joachim. La Victimación de los Aborígenes en la Australia Central, *Revista de Derecho Penal y Criminología, Universidad Nacional de Educación*, n. 1, p. 363, n. 3.3. Madrid, 1991.

Mas, o que é espantoso, é que aquela justiça alienígena aceita essas substituições, como um elemento representativo da própria cultura indígena. Ruth Morris, que estudou o problema da pena, não só do direito indígena brasileiro, como no de outros países detentores de comunidades indígenas, define que, "um índio é tão bom quanto outro".[34] E essa visão dominante se faz presente, em nosso país, desde os primórdios da chegada dos europeus em nossas terras.

Todos os relatos que tentam retratar o mundo indígena são sempre descrições, notícias, informações de estupefação, pois que as diferenças observadas não são respeitadas. Aliás, tais diferenças servem para justificar a superioridade do homem europeu sobre os povos americanos.

É que o indígena, para os nossos descobridores, era comparado a um animal. Tanto é assim que, somente em 1537, o Papa Leão III se viu obrigado a editar a "bula" que reconhecia, nos membros dos povos indígenas, a presença da alma. Com isso, a Igreja Católica Apostólica Romana passava a admitir que os índios não eram mais equiparados aos animais, como as crônicas dos conquistadores insistiam em afirmar.

Infelizmente, em 1537, já boa parte do mundo indígena da América do Sul estava reduzida ao esquecimento cultural e marchava para o aniquilamento. No Brasil, apesar dos esforços altruístas dos padres jesuítas (daqui expulsos pelo Marquês de Pombal),[35] os indígenas estavam sendo reduzidos, ou à escravidão, ou à catequização que, sem dúvida significava a morte da sua cultura.

Mas é do direito penal desse período que pretendemos anotar algumas das suas características e de suas organizações. Não há falar-se que entre os povos indígenas existisse uma ideia definida de direito, e muito menos de um Direito Penal. A compreensão sobre o delito e sobre a norma não estava presente no imaginário indígena.

A sua adaptação ao meio, as suas necessidades materiais, absorvia-lhes por inteiro. Mas mesmo nessa forma secundária, algumas questões podem ser extraídas.

Em primeiro lugar, entre os indígenas brasileiros, que estavam em um momento de desenvolvimento social muito inferior, por exemplo, aos povos do planalto andino, no Peru, e da planície do Yucatan, no México, não havia um sistema concentrado de leis ou mesmo de normas comportamentais.

E essa ausência deveu-se muito mais pelo predomínio de seus valores do que pelo seu suposto "atraso" cultural. Essa ausência de um poder centralizado estava determinada pelo privilégio da coletividade, e por uma eficiente divisão social entre os membros de uma mesma tribo.

Assim, as condutas estavam coligidas pelas experiências do grupo, seus costumes, e por uma seleção natural que decidia, entre os seus membros, as lideranças adequadas a cada situação concreta.

E, sendo assim, não havia uma necessidade de construção de um poder centralizado, nos moldes em que a tradição europeia conhecia. E tais costumes e tradições, calcadas em uma memória coletiva, criavam, entre eles, as noções do que era permitido, distinguindo daquilo que poderíamos chamar de transgressão.

---

[34] RUTH MORRIS, Crumbling walls. *Why prison fail, Native people and the Canadian Justice System*, Nova York: Mosaic Press, 1989, p. 98.

[35] Um dos resquícios do trabalho da Sociedade de Jesus no país está nas ruínas de São Miguel das Missões, no Rio Grande do Sul. Iniciada em 1632, quando foi fundada a Redução de São Miguel Arcanjo, instalada definitivamente no atual sítio em 1687, é considerado hoje, como patrimônio da humanidade.

O certo é que não havia, por exemplo, uma noção de que furto ou roubo fosse delito, como na acepção atual. Tal prática era inexistente entre os membros de uma mesma tribo. Mas era considerado como ato normal e comum até se praticados contra indivíduos de outra tribo.

Em todos os relatos da época, fica nítida a insatisfação dos observadores quanto ao hábito dos indígenas de furtarem objetos de outrem: se entre o próprio grupo essa prática era pouco usual, até rara mesmo, quando havida com estranhos, representava uma marca de coragem e descaso do grupo para com os estrangeiros.

Já em relação à figura do homicídio, havia uma ritualização que confundia os observadores, principalmente, aos membros da Igreja Católica. Isso porque se praticava o homicídio como uma forma de hábito da comunidade, ou do grupo, sobre aqueles indivíduos que tinham caído em seu poder.

Em muitos casos o assassinato de um outro indígena acabava por se transformar num ritual de canibalismo, e através do ato de comer a carne do humano rival se buscava incorporar o seu espírito ao espírito do seu grupo.

Não havia, quanto ao homicídio, a percepção do sentido que damos hoje a essa ação criminosa. Não há dúvida de que o ato em si, de matar alguém, é o mesmo. Mas para eles, essa ação significava uma forma de fortalecer os laços "intragrupo", de incorporar o espírito do morto, engrandecer, dominar e agradar aos deuses.

É fundamental destacar que, entre os membros do próprio grupo, essa figura penal era também bastante rara, já que havia todo um sistema de freios à violência no interior da tribo.

Não raro, os europeus observavam, surpreendidos, que quando a tribo se preparava para devorar o seu inimigo, o clima era de festa, pois todos sacramentavam sua crença na força da tribo, já que as partes do corpo do inimigo morto eram divididas e entre eles compartilhadas.

Em segundo lugar, e aqui não se quer justificar uma visão idílica dessas sociedades indígenas, mas sim, destacar que a sua concepção sobre os valores daquilo que consideramos como certo ou errado era muito diferente da concepção europeia. Não por serem inferiores, mas sim, por ser o resultado de um particular processo histórico que não poderia ser compreendido pelos brancos aqui recém-chegados.

Tanto é assim, que é esse espírito de coletividade, adaptada ao meio, enfrentando um tipo particular de dificuldades, e que justifica a ausência dos significados de furto, roubo e homicídio que a cultura europeia construiu.

Sem dúvida que essas diferenças estão assinaladas pela ausência, entre os índios, da presença ideológica das religiões modernas, especialmente as da Igreja Católica.

Nos primeiros tempos do contato dos religiosos com as populações indígenas, o que mais lhes chamava a atenção era o tipo de organização da família, onde um homem convivia com várias esposas, que o serviam e o cortejavam. Estranhavam, também, o fato de que nas tribos, as "malocas" eram grandes casas construídas, e que abrigavam um número considerável de pessoas, nem sempre da mesma família. Ali realizavam os seus mais variados atos, à frente de todos, sem qualquer sentimento de maldade ou de pecado.

CAPÍTULO I

E isso escandalizava aos religiosos católicos, muito mais do que o próprio canibalismo. Não que esse não fosse tido como terrível para os padrões europeus, mas sim, porque não era uma regra diária de comportamento do grupo.

Não é por acaso que a frente de trabalho ideológico da Igreja Católica acabou por se dar em dois espaços: por um lado, construindo os conceitos de lei, de norma e de delito, entre o imaginário do grupo, e por outro, destruindo o seu universo coletivo e de organização familiar.

Como aconteceu o esperado, isto é, a resistência dos povos indígenas, foram eles exterminados, ou abandonados por nossas sociedades, tanto as mais antigas, quanto as contemporâneas.

Obrigatório é dizer-se, também, que em matéria de repressão aos delitos, imperava o instituto da vingança privada. Às vezes os adversários se agrediam, mas sem que isso significasse que os seus aliados tomassem algum partido. E, assim, sem a presença de uma autoridade central, era impossível se impor uma lei, de cima para baixo, pois era o grupo, e seus costumes, que determinava o tipo de penalidade a ser aplicada, ainda que se deixassem margens para que os próprios indivíduos resolvessem as suas contendas.

De uma maneira geral, o equilíbrio social dos grupos indígenas, sobretudo o dos Tupis, independia da presença de um órgão centralizador, tanto no que se refere ao poder político, quanto ao poder jurídico. A sua adaptação ao meio circundante e a memória do grupo era quem exercia esse papel central, impondo, a todos da tribo, as suas condutas sociais.

Nesse sentido, é sobremaneira importante assinalar que, na Taba, a vida desses indígenas estava determinada por uma forma de viver calcada em princípios que buscavam igualarem-se os pares. Não se quer dizer, com isso, que os indígenas vivessem em uma forma "socialista" de organização, mas sim, que a sua noção de propriedade era completamente diferente da dos europeus.

Contudo, ainda que buscando reforçar laços de igualdade patrimonial, a tribo era, em si, ultraconservadora. Fazia-se apegada aos valores da tradição, aos valores tribais, aos valores transmitidos por seus antepassados, restando-nos muitas histórias conservadas, hoje, como lendas.[36]

---

[36] Duas lendas tiradas do folclore indígena: Yara, a jovem Tupi, era a mais formosa mulher das tribos que habitavam ao longo do rio Amazonas. Por sua doçura, todos os animais e as plantas a amavam. Mantinha-se, entretanto, indiferente aos muitos admiradores da tribo. Numa tarde de verão, mesmo após o Sol se pôr, Yara permanecia no banho, quando foi surpreendida por um grupo de homens estranhos. Sem condições de fugir, a jovem foi agarrada e amordaçada. Acabou por desmaiar, sendo, mesmo assim, violentada e atirada ao rio. O espírito das águas transformou o corpo de Yara num ser duplo. Continuaria humana da cintura para cima, tornando-se peixe no restante. Yara passou a ser uma sereia, cujo canto atrai os homens de maneira irresistível. Ao verem a linda criatura, eles se aproximam dela, que os abraça e os arrasta às profundezas, de onde nunca mais voltarão. Mara era uma jovem índia, filha de um cacique, que vivia sonhando com o amor e um casamento feliz. Certa noite, Mara adormeceu na rede e teve um sonho estranho. Um jovem loiro e belo descia da Lua e dizia que a amava. O jovem, depois de lhe haver conquistado o coração, desapareceu de seus sonhos como por encanto. Passado algum tempo, a filha do cacique, embora virgem, percebeu que esperava um filho. Para surpresa de todos, Mara deu à luz uma linda menina, de pele muito alva e cabelos tão loiros quanto a luz do luar. Deram-lhe o nome de Mandi e na tribo ela era adorada como uma divindade. Pouco tempo depois, a menina adoeceu e acabou falecendo, deixando todos amargurados. Mara sepultou a filha em sua oca, por não querer separar-se dela. Desconsolada, chorava todos os dias, de joelhos diante do local, deixando cair leite de seus seios na sepultura. Talvez assim a filhinha voltasse à vida, pensava. Até que um dia surgiu uma fenda na terra de onde brotou um arbusto. A mãe surpreendeu-se; talvez o corpo da filha desejasse dali sair. Resolveu então remover a terra, encontrando apenas raízes muito brancas, como Mandi, que, ao serem raspadas, exalavam um aroma agradável. Todos entenderam que criança havia vindo à Terra para ter seu corpo transformado no principal alimento indígena. O novo alimento recebeu o nome de Mandioca, pois Mandi fora sepultada na oca.

Na realidade, cultuar o passado e os antepassados era mais do que um hábito. Era, antes de tudo, um fundamento da sua existência moral, pois dentro dos esquemas singelos de vida que levavam, à mercê das forças da natureza, tudo para eles estava prefixado pelos padrões reais, ou imaginários, dos ancestrais.

Para Florestan Fernandes, "os mortos e os modelos de conduta por eles consagrados governavam literalmente os vivos".[37] Era no exemplo da vida dos mortos que os indígenas buscavam aquilo que conhecemos e classificamos como normas, pois para eles, os fatos da vida se repetiam, e as suas soluções já estavam determinadas pelos que já haviam desaparecido.

Para o indivíduo, portanto, as realidades sociais possíveis, tangíveis e determinadas como elemento principal de sua psique, era o estreito círculo da Taba, isto é, o ambiente formado por todos aqueles que pertenciam ao grupo, à mesma tribo.

Era no grupo, na Taba, o local onde ficavam eles imersos numa pequena coletividade. Através de seus costumes, fruto de seus hábitos, é que explicavam e conduziam os seus atos de vontade.

E nessa teia, absolutamente solidária e solitária, que os delitos e as penas eram determinados, exclusivamente ditados pela tradição.

Diferentemente da Europa, onde os reis impunham a lei, com as bênçãos da Igreja, entre os povos indígenas era a teia de parentesco que ligava os seus membros, que gerava a grande interdependência, que estabelecia relações entre todos, e que exigia o forte esforço de cooperação. Em condições assim, o ser coletivo impregnava e absorvia a consciência do sujeito, impondo-lhe, naturalmente, a fidelidade e a obediência às regras do certo e do errado.

Merece destaque, ainda, em relação principalmente ao grupo dos Tupis, o papel da guerra e da sanção pós-morte. A guerra era um destino natural entre os indígenas brasileiros, vez que não conheciam o conceito de território. Não raro, grupos eram obrigados a invadir outros espaços já ocupados, em busca de uma melhor condição de sobrevivência.

Nessas ocasiões, os grupos lutavam unidos e por inteiro, pois a disputa era de interesse de todo o grupo. E, com esse elemento tão importante, a possibilidade daqueles que não quisessem participar do embate de serem considerados como covardes, estariam praticando um dos mais graves delitos.

A punição para isso era a execração e a expulsão do grupo. A morte social do sujeito para o grupo, para a Taba, significava uma verdadeira pena capital, pois o indivíduo não poderia mais pertencer a nenhum outro grupo. E mais, o seu laço com os antepassados estaria definitivamente rompido. Em muitos casos, como, por exemplo, cobiçar a mulher do próximo, a pena não estaria reservada para o mundo dos vivos, do mundo real, mas para a pós-vida, já que era com a morte do infrator que ele se confrontaria com seus antepassados, e aí é que a verdadeira pena ser-lhe-ia imposta.

Criava-se, dessa forma, um tribunal místico, com competência para julgar questões que, se resolvidas em vida, poderiam constituir a gênese de um sistema de vinganças que, em última instância, só poderia ter como resultado possível a desagregação do grupo.

---

[37] FERNANDES, Florestan. *Antecedentes Indígenas*: Organização Social das Tribos Tupis. São Paulo: Brasiliense, 1991, p. 79

Essa é, enfim, a sociedade que a Europa veio a encontrar quando aqui chegou. Exótica, diferente e, ao mesmo tempo, com um sistema de valores que dão, a alguns conceitos, outros significados, e que em muito representa um verdadeiro desafio para a religião Católica, pois seria dela a tarefa de destruir esse imaginário independente, e construir, sobre ele, os valores do mundo europeu.

Lamentavelmente, não temos registros históricos de um Direito Penal Indígena. Por não ser escrito, pouca coisa sobreveio aos tempos atuais. O certo é que o esboço de direito penalizador de que temos notícia pode nos levar, apenas, para uma interpretação de que, entre os índios brasileiros, imperava o verdadeiro estado de vingança a atemorizar o grupo.

11. O Direito dos indígenas nas Constituições

Sem fugir ao nosso tema, mas ampliando a sua análise, pode-se perceber que a questão da convivência da cultura indígena com a nossa, vem sendo tratada, ao longo dos anos, com verdadeiro desprezo pelas nossas constituições. Apesar da atenção dispensada pelo legislador constituinte, deve-se anotar o fato de que o indígena não está contemplado pelas benesses do novo Código Civil. Toda a sua questão está remetida para a Lei Especial, o que os excluem do universo dos outros grupos sociais.

A respeito da primeira Constituição Brasileira, já nascida sob o manto do autoritarismo, vez que outorgada pelo Imperador, decidiu-se negar, com o seu silêncio, qualquer reconhecimento à existência das sociedades indígenas. Isso que, nas discussões anteriores à independência, havia inúmeras referências e alusões ao tema indígena. A própria independência não teve forças para modificar a característica da política colonialista e expropriatória do Brasil, que continuou sendo uma nação dependente, escravagista, latifundiária e com uma economia calcada no seu elemento monocultor.

A razão, para a manutenção da velha ordem colonialista, estava no fato de que nossas elites ainda seguiam os costumes da corte portuguesa. Os que antes sustentavam a relação colonial eram os que, durante a independência, ocuparam cargos para a condução dos destinos do novo país.

Já o Ato Institucional de 1834, construído no momento em que o Primeiro Império estava desaparecendo, em 1831, com a abdicação, perdia-se, definitivamente, a possibilidade de um retorno a uma visão mais atual em relação ao problema indígena.

Com a morte de D. Pedro I, transferiu-se às Assembléias Provínciais a competência e a responsabilidade da promoção da catequese, e da civilização indígena, bem como a tarefa de se estabelecer colônias, no território nacional, destinadas aos povos silvícolas. É de se destacar que o interesse essencial do legislador não era a manutenção de uma plurietnicidade encontrada em nosso país, dito de forma pejorativa "tupiniquim", mas sim, na implementação de colônias, com a promoção de imigração europeia. Isso, sem dúvida veio favorecer e impulsionar o aviltamento e a destruição de povos e terras indígenas.

Depois, apesar da forte influência do Positivismo na nova Carta Constitucional, pregando o respeito à cultura multifacetada, é imperioso reconhecer que não houve inserção alguma, no texto legal constitucional, promulgado em 1891.

A respeito das sociedades indígenas, sobre sua diversidade cultural, seus territórios, sua cosmologia, sua cultura e realidade ímpar, nem uma só palavra foi proferida pelo legislador republicano.

Mais uma vez, decidiu-se ignorar os povos silvícolas. E esse silêncio não é fruto do acaso, mas de uma deliberada visão de mundo daqueles grupos aos quais pertencia a nossa elite política e cultural.

É assim que Manuela Carneiro da Cunha destaca, de forma contundente, a situação legal do índio: "Se a lei não pode ser confundida com uma descrição da realidade, a realidade, por seu lado, não pode ilidir a existência da lei, que a inflecte. Mas lei é, em si mesma, uma forma de realidade: a maneira como parcelas de uma classe dominante representam-se a si mesmas e a ordem social".[38]

Com o fim da primeira República, conhecida como oligárquica, e já sob o manto da Revolução de 1930, e, também, como resultado da revolta paulista de 1932, houve a elaboração de uma nova Constituição, a qual tinha como principal escopo dar suporte legitimador ao novo governo.

Em sendo assim, a Carta Magna de 1934 finalmente acabou por abordar a questão do índio no Brasil, mas, tragicamente, sob a mesma visão do período colonial. Tal Carta, em seu artigo 5º, inciso XIX, letra "m", enfatizava a incorporação dos silvícolas à comunhão nacional.

O que se pretendia era, não o respeito à diferença, mas sim, a consolidação de uma ideia de nação que não admitia a diferença de um grupo tão particular quanto o dos indígenas.

Ficou, portanto, ali, clara e evidentemente, o não reconhecimento da diversidade cultural existente nas sociedades indígenas, assim como, a multietnicidade brasileira, característica peculiar de nosso país.

Essa mesma Carta Magna, no artigo 129, reconhecia, surpreendentemente, o direito à posse da terra aos índios que estavam "permanentemente", nela localizados, ou seja, os índios que estivessem em constante ocupação de suas terras.

Todavia, não era um direito de propriedade, pois que, excluído da vida civil, o indígena não tinha a prerrogativa de direitos. E isso fica claro no fato de que se vedava à alienação dessas terras.

Com o golpe de 1937 e a implantação do Estado Novo, o governo não modificou o *status* dos povos indígenas, mantendo-os segregados e distantes do cenário cultural nacional.

Em 1946, com o processo de redemocratização do país, passaram a ocorrer novas discussões sobre o relacionamento entre o Estado e os povos indígenas. Mas, apesar da formação do Congresso Constituinte, ainda assim prevaleceu a ideologia predominante, de "incorporação dos silvícolas à comunhão nacional", mas, curiosamente, afirmando-se, novamente, o não direito à propriedade das terras habitadas por eles, os indígenas. Com o regime instaurado em 1964, outra Constituição foi outorgada ao país, em 1967. Na prática, as Constituições desde 1937 até 1969, quase nada divergiram da ideia de "incorporação indígena" e a posse de suas próprias terras.

---

[38] CUNHA, Manuela Carneiro. *Os Direitos dos Índios*, São Paulo: Brasiliense, 1987, p. 2.

Com a formação do Poder Constituinte, num processo democrático de elaboração da Carta Magna de 1988, foram reconhecidos importantes direitos inerentes às sociedades indígenas, assim como houve a continuidade do reconhecimento da posse da terra aos índios que nela tradicionalmente estivessem ligados.

Explicitou também a nova Constituição, e esse foi o grande passo em busca de uma nova política para as comunidades indígenas, a diferença cultural e linguística entre esses povos, assim como a consulta obrigatória a eles, em caso de aproveitamento de recursos naturais, de parte de terceiros em suas terras.

Pela primeira vez, uma Constituição reconhece a diversidade cultural e o direito à multietnicidade dos povos indígenas.

Ressalte-se que essa valorização dos povos indígenas somente foi possível mediante as pressões exercidas por diferentes povos junto ao Congresso Nacional, assim como a participação efetiva de diversas ONGs, Associações Científicas, Antropólogos, Juristas, Religiosos etc.

Aos povos indígenas foi reconhecido, através da Carta Magna de 1988, o direito de defesa de seus interesses junto ao Poder Judiciário, impedindo, assim, o Estado de decidir e impor medidas sem que haja prévio consentimento das populações indígenas.

Assegurou-se, ainda, a educação indígena através da utilização das línguas nativas e dos seus próprios processos de aprendizagem.

A nossa atual Constituição Federal é, sem dúvida, um importante e indispensável instrumento na perpetuação de etnias diversificadas, de continuidade de línguas e tradições dos povos indígenas brasileiro.

12. Gênese do Código Penal brasileiro

Pouco se tem falado sobre as origens do Código Penal brasileiro. Fazem-se necessários, sem dúvida, alguns registros sobre a sua verdadeira etiologia, a fim de que se possam entender as próprias causas de sua ineficácia no combate à criminalidade.

Desde algum tempo após o Descobrimento, até mesmo depois da Independência, a nossa legislação penal foi regida pelo livro V das Ordenações Filipinas de 1603, reformadas por D. João VI, em 1643.

Experimentamos, no início de nossa vida jurídica, a vigência de uma legislação verdadeiramente iníqua, tanto que ficou conhecida como a *"famigerada lei"*, tal a sua inconsequência e ilegalidade. Apenas para exemplificar, ela determinava que o delinquente deveria ser julgado conforme a *gravidade do caso* e a *qualidade do ofendido*.

Permitia privilégios aos potentados e pena de morte aos humildes. Mandava que se executasse o réu pelo fogo, nos crimes de adultério e de incesto, e como bem nos reporta Ary Franco, fazia distinção entre o nobre e o peão, sendo que, para aquele, geralmente a pena era a de multa, e para este, quase sempre a de morte.

Com a proclamação da Independência em 7 de setembro de 1822, o livro V das Ordenações Filipinas continuou vigendo até o evento da lei de 23 de novembro de 1823, que abrandava um pouco a legislação anterior.

O advento da Constituição de 25 de março de 1824 obrigou o surgimento de disposições mais liberais, ainda que não satisfizessem as ambições nacionais. Depois da outorga constitucional que expressamente trazia em seu bojo a semente de uma nova legislação, surgiu, em 3 de junho de 1826, o que restou conhecido como projeto José Clemente Pereira, primeiro esboço do que poderia servir de base para um código criminal.

Quase um ano após, em 16 de maio de 1827, Bernardo Pereira de Vasconcellos apresentava outro projeto que, apreciado pelas câmaras de representantes, foi transformado em lei, e que passou a ser conhecido como o *Código Criminal do Império*. Referendado pelo Visconde de Alcântara, foi sancionado pelo Imperador D. Pedro I, no dia 16 de dezembro de 1830. Quatro partes compunham a legislação que passaria a vigorar: a primeira, tratando dos crimes e das penas; a segunda, dos crimes públicos; a terceira, dos crimes particulares e, por fim, a quarta, que tratava dos chamados crimes policiais. E, foi aí que, pela primeira vez, fez-se a separação entre os crimes e as contravenções.

Segundo todos os comentadores da época, tratava-se de uma elaboração de erudição jurídica invulgar e de uma pureza gramatical de causar inveja a qualquer outra legislação contemporânea, ainda que nela se mantivessem as penas de galés e a pena de morte. Ao longo do tempo, veio a sofrer algumas modificações, umas a melhorar-lhe o conteúdo, outras para piorar-lhe, como por exemplo, a lei de 10 de junho de 1835, que mandava punir os escravos com a pena de açoite, medida esta revogada somente em 1886. Não tratava nem do homicídio e nem das lesões culposas. Tais tipos penais somente passaram a existir com a lei de 20 de setembro de 1871. As penas de galés e as de prisão perpétua foram substituídas pela pena de 30 anos de prisão, através do Decreto nº 774, de 20 de setembro de 1890.

Com a lei de 13 de maio de 1888, que extinguia a escravidão, iniciou Joaquim Nabuco um trabalho visando à adaptação do Código Criminal do Império às novas situações políticas e sociais que o momento impunha. E coube a João Vieira de Araújo a apresentação do novo projeto, reformando o Código até então vigente.

Uma comissão revisora foi nomeada pelo imperador. Seu parecer foi pela reforma total do Código. Para isso, em julho de 1889, o ministro da justiça do Império, conselheiro Cândido de Oliveira, encarregou o conselheiro Baptista Pereira da missão de elaborar o projeto de reforma do código imperial, o que efetivamente realizou-se.

Poucos meses após, em 15 de novembro de 1889, sobrevindo a Proclamação da República, o projeto foi relegado a um segundo plano, até que o novo ministro da justiça, Dr. Manoel Ferraz de Campos Sales entregou ao mesmo conselheiro Baptista Pereira, a incumbência da apresentação de um novo projeto de código penal.

O projeto definitivo, apresentado em 20 de setembro de 1890, foi revisado por uma comissão formada pelos senhores Barão de Sobral, Antônio Luiz dos Santos Werneck e pelo jurista Belford Duarte.

Sancionado, transformou-se no Decreto nº 847, de 11 de outubro de 1890, não mais como código criminal, e sim, como o "Código Penal da República". Com 412 artigos, abrangendo quatro partes distintas, o Código se dividia em uma primeira parte, a geral, com seis títulos, que ia do art. 1º ao 86; a segunda, com o capítulo dos crimes em espécie, contendo 13 títulos, indo do art. 87 ao 363; a terceira, o título das contravenções penais com também 13 capítulos, do art. 304 ao 404, e por fim, as disposições gerais, que iam dos 405 ao 412.

Ora, tendo surgido quatro meses antes da Constituição Federal de 1891, tornou-se anacrônico ante os novos dispositivos constitucionais. Tanto é verdade que, ao longo de sua existência, sofreu com mais de trinta leis que o modificaram grandemente.

Só para termos uma ideia, entre tantas, tivemos a Lei nº 30, de 8 de janeiro de 1892, que estabelecia os crimes de responsabilidade do presidente da República; a Lei nº 38, de 30 de janeiro de 1892 que regulava a extradição de delinquentes; a Lei nº 628, de 24 de outubro de 1899, que ampliava a ação penal e estabelecia que os crimes de furto de valor superiores a Rs 200$000 (duzentos mil réis) passavam a ser inafiançáveis; a Lei nº 2.210, de 30 de outubro de 1899, criando o crime de peculato; a Lei nº 2.992, de 25 de setembro de 1915, regulando os crimes de corrupção de menores e o lenocínio, com o fim de terminar com o tráfico de mulheres brancas, citando-se aqui apenas as mais conhecidas.

As Lei nº 4.294, de 6 de junho de 1921, e o Decreto nº 20.930, de 11 de janeiro de 1932, já visavam à repressão ao uso de tóxicos e entorpecentes. Neste período, foi criado, pelo Decreto nº 17.974-A, o Código de Menores. Como última medida, surgiu o Decreto nº 22.213, de 14 de dezembro de 1932, da lavra do desembargador Vicente Piragibe, que se tornou conhecido como a *Consolidação das Leis Penais Brasileiras*. Era o resultado de um estudo iniciado por aquele consagrado mestre, em 1926. Resumindo: além da série de leis e decretos que se multiplicavam no sentido de atualizar o código penal, tivemos o surgimento de vários anteprojetos, entre eles, o de Galdino Siqueira em 1913, e o de Virgílio de Sá Pereira, em 1928.

13. A legalidade e as nossas leis penais

Há que se conhecer qual o âmbito filosófico e em quais momentos políticos foram geradas as nossas leis penais. Quais os estágios políticos em que vivia o nosso país, a cada momento de sua proliferação legislativa penal. Por questões didáticas, há de se abstrair o período que vai do Brasil Colônia, ou seja, aquele da vigência do Livro V das Ordenações Filipinas.

O certo seria até 1830, quando do sancionamento do Código Penal Imperial. Sem dúvida que no período do Vice-Reinado, as leis penais eram tidas como de inspiração divina, reveladas ao soberano, cuja agressão se constituía crime maior, qual seja, o de lesa-majestade. A legitimidade destas leis era da origem divina, nada tendo de democráticas e muito menos de humanas.

O Código Criminal do Império teve origens espúrias, pois que, ainda que o imperador D. Pedro I tivesse convocado uma Assembleia Constituinte, com poderes para elaborar a Constituição, foi ela dissolvida, restando-lhe, então, lavrar e outorgar a nossa primeira Lei Magna.

O Código Criminal do Império, então, surgiu de um período de obscurantismo, onde o imperador, fechando o Congresso, governou ditatorialmente e sempre através de decretos.

De outro lado, o nosso Código Republicano não fugiu à regra, nascendo no ventre da primeira ditadura militar republicana. É que, dado o golpe militar que alijou a família real do país, instituiu-se, sem a outorga popular, o governo provisório liderado por Deodoro da Fonseca. Para que se tenha um perfeito entendimento da identidade de linhas de posicionamento vindos desde o Império, basta que se saiba que tinha o nosso primeiro Código Republicano aqueles mesmos ranços do código anterior.

Como pórtico, trazia as mesuras e reverências: "O Generalíssimo Manuel Deodoro da Fonseca, chefe do Governo Provisório da República dos Estados Unidos do Brasil, constituído pelo Exército e Armada em nome da Nação, tendo ouvido o Ministro dos Negócios da Justiça e reconhecendo a urgente necessidade de reformar o regime penal, decreta o seguinte Código Penal da República dos Estados Unidos do Brasil".

A renúncia do generalíssimo trouxe ao poder o Marechal Floriano Peixoto, a quem sem motivo atribuíram o epíteto de "O Marechal de Ferro". Durante o seu governo imperou o estado de sítio, e muitos foram os brasileiros ilustres que morreram pela democracia ou que tiveram que amargar as dores do exílio. Entre os políticos vítimas deste período destacam-se o conselheiro Ruy Barbosa, Carlos de Laet, José do Patrocínio, o poeta Olavo Bilac e outros.

O Rio Grande do Sul viveu essa época com verdadeiro estoicismo, tendo como a máxima da reação democrática na Revolução Federalista de fevereiro de 1893, onde lutou pelo fim do *governicho* e pelo restabelecimento da legalidade.

O Código Penal tornou-se inerte e inútil ante as arbitrariedades do poder, em que a degola campeava, especialmente no Rio Grande do Sul.

Entre tantos mortos que caíram por terra vítimas das degolas, pode-se lembrar a figura magnífica do Almirante Saldanha da Gama, perseguido pelas gentes do famoso coronel João Francisco Pereira de Souza.

Durante os períodos de governo de Epitácio Pessoa, Wenceslau Braz e Arthur Bernardes, eram comuns os períodos de estado de sítio, deles explodindo vários movimentos revolucionários como o de 1922, com os 18 do Forte de Copacabana, o de 1923 no Rio Grande do Sul, o de 1924 em São Paulo, a Coluna Prestes em 1926, períodos estes em que o Código Penal era substituído por senhas, recados, ordens ou bilhetes, partidos dos donos do poder e que eram cegamente obedecidos.

O que se poderia dizer até aqui do então Código Penal é que era usado, especialmente no norte e no nordeste, somente quando representasse a vontade dos *coronéis*. No sul, a situação não era muito diferente, pois não raro que os nossos *coronéis* mantivessem tropas muito mais bem armadas do que o próprio exército e a polícia militar.

Enfim, sobreveio a Revolução de 1930, e com ela a onda de esperanças de legalização nacional que satisfizesse os anseios do povo brasileiro. O gosto pelo poder, entretanto, foi retardando a realização das promessas feitas durante a campanha da Aliança Liberal na campanha sucessória, e a não legalização do país acabou por gerar a Revolução Constitucionalista de São Paulo, em 1932.

Pressionado, o ditador faz realizar eleições à Assembléia Geral Constituinte em 1934 e, pela via indireta, elege-se presidente da República. Nesse período, é nomeada pelo Senado Nacional a comissão revisora do Código de 1890.

Nomes ilustres a compunham: Virgílio de Sá Pereira, Bulhões Pedreira e Evaristo de Morais. Surgiu daí o projeto n° 118-A, de 1935, que foi posto à apreciação do Ministro da Justiça. Mobilizou-se o mundo jurídico brasileiro para debater o projeto elaborado pela comissão governamental e, em sessão instalada às 21 horas do dia 18 de junho de 1936, na sede do Instituto da Ordem dos Advogados Brasileiros, situado na rua Teixeira de Freitas, deu-se a abertura da Primeira Conferência Brasileira de Criminologia, promovida pela Sociedade Brasileira de Criminologia, cuja finalidade única fora o estudo do projeto do novo Código Penal brasileiro.

Eis alguns dos tantos que lá compareceram e que, com o seu saber jurídico, tanto enriqueceram aquela que poderia ter sido a nossa maior legislação penal. Além dos autores do projeto, Drs. Virgílio de Sá Pereira, Bulhões de Carvalho e Evaristo de Morais, assinaram a ata os professores Vicente Piragibe, Mário Bulhões Pedreira, Lemos de Brito, Jorge Severiano, Heitor Carrilho, Astolpho Rezende, Narcélio de Queiroz, o Ministro Carvalho Mourão, Cândido Mendes de Almeida, Xavier do Prado, Joaquim Werneck, Otto Gil, Philadelpho de Azevedo, Macedo Soares, Eduardo Espíndola Filho, Roberto Lyra, Antônio Eugênio Magarino Torres, Lúcio Bittencourt, Nélson Hungria, Oscar Tenório, Santiago Dantas, Yolanda de Mendonça – única mulher a debater o projeto – Luiz Vianna Filho, Gualter Lutz, Vieira Braga e muitos outros.

Durante quinze sessões debateu-se profundamente o projeto, tendo ele, sem dúvidas, saído de lá muito mais enriquecido. A 8 de julho de 1936, com todas as teses debatidas e bem examinadas, foi o projeto com sua redação final enviado ao Congresso Nacional.

Mas, lamentavelmente, os ventos universais não anunciavam bom tempo para as democracias. A Rússia, desde 1917, a banira de seus planos. A Alemanha, com a social democracia de Hitler, seduzia muitos líderes brasileiros, o mesmo acontecendo com a Itália fascista de Mussolini.

Em 10 de novembro de 1937, o presidente Getúlio Vargas fechou o Congresso, decretando o Estado Novo e, com isso, as garantias constitucionais desapareceram. Foi de imediato outorgada uma Constituição que se espelhou na da Polônia, e o projeto de Código Penal se perdeu no esquecimento e nas proibições do Departamento de Imprensa e Propaganda, o famigerado DIP.

O mesmo Ministro da Justiça que fora o autor da "Polaca", apelido dado à Carta de 1937, com força no seu art. 180, delegou ao Prof. Alcântara Machado a responsabilidade de revisar o Código Penal, então vigente desde 11 de outubro de 1890. Por certo que, admirador das ideias da época, Alcântara Machado, ao apresentar ao Ministro da Justiça, Francisco Campos, o anteprojeto da parte geral do Código Criminal brasileiro, o fez citando Adolfo Zerboglio: "Tutto il Codice Penale, in funzione del regime político, dal quale deriva, è, come reazione a precedenti eccessi di indulgenza – riverbero anch'esso di conformi condizioni sociali – intonato a severità coll'obbietto di difendere lo Stato da quele forze dissolvitrici che sono assai diffuse e profonde nel mondo moderno, per la sua struttura, por il numero di coloro che partecipano consapevolmente alla vita pubblica, e per la complessità degli interessi che si contendono in campo...".

O modelo escolhido, como se viu, deveria ser em função do regime político, e o Código, em vez de representar uma garantia ao cidadão, falava na *severità coll'obbietto di difendere lo Stato*. Passamos a viver, de 1937 a 1945, um período de plena ditadura, onde os direitos primordiais do cidadão foram totalmente subtraídos. E deste ventre viria surgir, mais tarde, o nosso Código Penal. Note-se: ainda que o ditador governasse o tempo todo por decreto, e onde os crimes maiores, como o de lesa-majestade, fossem mantidos e regidos por uma lei superior a todas as demais leis: A *Lei de Segurança Nacional*.

Nosso Código Penal veio ao mundo em dezembro de 1940, tendo sido gerado no mesmo ventre e parido na mesma maternidade na qual nascera o Código Penal do Império e o da Primeira República: o ventre das exceções democráticas.

Em resumo, todos os nossos Códigos Penais foram filhos das ditaduras. Nenhum deles floresceu em regime democrático. E mais, a reforma da parte geral do atual Código traz a assinatura de um Ministro que se vinculou a notícias nada enaltecedoras, vinculadas aos negócios de pedras semipreciosas.

Por fim, a etiologia de nossa legislação penal está intimamente ligada aos períodos de obscurantismo democrático. Mantém os cacoetes do despotismo, pensando em combater a violência com a própria violência. O grande temor é o de que possamos terminar caindo na consagração da pena de morte e, mesmo assim, a criminalidade continuará a aumentar em proporções geométricas.

Editou-se uma lei qualificando alguns crimes como hediondos, como a se dizer que os demais não seriam tão reprováveis, eis que não hediondos. Parece hedionda a lei, por manietar o juiz. Montesquieu dizia que toda a pena que não derivasse da absoluta necessidade seria tirânica. Beccaria afirmava que a moral política não poderia oferecer à sociedade qualquer vantagem perdurável, se não estivesse baseada em sentimentos indeléveis do coração do homem.[39]

Estaria na hora de se constituir uma nova comissão composta de pessoas experientes que, aos moldes daquela plêiade de sábios reunidos em 1936, no Instituto da Ordem dos Advogados Brasileiros, para se fazer um aprofundado estudo sobre a nossa legislação penal, caso contrário, estaremos lotando presídios sem combatermos as verdadeiras causas da criminalidade.

A atual legislação penal mantém todos os vícios do despotismo. E por isso, ao caso desta doença brasileira, de péssimo prognóstico, tem sido administrada uma terapêutica equivocada, simplesmente por erro de diagnóstico.

Desobedecem-se, com a maior naturalidade, todos os princípios que humanizaram o direito penal, desde a própria definição do crime, com a criação de delitos específicos, como o de bando e quadrilha (*nullum crimen sine lege*), criam-se punições indesejáveis (*nulla poena sine lege*), esquece-se da proporcionalidade da pena (*nulla poena commensurari debet delicto*), restringe-se o direito de defesa (*nemo potest inauditus damnari*), desobedece-se ao princípio da dúvida (*in dubiis réus est absolventu*), dá-se interpretação desfavorável ao réu (*favorabilia sunt amplianda, odiosa restringenda*) e a pior de todas as desobediências, o da presunção da inocência (*innocentia praesumitur ante condemnationem*), sem se falar no modo que a legislação e a jurisprudência se comportam, no que diz respeito aos crimes contra o erário público que, em vez de cobrar os débitos, mata a possibilidade de reavê-los.

A criminalidade continua crescendo assustadoramente, sem que se possa ter a esperança de vê-la reprimida, pois que não mais se termina com a criminalidade, simplesmente envia-se o infrator à cadeia. Resta-nos, concluindo, meditar sobre a eterna lição que nos ensinou Beccaria: "Tanto mais justas são as penas quanto mais sagrada e inviolável é a segurança e maior a liberdade que o soberano dá aos súditos. Consultemos o coração humano e nele encontraremos os princípios fundamentais do

---

[39] BECCARIA, Cesare. *Dos Delitos e das Penas*. São Paulo: Hemus, 1971, p. 14.

verdadeiro direito do soberano de punir os delitos, pois, não se pode esperar nenhuma vantagem durável da política moral, se ela não se fundamentar nos sentimentos indeléveis do homem".[40]

14. Os primeiros julgamentos

> "Porque deste ouvido à voz de tua mulher, e comeste da árvore,
> de que eu tinha te ordenado que não comesses, a terra será maldita por tua causa;
> tirarás dela o sustento com trabalhos penosos, todos os dias da tua vida.
> Ela te produzirá espinhos e abrolhos, e tu comerás a erva da terra".
> (Gênesis)

Com o anátema bíblico, o homem teve que sofrer, especialmente por não ter ouvido a voz de Deus quando no paraíso. Das controvérsias se originaram os julgamentos. De início, como veremos, públicos, todos eles apelando para as decisões anteriormente tomadas e que se constituíam em costumes.

Com o passar dos tempos, esses costumes passaram a ser catalogados, despontando o direito escrito, então representado pela lei.

A lei tinha que ser cumprida. Surgiram, então, os julgamentos públicos, com a participação dos cidadãos que aos poucos passou a ser regulamentada.

Esse tipo de julgamento tem uma tradição que remonta às próprias raízes do ser humano, a partir da sua sociabilidade primeira.

Muito antes de a Grécia chamar o povo para decidir em praça pública, já encontramos, quer no Deuteronômio, no Êxodo, no Levitício, ou na própria linguagem do direito mosaico, a referência ao Conselho dos Anciãos, ou ao Grande Conselho.

E para alguns já o encontraríamos na própria legislação hebraica, a fonte dos primeiros fundamentos e dos primeiros passos que nos levaram ao júri popular.

Sua constituição à época já era de cidadãos escolhidos entre os populares, exigindo-se apenas que a idade mínima fosse de 30 anos, que mantivessem reputação ilibada e que estivessem quites com o tesouro público.

Note-se que o próprio Moisés foi quem estabeleceu para o funcionamento do Tribunal Ordinário, ou do Conselho dos Anciãos, um sorteio para a escolha dos juízes que julgariam os seus concidadãos.

Impunha-se o chamado voto de consenso. É claro que não se pretende aqui mais do que se dar um voo rápido sobre a história dos julgamentos, e sim trazer conhecimentos suficientes para que se veja que sua origem se perde na poeira dos tempos.

Mas, ao certo, é que, desde lá que vêm embutidos os princípios ainda hoje consagrados pelos povos mais civilizados do mundo.

Seja desde o Maometanismo, seja desde o Cristianismo, todos os povos herdaram e desenvolveram os melhores princípios da decisão popular, vivificados ainda hoje nas mais modernas legislações.

O júri popular acompanhou o desenvolvimento dos povos, vindo através dos *Judices* dos romanos, dos *Dilastas* gregos, ou nos *Centeni Comites* dos primitivos

---

[40] WEINMANN, Amadeu de Almeida. Gênese do Código Penal Brasileiro, in *Revista Síntese*, nº 13, Porto Alegre.

germânicos, e foi até a Inglaterra para receber os primeiros traços de sua fórmula definitiva, especialmente depois da conquista da Normandia sob Henrique II, transportando-se, em seguida para a França de então, nos rudimentos ainda grosseiros de suas *Capitulares.*

15. O justo e a justiça política

Segundo Rui Barbosa, exemplo maior da arte da argumentação em nosso país, o direito é um exercício que busca trilhar o objetivo em direção a um fim maior, que é o da justiça e que, todavia, por ser aplicado aos homens, e ao seu mundo, não pode prescindir do olhar atento, sereno, razoável do julgador. Destacamos da obra de Rui o trecho que abaixo transcrevemos:

"Para os que vivemos a pregar à república o culto da justiça como o supremo elemento preservativo do regímen, a história da paixão, que hoje se consuma, é como que a interferência do testemunho de Deus no nosso curso de educação constitucional. O quadro da ruína moral daquele mundo parece condensar-se no espetáculo da sua justiça, degenerada, invadida pela política, joguete da multidão, escrava de César. Por seis julgamentos passou Cristo, três às mãos do dos judeus, três às dos romanos, e em nenhum teve um juiz.

Aos olhos dos seus julgadores, refulgiu sucessivamente a inocência divina, e nenhum ousou estender-lhe a proteção da toga. Não há tribunais que bastem para abrigar o direito, quando o dever se ausenta da consciência dos magistrados.

Grande era, entretanto, nas tradições hebraicas, a noção da divindade do papel da magistratura. Ensinavam elas que uma sentença contrária à verdade afastava do seio de Israel a presença do Senhor, mas que, sentenciando com inteireza, quando fosse apenas por uma hora, obrava o juiz como se criasse o universo, porquanto era na função de julgar que tinha a sua habitação entre os israelitas a majestade divina. Tampouco valem, porém, leis e livros sagrados, quando o homem lhes perde o sentimento, que exatamente no processo do justo por excelência, daquele em cuja memória todas as gerações até hoje adoram por excelência o justo, não houve no código de Israel norma que escapasse à prevaricação dos seus magistrados.

No julgamento instituído contra Jesus, desde a prisão, uma hora talvez antes da meia-noite de quinta-feira, tudo quanto se fez até ao primeiro alvorecer da sexta-feira subsequente, foi tumultuário, extrajudicial, atentatório dos preceitos hebraicos.

A terceira fase, a inquirição perante o sinedrim foi o primeiro simulacro de formação judicial, o primeiro ato judicatório que apresentou alguma aparência de legalidade, porque ao menos se praticou de dia. Desde então, por um exemplo que desafia a eternidade, recebeu a maior das consagrações o dogma jurídico, tão facilmente violado pelos despotismos, que faz da santidade das formas a garantia essencial da santidade do direito.

O próprio Cristo delas não quis prescindir. Sem autoridade judicial o interroga Anás, transgredindo as regras assim na competência, como na maneira de inquirir; e a resignação de Jesus ao martírio não se resigna a justificar-se fora da lei: 'Tenho falado publicamente ao mundo. Sempre ensinei na sinagoga e no templo, a que afluem todos os judeus, e nunca disse nada às ocultas. Por que me interrogas? Inquire dos que ouviam o que lhes falei: esses sabem o que eu lhes houver dito'. Era apelo às instituições hebraicas, que não admitiam tribunais singulares, nem testemunhas singulares. O acusado tinha jus ao julgamento coletivo, e sem pluralidade nos depoimentos criminadores não poderia haver condenação. O apostolado de Jesus era ao povo. Se a sua prédica incorria em crime, deviam pulular os testemunhos diretos. Esse era o terreno jurídico. Mas, porque o filho de Deus chamou a ele os seus juízes, logo o esbofetearam. Era insolência responder assim ao pontífice. 'Sic respondes pontifici?' 'Sim', revidou Cristo, firmando-se no ponto de vista legal: 'Se mal falei, traze o testemunho do mal; se bem, por que me bates?'

Anás, desorientado, remete o peso a Caifás. Este era o sumo sacerdote do ano. Mas, ainda assim, não, não tinha a jurisdição, que era privativa do conselho supremo. Perante este já muito antes descobrira o genro de Anás a sua perversidade política, aconselhando a morte a Jesus, para salvar a nação. Cabe-lhe agora levar a efeito a sua própria malignidade, 'cujo resultado foi a perdição do povo, que ele figurava salvar, e a salvação do mundo, em que jamais pensou'.

A ilegalidade do julgamento noturno, que o direito judaico não admitia nem nos litígios civis, agrava-se então com o escândalo das testemunhas falsas, aliciadas pelo próprio juiz, que, na jurisprudência daquele povo, era especialmente instituído como o primeiro protetor do réu. Mas, por mais falsos testemunhos que promovessem, lhe não acharam a culpa que buscavam. Jesus calava. *Jesus autem tacebat*. Vão perder os juízes prevaricadores a segunda partida, quando a astúcia do sumo sacerdote lhes sugere o meio de abrir os lábios divinos do acusado. Adjura-o Caifás em nome de Deus vivo, a cuja invocação o filho não podia resistir. E diante da verdade, provocada, intimada, obrigada a se confessar, aquele que a não renegara, vê-se declarar culpado de crime capital: *Reus est mortis*. 'Blasfemou! Que necessidade temos de testemunhas? Ouvistes a blasfêmia'. Ao que clamaram os circunstantes: 'é réu de morte'.

Repontava a manhã, quando a sua primeira claridade se congrega o sinedrim. Era o plenário que se ia celebrar. Reunira-se o conselho inteiro. *In universo concilio*, diz Marcos. Deste modo se dava a primeira satisfação às garantias judiciais. Com o raiar do dia se observava a condição da publicidade. Com a deliberação da assembléia judicial, o requisito da competência. Era essa a ocasião jurídica. Esses eram os juízes legais. Mas juízes que tinham comprado testemunhas contra o réu não podiam representar senão uma infame hipocrisia da justiça. Estavam mancomunados, para condenar, deixando ao mundo o exemplo, tantas vezes depois imitado até hoje, desses tribunais, que se conchavam de véspera nas trevas, para simular mais tarde, na assentada pública, a figura oficial do julgamento.

Saía Cristo, pois, naturalmente condenado pela terceira vez. Mas o sinedrim não tinha o *jus sanguinis*. Não podia pronunciar a pena de morte. Era uma espécie de júri, cujo *veredictum*, porém, antes opinião jurídica do que julgado, não obrigava os juízes romanos. Pilatos estava, portanto, de mãos livres para condenar ou absolver. 'Que acusação trazeis contra este homem?' assim fala por sua boca a justiça do povo, cuja sabedoria jurídica ainda hoje rege a terra civilizada. 'Se não fosse um malfeitor, não to teríamos trazido', foi a insolente resposta dos algozes togados. Pilatos, não querendo ser executor num processo de que não conhecera, pretende evitar a dificuldade, entregando-lhes a vítima: 'Tomai-o, e julgai-o segundo a vossa lei'. Mas, replicam os judeus, bem sabes que 'nos não é lícito dar a morte a ninguém'. O fim é a morte, e sem a morte não se contenta a depravada justiça dos perseguidores.

Aqui já o libelo se trocou. Não é mais de blasfêmia contra a lei sagrada que se trata, senão de atentado contra a lei política. Jesus já não é o impostor que se inculca filho de Deus: é o conspirador, que se coroa rei da Judéia. A resposta de Cristo frustra ainda uma vez, porém, a manha dos caluniadores. Seu reino não era deste mundo. Não ameaçava, pois, a segurança das instituições nacionais, nem a estabilidade da conquista romana. 'Ao mundo vim', diz ele, 'para dar testemunho da verdade. Todo aquele que for da verdade, há de escutar a minha voz'. A verdade? Mas 'que é a verdade'? Pergunta definindo-se o cinismo de Pilatos. Não cria na verdade, mas a da inocência de Cristo penetrava irresistivelmente até o fundo sinistro dessas almas, onde reina o poder absoluto das trevas. 'Não acho delito a este homem', disse o procurador romano, saindo outra vez ao meio dos judeus.

Devia estar salvo o inocente. Não estava. A opinião pública faz questão da sua vítima. Jesus tinha agitado o povo, não ali só, no território de Pilatos, mas desde a Galiléia. Ora acontecia achar-se presente em Jerusalém o tetrarca da Galiléia, Herodes Antipas, com quem estava de relações cortadas o governador da Judéia. Excelente ocasião para Pilatos lhe reaver a amizade, pondo-se, ao mesmo tempo, de boa avença com a multidão inflamada pelos príncipes dos sacerdotes. Galiléia era o *forum originis* do Nazareno. Pilatos envia o réu a Herodes, lisonjeando-lhe com essa homenagem, a vaidade. Desde aquele dia um e outro se fizeram amigos, de inimigos que eram. *Et facti sunt amici Herodes et Pilatus in ipsa die; nam antea inimici erant ad invicem.* Assim se reconciliam os tiranos sobre os despojos da justiça.

Mas Herodes também não encontra por onde condenar a Jesus, e o mártir volta sem sentença de Herodes a Pilatos, que reitera ao povo o testemunho da intemerata pureza do justo. Era a terceira vez que a magistratura romana a proclamava. *Nullam causam inveni in homine isto ex his, in quibus eum accusatis.* O clamor da turba recrudesce. Mas Pilatos não se desdiz. Da sua boca irrompe a quarta defesa de Jesus: '*Que ma fez esse ele? Quid enim mali fecit iste?*' Cresce o conflito, acastelam-se as ondas populares. Então o procônsul lhes pergunta ainda: 'Crucificareis o vosso rei?' A resposta da multidão em grita foi o raio, que desarmou as evasivas de Pilatos. 'Não conhecemos outro rei, senão César'. A esta palavra o espectro de Tibério se ergueu no fundo da alma do governador da província romana. O monstro de Cáprea, traído, consumido pela febre, crivado de úlceras, gafado da lepra, entretinha em atrocidades os seus últimos dias. Traí-lo era perder-se. Incorrer perante ele na simples suspeita de infidelidade era morrer. O escravo de César, apavorado, cedeu, lavando as mãos em presença do povo: 'Sou inocente do sangue deste justo'.

E entregou-o aos crucificadores. Eis como procede a justiça, que se não compromete. A história premiou dignamente esse modelo da suprema cobardia na justiça. Foi justamente sobre a cabeça do pusilânime que recaiu antes de tudo em perpétua infâmia o sangue do justo.

De Anás a Herodes o julgamento de Cristo é o espelho de todas as deserções da justiça, corrompida pelas facções, pelos demagogos e pelos governos. A sua fraqueza, a sua inocência, a sua perversão moral crucificou o Salvador, e continuam a crucificá-lo, ainda hoje, nos impérios e nas repúblicas, de cada vez que um tribunal sofisma, tergiversa, recua, abdica. Foi como agitador do povo e subversor das instituições que se imolou Jesus. E, de cada vez que há precisão de sacrificar um amigo do direito, um advogado da verdade, um protetor dos indefesos, um apóstolo de ideias generosas, um confessor da lei, um educador do povo, é esse, a ordem pública, o pretexto, que renasce, para exculpar as transações dos juízes tíbios com os interesses do poder. Todos esses acreditam, como Pôncio, salvar-se, lavando as mãos do sangue que vão derramar, do atentado que vão cometer. Medo, venalidade, paixão partidária, respeito pessoal, subserviência, espírito conservador, interpretação restritiva, razão de estado, interesse supremo, como quer te chames, prevaricação judiciária, não escaparás ao ferrete de Pilatos! O bom ladrão salvou-se. Mas não há salvação para o juiz cobarde".[41]

---

[41] BARBOSA, Rui. A Imprensa, Rio de Janeiro, 31 de março de 1899. *Obras Seletas de Ruy Barbosa*, v. VIII, p. 67-71, Rio de Janeiro: Ed. Casa de Rui Barbosa, 1957.

CAPÍTULO II

AS ESCOLAS PENAIS

1. História das escolas penais

O século da luzes, ainda que de nome pomposo, representou, em todos os campos da cultura, grandes transformações. Na política, nos costumes, no pensamento e no direito, os ventos das ideias iluministas abalaram as velhas certezas.

No caso particular do universo jurídico penal, os novos tempos registraram a emergência de paradigmas aceitos por um grande número de penalistas e estudiosos. A aproximação de ideias entre aqueles deu margem para o surgimento daquilo que se atreveu chamar de Escolas Penais.

Portanto, após o importante período do Renascimento e das consequentes descobertas de Copérnico, Kepler, Galileu, entre outros, e das ideias de Giordano Bruno, Maquiavel, Descartes, só para citar alguns, é que, finalmente, as limitações impostas pelos preceitos da Igreja conseguiram chegar ao fim.

Surgem as ideias que falam sobre a essência do homem, que, para o mundo jurídico penal, é tão importante. Segundo aqueles que acreditavam nas teses das leis naturais, a sociedade é que corrompia o homem, pois tinha a qualidade de corromper os princípios intrínsecos daquele. Como representantes expressivos, podem destacar Jonh Locke, Montesquieu, Voltaire e Rousseau.

No campo da justiça penal, depois das duras e críticas afirmações de Montesquieu contra os horrores de um sistema penal que só tinha como objetivo a mais cruel repressão, César Bonesana, O Marquês de Beccaria, jovem de 26 anos, publicou em 1764 o seu maravilho livro *Dos Delitos e Das Penas*.

Trata-se de uma obra que não apresenta muito rigor técnico ou científico. Na verdade, é mais um libelo sobre os horrores das leis penais de então, insistindo em seus argumentos sobre a separação entre a justiça divina e a justiça humana. Como se vê, o pensamento já percebia a necessidade de libertar o Estado da Igreja e, para isso, era imprescindível ao Estado conjugar independentemente o verbo, quer dizer, livre para determinar o delito e impor a sanção correspondente.

Beccaria indicou, ainda, uma série de reformas, mais ou menos profundas como, por exemplo, a abolição da pena de morte e da tortura. Todavia, é inegável que, graças ao seu pequeno livro, o caminho para a formação de uma escola estava aberto. Esta passará a ser conhecida como a "Escola Clássica".

Assim, estudando a origem das penas e os fundamentos do próprio direito de punir, Beccaria busca guarida nas ideias elaboradas pela teoria do Contrato Social, principalmente aquela desenvolvida por Jean Jacques Rousseau.

Sendo a vida em sociedade uma necessidade definitiva, certeza esta adquirida pelos homens a partir da dura experiência durante o seu estado de natureza, predominantemente marcado pelo medo, obrigou o homem a aceitar um único órgão repressor: o Estado.

Mas isso exigia sacrifício e renúncia. Quer dizer, todos os homens eram obrigados a renunciar a uma pequena parcela da sua liberdade, do seu poder, para a preservação da segurança e tranquilidade geral.

Viveriam sob a égide da soberania da nação, leia-se, do Estado que acabava por assumir para si a soma das concessões parciais daquela liberdade e daquele poder antes do homem como indivíduo.

Verdadeiro contrato, respeitando o princípio maior do predomínio da vontade, o Estado de Natureza desaparecia assim, para ver emergir o Estado Civil. Para Rousseau, tratava-se, ainda, de uma fase intermediária, já que propunha mais uma outra, derradeira, chamada de sociedade civil, fase em que só então aos homens estariam reservadas as condições essenciais para o bem viver.

Mas a Beccaria interessava o princípio geral dessas ideias. Estudando a origem das penas e os fundamentos do direito de punir, chegou à conclusão de que as penas a serem impostas aos indivíduos que violassem as leis da sociedade deveriam respeitar o princípio da proporcionalidade, isto é, aos indivíduos que infrinjam as leis, as sanções devem ser proporcionais àquela parcela mínima de liberdade cedida. Porque a cedendo, o homem não se privou de todos os direitos que possuía, mas se despojou de uma quantidade reduzida.

Além de defender o fim da pena capital, ele defendia os ideais que hoje chamamos de princípios da legalidade e da presunção da inocência.

Defendia também que o propósito da pena, além de intimidar o cidadão, seria também o de recuperar o delinquente. Percebe-se, então, que Beccaria já intuía que ao caráter meramente repressor da pena se deveria acrescentar o igualmente importante caráter pedagógico.

Mas não se pode deixar de ressaltar que, mesmo com a sua importância reconhecida, a obra deste autor peca por uma ausência de profundidade. Outrossim, ela não é original, sendo mais uma reunião de posições defendidas pelos escritores políticos de seu tempo.

O reconhecimento a essa obra se deve mais ao momento em que ela foi escrita e a veemência de seus argumentos do que o seu valor científico. Tanto se reconhece a sua importância que, na Declaração dos Direitos do Homem, muitos de seus argumentos foram acolhidos, embasando a ideia universal de homem, surgida na França, por volta de 1789.

Conforme destaca Aníbal Bruno, "o que pretendeu fazer Beccaria não foi certamente obra de ciência, mas de humanidade e justiça, e, assim, ela resultou num gesto eloquente de revolta contra a iniquidade universal, que teve, na época, o poder de sedução suficiente para conquistar a consciência universal".[42]

Essas são as condições em que se rompem os pudores sobre a forma de ver o Direito Penal, levando a sociedade da época a tomar, de forma lenta, é verdade, a consciência crítica do problema penal como um problema não apenas social, mas filosófico e, principalmente, jurídico. A partir dessas primeiras letras é que surgem as transformações ditadas pela Escola Clássica.

---

[42] BRUNO, Aníbal. *Direito Penal*, Rio de Janeiro: Forense, 2003, p.50.

2. A escola clássica

Os pensadores da Escola Clássica adotaram livremente os pressupostos do iluminismo, instrumentalizando-os ao ramo das ciências jurídicas. A denominação "clássica" é uma forma pejorativa cunhada pelos doutrinadores positivistas.

Valem-se do método dedutivo ou lógico, asbtrato e não experimental, típicos das ciências naturais. Para eles, o crime não é um ente de fato, mas uma entidade jurídica; não é exatamente uma ação, mas sim, uma infração. É, em síntese, uma violação de um direito ameaçado.

Precursores desta escola foram: Jeremias Bentham, Anselmo von Feurbach, Gian Domenico Romagnosi, etc. Contudo, o maior expoente dessa escola foi o mestre de Pisa, Francesco Carrara.

Bentham escreveu a *Teoria das Penas e das Recompensas* em 1818, mas também teve escritos anteriores à Revolução Francesa que mesmo sobre ela influíram. Acreditava que a pena seria tanto um mal individual quanto coletivo. No primeiro caso, sendo um sofrimento para o destinatário e, no segundo, um mal para a coletividade. Sua aplicação só se justificava em razão de sua utilidade. Defendendo apenas a pena de castigo, afastava, também, a aplicação da pena de morte.

Conforme destaca o penalista Basileu Garcia: "Figura de projeção no início da fase penitenciária do direito penal, o filósofo inglês consagrou-se, também, a criações práticas, tendo idealizado o célebre Panopticum, estabelecimento presidiário de forma circular, cujas celas todas seriam vigiadas pelo diretor, colocado no centro da construção".[43]

Feuerbach, por sua vez, é definitivo para a consolidação dessas novas ideias no direito penal. Para ele, o que levaria à intimidação das pessoas para não praticar algum crime sería a coação psicológica que a pena, em abstrato, exerce sobre o indivíduo. E, caso essa coação psicológica não nutrisse efeito, o que explicaria que o agente viesse, portanto, a cometer o ilícito, somente aqui é que Estado viria a exercer a coação física através da pena em concreto.

Já Francesco Carrara tratou de todos os assuntos do direito penal como ciência estritamente jurídica. Sua obra mais significativa, dentre muitas outras, é o *Programma Del Corso di Dirito Criminale*. Ele defende a concepção do delito como um ente jurídico, constituído por duas forças distintas, mas complementares: a física e a moral. A primeira delas seria o movimento corpóreo e o dano causado pelo crime; a segunda, a vontade livre e consciente do agente do delito.

Define o crime como sendo a infração da lei do Estado, promulgada para defender a segurança dos cidadãos e resultado de um ato externo do homem, positivo ou negativo, moralmente imputável e politicamente danoso.

E se o crime não é mais do que uma infração à lei do Estado, "a pena não é mais do que a sanção do preceito ditado pela lei eterna: a qual sempre visa à conservação da humanidade e à tutela dos seus direitos, sempre procede sobre a norma do justo: sempre corresponde ao sentimento da consciência universal".[44]

---
[43] GARCIA, Basileu. *Instituições de Direito Penal*. São Paulo: Saraiva, 1969, p.69.
[44] CARRARA, Franscesco, in Aníbal Bruno, op. cit., p. 54.

3. A escola positivista

Em contraposição à escola clássica, surge a escola positivista que, influenciada pelos avanços científicos surgidos no séc. XIX, e por toda a movimentação social, fruto dos avanços e contradições do capitalismo, acabou por oferecer novas significações ao direito penal.

Uma das principais influências ao Direito nesse período veio, sem sombra de dúvida, do sociólogo francês Auguste Comte,[45] com o seu livro *Curso de Filosofia Positiva*, escrito em 1830. O método defendido por ele, ao contrário da tradição clássica, que se baseava no dedutivo, estava calcado em uma investigação experimental indutiva, quer dizer: considerava o crime como um fato humano e social e como tal devia-se chegar ao nó górdio da questão, isto é, aos motivos do porquê de cada indivíduo rumar para a delinquência. Tal análise levava assim, a uma individualização, mais, a uma adaptação às condições pessoais do delinquente. A pena teria por fim a defesa social, e não a tutela jurídica.

Marcado pela presença de Comte, importante contraponto ao marxismo recém-emergente, muitos pensadores do direito se deixaram seduzir pela sua visão e trouxeram para o interior do mundo jurídico penal as suas teses, entre tantos, César Lombroso.

Lombroso, um eminente psiquiatra italiano, publicou, em 1876, a sua obra-prima, quem sabe a maior da escola positivista: *O Homem Delinquente*. Com ela, inaugurou-se a chamada Antropologia Criminal.

Formulou a teoria do criminoso nato, através de vários estudos que foram originados por um episódio determinado. Em um certo dia, pela manhã, quando estava realizando a necropsia em um cadáver humano, verificou que apresentava características de certos animais vertebrados inferiores. Foi então que, subitamente, lhe ocorreu a relação entre o ser criminoso, os animais e o homem primitivo. A partir dessa constatação, acabou por formular a teoria do atavismo. Segundo a sua teoria, certos indivíduos, por puro efeito de uma regressão atávica, já nascem criminosos, assim como outros nascem loucos ou doentes.

A criminalidade seria, assim, proveniente, de forma inelutável, de fatores meramente biológicos. O indivíduo viria ao mundo estigmatizado por determinadas características, sinais de degenerescência, com malformações e anomalias anatômicas ou funcionais, relacionadas com o seu psiquismo. Resultou essa sua teoria a partir da coleta de vários dados e esses foram a base da sua síntese, ou a média indicativa do homem delinquente por tendência natural.

Para ele, o criminoso nato era caracterizado por uma cabeça particular, com pronunciada assimetria craniana, fronte baixa e fugidia, orelhas em forma de asa, zigomas, lóbulos occipitais e arcadas superciliares salientes, maxilares proeminentes (prognatismo), face longa e larga, apesar do crânio pequeno, cabelos abundantes, mas por outro lado, barba escassa, de rosto pálido.

---

[45] Auguste Comte, (1798-1857), filósofo positivista francês e um dos pioneiros da sociologia. Afirmava que do estudo empírico do processo histórico dependia uma lei que denominou dos três estágios, ou fases, pelas quais deve passar cada ramo do saber. Estas fases são: o teológico ou fictício, em que os fatos se explicam de modo elementar místico-religioso; o metafísico ou abstrato, em que se invocam teorias filosóficas, e o científico ou positivo, que busca causas ou leis científicas. Este método deve ser aplicado a todas as atividades humanas, especialmente às ciências sociais, uma vez que o positivismo só considera como fonte de conhecimento o saber empírico.

O homem criminoso estaria assinalado por uma particular insensibilidade não só física quanto psíquica, com profundo embotamento da receptividade dolorífica (analgesia) e do senso moral.

Como anomalias fisiológicas, percebia-se o mancinismo (uso preferente da mão esquerda, canhotismo, sinistrismo) ou a ambidestria (uso indiferente das duas mãos), além da desvulnerabilidade. Ou seja, uma extraordinária resistência aos golpes e ferimentos graves ou mortais, de que os delinquentes típicos pronta e facilmente se restabeleceriam.

Seriam ainda comuns entre eles certos distúrbios dos sentidos e mau funcionamento dos reflexos vasomotores, acarretando a ausência de enrubescimento da face. Tal fato não seria apenas resultante do déficit moral, mas de autêntica tendência orgânica.

Além desses, outros caracteres que Lombroso atribuía aos criminosos natos poderiam ser assim resumidos: insensibilidade dolorífica (por isso o uso de tatuagens), atrofia do senso moral, imprevidência, preguiça, vaidade, impulsividade e epilepsia, senão com sinais exteriores, pelo menos uma epilepsia no estado larval.

Reconheceu Lombroso que os estigmas arrolados não indicavam que determinantemente toda pessoa que tivesse algum desses caracteres fosse criminoso, pois existiriam indivíduos honestos e normais que poderiam apresentam algum desses caracteres. O fato é que, porém, esses estigmas são encontrados em proporção muito maior entre os criminosos.

Outro autor bastante marcante para essa escola foi professor italiano Enrico Ferri. Considerado o maior vulto da Escola Positiva, criador da Sociologia Criminal, elaborou a obra *I Nuovi Orizzonti Del Diritto e Della Procedura Penale*, em 1880.

Ferri, para buscar entender a causa do crime, dizia que era obrigatório levar em consideração, além dos fatores antropológicos, expostos já por Lombroso, os sociais, quer dizer, as condições do meio em que o delinquente vive e, também, os seus fatores físicos.

Opunha-se ao livre-arbítrio defendido pelos clássicos, pois seriam os fatores mesológicos (meio) que iriam formar o criminoso.

Ele mesmo, nos seus Princípios de Direito Criminal, expunha que sua teoria, opunha-se à ilusão – que dominou na Idade Média, mas que continuou também na Escola Clássica – de que o método mais eficaz contra o crime era a pena, feroz (antes de Beccaria) ou mitigada (depois dele).

Sustentou, ao contrário, nos *Studi Sulla Criminalitá in Francia* (1880) que as penas têm uma mínima eficácia defensiva contra a delinquência – especialmente no seu momento característico de ameaça legislativa ou "motivo psicológico oposto ao crime" como dissera Beccaria; ou "reação contra o impulso criminoso" como dissera Romagnosi; ou "coação psicológica", como dissera Feuerbach. Isso porque, se o delinquente age com ímpeto, ele não está em condições de pensar nas consequências de seu ato e, se ao contrário, medita ou premedita o crime, confia sempre na própria impunidade.

Assim que, para a defesa contra a criminalidade, é necessário indagar-lhes as causas, e quanto as que são mais modificáveis pelo legislador, procurar quanto possível, eliminá-las ou atenuá-las por meio de um conjunto de providências (por ele chamadas "substitutivos penais"), que fugiam todas da alçada do Código Penal, e que consistem em reformas práticas, de ordem educativa, familiar, econômica, administrativa, política e também jurídica (de direito privado e público).

Ferri classificou o criminoso em: nato, louco, habitual, ocasional e passional. Dividiu as paixões em sociais e antissociais. Considerava que as penas deveriam durar o tempo que levasse para reajustar o condenado, ou seja, não poderia ser estipulada *a priori*.

Por sua vez, Rafael Garofalo publicou sua *Criminologia* em 1885. É considerado por muitos, o iniciador da fase jurídica da Escola Positiva, encerrando, assim, o entendimento do crime como algo dotado de fatores antropológicos (Lombroso), sociais (Ferri) e jurídicos (Garofalo). "Para ele, o delinqüente não é um ser normal, mas portador de anomalia do sentimento moral".[46]

4. A terceira escola

A Terceira Escola tentou conciliar preceitos clássicos e positivos. Seus expoentes foram Bernardino Alimena, Giuseppe Impalomeni e Carnevale. De acordo com Aníbal Bruno, os postulados mais importantes seguidos por esta escola são: 1. a substituição do livre-arbítrio dos clássicos pelo critério da voluntariedade das ações; 2. considera o delito como um fenômeno individual e social, como pregava o positivismo; 3. reconhece o princípio da responsabilidade moral de Escola Clássica; 4. a pena, dotada de caráter ético e aflitivo (pensamento clássico), tem por fim a defesa social (pensamento positivista).[47]

5. A escola moderna alemã

A título de curiosidade, é relevante destacar, ainda que muito rapidamente, a chamada Escola Alemã, fruto da ebulição de ideias filosóficas do idealismo alemão, influenciada por Hegel e, genuína herdeira de Kant.

Também na Alemanha, por volta do último quartel do séc. XIX, surge uma outra escola, eclética, que considerava o crime como um fato jurídico, com implicações humanas e sociais. Combate a ideia de Lombroso acerca do criminoso nato, contudo aceita que são motivos para a formação do delinquente os fatores individuais e externos (físicos e sociais), com especial relevo para os fatos econômicos.

É importante destacar que a relação com o universo econômico é preceito fundamental dessa escola e, apesar da forte e marcada presença das ideias do socialismo marxista, essa escola deu uma conotação mais ampla ao conceito de criminoso, relacionando-o com o conflito social e político.

Von Liszt é seu principal representante. É dele a teoria de que a pena tem tanto função preventiva geral (em relação a todos os indivíduos) quanto especial (recaindo particularmente sobre o delinquente).

Aliás, a escola alemã, tirante o catastrófico período nazista, é das que maior contribuição tem dado às ciências penais. A própria criação do tipo penal se deve à escola tedesca com Billing, Binding e outros tantos. No pós-guerra, na democratiza-

---

[46] NORONHA, Magalhães. *Direito Penal*. v. 1. 23ª ed. São Paulo: Saraiva, 1985. p. 38.
[47] SILVA, José Geraldo da. *Direito Penal Brasileiro*. São Paulo: Saraiva, 1996.

ção do direito penal alemão, não se podem olvidar as figuras de Reinhart Maurach, Edemund Mezger e, especialmente, a de Hans Welzel, com a criação da teoria finalista da ação. Recentemente não se podem esquecer Jürgen Bauhman, Hans-Heinrich Jeschek, Günther Jakobs, Winfried Hassemer, entre tantos outros que têm contribuído para a ciência penal universal.

A própria reforma da Parte Geral do nosso Código Penal de 1984 adota a teoria finalista da ação de Welzel.

6. Outras escolas penais

Várias outras escolas representando tendências autênticas ou variações da escola clássica ou positiva têm surgido no mundo jurídico penal, sem nenhuma repercussão maior. Entre essas tendências vale citar aquele grupo que se autodenominou de corrente neoclássica abrangendo a chamada escola humanista e técnico jurídica.

Uma outra corrente denominada neopositivista faz renascer as ideias da escola positiva, especialmente seguidoras da escola constitucionalista italiana. A primeira, a neoclássica, se inspira, principalmente na obra de Carrara, com profunda influência da moderna escola alemã.

São características do tecnicismo jurídico penal, primeiramente, a negação das investigações filosóficas, tendo o crime como relação jurídica da conduta de conteúdo individual e social. Distinguem, quanto à responsabilidade moral, os agentes em imputáveis e inimputáveis. Apregoam a pena retributiva e expiatória para os imputáveis e as medidas de segurança para os inimputáveis. Diz-se que o tecnicismo jurídico penal não é bem uma escola, mas uma orientação direcionada ao estudo do direito penal. Magalhães Noronha a ela se refere como uma renovação metodológica do estudo das ciências penais.[48]

Uma outra escola contemporânea tem se desenvolvido de forma bastante fecunda, fruto das lutas sociais marcadas pelo avanço do marxismo nas ciências sociais. Está se falando da escola marxista jurídica que, desde as primeiras décadas do séc. XX vem defendendo a ideia de que o direito deve estar a serviço dos setores ditos populares, quer dizer, estabelece aos ensinamentos filosóficos do direito, uma conotação ideológico-revolucionária. A partir da segunda guerra mundial alcançou grande impulso que foi, paralelamente ao ocaso dos regimes socialistas, definhando.

Os exageros da escola clássica, diz Magalhães Noronha, os excessos naturalistas da positiva e as demasias tecnojurídicas, não podem passar para o eterno legal, que é onde o direito se exterioriza e adquire a sua força para atender as suas exigências individuais e sociais.

Por fim, é certo que um código penal não pode ser escravizado a posicionamentos filosóficos oriundos dessa ou daquela corrente histórica. Ele deve representar, com fidelidade, o momento em que vive, a nacionalidade e as necessidades básicas que a sua cultura encontra.

---

[48] NORONHA, Magalhães. *Direito Penal*. v. 1. Op. cit., p. 42

CAPÍTULO III

CRIMINOLOGIA

1. Considerações históricas

O estudo do direito penal obriga ao conhecimento não só das ciências penais como o direito penal, o seu processo, a medicina legal e a psicologia forense, mas também, o estudo dos crimes e dos criminosos. E esses estudos perfazem uma ciência nova, conhecida como "Criminologia".

Foi Garofalo quem pela primeira vez fez uso desse termo.

Von Liszt restringiu o uso da expressão *criminologia* ao estudo das causas da criminalidade, e da etiologia do crime, que teriam na *Penalogia*, o seu remédio, e na *Polícia Criminal* a sua prevenção.[49]

Desde que os povos adquiriram consciência da necessidade da vida em sociedade, se tem buscado uma explicação para etiologia do crime. Se considerarmos que a política criminal e o direito penal são elementos de meio para alcançar um fim, que é o combate à criminalidade, a Criminologia procura entender e resolver os problemas daquele ser humano que, em determinado momento existencial, rompe com uma norma de comportamento social, gerando a insegurança jurídica. E sendo o criminoso um ser humano, difícil é entender a razão do comportamento que o levou à delinquência.

Assim como o crime é por definição toda a ação antissocial, os criminosos seriam os seres antissociais. Isso porque, ao atentarem contra a sociedade, esses atentados acabam por se constituir em ações reprováveis e puníveis, dentro de um ordenamento jurídico que se quer ter como estável.

As abrangências do campo de análise da Criminologia são amplas. Começa no estudo do delito e se estende ao estudo do delinquente, da vítima e, também, do controle social.

Mas se ao direito penal importa definir o tipo penal do ilícito e a sua sanção, que é a consequência da aplicação da norma, à Criminologia importa a compreensão da realidade criminal, em todas as suas nuances.

Para Antônio Garcia-Pablos de Molina, a Criminologia é uma ontologia, isto é, uma ciência do "ser", empírica; o Direito, uma ciência cultural, do "dever ser", normativa. Em consequência, enquanto a primeira se serve de um método indutivo, empírico, baseado na análise e na observação da realidade, as disciplinas jurídicas utilizam um método lógico, abstrato e dedutivo.[50]

---

[49] PEIXOTO, Afrânio. *Criminologia*, 2ª ed. Rio de Janeiro: Livraria Francisco Alves, 1933, p. 11.
[50] MOLINA, Antônio Garcia-Pablos de. *Criminologia*: uma introdução a seus fundamentos teóricos. Traduzido por Luiz Flávio Gomes. São Paulo: RT, 1992, p. 26.

Esclarece, ainda que o "saber" empírico e o saber normativo são categorias antagônicas. A Criminologia pertencer ao âmbito das ciências empíricas significa, em primeiro lugar, que seu objeto (delito, delinquente, vítima e controle social) se insere no mundo real, do verificável, do mensurável, e não dos axiomas. Que conta com um sólido substrato ontológico, apresentando-se ao investigador como um fato a mais, como um fenômeno da realidade. Estruturalmente, isso descarta qualquer enfoque normativo.

Porém, a natureza empírica da criminologia implica, antes de tudo, basear-se mais em fatos do que em opiniões, mais na observação, do que nos discursos ou silogismos.

O proceder dos juristas e o dos criminólogos, assim, diferem-se, substancialmente. Os juristas partem de premissas "corretas" para "deduzir" delas as oportunas consequências. O criminólogo, pelo contrário, analisa dados e induz as correspondentes conclusões, porém suas hipóteses se verificam – e se reforçam – sempre por força dos fatos que prevalecem sobre os argumentos subjetivos.

Assim, não é tão fácil o estudo da Criminologia, pois que totalmente especulativa. Ora, assim sendo, só poderemos fazer o estudo do criminoso pelas suas manifestações antissociais.

Creio que tal estudo somente pode ser feito com o auxílio de outras ciências que tratam do ser humano, tais como a medicina legal e forense, a psiquiatria, a psicologia forense, a sociologia, a filosofia e a história e até mesmo a geografia.

2. Histórico da criminologia

Importa, pois, dizer que a tentativa de compreensão do fenômeno criminológico vem de muito longe. Diziam os antigos que as próprias condições do ambiente poderiam criar situações favoráveis à prática de atos delitivos.

Hipócrates dizia que "é a terra que faz os viventes, como o corpo, como os costumes, a preguiça, a covardia, o trabalho, a coragem, também os diversos governos dos homens: é a terra diversa que produzem asiáticos e europeus".

E esta visão racista em sua natureza, durante muitos séculos, embalou a visão, principalmente, dos europeus sobre o restante do mundo. Não era incomum que políticos, filósofos, governantes e militares acreditassem na máxima de que os povos de climas tropicais eram geralmente preguiçosos, produzindo menos que os povos de climas frios.

Defendiam a tese equivocada de que aqueles, geralmente os dos territórios colonizados, tinham que descansar, tirando a sua *"siesta"*, logo depois do almoço, quando o sol é mais *"caliente"*. Mas eles, nórdicos, caucasianos, para espantar o frio, tinham que estar em constante movimento, a fim de que o sangue pudesse correr mais intensamente em suas veias, aquecendo-os. E aquecendo o sangue, justificava-se a sua superioridade, uma vez que eram sociedades inquietas, obstinadas na arte do desenvolvimento.

Para essa triste visão, os habitantes dos "pobres trópicos" descansavam, enquanto os europeus trabalhavam. Não surpreende, assim que, para muitos autores, a indolência era um elemento desencadeante da criminologia.

Felizmente, depois das consequências nefastas da Segunda Guerra Mundial e da crise do pensamento racial alemão, houve um considerável recuo dessas ideias xenófobas e eurocêntricas, ainda que seja obrigatório reconhecer que elas ainda resistem, em pleno século XXI.

3. Lombroso e o homem delinquente

Também outros, como os pertencentes à escola positiva, entendiam a criminalidade como genética. Lombroso, figura maior do positivismo jurídico, pretendeu achar uma imagem ou representação do crime na botânica e na zoologia. Dizia que a planta "papa-moscas", adrósera, planta carnívora, seria uma planta criminosa. Sustentava que joio, a cuscuta, a erva de passarinho, o mata-pau, cogumelos, liquens, epífitas que parasitam seriam criminosos contra a propriedade. De outro lado, uma infecção microbiana seria um crime contra a saúde e a vida das pessoas, cometido pelos germes e micróbios.

No mundo natural, alguns criminalistas pretenderam achar em animais como pardais, corvos, cegonhas, lobos e outros predadores, vestígios da criminalidade, e até mesmo da penalogia. E exemplificam a presença da pena na expulsão de membros violentos ou covardes do bando.[51]

É o próprio Afrânio Peixoto quem nos conta que, já no século XVIII, os frades franciscanos da cidade de São Luís do Maranhão ajuizaram um processo contra as formigas que furtavam a despensa do convento. E o processo se revestia de um grau de seriedade tal, que se chegou ao extremo de nomear às formigas, um curador à lide.

Ao longo do período medieval, não raro, puniam-se os animais que agrediam as comunidades ou que tinham o poder de influenciar os homens, nos seus atos libidinosos e escabrosos. A pena, geralmente, era a de excomunhão.

É famoso o caso de um burro na Inglaterra do século XVI, que foi condenado à forca, sob o argumento de que havia influenciado o seu dono em uma prática sexual.

Bernard Shaw conta que, em sua estada na Rússia, surpreendera-se com o fato de que lá, mais grave que atentar contra a vida de um homem, era especular sobre mercadorias. Tão grande era a gravidade desse fato, que os jornais russos do dia 1º de janeiro de 1933 noticiavam a condenação à morte de quatro funcionários encarregados de adquirir cereais de diversos camponeses, e que haviam cometido, nessa missão, atos fraudulentos em seu próprio benefício.

Aliás, essas condenações tinham o apoio num decreto de 7 de agosto de 1932, que tornava o roubo de algo pertencente à propriedade coletiva punível com a pena de morte por fuzilamento.

---

[51] PEIXOTO, Afrânio. Op. cit., p. 22 a 23.

A mesma fonte noticia que nas notas de Lenin de 1918, entre os temas a meditar, achou-se escrito o seguinte: "pena de morte e pelotão de execução para os ladrões".[52]

Essa apreciação do fenômeno criminológico nos mostra que, através dos tempos, as ciências penais navegaram na pura especulação, quando não trabalharam em defesa de sistemas políticos que visavam, sobretudo, aos interesses dos governantes, e não à pesquisa objetiva sobre a Criminologia.

4. Os estudiosos da Criminologia

O combate à criminalidade não pode excluir o estudo da figura do criminoso. Ao longo do tempo, o delinquente foi, cada vez mais, despertando a atenção dos penalistas e dos criminólogos.

Não se pode falar em criminologia sem nos referirmos a Cesare Lombroso, em sua consagrada obra *O Homem Delinqüente*.

Sua obra modificou todo o pensamento médico-jurídico de sua época. Escrito e publicado ainda no século XIX, sofreu duras críticas dos estudiosos da época. Entretanto, passado o tempo, permanece ainda como uma referência não só histórica, mas também como o alicerce no qual se construiu o grande edifício da Criminologia.

Mas o mais importante na obra de Lombroso é que ele foi o primeiro a estudar a figura do criminoso. Começou pela observação do homicídio e da prostituição entre os selvagens, seguiu-se o estudo daquilo que chamou de loucura moral, onde procurava justificar a figura do delinquente por tendência, justificando, com isso, até as razões da criminalidade infantil.

Na sua obra, Lombroso trata da embriologia do crime, remontando ao plano da botânica e da zoologia para tentar explicar os dois mais importantes sustentáculos do seu combate: definição do crime e a aplicação da pena.

Teve ele o cuidado de fotografar delinquentes, criando seu Atlas onde, observando detalhes expressos em suas deformidades corpóreas, entendendo-as como uma extravasação de seus defeitos morais. criou o estudo da antropometria.

Nesse seu estudo ele apresenta 383 crânios de criminosos, mostrando em cada um deles os defeitos na sua estrutura óssea, que dizia corresponder a defeitos também no cérebro.

O estudo da antropometria incluía o exame da fisionomia de 3.939 delinquentes, que demonstravam diferenças entre suas fisionomias e a de pessoas honestas.

Encontrou no mundo dos criminosos um aspecto que lhe chamou muito a atenção, que residia na preferência desses indivíduos por imprimirem tatuagem em seus corpos.

É que a tatuagem, naquela época, era uma operação extremante violenta. Procurou Lombroso encontrar uma explicação para este gosto pelo processo de tatuagem, pois não entendia por que a preferência por uma operação tão dolorosa, longa e

---
[52] PEIXOTO, Afrânio. Op. cit., p. 26.

cheia de perigos que terminavam fazendo com que a fase primeira da tatuagem fosse constante de verdadeiros ferimentos.

Atribuiu esse fato a uma insensibilidade física nos delinquentes, bem maior do que nos homens tidos como normais. Nessa insensibilidade física, Lombroso constatou uma correspondente insensibilidade afetiva em grau quase tão intenso quanto nos loucos furiosos.

Fez também um estudo acerca da religiosidade dos delinquentes, chegando a encontrar, nos grandes criminosos e chefes de quadrilhas, um cinismo humorístico ridicularizando não somente a religião, mas também os princípios da moral.

Foi o primeiro a estudar a reincidência no mundo dos delitos. Seus estudos atingiam a inteligência, a instrução, a linguagem (gíria), hieróglifos e escrita dos delinquentes. Estudou o crime e os criminosos na literatura através dos tempos.

Como médico, fez um longo estudo sobre os criminosos epilépticos, estabelecendo o critério da existência do louco moral e do delinquente nato. Intuiu a existência de uma força irresistível.

Em síntese, foi Cesare Lombroso quem deu o primeiro passo no estudo da figura do criminoso, examinando o tipo humano do delinquente passional.

5. Os criminosos passionais

Seu seguidor maior foi, sem dúvida, Ferri, um dos criadores da escola positiva. Importante salientar a profundidade do estudo de Ferri sobre o criminoso por paixão, porque estendeu ele os seus estudos no exame que fez sobre e que se encontra publicado sob o título de *Os Criminosos na Arte e na Literatura*.[53] *O delito passional na civilização contemporânea*, resumo da conferência realizada na universidade de Milão, nos traz uma nova concepção do delinquente por paixão, em que conclui com uma frase: "O direito de matar é violência bárbara que devemos proscrever da civilização contemporânea".[54]

Classificava Ferri o delinquente passional como aquele movido por uma paixão social. Notou ele que esse tipo de delinquente normalmente é formado por pessoa de personalidade e de precedentes ilibados normalmente de idade jovem, que pratica o delito movido por um estado de comoção. Como característica, ainda, o criminoso por paixão mata enfrentando sua vítima, o que faz sem o acompanhamento de qualquer cúmplice, apresentando-se quase que imediatamente à autoridade policial. Chama atenção que apresenta, como característica, o acompanhamento de um remorso muito sincero, acompanhado de um profundo grau de arrependimento. Não raro chegam ao extremo do suicídio ou da tentativa.

Classificava Ferri esse tipo de delinquente como pessoas extremante sensíveis que haviam se deixado dominar por uma paixão violenta e instantânea. Entendia que, nesses casos, a emoção dominará a razão, normalmente frente a ofensas à sua honra pessoal ou à de sua família.

---
[53] FERRI, Enrico. *Os Criminosos na Arte e na Literatura*. Lisboa: Livraria Clássica Editora, 1923.
[54] FERRI, Enrico. *O Delicto Passional na Civilização Contemporânea*. Traduzido por Roberto Lyra. São Paulo: Saraiva, 1934, p. 74.

O crime normalmente teria sido cometido "no calor da dor" em um "intervalo infeliz de perda de consciência". Dizia que esse tipo de delinquente não mata por matar, mas mata por paixão e, normalmente, por amor. Os estudos de Ferri foram de uma importância tal que fizeram incluir a passionalidade nos códigos de todo o mundo, ora como excludente de criminalidade ou de tipo, ora como excludente de culpabilidade, e ora como causa de diminuição de pena.

A própria figura da inexigibilidade de uma conduta diversa surge em suas raízes, do senso de cumprimento do dever ou do sentimento de honra e dignidade, aos quais não se pode exigir que o agente se lembre desses elevados sentimentos, num momento de angústia e de desespero de sua vida. Esses elementos se encontram socialmente atualizados nos Códigos de todos os povos civilizados, inclusive no nosso Código Penal, quando permite ao Juiz a diminuição da pena quando o ato é praticado por relevante valor social ou moral, logo depois de uma injusta provocação da vítima.[55]

A partir desses dois autores, Lombroso e Ferri, passaram a surgir estudos sobre a então embrionária sociologia criminal e criminologia. O próprio Lombroso, em parceria com Ferrero, apresentou um trabalho magnífico sobre as mulheres delinquentes, fazendo um estudo comparativo entre a prostituta e a mulher normal.[56] Vicenzo Mellusi fez o estudo do delinquente por psicose sexual, já fazendo uma apreciação do crime ante os desvios sexuais.[57] O mesmo Mellusi, em sua obra *A Mulher que Mata* foi pioneiro no estudo da mãe infanticida ou da adúltera delinquente, fazendo um estudo sobre a responsabilidade penal dos delinquentes por desvios sexuais.[58]

Filippo Manci desenvolveu o estudo sobre o delito passional, em obra específica de grande valor científico.[59] Desenvolveu, também, um estudo que chamou de *Crimes Sexuais*, onde fez profundas pesquisas sobre a violência carnal, estendendo-as aos atos libidinosos, a corrupção de menores, ao rapto e ao lenocínio ante a ação penal.[60]

Na França, despontou o advogado Ernest-Charles, com seus estudos de psicologia e de moral, onde examinou profundamente os dramas do amor e de ciúmes (*Drames D'Amour et de Jalousie*), em sua obra *Paixão Criminal*. Faz ele um estudo onde aborda as tragédias criminais produzidas pelo ciúme, em que as catástrofes do amor são examinadas lembrando Otelo, o Mouro Veneziano, que por paixão à sua Desdemona chega ao que ele chama de "catástrofe do amor", ao inseparável conjunto – ciúme-amor-homicídio e suicídio.[61]

Já Emmanuel Lasserre, por sua vez, homenageia o criminalista Impallomeni, com a sua obra *Os Delinqüentes Passionais*.[62] E Paul Pollitz nos brindou com a sua *Psicologia do Criminoso*.[63]

---

[55] CÓDIGO PENAL, art. 121. Matar alguém: Pena – reclusão, de 6 (seis) a 20 (vinte) anos. § 1º. Se o agente comete o crime impelido por motivo de relevante valor social ou moral, ou sob o domínio de violenta emoção, logo em seguida a injusta provocação da vítima, o juiz pode reduzir a pena de um sexto a um terço.
[56] LOMBROSO, C.; FERRERO, G. *La Donna Delinquente*, 4ª ed. Torino: Fratelli Bocca Editori, 1923.
[57] MELLUSI, Vicenzo. *Dall'Amore al Delitto*. Torino: Unione Tipografico, 1913.
[58] MELLUSI, Vicenio. *Donne Che Uccidono*. Torino: Fratelli Editori, 1924.
[59] MANCI, Filippo. *Il Delitto Passionale*. Torino: Fratelli Bocca Editori, 1928.
[60] MANCI, Filippo. *Reati Sessuali*. Torino: Fratelli Bocca Editori, 1927.
[61] ERNEST-CHARLES, *La Passion Criminelle*. Paris: Ernest Flamarion Éditeur, 1923.
[62] LASSERRE, Emmanuel. *Os Delinqüentes Passionais*. Lisboa: Livraria Ferreira Editora, 1909.
[63] POLLITZ, Paul. *Psicologia do Criminoso*. Rio de Janeiro: Atlântida, 1934.

Ainda entre os franceses, cumpre citar, entre tantos outros, Ambroise Tardieu, professor de medicina legal da Faculdade de Medicina de Paris, e seu estudo médico-legal sobre os atentados aos costumes.[64]

Os professores de doenças mentais e nervosas A. Mairet e J. Èuziere, da Universidade de Montpellier, apresentaram um trabalho sobre a instabilidade e as subversões morais dos indivíduos. [65]

Da mesma universidade há o estudo do professor J. Grasset, com sua obra *Os Semiloucos e os Semi-responsáveis*.[66]

Não se pode ainda deixar de citar Prichard e Pinel, que deram grande contribuição tanto à psiquiatria, quanto à criminologia. A contribuição de Freud, inegavelmente, foi imensa no estudo da alma humana, por isso será objeto de uma referência à parte.

Depois dele, e com grande destaque entre os austríacos, vale citar Richard Von Krafft-Ebing, antigo professor de psiquiatria da Universidade de Viena, com sua obra *Psicopatias Sexuais*.[67]

Dos ingleses dessa época destaca-se H. Maudsley, com seu *Crime e Loucura*.[68]

6. Vitimologia

Porém, foi Garofalo, nos fins do século XVIII, quem apresentou um magnífico trabalho sobre as vítimas do delito, dando início ao estudo de uma nova ciência, hoje de grande importância para o direito, que é vitimologia.[69]

É inegável que os estudiosos das ciências penais, ao longo de um período muito largo, tiveram a preocupação exclusiva com tudo aquilo que dizia respeito ao criminoso e à pena.

A figura da vítima praticamente não existia nos estudos referentes à criminalidade. Diz-se que o estudo da vítima e o surgimento da vitimologia como ciência são muito recentes, mas sem dúvida, de uns tempos para cá, passaram a ter uma representatividade por demais importante e a perspectiva de um desenvolvimento cada vez maior.

Por isso, a vitimologia faz parte, hoje, dos elementos fundamentais para a aplicação da pena, tanto que presente em todos os códigos penais. Veja-se o caso do parágrafo primeiro do art. 121 do Código Penal, e lá encontraremos a expressão *logo em seguida a injusta provocação da vítima*.

O juiz, também, ao aplicar a pena é obrigado a examinar, não só a culpabilidade, os antecedentes, a conduta social, a personalidade do agente, os motivos, as

---

[64] TARDIEU, Ambroise. *Attentats Aux Moeurs*. Paris: Librairie J. B. Baillière Et Fils, 1878.
[65] MAIRET, A.; ÈUZIERE, J. *Les Invalides Moraux*, Montpellier: Coulet et Fils Èditeur.
[66] GRASSET, J. *Denifous et Demiresponsables*. Paris: Félix Alcan Èditeur, 1908.
[67] KRAFFT-EBING, Richard von. *Psychopathia Sexualis*. Paris: Payot, 1950.
[68] MAUDSLEY, H. *Le Crime et la Folie*. Paris: Félix Alcan Èditeur, 1901.
[69] GAROFALO, Rafael. *Victimas do Delicto*. Lisboa: Editora Tavares & Irmão, 1899.

circunstâncias e consequências do crime, mas igualmente, e muito especialmente, *o comportamento da vítima*.[70]

Do mesmo mqodo, o Código diz que são circunstâncias que sempre atenuam a pena, se o crime é cometido *sob a influência de violenta emoção, provocada por ato injusto da vítima*.[71]

Muitas vezes, por exemplo, num acidente de trânsito a vítima tem uma participação decisiva no acontecimento danoso. Não se mune de cautelas necessárias para evitar um fato. O pedestre tem, também, obrigações, no andar no trânsito.

Constitui imprudência ou negligência do pedestre atravessar a rua distraidamente, indo de encontro ao automóvel, assim dando causa ao sinistro danoso.[72]

Outro exemplo estudado pela vitimologia é o caso de quem atravessa a rua, completamente alcoolizado, tanto que não percebe a aproximação do veículo, contribuindo, com isso, exclusivamente, para o acontecimento letal.[73]

7. Phillippe Pinel

Phillippe Pinel (1745-1826), médico francês, foi pioneiro na definição da loucura como doença mental, o que deu origem à psiquiatria moderna.

Consta que passou a se interessar pelas doenças mentais depois da tragédia acontecida com um amigo alienado mental. Para evitar a crueldade dos tratamentos da época, fugiu para a floresta, onde morreu devorado por lobos. Foi designado a chefiar os serviços médicos do manicômio de Bicêtre (1793) e, mais tarde, do hospital Salpêtrière (1795). Empreendeu uma verdadeira revolução no conceito de doente mental e nos métodos de tratamento desse tipo de doente. É que, antes da Revolução Francesa (Era Clássica), eram casas de assistência (de internação) a todos os excluídos da sociedade (epiléticos, sifilíticos, loucos, pervertidos, pobres, ladrões, vagabundos, etc.), geralmente dirigidas por freiras. Os médicos ali compareciam esporadicamente, para atendimentos.

Com a reestruturação social posterior à Revolução Francesa é que surgirão as instituições especializadas: asilos para velhos, hospitais para doentes, albergues para pobres, manicômios para loucos.

---

[70] CÓDIGO PENAL, art. 59. O juiz, atendendo à culpabilidade, aos antecedentes, à conduta social, à personalidade do agente, aos motivos, às circunstâncias e conseqüências do crime, bem como ao comportamento da vítima, estabelecerá, conforme seja necessário o suficiente para reprovação e prevenção do crime;

[71] Art. 65. São circunstâncias que sempre atenuam a pena: (...) III – (...) c) cometido o crime sob coação a que podia resistir, ou em cumprimento de ordem de autoridade superior, ou sob a influência de violenta emoção, provocada por ato injusto da vítima;

[72] APELAÇÃO-CRIME – HOMICÍDIO CULPOSO – ACIDENTE DE TRÂNSITO – Prova cabal no sentido de que a pequena vítima, ao não conseguir subir o cordão da calçada com sua bicicleta, escorregou de volta para a pista e caiu embaixo do caminhão conduzido pelo réu, em sua parte lateral – Culpa exclusiva da vítima – eventuais irresponsabilidades do réu com o estado de conservação do veículo não têm o condão de acarretar o juízo condenatório, uma vez que em nada contribuíram para a ocorrência do lamentável evento. – Apelo ministerial improvido. (TJRS – ACr 70004134110 – 1ª C.Crim. – Rel. Des. Manuel José Martinez Lucas – J. 21.08.2002)

[73] ACIDENTE DE TRÂNSITO – CULPA EXCLUSIVA DA VÍTIMA – "Noticiando o auto de corpo de delito que o resultado do teor alcoólico do sangue da vítima apontou para a presença de 13, 80 Dg/L, tal fato, aliado às demais provas dos autos, conduzem ao reconhecimento da sua exclusiva culpa como excludente da responsabilidade civil". (TAMG – AP 0335627-6 – (50625) – Contagem – 1ª C.Cív. – Rel. Juiz Alvim Soares – J. 07.08.2001)

Pinel foi o primeiro a formular uma proposta de tratamento "científico" (em termos positivistas) da doença mental (aliás, é a partir dele que a loucura passa a ser considerada uma doença específica, ou seja, um problema estritamente médico). Sua concepção era de que a loucura era um problema moral, cabendo ao médico impor-lhe a moralidade social por meio de sua superioridade moral ("tratamento moral").

Retirou as doenças mentais do terreno das crendices e superstições, segundo as quais os loucos eram possuídos pelo demônio, ao demonstrar que os comportamentos estranhos dos alienados estavam associados a alterações patológicas do cérebro, constituindo, portanto, enfermidades que deviam ser tratadas com métodos humanitários.

Procurou explicar, cientificamente, tais alterações patológicas, caracterizando-as como provenientes de fatores hereditários, lesões fisiológicas ou excesso de pressões sociais e psicológicas.

Ao assumir os serviços médicos no hospício de Bicêtre, revolucionou a assistência aos doentes, ao determinar que os pacientes fossem libertados das correntes as que estavam submetidos, em vários casos, há mais de 20 ou 30 anos. Proibiu também a prática de tratamentos como a sangria, os vomitivos e os purgantes. Adotou uma atitude amistosa com os pacientes.

8. Pinel e a instituição do manicômio na França[74]

A consolidação da instituição manicomial na França seguiu uma trajetória singular: para os revolucionários de 1789, suprimir as antigas casas de internação significaria golpear um dos mais importantes símbolos da opressão no Antigo Regime. Entretanto, deixaria um problema: o que fazer com os loucos, estes insensatos perigosos que, soltos, poderão tornar-se uma ameaça à ordem pública? Por meio de uma lei de 1790, o poder revolucionário determinou que se construíssem hospitais destinados exclusivamente aos alienados; e instituiu uma sanção penal aos que deixassem errar "os loucos e os animais perigosos". Mas, até 1793, nenhum destes hospitais havia sido criado. Bicêtre funcionava, ainda, de acordo com o velho modelo da "casa dos pobres": como antes da Revolução, nele habitavam indigentes, velhos, condenados e loucos; com a Revolução, acrescentaram-se a esta população os prisioneiros políticos.

Gradativamente, Bicêtre tornou-se o principal centro de internação dos alienados, substituindo o Hôtel-Dieu (único hospital parisiense onde a cura dos loucos foi tentada de maneira sistemática durante a Era Clássica) em suas funções médicas. O advento desta função médica em Bicêtre demonstrou-se pela nomeação, pela primeira vez na história do Hospital Geral de Paris, de um médico com reputação de conhecedor das doenças do espírito – Scipion Pinel – para chefiá-lo. Pinel é incumbido de rever todos os internamentos por demência decretados no passado. A certeza de que pessoas inocentes e razoáveis haviam sido internadas juntamente com criminosos e furiosos já fazia parte da mitologia revolucionária. Entretanto, tratava-se, também, de verificar a autenticidade da loucura de suspeitos de atividade contrarrevolucionária, que ali encontravam abrigo contra o rigor da Convenção. Neste contexto, vê-se cla-

---

[74] FOUCAULT, Michel. *História da Loucura na Idade Clássica*. São Paulo: Perspectiva, 1987.

ramente que a função médica – desmascarar a loucura, diferenciá-la da sanidade e da dissimulação – encontra-se inteiramente permeada de motivações políticas.

Pinel, ao libertar os loucos acorrentados em Bicêtre, objetivava conceder-lhes uma liberdade que era, ao mesmo tempo, uma possibilidade de verificação; constituía um domínio onde a loucura devia aparecer em sua verdade pura, objetivada. Entretanto, ao misturá-la a todas as formas da não loucura, presentes em Bicêtre, como que as embaralha, novamente. É impossível não examinar a obra de Pinel à luz dos contornos políticos em que se insere e da ambiguidade que a caracteriza. A suspeita de colaborar com a ocultação de contrarrevolucionários – e é esta a leitura que o terror fará da "libertação dos acorrentados" – fez com que Pinel fosse preso e quase levado ao Tribunal Revolucionário (seu trabalho com os pobres de Bicêtre o salvou da guilhotina); posteriormente, em um momento de distensão política, Pinel foi removido e nomeado para a direção de Salpêtrière (enfermaria para mulheres loucas).

Pinel jogou todo o valor simbólico do ato de libertação por ele conduzido no sentido de obter a fidelidade e a submissão do louco a seu médico e aos padrões comportamentais por ele estabelecidos. Objetivou, desta forma, reintegrá-lo à sociedade através de sua identificação com um tipo social moralmente reconhecido e aprovado. Libertando o louco de suas correntes, Pinel pensava estar retirando-o de um estado de animalidade, que nada mais era senão a expressão da selvageria da medida que o mantinha preso. Instituindo um tratamento mais humano, entendia ser possível extrair, da loucura, uma moralidade sincera a ela subjacente.

O asilo de Pinel é, essencialmente, laico. Pinel entendia que a religião poderia constituir-se em uma fonte de emoções vivas e de imagens assustadoras capazes de fazer surgirem crenças delirantes, de alimentar alucinações e de levar os homens ao desespero e à melancolia. Entretanto, Pinel admitia que o substrato moral da religião, fora de seu contexto fantástico, poderia ser útil em determinados casos.

Os instrumentos de sanção, no asilo de Pinel, serão recolhidos entre os métodos terapêuticos utilizados na Era Clássica: duchas geladas, com o intuito de refrescar o espírito e distender as fibras nervosas; injeção de sangue fresco, a fim de renovar uma circulação perturbada; atrelamento a uma máquina giratória, para que o curso dos espíritos demasiado fixos numa ideia delirante fosse recolocado em movimento e reencontrasse seus circuitos naturais; e aprisionamento em uma gaiola móvel, que girava sobre si mesma segundo um eixo horizontal e cujo movimento era tanto mais intenso quanto mais agitado encontrava-se o paciente. Entretanto, no asilo de Pinel estas técnicas foram retomadas em um contexto puramente repressivo e moral, conferindo-lhes um caráter estritamente punitivo. Desta forma, o louco encontrar-se-ia, no interior do manicômio, permanentemente submetido a um regime de julgamento e de sanção, regime este que visava, em última análise, a gerar-lhe sentimentos de culpa e de arrependimento – a recuperar sua moralidade, portanto.

9. Sigmund Freud

Sigmund Freud (1856-1939), médico e neurologista austríaco, fundador da psicanálise. Seu trabalho com Jean Charcot, dedicado ao tratamento da histeria mediante a hipnose, dirigiu definitivamente seus interesses para o estudo científico dos distúrbios mentais.

Vários são os seus estudos aportando importantes contribuições à criminologia. Intuiu que muitos pacientes revelavam, em suas análises, haverem cometido diversos tipos de delito em sua juventude.

Freud afirmava não se surpreender com estas confidências, visto estar ciente da fraqueza das inibições morais neste período da vida. Entretanto, impressionava-o um fenômeno clínico para o qual, inicialmente, não encontrou explicação. Tratava-se do caso de pessoas que levam a cabo uma ação socialmente proibida em pleno gozo de sua consciência moral. Na realidade, estes indivíduos iriam ao encontro destas ações exatamente por serem proibidas. Emprestava o entendimento de que estas pessoas eram movidas por um profundo sentimento de culpa, o qual encontrava alívio na punição recebida.

Mas que culpa é esta, que antecede ao delito efetivamente realizado? Freud, apoiado em vasto material clínico, não hesitou: são os mesmos desejos que levaram Édipo a matar seu pai e a desposar sua mãe – desejos estes proibidos mesmo nas sociedades primitivas e que também atormentam o homem civilizado – a fonte primordial deste intenso sentimento de culpa.

Freud reconhece que nem todos os criminosos são movidos por esta culpa. Há aqueles que não desenvolveram quaisquer inibições morais e que, em seu conflito com a sociedade, consideram sua ação justificada.

No entanto, no que se refere à maioria dos criminosos (aqueles para os quais medidas punitivas são realmente criadas), entende que este aspecto da psicologia do crime deva ser levado em consideração, tanto na compreensão do que induz alguém ao crime, como para que as medidas corretivas possam ser efetivamente bem-sucedidas.

10. Criminosos em consequência de um sentimento de culpa[75]

Ao me falarem sobre sua juventude, mormente antes da puberdade, pessoas que mais tarde, frequentemente se tornaram muito respeitáveis, informaram-me sobre ações proibidas que praticassem naquele período – tais como furtos, fraudes e até mesmo incêndio voluntário. Eu tinha o hábito de me descartar dessas declarações com o comentário de que estamos familiarizados com a fraqueza das inibições morais daquele período de vida e não fazia qualquer tentativa para localizá-las em um contexto mais importante. Mas eventualmente fui levado a proceder a um estudo mais completo de tais incidentes por alguns casos gritantes e mais acessíveis, nos quais as más ações eram cometidas enquanto os pacientes se encontravam sob meus cuidados, e já não eram tão jovens. O trabalho analítico trouxe então a surpreendente descoberta de que tais ações eram praticadas principalmente por serem proibidas e por sua execução acarretar, para seu autor, um alívio mental. Este sofria de um opressivo sentimento de culpa, cuja origem não conhecia, e, após praticar uma ação

---
[75] FREUD, Sigmund. *Obras Completas*, Rio de Janeiro: Delta, 1958.

má, essa opressão se atenuava. Seu sentimento de culpa estava pelo menos ligado a algo. Por mais paradoxal que isso possa parecer, devo sustentar que o sentimento de culpa se encontrava presente antes da ação má, não tendo surgido a partir dela, mas, inversamente, a iniquidade decorreu do sentimento de culpa. Essas pessoas podem ser apropriadamente descritas como criminosas em consequência do sentimento de culpa. A preexistência do sentimento de culpa fora, naturalmente, demonstrada por todo um conjunto de outras manifestações e efeitos.

O trabalho científico, porém, não se satisfaz com o estabelecimento de um fato curioso. Existem ainda duas outras perguntas a responder: qual a origem desse obscuro sentimento de culpa antes da ação; é provável que essa espécie de causação desempenhe um papel considerável no crime humano?

Um exame da primeira questão mantinha a promessa de nos trazer informações sobre a fonte do sentimento de culpa da humanidade em geral. O resultado invariável do trabalho analítico era demonstrar que esse obscuro sentimento de culpa provinha do complexo de Édipo e constituía uma reação às duas grandes intenções criminosas de matar o pai e de ter relações sexuais com a mãe. Em comparação com esses dois, os crimes perpetrados com o propósito de fixar o sentimento de culpa em alguma coisa vinham como um alívio para os sofredores. Nesse sentido, devemos lembrar que o parricídio e o incesto com a mãe são os dois grandes crimes humanos, os únicos que, como tais, são perseguidos e execrados nas comunidades primitivas. Também devemos lembrar como outras investigações nos aproximaram da hipótese segundo a qual a consciência da humanidade, que agora aparece como uma força mental herdada, foi adquirida em relação ao complexo de Édipo. Para responder à segunda pergunta, devemos ir além do âmbito do trabalho psicanalítico. No tocante às crianças, é fácil observar que muitas vezes são propositadamente "travessas" para provarem o castigo, e ficam quietas e contentes depois de terem sido punidas. Frequentemente, a investigação analítica posterior pode situar-nos na trilha do sentimento de culpa que as induziu a procurarem punição. Entre criminosos adultos devemos, sem dúvida, excetuar aqueles que praticam crimes sem qualquer sentimento de culpa; que, ou não desenvolveram quaisquer inibições morais, ou, em seu conflito com a sociedade, consideram sua ação justificada. Contudo, no tocante à maioria dos outros criminosos, aqueles para os quais medidas punitivas são realmente criadas, tal motivação para o crime poderia muito bem ser levada em consideração; ela poderia lançar luz sobre alguns pontos obscuros da psicologia do criminoso e oferecer punição com uma nova base psicológica.

Um amigo chamou minha atenção para o fato de que o "criminoso em consequência de um sentimento de culpa" também já era do conhecimento de Nietzsche. A preexistência do sentimento de culpa e a utilização de uma ação a fim de racionalizar esse sentimento cintila diante de nós nas "máximas" de Zaratustra "Sobre o Criminoso Pálido". Deixemos para uma futura pesquisa a decisão quanto ao número de criminosos que devem ser incluídos entre esses "pálidos".

11. Uma breve abordagem da loucura, enquanto manifestação cultural e repressão social

"Refazer a história desse processo de banimento é fazer a arqueologia de uma alienação. O que se trata então de determinar não é qual a categoria patológica ou policial assim abordada, o que pressupõe sempre a existência dessa alienação como um dado; é necessário saber como esse gesto foi realizado, isto é, que operações se equilibravam na totalidade por ele formada, de que horizontes diversos provinham aqueles que partiram juntos sob o golpe da mesma segregação, e que experiência o homem clássico fazia de si mesmo no momento em alguns de seus perfis mais costumeiros começavam a perder, para ele, sua familiaridade e sua semelhança com aquilo que ele reconhecia sua própria imagem".[76]

A loucura é uma manifestação psíquica, é uma incapacidade de responder ao que se considera como normal e racional. Todavia, a loucura é conceito, é resultado de uma determinada época, é definição elaborada por certa mentalidade, que, histórica, tem uma natureza que se transforma.

A sua apreensão pelo grupo social é o resultado de uma longa tradição, qual seja, a da exclusão. Durante boa parte da Idade Média ocidental, a lepra e a peste negra, haviam sido, por excelência, as doenças a serem escondidas.[77] No princípio, marcas de Satã sobre a alma fraca; mais tarde, patologias do homem, a exigir da medicina uma resposta efetiva. Não por acaso, se diz que as lutas contra a lepra, e contra a peste negra, ajudaram a derrubar o controle ideológico da Igreja.

Vencidos os preconceitos e superado o interregno medieval, a Europa obteve êxito no controle daquelas doenças, mas não houve tempo para se comemorar. Isto, porque, ao longo dos séculos XIV ao XVII, as doenças venéreas ocuparam a atenção das emergentes nações absolutistas, substituindo de forma eficiente, no imaginário popular, todos aqueles preconceitos, até então, restritos à lepra e à peste negra.

Não satisfeitos em ter que conviver com a sífilis e a gonorréia, os europeus as transformaram em produtos de exportação.

Acompanhando as grandes navegações, todas essas doenças tomarão de assalto o novo mundo, dizimando com maior eficiência as populações autóctones da recém-conquistada América.

Nesse cenário nada alentador, as nações europeias foram convivendo com a loucura. Num primeiro momento, principalmente, no período medieval, ela era vista como "idiotice abençoada". Os loucos eram tratados como indivíduos que, se não benignos, pelo menos, tocados com o dom da suprema inocência, já que a loucura os protegia dos males da sociedade.

Visionários, escolhidos, oráculos, a loucura era digna de pena. Contudo, como a mentalidade de uma sociedade se transforma, inexoravelmente, a loucura foi sendo

---

[76] FOUCAULT, Michel, op. cit., p. 81.

[77] "E ao mesmo tempo em que, pelas mãos do padre e seus assistentes, é arrastado para fora da Igreja *gressu retrogrado*, asseguram-lhe que ele ainda é um testemunho de Deus: 'e por mais que estejas separado da Igreja e da companhia dos Sãos, não estarás separado da graça de Deus'. Os leprosos de Brueghel assistem de longe, mas para sempre, a essa subida do Calvário na qual todo um povo acompanha o Cristo. E, testemunhas hieráticas do mal, obtêm a salvação na e através dessa própria exclusão. O pecador que abandona o leproso à sua porta está, com esse gesto, abrindo-lhe as portas da salvação". in, FOUCAULT, Michel, op. cit., p. 6.

desgastada, malcompreendida, até que por fim, tornou-se a catalisadora da força repressiva do Estado.

E, no transcorrer do século XVIII, ela se tornou na máxima doença a ser escondida. Os manicômios passaram a ser construídos fora da vista da boa sociedade, geralmente, nos arredores das cidades, que deles não se tinha orgulho. E sucedâneo ao isolamento, a essa extirpação forçada, os loucos foram perdendo todos os seus direitos, enquanto seres humanos, passando a constituir um rebotalho do campo social.

Malditos, imperfeitos, dignos de asco, confirmação da presença do mal no mundo, os loucos foram tratados, pela medicina, como criminosos. O tratamento concedido para eles estava sempre próximo da tortura, já que, sendo indivíduos sem razão, inimputáveis em muitas das responsabilidades sociais, sobre eles aqueles excessos do Estado e da sociedade eram justificáveis, e até mesmo necessários.

Foucault, em uma de suas passagens, lembra que as comunidades europeias, principalmente as da França e da Inglaterra, chegavam mesmo a incentivar a violência contra os loucos, como a legitimar uma violência terapêutica. E, suprema humilhação, aos domingos, as famílias tinham por hábito visitar os manicômios e lá, para passar o tempo, jogavam pedras, comida, urinavam e xingavam os pacientes, aliviando a tensão, fruto de vidas miseráveis.

Não raro, espetáculos eram armados pelos diretores dos manicômios para distrair os visitantes. Os mais apreciados eram aqueles em que, nus, os loucos eram instigados ao sexo. Da exclusão, a loucura se transformara em mórbida atração.

É difícil de se entender, por que tanto preconceito com a loucura, mas é inegável que a loucura fascina o mundo normal, portanto, seduz o homem.

As incríveis imagens que ela faz surgir não são aparências fugidias que logo desaparecem da superfície das coisas.[78] Por mais incrível que se possa acreditar, aquilo que emerge, que nasce de um singular delírio que já estava oculto, na alma do homem, nas suas entranhas mais profundas, seduz os outros, que dele só têm a percepção externa, isto é, só conseguem apreender a linguagem do corpo tomado em tremores, em dizeres sem sentido, em explosão de fúria, ou calma serena.

A loucura tem que ser isolada, pois ela seduz, arrebata o coletivo, numa catarse que o Estado sempre percebeu ser como uma ameaça aos interesses daqueles que dele melhor se aproveitavam. Diz ele: "... quando o homem desdobra o arbítrio de sua loucura, encontra a sombria necessidade do mundo; o animal que assombra seus pesadelos e suas noites de privação é a sua própria natureza, aquela que porá a nu a implacável verdade do inferno. As vãs imagens da parvoíce cega são o grande saber do mundo; e já, nessa desordem, nesse universo enlouquecido, perfila-se aquilo que será a crueldade do fim".[79]

E a internação foi uma criação institucional própria dos séculos XVII e XVIII. Ela assumiu, assim, desde o seu início, uma amplitude que não se lhe permite compará-la com a figura da prisão, tal como esta fora concebida no período medieval e renascentista.

O louco é isolado porque ameaça, porque serve como válvula de escape, mas também porque a loucura designa um momento decisivo, e este se dá, quando ela passa a ser percebida no horizonte social da pobreza, da incapacidade do indivíduo para

---

[78] FOUCAULT, Michel, op. cit., p. 22.
[79] Idem.

o trabalho, da sua incapacidade para a produção econômica, enfim, quando se aceita que ele não pode, e não tem como se integrar ao grupo. Sendo minoria, anomalia, diferença, o louco tem, precisa, ser afastado do grupo, pois que a sua individualidade ameaça a normalidade.

Assim, as novas significações atribuídas à pobreza, a importância dada à obrigação do trabalho e todos os valores éticos a ele ligados determinam a experiência que se faz da loucura e modificam-lhe os sentidos.[80]

Do outro lado desses muros do internamento não se encontram apenas a pobreza e a loucura, mas rostos bem mais variados e silhuetas cuja estatura comum nem sempre é fácil de reconhecer. E alguns desses não são os de loucos, mas de criminosos tratados como tal.

A loucura se aproxima da figura do crime, de forma definitiva, ao longo do início do século XVIII, a tal ponto que a figura do criminoso passa a se confundir, no imaginário popular, com a figura do louco e isso é tão importante, que este sofre com mesmo martírio daqueles outros.

O crime adoece, isto é, o ato delituoso praticado passa a ser entendido como uma doença, e o agente do delito, como um ser patologicamente perturbado. Da loucura, muitas análises científicas, muitos discursos médicos são importados pelas ciências penais ao longo daquele momento histórico.

E se para os loucos se reservaram os manicômios, isolados da vista das cidades, para os criminosos, uma nova prisão, marcada pelo binômio vigiar e punir, foi a solução encontrada.

Mas do terror, da lúgubre imagem que se fazia da loucura, e do seu coirmão, o crime, a sociedade passou a se modificar, e consequentemente, a transformar os conceitos.

A loucura foi sendo resgatada do inferno que a Europa havia lhe reservado, principalmente, quando, pela expansão imobiliária, diminuiu a distância entre o arrabalde, espaço do manicômio, e a área industrial das grandes aglomerações urbanas.

Outrossim, uma nova posição da medicina frente à loucura foi dando início a uma transformação dos conceitos sobre ela, o que instigou a transformação da sua percepção, pelo tecido social.

Nesse sentido, podemos destacar a contribuição dada por duas grandes personalidades: Samuel Tuke e Pinel. Ambos conseguiram transformar a visão do manicômio em asilo, conceito mais leve, brando, resgatando à loucura, um certo ar de condescendência.

Acredita-se que Tuke e Pinel abriram o asilo ao conhecimento médico. Não introduziram uma ciência, mas uma personagem, cujos poderes atribuíam a esse saber apenas um disfarce ou, no máximo, sua justificativa. Esses poderes, por natureza, são de ordem moral e social; estão enraizados na menoridade do louco, na alienação de sua pessoa, e não de seu espírito. Se a personagem do médico pode delimitar a loucura, não é porque a conhece, é porque a domina; e aquilo que para o positivismo assumirá a figura da objetividade é apenas o outro lado, o nascimento desse domínio.[81]

E esse domínio da medicina sobre a loucura, será um paradoxo, pois ao dominá-la, e explicá-la, ela a liberta das duras penas às quais os loucos estavam submeti-

---
[80] FOUCAULT, Michel, op. cit., p. 78.
[81] Idem, p. 498.

dos. Mas, fundamentalmente, a medicina que vê a loucura apenas como uma doença dá margem para que a sociedade se reconstrua quanto à imagem que ela tem daquela. A medicina do século XVIII, de forma homeopática, cura a visão da própria sociedade quanto a esta triste patologia.

Influenciado, como sempre, muito de perto, o crime também sofreu um abalo em sua visão tradicional, e, através de César Beccaria, que denuncia as torturas e as penas, como flagelos de uma sociedade bárbara, inicia igualmente a sua evolução.

Redenção, libertação, esses conceitos marcam de forma satisfatória, os efeitos dessa nova visão, ao final do século das luzes, sobre a loucura. Humanizada, enfim, ela tem o seu discurso cientificado.

Entretanto, nessa relação com a sociedade, a loucura elabora um artifício: o mundo que acredita avaliá-la, justificá-la através da psicologia, deve justificar-se diante dela, já que, em seu esforço e em seus embates, a loucura passa a ser redenção para toda uma gama de personagens que, graças aos novos conceitos, dela se utilizam como inspiração, recriando o próprio espaço social que, até então, a estigmatizava.

Finalmente, ela passa a ser, ao mesmo tempo resultado e inspiração, consequência e causa do viver em sociedade. E esta é a sua vitória.

12. Um estudo de caso: a paixão como gênese da morte

O amor é sentimento intenso, força valorativa que transforma as regras entre o "ego", o "id" e o "superego". Tal é a sua carga sobre a razão, que não raro toma o controle dos atos. No momento em que ele é senhor, a razão só tem a seu favor a certeza de que depois dessa revolução, é tempo para saber o que o amor, transformado em paixão ilimitada, tocou e quebrou.

O assassino passional é algoz e vítima desse intenso sentimento. A outra vítima é tradicionalmente a mulher, síntese trágica dessa violenta emoção.

É verdade que quem conjuga o verbo *amar* declina o verbo *acordar*, isto é, aceita estabelecer as bases de uma relação. Mas o amor transformado em paixão é vício redibitório, com um poder de destruição que abala os valores do tecido social.

O criminoso por paixão é figura relativamente recente. Como já se disse, Lombroso e Ferri foram autores que, sem temer pasteurizar a ciência jurídica, passaram a analisar essa figura com métodos racionais e científicos.

Esse criminoso, que tem o condão de confundir a figura de Eros e Thanatos, é antes de tudo um ser movido por uma estranha paixão social. Na literatura, via de regra, é um homem geralmente jovem, silencioso, tímido, devotado, inteligente, mas inseguro, carente, vazio em sua autoestima. Na vida real, a figura do assassino passional não escolhe classe, saldo no banco, escolaridade. Infelizmente, é qualquer um.

Mas ambos, o homem ficcional e o homem real explodem a sua emoção e, em estado de pura comoção, se voltam para o outro, origem do intenso sentimento, e o matam.

O crime passional foi até recentemente entendido como uma resposta. Ele era uma resposta a uma agressão sofrida na honra, na imagem perante a sociedade, na família, no grupo de amigos. Para resgatar seus princípios, supostamente ofendidos, ele mata.

E do ato de matar alguém, no caso o ser amado, vem o arrependimento, seguido, em muitos casos, do suicídio. E tal ato trágico, como a coroar o absurdo desse ato desmedido, melindroso, ajudou a compor, para o operador, a figura clássica do assassino passional. Ele mata a mulher, o seu objeto catalisador, mas depois se suicida, como a demonstrar arrependimento tardio, porém pretensamente redentor.

Na prática processual, quando o réu não havia tentado a saída típica, a acusação no júri tinha como grande tese tentar descaracterizar a imagem do agente, desconstituindo a aura de dor/amor/ódio/ arrependimento, para o que simplesmente dispunha o *caput* do artigo 121, "matar alguém".[82]

Procurava-se, assim, que aquele homem não agira como se esperava de um assassino passional, pois que sobrevivera à morte do seu "desejo", isto é, ao seu amor.[83]

Vale reproduzir, aqui, o elevado pensamento de Mariza Corrêa, expresso em sua monografia *Os Crimes em Família*: "Quando, no júri, deparamos com um assassino apoteosado, deveríamos por ordem de Ferri, adverti-lo de que esqueceu de completar a obra. Ele continua a gozar a existência longe da mulher sem a qual não podia viver. [...] Quando se mata, não há amor, cliente da assistência e não da maternidade, devemos sempre desclassificar ante os próprios privilégios românticos".[84]

Mas o conceito de crime é cultural e histórico. É o resultado de uma conjunção de fatores mentais, onde as mentalidades do grupo advertem o Estado daquilo que ele teme, sofre, e não quer repetir.

Foi assim que o assassino passional foi desconstruído pelos doutrinadores em nosso país, desde 1925, com a criação da Sociedade de Higiene Social. Juristas do porte de um Roberto Lyra, Nelson Hungria, Afrânio Peixoto, iniciaram uma luta sem tréguas, para que se terminasse a indigna tolerância aos crimes de paixão e à errônea tese do passional.

Os frutos dos trabalhos realizados por essa Sociedade deram margem a que, com o tempo, o próprio grupo social passasse a perceber tal crime não mais como isento de responsabilidade, por estar o autor em estado de perturbação dos sentidos, mas como um crime tão hediondo como qualquer outro.

Para o espírito destes doutrinadores, a ideia de que a honra masculina dependa do comportamento feminino e do amor ofendido, o combate foi frutuoso, pois se esvaziou tal crença, ao mesmo tempo em que, lenta e desacreditada, foi-se desenvolvendo a certeza de que a mulher, igualmente, tinha honra e direito a ser e a viver.

---

[82] CASAL. SEPARAÇÃO. RETORNO IMPOSSÍVEL. CIÚME. HOMICÍDIO PASSIONAL. CONDENAÇÃO. APELAÇÃO. PROVIMEMTO EM PARTE. MOTIVO FÚTIL. EXCLUSÃO. DECISÃO. CONFIRMAÇÃO EM PARTE. A exclusão do motivo fútil ocorre pelo fato de que quem mata por ciúme não pode se dizer que o tenha feito por motivo fútil, provida foi, em parte a apelação para excluir a qualificadora do inciso IV do art. 121 do Código Penal, não ocorrendo motivo para diminuição da pena. (TJ-ES; ACr 014.02.002501-2; Segunda Câmara Criminal; Rel. Des. Paulo Nicola Copolillo; Julg. 18/06/2003; DJES 09/09/2003)

[83] PROCESSUAL PENAL. EMBARGOS DE DECLARAÇÃO, COM EFEITOS INFRINGENTES. Sua possibilidade. Embargos acatados parcialmente para afastar a qualificadora do motivo torpe. No crime passional, especialmente no caso em que a mulher não mais deseja a vida em comum, não se pode admitir o motivo como torpe. (TJ-PE; EDcl 66272-8/01; Recife; Terceira Câmara Criminal; Rel. Des. Rafael Neto; Julg. 23/05/2001; DJPE 13/11/2001).

[84] CORRÊA, Mariza. *Os Crimes em Família*, Monografia. São Paulo: Brasiliense, 1983, p. 56.

CAPÍTULO III

Os que não aceitavam tal tentativa de desconstrução buscavam determinar para a causa do crime, e isto era essencial, a percepção de que aquele "criminoso" tinha cometido um delito levado por um motivo relevante, como a honra masculina.

Os juristas que utilizavam essa definição na defesa dos assassinos passionais insistiam em que a honra era uma paixão social e que mantinha a vida em sociedade. Tratava-se, portanto, da manutenção de uma estrutura hierárquica nas relações entre o homem e a mulher e que estabelecia uma ponte entre a honra do homem e os atos femininos.

Para poderem reforçar as suas posições, principalmente a de que havia entre o criminoso passional e o criminoso comum grandes diferenças, era *conditio sine qua non* manter tal agente em uma categoria à parte, protegendo-o para que não se misturasse com aqueles dos delitos mais ordinários, é claro que aos olhos da sociedade do momento.

Mas, por mais que insistissem, e em algumas áreas do nosso país ainda insistem, para que o crime passional não venha a ser acobertado por uma visão pífia, o jurista e o legislador não podem, e não devem esquecer nunca que, quando a ação humana vai de encontro à ordem material constituída e à humanidade, os agentes desses atos agem em total desacordo com o princípio da isonomia que serve tanto para os que não cometem ilícitos, quanto para aqueles que fazem disso a sua profissão.

E não se alegue que tratar o assassino de uma mulher de forma diferenciada é respeitar um preceito constitucional, o princípio da individualização, que é um dos paradigmas da pena.

O adultério não tem competência para ser uma descriminante, já que o marido verdadeiramente comete, enquanto pior resultado, o crime disposto no art. 121 do Código Penal.

Supedâneo para essa visão crítica do crime passional é o fato de que a emoção cede, frente ao fato de que o homem vê na mulher a ficção de uma propriedade. E, enquanto propriedade que, na visão distorcida de quem mistura amor com ódio, com posse, ele reaja ao esbulho da única forma a proteger o verbo ter, matando a mulher.

O grande Evaristo de Moraes, o advogado dos advogados dizia: "O homem não quer perder a posse desses encantos que embriagam seus sentidos, nem ficar humilhado diante de um rival feliz. Essa mulher que aí passa, convergindo sobre si os olhares invejosos de todos os homens só a ele pertence, só ele penetra na alcova discreta e sombria, só para ele se rasgam os véus do pudor na nudez de corpos que palpitam e estuam em ânsias de volúpia".[85]

Destarte, se Lombroso, Ferri e outros tentaram buscar, não uma justificativa, mas uma explicação para o crime passional, a transformação da sociedade foi mais longe ao modificar a sua visão contra esse delito.

Alçado à condição de crime cruel, violento e em muitas oportunidades qualificado, hoje, pelo menos em lugares mais oxigenados economicamente, não se aceitam mais tais argumentos, considerando-se tal crime sem a possibilidade da descriminante.

Infelizmente, em muitos lugares, essa visão, da mesma forma que essa paixão, ainda sobrevive, como a lembrar a nossa impotência em, definitivamente, democratizar as nossas relações cotidianas.

---

[85] MORAES, Evaristo de. *Um Caso de Homicídio por Paixão Amorosa*. Rio de Janeiro: Martinho Araújo, 1914.

13. Antropologia criminal

O estudo da antropologia criminal partiu da necessidade do estudo do crime como fenômeno da natureza humana. Modernamente, sofreu grande desenvolvimento, a partir do crescimento da endocrinologia, que estuda a influência das glândulas diversas na atitude comportamental do homem.

Assim, essa ciência mostrou-nos estudos provando que as diversas glândulas do corpo humano, pela sua maior ou menor produção de hormônios, têm o poder de influenciar no indivíduo, especialmente no que diz respeito a seu estado psíquico.

A palavra *hormônio* é derivada do latim *humor/oris*. Essa palavra significava para os antigos que, conforme a quantidade de hormônio no organismo humano, melhor ou pior era o seu humor.

Para eles, cada um dos quatro tipos de matéria líquida ou semilíquida que existiriam no organismo humano e que, no indivíduo sadio, se encontrariam em equilíbrio, era o fator determinante a lhe caracterizar o temperamento.

A ruptura de tal equilíbrio determinaria o aparecimento de doenças. Para os antigos, os principais hormônios eram o sangue, a fleugma, a bílis amarela e a bílis negra.

Os hormônios não influenciavam somente o humor dos seres humanos, pois as suas manifestações físicas são evidentes no desenvolvimento corporal do ser humano.

A quantidade maior ou menor de hormônio para o crescimento vem influir, fundamentalmente, não só no tamanho do indivíduo, bem como na sua atitude comportamental perante a sociedade.

Note-se, por exemplo, que o hormônio produzido pela glândula da tireóide tem grande influência no sistema metabólico do indivíduo, e sua hipo ou hiperfunção determina alterações físicas e psíquicas.

Para apreender a influência hormonal na personalidade dos seres humanos, no seu comportamento e, especialmente, no estudo da estrutura físico/psíquica dos criminosos, vários são os cientistas que apresentaram valiosíssimos estudos sobre a matéria.

Todos esses estudos se dirigem ao delinquente como pessoa, o que deixa o estudo muito mais restrito, uma vez que se sabe que o homem é, do mesmo modo, fruto do meio em que vive.

Sem que se faça a apreciação do crime sobre os aspectos do ambiente, não se terá, nunca, uma compreensão exata do fenômeno criminológico.

Nesse sentido, a biologia criminal parte para o estudo dos fatores físicos e sociais, aceitando que fatores do ambiente possam influir para o desencadeamento do ato delitivo, surgindo, então, o estudo da periculosidade criminal.

Ao exame dos aspectos individuais da criminologia, não se pode deixar de citar a grande contribuição dada pela psiquiatria e pela psicologia criminal. Os estudos de Freud, Adler, Jung, Franz Alexander, Hugo Staub e outros desenvolveram o conhecimento do homem a partir do seu interior.

A importância desses estudos se tornou fundamental para que se pudesse criar uma teoria, como a da vontade e a da capacidade do entendimento do ato delitivo praticado pelo agente. Pode-se dizer até que foi a partir da psicologia criminal que se criaram as teorias da vontade, elemento importante na realização do tipo e da pena.

A psicologia criminal, então, sempre e cada vez mais, vem estudando o homem, não só com as suas tendências criminogênicas como a influência que o tecido social introjeta no indivíduo.

De outro lado, a partir do indivíduo, a psicologia extrapola o estudo das chamadas *societas sceleris*, onde se nota cada vez mais, nos países industrializados, o amadurecimento de sociedades criminais mais bem organizadas do que muitas empresas comerciais, e até mesmo do que o Estado.

Veja-se, por exemplo, no Brasil de hoje, os chamados "comandos" que, de dentro dos presídios, ainda mantêm o poder e o controle de organizações milionárias, possuidoras de força tal que chegam a ameaçar a existência das próprias organizações policiais.

E os resultados dessas organizações se estratificam, por exemplo, na morte de um Promotor de Justiça da cidade de Belo Horizonte, de dois Juízes de Direito da Vara das Execuções Criminais, das cidades de Presidente Prudente, em São Paulo, e de Vitória, no Espírito Santo.

A situação se acresce em gravidade, na medida em que se chega à conclusão de que as ciências penais fracassaram totalmente no combate à criminalidade.

Por fim, o estudo da criminologia não pode dispensar o auxílio da polícia científica. Sua função maior é combater o crime, estando sempre presente em todos os aspectos que servem ao Estado e à sociedade, na luta que estes travam com o crime em geral e ao crime organizado. Um exemplo desse auxílio é o atendimento feito por ela através dos operadores do direito nas penitenciárias federais e estaduais, especialmente no que diz respeito a um intenso programa de busca da recuperação do preso.

Essa função, quando bem executada, faz cair por terra o equivocado clamor por penas mais severas e pela ressurreição no país da terrível, cruel, desumana e inócua pena de morte.

Para concluir, vale a pena repetir o grande mestre Afrânio Peixoto, quando do alto de sua sabedoria, nostálgica e desiludidamente doutrinou que, "a criminologia, o crime, criminoso, as prisões, as penas, a defesa social, a prevenção jurídica ... construções sobre a areia".

CAPÍTULO IV

CONCEITO DE DIREITO PENAL

1. Denominação da matéria

Ao iniciarmos o estudo desta área do direito, deparamo-nos com um questionamento: direito penal ou direito criminal? Qual a denominação que mais se adaptaria ao bom entendimento da matéria? Alguns preferem chamá-lo de direito penal; outros, direito criminal.

Aníbal Bruno considera que a denominação de direito criminal seja uma expressão muito mais compreensiva, porquanto abrange o crime e as suas consequências jurídicas, uma das quais é a pena.[86]

Segundo os que preferem a denominação, de direito criminal está dizendo crime e pena, já que não pode haver pena sem crime. Realmente, não se pode admitir o conceito de crime sem pena correspondente, uma vez que ela está contida na ideia de crime. Tanto é que, a volta ao nome de direito criminal vem sendo advogada por autores modernos, não só porque é mais antiga, mas ainda porque a pena não é mais o único meio que o Estado tem de combater o delito.

Quem diz direito penal refere-se mais à pena, quando o Estado já combate o crime com outros recursos que não ela, pena, tais como, a medida de segurança. Diz Basileu Garcia que "alega-se à insuficiência da locução direito penal para abranger um dos dois grandes grupos de providências de combate à criminalidade – o das medidas de segurança, cuja natureza preventiva as distingue das penas, de finalidade primordialmente repressiva".[87]

Outra corrente argumenta que direito penal é expressão bem mais adequada ao sistema. Sustentam os seus seguidores que a pena sempre pressupõe o crime, e não há pena sem crime, ao passo que nem todos os crimes estão sujeitos à pena. Logo, a expressão direito criminal não seria a mais adequada, porque nem todos os crimes estão sujeitos a pena: o doente mental, por exemplo, se mata, não sofre pena, e sim uma medida de segurança, que não tem o mesmo sentido da pena. O menor de 18 anos é irresponsável penalmente e, por isso, se pratica um crime não é punido com pena, e sim corrigido por uma medida pedagógica.[88]

---

[86] BRUNO, Aníbal. *Direito Penal*. 4ª ed. Tomo I. Rio de janeiro: Forense, 1984.

[87] GARCIA, Basileu. *Instituições de Direito Penal*, vol. 1, tomo I, São Paulo: Max Limonad, 1952, p. 7.

[88] MENORES – ATO INFRACIONAL – ROUBO QUALIFICADO E EM CONTINUAÇÃO – MEDIDA SOCIOEDUCATIVA CONSISTENTE EM SEMILIBERDADE – Se os menores se viram envolvidos em ato infracional amoldável àquele previsto no artigo 157, § 2º, I c/c 71, ambos do CP, mostra-se adequada a imposição da medida socioeducativa de semiliberdade, inclusive, benéfica, pois, em casos tais, geralmente se aplica aquela consistente em internação sem prazo determinado. (TJDF – APE 20010130008202 – DF – 2ª T.Crim. - Rel. Des. Silvânio Barbosa dos Santos – DJU 26.06.2002 – p. 72)

CAPÍTULO IV

Além disso, o vocábulo *criminal* não abrange todas as espécies de ilícitos penais: o crime e a contravenção. Logo, a expressão *direito criminal* deixaria de fora a contravenção.

Na Itália, ainda que Antolisei[89] tenha proclamado que a expressão *criminal* fosse o mais indicado, até porque é a mais antiga e mais adaptada à tradição da ciência jurídica de seu país, lá se usa a expressão *Diritto Penale*. Por sua vez, todos os países de língua espanhola adotam *Derecho Penal*, e a França, usa a expressão *Droit Penal*.

Já foram propostas outras denominações, tais como, direito penal criminológico, direito determinador, direito repressivo, direito de defesa Social, direito Protetor dos criminosos, conta dos direitos dos criminosos e outras tantas. Mas, apesar de tudo, a expressão *direito penal* se firmou e se generalizou, até mesmo porque a Constituição Federal consagrou oficialmente a expressão direito penal.[90]

2. Características do Direito Penal

Na sua longa evolução histórica, o direito penal adquiriu algumas características, assim como perdeu outras. Tais características diferem o direito penal dos demais ramos do Direito: ele é um *Direito Positivo*, *público*, *Constitutivo* e *Regulador de Atos Extremos*.

2.1. Direito Positivo

Diz-se que o direito penal tem caráter positivo porque ele somente existe quando prescrito pela lei. A Constituição Federal, no seu art. 5°, na medida em que cria os princípios da igualdade de todos perante a lei, sem distinção de qualquer natureza, garantindo a inviolabilidade do direito à vida, à liberdade, à igualdade, à segurança e à propriedade, no seu inciso XXXIX determina que não há crime sem lei anterior que o defina, nem pena sem prévia cominação legal.

Antes da Revolução Francesa, o arbítrio pessoal na definição de crime e na determinação das penas era a regra. A partir de então, e graças ao princípio "da reserva legal", firmou-se a concepção de que não há crime e nem pena sem lei anterior escrita.[91]

Inspirado por Feuerbach, o princípio da reserva legal espelha a base da sã democracia. *Nullum crimen, nulla poena sine lege* – nenhum crime, nenhuma pena sem lei, é a garantia da liberdade dos cidadãos. Se quisermos mensurar o estado de liberdade de um povo, basta que usemos como termômetro, o princípio da reserva legal. Os regimes autoritários não se dão bem com ele, basta que se observe a história do direito

---

[89] Francesco Antolisei: "Ci basta qui ricordare che la massima opera della scienza criminalistica italiana, dovuta al genio di Francesco Carrara, porta il titolo *Programa di diritto criminale*". (*Manuale di Diritto Penale*, p. 2, 3ª ed., Milano: Dott. A. Giuffrè, 1947).

[90] Constituição Federal – Art. 22. Compete privativamente à União legislar sobre: I – direito civil, comercial, penal, processual, eleitoral, agrário, marítimo, aeronáutico, espacial e do trabalho;

[91] Código Penal, Art. 1° Não há crime sem lei anterior que o defina. Não há pena sem prévia cominação legal. (Redação dada ao artigo pela Lei n° 7.209, de 11.07.1984).

penal da antiga União Soviética,[92] ou da Alemanha enquanto regime nazifascista.[93] O processo analógico, tão útil nas aplicações civis, deixa de ser vedado no direito penal dos Estados autoritários, já que se derrogam todos os princípios democráticos. Ensina-nos Cuello Calón que naquele país socialista o indivíduo estava inteiramente submetido ao Estado, a tal ponto que não havia o reconhecimento do direito da limitação da atividade estatal, através de sua justiça repressiva.[94] O Código Penal alemão de 1871 já consagrava o princípio da legalidade dos delitos e das penas. Entretanto, em 1935, o ideal nazista rompeu com o dispositivo jurídico, determinando ao juiz que, na hipótese de se defrontar com o fato não revisto em lei, aplicasse a pena, baseando-se no conceito de outra lei penal, e que tivesse em vista a "sã consciência popular". Com isso estava revogado, pelo estado nazista, o princípio da reserva legal e, varrida da alma dos cidadãos a consciência de segurança individual. É que as ditaduras buscam, desde logo, o desfreio do direito de punir para nele, encontrar a segurança do Estado ante uma possível ameaça dos cidadãos. E, nada melhor que o método de dar ao magistrado, geralmente sem garantias, o poder de usar a analogia respeitando refrões tais como "Ordem Pública", "Segurança Nacional", "Razão de Estado", "Interesse Supremo" e tantos outros bordões mágicos a lhe permitirem punir as ações humanas baseados, muitas vezes, numa opinião pública orientada, quando não escravizada pelos detentores do poder.[95]

O Estado Novo[96] nos presenteou, especialmente na legislação penal sobre delitos contra a sua segurança, com o desfalecimento do princípio da reserva legal, pois o Decreto nº 4.166, de 11 de março de 1942, autorizava ao juiz, para a caracterização do crime, o emprego do recurso analógico. Não diferentemente, da mesma forma ditaram os atos institucionais do período imediatamente após o movimento de 1964.

O princípio da reserva legal garante, portanto, a descrição prévia e individualizadora das condutas e das sanções, atribuindo ao tipo expresso verdadeira função de democratização do direito penal moderno. E se o crime somente existe quando está definido em lei, o costume não pode ser fonte de novos tipos penais, nem a analogia pode estender a norma penal a fatos não previstos como delito.

---

[92] Código Penal de la República Socialista Federativa Soviética Rusa, art. 1º El Código Penal de la RSFSR tiene como fin la defensa del régimen estatal y social soviético, de la propiedad socialista, de la persona y de los derechos de los ciudadanos, así como de todo el orden jurídico socialista, contra cualquier atentado delictivo. Para lograr este fin, el Código Penal de la RSFSR define qué acciones socialmente peligrosas deben reputarse delictivas y establece las penas que han de aplicarse a las personas que hayan delinquido. (Zdravomíslov, et al. Derecho Penal Soviético, Parte general. Bogotá: Temis, 1970, p. 352).

[93] Regimes estatuídos, por Benito Mussolini, em 1922, na Itália, e por Adolf Hitler, na Alemanha, em 1931.

[94] CALÓN, Eugenio Cuello. Derecho Penal, vol. 1, tomo I, Parte General, p. 63/63: "En los años que mediaron entre las dos guerras mundiales con la aparición de los regímenes políticos totalitarios, y como consecuencia de ellos, surgió el llamado "derecho penal autoritario" que representaba un vivo contraste con el derecho penal liberal-individualista nacido de la ideología del "siglo de las luces" y da Revolución Francesa. Aspiraba principalmente a la protección del estado. Anuló el principio de legalidad dando ampla acogida a la analogía. En Rusia, el nuevo código penal de 27 de octubre de 1960 y la legislación posterior al mismo, aun cuando proclamen el principio de legalidad, conservan sus características fundamentales de derecho autoritario, político y socialista".

[95] É de Ruy Barbosa a lição, em referência aos desmandos no governo Floriano: "... Não há tribunais que bastem para abrigar o direito, quando o dever se ausenta da consciência dos magistrados" e, "medo, venalidade, paixão partidária, respeito pessoal, subserviência, espírito conservador, interpretação restritiva, razão de Estado, interesse supremo, como quer que te chames, prevaricação judiciária, não escaparás ao ferrete de Pilatos! O bom ladrão salvou-se. Mas, não há salvação ao juiz covarde".

[96] Vide Constituição de 1937, conhecida como "A Polaca", outorgada pelo Presidente Getúlio Vargas.

Vejamos o exemplo: furto é um crime definido no Código Penal como subtrair coisa alheia, móvel, para si ou para outrem. E se o indivíduo furta um automóvel só para passear, e para deixá-lo, depois, onde tirou, não acontece o apossamento definitivo. É o chamado furto de uso, pois que, não subtraiu para ficar com a coisa, para apossar-se com ânimo definitivo, que é o que caracteriza o furto (subtrair para si, incorporando ao seu patrimônio).[97]

Não havendo o ânimo, o propósito, o dolo em conservar o automóvel em seu patrimônio, atípica é a figura. Há quem diga que esse furto de uso está incluído, por analogia, como furto comum. Não há tribunal que, usando critério analógico, estenda a norma do furto à hipótese do crime de furto de uso.[98]

O uso da analogia penal torna intranquila a sociedade, pois que diminui as garantias individuais em face do poder de punir do Estado. Isto porque, ao utilizar o recurso analógico, o Estado desenvolve estratégias que ameaçam as mais rudimentares garantias constitucionais.

No Direito Civil, se a lei é omissa, o juiz deve decidir o caso de acordo com a analogia, os princípios gerais do direito e os costumes. Assim, se a lei é omissa, ambígua ou lacunosa, o juiz pode criar a regra pela analogia ou através dos costumes locais.[99]

No Direito Penal, está sempre em jogo o direito de liberdade, bem maior a ser preservado. Não vale aqui o argumento de que relações semelhantes exigem regras jurídicas semelhantes. A atuação diferente descaracterizaria a positividade do Direito Penal, sufocando os princípios da legalidade e da anterioridade.

Entretanto, nem se diga que a analogia não pode vir a ser benéfica às ciências penais, pois sempre que for para favorecer o acusado, ela deve, obrigatoriamente, ser aplicada.[100]

2.2. Direito Público

Outra característica essencial ao direito penal é ser um direito público. É que os bens juridicamente tutelados por ele são garantidos através de sanção penal, com alta significação social. Mesmo pertencendo ao patrimônio individual, valores tais como

---

[97] FURTO DE BICICLETA, AVALIADA EM R$ 70,00 – Decisão monocrativa que considerou a ocorrência de crime de bagatela. Prova que evidencia a ausência do *animus* de apropriação definitiva do bem, inclinando-se a respaldar a alegação de furto de uso feito pelo acusado. Atipicidade da conduta. Apelo ministerial improvido. (TJRS – ACR 70003482296 – 5ª C.Crim. – Rel. Des. Paulo Moacir Aguiar Vieira – J. 13.03.2002)

[98] FURTO DE USO – AGENTE QUE SUBTRAI BEM ALHEIO E VENDE-O PARA TERCEIRO – INOCORRÊNCIA – Aquele que invoca a tese de furto de uso arca com o dever de restituir a res, tal e qual a retirou da esfera de vigilância da vítima, sendo impossível o reconhecimento dessa espécie de furto, não punida à luz do ordenamento jurídico brasileiro, na hipótese em que o agente subtrai bem alheio e vende-o a terceiro, uma vez que não tem intenção de apenas usá-lo. (TACRIMSP – Ap 1275139/0 – 11ª C. – Rel. Juiz Fernandes de Oliveira – DOESP 01.02.2002)

[99] LEI DE INTRODUÇÃO AO CÓDIGO CIVIL, art. 4º Quando a lei for omissa, o juiz decidirá o caso de acordo com a analogia, os costumes e os princípios gerais do direito.

[100] PENAL E PROCESSUAL PENAL – CARTA TESTEMUNHÁVEL – RECURSO EM SENTIDO ESTRITO – ADMISSIBILIDADE POR ANALOGIA – Fato praticado antes do advento da Lei nº 9.271/96. Irretroatividade de Lei Penal mais severa. Suspensão do processo e do curso do prazo prescricional. Inaplicabilidade. 1. A taxatividade do art. 581 do CPPB está relacionada ao espírito da Lei, e não à literalidade de seu texto. 2. O recurso em sentido estrito é meio admissível para alcançar situação análoga à prevista no inciso XVI do art. 581 do CPPB. 3. Tratando-se de dispositivo que encerra preceitos de naturezas processual penal e penal, e sendo este último menos benéfico ao réu, há que prevalecer a natureza penal, sendo, portanto, de aplicação irretroativa. 4. Recurso em sentido estrito provido. (TRF 5ª R. – RCr 165 – PE – 2ª T. – Rel. Juiz Araken Mariz – J. 15.12.1998).

a vida, a integridade física, a liberdade, a honra, a inviolabilidade do domicílio, etc. merecem ser tutelados e são protegidos, porque interessam à coletividade inteira.

A vida, a saúde e a aptidão física, por exemplo, são de um interesse social fundamental, já que nenhuma sociedade pode sobreviver, ou desenvolver-se, se tiver os seus componentes inválidos ou inaptos para o trabalho, por exemplo.

Então, quando o direito penal diz que um crime ofende a integridade de alguém, não é por puro afeto ao ofendido, mas por um interesse social. Interessa à sociedade que seus membros tenham a sua integridade física, mental e moral resguardado. E essa proteção pública especial só pode ser dada pelo direito penal, porque é o único ramo do direito que dispõe da pena para castigar.

É por isso que toda vez que a sociedade percebe que um determinado interesse jurídico precisa ter mais proteção, e não podendo a lei civil bastar, o legislador toma este preceito e o transforma em penal, agregando-lhe com uma penalidade. Daí por que é proteção especial. Porque é a única área jurídica que dispõe da mais grave das sanções, que é a pena privativa de liberdade.[101]

Os bens a serem protegidos variam de povo para povo, de regime para regime. Os contornos maiores são universais, como os crimes de homicídio, furto, roubo, etc. O certo é que para cada povo há um conjunto de valores protegidos pelo direito penal e estes valores variam de país para país.

Tanto o contrabando, quanto o descaminho são considerados como crimes para nós, brasileiros, enquanto sabemos que em outros países o mesmo não acontece. O crime de adultério, por exemplo, de há muito que foi expurgado dos códigos penais de vários países, enquanto para nós ainda permanece como crime. O mesmo acontece com o delito de bigamia. É crime para nós; entretanto, povos há que o homem pode ter várias mulheres.

Tais valores (vida, integridade física, honra, propriedade, etc.), são considerados indispensáveis e imprescindíveis, dada a sua utilidade em determinado momento histórico.

E o princípio da indisponibilidade é de extraordinária importância ao Direito Penal moderno. As consequências desse princípio são de maior valia para a sociedade. É ela, uma das bases da segurança penal que constitui, por sua vez, o pilar essencial da própria segurança de todo o ordenamento jurídico.

Assim, não fica ao abrigo de qualquer descriminante quem, por exemplo, por compaixão, mata a pedido da vítima. Não impede a existência do crime o fato de a vítima pedir para morrer.

Porém, em se tratando de propriedade de bens, o consentimento da vítima exclui a existência do crime. Exemplo: Não há furto quando houver consentimento da vítima. Nos crimes contra os costumes, desde que a vítima seja maior de idade, o consentimento torna atípica a ação.[102]

---

[101] Obs.: No Direito Civil somente por exceção se tem aplicação de pena restritiva de liberdade, como, por exemplo, no caso do depositário infiel, ou de descumprimento de pensão alimentícia.
[102] CRIME CONTRA OS COSTUMES – CONSENTIMENTO DA VÍTIMA PARA O ATO SEXUAL – NÃO CONFIGURAÇÃO – FURTO – DOLO – AUSÊNCIA – ABSOLVIÇÃO – RECURSO PROVIDO – Se houve o consentimento da vítima para o ato sexual, não resta configurado o delito contra os costumes. Não há que se falar em furto se o agente não pretendia subtrair coisa alheia que foi deixada em seu veículo pelo seu dono. (TJMG – ACr 000.253.281-0/00 – 2ª C.Crim. – Rel. Des. José Antônino Baía Borges – J. 21.02.2002)

Então vimos que o direito penal é público porque os bens jurídicos que ele protege são públicos e, depois, pelo princípio de que somente o Estado dispõe do poder/direito de punir.

Pela chamada "Teoria Pluralista", o Estado não é o único ordenamento com capacidade penalizadora. Há outros organismos detentores de normas punitivas. Por exemplo: as entidades sociais, as associações esportivas, as sociedades recreativas, as sociedades beneficentes impõem sanções aos seus sócios quando faltosos. E essas sanções vão desde censura, até a expulsão do seu quadro social. Mas isso não desfaz a tese do monopólio do Estado no poder de punir. Esse poder que as sociedades privadas têm, é um poder disciplinar, que existe porque o Estado permite. Trata-se de um poder disciplinar que o Estado confere aos corpos coletivos para que eles possam manter a sua ordem interna, evitando a desordem e o caos.

Esse poder sancionador do Estado diz respeito à capacidade da sua soberania, quer dizer, do amplo uso que ele faz da espada para manter e controlar as relações dos indivíduos e também destes entre eles, no tecido social. Todavia, como o campo social é multifacetário, o Estado racionaliza a sua própria funcionalidade, concedendo àquele, capacidade para administrar e punir suas próprias entranhas.

Não significa dizer que existe um direito penal privado à margem de um direito penal público. O poder dessas entidades é um poder derivado, sob o controle estatal, a ser exercido dentro de certos limites e na forma estabelecida na lei do próprio Estado.

Logo, o argumento da teoria pluralista não desmente a verdade de ser o direito penal público.

Alguns autores, ainda, argumentam que há os crimes chamados de "ação privada". Dizem que a característica desses crimes põe em dúvida o caráter publicístico do Direito Penal. Os principais, os mais comuns e conhecidos crimes de ação privada são os delitos ditos contra a honra: injúria, calúnia e difamação.

A iniciativa de processar depende unicamente da vontade do ofendido. Se o ofendido não quiser propor a ação penal, ninguém pode se ver obrigado a fazê-lo em seu lugar.

É que o Estado deixa a critério do indivíduo até o direito de não se sentir injuriado. De outro lado, muitas vezes a publicidade da ofensa causa mais mal do que a própria injúria.

Já nos crimes de ação pública, a iniciativa do processo é do Estado, através do seu órgão especialmente criado para tal: o Ministério Público.

Tendo-se notícia de um homicídio, ou de um furto, por exemplo, a autoridade policial, o delegado, ao ter conhecimento da ocorrência, é obrigado a abrir um inquérito policial, a fim de realizar investigações para esclarecer o crime, descobrir o seu autor e, com as provas, enviar a investigação a Juízo.

No crime de ação privada, o Estado não interfere; a vítima é que detém o poder para agir. Quando se trata de crime de ação privada, as provas de sua existência, ainda que cabais, evidentes, manifestas e claras, só o próprio ofendido pode decidir, seja pela ação penal ou pela impunidade da ofensa.

Portanto, o direito penal é um direito público, salvo as exceções dos crimes de ação privada. Agora, há que se perguntar: os crimes de ação privada negam o caráter público do direito penal? Não, porque é necessário distinguir o direito de punir, do direito de acusar.

Um é o *jus puniendi* (o direito de punir), e o outro é o *jus accusacionem* (direito de acusar). Nos crimes de ação privada a vítima não exerce o poder de punir; o que exercita é o direito de acusar, sendo a ação da vítima, a autorização ao Estado de exercer o direito de perseguir em juízo *(jus persequendi).*

O poder de punir, isto é, de aplicar a pena, é do Estado, sempre. Então, o que acontece: a vítima resolve promover ação penal. No momento em que entrar com a queixa-crime é o juiz (diga-se, o Estado) quem dirige o processo, é ele quem preside a formação da prova, é ele quem realiza todos os atos processuais e, é ele quem profere a sentença e quem, se for o caso, impõe a pena.

Logo, mesmo nos crimes de ação privada, o poder punitivo é atribuído a um controle exclusivo, monopólico, hegemônico do Estado.

Nos crimes de ação privada não se altera o caráter público do direito penal, pois é ele quem, entre tantas coisas, define o que seja o crime e qual a pena que deve ser aplicada aos seus infratores. E mais, se em determinado momento histórico o Estado entender necessário, poderá, através de lei própria, travestir tais delitos de ação privada, para torná-los de ação pública. Isso porque o Estado detém a prerrogativa de definir o verbo e, legitimamente, impô-lo ao conjunto da sociedade.

2.3. Direito Constitutivo

Outro atributo do direito penal é ser ele constitutivo, também chamado de direito autônomo ou originário. É constitutivo, autônomo ou originário, no sentido de que faz suas próprias normas, elabora e constrói seus próprios conceitos, sem depender de normas e sentidos dos outros ramos do direito.

É bem verdade que muitos dos preceitos do Direito Penal já se encontram formulados em normas extrapenais, só contribuindo, o direito penal, com a sanção. O direito penal proíbe, por exemplo, o crime de bigamia. O direito civil, que protege o casamento monogâmico já o protegia.[103] A monogamia é um conceito do Direito Civil, transformado em crime pelo interesse social.[104]

Eufemisticamente, já se disse que o direito penal é um plagiador das normas alheias, aplicando-lhes uma sanção. Mas ele nunca, simplesmente, copia a norma alheia.

Em vez de repetir a norma alheia, tal como ela é, o direito penal submete-se à sua própria elaboração, para lhe dar o melhor sentido na defesa social. Às vezes, o direito penal amplia ou reduz um conceito que venha de outro ramo do direito. A isso

---

[103] CASAMENTO PUTATIVO – BIGAMIA – NULIDADE – Ainda que as partes tenham agido de boa fé, a Lei Civil proíbe o casamento de pessoas que já são casadas, não podendo prevalecer o ato praticado, por eivado de nulidade absoluta. (TJMG – AC 000.254.979-8/00 – 1ª C.Cív. – Rel. Des. Antônio Hélio Silva – J. 05.03.2002).

[104] BIGAMIA – AÇÃO ANULATÓRIA – CONDENAÇÃO CRIMINAL DO CÔNJUGE VARÃO – BOA-FÉ DA ESPOSA – NULIDADE CONFIGURADA – REEXAME NECESSÁRIO – CONFIRMAÇÃO DA SENTENÇA – Ocorrendo situação caracterizada como bigamia, o segundo casamento é nulo, nos termos dos arts. 183, VI e 207 do Código Civil. (TJMG – AC 000.209.345-8/00 – 5ª C.Cív. – Rel. Des. Aluízio Quintão – J. 04.04.2002).
EMBARGOS DE DECLARAÇÃO. APELAÇÃO CÍVEL. PENSÃO POR MORTE. CASAMENTO PUTATIVO. Efeitos civis protegidos até a declaração de nulidade do casamento. Ausência de omissão. Recurso não provido. (TJ-MS; EDcl-AC-Or 2003.010814-9/0001.00; Segunda Turma Cível; Rel. Des. Horácio Vanderlei Nascimento Pithan; Julg. 26/04/2005; DOEMS 03/05/2005).

se chama "processo de tipificação", através do qual se faz o acertamento do preceito à conduta que deve ser punida.

De uma maneira geral, a atividade que o direito penal pratica é como que uma nova jurisdicisação. Se o fato, para ter relevância no mundo jurídico, precisa efetivamente adentrá-lo, o direito penal quando o importa de um outro ramo do direito, transforma-o, ampliando a sua capacidade, pois acrescenta ao fato a figura da sanção. Na verdade, é como se o direito penal jurisdicionasse o fato numa segunda vez.

Por exemplo: no Código Civil considera-se um bem – o imóvel – acompanhado de seus acessórios. As árvores, então, e seus frutos, acompanham o principal – o imóvel. Ora, se o Código Penal aceitasse esse conceito, não seria furto subtrair os frutos de uma árvore em propriedade alheia, pois que, no Código Penal, furto é a subtração da coisa móvel.

Se o fruto de uma árvore é um acessório do principal – o imóvel –, a conduta de quem apanha laranjas alheias não se enquadraria na norma penal. Então, o direito penal altera o conceito dos elementos essenciais do tipo, tornando-os diferentes daqueles conceitos definidos pelo direito civil.[105]

3. O Direito Penal como Direito Sancionador

O direito penal, para muitos, é apenas o sancionador dos demais ramos do direito. Significa que o conceito primário, isto é, a parte onde está a definição da conduta criminal não seria de criação do direito penal, porque o comando que já existiria em outras normas de direito extrapenal. Em outras palavras: toda infração penal é proibida por outra norma jurídica, antes de ser proibida pelo Direito Penal. De tal sorte que, um indivíduo praticando um crime, não estaria violando uma norma penal, e sim, um preceito de outro ramo do Direito, do qual o Direito Penal participa apenas com a sanção.

Exemplo: o Direito Penal pune o crime de bigamia; quando o Direito Penal considera a bigamia um crime, defende o casamento chamado monogâmico. Mas

---

[105] PREVIDENCIÁRIO. PENSÃO POR MORTE. VIÚVAS. CÔNJUGE BÍGAMO. CASAMENTO PUTATIVO. BOA-FÉ. PRESENTES TODOS OS REQUISISTOS. MEAÇÃO DO BENEFÍCIO. JUROS DE MORA. HONORÁRIOS ADVOCATÍCIOS. SENTENÇA PARCIALMENTE REFORMADA. 1. A legislação aplicada na concessão do benefício pensão por morte é aquela vigente na época do evento morte. Assim, a fruição da pensão por morte, em análise, tem como pressupostos a implementação de todos os requisitos previstos na legislação previdenciária para a concessão do benefício, quais sejam, a existência de um vínculo jurídico entre o segurado mantenedor do dependente e a instituição previdenciária, a dependência econômica entre a pessoa beneficiária e o segurado e a morte do segurado. 2. Ao cônjuge de boa-fé aproveitam os efeitos civis do casamento, embora anulável ou mesmo nulo (art. 1.561, § 1º, do Código Civil). 3. Constam destes autos, conforme certidão de casamento (fl. 11 e 80) que a autora foi casada com o Sr. Juarez dias dos Santos, havendo, portanto presunção, decorrente do preceituado no § 4º do artigo 16 da Lei nº 8.213/91, da dependência econômica da requerente em relação ao falecido, devendo o benefício ser rateado entre ambas. 4. Nos autos foi provada a condição de segurado da previdência do de cujus na data do óbito. 5. Os juros de mora incidirão à razão de 6% (seis por cento) ao ano da citação até 11 de janeiro de 2003, nos termos dos artigos 1.062 do Código Civil e 219 do Código de Processo Civil. A partir dessa data, serão devidos na forma do artigo 406 da Lei nº 10.406, de 10 de janeiro de 2002. 6. Quanto aos honorários advocatícios, reduzo-os para 10% (dez por cento) sobre o valor das parcelas vencidas até a data da prolação da sentença de primeiro grau, conforme orientação desta turma e observando-se os termos dos parágrafos 3º e 4º do artigo 20 do Código de Processo Civil. Necessário esclarecer, nesta oportunidade, que não cabe incidência de honorários sobre as prestações vincendas, a teor da Súmula nº 111 do egrégio Superior Tribunal de Justiça 7. Preliminar rejeitada e apelação do INSS e da autora parcialmente providas. (TRF3; AC 872423; Proc. 200303990136965; SP; Sétima Turma; Rela. Juíza Leide Polo; Julg. 22/03/2004; DJU 19/05/2004; p. 522)

quem institui o casamento monogâmico é o Direito Civil. O Direito Penal apenas cria a pena, já que o preceito, isto é, a violação da monogamia, já existia no Direito Civil. Outro exemplo é o direito de greve, antes definido como ilícito trabalhista. Mas como não basta a legislação do trabalho para se evitar as greves, o Direito Penal toma da norma trabalhista, importa de lá, para o seu sistema, acrescentando-lhe uma pena. Ora, se assim fosse, o Direito Penal, não seria um direito constitutivo, nem criador, nem autônomo e nem originário. Seria apenas um *direito receptício* (receberia normas de outros direitos e criaria a pena), *acessório* (criaria a pena para o preceito importado), *sancionador e complementar*.

Foi Jean Jacques Rousseau[106] quem, pela primeira vez, anunciou o caráter meramente sancionador do Direito Penal. Dizia ele que "as leis criminais, no fundo, antes de uma espécie particular de leis, são elas a sanção de todas as outras".

É sabido que o direito em geral tem como objetivo regular as atividades do homem no mundo concreto das coisas. Todo o direito opera no foro externo, disciplina condutas humanas, organiza as relações individuais e não se ocupa do que existe no mundo da consciência.

Ao direito não interessam as intenções quando ainda fora do mundo fático, e sim as ações realizadas pelo indivíduo. É que as intenções valem apenas para a moral e para a religião, mas nunca para o direito. Há até, a respeito, um provérbio italiano que diz que pensar não paga imposto.[107]

O Direito Penal trabalha com a mais severa das penas, que implica privar o homem de sua liberdade. Pune, castiga, não os fatos da esfera moral, mas os da orla jurídica. Aqueles devem ser resolvidos apenas pela consciência do próprio homem, por sua vez os fatos quando jurisdicizados são resolvidos pelo mundo jurídico.

O objeto do Direito Penal se afirma no mundo exterior protegendo bens e interesses jurídicos, tais como a vida, a liberdade, a integridade corporal, a honra, a liberdade sexual, o patrimônio público, o patrimônio individual, a incolumidade pública, a administração da Justiça e a fé pública.

Assim entendido, o que vale para esse ramo do direito é o resultado da ação humana quando rompe com uma regra de comportamento social. E a ação, no caso, é a projeção das ações humanas sobre o mundo, de modo a alterá-lo.

Define-se como ação o comportamento humano, na medida em que altera o mundo exterior. Não havendo ação, não pode haver reação. É um princípio da própria física. Há até um velho brocardo que diz que as ações humanas que, de nenhum modo ofendem a ordem e a moral pública, e muito menos prejudicam a terceiros, são reservadas unicamente, a Deus.

A ação que adquire validade no mundo jurídico gera efeitos, pois essa ação causa uma alteração no mundo exterior do direito, pois, como dizia Pontes de Miranda, o fato, por si só, não é contemplado pelo direito, mas ao nele exercer influência, aí

---

[106] JEAN-JACQUES ROUSSEAU, (1712-1778), filósofo francês, nascido em Genebra. Destacou-se como teórico político e social, músico, botânico e importante escritor do Século das Luzes. O espírito e as ideias de sua obra estão a meio caminho do Iluminismo do século XVIII – com sua defesa apaixonada da razão e direitos individuais. O Contrato Social (1762), no qual expõe argumentos para a liberdade civil, ajudou a preparar a base ideológica da Revolução Francesa.

[107] Na idade média se cometiam excessos punindo os hereges por professarem doutrina contrária ao da Igreja. Era a punição do crime pelo pensamento, tão comum nas legislações despóticas.

sim, o fato natura se transmuda em fato jurídico, obrigando a essa ação jurídica uma reação do seu ordenamento, geralmente com a sanção penal.

4. Finalidades do Direito

Além de ser um problema jurídico-filosófico, o estudo das finalidades do direito, é uma questão complexa e controvertida. Três são as principais correntes de opinião sobre as finalidades do Direito Penal.

Primeira corrente: Muitos entendem que o fim do Direito é realizar a justiça, isto é, implantar o estado social, que a cada um será dado o que é seu, segundo a clássica concepção romana.

Segunda corrente: Outros defendem que o fim do Direito é assegurar a ordem e garantir a paz na sociedade. Baseia-se no conceito de que, antes de se preocupar com a realização da justiça, é a segurança social o verdadeiro fim do Direito.

É claro que isso também implica orientar-se pelo ideal do justo, isto é, enquanto se procura realizar a segurança de todos, proporcionar-se-á, a cada um o que é seu, mas cada um deve sacrificar uma parcela do que é seu, ante o interesse geral. Segurança social se puder, e segurança com justiça, se não puder, segurança sacrificando-se a justiça (casos como de legítima defesa, estado de necessidade, obediência hierárquica, etc.).

Hoje, a segurança social através do direito é um instrumento de controle para garantir, pela ordem, que cada um realize o seu ideal e busque o seu objetivo.

Terceira corrente: Seus partidários sustentam a opinião de que o Direito defende posições de interesses de determinadas classes e se destina a promover a defesa dessas mesmas classes.

Através do passear nos séculos, as normas jurídicas tiveram a função de proteger várias formas de produção econômica adotadas pela humanidade. Daí por que a lei refletiu, sempre, as condições econômicas dominantes em cada momento histórico.

Mesmo quando defende os "oprimidos" e os "exploradores", o direito conserva um caráter de um instrumento de classe. Se o poder da classe dominante se sobrepõe à classe oprimida, é preciso dar a ela, pelo menos, um mínimo de proteção jurídica. Isso mesmo, até porque, se a classe dominante destruísse a dominada, se extinguiriam juntamente.

Em razão disso é que se pode dizer que o Direito Penal é um direito classista: protege, preferencialmente, os interesses da classe dominante.

O Direito Penal acaba por ser, assim, um instrumento fundamental para o exercício da hegemonia. Esta é entendida como a soma da dominação, da manipulação e, fundamentalmente, da legitimação.

Se, por um lado, a lei e, no caso específico, o Direito Penal criam as regras para a dominação, por outro lado, tais regras devem ser obrigatoriamente legítimas, permitindo ao grupo dominante impor-se de forma menos traumática sobre todos aqueles que sofrem com o seu poder.

O Direito Penal, portanto, é a organicidade pela qual o poder político pode buscar, de forma mais definitiva, o exercício do poder político daqueles que fazem a lei sobre aqueles que obrigatoriamente vivem sob seu jugo.

A classe dominante foi uma, no período histórico, que durou até o fim do império romano; outra, na Idade Média, dos senhores feudais e, atualmente, é a classe chamada comumente de "burguesa" no mundo capitalista e, finalmente, aquela construção ficcional chamada de "classe operária", no universo socialista.

Tanto é verdade que o Direito Penal é um direito de classe, que o art. 1º do Código Penal da antiga União Soviética, se autodeclara como código de classe: "O código penal da RSFSR tem como fim a defesa do regime estatal e social soviético, da propriedade socialista, da pessoa e dos direitos dos cidadãos, assim como de toda a ordem jurídico socialista, contra qualquer atentado delitivo".[108]

Portanto, o Direito Penal se preocupa em proteger a sociedade no seu todo, sem distinção de classes e de grupos, ainda que se admita que a sua prática venha a atender mais a um grupo do que ao conjunto de todas as classes, já que ele é um discurso de poder. Sua finalidade, consciente ou inconsciente, é a de sustentar o poder político da classe que está no "poder".

5. Divisão do Direito Penal

O Direito Penal divide-se em: *Direito Penal Objetivo*, que é o conjunto das normas que formam o sistema penal de um Estado, isto é, a totalidade das leis que definem crimes e contravenções, que cominam penas e medidas de segurança, estabelecendo as condições para a sua aplicação.

O Direito Penal objetivo pode ser percebido sob dois aspectos: o *substantivo* e o *adjetivo*.

O primeiro aspecto é delimitado pela própria lei penal, que estabelece os delitos e as contravenções, e estabelece as penas e as medidas de segurança. Já o outro, adjetivo, é o direito processual penal, que estabelece os caminhos na busca da justiça.

Ambos constituem, lado a lado, o direito penal.

5.1. Direito Penal Subjetivo

Consiste na *faculdade* do Estado de exercer um poder de polícia (*jus puniendi*). Esse direito subjetivo de punir, outorgado ao Estado, e somente a ele, é decorrência daquele princípio que submete o Estado ao império da lei.

Existe, portanto, o direito público subjetivo, para que o Estado não se torne arbitrário. Ele apenas exerce o seu poder de punir, condicionado pelo direito objetivo, que é a lei.

Quando o direito objetivo define, por exemplo, o crime de furto, como subtrair coisa móvel alheia, para si ou para outrem, está admitindo punir quem subtrai coisa alheia movel. Ao mesmo tempo está a impedir que o Estado venha a punir quem subtrair coisa móvel própria, para si ou para outrem (se alguém, com a intenção de furtar

---
[108] Zdravomíslov, *et al. Derecho Penal Soviético*: Parte general. Bogotá: Temis, 1970, p. 552.

um rádio que acreditava ser de outrem, mas que na verdade era o seu, não pratica crime nenhum, ainda que houvesse a intenção de furtar).

É que, como já se disse, não se pune a intenção, ainda que seja ela, claramente, a de delinquir (*pensiero non paga gabela*).

Então, o direito subjetivo de castigar é limitado pelo direito penal objetivo, porque, no chamado Estado de Direito, o poder político é soberano. Não age segundo o seu arbítrio, mas subordinado a normas e princípios jurídicos estabelecidos pelo próprio Estado que, assim, se autolimita.

Assim sendo, o Direito Penal objetivo é aquele que condiciona o exercício do Direito Penal subjetivo. De modo particular, é o poder de prevenção e repressão penal que afeta o direito de liberdade dos indivíduos e que não pode ser exercido sem nenhum controle social.

Esse poder de punir precisa ser disciplinado. E quem disciplina, organiza, coordena e limita o direito de punir do Estado, é o Direito Penal objetivo.

Diz-se que o direito penal objetivo e o direito penal subjetivo são dois aspectos do mesmo universo. Não são, entretanto, elementos absolutamente distintos.

Ao mesmo tempo em que o Direito Penal objetivo define um ato como crime, outorga ao Estado o direito de punir a quem se contrapuser a tal ordenamento. Todavia não o faz de forma ilimitada, pois o próprio Estado se autolimita.

5.2. O Direito Penal Objetivo

Pode ser visto sob dois aspectos: o *Comum* e o *Especial*.

Direito Penal Objetivo Comum é aquele que se aplica a toda e qualquer pessoa. Quem quer que venha a praticar um crime é alcançado pela norma do direito penal objetivo comum.

O verbo núcleo utilizado em seu comando é ordenativo ou produtivo, dirigindo-se a todos os que estão no território nacional, sejam nacionais ou estrangeiros em trânsito.

É ele representado pelo Código Penal, cujas normas valem para todos. Entretanto, ele admite a possibilidade de excepcionalidades, quer dizer, que para certa classe de pessoas, por exemplo, os inimputáveis (menores de idade, doentes mentais, etc.) ou que para determinadas categorias de atos humanos (legítima defesa, estado de necessidade, exercício legal de um direito e todas as demais permissibilidades penais), o Código Penal, a lei penal, deixa de punir.

O Código Penal Comum representa o Direito Penal comum.

O Código em vigor foi promulgado através do Decreto-Lei 2.848, de 07.12.1940, e passou a vigorar em 01.01.1942. Sofreu alterações através do tempo, sendo que a mais importante, a reforma de sua parte geral, em 1984.

O Direito Penal Objetivo Especial não se aplica a todas as pessoas. Vale para certa classe de pessoas ou para certa categoria de atos. O comando da norma de direito penal especial é dirigido a pessoas que usam de uma dada qualidade social: por exemplo, a classe militar cuja prática de crime é punida pelo Código Penal Militar.

Há crimes, entretanto, no direito penal comum que só podem ser praticados por pessoas portadoras de uma determinada qualidade. Assim, por exemplo, o crime de infanticídio só pode ser cometido pela mãe, imediatamente após o parto e sob a influência do estado puerperal. Se o crime, entretanto, for praticado pela parteira ou pelo médico, será o de homicídio, porque o terceiro que participa não tem a qualidade que se exige do titular da ação criminosa, que é a qualidade de mãe imediatamente após o parto e sob a influência do estado puerperal.[109]

Há crimes que só podem ser praticados por funcionários públicos. É o caso do peculato[110] que, quando praticado por não funcionário público, o Código pune a título de apropriação indébita.

De outro lado, há crimes que só podem ser praticados por pessoas com a qualidade de advogados. O art. 355 do Código Penal diz que pratica o crime de patrocínio infiel o advogado que trair, na qualidade de advogado/procurador, o dever profissional, prejudicando o interesse, cujo patrocínio, em juízo, lhe é confiado.[111]

---

[109] RECURSO EM SENTIDO ESTRITO – INFANTICÍDIO – PROCURADOR DA FUNAI QUE ARGÜIU, EM PRELIMINAR, NULIDADE DO PROCESSO EM RAZÃO DE A FUNAI NÃO TER SIDO CHAMADA A INTERVIR – INDÍGENA CONSIDERADA IMPUTÁVEL – NO MÉRITO – RECURSO CONTRA DECISÃO PROFERIDA PELO MAGISTRADO QUE PRONUNCIOU A RECORRENTE COMO INCURSA NAS PENAS DO ART. 123 DO CP – PROVAS SUFICIENTES – PRELIMINAR REJEITADA – NO MÉRITO – RECURSO IMPROVIDO – UNÂNIME – Preliminarmente, pelo princípio consagrado pelo art. 563 da Lei Processual Penal, pás de nullité sans grief, não se anula ato processual sem prova do prejuízo causado à parte. Ademais, exame antropológico e sociológico só se faz em relação ao indígena que vive em estado natural, longe da civilização e dos valores que norteiam uma sociedade, o que não ocorre no caso presente. Justa a decisão objurgada quando os elementos de convicção trazidos ao caderno processual apontam que a recorrente, no momento dos fatos, estava física e mentalmente perturbada, caracterizando, portanto, a influência do estado puerperal. (TJMS – RSE 2001.010044-4 – 1ª T.Crim. – Rel. Des. José Benedicto de Figueiredo – J. 30.04.2002).
EMBARGOS INFRINGENTES. HOMICÍDIO QUALIFICADO. DESCLASSIFICAÇÃO DA IMPUTAÇÃO FEITA PARA PRONUNCIAR A EMBARGANTE NAS DISPOSIÇÕES DO ART. 123 DO CÓDIGO PENAL. ADMISSIBILIDADE. EMBARGOS ACOLHIDOS. Deve-se desclassificar a imputação feita pela prática de homicídio, para o crime de infanticídio, pelo fato da agente ter praticado o crime logo após o parto e sob a influência do estado puerperal. (TJ-MG; EI 1.0120.03.900021-7/002; Candeias; Terceira Câmara Criminal; Rel. Des. Paulo Cézar Dias; Julg. 17/05/2005; DJMG 02/08/2005)
RECURSO EM SENTIDO ESTRITO. HOMICÍDIO QUALIFICADO. IRRESIGNAÇÃO. DESCLASSIFICAÇÃO PARA O DELITO DE INFANTICÍDIO, OU, ALTERNATIVAMENTE, PELO DECOTE DA QUALIFICADORA DE MEIO CRUEL. RECURSO DESPROVIDO. Não há nos autos qualquer prova acerca da alteração do estado psíquico da recorrente, por isso a dúvida leva à manutenção da pronúncia nos termos em que foi proferida em primeiro grau. Impossibilidade do decote da qualificadora, vez que não se trata de acusação manifestamente improcedente. Aplicação da Súmula nº 64 deste TJMG. (TJ-MG; RSE 1.0325.06.000550-2/001; Itamarandiba; Terceira Câmara Criminal; Rel. Des. Sérgio Resende; Julg. 30/01/2007; DJMG 16/05/2007).

[110] PECULATO – DIRETORIA DE ESCOLA – DELITO CARACTERIZADO – Diretoria de escola que se apropria de dinheiro público depositado em conta bancária da escola e o gasta ao seu bel-prazer, como se seu fosse, comete o delito descrito no art. 312, caput, do Código Penal. Apelação improvida. (TJRS – ACR 70003576618 – 4ª C.Crim. – Rel. Des. Gaspar Marques Batista – J. 28.02.2002).
SERVIDOR PÚBLICO – RECEBIMENTO DE QUANTIA A MAIOR GORJETA – EXCESSO DE EXAÇÃO – NÃO OCORRÊNCIA – CORRUPÇÃO PASSIVA – CARACTERIZAÇÃO – APROPRIAÇÃO DE VALOR EM RAZÃO DO CARGO – PECULATO – FALTA DE PROVA – ABSOLVIÇÃO – O servidor público, que recebe de particular valores superiores ao devido e que consigo mantém a diferença, admitindo que o fez até mesmo como gorjeta, comete o delito de corrupção passiva, e não de excesso de exação, uma vez que não tenha exigido a vantagem e que os valores devidos não constituam tributo ou contribuição social. Diante da falta de prova de que o servidor recebeu determinada quantia de particular em razão de seu cargo e que teve a intenção de se apropriar dos valores recebidos, não se tem como reconhecer caracterizado o delito de peculato. (TJMG – ACr 000.218.452-1/00 – 2ª C.Crim. – Rel. Des. José Antonino Baía Borges – J. 13.09.2001)

[111] PROCESSUAL PENAL – HABEAS CORPUS – TRANCAMENTO DE AÇÃO PENAL – PATROCÍNIO INFIEL (CP, ART. 355) – INÉPCIA DA DENÚNCIA – O crime de patrocínio infiel só se consuma com o efetivo prejuízo causado pela traição. É inepta a denúncia que não descreve, sequer sucintamente, o prejuízo experimentado pela vítima. Concessão da ordem. Trancamento da ação penal. (TRF 5ª R. – HC 569 – PE – 3ª T. – Rel. Juiz Ridalvo Costa – J. 29.02.1996).
PENAL E PROCESSUAL PENAL. CONFLITO POSITIVO DE COMPETÊNCIA. CRIMES PRATICADOS EM DETRIMENTO DA JUSTIÇA TRABALHISTA. COMPETÊNCIA DA JUSTIÇA FEDERAL. SÚMULA Nº 165. FALSIFICAÇÃO DE DOCUMENTO PARTICULAR. FALSIDADE IDEOLÓGICA. PATROCÍNIO INFIEL. CO-

Levanta-se, então, pelas questões suscitadas, a dúvida de que se estivesse frente a um Direito Penal especial. Não é o caso. Esses crimes para os quais se exige certa qualidade (mãe logo após o parto e em estado puerperal) ou definição jurídica (funcionário público, advogado, etc.), se chamam de *crimes próprios*.[112]

A distinção entre um crime de direito especial e uma norma de direito comum, como o crime próprio, obedece ao seguinte critério: a) se a norma penal é aplicada por órgão da Justiça Especial, constitucionalmente prevista, trata-se de um direito penal especial e, b) se a norma penal, não exige uma justiça especial e se realiza através da justiça comum, o direito penal é comum, como o Direito Penal Falimentar, o Direito de Imprensa, o de telecomunicações, são todos parte do Direito Penal Comum, porque as normas de direito são aplicadas pela Justiça comum.

De outro lado, no caso de crimes como contra o interesse da União, Fazenda Nacional, ou patrimônio público federal, somente é competente para apreciar as matérias suscitadas a justiça especializada, no caso, a Justiça Federal.[113] Por sua vez, um outro exemplo de justiça especializada vem a ser, a justiça Eleitoral que julga os crimes eleitorais.[114]

NEXÃO. SÚMULA Nº 122. 1. Falsificação de documento, falsidade ideológica e patrocínio infiel praticados em processo trabalhista configuram afronta à Justiça do Trabalho, cuja competência para julgamento é da Justiça Federal (Súmula nº 165). 2. Havendo conexão entre as atividades supostamente infrativas de competências estadual e federal, compete à justiça federal o processamento e julgamento unificado dos crimes (Súmula nº 122). 3. Conflito conhecido para declarar competente o Juízo Federal, suscitante. (Superior Tribunal de Justiça STJ; CC 49.342; Proc. 2005/0067811-8; SP; Terceira Seção; Relª Min. Maria Thereza de Assis Moura; Julg. 28/02/2007; DJU 09/04/2007; Pág. 223)

[112] *HABEAS CORPUS*. PENAL. CONFLITO DE NORMAS. CRITÉRIO DA ESPECIALIDADE. CRIME TIPIFICADO NO ARTIGO 5º DA LEI N. 7.492/86, PRATICADO POR CONTROLADORES E ADMINISTRADORES DE INSTITUIÇÃO FINANCEIRA. PRETENSÃO DE ENQUADRAMENTO NO TIPO DESCRITO NO ARTIGO 168 – A, DO CÓDIGO PENAL, E NO ARTIGO 2º, II, DA LEI N. 8.137/90. SUSPENSÃO E EXTINÇÃO DA PUNIBILIDADE, COM FUNDAMENTO NO ARTIGO 9º E SEU § 2º DA LEI N. 10.684/2003. PREJUDICIALIDADE. 1. O crime de apropriação indébita do artigo 5º da Lei n. 7.492/86 é crime próprio; somente pode ser praticado pelo controlador e pelos administradores de instituição financeira, assim considerados os diretores e gerentes. Daí não se cogitar, no caso, de conflito de normas. Se existisse, a circunstância de tratar-se de crime próprio importaria em que fosse tomada como específica a norma incriminadora da Lei n. 7.492/86. E não guardaria relevância o fato de a pena ser mais elevada do que a cominada para os crimes dos artigos 168 – A, do Código Penal, e 2º, II, da Lei n. 8.137/90, o que resulta de opção do legislador no sentido de reprimir com mais rigor o crime de apropriação indébita quando praticado pelas pessoas referidas no artigo 25 da Lei n. 7.492/86. 2. O não-acolhimento da tese do enquadramento da conduta do paciente nos artigos 168-A, do Código Penal, e 2º, II, da Lei n. 8.137/90, implica prejudicialidade da pretensão de suspensão ou extinção da punibilidade pelo parcelamento ou quitação do débito, visto que o crime tipificado no artigo 5º da Lei n. 7.492/86 não consta do rol taxativo do artigo 9º da Lei n. 10.684/2003. Ordem denegada. (Supremo Tribunal Federal STF; HC 89.227-2; CE; Segunda Turma; Rel. Min. Eros Grau; Julg. 27/03/2007; DJU 27/04/2007; Pág. 105)

[113] CONSTITUCIONAL – PENAL – CRIME CONTRA BENS DE EMPRESA PÚBLICA FEDERAL – SENTENÇA PROFERIDA POR JUÍZO ESTADUAL – ANULAÇÃO – COMPETÊNCIA – TRIBUNAL DE JUSTIÇA – SÚMULA Nº 55/STJ – Não compete ao Tribunal Regional Federal anular sentença penal proferida por Juiz de Direito, que decidiu de forma equivocada tema da competência da Justiça Federal, tal como assalto praticado em detrimento de bens de empresa pública federal. Inteligência da Súmula nº 55, do Superior Tribunal de Justiça. Conflito conhecido. Competência do Tribunal de Alçada Criminal do Estado de São Paulo. (STJ – CC 35018 – SP – 3ª S. – Rel. Min. Vicente Leal – DJU 21.10.2002)

[114] DIREITO CONSTITUCIONAL, PENAL, ELEITORAL E PROCESSUAL PENAL – JURISDIÇÃO – COMPETÊNCIA – PACIENTE DENUNCIADO POR CRIME DE CALÚNIA CONTRA O PRESIDENTE DA REPÚBLICA, ENTÃO CANDIDATO À REELEIÇÃO E DURANTE CAMPANHA ELEITORAL – CRIME ELEITORAL – COMPETÊNCIA DA JUSTIÇA ELEITORAL – 1. Os acórdãos do TRF e do STJ, bem como o parecer do Ministério Público federal, estão corretos enquanto recusaram competência à Justiça estadual. Não, porém, no ponto em que assentaram a competência da Justiça federal. 2. É que os termos da denúncia evidenciam tratar-se, em tese, do crime eleitoral previsto no art. 324 e seu § 1º do Código Eleitoral, pois os fatos se passaram durante a campanha eleitoral, às vésperas da eleição de 03.10.1998, envolvendo nomes e condutas de candidatos, e tendo por objetivo manifesto o de influir no resultado do pleito. 3. Ora, em se tratando, em tese, de crime eleitoral, a denúncia deveria ter sido apre-

A Constituição Federal, em seu artigo 102, inciso I, letra "b" atribui privativamente ao Supremo Tribunal Federal, julgar e processar, originariamente, nas infrações penais comuns, o Presidente da República, o Vice-Presidente, os membros do Congresso Nacional, seus próprios Ministros e o Procurador Geral da República.[115]

6. Direito Penal Fundamental e Complementar

O Direito Penal Comum ou Especial pode ser dividido em dois ramos: *fundamental* ou *complementar*.

O *Direito Penal Fundamental* é aquele constituído pelas normas jurídicas essenciais, de caráter geral e que são, por isso mesmo, a base de todas as outras normas penais, tais como as que conceituam o fato punível, definem institutos como o da legítima defesa e as que regulam as causas de extinção da punibilidade.

A Constituição Federal diz que não há crime sem lei anterior que o defina e nem pena sem prévia cominação legal. O art. 1º do Código Penal repete o ordenamento magno. Assim, obrigatoriamente, há que haver uma norma fundamental que conceitue o fato punível, aquela que define o que é o crime. E essas leis que criam o tipo penal, estão agrupadas na forma de códigos que acabam por ser o instrumento natural da sociedade para a exegese do que venha ser o ato delituoso, permitindo ao Estado, assim, a aplicação da sanção correspondente.

Na relação entre os códigos e a carta constitucional, se percebe que os primeiros, ainda que independentes da lei maior, vão ao encontro de todos os princípios que ela homenageia. Dessa forma, se pode perceber, no corpo dos códigos e das leis infraconstitucionais, a presença daqueles princípios fundamentais que determinam o rumo, a legitimidade do ordenamento jurídico pátrio.

---

sentada pelo Ministério Público Eleitoral a Juiz Eleitoral (de 1º grau) – e não pelo Ministério Público federal e a Juiz Federal, como ocorreu, no caso. 4. "Habeas corpus" deferido, em parte, para se anular o processo criminal instaurado contra o paciente e co-réus, perante o Juiz Federal da 12ª Vara na Seção Judiciária no Distrito Federal, desde a denúncia, inclusive e se determinar que os autos respectivos sejam remetidos ao Juízo Eleitoral de São Paulo, a que for o feito distribuído, para encaminhamento ao Ministério Público Eleitoral, a fim de que adote as providências que lhe parecerem cabíveis. (STF – HC – 80383 – DF – 1ª T. – Rel. Min. Sydney Sanches – DJU 20.04.2001 – p. 00108).

[115] RECLAMAÇÃO – RECEBIMENTO, POR MAGISTRADO DE PRIMEIRA INSTÂNCIA, DE DENÚNCIA OFERECIDA CONTRA TRINTA E DOIS INDICIADOS, DENTRE OS QUAIS FIGURA UM DEPUTADO FEDERAL, NO PLENO EXERCÍCIO DE SEU MANDATO – USURPAÇÃO DA COMPETÊNCIA PENAL ORIGINÁRIA DO SUPREMO TRIBUNAL FEDERAL – NULIDADE – RECLAMAÇÃO QUE SE JULGA PROCEDENTE – O RESPEITO AO PRINCÍPIO DO JUIZ NATURAL – QUE SE IMPÕE À OBSERVÂNCIA DOS ÓRGÃOS DO PODER JUDICIÁRIO – TRADUZ INDISPONÍVEL GARANTIA CONSTITUCIONAL OUTORGADA A QUALQUER ACUSADO, EM SEDE PENAL – O Supremo Tribunal Federal qualifica-se como juiz natural dos membros do Congresso Nacional (RTJ 137/570 – RTJ 151/402), quaisquer que sejam as infrações penais a eles imputadas (RTJ 33/590), mesmo que se cuide de simples ilícitos contravencionais (RTJ 91/423) ou se trate de crimes sujeitos à competência dos ramos especializados da Justiça da União (RTJ 63/1 – RTJ 166/785-786). Precedentes. SOMENTE O Supremo Tribunal Federal, EM SUA CONDIÇÃO DE JUIZ NATURAL DOS MEMBROS DO Congresso Nacional, PODE RECEBER DENÚNCIAS CONTRA ESTES FORMULADAS. – A decisão emanada de qualquer outro Tribunal judiciário, que implique recebimento de denúncia formulada contra membro do Congresso Nacional, configura hipótese caracterizadora de usurpação da competência penal originária desta Suprema Corte, revestindo-se, em consequência, de nulidade, pois, no sistema jurídico brasileiro, somente o Supremo Tribunal Federal dispõe dessa especial competência, considerada a sua qualificação constitucional como juiz natural de Deputados Federais e Senadores da República, nas hipóteses de ilícitos penais comuns. Precedentes. (STF – RCL 1861 – MA – TP – Rel. Min. Celso de Mello – DJU 21.06.2002 – p. 99)

A codificação é então a síntese da lei maior elaborada de forma orgânica, a servir no dia a dia, como instrumento que responde ao tecido social, os obstáculos do viver em sociedade.

O caráter fundamental dessas normas codificadas não conflitua, por sua vez, com todas aquelas aplicadas a determinados crimes naquilo que se chama de leis avulsas, isto é, leis fora do código.

O Código Penal brasileiro, em seu art. 12, consolida essa posição quando diz que "as regras gerais desse código aplicam-se aos fatos incriminados por lei especial, se esta não dispuser de modo contrário".

Ao lado, assim, do Código Penal existem leis avulsas chamadas de extravagantes, as quais definem e descrevem outras figuras típicas, e que são em número maior que o próprio código fundamental.

O conjunto dessas leis extravagantes, juntadas ao próprio Código Penal, é que formam o Direito Penal pátrio. Isso nos leva a concluir, portanto, que não se pode cometer o equívoco de reduzir o Direito Penal a mero sinônimo do Código Penal. Ele é o conjunto de todas as leis que tratam do crime, da contravenção e da pena, enquanto o Código Penal é apenas a estrutura orgânica daqueles delitos que mais comumente estão presentes no campo social.

Outra problemática vem a ser aquela que diz respeito ao Direito Penal Comum ou ao Especial Complementar. Este tem por objeto regulamentar a existência de infrações penais que exigem tratamento normativo autônomo, devido à sua especial e particular significação político-social.

Exemplo disso são os delitos contra o Estado, a Ordem Política e Social, o Código de Propriedade Industrial, os crimes contra a honra através da imprensa (artigos 20 a 24 da Lei de Imprensa, nº 5.250, de 09.02.67), os crimes contra a economia popular (art. 213 da Lei 1.521, de 26.12.51), etc.

CAPÍTULO V

NORMA PENAL

1. Introdução

A lei é a única fonte formal e imediata do Direito Penal. Somente a lei pode tornar punível uma conduta humana. Por mais indigna ou revoltante que seja o comportamento humano, não pode haver crime, nem pena, sem lei escrita que tenha sido prolatada anteriormente ao fato.

O conceito de lei e de norma são expressões que se confundem na linguagem usual, mas não têm, exatamente, o mesmo sentido.

Em sentido amplo, *norma* é toda a regra escrita que disciplina a atividade do homem. O homem, quando age, nada faz ao acaso, mas sempre procura realizar um fim, um objetivo. A sociologia e a psicologia entendem que a conduta humana é sempre finalista.

Para pôr ordem nos meios empregados para a busca dos seus fins, a sociedade estabelece normas com as quais organiza as relações humanas disciplinando suas atividades. Estas normas podem ser jurídicas, puras e morais.

As normas jurídicas são elaboradas pelo Estado e têm um objetivo a assegurar. Através da sanção, criada também pelo Estado, as normas jurídicas determinam as regras sociais, ao passo que as normas morais, que não são criação do Estado, mas sim das relações humanas, constituem sanções que não vêm do Estado, porque elas são subjetivas. A dor de consciência, o remorso, o sentimento de culpa, a vergonha, são penalizações que o homem cria para si, dentro da própria alma, através de suas relações costumeiras.

2. Diferenças entre as normas jurídicas e as normas morais

À norma moral, não se pode exigir o caráter obrigatório e muito menos o sancionador, aqui entendida a sanção como aquela que emana do órgão estatal, e não das práticas sociais. O Direito Penal só existe ante a presença de dois elementos constitutivos: *obrigatoriedade* e *sanção*. A norma jurídica, em geral, e a penal, em especial, têm o caráter absoluto da obrigatoriedade. De outro lado, não há lei penal sem uma sanção previamente cominada.

A norma jurídica é obrigatória e, toda vez que ela é violada, acontece, imediatamente, a ameaça de uma sanção. Se a sanção é uma pena, ou medida de segurança, essa norma é penal. Se, por outro lado, a sanção é meramente uma indenização, uma restituição, a nulidade de algum ato, a norma é sim, civil ou extrapenal.

Não há diferença pela natureza, pela essência, entre o ilícito civil e o ilícito penal. Só sabemos que o ilícito é penal pela pena e, se for civil, pela sanção correspondente.

3. Definição de norma penal

A norma penal é um preceito jurídico sancionador, manifestado por uma pena ou por medida de segurança. É ela que proíbe um determinado comportamento e decreta uma pena aos que praticarem a conduta proibida.

A norma penal é constituída sob dois aspectos: um interno e outro externo. Em seu universo *interno*, a norma apresenta os elementos do preceito e da sanção. O preceito é a exegese do próprio verbo nuclear e a sanção é a carga que se dá à conduta ferida. Assim, no delito de homicídio, o Código Penal estabelece: "matar alguém".

O verbo *matar*, ínsito do tipo penal, representa o preceito, de forma infinitiva, constituindo a ação. A sanção é percebida pela carga negativa que essa ação representa ao tecido social. Assim, a pena é a medida do quão grave é o ferimento resultante desse delito: "de 6 a 20 anos".

Note-se que a lei não proíbe expressamente. Ela não diz "não matar" mas, se alguém matar outrem, fica sujeito à pena de 6 a 20 anos de reclusão.

Quanto ao aspecto *externo* da norma, este é entendido como a lesão efetivamente causada ao bem juridicamente tutelado. Assim, matar, lesionar, furtar, roubar, falsificar, caluniar, etc., constituem o aspecto concreto da apreensão da norma, isto é, o reflexo do seu efeito no imaginário dos sujeitos que nela buscam a proteção.

Outros autores entendem os conceitos de *preceito* e de *sanção*, como *primário* e *secundário*. Para estes, o preceito primário ou principal está definido o comportamento humano, valorado como ilícito. Veja-se, por exemplo, o crime de furto: art. 155: "*subtrair*, para si ou para outrem, coisa alheia móvel". Nesse exemplo, a norma está estabelecendo que é ilícita a conduta de "subtrair" coisa alheia móvel.

O preceito primário principal define o comportamento humano, valorado como ilícito. No exemplo dado, a norma está estabelecendo que o furto é a conduta delituosa e de tal forma que, através do preceito primário, o Estado ordena, permite ou proíbe, um certo comportamento.

No preceito secundário, forma-se o que se chama de "teses", que são, em síntese, a pena, ou a medida de segurança. O preceito secundário se manifesta através da sanção, que é uma ameaça de punição ao violador do preceito primário.

Quando o artigo 155 diz: "subtrair", pena de 1 a 4 anos de reclusão, este é o preceito secundário. Aqui está representado, portanto, o reflexo do ato de violar o preceito primário e os efeitos que o agente sofrerá ao ameaçar o bem juridicamente tutelado.

A sanção é sempre uma penalização, que pode ser representada pela privação de liberdade (reclusão, detenção, prisão simples), pecuniária e restritiva de direitos.

José Frederico Marques preleciona: "O Direito Penal tem suas sanções específicas, o que, no entanto, não significa que a pena não se filie – como espécie do mesmo gênero –, ao conceito geral de sanção que a doutrina jurídica formula". Asseverava, também, que a "pena e medidas de segurança constituem espécies da sanção penal".

A reforma da Parte Geral do Código, introduzida pela Lei nº 7.209/84, acabou com as chamadas penas acessórias, transformando-as em efeitos secundários da sentença penal condenatória.[116]

Zaffaroni e Pierangeli fazem a seguinte observação: "Esclarecemos ter o Código vigente abandonado o sistema de penas principais e acessórias. Todavia, assaltam-nos dúvidas sobre não serem os chamados 'efeitos da condenação' também penas, pelo menos nas hipóteses em que a sua natureza seja penal". Em outras palavras: antes de 1984, a sanção penal era um gênero, com as seguintes espécies: (a) penas; (b) medidas de segurança; e (c) penas acessórias. Modernamente, a sanção penal é um gênero, do qual são espécies: (a) as penas; (b) as medidas de segurança; e (c) os efeitos secundários da sentença penal condenatória.

A norma penal é sempre completa, ou seja, é dotada de ambos os preceitos (primário e secundário). Descreve a conduta proibida e prevê a sanção respectiva. Não existe norma penal incompleta, no sentido de faltar um dos preceitos.

Entretanto, pode haver norma incompleta quanto ao conteúdo do preceito primário, não pela inexistência desse preceito, mas pelo conteúdo, como ocorre com a norma penal em branco.

Como adiante se verá, na norma penal em branco existe um vazio no preceito primário, que deverá ser preenchido por outra norma, que pode ser penal ou extrapenal. Costuma-se dar o exemplo de que a norma penal em branco é a moldura sem a fotografia.

Note-se, como exemplo, a lei de combate às drogas. O preceito penal primário está presente no conceito de "causar dependência". O Ministério da Saúde é que, por portaria, estabelece que drogas causam dependência física ou química. O retrato (Portaria Ministerial) preenche a moldura, estabelecendo a completude do quadro.

4. Atributos da norma penal-exclusividade

Falar no atributo da exclusividade da lei penal significa dizer que somente ela é a fonte criadora do direito punitivo. Só a lei define infrações e determina sanções. Do estudo amplo dos demais ramos do direito, resta-nos, inequívoca e inexoravelmente, a certeza de que nenhuma outra lei desfruta desse poder, qual seja, o de definir infrações e cominar sanções.

---

[116] Art. 91. São efeitos da condenação: I – tornar certa a obrigação de indenizar o dano causado pelo crime; II – a perda em favor da União, ressalvado o direito do lesado ou de terceiro de boa-fé: a) dos instrumentos do crime, desde que consistam em coisa cujo fabrico, alienação, uso, porte ou detenção constitua fato ilícito; b) do produto do crime ou de qualquer bem ou valor que constitua proveito auferido pelo agente com a prática do fato criminoso. Art. 92. São também efeitos da condenação: I – a perda de cargo, função pública ou mandato eletivo: a) quando aplicada pena privativa de liberdade por tempo igual ou superior a um ano, nos crimes praticados com abuso de poder ou violação de dever para com a Administração Pública; b) quando for aplicada pena privativa de liberdade por tempo superior a quatro anos nos demais casos. II – a incapacidade para o exercício do pátrio poder, tutela ou curatela, nos crimes dolosos, sujeitos à pena de reclusão, cometidos contra filho, tutelado ou curatelado; III – a inabilitação para dirigir veículo, quando utilizado como meio para a prática de crime doloso. Parágrafo único. Os efeitos de que trata este artigo não são automáticos, devendo ser motivadamente declarados na sentença.

Isto não quer dizer, entretanto, que a norma penal não possa figurar no contexto de uma lei que versa sobre matéria civil, comercial, administrativo, tributário ou qualquer outra. É o caso do Código de Caça e Pesca do Estatuto do Estrangeiro, da Lei de Falência, da Lei de Imprensa e tantas outras.

São leis que não tem índole penal. No entanto, num dado momento, como na lei de falência, ela conceitua o que seja a conduta fraudulenta do falido. Igualmente, define o que é a fraude contra credores. Nesse momento, esta lei, infrapenal se utiliza de sanção tipicamente penal, o que comprova a intensa complementaridade das leis em nosso ordenamento jurídico.

Desta forma, a lei penal comina com uma sanção a pessoa que violou aqueles dispositivos, não tirando, entretanto, o caráter de norma penal.

Destarte, a exclusividade tem relação com a substância da sanção. Ela é predominantemente sentida no universo penal sem que, com isso, se negue aos outros ramos do direito, a capacidade para importar sanções que carreguem o mesmo peso repressivo daquelas tão características do Direito Penal.

4.1. Imperatividade

A lei penal é imperativa no sentido de que, na sua violação, sobrevêm as conseqüências necessárias da pena. A prática de um fato típico, descrito na norma, acarreta a imposição de uma pena. Assim ocorrendo, essa imposição gera a relação jurídica punitiva, formada, de um lado, pelo concreto direito estatal de punir e, de outro, da sujeição do agente à imposição da pena.

Se separarmos as duas zonas, a da licitude e a da ilicitude, usando o critério valorativo da norma, permanecendo, uma pessoa, no parâmetro da licitude, não vai sofrer a ameaça de nenhum sancionamento, seja de natureza criminal ou civil. Mas no momento em que ela ultrapassar os limites da zona da ilicitude penal, fica, necessariamente sujeita à imposição de uma pena.

Esse ato, ilícito penal, vai acarretar a imposição de uma pena. Entretanto, a imperatividade da norma não exclui as hipóteses de um caso em concreto, como, por exemplo, na ocorrência de um crime, não vir a ser aplicada a pena. Casos há, previstos no código, em que o juiz tem a faculdade de conceder o perdão judicial.

Assim, o agente pratica um fato típico, antijurídico e culpável, mas se ele já se viu punido pela perda de um familiar, por exemplo, o legislador facultou ao juiz o poder de conceder o perdão judicial.[117]

A partir da leitura do inciso IX do art. 107 do Código Penal verifica-se que a lei estabelece ao perdão judicial, uma das formas da extinção da punibilidade.

Observa-se que tal dispositivo está colocado na Parte Geral do Código, o que significa dizer que o seu mandamento regula casos que serão colocados na Parte Especial.

---

[117] HOMICÍDIO CULPOSO – ACIDENTE DE TRÂNSITO – PROVA – CULPA – PERDÃO JUDICIAL – Culpa do condutor de automóvel que, por imprudência, em velocidade incompatível com a segurança, apresentando sintomas de embriaguez, perde o controle do veículo, batendo na cabeceira de uma ponte, causando a morte da esposa. O perdão judicial objetiva atender situações como a do caso, por ter sido o réu já penalizado pelo fato, sendo graves as conseqüências da infração pelo sofrimento da perda da esposa, que deixa um filho pequeno, havendo elementos probatórios para o preenchimento das condições do benefício e concessão. Apelo provido em parte. (TJRS – ACR 70003185758 – 1ª C.Crim. – Rel. Des. Silvestre Jasson Ayres Torres – J. 13.03.2002)

Por exemplo, quando se analisa o artigo 129 do Código Penal, não se vê elencada nenhuma hipótese explícita de perdão judicial entretanto, o agente causador da lesão corporal pode vir a ser gravemente penalizado com a mutilação em um membro de sua família.

Nesse momento, o agente já punido pela fatalidade, permite ao juízo conceder o perdão, até porque, a concessão desse benefício permite-lhe evitar o *bis in idem*.[118]

Assim sendo, o Estado não tem a possibilidade de não impor a pena, mesmo quando, ao agente se concede o perdão judicial. A imperatividade é uma obrigação da sanção por parte do Estado. Violar a norma praticando o verbo em sua forma infinitiva traz sempre a consequência inevitável do seu reflexo, qual seja a reação do *jus puniendi*.

Modernamente, através da Lei Federal nº 9.099/95, que dispõe sobre os juizados cíveis e criminais, ainda que sendo mais um caso de não aplicação da pena, não se constitui em qualquer contradição o princípio da imperatividade penal. São exceções que só vêm para confirmar a regra.

4.2. Generalidade

A norma penal é geral porque se dirige a todos os que vivem no território nacional ou, aos que por ele venham transitar. Quando se trata do problema dos destinatários da norma penal, sustentam alguns que ela não se dirige a todos, pois se excluem os inimputáveis: menores, deficitários e doentes mentais.

Aos menores porque são tratados em legislação apropriada e sem cunho repressivo, o Estatuto da Criança e do Adolescente.[119] Aos deficitários e doentes mentais porque não têm capacidade de querer ou de entender o caráter delitivo do ato. Ora, o direito penal moderno é o direito penal da culpa. Não se admite a culpa sem a vontade da prática delitiva. Essa vontade pode ser representada pela ação ou pela inação que comporta, também, a assunção do risco de praticar o ato delitivo.

Questiona-se o valor da discussão acerca dos destinatários da norma penal. Entretanto, trata-se de um assunto de solução muito simples. A norma é direcionada a todos os indivíduos de um determinado Estado. Dirige-se tanto aos capazes quanto aos incapazes, aos imputáveis e aos inimputáveis.

A incidência da lei penal é tão imperativa e tão incondicional que o Código mesmo prevê que a ignorância da lei não escusa de sanções. Diz o art. 21 do Código Penal: "O desconhecimento da lei é inescusável ...". Ou seja, praticado o ato criminoso, não cabe ao indiciado alegar a ignorância da lei. A lei fala em diminuição da pena, quando o erro é escusável. Não fica, entretanto, isento de pena (CP, art. 20).

---

[118] PROCESSO PENAL – ACIDENTE AUTOMOBILÍSTICO – PERDÃO JUDICIAL – CONCESSÃO – BENEFÍCIO QUE APROVEITA A TODOS – Sendo o perdão judicial uma das causas de extinção de punibilidade (art. 107, inciso IX, do CP), se analisado conjuntamente com o art. 51, do Código de Processo Penal, que preceitua que o perdão concedido a um dos querelados aproveitará a todos..., deduz-se que o benefício deve ser aplicado a todos os efeitos causados por uma única ação delitiva. O que é reforçado pela interpretação do art. 70, do Código Penal Brasileiro, ao tratar do concurso formal, que determina a unificação das penas, quando o agente, mediante uma única ação, pratica dois ou mais crimes, idênticos ou não. Considerando-se, ainda, que o instituto do Perdão Judicial é admitido toda vez que as consequências do fato afetem o respectivo autor, de forma tão grave que a aplicação da pena não teria sentido, injustificável se torna sua cisão. Ordem concedida para restabelecer a decisão de 1º grau. (STJ – HC 14348 – SP – 5ª T. – Rel. Min. Jorge Scartezzini – DJU 20.08.2001, p. 498)

[119] LEI FEDERAL nº 8.069, de 13 de julho de 1990.

Há que se considerar o seguinte: se um doente mental praticar um crime, o preceito secundário da norma penal vai incidir sobre ele. Apenas não está sujeito à punição, por não ter ele a plena capacidade de entender o sentido do ilícito penal contido na norma incriminadora.

Mas como a norma penal não pode responder-lhe com o instituto da pena, reage com a medida de segurança (manicômio judiciário, por exemplo).

Assim provado fica que a norma penal tem o caráter universal, abraçando todas as pessoas do Estado. É dirigida a todos, até mesmo aos inimputáveis. Tanto o preceito primário quanto o secundário se dirigem a todos os indivíduos, inclusive o preceito secundário tem o caráter de retribuição, de impedir que os indivíduos pensem em violar esse preceito da norma sem punição.

4.3. Anterioridade e legalidade

Não há crime sem que a norma o declare por antecedência. E não pode haver pena sem a prévia imposição legal. São atributos da democracia penal, expressos nos princípios da anterioridade e da legalidade penal.

Segundo alguns autores, tais princípios têm sua origem na Magna Carta da Inglaterra de João Sem Terra, de 1215. Outros há que reivindicam a primazia da inserção desse princípio na legislação ibérica.

O que se sabe com certeza é que foi fruto da Declaração dos Direitos do Homem, de 23 de agosto de 1789, advinda esta da Revolução Francesa, de 14 de julho de 1789. Estabelecia a legislação inovadora, que ninguém poderia ser punido senão que em virtude de uma lei estabelecida e promulgada anteriormente ao delito e legalmente aplicada.

Esse princípio se propagou por quase todos os países do mundo que, pouco a pouco, o vieram adotando. Tem um sentido altamente político e jurídico. O princípio é político, na medida em que se constitui numa garantia constitucional dos direitos do homem. É jurídico pois que fixa o conteúdo das normas incriminadoras, não permitindo que o ilícito penal seja estabelecido genericamente, sem prévia definição do tipo e sem a cominação da pena respectiva.

Os princípios da anterioridade e da legalidade penal são, sem dúvida, os de maior relevância e significado político no campo das liberdades individuais de um povo. Cernicchiaro leciona que, "o princípio da reserva legal, quando consagrado, voltava-se para um dado cronológico: a conduta somente poderia ser tida como delito se, previamente, definida como tal. Impedia-se, assim, o ilícito ser definido após a ação, ou omissão. Hoje, não se abandonou a exigência; ganhou, porém, outro realce, qual seja, o comportamento delituoso ser exaustivamente descrito. A garantia que se busca preservar só se completa quando a pessoa conhecer, antes, e com precisão, a proibição, através de lei (sentido formal). É a *concrettezza* de que falam os italianos. Vedam-se, então, os chamados 'tipos abertos', ou seja, sem a descrição mencionada".[120]

Esses princípios estão impressos nos pórticos de todos os códigos penais dos países civilizados. O nosso Código Penal estatui, no seu artigo primeiro, que "Não

---
[120] CERNICCHIARO, Luiz Vicente. "Pena – Tentativa – Teoria Geral do Tipo – Configuração Jurídica". *RJ* nº 239 – SET/1997, p. 26.

há crime sem lei anterior que o defina. Não há pena sem prévia cominação legal". O princípio da anterioridade da lei penal, também chamado Princípio da Reserva Legal, está inserido na Constituição Federal (no capítulo reservado aos Direitos e Garantias Individuais, no artigo 5º, inciso XXXIX: "não há crime sem lei anterior que o defina, nem pena sem prévia cominação legal").[121]

Para se impor uma sanção penal, evitando que se pratique uma conduta delitiva, não basta a vigilância do Estado. É necessário que, no estabelecimento dos preceitos incriminadores, sejam utilizadas fórmulas claras e exatas, definindo quais as condutas que autorizam a sanção. Só assim se estará respeitando o princípio da reserva legal que seria violado com uma descrição vaga e aberta. A respeito da matéria, leciona o Ministro Assis Toledo: "A exigência de lei certa diz com a clareza dos tipos, que não podem deixar margem a dúvidas, nem abusar de normas muito gerais ou tipos incriminadores genéricos, vazios".[122]

A lei magna colocou o dispositivo na parte referente aos direitos e garantias do cidadão, e não em qualquer outro capítulo. Por isso, pode se dizer que tal princípio pertence ao patrimônio individual, eis que dirigido não ao Estado, e sim, ao cidadão.

Não pode o intérprete da Lei, no caso o juiz, fazer uma interpretação extensiva, para cominar penas ou forma de executar essas penas, pois fere frontalmente dispositivo constitucional. E é tão importante a imposição do princípio da legalidade que, além da existência de um poder do Estado, o Judiciário, unicamente destinado ao julgamento dos membros da sociedade, estabelece princípios básicos para a individualização da pena e a necessidade de fundamentação das decisões judiciais.

Pelo princípio da legalidade penal, fica terminantemente proibido o uso da analogia, dos costumes e dos princípios gerais do direito, para definir crimes, e muito menos para estabelecer ou alterar penas, por ser de ordem exclusiva da lei.

4.4. Analogia in bonam partem

Toda a regra comporta uma exceção. O uso do processo analógico é uma negação ao princípio da reserva legal. Fere a regra político-liberal do *nullun crimen, nulla poena sine lege*, com aplicação sempre negativa no direito penal.

No entanto, temos que concordar que há uma espécie de analogia que, ainda que se oponha ao princípio da reserva legal, é admitida para que não se aplique ao indivíduo uma punição iníqua. Então, para esses casos, não só se admitirá o processo analógico quando a lei nova beneficiar o réu, como poderá ser usado, pelo aplicador do direito, em casos que possam assemelhar-se.

A lei penal, como exceção, admite a prática do aborto, por médico, sempre que a gravidez resultar de estupro. Cabe a pergunta e, *ad argumentandum solum*, se uma mulher, vítima de atentado violento ao pudor, excepcionalmente, vier a engravidar, poderá sofrer aborto através de médico? A resposta é, simplesmente, não!

---

[121] TÓXICO – Semeadura, cultivo ou colheita de plantas destinadas à preparação de psicotrópico. Exclusiva reserva ao consumo do agente toxicômano. Atipicidade reconhecida. Princípio da legalidade (artigo 5º, XXXIX, e artigo 1º, do Código Penal). Inteligência do artigo 12, § 1º, II, da Lei n. 6.368/76. Absolvição. Recurso provido. O fato de semear, cultivar ou fazer colheita de substância destinada à preparação de entorpecente, não se encontra tipicamente definido no crime do artigo 12 da Lei de Tóxicos. Nem mesmo invocável seu artigo 16, por analogia in bonam partem, porquanto assim não o seria, já que viria em prejuízo do agente. (TJSP – ACr 325.802-3/1 – 3ª C.Crim. – Rel. Des. Gonçalves Nogueira – J. 29.05.2001).

[122] TOLEDO, Francisco de Assis. *Princípios Básicos de Direito Penal*. 5ª ed. São Paulo: Saraiva, 1994, p. 28.

Dessa forma, percebe-se que a lei penal não tem resposta positiva para a situação objetiva, em que uma mulher se vê grávida quando violentada no seu pudor. Assim, ao juízo, está a se limitar a possibilidade de, pela leitura direta e objetiva da lei, aplicar o benefício do aborto legal. Para resolver tal questão, é necessário buscar, no princípio da analogia *in bonam partem*, a solução que, se não encontrada, somente poderá ser fatal à própria vítima.

Isso pode ocorrer porque a própria lei criou um caso positivamente legalizado – aborto necessário – permitindo que se complete o conteúdo de uma outra norma, por meio do processo de interpretação daquela expressão extensiva do preceito de "aborto", transferindo-se, por *bonam partem*, aos casos que se assemelharem.

Trata-se, sem dúvida, de uma interpretação extensiva, combatida pelo direito penal, mas, ditada pelo bom senso e pelo princípio da humanização do direito penal.

Destarte o princípio da humanização do direito penal vai de encontro à limitação da própria substância do nosso direito positivado, quer dizer, esse princípio tem a faculdade de reconstituir, ao abrigo da situação concreta, a carga negativa dos sentidos dos próprios conceitos. O aborto, prática que ofende ao direito e à moral, nesses casos extremos, não pode ser uma punição, mas sim uma opção que a mentalidade da sociedade moderna oferece à vítima, pois se assim não o fosse, o direito continuaria a ser, apenas, aquele ultrapassado instrumento de vingança.

4.5. Irretroatividade

Como se sabe, há dois princípios basilares que regem o direito intertemporal das leis criminais: primeiro é de que a lei penal nunca retroage. O segundo é o da aplicação imediata da lei processual penal *(tempus regit actum)*.[123]

O princípio da irretroatividade é, por assim dizer, um corolário do princípio da legalidade. É um fato que imediatamente se deduz do outro anteriormente demonstrado. É, também, uma imposição constitucional que obriga a todos: "A lei penal não

---

[123] CRIMINAL. HC. TRÁFICO DE ENTORPECENTES. ASSOCIAÇÃO PARA O TRÁFICO. NULIDADE. DEFESA PRELIMINAR NÃO APRESENTADA ANTES DO RECEBIMENTO DA DENÚNCIA. INOBSERVÂNCIA DO PROCEDIMENTO DA LEI N° 10.409/02. PRESCINDIBILIDADE DE COMPROVAÇÃO DE PREJUÍZO. DIFICULDADE DE DEMONSTRAÇÃO. NULIDADE CONFIGURADA. REVOGAÇÃO DA LEI PROCESSUAL. VIGÊNCIA DA LEI N° 11.343/2006. PROCEDIMENTO QUE DEVE SER APLICADO AO CASO. EXPEDIÇÃO DE ALVARÁ DE SOLTURA DETERMINADA. ORDEM CONCEDIDA. II. III. IV. V. VI. VII. I. Hipótese na qual aos pacientes foi imputada a prática dos crimes de tráfico de entorpecentes e de associação para o tráfico, sendo que o Juízo monocrático não oportunizou a apresentação de defesa preliminar, recebendo, de pronto, a inicial acusatória. Com a modificação do procedimento penal para a apuração dos crimes que envolvem substâncias entorpecentes, a instrução criminal deve ser realizada nos moldes estabelecidos pela nova Lei. A teor do art. 38 da Lei n° 10.409/2002, há necessidade de abertura de prazo para a apresentação de defesa preliminar antes do recebimento da denúncia, a todos os procedimentos em andamento durante a vigência da Lei n° 10.409/2002, a qual foi publicada em 11/01/2002. É prescindível a comprovação de prejuízos para justificar a anulação do processo, tendo em vista a dificuldade de demonstrá-los. Precedentes do STF. A Lei n° 10.409/2002, vigente à época do processamento do feito, foi revogada pela Lei n° 11.343/2006, publicada em 24/08/2006, a qual se encontra vigente no presente momento e contém, em seu artigo 55, a mesma regra de notificação do réu para apresentar defesa preliminar antes do recebimento da peça acusatória, devendo, portanto, ser respeitado o rito processual descrito nesse novo Diploma Legal, em obediência ao art. 2° do Código de Processo Penal. Deve ser cassado o acórdão recorrido e anulada ação penal instaurada contra os pacientes, desde o recebimento da denúncia, inclusive, a fim de ser concedida ao paciente a oportunidade de apresentação da defesa preliminar, respeitando-se o procedimento estabelecido na Lei n° 11.343/2006, com a conseqüente expedição de alvará de soltura em seu favor, se por outro motivo não estiverem presos. Ordem concedida, nos termos do voto do Relator. (Superior Tribunal de Justiça STJ; HC 66.994; Proc. 2006/0208437-1; SP; Quinta Turma; Rel. Min. Gilson Langaro Dipp; Julg. 24/04/2007; DJU 11/06/2007, p. 338).

retroagirá, salvo para beneficiar o réu". Assim que, de forma nenhuma, a lei posterior que agravar a penalização pode atingir ao fato anterior.[124]

Todas as nossas constituições republicanas traziam, no seu bojo, o comando que obrigou a inclusão do preceito no Código Penal pátrio. Assim, o artigo segundo de nossa lei penal, estabelece que: "Ninguém pode ser punido por fato que lei posterior deixa de considerar crime, cessando em virtude dela a exclusão e os efeitos penais da sentença condenatória", E o seu parágrafo único, determina que, "A lei posterior, que de qualquer modo favorecer o agente, aplica-se aos fatos anteriores, ainda que decididos por sentença condenatória transitada em julgado".[125]

4.6. Igualdade

Direitos fundamentais são aqueles elencados no art. 5º da Constituição Federal, que assumem, também, natureza de garantias básicas do cidadão. Assim, a lei não pode distinguir entre os seus patrícios em função de sua condição de estado ou fortuna, raça, religião ou sexo. Deve ser igual, indistintamente, para todos. Este é o corolário político do princípio constitucional estatuído no *caput* de seu artigo quinto.[126]

O caráter igualitário da lei penal é outra das tantas conquistas da Revolução Francesa. O direito feudal dispensava um tratamento desigual às pessoas, conforme fosse a sua categoria social. Essa desigualdade era plenamente classista, estabelecendo privilégios aos ricos e obrigações cruéis aos pobres.

A desigualdade social do antigo regime não era aquela dita por Ruy Barbosa, de que a "verdadeira regra da igualdade reside em tratar desigualmente os desiguais, na medida em que se desigualam".

A igualdade da lei deve estar também na cominação da pena em abstrato, sempre presente no preceito secundário da norma.

A regra de Ruy funciona, por exemplo, na aplicação da pena quando no caso concreto. Assim, todo aquele que matar alguém, estará sujeito à pena de reclusão de seis a vinte anos. Aqueles que são primários e de bons antecedentes têm, de parte do aplicador da pena, o direito de vê-la aplicada de forma diferente dos que, por exemplo, são reincidentes.[127]

---

[124] PENAL – *HABEAS CORPUS* – CRIME CONTRA A ECONOMIA POPULAR – CONDENAÇÃO – REGIME PRISIONAL – FATO ANTERIOR À LEI Nº 9.695/98 – PRINCÍPIO DA IRRETROATIVIDADE – Embora condenado pela prática do crime previsto no art. 273, do Código Penal – crime contra a economia popular – o qual foi incluído no rol dos crimes hediondos pela Lei nº 9.695/98, o regime integralmente fechado para o cumprimento da pena prisional não pode ser imposto, à luz do princípio da irretroatividade da lei penal mais severa, já que o fato ocorreu antes da edição do mencionado diploma legal. *Habeas corpus* concedido. (STJ – HC 13241 – MG – 6ª T. – Rel. p/o Ac. Min. Vicente Leal – DJU 17.06.2002)

[125] APELAÇÃO – ARTIGO 10 DA LEI 9437/97 – DELITO DE MENOR POTENCIAL OFENSIVO – IMEDIATIDADE E RETROATIVIDADE – COMPETÊNCIA – Lei nº 10254/2001 ampliou a conceituação dos delitos de menor potencial ofensivo abrangendo o art. 10 da Lei nº 9.437/97. As medidas despenalizadoras por sua natureza processual tem aplicação imediata e pelos efeitos penais são retroativas. Não sendo o tribunal competente para os delitos em espécie e existindo juizados especiais e turmas recursais a estas remetido o processo em respeito ao juiz natural. Art. 5º, LII CF. Declinada a competência para as turmas recursais. (TJRS – ACR 70003779840 – C.Crim. Esp. – Rela. Desa. Elba Aparecida Nicolli Bastos – J. 05.02.2002).

[126] CONSTITUIÇÃO FEDERAL, art. 5º. Todos são iguais perante a lei, sem distinção de qualquer natureza, garantindo-se aos brasileiros e aos estrangeiros residentes no País a inviolabilidade do direito à vida, à liberdade, à igualdade, à segurança e à propriedade, nos termos seguintes: (...).

[127] CÓDIGO PENAL, art. 59. O juiz, atendendo à culpabilidade, aos antecedentes, à conduta social, à personalidade do agente, aos motivos, às circunstâncias e conseqüências do crime, bem como ao comportamento da vítima, estabelecerá, conforme seja necessário e o suficiente para reprovação e prevenção do crime: (...).

A pena é sempre a mesma, pois que una. Ocorre que as circunstâncias judiciais e pessoais diferenciam o *quantum* da pena a ser aplicada no caso concreto. É que, além desse fator, em nosso ordenamento jurídico está consagrado o princípio da individualização da pena.[128] Na realidade, não existe um fundamento justificável à diferenciação de tratamento, pois o tratamento desigual ao mesmo sujeito que pratica a mesma infração produz efeitos discriminatórios, pois diferenciados em sua essência. A pena de matar alguém continua sendo de 6 a 20 anos para todos.

Note-se que o próprio Código Penal prevê essas variações da aplicabilidade da pena. Assim, são circunstâncias que sempre agravam a pena, à luz do art. 61 da lei penal, a reincidência, por exemplo, entre tantas. De outro lado, o art. 65 prevê os casos em que sempre se atenua a pena, obrigando ao aplicador à sua obediência.

Essa variação na aplicação da pena no caso concreto em absoluto representa uma violação ao princípio constitucional da igualdade, e sim, o reconhecimento da verdadeira regra da igualdade apregoada pelo grande Ruy Barbosa.

5. Objeto da norma penal

O objeto da norma penal é o ilícito, nas suas modalidades de crime e de contravenção. Em princípio a ilicitude jurídica é una. A divisão ou separação das leis em penais e extrapenais, não se faz porque haja uma diferença ontológica, diferença da essência entre a violação penal e a violação extrapenal. Diz-se ontológico porque trata do ser enquanto ser, isto é, do ser concebido como tendo uma natureza comum, e que é inerente a todos e a cada um.

Já vimos que o direito é dirigido a todos. O legislador quando estabelece um tipo de conduta proibida, comina com uma pena, mas, num dado momento histórico, pode ter acontecido de ter sido a conduta objeto de uma norma extrapenal.

No século XVIII, na França, a loucura era considerada como uma forma delituosa, em que o indivíduo tido como louco, sofria, de parte do Estado, a cominação de uma pena, qual seja, a perda de seus direitos políticos, acrescidos de um compulsório internamento em manicômio estatal. A partir do segundo quartel do século XIX, o mesmo indivíduo que antes era tratado pelo Estado como criminoso, pelo fato de ser louco, passou a ser entendido como um doente que deveria receber, não uma sanção, mas um tratamento médico.

Na obra de Michel Foucault, *Vigiar e Punir*, o filósofo analisa a transformação que sofreram ao longo dos séculos XVII, XVIII e XIX, os conceitos de punir, de delito, da conduta dita criminosa: "o delito é como todo e qualquer conceito. Sofre ele, em sua hermenêutica, uma influência do social, e uma determinação do histórico. O que antes era criminoso passa a ser merecedor de cuidados. Na sociedade, o vigiar e o punir estão imbricados na mentalidade dos povos".[129]

---

[128] CONSTITUIÇÃO FEDERAL, art. 5º Todos são iguais perante a lei, sem distinção de qualquer natureza, garantindo-se aos brasileiros e aos estrangeiros residentes no País a inviolabilidade do direito à vida, à liberdade, à igualdade, à segurança e à propriedade, nos termos seguintes: (...) XLV – nenhuma pena passará da pessoa do condenado, podendo a obrigação de reparar o dano e a decretação do perdimento de bens ser, nos termos da lei, estendidas aos sucessores e contra eles executadas, até o limite do valor do patrimônio transferido.

[129] Michael Foucault, (1926-1984), filósofo francês. Introdutor de conceitos que desafiaram as convicções tradicionais sobre prisões, polícia, segurança, cuidado aos doentes mentais, modelos de poder, direitos dos homossexuais e bem-estar social. (*Vigiar e Punir*. Rio de Janeiro: Civilização Brasileira, 1989, p. 181.)

Dessa forma, o direito é fruto das necessidades histórico-sociais das sociedades. Seus conceitos e, consequentemente, todo o ordenamento jurídico, resultam das próprias necessidades do viver em sociedade.

Ao contrário das outras áreas do direito, que regulam as relações sociais através de uma norma extrapenal e mediante, comumente, do ressarcimento do direito lesado, o direito penal não trata a ameaça ao bem jurídico, a não ser através da imposição de uma sanção, que tradicionalmente é configurada pela perda da liberdade.

O direito penal, portanto, pune o responsável, com a sanção imposta pela norma isto é, pela lei penal. Todos estão submetidos a uma norma penal, que é o sucedâneo da vontade da própria sociedade, através de seus representantes, ou mesmo de uma forma impessoal, pois a norma não nasce dirigida para alguém em especial, mas para autoproteção do tecido social.

Os bens sociais apresentam-se na forma limitada, enquanto as pretensões humanas apresentam-se na forma ilimitada. Essa relação entre o objetivo (o bem) e o desejo (vontade humana) obriga o Estado, através do uso da norma, a aplicar o controle de forma mais veemente.

Assim temos a honra, a vida, a propriedade, etc., como valores fundamentais do homem. São valores que o legislador entende que necessitam de uma proteção maior, enquanto que outros tipos de bens, como aqueles do direito de família ou do direito das obrigações, ganham valor de proteção menor. Não por não serem importantes, mas por representarem, ao conjunto dos bens que formam a segurança jurídica, um sentido menos traumático.

Assim, o ilícito penal é aquela conduta humana voluntária e violadora do Direito, à qual pode corresponder uma pena privativa de liberdade. Esta pena pode ser cumulada, alternada e isolada com outra pena pecuniária.

A pessoa que comete um ilícito civil, causando danos às outras, vai responder com o dever de indenizar pelas perdas e danos causados. Dessa forma, nos ilícitos extrapenais, a pena tem, predominantemente, uma natureza pecuniária ou econômica.

No ilícito penal quase sempre há uma pena privativa de liberdade, que pode se constituir nas formas de *prisão simples*, *detenção* ou de *reclusão*.

Pode ser a soma de uma pena privativa de liberdade, com uma de multa, ou então, de forma alternada: ou uma pena de detenção ou uma pena de multa, ou ambas.

O certo é que somente a conduta humana, voluntária, violadora de um direito, e à qual corresponde uma pena penal é que se considera um ilícito penal.

6. Norma penal em branco

Quando se estudou a estrutura da norma penal, foi dito que ela se compunha de um preceito primário e um secundário. Não há norma penal incompleta no sentido de faltar um desses preceitos: toda norma penal é provida de preceito, onde se contém o comando, ou a ordem, e a sanção para aqueles que violam o preceito primário.

Soler preceitua que o preceito deve ordinariamente ser buscado por outra disposição legal, ou por decretos, ou regulamentos aos quais está remetida a lei penal. Assim, esses decretos ou regulamentos são, no fundo, os que fixam o alcance da ilicitude sancionada, já que, na lei, a conduta delitiva somente está determinada de uma maneira genérica. Claro está então que a norma penal em branco não apresenta valor, senão depois de ditada a lei, ou a regulamentação a que se remete e para todos os fatos posteriores a esta.

Citando Binding, o velho mestre argentino, repetia, "a lei penal é um corpo errante que busca a sua alma".[130]

Às vezes a norma penal em seu preceito primário apresenta um conteúdo vago, incerto, impreciso e indeterminado. Nessas normas, no conceito primário, em que se define a conduta proibida, o sentido está aberto, impreciso, incerto no seu conteúdo.

Então, é preciso preencher o conteúdo da norma, determiná-la, completá-la com outra norma. São as chamadas normas penais em branco ou lei aberta, ou lei moldura. O exemplo comum e repetitivo é o da moldura sem o quadro, sem a fotografia, onde a moldura é a lei penal em branco, enquanto a fotografia é a norma complementar.

A norma penal em branco é uma norma incriminadora, dotada de sanção, mas cujo preceito primário necessita ser completado por um outro ato normativo, a fim de que se determine o modelo abstrato do crime nela previsto. A regra geral então, é que a norma incriminadora, que define o crime, seja perfeita.

Portanto, existem normas fragmentárias, partidas, que não estão plenas no mesmo dispositivo da lei. Têm o preceito, ou parte dele, num artigo e a sanção no outro. Assim, por exemplo, o art. 334 do Código Penal pune quem importar ou exportar mercadoria proibida ou iludir, no todo ou em parte, o pagamento de direito ou imposto devido pela entrada, pela saída ou pelo consumo de mercadoria.

O preceito é punir quem importa ou exporta mercadoria proibida. Mas será um preceito complementar que definirá quais são os produtos cuja importação ou exportação é proibida. Pratica o crime descrito no artigo 334 do Código Penal quem promove a internação de armas e munições de uso militar, desacompanhadas dos documentos de regular importação. A norma é complementada pela portaria, ou outra lei mesmo, que impede a importação de armas de guerra, de uso militar. A infração de porte de arma passou a ser crime previsto no art. 10, *caput*, da Lei nº 9.437, de 20.02.1997 quando se trata de arma de fogo, de uso permitido, sem a autorização legal. *Esta é a moldura!*

No art. 42 do Decreto nº 2.222, de 08.05.1997, é que se encontra o conteúdo proibitivo da lei, eis que, regulamentador da norma acima e que vem complementar o preceito primário do art. 10, *caput*, posto que norma penal em branco. *Esta é a fotografia!*

Esta norma tem a função de completar o sentido da norma em branco, mas, sozinha, assim como norma, não possui poder punitivo próprio. O poder punitivo está na norma em branco que cria o crime e que estipula a pena. A outra tem a função somente de encher, completar-lhe o sentido.

As normas que completam o preceito da norma penal em branco chamam-se *integradoras* ou *completivas*. Não são um corpo estranho e solto no interior da norma penal em branco, pois a norma integradora se funde com ela, formando um só preceito.

---

[130] SOLER, Sebastian. *Derecho Penal Argentino*, 6ª reimp. Buenos Aires: Tipografica Editora Argentina, 1973, p. 122.

As normas integradoras podem provir de outra lei: uma lei civil, comercial, tributária, trabalhista ou podem ainda advir de atos administrativos, tais como, portarias, circulares, instruções, regulamentos, decretos, etc.

7. Classificação das normas penais em branco

Classificam-se as normas penais em branco de acordo com a hierarquia das fontes de onde provêm. Dividem-se em *homogêneas* (sentido lato) e *heterogêneas* (sentido estrito).

A norma penal em branco homogênea é de sentido lato, quando a norma integradora ou completiva emana da mesma fonte legislativa. Assim, a lei penal diz, no seu artigo 237 que, sofrerá a pena de três meses a um ano, quem contrair casamento, conhecendo a existência de impedimento que lhe cause a nulidade absoluta.[131]

A norma não diz quais os impedimentos que causam nulidade absoluta. Essa carência legal deve ser suprida por outra norma que diga quais são as causas impeditivas. Essa norma penal em branco admite o conhecimento prévio do agente, porque é ínsito em outro ordenamento jurídico. E esse ordenamento jurídico não pode ser desconhecido dos cidadãos, porque próprio da lei civil.[132]

Um outro exemplo, vem a ser aquele do art. 178 do Código Penal que incrimina alguém pelo fato de emitir conhecimento de depósito ou *warrant*, em desacordo com o disposto legal. Percebe-se, assim, que a norma está em aberto, pois não há um conteúdo completo. O complemento deve ser buscado na disposição legal que venha a regular o conhecimento do depósito e do *warrant*, o Código Comercial.

Nos dois casos dados por exemplos, as normas são tidas como homogêneas, porque precisam de duas outras normas, a primeira do Código Civil e a outra do Código Comercial, ambas de mesma origem. São normas da mesma fonte legislativa e da mesma categoria hierárquica. Por isso, são homogêneas. A norma penal em branco é heterogênea ou de sentido estrito, sempre que a norma integradora ou completiva provém de outras fontes legislativas (estaduais, municipais) ou de atos de autoridade administrativa (portarias, provimentos, etc.).

Assim, o Código Penal pune com a pena de detenção de um a três meses o fato de alguém dar às verbas ou rendas públicas, aplicação diversa da estabelecida em lei.[133] É norma penal em branco porque não diz os casos de aplicação. É a lei

---

[131] CASAMENTO – BIGAMIA COMPROVADA – NULIDADE DO SEGUNDO MATRIMÔNIO – PUTATIVIDADE – BOA-FÉ DE UM DOS CÔNJUGES – EFEITOS – AÇÃO PROCEDENTE – Sentença mantida em reexame necessário. Aquele que, não tendo se libertado do vínculo conjugal anterior, se casa novamente, sob a falsa declaração de que se encontra livre de qualquer impedimento, comete crime de bigamia, sendo nulo o seu segundo casamento. Em se tratando de casamento putativo, reconhecendo o Juiz a boa-fé da cônjuge, não lhe poderá atribuir a culpa pela nulidade. A par de ter direito à meação dos bens do casal, esta poderá continuar a usar os apelidos do marido que recebeu ao casar-se, não lhe cabendo o ônus da sucumbência. (TJPR – ReNec 0117667-8 – (360) – Faxinal – 8ª C.Cív. – Rel. Des. Ivan Bortoleto – DJPR 24.06.2002)

[132] CÓDIGO CIVIL, art. 1521. Não podem casar: I – os ascendentes com os descendentes, seja o parentesco natural ou civil; II – os afins em linha reta; III – o adotante com quem foi cônjuge do adotado e o adotado com quem o foi do adotante; IV – os irmãos, unilaterais ou bilaterais, e demais colaterais, até o terceiro grau inclusive; V – o adotado com o filho do adotante; VI – as pessoas casadas; VII – o cônjuge sobrevivente com o condenado por homicídio ou tentativa de homicídio contra o seu consorte.

[133] CÓDIGO PENAL, art. 315. Dar às verbas ou rendas públicas aplicação diversa da estabelecida em lei.

orçamentária, é a lei municipal, que é a norma integradora ou completiva de uma lei federal. Se não houvesse a lei federal, a lei municipal jamais poderia definir crimes.

Finalmente, a norma penal em branco, homogênea ou heterogênea, cumpre função definitiva em nosso ordenamento jurídico. Se não há palavras sem sentidos na lei, não pode a norma deixar vaga a sua determinação, pois isso colocaria em risco a segurança jurídica pretendida como objetivo fim da lei.

8. Retroatividade da norma penal em branco

Como já vimos, a norma penal em branco é aquela que se completa com o auxílio de outra norma penal, extrapenal, atos administrativos, decretos, regulamentos, portarias, circulares etc. É aquela onde existe um vazio que precisa ser preenchido.

O que se examinará a seguir é o problema de se saber se a norma penal em branco retroage, quando a norma completiva ou integradora é substituída por outra mais benéfica. Para exemplificar: hoje, o uso do lança-perfume é considerado, em razão de uma portaria ministerial,[134] como substância que causa dependência físico-psíquica, sendo o seu uso proibido pela lei antitóxico.[135] A questão se resume no seguinte: se, viesse a ser revogada a portaria, a figura deixaria de ser típica. Em torno disso, há a posição de diversas correntes, havendo, de parte dos tribunais, colocações em sentidos bem distintos.

Observe-se que não se pode inverter uma regra de direito para tentar responder à questão levantada, pois é princípio em nosso ordenamento jurídico que o secundário segue o principal. A norma penal em branco não tem o condão de, ao retroagir, fazer com que a norma principal seja descriminalizada, mas quando esta, por uma lei nova, constituir-se numa nova figura típica, agora, um ato lícito, aquela norma penal em branco ainda serve como complementar, seguindo, assim, a norma principal.

E, nesse caso, tanto a norma principal quanto a subsidiária, recebem a influência do princípio de que a lei mais benéfica deve retroagir quando em benefício do réu.

Entretanto, uma corrente radical nega que a norma penal em branco seja revogada quando for revogada a norma que a preenche. Segundo esta corrente, não existe, neste caso, revogação da norma matriz, porque apenas o que ocorre é que ela fica sem os elementos para ser aplicada.

Em resumo, para esta corrente, o que ocorre é apenas o fato de a lei não poder ser aplicada por falta de complementos, o que não quer dizer que ela tenha sido revogada. Assim, revogada a norma completiva, a norma penal em branco, norma-mãe, continua tão viva quanto antes, apenas não pode ser aplicada por falta da norma complemento. E, a partir daí, a favor dessa corrente, é a opinião de Manzini, na Europa

---

[134] Lei nº 6.368/76, art. 36. Para os fins desta Lei serão consideradas substâncias entorpecentes ou capazes de determinar dependência física ou psíquica aquelas que assim forem especificadas em lei ou relacionadas pelo Serviço Nacional de Fiscalização da Medicina e Farmácia, do Ministério da Saúde. Parágrafo único. O Serviço Nacional de Fiscalização da Medicina e Farmácia deverá rever, sempre que as circunstâncias assim o exigirem, as relações a que se refere este artigo, para o fim de exclusão ou inclusão de novas substâncias.

[135] TÓXICO – TRÁFICO – CARACTERIZAÇÃO – Acusados surpreendidos vendendo e guardando para fins de tráfico 220 frascos contendo substância entorpecente denominada cloreto de etila, popularmente conhecida como lança-perfume. Substância que determina dependência física e psíquica. Ordem concedida apenas para que os acusados respondam soltos ao processo. (TJSP – HC 306.868-3 – 6ª C.Crim. – Rela. Desa. Lustosa Goulart – J. 30.03.2000).

que exemplifica: "se alguém vendeu mercadoria a preço superior ao fixado na tabela oficial, é punível pelo crime, ainda que, na ocasião do julgamento, tais preços, por revisão periódica das tabelas, tenham sido elevados ao nível dos preços pelos quais o réu vendeu a mercadoria".

No caso de o arroz tabelado em R$ 2,00 ser vendido por R$ 2,50, o vendedor cometerá um crime contra a economia popular. Mas, se na época da sentença, uma outra tabela, revisando o preço, fixá-lo em R$ 3,00, qual será a posição adotada pelo direito pátrio?

Duas correntes se posicionam, diametralmente opostas. A primeira diz que o vendedor não é beneficiado, porque não há nenhuma alteração na norma penal em branco.

Esta corrente é defendida, entre nós, por Nelson Hungria e José Frederico Marques. Nesse sentido, há decisões até da suprema corte nacional. A posição dessa corrente é a seguinte: alterada a norma completiva, o réu, por violação a normas anteriores, continua tão responsável quanto antes, ainda que a nova portaria possa beneficiá-lo, por ser-lhe mais favorável.

Frederico Marques não admite que haja retroatividade da norma completiva, quando se tratar de tabelamento administrativo. No seu entender, seria o mesmo que admitir retroatividade da uma norma técnica de trânsito, quando, por exemplo, fixa o tráfego à direita de uma avenida e a contramão à esquerda. Um motorista que circular na contramão deverá ser processado. Nesse ínterim, a autoridade de trânsito, por conveniência do tráfego, altera aquela mão de direção. A resposta que ele dá ao problema é negativa, o agente não será beneficiado pela nova portaria.

A outra corrente afirma que, sendo revogada ou modificada a norma integradora, o fato abstrato é abolido ou alterado, devendo o réu ser beneficiado pelo princípio da retroatividade benéfica. A norma integradora ajuda a completar a figura do delito descrito na norma penal e, em razão disso, a norma completiva está sujeita, como qualquer outra, às regras do direito penal intertemporal.

Na verdade, a norma completiva adere, se funde, se integra no preceito primário da norma penal em branco, não sendo um corpo solto no interior da norma penal em branco, e passa a formar, com a mesma norma penal em branco, uma só coisa.

Ora, toda disposição de lei ou ato de autoridade, enquanto se integra na norma penal em branco, assume o caráter de lei penal, para qualquer consequência de direito, e é tão lei penal, como qualquer outra. Se a norma completiva contém o tipo penal ou um fragmento do crime, passa a constituir o preceito primário da norma em branco. O preceito primário contém a ordem, o comando da lei. O entendimento dessa corrente é o de que toda a modificação da norma integradora é modificadora, também, da norma em branco.

Os da primeira corrente dizem que não há e nem pode haver retroatividade nesses casos, mas são forçados a admiti-la em certas situações, como é caso, por exemplo, de uma norma penal em branco definindo um crime, incluir na definição o elemento menoridade.

Esse branco da menoridade só pode ser preenchido por uma norma civil, o Código Civil, que estabeleça a maioridade aos 21 anos de idade. Mas, e se a lei modificar esse padrão e definir que a maioridade plena se dará aos 18 anos? Recentemente, através da Lei nº 10.406, de 10 de janeiro de 2002, que instituiu o novo Código Civil, a maioridade civil foi reduzida para dezoito anos de idade.[136] Quer dizer que hoje, a maioridade não é mais aos 21 anos como estabelecia o Código Civil de 1916. Como ficará, agora, a situação prevista no artigo 65 do Código Penal que prevê atenuação de pena sempre que o agente, menor de 21 vinte e um), na data do fato, ou maior de 70 (setenta) anos, na data da sentença?[137]

E como deverá se comportar o juiz, quando for alegada a prescrição de um réu menor de 21 anos, ou maior de 70, na ocasião da sentença, se o artigo 115 do Código Penal diz que deverão ser reduzidos de metade os prazos de prescrição quando o criminoso era, ao tempo do crime, menor de 21, ou, na data da sentença, maior de 70 anos?[138] Muitas são as citações, no Código Penal, que falam em réu menor de 21 anos.

E não é só no Código Penal que se encontram descompassos entre a nova lei civil e a penal. Na própria lei processual se veem descompassos, como quando estabelece que a nulidade se dará por falta de nomeação de curador ao menor de 21 anos.[139]

A matéria é nova, eis que o novo Código Civil está vigendo desde 11 de janeiro de 2002 (Lei Federal nº 10.406). As reflexões acerca dos efeitos dessa nova lei civil ainda estão muito embrionárias, carecendo de maiores análises, tanto da doutrina, quanto da jurisprudência.

Mas por certo que não há mais razão para que a lei penal continue falando em 21 anos, quando se refere à plena maioridade penal. A solução não pode ser dada pela analogia, técnica repudiada pela própria Constituição Federal. Não pode o juiz revogar, simplesmente, os dispositivos relativos à menoridade penal, porque não tem poderes legiferantes.

O Congresso Nacional deve promulgar, imediatamente, uma lei que termine com esse descompasso entre o Código Penal e o Código Civil. A lei processual teria, então, vigência imediata conforme autoriza o art. 2º do Código de Processo Penal.[140]

Já a nova lei penal, sendo *lex gravior*, não retroage, somente alcançando as infrações penais praticadas posteriormente à sua vigência.

Afora a questão recente e convidativa ao debate, criada pela vigência de uma nova lei civil, volta-se ao estudo da busca de soluções para o problema que, sem dúvida é controvertido, polêmico e complexo.

A pesquisa científica acabou encontrando um novo caminho, ao estabelecer o seguinte critério: dá-se a retroatividade benéfica sempre que a norma integradora é estável, permanente e destinada a longa duração, não havendo, e nem podendo haver retroatividade, quando a norma integradora é transitória, instável, de caráter excepcional ou temporária.

---

[136] CÓDIGO CIVIL, art. 5º. A menoridade cessa aos dezoito anos completos, quando a pessoa fica habilitada à prática de todos os atos da vida civil.

[137] CÓDIGO PENAL, art. 65. São circunstâncias que sempre atenuam a pena: I – ser o agente menor de 21 (vinte e um), na data do fato, ou maior de 70 (setenta) anos, na data da sentença;

[138] CÓDIGO PENAL, art. 115. São reduzidos de metade os prazos de prescrição quando o criminoso era, ao tempo do crime, menor de 21 (vinte e um) anos, ou, na data da sentença, maior de 70 (setenta) anos.

[139] CÓDIGO PENAL, art. 564. A nulidade ocorrerá nos seguintes casos: (...) III – por falta das fórmulas ou dos termos seguintes: (...) c) a nomeação de defensor ao réu presente, que o não tiver, ou ao ausente, e de curador ao menor de 21 (vinte e um) anos;

[140] CÓDIGO DE PROCESSO PENAL, art. 2º. A lei processual penal aplicar-se-á desde logo, sem prejuízo da validade dos atos realizados sob a vigência da lei anterior.

É preciso verificar, então, toda vez que surge um problema desses, se a norma complemantar é uma norma comum, estável, permanente ou se ao contrário, é uma norma excepcional, temporária ou de caráter transitório.

A solução será sempre de acordo com a natureza da norma. E, segundo esta maneira de interpretar, se alguém comete um crime de trânsito, com agravante especial de dirigir sem carteira de habilitação, seria beneficiado se houvesse a hipótese de o código de trânsito vir a suprimir a obrigação de dirigir usando-se a tal documento.

Assim, nesse caso, a agravante cairia, continuando o agente a ser processado por crime de trânsito, mas a pena correspondente à agravante (estar dirigindo sem a carteira) sucumbiria e o juiz não poderia incluí-la na sentença, simplesmente porque o Código Nacional de Trânsito resolveu eliminar a exigência de dirigir com carteira de habilitação. Desta maneira, a nova norma teria efeito retroativo, porque as disposições no Código Nacional de Trânsito são estáveis, permanentes, destinadas a longa vigência.

Entretanto, se a agravante especial resultar de normas baixadas por uma autoridade de trânsito, como a que determina a mão da direção ou a velocidade em uma avenida, a alteração posterior dessas normas não significa retroatividade, ainda que possam ser mais benéficas. Isto porque essas normas, por sua própria natureza, são editadas para terem curta duração. Assim, também ocorre com as tabelas de preço, as tarifas alfandegárias, portarias sobre a mão da direção das ruas, portarias sobre velocidade máxima, etc.

Essas normas completivas, se revogadas ou modificadas, não favorecem àqueles que estão acusados ou condenados por as violarem.

Finalmente, a lei penal em branco é um instituto polêmico quando diz respeito à sua capacidade de retroagir. É questão ainda em aberto, uma vez que o objetivo dessa retroação é buscar os elementos que possam beneficiar o réu, quer dizer, retroagindo, ela iria permitir à norma principal descriminalizar um ato até então típico. Assim, para uns, tal hipótese aventada é impossível, para outros é uma consequência do caráter moderno do direito penal, isto é, hoje, o direito penal não deve ser visto apenas a partir do caráter da sanção, já que, desde Beccaria, se busca humanizar essa disciplina particular do direito.

9. Concurso aparente de normas

Em todo ordenamento jurídico, seja penal, seja civil, ou de qualquer outro ramo do direito, as normas podem ser coexistentes, vigindo paralelamente, no tempo e no espaço, pois o ordenamento jurídico deve ser de uma unidade lógica e coerente. Assim sendo, deve haver, sempre, uma harmonia normativa, onde as normas de um mesmo sistema não disputam, não conflitam entre si, ainda que possam incidir sobre um mesmo fato humano.

Embora possa parecer o contrário, o certo é que a conduta humana em relação a um fato somente pode ser atingida por uma única norma penal, pois que duas normas penais não podem regular uma mesma conduta.

Ocorre que, diante de certas situações concretas, cria-se no espírito do intérprete, a impressão de que duas ou mais normas são aplicáveis, ao mesmo tempo e ao mesmo fato. O homicídio e o infanticídio têm como mesmo núcleo o verbo matar. No primeiro, o verbo é extensivo a todos, pois estarão sujeitos às penas do art. 121 do Código Penal todos aqueles que matarem alguém.

Aqui o verbo apresenta em sua conjugação infinitiva, um sentido lato, não requerendo nenhuma especificidade para aquele que venha a agir ou a sofrer a ação delituosa. Mas o mesmo verbo matar, ao ser aplicado ao crime de infanticídio, traz uma qualidade que define o agente e a vítima, constituindo-se num crime altamente privilegiado, pois não se está mais a falar de um verbo no sentido lato. No infanticídio, ao contrário do que ocorre no homicídio, o mesmo verbo matar deve ser entendido em sua forma estrita: a mãe que mata o próprio filho, sob a influência do estado puerperal, durante ou logo após o parto.[141] A dificuldade que se apresenta então, é a caracterização do "logo após", pois o lapso temporal é a condição *sine qua non* da existência do tipo. Da mesma forma, o estado puerperal até hoje não foi definido perfeitamente pela medicina legal.[142]

Pode parecer, à primeira vista, que incidem nesse fato duas normas penais, a do homicídio (artigo 121) e a do infanticídio (artigo 123). Mas isto não ocorre, porque somente a mãe quando mata o seu próprio filho pratica o crime de infanticídio, e quem mata alguém pratica o de homicídio.[143]

Como ninguém pode ser punido duas vezes pelo mesmo delito, a mãe, ainda que exercite, plenamente, o ato de matar, responde apenas pelo delito de infanticídio. Em consequência disso, só pode ser aplicada uma das normas, e a outra se exclui. No exemplo dado, a mãe deve ser punida por infanticídio, afastando-se a norma do homicídio.[144]

---

[141] RECURSO EM SENTIDO ESTRITO – PRONÚNCIA NO CRIME DO ART. 123 DO CP – POSSIBILIDADE – ESTADO PUERPERAL – COMPROVAÇÃO – DISPENSABILIDADE DO LAUDO PERICIAL – Em tema de infanticídio é dispensável a perícia médica para constatação do estado puerperal, visto que este é efeito normal e corriqueiro de qualquer parto. (TJMG – RSE 000.242.953-8/00 – 2ª C.Crim. – Rel. Des. Herculano Rodrigues – J. 20.09.2001)

[142] APELAÇÃO CRIMINAL. HOMICÍDIO CULPOSO. NEGLIGÊNCIA MÉDICA. NÃO CARACTERIZAÇÃO. A destruição da vida intra-uterina antes do início do parto caracteriza a hipótese de aborto, cuja punição a título de culpa não é prevista pelo Código Penal Brasileiro. Contudo, se a morte ocorreu depois de iniciado o parto, a hipótese é de homicídio, caso não tenha sido praticado pela mãe sob influência do estado puerperal. O início do parto é marcado pelo período de dilatação do colo do útero, consoante a doutrina penal. Eventual erro na escolha do procedimento médico, desde que honesto, não caracteriza conduta negligente. Absolvição decretada. (TJ-MG; ACr 1.0134.99.012239-9/001; Caratinga; Quinta Câmara Criminal; Rel. Des. Alexandre Victor de Carvalho; Julg. 12/12/2006; DJMG 30/01/2007)

[143] EMBARGOS INFRINGENTES. HOMICÍDIO QUALIFICADO. DESCLASSIFICAÇÃO DA IMPUTAÇÃO FEITA PARA PRONUNCIAR A EMBARGANTE NAS DISPOSIÇÕES DO ART. 123 DO CÓDIGO PENAL. ADMISSIBILIDADE. EMBARGOS ACOLHIDOS. Deve-se desclassificar a imputação feita pela prática de homicídio, para o crime de infanticídio, pelo fato da agente ter praticado o crime logo após o parto e sob a influência do estado puerperal. (TJ-MG; EI 1.0120.03.900021-7/002; Candeias; Terceira Câmara Criminal; Rel. Des. Paulo Cézar Dias; Julg. 17/05/2005; DJMG 02/08/2005)

[144] RECURSO EM SENTIDO ESTRITO. NÃO RECEBIMENTO DA DENÚNCIA. RECURSO MINISTERIAL. PRELIMINAR. CONTRA-RAZÕES. CONHECIMENTO. MÉRITO. FETO. MORTE. ERRO MÉDICO. HOMICÍDIO CULPOSO. RECURSO PROVIDO. I. Embora o juiz tenha rejeitado a denúncia por atipicidade do fato e, assim, não se tenha formado a relação processual, deve ser oportunizado aos acusados o oferecimento de contra-razões ao recurso ministerial em homenagem aos princípios do contraditório, da ampla defesa e da busca da verdade real. II – A legislação penal pátria alberga a vida humana desde a sua concepção. Todavia, a sua lesão pode tipificar crimes diversos a depender da fase em que aquela se deu. Na etapa inicial, ou seja, da concepção até o início do parto, a interrupção da gravidez com a morte do embrião qualifica o aborto. Se o óbito do feto ocorrer durante o parto ou logo após, pode-se configurar ou o infanticídio, se a morte é causada pela própria mãe sob influência do estado puerperal, não se descartando aqui a possibilidade de concurso de agentes, ou então, o homicídio, se ausentes as elementares do infanticídio. Sendo este o caso dos autos, impõe-se o provimento do recurso para que seja recebida a denúncia. (TJ-DF; RSE 20010110539405; Ac. 148281; DF; Primeira Turma Criminal; Rel. Des. Natanael Caetano; Julg. 21/11/2001; DJU 20/02/2002; Pág. 114)

A esse fenômeno jurídico de que parece que duas ou mais normas incidem sobre o mesmo fato dá-se o nome de concurso aparente de normas, corolário do princípio do *non bis in eadem*.

E para se saber qual a norma que de fato incide sobre determinado fato, há que se observar três regras: *a da especialidade, a da consunção e a da subsidiariedade*.

10. Princípio da especialidade

Na hierarquia das normas, há que se entender que, algumas delas têm o caráter geral, qual seja, o de regular a matéria penal, a todos indistintamente. De outro lado, existem leis que tratam da matéria, de forma específica e restrita. Para evitar que duas regras penais concorram ou se choquem entre si, surge o *princípio da especialidade*, cuja regra é: a *norma especial* derroga a *norma geral*.

Se concorrerem duas normas, disputando a aplicação da pena sobre um mesmo fato criminoso, a norma especial afasta a geral, sobrepondo-se a esta.

Norma especial é aquela que dá ao crime uma configuração mais particular, mais específica, outorgando-lhe um atributo, uma qualidade ou uma condição inexistente no tipo penal.

A norma penal incriminadora é uma norma especial quando apresenta, em sua definição legal, todos os elementos essenciais típicos da norma geral, além de outros, entendidos como de natureza objetiva ou subjetiva. São estes denominados de especializantes, apresentando severidade maior ou menor. A norma especial derroga a geral, como diz o brocardo latino *lex specialis derogat generali; semper specialia generalibus insunt; generi per speciem derogantur*.

A norma especial e a norma geral podem parecer incidir sobre o mesmo delito, o que não é verdade, pois que a norma especial apenas apresenta ao crime (norma geral) uma ou mais qualidades, que podem agravar ou atenuar o delito.[145]

Usa-se aqui, mais uma vez, o exemplo do art. 121 do Código Penal: "matar alguém" é a regra geral do crime de homicídio. Matar alguém por motivo fútil, à traição, de emboscada, ou ainda, mediante asfixia ou uso de arma de fogo, é uma adjetivação qualificadora da lei especial. E, como qualificadora, o delito tem pena agravada.

De outro lado, sempre que o homicídio for praticado por motivo de relevante valor social ou moral ou, ainda, sob o domínio de violenta emoção logo em seguida à injusta provocação da vítima, a adjetivação do tipo penal passa a ser caso de dimi-

---

[145] *HABEAS CORPUS* QUE OBJETIVA O TRANCAMENTO DA AÇÃO PENAL. INAPLICABILIDADE DA LEI Nº 8.176/91 EM RAZÃO DO ADVENTO DA LEI Nº 9.605/98. ORDEM CONCEDIDA. O PACIENTE FOI DENUNCIADO POR INFRAÇÃO AO ARTIGO 2º DA LEI Nº 8.176/91, C.C. O ARTIGO 55 DA LEI Nº 9.605/98, EM CONCURSO FORMAL E CONTINUIDADE DELITIVA. É prevalente o artigo 55 da Lei nº 9.605/98, com aplicação do princípio latino de que a Lei Especial derroga a geral. A sanção prevista nesse dispositivo enseja a utilização do procedimento relativo às infrações de menor potencial ofensivo da Lei nº 9099/95, que prevê composição de danos, proposta ministerial de imposição de pena restritiva de direitos ou multas ou o rito sumaríssimo dos artigos 77 a 83. – Grave violação de direitos dos pacientes foi praticada e o trancamento é de rigor, para que se obedeça à fase preliminar e, eventualmente, ao procedimento que prevêem os artigos 69 a 83 da Lei nº 9.099/95. – Ordem concedida, a fim de que o processo nº 98.0400627-8 seja trancado e o MM. Juízo impetrado observe o rito dos artigos 72, 74, 76 e 77 até 83 da Lei nº 9.099/95. (TRF 03ª R.; HC 12546; Proc. 200203000064069; SP; Quinta Turma; Rel. Juiz Andre Nabarrete; Julg. 30/04/2002; DJU 28/05/2002; Pág. 361)

nuição de pena, pois o juiz, examinando tais circunstâncias que privilegiam o delito, pode reduzir a pena de um sexto a um terço.[146]

Aplicando-se a regra da especialidade, temos a seguinte solução: a regra especial afasta a geral; logo, a regra sobre o homicídio simples é afastada pela regra sobre o homicídio qualificado, pois que é norma especial. Na norma geral, a punição é de reclusão de seis a 20 anos. Na norma especial, a pena é de reclusão de 12 a 30 anos.

Por outro lado, às vezes, a norma especial comina pena menos grave. Exemplo: alguém mata alguém por motivo de relevante valor social ou moral ou por motivo piedoso (eutanásia), que é um crime como qualquer outro, mas, em se tratando de motivo nobre, o legislador privilegia a espécie e reduz a pena de um sexto a um terço.

O mesmo se dá, por exemplo, o furto qualificado (artigo 155, § 4º), exclui o furto simples; a lesão corporal grave (art. 129, § 1º) afasta a lesão corporal leve (art. 129).

O princípio da especialidade pressupõe entre os fatos criminosos uma relação de gênero e espécie, ou seja, é necessário que o crime especial esteja contido no tipo geral de onde deriva. Para que se possa aplicar o critério da especialidade, é indispensável que um crime seja aparentado de outro; é indispensável que um crime seja espécie de outro, que é gênero.

Vejamos o exemplo do estupro seguido de morte. O agente violenta sexualmente a vítima e, em consequência desta violência, ela vem a falecer. O crime praticado, no caso, não é o de homicídio, porque a vontade do autor estava voltada, finalisticamente, para o estupro. Trata-se de um crime chamado além da intenção, previsto na legislação penal como forma qualificada de estupro.

Trata o exemplo dado de um crime complexo, pois que dentro da figura típica do estupro há dois outros crimes que perderam a autonomia para formarem um novo tipo penal.

No estupro, vê-se primeiramente a violência carnal, que é uma espécie de crime sexual, elencado no capítulo dos crimes contra os costumes.[147] Depois, há o crime de violência à pessoa, constrangimento ilegal, já que o estuprador, para obter a posse ile-

---

[146] COMPETÊNCIA. *HABEAS CORPUS*. ATO DE TRIBUNAL DE JUSTIÇA. NA DICÇÃO DA ILUSTRADA MAIORIA (SEIS VOTOS A FAVOR E CINCO CONTRA), EM RELAÇÃO À QUAL GUARDO RESERVAS, COMPETE AO SUPREMO TRIBUNAL FEDERAL JULGAR TODO E QUALQUER HABEAS-CORPUS IMPETRADO CONTRA ATO DE TRIBUNAL TENHA ESSE, OU NÃO, QUALIFICAÇÃO DE SUPERIOR. JÚRI. QUESITAÇÃO. NULIDADE. NATUREZA. É absoluta a nulidade do julgamento pelo Júri por falta de quesito obrigatório" (verbete de nº 156 da Súmula do Supremo Tribunal Federal). "Quesito obrigatório é o que compromete a defesa do réu e o julgamento pelo Júri, impedindo que se lhe afira o exato alcance e compreensão" (Hábeas-Corpus nº 62.369/RJ, relatado pelo Ministro Oscar Corrêa – Primeira Turma, cujo acórdão foi publicado na Revista Trimestral de Jurisprudência nº 112/1.085). Mostra-se absoluta a nulidade decorrente da junção indevida de matérias, bem como a resultante da falta de quesito inerente a tese implementada pela defesa, não havendo de falar-se em preclusão pelo silêncio da defesa na oportunidade do julgamento. QUESITOS – HOMICÍDIO PRIVILEGIADO. Considerado o teor do § 1º do artigo 121 do Código Penal – "se o agente comete o crime impelido por motivo de relevante valor social ou moral, ou sob o domínio de violenta emoção, logo em seguida a injusta provocação da vítima, o juiz pode reduzir a pena de um sexto a um terço" – empolgada a tese linear do homicídio privilegiado, sem especificar- se e limitar-se a justificativa, cumpre formular três quesitos, tendo em vista cada uma das hipóteses configuradoras do citado homicídio. Exsurge insubsistente a junção, em um único, dos ligados ao relevante valor social e ao moral, cuja ocorrência, de qualquer deles, não está jungida à parte final do preceito, ou seja, ao fator tempo – "logo em seguida a injusta provocação da vítima" – porque próprio e exclusivo à prática "sob o domínio de violenta emoção (...)". QUESITO – HOMICÍDIO PRIVILEGIADO – VIOLENTA EMOÇÃO. Por falta de quesito obrigatório e, portanto, diante de nulidade absoluta, não há de prosperar veredicto condenatório. Isso ocorre quando ausente a feitura do pertinente à prática do ato"... sob o domínio de violenta emoção, logo em seguida a injusta provocação da vítima". (Supremo Tribunal Federal STF; HC 73163; MG; Segunda Turma; Rel. Min. Marco Aurélio; Julg. 27/02/1996; DJU 08/10/1999; p. 00039)

[147] CÓDIGO PENAL, art. 213. Constranger mulher à conjunção carnal, mediante violência ou grave ameaça.

gal da mulher, precisa constrangê-la, mediante violência física. Ora, quem constrange alguém a fazer o que a lei não manda, pratica o crime de constrangimento ilegal.[148] Os dois crimes que foram subsumidos em outra figura típica, o estupro qualificado.[149]

O mesmo caso se dá como o tipo penal "latrocínio". O roubo, tipo penal previsto no art. 157 do Código Penal, quando a ação do agente resultar em morte, não implica a prática de homicídio porque, sempre que da violência ao patrimônio resultar a morte, o crime passa a ser outro, o de latrocínio, merecendo a pena das mais altas: de 20 a 30 anos.[150]

11. Princípio da consunção

Como já vimos, não existe conflito de normas, porque a norma é uma só. O que existe é um aparente conflito. Essa aparência de conflito se dá sempre que duas ou mais normas aparentemente são aplicáveis ao mesmo fato.

Isso se dá quando aparece um dos quatro princípios essenciais à hipótese: especialidade, subsidiariedade, consunção e alternatividade do concurso aparente: a) unidade de fato (há somente uma infração penal); b) pluralidade de normas (duas ou mais normas pretendendo regular o único fato); c) aparente aplicação ou incidência de todas normas ao caso concreto; d) efetiva aplicação de apenas uma única norma ao caso *sub judice*.

Havendo a constatação do conflito aparente de normas, aplica-se um dos quatro princípios solucionadores de tal conflito, afastando-se as normas não incidentes, indicando somente a aplicável ao caso concreto.

Pelo princípio da consunção (*lex consumens derogat consumptae*), um fato mais amplo e mais grave absorve o menos amplo, menos grave, pois que fase normal de preparação (*antefactum não punível*), ou execução (crime progressivo ou crime complexo ou progressão criminosa), ou ainda, mero exaurimento (*postfactum não punível*).

Três são as espécies de consunção. A primeira se verifica *no crime progressivo*, ou seja, naquele onde o agente, objetivando produzir um resultado mais grave, o pratica por meio de atos sucessivos, representados por crescentes violações ao bem juridicamente tutelados. Há, no caso, sempre, uma unidade de desígnios e diversos atos que permanecem existindo. Nestes casos, o último ato, causador do resultado inicialmente pretendido, absorve os demais. "A", pretendendo matar "B", arma-se de uma bengala e, ao encontrá-lo, desfere nele várias bengaladas, chegando a matá-lo.

---

[148] CÓDIGO PENAL, art. 146. Constranger alguém, mediante violência ou grave ameaça, ou depois de lhe haver reduzido, por qualquer outro meio, a capacidade de resistência, a não fazer o que a lei permite, ou a fazer o que ela não manda.

[149] CÓDIGO PENAL, art. 223. Se da violência resulta lesão corporal de natureza grave: Pena – reclusão, de 8 (oito) a 12 (doze) anos.

[150] CÓDIGO PENAL, art. 157. Subtrair coisa móvel alheia, para si ou para outrem, mediante grave ameaça ou violência a pessoa, ou depois de havê-la, por qualquer meio, reduzido à impossibilidade de resistência: Pena – reclusão, de 4 (quatro) a 10 (dez) anos, e multa. (...) § 3º. "Se da violência resulta lesão corporal grave, a pena é de reclusão, de 7 (sete) a 15 (quinze) anos, além de multa; se resulta morte, a reclusão é de 20 (vinte) a 30 (trinta) anos, sem prejuízo da multa.

Houve, no caso, vários atos, praticados de forma progressiva, até se chegar ao último, com o resultado letal.

Há vários atos progressivamente mais graves e uma só conduta, um só crime. O último golpe, o letal, absorve os anteriores, respondendo o agente por homicídio consumado.

Portanto, para a caracterização do crime progressivo, é necessário o concurso de unidade de desígnio (unidade do elemento subjetivo), a unidade de fato (existe um só crime, dirigido por uma só vontade), pluralidade de atos e progressividade na lesão ao bem jurídico. O agente para atingir o seu fim, comete o crime de lesões corporais (fato não punível), até atingir o resultado morte (crime fim, punível).[151]

No crime complexo, que resulta da fusão de dois ou mais crimes autônomos, em tais crimes agem como elementares ou circunstâncias do tipo complexo, que absorve os fatos autônomos que o integram. Cabe, aqui, o exemplo já citado anteriormente do delito de latrocínio, em relação ao de roubo e o tipo homicídio. São fatos que compõem o crime complexo, sendo absorvidos pelo novo crime, resultante da fusão. O autor somente responde pelo delito de latrocínio.

Na chamada *progressão criminosa* vão se encontrar três outras espécies derivadas, chamadas subespécies:

a) *em sentido estrito*, quando o agente deseja produzir um resultado e ao consegui-lo, decide prosseguir e iniciar nova agressão, produzindo um resultado mais grave, que absorve o menos grave desejado. "A" deseja ferir o desafeto "B". Ao encontrá-lo aplica-lhe bengaladas e depois, enfurecido, muda de ideia, e segue na sua ação, matando-o.

Diferentemente do crime progressivo, onde há um único desígnio, autônomo, na progressão criminosa, houve pluralidade de desejos. Inicialmente, a vontade estava dirigida à lesão corporal, intenção esta que depois foi alterada, dirigindo-se, finalisticamente, ao resultado morte. Num, há unidade de desígnio, no outro pluralidade de vontade.

Os fatos anteriores ficam absorvidos pelo posterior, portanto, para a caracterização da progressão criminosa é necessário o concurso de *pluralidade de desígnios*: duas ou mais vontades, pois que, inicialmente, o autor desejou praticar um crime e, ao cometê-lo, resolveu seguir em sua ação até praticar outro, de maior gravidade. *Pluralidade de fatos*: existe mais de um crime, comandado por mais de uma vontade, o que difere do crime progressivo, onde há um único fato delituoso composto de diversos atos); e, *progressividade na lesão ao bem jurídico*.

b) *fato posterior não punível* (*postfactum não punível*): Quando após realizada a conduta, o agente pratica novo ataque contra o mesmo bem jurídico, visando apenas a extrair proveito da prática anterior. O fato posterior é tido com mero exaurimento. Assim, o agente furta um rádio e, após, vende-o. A venda do rádio é um novo ataque

---

[151] CONFLITO DE COMPETÊNCIA – CRIMES PERPETRADOS EM COMARCAS DIVERSAS – DELITOS DE FALSIDADE IDEOLÓGICA E USO DE DOCUMENTO FALSO – CRIMES MEIO – ESTELIONATO – CRIME FIM – PRINCÍPIO DA CONSUNÇÃO – O cometimento dos delitos de falsidade ideológica e uso de documento falso, consubstanciados na obtenção e utilização de procurações junto à Cartórios de Ofícios, configuram ato preparatório para a execução do crime-fim de estelionato, configurado na venda fraudulenta efetuada através de escritura de compra e venda lavrada na cidade de Campinas/SP. Desse modo, sendo o estelionato crime material, que exige resultado para a sua consumação, competente é o Juízo suscitado, haja vista que a vantagem ilícita se deu quando da venda do bem. Conflito conhecido para declarar competente o Juízo de Direito da 2ª Vara Criminal de Campinas. (STJ – CC 35206 – MG – 3ª S. – Rel. Min. Paulo Medina – DJU 23.06.2003, p. 237)

ao mesmo bem juridicamente tutelado, onde o agente tem novo objetivo, qual seja, vantagem econômica.

c) *fato anterior não punível* (*antefactum não punível*): Quando um fato anterior, menos grave, for praticado como meio necessário (*iter criminis*) para a realização de um outro crime, mais grave, ficando por este absorvido. O fato mais grave absorve o menos grave.

Um cidadão, sem porte de arma, faz disparos em via pública. O disparo de arma de fogo em via pública absorve o delito de porte ilegal, restando este sem a sua autonomia.[152] De outro lado, se alguém mata outrem, usando uma arma a que não está autorizado, o fato mais grave, o homicídio, absorve o porte ilegal da arma. Até porque o porte ilegal de arma representa meio necessário para a consumação do crime de homicídio que, por ser mais amplo, o absorve.[153]

Há que se trazer à baila a exceção criada pela Súmula nº 17 do Superior Tribunal de Justiça que diz: "quando o falso se exaure no estelionato, sem mais potencialidade lesiva, é por este absorvido".[154]

A consunção é característica do crime progressivo, que muitos gostam de chamar de "crime de escalada", porque o criminoso passa de um para outro crime, de um crime menos grave para um crime mais grave, tendo desde o início a vontade de praticar o crime mais grave.

12. O Princípio da subsidiariedade

Pelo princípio da subsidiariedade (*lex primaria derogat subsidiariae*), a norma subsidiária é aquela que descreve em grau menor de violação um mesmo bem

---

[152] APELAÇÃO-CRIME – DISPARO DE ARMA EM VIA PÚBLICA – 1. Autoria e materialidade. Autoria induvidosa, vem ela admitida pelo próprio apelante, bem como informada pelas demais provas dos autos. 2. Legítima defesa. Testemunho verossímil a indicar que o havido foi aceitação de desafio e forte em afastar a pretendida causa excludente. 3. Desclassificação para o delito do art. 132 do CP. Com o advento da Lei nº 9.437/97, o art. 132 passou a ser subsidiário em relação ao disparo de arma, posto que este possui maior apenamento. 4. Perdão judicial. A par de não estar o delito elencado nas hipóteses de concessão do benefício, os motivos suscitados não possuem maior relevo. Ademais, da conduta praticada pelo apelante poderiam advir graves conseqüências, não merecendo, pois, qualquer beneplácito por parte da Justiça. A unanimidade, negaram provimento ao apelo. (TJRS – ACR 70003543360 – 8ª C.Crim. – Rel. Des. Roque Miguel Fank – J. 06.03.2002)

[153] APELAÇÃO CRIMINAL – CONDENAÇÃO POR PORTE ILEGAL DE ARMA E LESÃO CORPORAL – ABSORÇÃO – APLICAÇÃO DO PRINCÍPIO DA CONSUNÇÃO – PRIMEIRO CRIME É MEIO NECESSÁRIO PARA A EXECUÇÃO DO SEGUNDO – PROVIDO – Aplica-se o princípio da consunção quando o porte ilegal de arma constituiu conduta menos grave que precedeu ao crime de lesão corporal conduta mais grave, como meio necessário para a execução deste. (TJMS – ACr 2002.001626-9/0000-00 – 2ª T.Crim. – Rel. Des. Luiz Carlos Santini – J. 22.05.2002)

[154] PENAL – PROCESSUAL PENAL – ESTELIONATO – FALSIDADE IDEOLÓGICA – USO DE DOCUMENTO FALSO – ABSORÇÃO – INTELIGÊNCIA DA SÚMULA 17 DO STJ – ESTELIONATO – DECRETO CONDENATÓRIO – AGENTE QUE TINHA CIÊNCIA DA ILEGALIDADE DA OPERAÇÃO – Os crimes de falsidade ideológica e uso de documento falso são absorvidos pelo delito de estelionato, previsto no art. 171 do CP, quando a falsificação e o uso se exaurem por completo no próprio estelionato, vale dizer, é feito como meio para a consecução de um crime, sem mais qualquer potencialidade lesiva, por analogia ao enunciado da Súmula 17 do STJ, que dispõe sobre a absorção do crime de falsidade documental. Impõe-se a condenação de agente que participou de crime de estelionato, ainda que na condição de empregado daquele que engendrava as operações fraudulentas, pois a par de ser a responsabilidade criminal de cunho individual, tinha ciência de que realizava ação ilegal, em prejuízo de terceiros, com o fito de obter vantagem ilícita, emprestando, inclusive, talonário de cheques de sua própria titularidade para a finalidade escusa. (TJMG – ACr 000.238.878-3/00 – 2ª C.Crim. – Rel. Des. Reynaldo Ximenes Carneiro – J. 21.02.2002)

jurídico, ficando, portanto, absorvida pela norma primária (fato mais amplo e mais grave).

Ocorre a subsidiariedade quando um fato definido numa norma como crime autônomo e independente aparece num outro crime como fato componente.

Às vezes um fato é previsto como crime autônomo. Este mesmo fato pode aparecer em outra norma, como simples componente de outro crime ou como circunstância especial de agravação da pena daquele.

Há até uma corrente que diz que o princípio da consunção não tem razão de ser porque, na subsidiariedade, e na especialidade, há sempre a consunção. Em qualquer das hipóteses, um é consumido pelo outro.

Assim, o crime de ameaça está incluído no tipo do delito de constrangimento ilegal. O art. 146 diz: "Constranger alguém, mediante violência ou grave ameaça, ou depois de lhe haver reduzido, por qualquer outro meio, a capacidade de resistência, a não fazer o que a lei permite, ou a fazer o que ela não manda: Pena – detenção, de três meses a um ano, ou multa". Já o art. 147 do Código Penal preceitua: "Ameaçar alguém, por palavra, escrito ou gesto, ou qualquer outro meio simbólico, de causar-lhe mal injusto e grave: Pena – detenção, de 1 (um) a 6 (seis) meses, ou multa".

A norma que rege o crime de constrangimento ilegal (art. 146) é primária, ou principal, enquanto que a norma do crime de ameaça (art. 147) é subsidiária ou residual.

Para melhor compreensão, voltemos à outra hipótese: ninguém pode estuprar uma mulher, sem primeiro constrangê-la. O constrangimento, aqui, está subsidiário ao estupro, o que faz com que se transformem os dois tipos num crime só. O estupro, então, está na forma primária, e o constrangimento aparece como forma secundária ou residual. E, quando há uma norma principal e uma norma residual, a primeira absorve a segunda. Assim, no crime de estupro, o constrangimento ilegal passou a ser elemento constitutivo do estupro e, nesse momento, foi absorvido pela norma legal que regula o estupro.

Subsidiariedade expressa ou tácita. Diz-se que a subsidiariedade é *expressa* quando a própria norma penal declara que, somente se poderá aplicá-la, quando ela puder estar contida na norma principal. Também, em nosso ordenamento jurídico, a norma subsidiária, ela própria se reconhece como um elemento para melhor complementar aquela norma tida como principal.

No Código Penal há normas que, por elas mesmas, se obrigam a incidir, se o fato não constitui um crime mais grave, segundo uma outra norma. O artigo 132, parágrafo único, do Código Penal, diz que a ação de expor da vida, ou da saúde de outrem a perigo direto e iminente, somente sofrerá punição se o fato não constituir crime mais grave.[155]

Alguém faz disparos de revólver, passando os projéteis, perto da vítima, não a atingindo.[156] Dois aspectos devem ser examinados: primeiro, se a intenção foi de

---

[155] CÓDIGO PENAL, art. 132. Expor a vida ou a saúde de outrem a perigo direto e iminente: Pena – detenção, de 3 (três) meses a 1 (um) ano, se o fato não constituir crime mais grave. (...) Parágrafo único. A pena é aumentada de um sexto a um terço se a exposição da vida ou da saúde de outrem a perigo decorre do transporte de pessoas para a prestação de serviços em estabelecimentos de qualquer natureza, em desacordo com as normas legais.

[156] *HABEAS CORPUS* (...) – 2. Crime de perigo para a vida ou a saúde de outrem. Art. 132, do Código Penal. 3. Alegada inépcia da denúncia. 4. As circunstâncias descritas na denúncia, ocorrentes na empresa que o paciente dirige, apontam para a configuração da objetividade do crime, que é de perigo concreto. Não é necessário esperar que suceda

matar, o crime será o da tentativa de homicídio. Se não houve dolo, o crime será o de perigo.[157] Provada, entretanto, a intenção de matar, e não só a de assustar, a norma do crime de perigo desaparece, porque norma subsidiária e a norma que vai vingar será somente a de tentativa de homicídio.

Outro exemplo é o caso dos abusos que possam acontecer na fundação e administração das sociedades por ação.[158] As fraudes e abusos na fundação e administração das sociedades por ações só serão punidos pelas normas do Código Penal se o fato não vier a constituir crime contra a economia popular. Neste caso, a própria norma diz que é subsidiária, isto é, ela só incidirá se o fato não vier a constituir-se em novo crime, no caso, contra a economia popular.

Quando se trata de subsidiariedade expressa sabemos quando uma norma é residual ou quando uma norma é principal. Quando é residual ela própria diz: só incidirá quando não incidir a outra (principal), que regula a matéria.

A subsidiariedade será *tácita* quando o fato que a norma descreve está contido numa outra norma, não mais como crime autônomo, mas como crime reduzido a circunstâncias qualificadoras ou a elemento integrativo desse outro crime.

Se um ladrão arrombar a porta de um carro para furtar o rádio, concorrem aí duas normas penais: a do art. 163 do Código Penal (crime de dano), e a do art. 155, § 4º, do mesmo Código (furto qualificado), cada um definindo um crime distinto. Trata-se, então, de um concurso aparente.

No caso do exemplo acima, não se pode usar o princípio da especialidade, porque o furto não é espécie do gênero dano e nem dano é espécie do gênero furto. Não se pode aplicar a consunção porque o dano não é meio necessário e passagem obrigatória ao crime de furto.

Só se poderá usar o princípio da subsidiariedade, no caso, porque o crime de dano está contido na norma do crime de furto como elemento qualitativo e que consta do Código.[159] Ora, se o dano já está qualificando o furto, não se pode aplicá-lo duas vezes. O dano em si é um crime à parte, mas nesse exemplo, ele desaparece como autônomo, para se transformar numa circunstância qualificadora do crime de furto.

---

início de acidente grave, para só, aí, ter como caracterizado o ilícito do art. 132, do CP. 5. A descrição da denúncia enseja ao paciente, ora acusado de responsabilidade criminal, por não ter adotado as providências de segurança, plenas condições de defesa, pelo exato conhecimento da natureza das acusações que lhe são feitas, por manter-se omisso, segundo a denúncia, expondo os empregados da empresa a perigo a saúde e a vida. 6. Suspensão condicional do processo. Art. 89, da Lei nº 9.099/1996. É de levar-se em conta a alegada continuidade do delito. 7. O Plenário do STF, no HC nº 77.242/SP, Rel. Min. Moreira ALVES, teve em conta não caber a suspensão temporária do processo se as causas especiais de acréscimo levam a pena máxima além de um ano. 8. *Habeas corpus* indeferido. (STF – HC 80721 – SP – 2ª T. – Rel. Min. Néri da Silveira – DJU 15.03.2002 – p. 00032)

[157] PERIGO PARA A VIDA OU SAÚDE DE OUTREM – DISPAROS CONTRA VEÍCULO COM OCUPANTES – SITUAÇÃO DE PERIGO CONFIGURADA – FALTA DE INTENÇÃO DE FERIR QUE NÃO DESCLASSIFICA A CONDUTA PARA SIMPLES CONTRAVENÇÃO PENAL (DISPARO DE ARMA DE FOGO – ART. 28 DO DEC.-LEI 3.688/41) – INTELIGÊNCIA DO ART. 132 DO CP – Caracteriza o crime do art. 132 do CP (perigo para a vida ou saúde de outrem), e não simples contravenção penal, o efetuar disparos contra veículo com ocupantes, ainda que inexistente intenção de ferir, pois não se pode falar em ausência de perigo, por mais que se confie na pontaria do atirador. (TACRIMSP – Ap. 621.953-6 – 11ª C. – Rel. Juiz Sidnei Beneti – J. 04.02.1991) (RT 669/322).

[158] CÓDIGO PENAL, art. 177. Promover a fundação de sociedade por ações, fazendo, em prospecto ou em comunicação ao público ou à assembléia, afirmação falsa sobre a constituição da sociedade, ou ocultando fraudulentamente fato a ela relativo: Pena – reclusão, de 1 (um) a 4 (quatro) anos, e multa, se o fato não constitui crime contra a economia popular. (...) § 1º. Incorrem na mesma pena, se o fato não constitui crime contra a economia popular:

[159] CÓDIGO PENAL, art. 155. Subtrair, para si ou para outrem, coisa alheia móvel: Pena – reclusão, de 1 (um) a 4 (quatro) anos, e multa. (...) § 4º. A pena é de reclusão de 2 (dois) a 8 (oito) anos, e multa, se o crime é cometido: I – com destruição ou rompimento de obstáculo à subtração da coisa;

Por fim, podemos dizer que o princípio da subsidiariedade a ser empregado para solucionar eventual conflito aparente de normas exige, como condição obrigatória e indispensável, que a norma primária e secundária descrevam um grau maior e menor de violação, de um mesmo bem jurídico protegido.

13. Do princípio da alternatividade

Este princípio da alternatividade afirma que a aplicação de uma norma exclui a aplicação de outra pelo cometimento do mesmo fato delituoso.

Quer dizer, o delito de latrocínio não poderá ser ao mesmo tempo, delito de roubo de homicídio, uma vez que as condições da aplicação do tipo de roubo, afastam a presença das outras normas legais.

Para alguns, poderia estar criada a oportunidade para o surgimento de algum conflito, entre as normas, mas esta é uma falsa questão. O fato concreto, o roubo, praticado por um agente, é assenhoreado por apenas uma das figuras típicas.

Não há que se falar, quando da eficiência desse princípio, de um conflito aparente, pois não ocorre um dos requisitos básicos para a ocorrência desse instituto, qual seja, o da subsunção do fato a mais de uma norma.

Este princípio, também, tem sido utilizado para solucionar os conflitos internos da norma penal, quando esta prevê várias condutas como forma de realização do mesmo crime. É o caso do artigo 12 da *lei de tóxicos*, a Lei 6.368/76, onde a norma penal oferece 18 verbos para a descrição da conduta típica. Desta forma, a prática de uma, de duas, algumas, ou mesmo de todas, ainda assim, constitui um crime único e não vários crimes distintos.

Assim, a racionalidade desse princípio dá margem para que não se considere a situação de conflito onde isso, de fato, não acontece, graças à regra de que uma norma pode afastar a outra, o Direito Penal, enquanto ciência que prima por sua racionalidade, e dessa forma, melhor exerce as condições para manter a paz social, e a segurança jurídica.[160]

14. Princípio da insignificância

Jescheck já chamava a atenção para o fato de que comumente se confundem os conceitos de ilícito e de injusto. A ilicitude é uma contradição que se estabelece entre a conduta e a norma jurídica. Por sua vez, o injusto é a valoração antijurídica que se agrega à conduta ilícita.

Assim, o injusto, que é algo que a sociedade reconhece como aquilo que não se deva fazer, envolve, em seu espaço de existência, toda e qualquer ação típica e ilícita,

---

[160] FURTO – SUBSTITUIÇÃO DA PENA PRIVATIVA DE LIBERDADE POR PENA RESTRITIVA DE DIREITOS – ALTERNATIVIDADE OFERTADA AO CONDENADO – IMPOSSIBILIDADE – APELAÇÃO PARCIALMENTE PROVIDA – Prescrição retroativa decretada de ofício. Não pode o Magistrado fixar duas penas restritivas de direito, oferecendo ao condenado a possibilidade de escolha de cumprimento da qual lhe pareça melhor. Pena é fato imposto pelo Estado-Juiz, como punição e prevenção de determinado ato ilícito, não podendo ser aplicada com direito de escolha. (TAPR – ACr 140241500 – (6142) – 3ª C.Crim. – Rel. Juiz Hirose Zeni – DJPR 26.05.2000)

inclusive aquela que não venha a ser culpável, dada a sua pouca significação para o Direito Penal.

Afirma-nos Francisco de Assis Toledo que o crime é um injusto culpável; mas o injusto é uma conduta ilícita que pode não se aperfeiçoar como um verdadeiro crime, pela ausência da culpabilidade.[161] A distinção entre os dois conceitos tão próximos se justifica na medida em que o injusto possui qualidade e quantidade, mas a ilicitude é sempre a mesma. A ilicitude não apresenta escalonamento para a ação cometida por um agente, isto é, um homicídio não é mais ilícito do que uma lesão corporal. Mas o resultado da sua ação, para a mentalidade do grupo social que sofre com esses dois atos, é distinta na sua apreensão pois, no ato de matar alguém, o sentimento é mais intenso, mais profundo, pois o bem jurídico tem um valor incomensurável. O ato injusto, condenado pelo corpo social, traz em si uma carga de polaridade variável, quer dizer, alguns atos são mais ou menos injustos.

É importante essa distinção, e ela se justifica na medida em que, se todo o ato é um ilícito penal, nem todo o ilícito apresenta um grau de injusto que justifique a sua reprovação e punição por parte do Estado.

O injusto penal, se comparado com o injusto civil ou administrativo, etc., vem a ser mais concentrado, ele não deixa de reconhecer, por exemplo, nos crimes de bagatela, ainda que ilícitos, já que também normatizados, o seu efeito sobre o ordenamento jurídico, a ameaça à segurança jurídica é tão ínfima que, na prática, o autor desse crime não merece sofrer nenhuma penalização.

São esses crimes de bagatela, insignificantes em seus efeitos, que embasam o princípio da insignificância. Este princípio diz respeito aos danos de menor importância, são atos que representam uma ameaça alegórica. São, na verdade, metáforas daqueles danos verdadeiramente condenáveis pelo ordenamento jurídico.[162]

Assim, por exemplo, no caso da injúria, da difamação e da calúnia, não se vai movimentar toda a máquina do Judiciário por atos que, verdadeiramente, não tenham maior importância, por não terem afetado significativamente a dignidade, a honra e a reputação, já que baseadas as ditas ofensas em risíveis violações desses bens.

Importante, igualmente, para se justificar a existência desse princípio, é o conceito da "mais valia", paradigma fundamental para a economia política, desenvolvido mais profundamente, por Karl Marx, em sua obra *O Capital*.

---

[161] Francisco de Assis Toledo, op. cit., p. 119.

[162] CRIMINAL – TRANCAMENTO DA AÇÃO PENAL – ESTELIONATO – VIGIA AUTÔNOMO DE CARROS ("FLANELINHA"). VENDA DE CARTÃO DE ESTACIONAMENTO FALSO – ÍNFIMO VALOR DA VANTAGEM RECEBIDA PELO AGENTE – INCONVENIÊNCIA DE MOVIMENTAÇÃO DO PODER JUDICIÁRIO – COMPORTAMENTO DA VÍTIMA – INEXISTÊNCIA DE CAUTELA – DELITO DE BAGATELA – PRINCÍPIO DA INSIGNIFICÂNCIA – ORDEM CONCEDIDA – Faz-se mister a aplicação do princípio da insignificância, excludente da tipicidade, se evidenciado que a vítima não teria sofrido dano relevante ao seu patrimônio – Pois a vantagem, em tese, obtida pelo paciente, vigia autônomo de carros ("flanelinha"), pela venda de cartão de estacionamento da Prefeitura do Rio de Janeiro falsificado, representaria quantia bem inferior ao salário mínimo. Inconveniência de se movimentar o Poder Judiciário, o que seria bem mais dispendioso, caracterizada. Não há que se falar em induzimento ou manutenção em erro, exigido pelo tipo penal, se, pela análise do laudo pericial, sobressai a possibilidade de qualquer indivíduo, agindo com prudência normal, vir a notar a falta de autenticidade do cartão de estacionamento adquirido pela vítima – Razão pela qual não se pode deixar de levar em conta o comportamento da mesma, que não teria procedido com a devida cautela. Considera-se como delito de bagatela o estelionato praticado, em tese, para a obtenção de vantagem de ínfimo valor monetário, consistente em apenas R$ 3,00 (três reais) – Hipótese dos autos. Ordem concedida para determinar o trancamento da ação penal instaurada em desfavor do paciente, por ausência de justa causa. (STJ – HC 18314 – RJ – 5ª T. – Rel. Min. Gilson Dipp – DJU 01.07.2002)

No que nos diz respeito, esse conceito é relevante por permitir ao operador do direito a apreensão do significado valorativo do ato que se quer penalizar. Busca-se, assim, determinar se tal e qual ato têm, verdadeiramente, valor para justificar a imposição de uma sanção.

Outrossim, não se pode, por uma questão de política criminal, ocupar o Estado e o Judiciário, com questões irrelevantes, correndo o risco de significar graves prejuízos ao erário público, uma vez que tais estruturas são complexas e de grandes custos, quando acionadas.

É importante salientar que, se por um lado, um ato pode ser considerado irrelevante para o injusto penal, o mesmo ato, quando confrontado com outros universos do direito, pode receber um tratamento distinto, quer dizer, ali, o significado do injusto tem uma importância significativa.

Claus Roxin, em sua política criminal, entende que fazem falta princípios como os introduzidos por Welzel, entre eles o da adequação social, que ainda que não seja uma característica do tipo penal, é sim um auxiliar importante para restringir a punibilidade de formas de condutas socialmente admissíveis.

Dizia, ainda que, a esses tipos de ação, pertencem ao âmbito do princípio da insignificância que permite, na maioria dos tipos penais, excluir a punibilidade dos atos que causem dano de pouca importância.[163]

O princípio da insignificância então, é um princípio de bom senso, de boa técnica, e que está inserido no princípio da proporcionalidade, e no respeito que o Estado, enquanto detentor do *jus puniendi*, deve ter, obrigatoriamente, em relação ao sujeito que comete uma infração irrelevante.

---

[163] CLAUS ROXIN, in Política Criminal y Sistema del Derecho Penal, pág. 52/53, Barcelona, 1972. "(...) hacen falta principios como el introducido por Welzel, de la adecuación social, que no es una caraterística del tipo, pero sí un auxiliar interpretativo para restringir el tenor literal que acoge también formas de conductas socialmente admisibles. A esto pertenece además el llamado de la insignificancia, que permite en la mayoría de los tipos excluir desde un principio de daños de poca importancia: maltrato no es cualquier tipo de daño de la integridad corporal, sino solamente uno relevante (...). Igualmente también la amenaza debe ser 'sensible' para pasar el umbral de la criminalidad".

CAPÍTULO VI

A LEI PENAL NO TEMPO

1. A definição do conceito

Betiol lecionava que a lei penal não é feita para ficar como letra morta, mas para exercer a sua eficácia sobre uma determinada parte da superfície terrestre.[164] Mas, se ao mesmo tempo ela existe sobre a superfície terrestre, sobre essa mesma superfície surgem os conflitos.

E a sucessão de leis pode, a cada momento de sua elaboração legislativa, prejudicar a vigência de outras leis. Para evitar isso, especialmente no que diz respeito ao Direito Penal, há que se conhecer os critérios para a sua solução.

O princípio básico que predomina quanto a sucessão de leis e a sua aplicação é o que afirma que o *tempus regit actum*. Quer dizer, os atos são regulados pela lei que vige ao tempo de sua ação.

Desde que é colocada a vigorar, a norma jurídica passa a reger, com a devida eficiência, todos os fatos que venham a ocorrer dentro de seu domínio e, assim, proceder até que venha suceder a sua revogação, parcial ou total. Assim sendo, entre estes dois extremos, um, o da sua entrada em vigor e, o outro, da sua revogação, é quando se pode perceber a validade da lei penal no tempo.

2. Da irretroatividade

Em princípio, a norma jurídica não tem o condão de alcançar os fatos que lhe são anteriores, isto é, a não tem o poder de alcançar fatos cometidos antes de sua entrada em vigor.

Pode-se, sem receio, afirmar que em nosso ordenamento jurídico, a lei não retroage. A irretroatividade das leis, em geral, está alicerçada no princípio da garantia e da estabilidade da ordem jurídica, pois se assim não fosse, estaríamos frente a uma situação geradora de insegurança jurídica, a ameaçar os direitos dos indivíduos.

Heleno Fragoso ensinava que a irretroatividade da lei penal foi proclamada com a afirmação, no século das Luzes, do princípio *nullum crimen nulla poena sine lege*. A retroatividade da lei mais benigna, no entanto, encontrou, na intangibilidade da coisa julgada, importante limitação, reconhecida por numerosas legislações e autores.[165]

No nosso mundo jurídico, é no direito penal que se percebe, de forma ainda mais veemente, esse princípio da irretroatividade da lei, isso porque os bens juridi-

---
[164] BETIOL, Giuseppe. *Direito Penal*, Parte Geral, tomo I. Coimbra: Coimbra Editora, 1970, p. 274.
[165] FRAGOSO, Heleno Cláudio. *Lições de Direito Penal*, Parte Geral, 4ª ed. Rio de Janeiro: Forense, 1980, p. 101.

camente tutelados por esse direito são de enorme relevância para a segurança das relações dos homens com o Estado e, obviamente, dos homens entre si.

Outrossim, no caso do direito penal, tal irretroatividade da lei incriminadora é consequência direta de um outro princípio, isto é, do princípio da legalidade, garantia constitucional já descrita quando falamos em tal matéria.

E também, porque o respeito à irretroatividade da lei vai ao encontro do princípio da anterioridade, já que não há crime sem prévia lei anterior que o defina. Entretanto, ao caso de ocorrer, porém, uma sucessão de leis penais que venha a regular, no todo ou em parte, questões de natureza iguais, e se tal fato houver sido cometido no período de vigência da lei anterior, ocorre, inexoravelmente, uma das seguintes hipóteses: a) a lei posterior apresenta-se mais severa em comparação com a lei anterior. É o que a doutrina chama de *lex gravior*; b) a lei posterior deixa de considerar ilícito penal fato incriminado pela lei anterior, quer dizer, a lei posterior aboliu o crime cometido anteriormente, tornando o fato não mais punível. Tal situação é reconhecida como *abolitio criminis*; c) a lei posterior é mais benigna no que diz respeito à pena ou até mesmo à medida de segurança. Os doutrinadores classificam essa situação como o momento da *lex mitior*; d) a lei posterior, ainda que mantendo a incriminação do fato pela lei anterior, contém alguns preceitos normativos que são mais severos e outros mais benignos, não em toda lei, mas em determinados aspectos é o que se chama de *lex tertia*.

Desta forma, nestas situações, ocorrem os chamados conflitos de lei. A partir delas, emerge a problemática da lei penal no tempo. Em cada uma, sempre pode ocorrer, quando se dá o surgimento de uma nova lei, isto é, a derrogação (revogação parcial), ou a ab-rogação (revogação total) de uma lei penal por outra. Aí, o operador do direito deve buscar a solução por meio da aplicação das regras dos artigos 2º e 3º do Código Penal.[166]

E, quando não for possível se socorrer desses dois artigos, consoante o que diz o código, o princípio que deve regular, dessa forma, a matéria, é o que está regrado pelo artigo 1º do Código Penal, que, ao firmar o paradigma da existência da lei, antes do crime, e de que para se aplicar a sanção a mesma já deve estar cominada, avaliza, assim, a ordem e a segurança jurídica.[167]

---

[166] CÓDIGO PENAL, art. 2º Ninguém pode ser punido por fato que lei posterior deixa de considerar crime, cessando em virtude dela a execução e os efeitos penais da sentença condenatória. Parágrafo único: A lei posterior, que de qualquer modo favorecer o agente, aplica-se aos fatos anteriores, ainda que decididos por sentença condenatória transitada em julgado. Art. 3º A lei excepcional ou temporária, embora decorrido o período de sua duração ou cessadas as circunstâncias que a determinaram, aplica-se ao fato praticado durante a sua vigência.

[167] PROCESSUAL PENAL – CRIME DE APROPRIAÇÃO INDÉBITA PREVIDENCIÁRIA (ART 95, "D", DA LEI Nº 8.212/91) – ADESÃO AO REFIS SEGUNDO LEI POSTERIOR AO RECEBIMENTO DA DENÚNCIA – RETROATIVIDADE DA LEI BENÉFICA – RECURSO EM SENTIDO ESTRITO CONTRA DECISÃO QUE SUSPENDEU A AÇÃO PENAL – HOMOLOGAÇÃO TÁCITA – RECURSO NÃO PROVIDO – 1. O art. 15 da Lei nº 9.964/00, se analisado isoladamente, aparenta natureza processual. Tem, contudo, natureza mista, numa interpretação sistemática com o seu § 3º, em ordem a que, atendendo-se sua finalidade social, se faça a sua retroação para beneficiar o réu (art. 2º do CP, c/c art. 5º, inciso XL, da CF), salvo nos casos de decisão final transitada em julgado. 2. A inclusão da empresa REFIS é procedimento que se inicia com a "opção" dela (§ 1º do art. 2º da Lei nº 9.964/2000), mediante aceitação integral das condições impostas (§ 3º e § 4º do mesmo artigo) e pressupõe sua "homologação" (§ 4º do art. 3º da Lei) pelo "Comitê Gestor" (§ 1º do art. 1º da Lei, c/c art. 10 do Decreto nº 3.431/2000), ainda que tácita. 3. Se a adesão data de MAR 2000 e até hoje o Comitê Gestor não se manifestou a favor (homologando expressamente) ou contra (indeferindo), a óbvia conclusão é que não há vício ou irregularidade nenhuma a ser suprida. O lapso temporal superior a 75 dias rende ensejo à homologação "tácita" de que fala o §1º do art. 13 do Decreto nº 3.431/2000, na redação do Decreto nº 3.712/2000, consectário lógico, razoável, proporcional, equânime, da eventual inércia, indolência ou má-fé da administração fiscal, a que não se pode submeter a atividade econômica

Mas tal princípio, o da irretroatividade, não pode ser visto de forma absoluta, pois que são admitidas exceções. Assim, admite-se que a lei possa retroagir, desde que para beneficiar o réu. Podendo gerar qualquer prejuízo, nessa situação mais gravosa, ela não tem a legitimidade para retroagir, pois se tal ocorresse, estariam sendo feridos importantes direitos individuais.

O conflito suscitado, dessa maneira, pela sucessão das leis penais no tempo, só se resolve pela aplicação de um princípio fundamental, qual seja, o da retroatividade ou ultratividade da lei penal mais benigna (*extra-atividade da lex mitior*).

As hipóteses que destacamos são, assim, resolvidas:

a) Sendo a lei penal mais grave (*lex gravior*), não se aplica aos fatos que por ventura ocorram antes da sua entrada em vigência. Não é aplicada nem quando ela cria uma figura penal que era, então, inexistente, nem quando se limita a agravar as consequências jurídico-penais do fato delituoso, isto é, da pena ou da medida de segurança. É, aqui aplicado, simplesmente, o princípio do *tempus regit actum*.

Segundo observa Francisco de Assis Toledo, a norma de direito material mais severa se aplica, enquanto vigente, aos fatos ocorridos durante sua vigência, vedada em caráter absoluto a sua retroatividade. Tal princípio aplica-se a todas as normas de direito material, pertençam elas à parte geral ou à especial, sejam normas incriminadoras (tipos legais de crime), sejam normas reguladoras da imputabilidade, da dosimetria da pena, das causas de justificação ou de outros institutos de direito penal.[168]

b) Se a lei posterior deixa de considerar crime determinado fato, dá-se a *abolitio criminis*, o que obriga essa lei posterior a retroagir para fazer cessar todos os efeitos que eram resultados da aplicação da lei anterior. Isso porque o crime se considera praticado, no momento da ação ou da omissão, ainda que outro venha a ser o momento do resultado. É a regra estatuída no art. 4º do Código Penal brasileiro.[169]

Dessa forma, se a ação estava ao abrigo da licitude quando do momento em que a ação se realizava, mas já não o era quando do seu resultado, não se pode falar em qualquer punição, como quer o penalista italiano Bettiol que afirmava que, "se a consciência social, de que o legislador se faz intérprete, já não pensa que um fato deva considerar-se crime, porque desapareceu a situação particular que a norma tutelava, ou porque as valorações acerca da relevância ético-política do fato sofreram modificação, seria um absurdo de lógica concreta e, portanto, de teleológica, punir um fato perpetrado sob o império da lei precedente e deixar que a execução da condenação, em caso de sentença já proferida, venha a fazer-se, com todas as suas consequências jurídico-penais". E concluía o pensamento, dizendo: "Aqui aplica-se a política de passar a esponja: cancelar o crime, fazer cessar a execução da pena, e eliminar qualquer efeito penal, quer dizer, qualquer limitação da capacidade jurídica que derive, necessariamente, da sentença de condenação".[170]

Há que se ter consciência de outra questão que se faz relevante, pois, tem um grande significado. Diz respeito ao crime que venha a ocorrer num período de *vaca-*

---

privada. 4. Recurso não provido. 5. Autos recebidos em gabinete, após voto-vista, em 14.11.2002. Peças liberadas pelo Relator em 18.11.2002 para publicação do acórdão. (TRF 1ª R. – RCCR 38000260258 – MG – 3ª T. – Rel. Des. Fed. Luciano Tolentino Amaral – DJU 29.11.2002, p. 139).

[168] TOLEDO, Francisco de Assis. Op. cit., p. 31/32.

[169] CÓDIGO PENAL, art. 4º Considera-se praticado o crime no momento da ação ou omissão, ainda que outro seja o momento do resultado.

[170] BETTIOL, Giuzeppe. Op. cit., p. 266.

tio legis. Nesse caso, a solução possível e predominante é a da plena aplicabilidade da lei antiga, até que a lei nova tenha o seu início inaugurado, pois só, então, ela vai apresentar condições de gerar efeitos, apresentando-se, assim, em exercício pleno de sua vigência.

c) Se a lei posterior é mais benigna (*lex mitior*), no que diz respeito ao crime e à pena, sempre que, ocorrer a sucessão de leis penais no tempo, como quer Assis Toledo, a lei mais benigna será a que "de qualquer modo favorecer o agente, podendo, portanto, ser a lei anterior ou posterior".[171]

A própria Constituição Federal, em seu artigo 5º, inciso XL,[172] regula a situação quando afirma que há de ser a lei mais benigna, a que sempre vier a favorecer o agente, podendo ser a lei posterior, ou mesmo anterior.

d) Trata-se de um caso dos mais polêmicos (*lex tertia*), visto que os doutrinadores não têm uma posição pacífica a respeito da questão. Entretanto, ainda que pese a discussão em torno do problema, tem que se acreditar na possibilidade de uma solução. Basta que o aplicador do direito tenha o cuidado de não inventar uma nova lei, mas apenas buscar, através da combinação de leis já existentes, condições que venham a melhorar a situação do agente.

Nesse sentido, é a opinião de Frederico Marques que esclarece: "Dizer que o Juiz está fazendo lei nova, ultrapassando assim suas funções constitucionais, é argumento sem consistência, pois o julgador, em obediência a princípios de equidade consagrados pela própria Constituição, está apenas movimentando-se dentro dos quadros legais para uma tarefa de integração perfeitamente legítima. A norma do caso concreto é construída em função de um princípio constitucional, com o próprio material fornecido pelo legislador. Se ele pode escolher, para aplicar o mandamento da lei magna, entre duas séries de disposições legais, a que lhe pareça mais benigna, não vemos por que se lhe vede a combinação de ambas, para assim aplicar, mais retamente, a Constituição. Se lhe está afeto escolher o 'todo', para que o réu tenha o tratamento penal mais favorável e benigno, nada há que lhe obste selecionar parte de um todo e parte de outro, para cumprir uma regra constitucional que deve sobrepairar a pruridos de lógica formal... A verdade é que não estará retroagindo a lei mais benéfica, se, para evitar-se a transação e o ecletismo, a parcela benéfica da lei posterior não for aplicada pelo Juiz; e este tem por missão precípua velar pela Constituição e tornar efetivos os postulados fundamentais com que ela garante e proclama os direitos do homem".[173]

Combinar leis, sem dúvida, é possível, se for em benefício do réu, mas sem perder a noção de equidade, fundamental para se evitar destemperos que só teriam como consequência criar monstros jurídicos.

3. Da ultratividade

Um outro aspecto importante, nesse capítulo, diz respeito ao caráter aceito da ultratividade das leis. A ultratividade ocorre quando uma norma qualquer alonga a

---
[171] TOLEDO, Francisco de Assis. Op. cit., p. 35.
[172] CONSTITUIÇÃO FEDERAL, art. 5º, (...). XL – A lei penal não retroagirá, salvo para beneficiar o réu;
[173] MARQUES, José Frederico. *Tratado de Direito Penal*. São Paulo: Saraiva, 1990, p. 210/211.

sua eficácia no tempo, e vai atingir um fato cometido em sua vigência, todavia já depois de estar extinta.

Se, por exemplo, um crime praticado quando da vigência plena do Código Penal de 1940, tem a sua execução da sentença iniciada somente após a reforma da Parte Geral, em 1984. A solução para essa questão passa pela a análise que o juízo vai ter que fazer do conjunto das leis, buscando, assim, com a sua observação, determinar qual dos dois ordenamentos é mais favorável ao réu.

Hipoteticamente, pode-se imaginar uma seguinte situação: se um furto for praticado anteriormente à reforma, mas a sentença somente vier a ser executada após, ao juízo caberá observar, que se pelo código mais antigo, a pena for mais amena, enquanto, pelo Código reformado, o mesmo crime tenha uma penalização mais grave, o juiz deverá aplicar a lei que for mais benéfica ao réu.

4. Critérios para avaliação da lei mais benéfica

Pelo que vimos, muitas são as situações a serem avaliadas para que se possa reconhecer a aplicação da lei mais benéfica. Assim, se extinto o crime previsto na lei anterior, agora revogada, ainda que a ação tenha acontecido em sua vigência, o juiz deverá optar pela lei nova.

Se a lei nova cominar ao crime pena mais branda em qualidade, quer dizer, mudar a pena de reclusão para a de detenção, que é mais branda, é obrigatória a aplicação da pena de detenção.

Quando tornar menos severo o modo de executar a pena, embora mantenha a sua qualidade e quantidade, a obrigação é pela opção que venha favorecer ao réu, pois, ficaria facilitada a aquisição de benefícios tais como, os dos *sursis* ou de prestar serviços externos.

O mesmo ocorrerá quando for menos rigoroso o critério da fixação da pena em concreto. A fixação da pena se dá no momento da sentença condenatória e é nesse momento, que o juiz busca adequar a pena, analisando a personalidade do acusado, apreciando as circunstâncias que motivaram o crime, ou seja, elaborando a fixação, em concreto, da condenação para aquele réu.

No Código de 1890, havia seis critérios para a fixação da pena: o juiz, quando tinha que fixar a pena, era obrigado a atender ao mínimo, submínimo, submédio, médio, grau submáximo e grau máximo. Ele não tinha nenhuma flexibilidade de fazer a adequação da pena ao caso concreto, uma vez que impedido por lei.

Já o legislador de 1940 e de 1984 dá apenas o espaço entre o limite mínimo e o máximo da pena. Dentre a esses dois limites, o juiz terá ampla flexibilidade para adequar a pena ao caso concreto.

Quando a lei posterior reconhece novas atenuantes ou novas causas especiais de diminuição de pena, ou extingue circunstâncias agravantes ou causas especiais de aumento de pena, sempre se optará pela mais benéfica.

A lei mais benéfica será a de uso obrigatório, sempre que se reconhecer benefício novo ou se facilitar a aquisição dos já existentes, como o do sursis ou até mesmo vier a facilitar o pagamento de fiança.

O mesmo deve sempre ocorrer quando a lei nova criar outras causas de extinção da punibilidade, ou, tornar mais fácil alcançar as que já existem. Uma situação que retrata essa condição é quando ocorre uma das causas da extinção da punibilidade, como a prescrição. Assim, se uma lei nova tem o poder de reduzir o prazo da prescrição, estará favorecendo o agente e, por isso, tem que ser a escolhida pelo juiz, sob pena de nulidade processual.

Do mesmo modo deve acontecer, quando a lei nova exigir outras condições de procedibilidade inexistentes na lei anterior. Um exemplo, é o de quando a lei nova converte em crime de ação pública condicionada a representação do ofendido, crime que era de ação pública incondicionada. É que, na ação pública incondicionada, praticado o crime, o processo existirá mesmo sem a representação da vítima ou de seus familiares. Já na ação pública condicionada, há certos delitos que são de natureza de ação pública, porém dependentes de representação.

E os crimes de ação privada, como os crimes contra a honra, a difamação, a injúria, calúnia, dependem, expressamente, da queixa do ofendido. Desta forma, a lei nova irá beneficiar o acusado se ela exigir outras condições de procedibilidade, se converter um crime que era de ação pública condicionada em crime de ação privada, dependente de queixa-crime, ou então, em crime de ação pública condicionada à representação. Mas desde que sejam mais benéficas ao acusado.

O mesmo se dará quando aumentarem as causas de exclusão do crime ou de isenção da pena. Quando extinguir, ou atenuar penas acessórias. Enfim, sempre se deverá obedecer à lei nova quando não permitir a extradição.

5. Da lei excepcional ou temporária

Há leis que têm um termo prefixado de vigência. São promulgadas para terem validade durante um certo período de tempo e, por isso, se chamam de leis excepcionais ou temporárias.

Sabemos que a regra geral é de que as normas editadas o sejam para vigorar por um largo lapso de tempo. Contudo, no que diz respeito a essa categoria de leis, há um detalhe interessante: é o único caso em que o legislador expressamente determina desde já, uma natureza de ultratividade, ou seja, alcança fatos mesmo depois de estar extinta.

A norma excepcional ou temporária é uma norma promulgada em situação de calamidade pública, de guerra, por exemplo. Quer dizer, em situações onde o Estado e a sociedade se encontrem afligidas por condições anormais.

Um dos momentos que se pode ver como exemplo disso é o Decreto nº 369, que determinava, constituir crime, o ato de prestar informações falsas ou deixar de prestar informações ao recenseador durante o censo realizado em 1970.

No momento em que foi encerrado o recenseamento, isto é, no momento em que a situação excepcional se deu por finalizada, a norma foi extinta. Se, mais tarde, se descobrir que alguém chegou a prestar informações falsas, esta norma, por ser excepcional e por estar ao abrigo da ultratividade, vai alcançar aquele fato, mesmo já extinta a lei.

A norma excepcional se aplica a todos os fatos cometidos durante a sua vigência e continua a regê-los mesmo depois de sua revogação. Argumenta-se que a medida tem por fim evitar que fiquem sem punição os fatos cometidos na véspera do termo dessa norma excepcional, daí a necessidade da sua ultratividade.

Há, igualmente a hipótese de a conduta receber definição criminal em um novo diploma legal, de forma mais gravosa que a anterior. Impõe-se, no caso, a aplicação da lei anterior, pois que é a mais benéfica.

Outro caso: O artigo 88 da Lei 9.099/95, na sua eficácia, compreendia todas as tipificações penais de lesão corporal simples e de lesão corporal culposa, aplicando-se, pois, também, ao crime militar de lesão corporal simples. Consequentemente, a Lei nº 9.839/99, porque mais gravosa ao réu, não se aplica aos processos-crime da competência da Justiça Militar relativos a fatos anteriores à sua vigência, pois que violentariam a Constituição da República, em seu artigo 5º, inciso XL.[174]

Enfim, a regra é que, sempre que a nova lei penal de qualquer forma beneficiar o réu deve ser usada, obrigatoriamente, com observância de casos expressos das leis temporárias.

6. Da medida de segurança

As medidas de segurança justificam um regime especial quando ocorre um conflito de leis que se sucedem. É que, a medida de segurança não é uma pena, pois não tem caráter punitivo. É um instrumento de defesa da sociedade e de recuperação social do criminoso.

O pressuposto imediato da medida de segurança não é o fato punível, e sim, a situação de perigosidade ou periculosidade em que se encontra o criminoso e que se apresenta quando de um fato punível.

Desde a reforma de 1984, que alterou a Parte Geral do Código Penal, não se aplica mais a medida de segurança para os imputáveis, mas tão somente para aqueles indivíduos considerados semi-imputáveis, ou, fronteiriços.

Anteriormente, aplicava-se o que se convencionou chamar de "duplo binário" (Pena + Medida de Segurança). Vamos ao exemplo: o juiz entende que o agente é perigoso para o campo social, aplicando-lhe uma pena, acrescida de medida de segurança. Em razão da medida de segurança, o indivíduo, depois de cumprir integralmente a pena, era internado num Manicômio Judiciário. Com isso, pensava-se que se estaria recuperando-o socialmente, ao mesmo tempo em que se protegerá a sociedade.

Hoje em dia não se aceita mais o duplo binário, tão só porque, com a reforma de 1984, predomina a solução monista. Se o agente, atualmente, é inimputável, o juiz lhe imporá a internação. Se, entretanto, o fato delituoso for previsto como crime punível, com detenção, poderá o juízo submeter o agente a tratamento ambulatorial. Na primeira hipótese, a medida de segurança tem natureza detentiva; na segunda, sua natureza é restritiva.

---

[174] *HABEAS CORPUS* – PENAL – PROCESSO PENAL MILITAR – FURTO SIMPLES – PRINCÍPIO DA ULTRATIVIDADE – APLICAÇÃO DA Lei 9.099/95 – Pelo princípio da ultratividade, aos fatos ocorridos anteriormente à vigência da Lei 9.839/99, são aplicáveis os institutos da Lei 9.099/95. *Habeas* deferido. (STF – HC 79983 – 2ª T. – Rel. Min. Nelson Jobim – DJU 13.10.2000, p. 10)

A medida de segurança de natureza detentiva consiste numa internação em um hospital psiquiátrico ou de custódia, com um prazo mínimo a ser determinado entre um e três anos. Contudo, este prazo não é definitivo, podendo tornar-se, dada a natureza de periculosidade do agente, em prazo indeterminado. Já a medida de segurança de caráter restritivo é diferente. Nela o agente recebe tratamento ambulatorial, comparecendo em dias determinados pelo médico, que o submete, assim, à modalidade terapêutica prescrita.

Dadas as noções rudimentares sobre a medida de segurança, vamos ao que interessa, no momento, para sabermos qual a lei que vai incidir sobre o fato, quando divergentes. Por esse motivo, a medida de segurança, quando ocorre o conflito de leis, tem um regime todo especial de atendimento.

A lei que vai vigir, se forem divergentes, é aquela em vigor ao tempo da execução da medida. O Código em vigor trata a matéria nos seus artigos 96 a 99.

De forma geral, o Código de 1984, em seu artigo 3º. afirma que: "A lei excepcional ou temporária, embora decorrido o período de sua duração ou cessadas as circunstâncias que a determinaram, aplica-se ao fato praticado durante a sua vigência".

Se essa medida de segurança só vai ser executada tempos depois de o juiz tê-la sentenciado, então, a lei que vigorará, será do tempo da execução. Não haverá a retroatividade, nem ultratividade.

7. O tempo do crime

Pelo estudo dos capítulos anteriores, já sabemos em que casos pode haver retroatividade ou ultratividade. Agora, precisamos de um ponto de referência para dizer qual a lei correspondente ao momento do crime.

O Código Penal apresenta a solução para esta questão, através do seu artigo 4º, que considera praticado o crime no momento da ação ou da omissão, mesmo que outro seja o momento do resultado.

Assim, o tempo do fato punível é o momento em que o agente o pratica a ação (por comissão ou por omissão). É o momento em que a vontade do agente se manifesta no mundo exterior. É o momento em que ele realiza um ato corpóreo, como dar um tiro, uma facada em alguém, ofender, etc. Ou, então, no momento em que deixa de agir, quando tinha a obrigação legal de fazê-lo.[175]

Assim, é no momento da ação ou da omissão, que o indivíduo manifesta a condição necessária para a produção do resultado típico, revelando a sua vontade de agir de forma contrária ao direito, levantando contra si a reação punitiva da ordem jurídica.

O que importa é a ação, e não o momento que essa ação produz o resultado. Essa experiência de que, em certos crimes, a ação é separada do resultado, suscitou a aparição, na doutrina penal, de três correntes, cada uma dando soluções diferentes para o problema.

---

[175] CÓDIGO PENAL, art. 135. Deixar de prestar assistência, quando possível fazê-lo sem risco pessoal, à criança abandonada ou extraviada, ou à pessoa inválida ou ferida, ao desamparo ou em grave e iminente perigo; ou não pedir, nesses casos, o socorro da autoridade pública: Pena – detenção, de 1 (um) a 6 (seis) meses, ou multa.

A *primeira corrente* sustenta que o tempo do crime é o momento da ação, no tempo da conduta. No exemplo referido, a ação se dá no tempo em que o criminoso preparou e remeteu à vítima os doces envenenados.

A *segunda corrente* sustenta que o tempo do crime se dá no momento do resultado, do efeito, ou da consequência. No exemplo dos doces, o tempo do crime seria o momento em que a vítima come os doces, vindo a morrer ou adoecer envenenada.

A *terceira corrente* assevera que o tempo do crime tanto pode ser o da ação, quanto o do resultado, sendo indiferente um, ou outro, dos momentos. No exemplo dado, o crime seria tanto o do tempo de preparação e remessa dos doces, como o tempo em que a vítima veio a morrer ou adoecer envenenada.

Magalhães Noronha diz que, "variam as opiniões na doutrina: uns acham que o *tempus delicti* é o do momento da ação (teoria da atividade); outros, o do resultado (teoria do efeito); e, finalmente, outros, ora o tempo da ação e ora o do resultado (teoria mista). A atual reforma, por força do seu artigo 4º, consagrou expressamente o princípio da atividade. E esta que mais intimamente está alegada à vontade do agente; é, por excelência neste momento que, conscientemente, ele incorre no juízo de reprovação social. O resultado não depende exclusivamente do elemento volitivo do agente: há entre esse elemento e ele fatores imponderáveis que se subtraem à vontade ou à ação do agente – pensa-se no fato de uma pessoa atirar contra outra, ou correndo, não acertar, feri-la de leve, gravemente ou matá-la. Consequentemente é a *ação* que determina qual a lei do tempo do delito. É, hoje, a opinião predominante".[176]

Damásio de Jesus, afirma que a "análise do âmbito temporal da aplicação da lei necessita da fixação em que se considera o delito cometido (*tempus commissi delicti*). A determinação do tempo em que se reputa praticado o delito tem relevância jurídica não somente para fixar a lei que o vai reger, mas também para fixar a imputabilidade do sujeito etc. A questão apresenta interesse no caso em que, após praticada a executiva do delito e antes de produzido o resultado, surge nova lei, alterando a legislação sobre a conduta punível: qual a lei a ser aplicada, a do tempo da atividade ou a em vigor por ocasião do resultado? Para resolver a questão existem várias teorias a respeito".

Dessas posições doutrinárias resultaram as três teorias hoje conhecidas no direito penal:

Teoria da ação ou da atividade: segundo essa teoria, o tempo do crime é determinado pelo tempo da ação, devendo incidir, por conseguinte, a lei do momento em que ele preparou, encaixotou e remeteu os doces à vítima.

Teoria do resultado ou do efeito: para essa, o tempo do crime é determinado pelo tempo do resultado ou do efeito, ou do evento, incidindo, por isto, a lei em vigor nesse momento. No exemplo, seria quando a vítima morreu ou adoeceu, envenenada.

Teoria da ambiguidade ou mista: de acordo com esta teoria, o tempo do crime é o da ação, ou aquele do resultado. Aplicando-se a lei vigente no momento da atividade ou a lei em vigor no momento do resultado, se for outra lei, salvo se mais severa.

De todas essas teorias, a mais acolhida, a preferida da doutrina, é a teoria da ação ou da atividade, tanto que foi a aceita pelo código, onde está enunciada no artigo seu quarto.

---

[176] NORONHA, Magalhães. Op. cit., p. 80.

No Código de 1940, não havia norma sobre o tempo do crime, mas a doutrina e a jurisprudência adotaram esta teoria. Já a reforma da Parte Geral do Código Penal estabeleceu que se considera praticado o crime no momento da ação ou omissão, ainda que outro seja o momento do resultado.[177]

O fundamento da adoção desse princípio é a de que esta teoria é a que está mais de acordo com o princípio de que não há crime sem lei anterior que o defina. Como já vimos, este princípio representa o verdadeiro fundamento político, filosófico, sociológico da teoria do tempo da ação. Há outros países que adotam a teoria do resultado, quer dizer, quando alguém realiza uma determinada ação típica, não sabe se ela é proibida ou não, porque pode ser proibida apenas ao tempo do resultado.

Assim, é o momento da ação (comissão ou omissão), que serve, como o ponto de referência, para se dizer qual a lei correspondente ao tempo do crime.

Da problemática surgida do estudo da lei penal no tempo, pode-se ver o caso em que muitos fatos delituosos pressupõem uma solução temporal de continuidade. Por vezes, a própria ação visa a um resultado, e pode se apresentar de forma fragmentada, fracionada, no tempo. São os chamados crimes continuados e permanentes.

É que, por ficção legal, todas essas ações que se apresentam fragmentadas no tempo são consideradas como um crime só. O legislador entende que esse crime é um conjunto unificado, como se fosse único crime.[178]

Já nos crimes permanentes o agente continua violando o mesmo bem jurídico tutelado, mesmo após a consumação do primeiro delito. Vale, como exemplo, o caso de estelionato praticado contra a Previdência Social que é um crime permanente, iniciando-se a contagem, por exemplo, para o prazo prescricional, o da cessação do recebimento do benefício indevido. A cada recebimento ilegítimo, o agente estaria, de forma permanentemente, praticando o crime. Um outro é o do o pai que abandona a família. No momento em que ele sai de casa, consumou o crime de abandono material. Enquanto permanecer fora de casa, deixando de prestar assistência material à família, continuará cometendo aquele crime, por ser ele permanente. Assim, também, serve como exemplo, o caso do crime de cárcere privado.[179] Enquanto a pessoa estiver presa o agente poderá ser autuado em flagrante, porque o delito se mantém de forma ativa, permanentemente.

O problema é saber distinguir qual a lei a ser aplicável no momento do acontecimento do crime permanente. Ora, se um indivíduo mantém alguém em cárcere privado durante a vigência de uma lei, e essa situação delituosa se estende até a entrada em vigor de uma lei nova, esta deve ser a aplicada, mesmo que venha em prejuízo do réu.

---

[177] CÓDIGO PENAL, art. 4º. Considera-se praticado o crime no momento da ação ou omissão, ainda que outro seja o momento do resultado. (Redação dada ao artigo pela Lei nº 7.209, de 11.07.1984)

[178] PENAL – FALSIDADE IDEOLÓGICA – CRIME CONTINUADO – FALSIFICAÇÃO DE DOCUMENTO PÚBLICO – USO PELO FALSÁRIO – DELITO ÚNICO – Configura crime continuado duas ações consistentes no preenchimento de laudas assinadas por outrem e utilizadas para os expedientes ideologicamente falsos, dirigidas a um mesmo resultado. A doutrina e a jurisprudência são unânimes no entendimento de que o uso do documento falso pelo próprio autor da falsificação configura um único delito, seja, o do art. 297, do Código Penal, pois, na hipótese, o uso do falso documento é mero exaurimento do crime de falsum. *Habeas corpus* concedido. (STJ – HC 10447 – MG – 6ª T. – Rel. Min. Vicente Leal – DJU 01.07.2002).

[179] CÓDIGO PENAL, art. 148. Privar alguém de sua liberdade, mediante seqüestro ou cárcere privado: Pena – reclusão, de 1 (um) a 3 (três) anos.

Já no crime continuado, há diversas situações. Assim, se a lei nova não descrimina o fato, mas vem em prejuízo do réu, ela é quem será aplicada, porque é um crime considerado unificado.

Três hipóteses existem para solucionar a questão da vigência legal, frente aos casos de crime continuado: 1) a lei nova não descrimina, pois que é apenas modificadora, podendo inclusive agravar a situação do réu. Como o crime continuado é considerado um crime só, o agente vai responder como incurso nas penas da lei nova; 2) a lei nova descrimina, pois que, durante a vigência da lei anterior, o fato era tido como ilícito, e o agente continuou praticando as ações durante a sua vigência.

Se a lei nova não considerar essas ações como delituosas, colocará essas ações dentro da zona de licitude, não havendo o que punir, pois o Estado não considera mais aquelas ações como crime, extinguindo os seus efeitos.

E, finalmente, 3) quando a lei nova incrimina fatos novos, que na vigência da lei anterior eram considerados lícitos, estes passam, na nova lei, a ser considerados como ilícitos. A lei nova tem o condão, assim, de estabelecer quais os atos que constituirão o universo do ilícito, ou quais os atos que passarão ao universo do lícito.

Só os fatos praticados na vigência da lei nova é que serão considerados crimes e os praticados anteriormente não integrarão a figura delituosa porque ela é que tem o poder de dizer o que é, ou o que não é punível.

Desta forma, falar no tempo da lei é questão fundamental, uma vez que este conceito tem grande relevância para o estudo do direito penal. E tal se justifica, na medida em que o tempo é uma categoria que, juridicizada, traz para o estudo do direito consequências de grande amplitude, já que permitem ao operador, determinar o "quando", e, assim, responder à sociedade, quando um agente a ameaça com uma conduta delituosa.

CAPÍTULO VII

A LEI PENAL NO ESPAÇO

1. Princípio da extraterritorialidade

A lei penal foi elaborada, tão somente, para vigir dentro de determinados limites, que são aqueles estabelecidos por um Estado, a partir do exercício de sua soberania.

Nem sempre, contudo, o delito respeita essa territorialidade, pois o crime acaba sendo praticado contra os interesses de Estados distintos (é o caso dos crimes cometidos nas fronteiras). Alguns doutrinadores chamam essa parte do Direito Penal, que tem por função regular crimes que violam unidades nacionais distintas, de Direito Penal Internacional.

Isso é um equívoco, pois não há um Direito Penal Internacional, e sim, um Direito Internacional Penal, que se refere à aplicação de penas aos agentes que pratiquem atos delitivos, em Estados diferentes.

A expressão Direito Internacional Penal nos dá a ideia de um direito penal a reger a relação de globalização, visto que, desde o universo virtual, leia-se internet, mercado de ações, até investimentos de grandes multinacionais em vários países distintos do mundo, estão a transformar os antigos conceitos de fronteira, tão caros ao antigo nacionalismo.

Os indivíduos também acabam por sofrer essa transformação do nacionalismo, não sendo mais inédito o fato de um cidadão de um país, casar-se com outro de um outro país e manter domicílio em um terceiro.

Esse processo de globalização que quebra o conceito tradicional de fronteira obrigou aos ordenamentos jurídicos, a necessidade de buscar soluções para essa nova problemática.

Na questão levantada, qual seja, a dos delitos praticados por agentes em países distintos, aparece como solução o princípio da extraterritorialidade. Esse instituto tem por função ressaltar a validade da existência de tratados, convenções e regras gerais do Direito Internacional. Assim nos assegura o artigo 7º de Código Penal brasileiro,[180] permitindo, esse princípio, à lei brasileira, alcançar o delito mesmo que ele se dê no estrangeiro.

---

[180] CÓDIGO PENAL, art. 7º. Ficam sujeitos à lei brasileira, embora cometidos no estrangeiro: I – os crimes: a) contra a vida ou a liberdade do Presidente da República; b) contra o patrimônio ou a fé pública da União, do Distrito Federal, de Estado, de Território, de Município, de empresa pública, sociedade de economia mista, autarquia ou fundação instituída pelo Poder Público; c) contra a administração pública, por quem está a seu serviço; d) de genocídio, quando o agente for brasileiro ou domiciliado no Brasil; II – os crimes: a) que, por tratado ou convenção, o Brasil se obrigou a reprimir; b) praticados por brasileiros; c) praticados em aeronaves ou embarcações brasileiras, mercantes ou de propriedade privada, quando em território estrangeiro e aí não sejam julgados. § 1º Nos casos do inciso I, o agente é punido segundo a lei brasileira, ainda que absolvido ou condenado no estrangeiro. § 2º Nos casos do inciso II, a aplicação da lei brasileira depende do concurso das seguintes condições: a) entrar o agente no território nacional; b) ser o fato punível também no país em que foi praticado; c) estar o crime incluído entre aqueles pelos quais a lei

Entretanto, para se analisar a lei penal no espaço de uma nação, utilizam-se os seguintes princípios: o da territorialidade, o da nacionalidade, o da defesa e o da justiça universal ou cosmopolita e o princípio da representação.

Em princípio, a lei no espaço não deveria ir além das fronteiras nacionais. Incide nos fatos que acontecem no país, não importando a nacionalidade do agente, nem a da vítima, e muito menos a natureza do fato criminoso.

Não importa que o autor seja estrangeiro, e a vítima, brasileira, ou que o autor seja brasileiro, e a vítima, estrangeira. Importa é que qualquer crime que venha a acontecer no âmbito territorial do país, aí incida a norma penal brasileira. Esta é a síntese do princípio da territorialidade.

O princípio da territorialidade está inscrito no artigo 5º do Código Penal, que determina a aplicação da lei brasileira, sem prejuízo das convenções, tratados e regras de direito internacional, ao crime cometido no território nacional. Eis aí, de forma clara, o princípio da territorialidade transformado em norma jurídico.[181]

Essa regra também se aplica às contravenções penais praticadas no território nacional.[182]

Mas o que é território nacional? Em sentido jurídico, o território nacional é muito mais amplo do que o seu sentido geográfico, pois vai além dos limites naturais. Hoje se divide o território, em real e fictício, sobre o qual se exerce também a soberania do Estado.

O território real compreende a parte terrestre, marítima, fluvial e a do espaço aéreo. O território terrestre é a base geográfica de um Estado. É a parte continental sobre o qual o Estado exerce o poder soberano.

O território marítimo compreende o mar litorâneo, também chamado de mar adjacente, mar vizinho, mar jurisdicional e mar territorial.

O poder de jurisdicisação do Estado soberano sobre o mar territorial se estendia até a chamada linha de respeito. Isso porque durante os séculos XVI e XVII, foram marcados por constantes confrontos entre as nações, que buscavam a hegemonia marítima.

Tais disputas foram fruto do crescimento do comércio internacional e do desenvolvimento das políticas de descobrimento, exploração e colonização de novos territórios. As disputas, assim, se davam sobre o que era, afinal, o mar territorial de um país.

---

brasileira autoriza a extradição; d) não ter sido o agente absolvido no estrangeiro ou não ter aí cumprido a pena; e) não ter sido o agente perdoado no estrangeiro ou, por outro motivo, não estar extinta a punibilidade, segundo a lei mais favorável. § 3º A lei brasileira aplica-se também ao crime cometido por estrangeiro contra brasileiro fora do Brasil, se reunidas as condições previstas no parágrafo anterior: a) não foi pedida ou foi negada a extradição; b) houve requisição do Ministro da Justiça.

[181] CÓDIGO PENAL, art. 5º. Aplica-se a lei brasileira, sem prejuízo de convenções, tratados e regras de direito internacional, ao crime cometido no território nacional. § 1º. Para os efeitos penais, consideram-se como extensão do território nacional as embarcações e aeronaves brasileiras, de natureza pública ou a serviço do governo brasileiro onde quer que se encontrem, bem como as aeronaves e as embarcações brasileiras, mercantes ou de propriedade privada, que se achem, respectivamente, no espaço aéreo correspondente ou em alto-mar. § 2º. É também aplicável a lei brasileira aos crimes praticados a bordo de aeronaves ou embarcações estrangeiras de propriedade privada, achando-se aquelas em pouso no território nacional ou em vôo no espaço aéreo correspondente, e estas em porto ou mar territorial do Brasil.

[182] LEI DAS CONTRAVENÇÕES PENAIS, art. 2º. A lei brasileira só é aplicável à contravenção praticada no território nacional. (Decreto-Lei nº 3.688 de 02.10.41).

Hugo Grocius defendia, em sua obra *De Mare Liberum* (1609), que os mares não podiam ser objeto de propriedade nem, portanto, receber o mesmo tratamento de terras sujeitas à ocupação.

Já no século XVIII, o jurista holandês Cornelius van Bynkershoek formulou o princípio segundo o qual, as águas próximas à costa de um país, até ao limite do alcance da artilharia de terra, não se achavam incluídas no conceito jurídico de alto-mar. Quer dizer, elas permaneciam sobre a soberania territorial do país.

Hodiernamente, patrocinadas pela Organização das Nações Unidas (ONU), foram realizadas várias conferências de direito marítimo que procuraram definir os direitos de navegação e pesca em alto-mar, isso, em tempos de paz. Contudo, ainda é questão bastante controvertida, pois os distintos interesses dos países fazem-nos desrespeitar os acordos firmados, não sendo incomum o desrespeito às chamadas zonas de mar territorial.[183]

Este sistema da linha de respeito vigorou no Brasil desde o alvará de 04 de maio de 1805, confirmado pela Circular nº 92, de 31 de julho de 1850, ambos do ministério da guerra. Foi superado pelo progresso técnico na fabricação de armamentos.

Uma vez vencida, a extensão do mar territorial passou a ser de três milhas. Depois, pelo Decreto-Lei nº 44, de 18 de novembro de 1966, estabeleceu-se em seis milhas medidas desde a linha da baixa do mar. Pelo Decreto-Lei nº 553, de 25 de abril de 1969, elevou-se para 12 milhas.

Finalmente, o Decreto-Lei nº 1.098, de 25 de março de 1970, fixou em 200 milhas marítimas de largura, medidas da maré baixa do mar litoral continental. Acrescentando que a soberania do Brasil se estende, também, ao espaço aéreo acima do mar territorial, bem como ao leito e subsolo desse mar.

Por sua vez, o território fluvial abrange todas as correntes de água que circulam pelo solo brasileiro. Esses cursos de água podem ser nacionais, quando se mantêm dentro do território de um só estado (rio São Francisco) ou internacionais, quando atravessam territórios de mais de um estado (rio Amazonas e rio Paraná). Se o rio internacional é fronteiriço ou limítrofe, a soberania de cada estado vai até a parte mais profunda, que se chama de "talvegue".[184]

Também integra o conceito de território o espaço aéreo situado acima da terra e do mar territorial, conforme consta no artigo 2º do Código do Ar – Decreto-Lei nº 32, de 18 de novembro de 1966 –: "o Brasil exerce a mais completa e exclusiva soberania sobre o espaço aéreo acima do seu território e respectivas águas jurisdicionais, considerando como território de estado subjacente quaisquer aeronaves não militares em vôo ou em pouso".

Assim, o território fictício é composto de aeronaves, embarcações privadas quando em alto mar, e do espaço aéreo desse alto mar. Portanto, são também partes do território nacional os navios públicos, estejam em alto-mar ou em águas territo-

---

[183] CONSTITUIÇÃO FEDERAL, art. 20. São bens da União: (...); III – os lagos, rios e quaisquer correntes de água em terrenos de seu domínio, ou que banhem mais de um Estado, sirvam de limites com outros países, ou se estendam a território estrangeiro ou dele provenham, bem como os terrenos marginais e as praias fluviais; IV – as ilhas fluviais e lacustres nas zonas limítrofes com outros países; as praias marítimas; as ilhas oceânicas e as costeiras, excluídas, destas, as áreas referidas no artigo 26, II; (...) VI – o mar territorial; VII – os terrenos de marinha e seus acrescidos;

[184] Linha sinuosa, no fundo de um vale, pela qual as águas correm, e que divide os planos de duas encostas. O canal mais profundo do leito de um curso de água.

riais de outro país. Eles são territórios brasileiros, considerados como extensões de território nacional estejam onde estiverem.

Equiparam-se a navios de guerra, os navios que, embora não pertencentes à marinha militar, que tenham a bordo chefes de nações estrangeiras, agentes diplomáticos, embaixadores, ministros plenipotenciários, núncios apostólicos etc.

Assim, um navio estrangeiro não se torna militar só pelo fato de transportar um Presidente da República, ou um embaixador, se com ele viajam pessoas que compraram passagem. É que, para isso, o navio necessita estar a serviço exclusivo dessa autoridade.

Ora, se tais navios são ficticiamente território brasileiro, não importando onde ele se ache, seja em alto-mar ou em mar territorial de outro estado, a lei penal brasileira incide sobre os crimes havidos a bordo desses navios.

Porém, se houver um crime a bordo de um navio mercante, digamos, no porto de Marselha, incidirá a lei penal francesa, e o marinheiro há de ser julgado por um tribunal francês, porque o navio mercante não é um navio público, salvo se estiver a serviço do governo.

Assim, um navio de uma empresa brasileira é território brasileiro se estiver em alto mar, fora do mar territorial, ou porto de qualquer país. O crime que ali se perpetrar será julgado por tribunal brasileiro.

Se, porém, esse navio estiver navegando em águas territoriais de outro Estado, incidirão as leis dele.

Essas regras, igualmente, são válidas para as aeronaves públicas. De acordo com o Código do Ar, considera-se como território do Estado de sua nacionalidade as aeronaves militares, onde quer que se encontrem. E as de outra espécie, quando em alto mar ou em território que não pertença a nenhum Estado.

Já foi dito mais acima que, em matéria de lei penal no espaço, vigora o princípio da territorialidade, segundo o qual, se aplica aos fatos criminosos ocorridos nos limites do território, a lei deste país.

Significa que a lei brasileira incide sobre os crimes cometidos no território nacional, seja quem for o autor, seja qual for a sua nacionalidade, e, igualmente, seja qual for a nacionalidade da vítima.

Assim, se observa o caso de um estrangeiro que comete um crime contra um brasileiro, no território nacional. Nesse caso, incide a lei brasileira.

Por outro lado, se um brasileiro comete um crime contra um estrangeiro, em território nacional, vige a lei brasileira. E, finalmente, no caso de um estrangeiro cometer um crime contra um outro estrangeiro, no território nacional, incidirá, mesmo assim, a lei brasileira.

Com o tempo foram surgindo exceções, restrições, limitações, ao princípio da territorialidade. De um lado, por causa da evolução das relações entre os Estados, que veio a exigir uma proteção especial aos representantes diplomáticos, considerados, desde há séculos, como indivíduos de projeção de seu país no exterior. Por outro lado, o desenvolvimento da política colonialista, e de suas consequências, e das reações a ela, que foram obrigando os Estados colonizadores a criar, para se proteger e aos seus nacionais, regras que permitissem aos Estados buscar os agentes que, por qualquer razão, atingissem os seus interesses ou os dos seus representantes.

Num primeiro momento, os Estados colonizadores, sob a alegação de diferenças culturais, não permitiam que os seus nacionais fossem julgados por outros Estados, dessa forma, criando e implantando, nas possessões, as famosas capitulações, que eram o regime em que se atribuía aos cônsules dos países colonizadores competência penal excepcional para julgar os delitos.

Assim, aos cônsules não aplicavam, por exemplo, em crime praticado ou sofrido por inglês na Índia, a lei hindu, e sim a lei inglesa.

Desta maneira, criaram-se as primeiras condições para o aparecimento histórico de um novo princípio jurídico, chamado de territorialidade da lei penal, pelo qual a lei penal de um Estado tinha a faculdade de atravessar as suas fronteiras geográficas, para recair em fatos criminosos que podiam acontecer em território de um outro país.

Desta forma, hoje, a eficácia da lei penal no espaço vem a ser regulada por outros quatro princípios, além do princípio da territorialidade, e que são: a) princípio da nacionalidade ou personalidade, b) princípio da proteção real ou de defesa, c) princípio universal ou mundial ou penal cosmopolita ou da universalidade do direito penal e, d) princípio da representação.

2. O Princípio da nacionalidade (ou da personalidade)

O princípio da personalidade tem como fundamento a regra de que a lei acompanha sempre a pessoa, isto é, se aplica a lei penal da nacionalidade do agente. Poderia se dizer que a lei penal persegue o agente por onde ele andar. Toda vez que ele violar uma lei de sua pátria, mesmo que no exterior, ela incidirá sobre ele. Sempre, mesmo que ele resida no território de outro país.

Se, por exemplo, um brasileiro vier a cometer um crime na França, a lei penal brasileira incidirá sobre ele. Claro que a França também terá legitimidade para punir o agente brasileiro, pois, caso contrário, se estaria ferindo a própria soberania francesa.

O princípio da personalidade ou nacionalidade está consolidado em nossa Carta Constitucional, onde o legislador originário preceituou que nenhum brasileiro sofrerá a extradição, com a exceção daquele que for naturalizado.[185]

A razão de ser do princípio da personalidade é evitar que delinquentes estrangeiros busquem a impunidade emigrando para outro país e lá se naturalizando.

Prevalece, assim, em nosso ordenamento jurídico, o princípio da *lex patriae* sobre a *lex loci*, isto é, a lei da pátria da pessoa sobre a lei local, independente do lugar em que ela se encontrar.

Portanto, a lei natural/cultural da pessoa prepondera sobre a lei do lugar do delito.

O princípio da nacionalidade subdivide-se em, princípio da *nacionalidade ativa* e da *nacionalidade passiva*.

---
[185] CONSTITUIÇÃO FEDERAL, art. 5º Nenhum brasileiro será extraditado, salvo o naturalizado, em caso de crime comum, praticado antes da naturalização, ou de comprovado envolvimento em tráfico ilícito de entorpecentes e drogas afins, na forma da lei.

Na nacionalidade ativa, o agente que pratica o delito é punido de acordo com a lei do seu país, independentemente da nacionalidade do sujeito passivo. Acontece uma expansão da lei territorial, pois ela acompanha os atos daqueles que são dela oriundos.

Percebe-se isso, quando o Código Penal, em seu artigo 7º, inciso II, letra *b*, determina que ficam sujeitos à lei do Brasil, ainda que praticados fora do território nacional, os delitos que vierem a ser cometidos por cidadãos brasileiros.[186]

Por outro lado, a nacionalidade passiva ocorre quando o agente somente é punido pela lei penal de seu país se vier a cometer, no exterior, um delito que venha a ameaçar e ofender bem jurídico de seu próprio Estado nacional, ou mesmo de um cocidadão.

Neste caso, o brasileiro que agisse de forma a praticar um ilícito em um outro país, para poder ser alcançado pela lei do Brasil, teria que, obrigatoriamente, atingir bens jurídicos brasileiros, ou de outro brasileiro.[187]

Outrossim, um dos pressupostos de aplicação da lei brasileira, nesses casos, é que o autor do delito ingresse no Brasil. É o que está disposto na letra *a* do § 2º do artigo 7º.

Uma outra situação se dá se o crime é praticado por estrangeiro contra brasileiro, fora do Brasil. Além do requisito da entrada no território brasileiro, a lei exige que não tenha sido pedida a extradição daquele, ou que o mesmo pedido tenha sido negado pela autoridade brasileira.[188]

Ressalte-se, finalmente, que o Código Penal brasileiro não adotou este princípio passivo, pois pelo teor do seu artigo sétimo, e incisos, o elemento ativo é o único a resolver os conflitos surgidos pela lei penal no espaço.[189]

3. Princípio da defesa

O princípio da defesa é conhecido, também, como princípio da proteção, ou real. De forma ampla, este princípio determina que a lei penal que rege um bem jurídico

---

[186] CÓDIGO PENAL, art. 7º. Ficam sujeitos à lei brasileira, embora cometidos no estrangeiro: II – os crimes: b) praticados por estrangeiros.

[187] PENAL E PROCESSUAL PENAL – USO DE PASSAPORTE COM VISTO FALSO – EMBARQUE PARA OS ESTADOS UNIDOS DA AMÉRICA – DEPORTAÇÃO – ARTS. 304 E 7º, § 2º, "B" E "E" DO CP – ART. 43, III. DO CPP – I. Sendo o passaporte brasileiro autêntico e visto americano falso, não se vislumbra potencialidade lesiva contra o Brasil pois o crime, em tese, foi praticado contra os Estados Unidos. II. Da deportação do apelado deflui a lógica conclusão de que aquele país manifestou desinteresse em punir o alienígena que tentava ingressar em seu território ilegalmente, não se atendendo, portanto, a uma das condições de procedibilidade para a aplicação extraterritorial da lei brasileira. III. Ausente uma das condições, fica inviabilizada a possibilidade jurídica do pedido e faz-se desnecessário o prosseguimento da instrução, impondo-se a absolvição como medida de Justiça. IV. Apelação improvida. (TRF 2ª R. – ACR 2000.02.01.027890-0 – RJ – 3ª T. – Relª Desª Fed. Tania Heine – DJU 15.03.2001).

[188] CÓDIGO PENAL, art. 7º. Ficam sujeitos à lei brasileira, embora cometidos no estrangeiro: § 3º. A lei brasileira aplica-se também ao crime cometido por estrangeiro contra brasileiro fora do Brasil, se reunidas as condições previstas no parágrafo anterior: a) não foi pedida ou foi negada a extradição; b) houve requisição do Ministro da Justiça.

[189] EXTRADIÇÃO – A concordância do extraditando, no sistema brasileiro de extradição passiva, não dispensa a verificação da legalidade do pedido. PRESCRIÇÃO – CÓDIGO PENAL ALEMÃO – Crime punido com pena máxima inferior a dez anos: prescrição decenal, interrompida, no caso, pelas ordens da prisão que motivam o pedido de extradição. (STF – Extradição 629-1 – Alemanha – Plenário – Rel. Min. Sepúlveda Pertence – DJU 24.02.1995)

lesado, ou ameaçado, qualquer que seja a nacionalidade do agente e do *locus delicti*, será a lei de origem, isto é, a que pertencer, tanto o agente, quanto o bem tutelado.

De forma particular, esse princípio se baseia na concepção de que a lei penal deve proteger e amparar os bens nacionais juridicamente tutelados, em qualquer parte do mundo. Assim, compete à lei penal nacional sair em sua defesa, seja o agente estrangeiro ou tenha a agressão ocorrido fora do território nacional.

Destarte, estando em jogo interesses reputados como de uma certa importância para a sociedade brasileira, a aplicação da lei brasileira é incondicionada, isto é, não está sujeita a nenhum requisito formal prévio.

Em razão disso, não importa que o réu já tenha sido condenado no estrangeiro. Mesmo nessa hipótese, a lei brasileira será aplicada.

Prevendo a incidência de duas penas para o mesmo crime, o que viria a caracterizar o *bis in idem*, a lei pátria preceitua que cumprida pena no estrangeiro por agente condenado pela lei brasileira e em razão do mesmo crime, atenuar-se-á a pena imposta em nosso país, desde que diversa, ou será computada, quando idêntica.[190]

4. Princípio da justiça penal universal

Este princípio é também conhecido como o princípio da jurisdição mundial cosmopolita, ou da universalidade do direito penal. Determina que, independente da nacionalidade do agente e do lugar do crime, aplica-se a lei penal do país em que ele se encontrar.

É que, para certos delitos, dada a sua gravidade e a sua repercussão social, exsurge o dever de solidariedade entre os povos para melhor se reprimirem tais delitos, cuja punição interessa a todas as nações. Desta feita, se o crime põe em perigo valores essenciais da humanidade, não é possível deixá-lo impune só porque o acusado, tendo praticado um crime num país, se transferiu para outro. E, em obediência a esse princípio, os bens que são patrimônio de toda a humanidade, devem estar protegidos onde se encontrarem, independente da nacionalidade do agente.

Em uma época em que assistimos ao crescimento dos crimes de genocídio, terrorismo, tráfico internacional de armas e de drogas, entre tantos, ficamos no limiar de reagir ou sucumbir frente ao impacto dessas ações que ameaçam a comunidade internacional, e não somente, a uma ou outra nação. Assim, todos os tribunais do mundo podem e devem perseguir os criminosos, em qualquer ponto do planeta, pois se não o fizerem, se estará permitindo a vitória do crime sobre os direitos da sociedade universal.

A quase unanimidade dos códigos penais do mundo adota este princípio, porém sem o alcance pretendido pelos que o defendem. Isto porque, em época de globalização das fronteiras econômicas, muitas nações ainda lutam pelo reconhecimento de velhas questões, confundindo interesses particulares, com ameaça à sua soberania.

Outrossim, assiste-se a uma crise sem precedentes na legitimidade e competência da ONU, cuja atuação é ameaçada por atos de países que, em guerra civil ou

---

[190] CÓDIGO PENAL, art. 8º. A pena cumprida no estrangeiro atenua a pena imposta no Brasil pelo mesmo crime, quando diversas, ou nela é computada, quando idênticas.

entre si, praticam toda a sorte de destemperos, caracterizados como crimes contra a humanidade (é o caso da guerra da Rússia contra a Chechênia, da Turquia contra a população curda, do Iraque contra os xiitas, de Israel contra os palestinos, e agora, recentemente, dos EE.UU. contra o Iraque).

O procedimento deve obedecer à sistemática de que a punição desses crimes, pelo direito de um país, decorre da existência de acordos ou de tratados internacionais. O fato de uma nação vir a ser competente para julgar o autor da prática de um desses crimes, mesmo que praticado em outro território, seja ele estrangeiro ou não, decorre da existência e do reconhecimento desses tratados.

O Brasil acompanha esse esforço da comunidade internacional, em reprimir os crimes de relevância mundial.[191]

É de se ressaltar que o Código Penal não indica quais são os crimes internacionais. Mas, através dos tratados e convenções, que cumprem o papel de normas subsidiárias, se podem buscar os complementos dessa norma principal.

Muitos dão a esses crimes o nome de crimes internacionais ou dos direitos das gentes. A denominação não é a mais apropriada porque esses crimes só têm de internacional a forma de serem cometidos. Na realidade, seria mais correto chamá-los de delitos plurinacionais.

5. Princípio da representação

O princípio da representação é também conhecido como o princípio do pavilhão nacional (bandeira), ou princípio subsidiário. É matéria importante, vez que rege a lei sobre os barcos e aeronaves nacionais. Por um princípio constitucional, também fazem parte do território nacional os navios ou as aeronaves em mar territorial ou no espaço aéreo.[192]

Preceitua o nosso Código Penal que aplica-se a lei penal do país de origem do navio ou da aeronave se o outro Estado, onde o delito ocorreu, não se interessar em fazê-lo. Diz, ainda, que ficam sujeitos à lei brasileira, embora cometidos no estrangeiro, os crimes praticados em aeronaves ou embarcações brasileiras, mercantes ou de propriedade privada, quando em território estrangeiro e aí não sejam julgados.[193]

Essa ficção jurídica importa na proteção às nossas aeronaves, bem como aos nossos navios que, navegando em águas ou em espaço aéreo internacionais, no caso do cometimento de um crime, não fique o seu agente impune.

---

[191] CÓDIGO PENAL, art. 7º Ficam sujeitos à lei brasileira, embora cometidos no estrangeiro: (...) II – os crimes: a) que, por tratado ou convenção, o Brasil se obrigou a reprimir;

[192] CÓDIGO PENAL, art. 5º Aplica-se a lei brasileira, sem prejuízo de convenções, tratados e regras de direito internacional, ao crime cometido no território nacional. § 1º. Para os efeitos penais, consideram-se como extensão do território nacional as embarcações e aeronaves brasileiras, de natureza pública ou a serviço do governo brasileiro onde quer que se encontrem, bem como as aeronaves e as embarcações brasileiras, mercantes ou de propriedade privada, que se achem, respectivamente, no espaço aéreo correspondente ou em alto-mar. § 2º. É também aplicável a lei brasileira aos crimes praticados a bordo de aeronaves ou embarcações estrangeiras de propriedade privada, achando-se aquelas em pouso no território nacional ou em vôo no espaço aéreo correspondente, e estas em porto ou mar territorial do Brasil.

[193] CÓDIGO PENAL, art. 7º Ficam sujeitos à lei brasileira, embora cometidos no estrangeiro: (...) II – os crimes: (...) c) praticados em aeronaves ou embarcações brasileiras, mercante ou de propriedade privada, quando em território estrangeiro e aí não sejam julgados.

É também aplicável a lei brasileira aos crimes praticados a bordo de aeronaves ou embarcações estrangeiras de propriedade privada, achando-as primeiro em pouso no território nacional ou em voo no espaço aéreo correspondente e as mesmas em porto ou mar territorial do Brasil.

A regra penal estipula que, para tanto, não sejam os ditos réus julgados pelo país em cujas águas navegue o navio, ou espaço aéreo voe a aeronave.

6. Princípio da extradição

Lutar contra os crimes que venham a ameaçar as nações é um objetivo comum que interessa a toda a comunidade internacional. Por conseguinte, quando um agente pratica atos que todos consideram como um crime, a nação onde ele ocorrer, está mais do que legitimada no interesse de alcançá-lo.

Daí a existência do instituto da extradição. A extradição é o ato

Jurídico pelo qual um país entrega a outro um criminoso para ser julgado. Assim, se um réu comete um delito em uma nação e, para escapar daquela justiça foge para outro território, aquele país no qual o delito foi praticado poderá pedir a entrega do agente para julgamento pelas leis do local do crime.

De início diga-se que, quando uma figura delituosa do país que requer a extradição não figurar no elenco das figuras típicas de delito em nosso ordenamento jurídico, não cabe a concessão da extradição.[194]

Divide-se o instituto da extradição em extradição ativa e extradição passiva.

A *extradição ativa* é o ato pelo qual um país requer a extradição de um agente. Será passiva, quando for um outro país a requerer a entrega do agente delituoso.

Todo o processo de extradição pressupõe condições específicas. Algumas dizem respeito às relações entre Estados. Outras se referem à natureza do crime. E, finalmente, outras há que dizem respeito à nacionalidade e às situações particulares da própria extradição.

O primeiro conjunto de relações diz respeito às relações entre as nações. É necessário que exista entre o país que está requerendo e o requerido, um tratado de extradição, assinado e reconhecido, pelo qual os dois Estados tenham assumido a obrigação de concederem-se, reciprocamente, a entrega de pessoas acusadas ou, até mesmo, já condenados, por um dos crimes especificados no tratado.

Mesmo quando não existe a figura do tratado assinado e reconhecido, é possível falar-se em extradição. Isso porque, havendo ato de reciprocidade entre os dois países, a falta de um documento formal é plenamente factível. Este ato de reciprocidade

---

[194] INVIABILIDADE DA EXTRADIÇÃO RELATIVAMENTE AOS DOIS CRIMES IMPUTADOS AO PACIENTE, UM DOS QUAIS NÃO PUNIDO PELO DIREITO BRASILEIRO E O OUTRO ATINGIDO POR PRESCRIÇÃO SUPERVENIENTE AO DECRETO DE PRISÃO – ALEGADA OMISSÃO QUANTO À EXISTÊNCIA DE CIRCUNSTÂNCIA DETERMINANTE DA INTERRUPÇÃO DO PRAZO PRESCRICIONAL PREVISTA NO ART. 117, § 1º, DO CP – Omissão que, se existente, é de ser imputada não ao Tribunal, mas ao Ministério Público, que, com vista dos autos, deixou de referir o fato agora suscitado, o qual, por igual, não foi mencionado no pedido de extradição. De acrescentar-se, como obter dictum, que, no caso, o que houve com os co-réus não foi o julgamento, mas a dispensa desse ato (Trial Juri) pela aplicação do plea bargain, instituto do direito norte-americano que corresponde a uma transação entre acusação e defesa, pelo qual o acusado, em troca de alguma benesse, admite sua culpa (guilty plea), confessando as acusações; procedimento de natureza singular, sem correspondência no direito brasileiro. Embargos rejeitados. (STF – HC-ED 80828 – SP – TP – Rel. Min. Ilmar Galvão – DJU 20.09.2002 – p. 89)

é, na verdade, um princípio de direito. Dá-se quando o país requerido concorda em entregar o criminoso ao Estado requerente, mediante compromissos solenes de reciprocidade.

A lei brasileira somente autoriza a extradição se houver acordo internacional ou ato de reciprocidade de tratamento. É o que estabelece o artigo 87 do Decreto nº 941, de 18 de outubro de 1969. Este regramento preceitua que a extradição de estrangeiros há de ser concedida, quando solicitada por uma nação, invocando a existência de tratado ou convenção firmado. Não valendo, poderá tal país invocar a existência de reciprocidade de tratamento.[195]

Por sua vez, o segundo conjunto de condições refere-se à natureza jurídica da própria infração. A lei do Brasil não permite a extradição de agentes que tenham praticado crime político, crime de opinião, ou de crime punido com penal igual ou inferior a um ano. Inclui-se, aí, o caso das contravenções penais.

Já quanto ao terceiro conjunto de condições, refere-se ao caráter da nacionalidade do extraditando, à sua condição de cidadania. Pela nossa Carta Magna, não haverá, em caso algum, extradição de brasileiro, isto é, nenhum país poderá esperar a entrega de um cidadão brasileiro, que delinquiu em outro território.

Há ainda, aqui, uma questão particular que rege a posição do Brasil em casos de extradição. Se o crime cometido pelo agente, no território do país requerente for punido com a pena de morte, ou até com penas corporais, o nosso país pode conceder a extradição, mas o Estado requerente tem que, solenemente, assumir o compromisso, sem o qual não haverá a entrega, de que o agente criminoso não será condenado a esses tipos de penas, eis que inexistentes e repudiados pelo nosso ordenamento jurídico.

Ele deverá, sim, sofrer condenação, mas nunca de pena de morte ou de penas corporais. Em se tratando dessas condições particulares, há um detalhe a ser observado: costuma-se permitir a extradição de agente que se encontra em território estranho ao do delito, uma vez que se identifique que o agente saiu do local do delito como subterfúgio para escapar à justiça do país onde delinquiu.

Tal questão se justifica, na medida em que, às vezes, por acidentes, como um naufrágio, uma pessoa, sem a intenção explícita de fugir, vem a ficar em outro território nacional. Nesses casos, ainda que o indivíduo não tenha intencionalmente pretendido esconder-se, ou refugiar-se, para fugir à justiça, se aceita a tese de que ele deve, ainda assim, ser extraditado.

É a posição da lei nacional, sob o argumento que o nosso ordenamento jurídico não fala em entrada voluntária ou involuntária.

---

[195] DECRETO-LEI nº 941, de 18 de outubro de 1.969, art. 87: "A extradição de estrangeiros poderá ser concedida quando o governo de outro país a solicitar invocando convenção ou tratado firmado com o Brasil e em sua falta, a existência de reciprocidade de tratamento".

CAPÍTULO VIII

LUGAR DO CRIME

1. Conceito

Prescreve o artigo 6º do Código Penal brasileiro que se considera praticado o crime no lugar em que ocorreu a ação ou omissão, no todo ou em parte, bem como onde se produziu ou deveria produzir-se o resultado.[196]

Assim, de acordo com o disposto pela norma penal, a lei incide no fato praticado dentro dos limites geográficos do Estado nacional.

Tal dispositivo tem como objeto cuidar da problemática da validade da lei penal brasileira no espaço. Procura, dessa forma, resolver as questões que são levantadas pelos denominados crimes à distância, que são os delitos em que a conduta é praticada em um país, mas o resultado ocorre em um outro.

É o caso do brasileiro que, com arma branca, atinge e mata um cidadão paraguaio, na zona de fronteira, mas estando a vítima, quando atingido, em solo paraguaio. O agente feriu e matou no território paraguaio e lá é que será processado.

A determinação do lugar do crime, dessa maneira, serve para resolver não só a questão da aplicação da lei nacional, como para determinar a competência do juízo colocado frente ao ato delituoso.

Ao não se conhecer o local do crime, isto é, onde ele teria, efetivamente, acontecido, se torna impossível dizer de quem é a competência legal para apreciar a matéria. É assim que se estabelece um conflito da lei penal no espaço, e que traz grande insegurança ao ordenamento.

Sem a determinação exata do local do crime, sem a certeza de qual lei a ser aplicada ao fato, cria-se um hiato que, por ser fruto dessa indecisão legal, exige da doutrina e da própria lei, uma resposta definitiva.

2. Importância do *iter* para o reconhecimento da competência

É por demais importante saber-se onde o crime de fato aconteceu, porque, determinado o seu exato local, se poderá ter a certeza quanto ao juízo competente para processar e julgar o agente.[197]

---

[196] CÓDIGO PENAL, art. 6º. Considera-se praticado o crime no lugar em que ocorreu a ação ou omissão, no todo ou em parte, bem como onde se produziu ou deveria produzir-se o resultado.

[197] CÓDIGO DE PROCESSO PENAL, art. 70. A competência será, de regra, determinada pelo lugar em que se consumar a infração, ou, no caso de tentativa, pelo lugar em que for praticado o último ato de execução. § 1º. Se, iniciada a execução no território nacional, a infração se consumar fora dele, a competência será determinada pelo lugar em que tiver sido praticado, no Brasil, o último ato de execução. § 2º. Quando o último ato de execução for

Comumente, o crime é concebido, preparado, executado e consumado num mesmo local. Esta é a marcha tradicional do crime, qual seja, a de permitir que o seu rastro venha a ser conhecido. Tal trajetória é chamada de *iter criminis*.

O *iter criminis* pode ser dividido em momentos. O primeiro momento é o da cogitação, quando o réu imagina matar alguém, furtar alguma coisa, etc., O segundo é o da preparação dos meios. O terceiro, o da execução e, finalmente, o quarto momento, o da consumação.

É nesse último momento que o objetivo da intenção delituosa do agente vem a ser alcançado. Pode o indivíduo passar por todas as fases do *iter criminis* e não vir a atingir o seu objetivo finalista, ficando, então, o crime, na sua forma tentada.

Importante destacar que muitos tipos delituosos admitem mais uma fase, a do exaurimento, onde o crime se acaba, perfeitamente.

Entretanto, nem sempre o crime se cogita, se prepara, se executa e se consuma num determinado espaço territorial de um mesmo país ou de uma mesma comarca. Muitas vezes ele desobedece o caminho tradicional.

3. Crime à distância ou plurinacional

Às vezes, o crime necessita de um espaço diferente para a sua consumação ou exaurimento. Isto é, a ação se inicia no território de um Estado e vai se consumar em um outro. Ocorre, nessas situações, o chamado crime à distância, ou plurinacional, no qual essa trajetória delituosa ocupa um espaço físico de dois ou mais países.

Nesses casos, cabe ao Direito Internacional Penal resolver os conflitos que possam surgir dos crimes ditos plurinacionais. O Direito Internacional detém, assim, os princípios destinados a indicar a norma aplicável à ação criminosa que viola a ordem jurídica de dois ou mais países.

4. Crime plurilocal

Se a trajetória do crime aconteceu entre duas ou mais comarcas do mesmo território nacional, temos o crime dito plurilocal. É o Direito interno do país, que vai dar a solução a essa situação. Em nosso país, a tarefa acabou dividida entre o Código de Processo Penal, que estabelece a fixação da competência em razão do lugar do crime, e o Código Penal, que aceita a teoria da ubiquidade.

5. Teoria da ubiquidade

A teoria da ubiquidade é uma construção da doutrina. Não se a construiu apenas para tentar resolver tal situação. Os doutrinadores desenvolveram três teorias: a

---

praticado fora do território nacional, será competente o juiz do lugar em que o crime, embora parcialmente, tenha produzido ou devia produzir seu resultado. § 3º. Quando incerto o limite territorial entre duas ou mais jurisdições, ou quando incerta a jurisdição por ter sido a infração consumada ou tentada nas divisas de duas ou mais jurisdições, a competência firmar-se-á pela prevenção.

Teoria da Atividade, segundo a qual se considera o crime praticado onde tiver sido executada a conduta do agente. A Teoria da Consumação, conhecida também como a do evento ou do resultado. Nesta, o delito cometido pelo agente, se considera cometido, no lugar em que se produziu o resultado. A Teoria da Ubiquidade conhecida como mista ou da unidade.

A teoria da ubiquidade é a adotada em nosso país, como se pode perceber pela leitura do artigo 6º do Código Penal brasileiro. Assim, a lei brasileira é ubíqua, onipresente, isto é, ela é competente sempre, seja no momento da execução, quanto no de consumação.

Por essa teoria, o crime se considera cometido em território nacional, quer nele se tenham praticado os atos de execução, quer os de consumação. Considera-se o local do crime tanto aquele em que se realiza a conduta, como aquele em que se produz o resultado, como, ainda, aquele em que o bem juridicamente tutelado é atingido.[198]

Adotado tal princípio pelo nosso Código Penal, tentou-se evitar o conflito negativo de jurisdição, que poderia ser gerado pelas duas outras teorias, caso tivessem sido adotadas. Entendido esse conflito negativo, como a possibilidade de ocorrer a impunidade do delinquente.

Segundo a teoria da ubiquidade, para se aplicar a lei penal brasileira, basta que apenas um único ato da fase executória praticado pelo agente ocorra em território brasileiro, ou que o resultado no Brasil venha a se consumar. Então, no caso de um traficante do Peru enviar um pacote, contendo, por exemplo, cocaína, e este passar por território brasileiro, ainda que destinado à França, mesmo que aqui só venha a ser trânsito do ilícito, o fato de este pacote passar pelo território brasileiro dá ao nosso país a legitimidade para o julgamento do delito.

Tal entendimento está fundado na certeza de que, pelo menos um dos atos executórios, ocorreu em solo brasileiro. Note-se que, pela teoria da ubiquidade, todos os três países envolvidos nessa rota internacional de tráfico teriam legitimidade para propor a ação penal.

Uma limitação existe e deve ser observada quando se tratar de casos atingidos pela teoria da ubiquidade. Ela não leva em consideração os atos preparatórios realizados e, muito menos, com os que vierem a ocorrer depois da consumação. É porque para a teoria da ubiquidade só interessa os atos de execução e de consumação. Não elasticidade para alcançar os chamados atos preparatórios, até porque está em consenso com o princípio de que é defeso, em matéria penal, a analogia *in malam partem*.

No caso da tentativa, igualmente, ela só a absorverá se, e somente se, ela se desenvolver de fato, isto é, onde se teria produzido o resultado desejado, não fosse o surgimento de circunstâncias alheias à vontade do agente.

Uma outra questão também é levantada pela teoria da ubiquidade. Diz respeito ao efeito intermédio.

O efeito intermédio acontece nos chamados crimes de trânsito, que são aqueles cuja marcha se desdobra sobre distintos espaços, muitas vezes em dois ou mais Estados. Se, por exemplo, o agressor está em Livramento, fere alguém em Rivera, e a vítima vem a morrer em Buenos Aires, o Uruguai é o lugar do efeito intermédio.

---

[198] CÓDIGO PENAL, art. 6º Considera-se praticado o crime no lugar em que ocorreu a ação ou omissão, no todo ou em parte, bem como onde se produziu ou deveria produzir-se o resultado.

Para essa teoria, como qualquer dos três países pode ser o lugar do crime, todos eles são competentes para aplicar a sua lei penal. Para se evitar essa confusão é que se desenvolveu a prática dos tratados e das convenções.

O legislador, prevendo tal confusão, estabeleceu, a partir do artigo 8º do Código Penal, que toda pena cumprida no exterior tem o condão de atenuar a cumprida no Brasil pela prática do mesmo crime, quando diversas as penas, e deve-se computá-la se forem, a nacional e a estrangeira, idênticas.

Finalmente, é importante, para uma clara compreensão do tema, que não se confunda o lugar do crime, tratado pelo artigo 6º do Código Penal, com aquele lugar do crime previsto pelo artigo 70 do Código de Processo Penal.

O primeiro diz respeito aos conflitos oriundos da validade da lei penal no espaço, enquanto o segundo tem por objetivo disciplinar a problemática dos foros, juízos e tribunais.

CAPÍTULO IX

DO CRIME

1. Conceito de crime e de contravenção

Desde muito se procura um nome certo para designar a conduta criminal, que pode assumir as formas mais variadas e diversas.

Diferentes teóricos chamam a si a difícil tarefa de encontrar um conceito que melhor explique aquela conduta tão típica. Seria preciso, então, encontrar um vocábulo capaz de designar todas as formas de condutas criminosas, quer dizer, daquelas condutas que porventura viessem a ofender ou a ameaçar os bens juridicamente tutelados.

É remota essa preocupação. Desde há muito, se percebeu que toda a ação delituosa trazia um traço constante e geral, qual seja, a consequência do dano. Constatou-se que toda conduta humana violadora de uma norma penal é, logo em seguida, causa de um prejuízo para a vítima direta ou para terceiro. Foi, assim, que desde os romanos tal conduta criminosa passou a ser nomeada pelos conceitos de *noxia* ou *noxa*.

Toda e qualquer conduta é uma ação, mesmo que acidental, que obriga uma reação. Constituiu-se como falta punível desde a existência do mais remoto ordenamento jurídico romano.

Punia-se até mesmo o crime de azar, conhecido pelos romanos como *casus*. Por esses tempos não se conseguia distinguir o dano criminal do dano civil. É por isso que se afirma que o Direito Penal acabou surgindo antes mesmo do Direito Civil.

Se toda infração era penalmente considerada, desde que causasse algum prejuízo, o Direito Penal é a matriz de todos os outros ramos do direito.

Em seu próprio evoluir, o Estado foi, lentamente, adotando outras espécies de penas, até porque passou a distinguir naturezas distintas para os danos causados por condutas delituosas. Penas tais como de coação pessoal, corpóreas, de prisão, de morte, passaram, com o tempo a ser substituídas por penalizações diferentes, como a coação patrimonial, não mais de ordem penal, e sim, civil.

Sofreu, dessa forma, o ilícito penal, uma divisão, pois que foi separados dele a sanção meramente civil. Tais sanções/penas têm suas próprias naturezas e que são representadas pela a indenização, pela restituição, pela nulidade de ato, pela execução forçada, etc.

O viver em sociedade foi demonstrando, ao longo dos séculos, que há danos que são prejudiciais aos indivíduos, atingem apenas a eles, e há aqueles que tocam o próprio fundamento da sociedade. Reconhecida essa divisão, tornou-se inadequada a denominação de crimes baseados no conceito de prejuízo.

Isso porque, desde que a conduta ofenda tão só o interesse individual, não afetando, contudo a segurança do tecido social, o dano que essa conduta ofensiva possa vir a causar deve ser reparado através de outros instrumentos, que não aqueles típicos do Direito Penal.

Construiu-se uma definição de dano mais ampla e definida, e, ainda que fruto de uma conduta contra um interesse individual, ainda assim, mereceria uma sanção, mas proporcional à ameaça causada.

Buscando, dessa forma, outra designação para distinguir o dano civil do dano penal, os romanos passaram a utilizar depois dos conceitos de *noxa* ou de *noxia*, as denominações de *flagitium, malefitium, injurium*, etc. E ainda, os conceitos de *delictum* e *crimem*. Estes últimos acabaram por ser largamente aceitos ao longo da Idade Média Ocidental.

Usados os vocábulos como sinônimos, todavia, nenhum deles satisfez às necessidades de uma melhor definição. Desde o período medieval, estes conceitos de *delictum* e *crimem*, ganharam variados significados. Crime era entendido como a infração mais grave, fruto de condutas como a do homicídio, a do roubo, etc. Por sua vez, o delito era considerado como a infração leve, tais como a injúria, lesões leves, etc. Mais tarde surgiria um terceiro conceito, o de contravenção, inicialmente chamada de *falta*.

Assim tínhamos o crime, o delito e a contravenção. Foi dessa maneira que se constituiu a divisão tripartite do tipo.

Esta divisão acabou por ser adotada pelo código francês na revolução de 1789. Mas foi em Napoleão Bonaparte que ela alcançou sua máxima expansão, vindo a adentrar na legislação de inúmeros outros países. Essa divisão ainda é predominante em muitas legislações, como vem a ser o caso da nossa, não se distinguindo entre a conduta delituosa e a conduta criminosa.

Muito já se fez para se distinguir ontologicamente, pela natureza, por sua substância e conteúdo, os conceitos de crime e contravenção. Há quase uma centena de teorias que buscam estabelecer tal distinção. Quanto ao conceito de delito, este acabou por ser absorvido pelo conceito de crime, sendo hoje sinônimos.

Quanto à conceituação do vocábulo *crime*, ao que parece foi Manzini quem primeiro pensou o crime como conceituado em dois sentidos: formal e material. Outros conceitos a que se deve rememorar: "Crime é o fato ao qual a ordem jurídica associa a pena como legítima consequência". (Von Liszt). "Crime em sentido amplo, é a ação punível, o conjunto dos pressupostos da pena". (Mezger). "Crime é todo o fato humano contrário à lei penal". (Carmignani). "Crime é todo o fato que a lei proíbe sob a ameaça de uma pena". (Aníbal Bruno)

Lembra-nos o Prof. Walter M. Coelho que Garofalo, em sua *Criminologia*, criou um conceito metajurídico, de critério histórico-relativista, é o famoso conceito criminológico de "delito natural" onde entende que "Crime é a violação dos sentimentos altruísticos fundamentais de piedade (ou benevolência) e probidade (ou Justiça), na medida média em que se encontram na humanidade civilizada, por meio de ações nocivas à coletividade".[199]

Sem grandes elucubrações, nosso ordenamento jurídico passou a adotar uma solução bastante pragmática. A distinção entre o crime e a contravenção passou a

---

[199] COELHO, Walter M. *Teoria geral do Crime*, v. 1, 2ª ed. Porto Alegre: Sergio Antonio Fabris Editor e ESMP, 1998, p. 11.

ser feita pela própria expressão da lei. É ela que faz tal distinção e, por isso, é uma distinção formal. Diz a lei que a distinção está na qualidade da pena.

Pede-se vênia para, antes de se estabelecer a distinção estipulada pela lei penal brasileira para os conceitos de crime e contravenção, discorrer sobre a própria natureza do conceito de crime.

E isso se justifica porque o crime pode ser percebido em diferentes matizes, que dizem respeito não apenas ao objeto, bem como à finalidade a que ele se propõe.

Manzini, entre outros, destaca o fato de que o crime pode ser percebido sobre duas óticas: uma de sentido formal e outra de sentido material. No seu sentido formal, o crime é também conhecido pelo seu caráter nominal, enfocando, apenas, o aspecto externo do fato delituoso.

Para Ihering, o crime é o sinal exterior da conduta penalmente violadora da ordem jurídica. É, por conseguinte, uma definição meramente preliminar e sintética, pois está a apontar a característica mais visível e aparente do chamado ilícito penal.

No seu sentido material, o crime foi definido por distintos autores, com definições que se aproximavam em sua substância. Aqui estão algumas dessas definições, que ilustram a dificuldade de uma só conceituação. Para Von Liszt, o crime é o fato ao qual a ordem jurídica associa a pena como a legítima consequência. Dizia que o crime é o injusto contra o qual o Estado comina pena e, mais adiante, completava dizendo que é a ação culposa e contrária ao direito.[200] Para Mezger, crime, em sentido amplo, é a ação punível, o conjunto dos pressupostos da pena;[201] Carmignani destaca que crime é todo fato humano contrário à lei penal;[202] e, finalmente, Hauss afirma que crime é a violação de um dever juridicamente exigível.[203] Já para Aníbal Bruno, o crime é um fato jurídico, no sentido de gerador de efeitos jurídicos, sendo o mais importante a aplicação de uma pena.

No seu sentido material, buscou-se definição um pouco mais aprofundada, pois se quis buscar a essência do conceito de crime. Aqui, pretendeu-se vê-lo, tanto como entidade jurídica quanto fato humano e social. O crime é entendido não apenas como uma simples definição legal, mas como um fenômeno sociojurídico, variável em seu conteúdo histórico-cultural. Nesse sentido, vem ao encontro dessa percepção de crime o jurista italiano Garófalo que preceitua que o crime é uma violação dos sentimentos altruísticos fundamentais de piedade (ou benevolência) e probidade (ou justiça), na medida média em que se encontram na humanidade civilizada, por meio de ações nocivas à coletividade.

Não é um conceito completo, é verdade que criticado por outros autores, mas traz em si uma nova base, qual seja, o da relação do conceito do crime, com a mentalidade de uma determinada sociedade. Falta agregar a tal conceito, ainda embrionário, outros elementos que compõem o social. Mas, primordialmente, falta um aspecto definitivo para compor-se o conceito de crime, isto é, o da sua periculosidade.

O crime é, em si, uma ameaça concreta aos princípios que regulam a segurança jurídica da sociedade. Não se pode deixar ao lado tal percepção.

---

[200] LIZT, Franz von. *Tratado de Direito Penal Alemão*, tomo I, F. Briguiet, 1899, p. 183.
[201] MEZGER, Edmundo. *Reato (Verbrechen) nel senso più largo significa l'azione punibile, cioè il complesso dei pressuposti della pena*. In *Diritto Penale (Strafrecht)*, Podova: CEDAM, 1935, p. 109.
[202] CARMIGNANI, Giovani. *Elementi di Diritto Criminale*, 2ª edizione. Milano: Carlo Brigola, 1882, p. 39.
[203] HAUS, J. J. *Prínipes Gènèraus de Droit Penal Belgue*, Grand: H. Hoste, Libraire-Éditeur, 1869, p. 56.

Na busca de um meio-termo entre estes dois sentidos, tem-se que o crime é a conduta humana que lesa ou expõe a perigo um bem jurídico protegido pela lei penal. Sua essência é a ofensa ao bem jurídico, pois toda norma penal tem por finalidade sua tutela.[204]

Há, ainda, um outro sentido, chamado de sentido analítico. Este coloca em destaque os elementos estruturais do crime, para só então, se propor a alguma definição. Dentro desse campo teórico, observa-se que Basileu Garcia dá como destaque para o crime, os elementos do fato típico, da culpabilidade e da punibilidade. Por sua vez, Francisco de Assis Toledo elenca o fato típico, a ilicitude e a culpabilidade. E Mirabete salienta não três, mas apenas dois elementos: o fato típico e a ilicitude.

Deve-se notar que o elemento comum é o do fato típico, quer dizer, a ação ou omissão humana que se enquadra naquilo que a lei rege como ameaçador, ou potencialmente ameaçador, ao ordenamento jurídico.

Mas, interessante é observar que os autores destacam, também, a culpabilidade, fruto daquele senso de quanto um ato ilícito é socioculturalmente perigoso e o seu consequente grau de reprovabilidade.

Chama, igualmente a atenção, o fato de que a punibilidade está colocada entre os elementos componentes do crime, o que para a maioria da doutrina, não é aceito. E tal reprovação faz sentido, já que a punibilidade é a quantificação daquilo que representou para a sociedade o bem jurídico violado ou ameaçado de violação. Ela não seria, desta forma, pertencente à estrutura do crime, mas sim pertencente à própria norma, como manifestação da mensuração que o Estado estabelece ao agente pelo crime praticado.

Além dessa divisão do conceito de crime em formal, material, e analítico, faz-se necessário, também, analisarmos o crime a partir de uma outra divisão, qual seja, o crime em seu critério tricotômico, e no critério dicotômico.

Para o primeiro critério, o gênero da infração penal apresenta três espécies: crime, delito, e contravenção. Os crimes seriam, por esse critério, aqueles ilícitos que são cominados, abstratamente, com as penas mais severas. Por sua vez, os delitos são aqueles ilícitos que recebem as penas menos severas, se comparadas com as que são cominadas para os crimes. E, no caso das contravenções, as penas são ainda mais brandas, quando comparadas com as penas dadas às outras duas espécies.

No segundo critério, o gênero da infração penal comporta duas únicas espécies: crime ou delito e a contravenção. Observa-se que aqui, o conceito de delito se apresenta como sinônimo do conceito de crime e, portanto, recebendo pena mais severa do que a prevista para as contravenções.

O critério dicotômico foi adotado pelo nosso ordenamento penal, pois se pode perceber, tanto na lei, quanto na doutrina, que não se faz uma distinção entre crime e delito.

Falta-nos, ainda, a questão colocada mais acima quanto às diferenças entre a contravenção e o crime ou delito.

A contravenção é punida com uma pena menos grave que o crime. Para ela, está prevista a pena de prisão simples, ou multa, ou ambas. Alternativa e cumulativamente, quer dizer, a contravenção é punida com pena de prisão ou com pena de multa, ou com prisão e multa. Todas estas hipóteses estão na lei das contravenções e ficam a critério do juízo.

---
[204] NORONHA, Magalhães. Op. cit., p. 97.

Já o crime ou delito é punido, tradicionalmente, com pena de reclusão ou de detenção. No caso da detenção, pode ser aplicada de forma isolada, alternativa, ou cumulativa com a pena de multa.

Vê-se, assim, que os crimes contra o patrimônio, como é o caso do furto, da apropriação indébita, do estelionato, geralmente são apenados com a pena de prisão e multa, pois a multa, para esses crimes, valeria como uma espécie de retribuição para as vítimas que sofreram com essa ação delituosa.

Por certo, a pena de multa é uma forma que a lei encontrou, para fazer o agente restituir um pouco daquilo que ele onerou no patrimônio do outro. Tal distinção está consagrada em nosso ordenamento, pois é o que preceitua o artigo 1º da Lei de Introdução do Código Penal. Ali, de forma objetiva, o legislador definiu as bases das distinções entre o crime e a contravenção.[205] Mas é obrigatório que se diga que, na verdade, não há uma diferença ontológica entre o crime e a contravenção, quer dizer, não há uma diferença de essência. Nesse sentido, afirma Flávio Augusto Monteiro de Barros que a diferença é apenas de grau e quantidade.[206]

Mesmo que, em essência, não se precise buscar uma diferença entre a contravenção e o crime, os doutrinadores, não só do Brasil, mas de outros países, ainda insistem nessa questão.

O Prof. Walter Coelho, por exemplo, em sua genial *Teoria Geral do Crime*, leciona:

"É possível, pois, destacar, basicamente, quatro *ordens de fatores* que, de forma mais ou menos constante, permitem delimitar, em suas características próprias, o campo delitual e o terreno contravencional. Tais dados diferenciais seriam os seguintes.

1º) *O crime*, por sua natureza, implica sempre em uma *lesão efetiva* ou *ameaça iminente de lesão* a um bem jurídico penalmente tutelado (crimes de demo ou de perigo). Sem essa lesão jurídica, efetiva ou potencial, não há que falar em crime. Ainda que por vezes presumido e não concreto, o perigo deve estar presente, no sentido de atualidade e proximidade com os bens fundamentais que a lei penal protege. A *contravenção*, no entanto, configure-se em princípio, com o simples *perigo futuro, remoto* de atingir determinados bens jurídicos, ou, como se diz, um '*perigo de perigo*' aos interesses penalmente protegidos.

2º) Complementando e interpenetrando-se com a consideração anterior, constata-se que *o crime* ofende ou põe em risco *os bens jurídicos em si*, ao passo que *a contravenção*, em regra, apenas afeta as *condições ambientais* desses bens. E por isto que, em matéria contravencional, o sujeito passivo costuma ser indeterminado, bem como excepcional é a ocorrência de dano.

3º) O crime exige sempre, na sua configurarão plena, a presença do *dolo ou da culpa; na contravenção* eles são, em tese, dispensáveis. Não apenas presumidos, como dão a entender os que ai vislumbram mera distinção probatória

---

[205] LEI DE INTRODUÇÃO AO CÓDIGO PENAL, art. 1º. Considera-se crime a infração penal a que a lei comina pena de reclusão ou de detenção, quer isoladamente, quer alternativa ou cumulativamente com a pena de multa; contravenção, a infração penal a que a lei comina, isoladamente, pena de prisão simples ou de multa, ou ambas, alternativa ou cumulativamente.

[206] MONTEIRO, Flávio de Barros. *Direito Penal*, Parte Geral, v. 1, São Paulo: Saraiva, 1999, p. 71.

e processual. Na verdade, dolo e culpa são, em princípio, estranhos a estrutura do tipo contravencional e sua perquirição não tem nenhuma razão de ser. Como bem já assinalava Beccaria, trata-se de uma infração *senza intenzione malvaggia*. De fato, ela se constitui em uma mera *desobediência ao comando formal da lei,* bastando, salvo exceção, a voluntariedade da ação (vide artigo 3° da Lei das Contravenções Penais).

4°) O crime deve, ao menos *de lege ferenda*, ser uma ação contraria à Moral, pois não se concebe que a mais grave das ilicitudes seja eticamente neutra. A contravenção não será, necessariamente um ato imoral, sendo proibida por simples razões de segurança pública ou momentânea conveniência social. Advirta-se, porém, que sob esse último aspecto, a distinção não pode ter contornos muito precisos e, *por si só,* não se constituiria em critério seguro para diferenciar crime de contravenção. A propósito, disse Viazzi, com grande pertinência que entre a 'faixa negra' dos crimes e a 'faixa branca' das contravenções não existe uma linha divisória, mas sim, uma 'faixa cinzenta'. É a reafirmação, em imagem apropriada, de que no mundo do Direito não há fronteiras geográficas, concretas e lineares, mas fronteiras culturais, no plano abstrato e maleável do 'dever ser'.

Vê-se, assim, que a distinção entre crime e contravenção não se apresenta como mero diletantismo academicista, segundo afirmam alguns penalistas adeptos do critério estritamente formal e quantitativista.

Há uma diferença intrínseca, conquanto relativa, entre essas duas espécies de infração penal, que devem servir, no mínimo, de inspiração legislativa".[207]

Primeiramente, o verbete *tatbestand,* literalmente traduzido, significa "estado de fato". Os franceses traduziram-no para a expressão idiomática *éléments légaux.* Os italianos entenderam-no como *fattispecie,* ou simplesmente *fatto.* Seja qual for a palavra usada, representará, sempre, o *tatbestand,* a democratização do direito penal, fincada no pórtico de todos os códigos penais e tão bem expresso por Feuerbach no *nullum crimen sine lege.*

A Itália tem a pretensão de afirmar que conseguiu encontrar um termo capaz de englobar estes dois conceitos, pondo fim a essa problemática. Denominaram esse conceito de *Il Reato*. O Código de Processo Penal usa o conceito de Infração Penal.

Dessa forma, toda vez que no Código de Processo Penal se fala em infração penal, o legislador quis se referir ao crime e à contravenção. Quando quer, especificamente, se referir a um ou outro, utiliza os dois conceitos: crime ou contravenção. E sempre que a norma tem por objetivo genérico incidir sobre os dois, usa a expressão *infração penal.*

De todos os elementos elaborados acima, em resumo, pode-se afirmar que a conduta típica, ação ou omissão, é o elemento objetivo ou material do crime, é a sua parte exterior, palpável. A culpabilidade é a porção subjetiva, psíquica ou moral do crime. A antijuridicidade, por seu lado, se constitui na substância mesma do delito, uma vez que seu fundamento é aquele princípio de que não existe crime sem prévia lei escrita.

---
[207] COELHO, Walter. Op. cit., v.1, p. 78 a 80.

No que diz respeito à punibilidade, a questão não é pacífica, pois as discussões em torno do fato de que esta deva ou não ser um elemento do crime, é bastante atual. Para alguns, a punibilidade não integra a definição de crime, porque a pena é uma consequência natural do delito. Outros divergem dessa posição e defendem que, uma ação ou omissão, somente pode ser considerada criminosa se for punida com uma pena, pois sem a pena, não há de se falar em crime.

2. Objeto do crime

Quando se fala em objeto do crime, deve-se ter em mente que se está falando do bem jurídico tutelado pelo ordenamento legal, e que se vê ameaçado pela ação ou omissão do agente. Diz Magalhães Noronha que, "não obstante a variedade de opiniões e doutrinas que procuram conceituar o objeto jurídico de um crime, estamos que é ele o bem-interesse protegido pela norma penal".[208]

É de se notar que, na definição dada acima, se destacam dois aspectos do objeto jurídico, quais sejam, o conceito de "bem", e o de "interesse". O primeiro é percebido como todo aquele elemento que satisfaz às necessidades do homem, compreendido tanto em seu aspecto material quanto imaterial. Para o segundo, o interesse é aquela relação psicológica que se firma entre um homem e a coisa, isto é, o bem. Na realidade, essa relação psíquica é uma valoração que o ser humano projeta num determinado elemento, cobrindo-o de expectativas, axiomas, etc. Pode, igualmente, ser um interesse de ordem material e imaterial.

Hoje em dia, também se aceita o fato de que esse "bem-interesse", possa ter uma natureza social, dado o grau de organização que o corpo social tem alcançado na relação entre os indivíduos e o Estado.

É usual, e aceito pela doutrina, dividir o objeto jurídico em objeto formal e objeto material.

O objeto jurídico formal é aquele que está determinado pelo direito subjetivo do Estado, o de ver obedecida a norma penal. Quer dizer, é a configuração de parte dos códigos, com todos os tipos que são protegidos pelo ordenamento, ou mesmo as ações que o agente não deve praticar. Nesse sentido, ao se olhar o Código Penal, se pode perceber o objeto jurídico protegido, tanto em sua forma genérica, quanto em sua forma específica.

Um exemplo disso se dá, quando se analisa o seu Título I, da Parte Especial. Ali, estão os chamados "Crimes contra a Pessoa", dispostos de forma específica e formal. Nesse título, o bem principal, protegido pelo Estado, é a vida, seguida da proteção a incolumidade física.

Seguindo essa lógica, no Título II, encontramos os "Crimes Contra o Patrimônio". Ali busca-se proteger, particularmente, os bens materiais e patrimoniais dos indivíduos.

Se a Parte Especial do Código Penal arrola a proteção do Estado aos bens jurídicos específicos, cabe à Parte Geral estabelecer as condições para a proteção dos bens em sua forma genérica.

---
[208] NORONHA, Magalhães. Op. cit., p.115.

Assim, a Parte Geral é aquela onde estão elencados os direitos, os princípios, em suas formas gerais. Na verdade, ao positivar os princípios do Direito Penal, a Parte Geral é o norte, a regra em sua manifestação pontual, estabelecendo as coordenadas para a aplicação da lei penal na Parte Especial.

Já o objeto jurídico material são o próprio agente e a coisa, que é violada ou ameaçada de violação.

Exemplo: o objeto jurídico material, nos casos de homicídio e de lesão corporal (arts. 121 e 129 do Código Penal) é a pessoa. Nos casos de furto (art. 155), é a coisa alheia e móvel.

Mas há casos em que, tanto a pessoa quanto a coisa são contemplados pela mesma norma. É o caso do roubo (art. 157), onde se destacam a pessoa e a coisa alheia móvel.

O objeto jurídico material, então, se confunde com o próprio tipo penal, já que adentra em sua constituição. Quer dizer, no caso do homicídio, é "alguém"; no caso do furto, "a coisa", etc.

Mas há casos em que não se percebe a presença do objeto material no tipo. É correto, portanto, afirmar-se que, em certos delitos, a conduta não recai, nem na pessoa, nem na coisa, estando tais tipos destituídos de objeto material. É o caso dos crimes de mera conduta e de todos os delitos omissivos puros.

Saliente-se que os crimes formais podem ou não apresentar o objeto jurídico material. No caso do rapto, pode-se ver o objeto material na mulher honesta. Todavia, no caso do falso testemunho, não se há de encontrar qualquer objeto material, sem que com isso se descaracterize o crime formal.

No que diz respeito aos chamados crimes materiais é por óbvio que todos apresentem o objeto jurídico material, uma vez que, para se constatar o resultado, o mesmo deve se dar, obrigatoriamente, sobre uma pessoa, ou uma coisa.

Finalmente, não se deve confundir o objeto do crime com o instrumento do crime. O primeiro, como já vimos, é parte da constituição do próprio tipo. O segundo é apenas um dos meios utilizados pelo agente para poder dar seguimento à sua conduta, alcançando, desta maneira, o fim desejado. É o caso da arma branca, num crime de lesões corporais, se outra não era a intenção do agente.

Igualmente, não se deve confundir o objeto material jurídico com o objeto "corpo de delito" que é por todos reconhecido como os vestígios que sobrevivem na escalada do *iter criminis* pelo agente, e que auxiliam na recomposição da persecução criminal.

3. Sujeito ativo do crime

O sujeito ativo do crime é aquele que, direta ou indiretamente, pratica a figura típica descrita pela norma penal. É o agente que realiza a conduta punível. Aquele que realiza a ação do verbo núcleo (matar, apropriar-se, subtrair, constranger, exigir ou receber, etc.)

Tradicionalmente afirmava-se que o agente ativo tinha de ser, imperativamente, uma pessoa. Somente o ser humano era entendido como agente ativo do tipo punível. Entretanto, hoje já se percebe a questão de uma forma mais profunda, entendendo-se também que a pessoa jurídica pode se enquadrar na figura do agente ativo.

Este é o caso dos crimes contra meio ambiente, onde as pessoas jurídicas são tratadas como agentes típicos, pois ao praticarem os delitos ali definidos, atuam como se pessoas fossem.[209]

Ainda que alguns resistam a essa extensão do conceito de agente ativo às pessoas jurídicas, deve-se lembrar aos que ainda resistem, que a própria Constituição Federal passou a admitir essa hipótese, quando determinou a responsabilidade penal da pessoa jurídica, nos crimes contra a ordem econômica e financeira, contra a economia popular e, como já citamos, contra o meio ambiente. Flávio de Barros Monteiro afirma que: "Cumpre, porém, registrar que uma parcela da doutrina entende que esses dispositivos constitucionais não autorizam a punição penal, e sim, sanções administrativas e civis. O argumento é convincente em relação aos delitos contra a ordem econômica e financeira e contra a economia popular, mas não procede quanto aos crimes contra o meio ambiente; no que respeita a estes, a expressão *sanção penal* vem expressa no próprio texto constitucional (art. 225, § 3º). Aliás, a Lei 9.605, de 13 de fevereiro de 1998, tipificou os crimes contra o meio ambiente, atribuindo responsabilidade penal à pessoa jurídica quando o delito for cometido por decisão de seu representante legal ou contratual, ou de seu órgão colegiado, no interesse ou benefício da entidade. Todavia, a responsabilidade da pessoa jurídica não exclui a das pessoas físicas, autoras, coautoras ou partícipes do mesmo fato (art. 3º e seu parágrafo único)".[210]

Quanto aos inimputáveis, inclusive se menores de 18 anos, admitindo a hipótese do fato ser típico e antijurídico, podem vir a serem agentes ativos do delito. Contudo, admitir-se a hipótese eles serem agentes ativos, não quer dizer que se quer ferir a lei penal, pois o ser agente não lhes retira o abrigo da inimputabilidade.

No procedimento processual, o indivíduo que pratica a ação delituosa é, muitas vezes, confundido com uma terminologia que, em nada, tem conceitos sinônimos. É comum, confundirem-se os conceitos de agente, indiciado, réu, acusado ou denunciado, querelado, e sentenciado.

O agente é o conceito que se utiliza para a pessoa que vai praticar a infração penal, mas, antes de iniciada a sua execução. O indiciado, já coloca a pessoa frente ao inquérito policial. Aqui, a persecução criminal já está em andamento, para buscar estabelecer o nexo causal entre a autoria e a materialidade. Os conceitos de réu, acusado, ou denunciado, são aqueles que a prática processual imortalizou como os termos usados quando da ação penal pública.

No caso da ação penal privada, deve-se utilizar o conceito de querelado, que tem o mesmo sentido dos anteriores, só respeitando a natureza da ação penal.

E, finalmente, sentenciado, ou condenado, é aquele indivíduo que já sofreu uma sentença condenatória, quer dizer, é o conceito correto para se utilizar quando dessa fase final do processo.

Outro aspecto de grande relevância quanto ao sujeito ativo do delito diz respeito à sua capacidade penal. Alguns indivíduos não estão aptos a sofrer todos os efeitos provenientes da violação da norma penal. Quer dizer, alguns sujeitos não apresentam

---

[209] Lei 9.605 de 1998, art. 3º. As pessoas jurídicas serão responsabilizadas administrativa, civil e penalmente conforme o disposto nesta Lei, nos casos em que a infração seja cometida por decisão de seu representante legal ou contratual, ou de seu órgão colegiado, no interesse ou benefício da sua entidade. Parágrafo único. A responsabilidade das pessoas jurídicas não exclui a das pessoas físicas, autoras, co-autoras ou partícipes do mesmo fato.

[210] MONTEIRO, Flávio de Barros. Op. cit., p. 80.

essa plena consciência do ato delituoso que praticaram e isso obriga a lei penal a desenvolver, em relação a estes agentes, um tratamento todo diferenciado.

Os menores de 18 anos, por exemplo, não têm uma capacidade penal ativa, uma vez que estão acobertados pela égide da inimputabilidade penal.

Mas não se credite aos doentes mentais esse benefício, pois se não podem receber as penas em sua forma tradicional, por outro lado, sofrem com a imposição das medidas de segurança que, se por um lado não são penas, por outro, não deixam de defender a sociedade do perigo latente que estes indivíduos podem representar à segurança jurídica.

O sujeito ativo do crime tem a sua imputabilidade e capacidade, determinadas pela regra do tempo do crime, isto é, o *tempus regi actum*. Considera-se assim, uma pessoa com capacidade plena quando, ao tempo da ação ou omissão, detinha as condições mentais para compreender o caráter ilícito do fato praticado e, com essa compreensão, determinar-se de acordo com esse entendimento.

É regra considerar-se que todo o imputável, ao tempo da ação ou omissão, tinha plena capacidade para assumir a responsabilidade dos efeitos de seus atos. Entretanto, admite a lei que o agente pode, posteriormente ao fato praticado, vir a sofrer uma situação que lhe perturbe as faculdades mentais.

Nessa hipótese, ainda que a imputabilidade obedeça ao tempo do ato, o processo permanece em suspenso, esperando-se que o agente venha a se restabelecer.[211]

Um outro caso de imputabilidade, entretanto, é aquela que a própria lei determina. É o caso dos parlamentares quando estão ao abrigo dessa imunidade determinada, inclusive, pela Carta Magna.

Não respondem pela prática dos chamados crimes de opinião, quando emitidas em razão de sua atividade política.

4. Sujeito passivo do crime

É todo aquele que é o titular do bem jurídico lesado ou ameaçado de sofrer lesão. É o que está exposto ao ato do agente que pretende, com a sua ação ou omissão, praticar um tipo ilícito.

Não deve ser ele confundido com o objeto pretendido pela ameaça do ato delituoso, que é a coisa ou a pessoa sobre a qual recai a ação ilícita.

Porém, em alguns casos, o objeto material e o sujeito passivo podem se confundir, como é o que ocorre no homicídio. A vida da pessoa é o objeto que se pretende violar; todavia, o agente para alcançá-lo, precisa também violar o bem "pessoa", sem a qual não se pratica o crime previsto no art. 121 do Código Penal.

O sujeito passivo do delito aceita dois sinônimos. Tanto faz a denominação de "vítima", como a de "ofendido".

---

[211] CÓDIGO DE PROCESSO PENAL, art. 152. Se se verificar que a doença mental sobreveio à infração o processo continuará suspenso até que o acusado se restabeleça, observado o § 2º do artigo 149. § 1º. O juiz poderá, nesse caso, ordenar a internação do acusado em manicômio judiciário ou em outro estabelecimento adequado. § 2º. O processo retomará o seu curso, desde que se restabeleça o acusado, ficando-lhe assegurada a faculdade de reinquirir as testemunhas que houverem prestado depoimento sem a sua presença.

Na doutrina, o sujeito passivo apresenta duas classificações: sujeito passivo constante e sujeito passivo material.

O primeiro é conhecido, também, como formal, geral, ou indireto. É o Estado que é o titular do direito público subjetivo ameaçado. Neste caso, há ofensa ou ameaça de violação aos interesses que pertencem à coletividade, isto é, pertencem a todos os cidadãos.

Não há resistência dos doutrinadores quanto ao caráter que a pessoa jurídica alcança aqui, uma vez que, diferentemente da figura do sujeito ativo, se aceita a identificação do ente público como pessoa passiva de sofrer a violação ou ameaça em seus direitos. São os casos em que o Estado se vê como vítima, tais como nos delitos de crime contra o patrimônio, de violação de correspondência, de difamação, etc.

O segundo, o sujeito passivo material, também conhecido como direto, é aquele que é o titular direto do bem juridicamente protegido.

Admite-se, inclusive, a figura do sujeito passivo indeterminado, ou seja, aquele que tem presença nos chamados delitos vagos, aqueles delitos que têm por sujeito passivo um ente sem personalidade jurídica definida, tais como a família, a coletividade, etc.

Por outro lado, o Estado, além de sujeito passivo constante, também tem a natureza de ser sujeito passivo material, e isto se dá quando ocorrem os crimes contra a organização política, bem como naqueles cometidos contra uma pessoa que é a personificação do próprio Estado. São os casos dos crimes contra a administração pública.

É necessário, acompanhando a doutrina, discutir duas últimas questões: uma, a possibilidade dos mortos virem a ser sujeitos passivos; e, dois, a possibilidade ou não, de um mesmo agente vir a ser, ao mesmo tempo, sujeito ativo e passivo.

Não se aceita a figura do morto como sujeito passivo de crime. Segundo Magalhães Noronha, os delitos integrantes do Capítulo II do Título V têm por objeto jurídico um bem interesse dos vivos: o sentimento de respeito aos mortos.[212]

No caso do crime de calúnia contra os mortos (§ 2º, artigo 138 do Código Penal),[213] não são estes os sujeitos passivos desse delito, mas sim, os vivos, tais como o cônjuge, os ascendentes, descendentes e afins.

Finalmente, ninguém pode ser ao mesmo tempo, sujeito ativo e passivo de um delito contra si próprio. A conduta não tem a capacidade, de englobar na mesma pessoa, os dois pólos da relação causal.

Se, porventura, o sujeito vier a se autolesionar, só para poder acionar a seguradora, ou receber pensão ou aposentadoria, ele não é o sujeito passivo do crime de lesão corporal, mas sim o sujeito ativo do delito de estelionato. A seguradora, ou o Estado, neste caso, é que está na figura passiva do delito. Um outro exemplo, é o crime de autoaborto. A mãe que age assim não é sujeito passivo, mas sim, ativo.[214] Para muitos o feto, neste caso, é que o sujeito passivo. Nosso entendimento é o de que, nesses casos, o sujeito passivo é o próprio Estado, vez que a personalidade civil da

---

[212] NORONHA, Magalhães. Op. cit., p. 114.
[213] CÓDIGO PENAL, art. 138. Caluniar alguém, imputando-lhe falsamente fato definido como crime: Pena – detenção, de 6 (seis) meses a 2 (dois) anos, e multa. (...) § 2º. É punível a calúnia contra os mortos.
[214] CÓDIGO PENAL, art. 124. Provocar aborto em si mesma ou consentir que outrem lho provoque: Pena – detenção, de 1 (um) a 3 (três) anos.

pessoa, ainda que comece do nascimento com vida, a lei põe a salvo, desde a concepção, os direitos do nascituro. Até porque não pode prosperar no ordenamento jurídico brasileiro qualquer dispositivo legal contra a vida, constitucionalmente assegurada como um direito inviolável.[215]

E, em derradeiro, alerta-se para uma confusão que ocorre, aquela de que trata o sujeito passivo como sinônimo de sujeito prejudicado pelo crime. Este é o que sofre algum dano, patrimonial, ou não. Tem o mesmo direito a ressarcimento e a ação civil.

O sujeito passivo, reitera-se, é aquele que é o titular do bem juridicamente tutelado e que vê esse bem em situação de ferimento ou ameaça pela ação de um outro agente.

5. Da classificação dos crimes

Os crimes, ainda que estruturados sobre elementos que formam uma unidade, não se apresentam iguais. Sua classificação se justifica, na medida em que as distinções percebidas, trazem significados diferentes para a teoria da tipicidade.

5.1. Crimes materiais, formais e de mera conduta

Busca-se a diferença entre estes tipos na relação entre a conduta do agente e o resultado obtido por ele. Os crimes materiais ou causais são os que depositam, sobre o tipo estabelecido em lei, um resultado palpável, naturalístico, sem o que não se pode falar em consumação. Exemplos são os casos do homicídio, do furto, da lesão corporal, do infanticídio, etc.

Os crimes ditos formais, ou de consumação antecipada, são os que depositam no tipo legal, igualmente, um resultado naturalístico, todavia, a ocorrência desse resultado não é imprescindível à sua consumação. São os casos da calúnia, da difamação, da injúria, do rapto, do crime de extorsão mediante sequestro, etc.

Por sua vez, os crimes de mera conduta, ou de simples atividade, são os que contêm apenas a definição da conduta praticada pelo agente, não alojando, no tipo legal, nenhum resultado naturalístico. É que o crime de mera conduta se consuma em sua própria ação. São exemplos desses tipos de crime, o reingresso no país de estrangeiro anteriormente expulso, o ato obsceno e quase todos os delitos prescritos nas contravenções penais.

5.2. Crimes de dano e de perigo

A doutrina estabelece, como critério para a classificação, a intensidade do mal que se objetivou com a conduta praticada pelo agente,

Os crimes de dano, ou de lesão, são os que só atingem a consumação com a perda real do bem jurídico, quer dizer, quando o agente consegue alcançar o seu objetivo quanto a destruição do bem juridicamente tutelado.

---

[215] CÓDIGO CIVIL, art. 2º A personalidade civil da pessoa começa do nascimento com vida; mas a lei põe a salvo, desde a concepção, os direitos do nascituro.

Podem, neste caso, servir de exemplos, os crimes de homicídio, lesão corporal, furto, o próprio de dano, o aborto, etc.

Por sua vez, os crimes de perigo são os que podem se consumir com a probabilidade de lesão ao bem jurídico.

Basta, para a sua consumação, que se produza uma situação de perigo, real ou não, para o bem jurídico tutelado. Ele apresenta a seguinte divisão: *de perigo presumido*, isto é, consume-se pela própria conduta, não necessitando de uma efetiva demonstração do perigo. Há, aqui, uma presunção *juris et de jure*.

De perigo concreto, diferentemente do anterior, a consumação somente ocorre somente se houver uma efetiva demonstração de perigo. *De perigo individual*, o que atinge uma pessoa, ou um determinado número de pessoas. *De perigo comum*, ou coletivo, onde a coletividade é atingida pelo perigo, e é indeterminada. *De perigo atual* que, como o próprio nome já diz, é o que está acontecendo, agora, no tempo real. *De perigo iminente*, quando o perigo não aconteceu ainda, mas está prestes a ocorrer. Fica difícil determinar, por outro lado, em que momento o perigo iminente passa a ser atual, até porque uma coisa iminente deve ser, obrigatoriamente, atual. E, finalmente, os crimes *de perigo futuro*, ou imediato, que é aquele que pode ainda vir a ocorrer. A possibilidade de ele se tornar em iminente depende da conduta que o agente vier a praticar.

5.3. Crimes instantâneos, permanentes e "a prazo"

O elemento que se utiliza para se determinar esses crimes é o do tempo da consumação. Os *crimes instantâneos*, ou de estado, são os que se consumam num momento determinado e exato, sem necessidade de continuar no tempo. O fato está consumado, terminado, com a verificação do resultado típico. Quando o agente mata alguém, consuma, instantaneamente, o crime de homicídio.

O crime permanente é aquele em que a consumação, por vontade autônoma do agente, se prolonga no tempo, não tendo o seu tempo encerrado de forma brusca. A situação contrária ao ordenamento legal se estende, o que significa dizer que o bem segue sendo agredido, paralelamente à extensão da conduta. O fator relevante, neste tipo de crime, é que a vontade do agente é soberana para interromper a ação, finalizando a conduta. O crime de sequestro, de rapto violento, de casa de prostituição, é exemplos desse tipo penal ilícito.

Obrigatório é fazer a distinção entre o crime permanente e o crime instantâneo de efeitos permanentes. Em relação ao primeiro, a conduta delituosa é mantida por um lapso temporal, por vontade do próprio agente. No caso do segundo, não é a conduta que se mantém, pois que já está finda, mas seus efeitos, que permanecem. E isto ocorre de forma independente da vontade do seu causador.

É importante que se diga o quanto é significativo ao analista do direito atender a classificação dos crimes permanentes, pois são de suma relevância para o estudo da sucessão das leis, da legítima defesa, do concurso de agentes, da prescrição, da consumação, da prisão em flagrante e para a definição da competência territorial.

Destarte, conhecer tal classificação somente se justifica ao operador do direito se este acreditar que o domínio de todos os elementos que formam a ciência jurídica só lhe serve se, verdadeiramente, forem por ele dominados.

O crime a prazo é aquele em que a consumação depende de um determinado lapso de tempo. É o caso do sequestro e cárcere privado, quando determinado lapso temporal em que a vítima estiver privada de sua liberdade qualifica o crime.[216]

6. Dos crimes comissivos e omissivos

Os crimes comissivos e omissivos são determinados pela forma da conduta do agente. O agente tem, assim, o poder de estabelecer a natureza desses tipos delitivos.

Comissivos são aqueles que resultam de uma ação e são cometidos com uma conduta que tem uma polaridade positiva. No caso de uma lesão corporal, o verbo comissivo é "ofender" a integridade física de uma pessoa. No caso do furto, o verbo-núcleo é "subtrair" a coisa alheia e móvel. Portanto, no crime comissivo, o tempo é o da ação.

Quando se analisam os crimes omissivos, percebe-se que a ação é, na verdade, uma "não ação", um deixar de agir, um não agir. Pode-se afirmar que, para eles, a polaridade é negativa. Um exemplo típico desse delito é o crime de omissão de socorro.[217]

Os crimes omissivos, dada a sua particularidade, apresentam a sua própria divisão. Podem ser: *Omissivos próprios* ou puros, quando a omissão está descrita no próprio corpo da norma legal. Um exemplo desse tipo é a omissão de socorro, já destacado acima. Esse tipo não admite a forma tentada de delito. *Omissivos impróprios*, ou espúrios, também conhecidos por comissivos por omissão. Este é o resultado de uma ação descrita pela norma, mas que o agente descumpre ao se manter inerte, descumprindo a sua obrigação, o seu dever jurídico de agir. Ao se omitir, ele dá ênfase para a gênese do resultado omissivo. Pode-se percebê-lo quando um bombeiro assiste inerte à morte de uma pessoa que se encontrava presa em imóvel preste a desabar. Aqui, nos delitos omissivos impróprios, pode se admitir a forma tentada.

Há, igualmente, uma construção mista nesses tipos de crimes, por isso chamados de delitos de conduta mista. São aqueles que trazem os elementos dos dois tipos. Em uma fase inicial, o agente está ativo, enquanto na outra fase, a fase final, ele se torna omisso.

É o caso daquela pessoa que, ao achar um objeto, dele se apropria. Em um primeiro momento, ele acha a coisa. É o momento da ação. Depois, ao se negar a restituir ao dono a coisa achada, ou a entregar a mesma para uma autoridade, ele se omite.[218]

---

[216] CÓDIGO PENAL, art. 148. Privar alguém de sua liberdade, mediante seqüestro ou cárcere privado:Pena – reclusão, de 1 (um) a 3 (três) anos. § 1º. A pena é de reclusão, de 2 (dois) a 5 (cinco) anos: (...) III – se a privação da liberdade dura mais de 15 (quinze) dias. Pena – reclusão, de 2 (dois) a 8 (oito) anos.

[217] CÓDIGO PENAL, art. 135. Deixar de prestar assistência, quando possível fazê-lo sem risco pessoal, à criança abandonada ou extraviada, ou à pessoa inválida ou ferida, ao desamparo ou em grave e iminente perigo; ou não pedir, nesses casos, o socorro da autoridade pública: Pena – detenção, de 1 (um) a 6 (seis) meses, ou multa. Parágrafo único. A pena é aumentada de metade, se da omissão resulta lesão corporal de natureza grave, e triplicada, se resulta a morte.

[218] CÓDIGO PENAL, art. 169. Apropriar-se alguém de coisa alheia vinda ao seu poder por erro, caso fortuito ou força da natureza: Pena – detenção, de 1 (um) mês a 1 (um) ano, ou multa. Parágrafo único. Na mesma pena incorre: Apropriação de tesouro. I – quem acha tesouro em prédio alheio e se apropria, no todo ou em parte, da quota a que tem direito o proprietário do prédio; Apropriação de coisa achada II – quem acha coisa alheia perdida e dela se

7. Dos crimes comuns, próprios e de mão própria

Nestes casos, o critério diferenciador diz respeito ao número de agentes que participam do processo executório da ação delitiva.

Os *crimes comuns*, ou gerais, são os que podem ser executados por qualquer pessoa. Não se requer nenhuma qualidade ou especificidade para a sua realização. São exemplos o sequestro, o furto, o homicídio, etc.

Os *crimes próprios*, também chamados de especiais, são aqueles que requerem do autor alguma qualidade particular. Ele deve apresentar essa qualidade pessoal diferenciada para poder realizar, assim, o crime.

Como já analisamos anteriormente, é o caso do infanticídio. Neste delito, apenas a mãe, e mais ninguém, pode ser o agente ativo. É o caso do estupro, que a norma deixa claro que o sujeito ativo somente pode ser um homem. E, ainda, é o caso do peculato, onde o agente deve ser um funcionário público, etc.

Os *crimes de mão própria* são os conhecidos pela doutrina como os de atuação pessoal, ou de conduta infungível, que não se consome, e que não se pode trocar. Aqui, somente o agente, pessoalmente, pode realizar o tipo legal. É a situação do falso testemunho, da prevaricação, etc.

É importante destacar que os crimes próprios admitem a autoria imediata, a participação e a coautoria. Os de mão própria, por seu lado, só admitem a participação, não aceitando, de forma alguma, a coautoria e a autoria imediata. Isso, porque, nesses crimes, é impossível delegar a terceiro a execução do delito.

8. Dos crimes unissubjetivos e dos plurissubjetivos

Em conformidade com o número, isto é, a quantidade de agentes, pode-se determinar a presença daqueles que participam do crime. Note-se que aqui se está a falar em *quantidade* de agentes, enquanto na classificação anterior, se estava a buscar a *qualidade* do agente.

O primeiro, o crime unissubjetivo, é aquele cometido por uma só pessoa.

O segundo, o plurissubjetivo, é realizado, obrigatoriamente, por um concurso de agentes. É *conditio sine qua non* a presença de mais de um agente na prática do delito.

9. Dos crimes simples e complexos

Têm a ver com a estrutura da própria conduta típica. Será simples o delito quando se enquadrar em um só tipo legal. Pertencem a esse grupo o homicídio, os crimes contra a honra, etc.

Serão complexos aqueles formados pela fusão de dois ou mais tipos legais. O exemplo clássico é o latrocínio, que é a soma de roubo e o homicídio. Assim, tam-

---

apropria, total ou parcialmente, deixando de restituí-la ao dono ou legítimo possuidor ou de entregá-la à autoridade competente, dentro do prazo de 15 (quinze) dias.

bém, a extorsão mediante sequestro, que é a fusão entre o tipo da extorsão e o do sequestro.

Os delitos complexos em sentido amplo são formados por um crime acrescido de elementos que, isoladamente, não constituem crimes. Um tipo tradicional dessa espécie é a denunciação caluniosa,[219] formada pela calúnia e por outros elementos que, sozinhos, não são penalmente relevantes. Pode-se ver que estes crimes não são exatamente crimes complexos, mas complementares a um tipo principal.

10. Dos crimes principais e acessórios

Os crimes principais são os que têm uma existência autônoma, isto é, são independentes. O furto e o estupro são exemplos desses tipos ilícitos.

Os crimes chamados acessórios, ou de fusão, ou agregados são os que admitem, para a sua existência, a relação com um outro crime. É o caso da receptação. Por si só, ela não tem razão de ser, mas, se agregada ao crime de furto, ou ao de roubo, passa a constituir substância do crime.

Deve-se ressaltar, que no caso de acontecer a extinção da punibilidade do dito crime principal, a mesma não se estenderá ao crime chamado de acessório. No caso de ocorrer a prescrição do crime roubo, a receptação subsiste.

11. Dos crimes à distância, plurilocais e em trânsito

Os crimes à distância ocorrem quando a conduta e o resultado não se limitam a um único país e se estendem por dois ou mais. *É o caso do crime de tráfico de drogas ou outro qualquer, pois que independe da espécie.*

Os crimes plurilocais se dão quando a conduta e o resultado se desenvolvem, não em uma localidade, mas em duas ou mais comarcas dentro de uma mesma territorialidade.

E *os crimes em trânsito* são aqueles em que a parcela da conduta se realiza num país, sem lesar ou pôr em perigo o bem jurídico de seus cidadãos. Veja-se a hipótese de uma pessoa enviar uma carta-bomba passando-a por um segundo território estrangeiro, para, finalmente, alcançar o seu destino em uma terceira nação. Em relação ao segundo país que apenas serviu de caminho, sem sofrer nenhuma consequência, crime seria o de trânsito.

Desta forma, ainda poder-se-ia falar de outras classificações, mas as destacadas acima são as que mais usualmente concentram a atenção da doutrina e da jurisprudência.

---

[219] CÓDIGO PENAL, art. 339. Dar causa à instauração de investigação policial, de processo judicial, instauração de investigação administrativa, inquérito civil ou ação de improbidade administrativa contra alguém, imputando-lhe crime de que o sabe inocente.:"Pena – reclusão, de 2 (dois) a 8 (oito) anos, e multa. § 1º. A pena é aumentada de sexta parte, se o agente se serve de anonimato ou de nome suposto. § 2º. A pena é diminuída de metade, se a imputação é de prática de contravenção.

12. Do crime putativo

Este crime é também chamado de delito imaginário, ou ainda, de falso crime. Ele só existe na imaginação do agente. Ele acontece quando o agente, ao realizar uma conduta, acredita estar cometendo uma infração penal, mas que na verdade inexiste perante o direito positivo.

Dá-se em tal caso um crime impossível ou putativo, ou tentativa inadequada, por exemplo, o agente que pratica todos os atos abortivos, ante errônea suposição de gravidez.

O nosso Código não seguiu o exemplo da legislação inglesa e da canadense, que incrimina o simples emprego de manobras abortivas, sem indagar se a mulher estava ou não grávida. Não estando ela grávida, o delito poderá no máximo se consumar como lesões corporais, mas nunca como crime de aborto, pois que o objeto que se buscou atingir, o feto, nunca existiu.

Outro exemplo de crime impossível é o daquele que subtrai para si mercadorias de um supermercado e é pego, depois de passar pelo caixa, já na rua. Por ter estado sendo vigiado durante todo o tempo pelos seguranças da casa, e por câmera de vídeo, a tudo estavam atentos e passivamente observaram a atitude do agente, tornaram o crime como impossível.[220]

Assim, se o agente do crime está sendo observado o tempo todo pelo agente de segurança do estabelecimento comercial que o viu esconder os objetos, tal vigilância tornou absolutamente ineficaz o meio por ele utilizado para furtar as mercadorias, impossibilitando o delito.

O Tribunal de Alçada de São Paulo já decidiu que: "Inocorre o crime previsto no art. 307 do Código Penal na conduta do agente que, apesar de declinar nome falso quando de seu indiciamento, é submetido a identificação datiloscópica, pois tal medida, de certa forma, afasta a potencialidade de dano e evita a consumação do delito, assim sendo, de rigor o reconhecimento de crime impossível, uma vez que a fraude intentada pelo réu se mostrou inidônea".[221]

Também, se a qualquer um é dado perceber a falsificação, à vista de simples exame ocular do documento, ausente restará a capacidade de dano. O uso de documento grosseiramente falsificado é hipótese de crime impossível, por absoluta ineficácia do meio. O agente não atingiria o seu objetivo.

O chamado crime impossível, ou tentativa impossível, bem como a situação de flagrante provocado, não passam, igualmente, de uma forma de crime putativo ou imaginário.

Flagrante preparado é o ocorrido por força do induzimento à prática delitiva pela autoridade policial. Age aqui o policial, na figura contraditória de que, ao mesmo tempo em que tem a obrigação de praticar o crime, está a estimulá-lo. A autoridade

---

[220] EMBARGOS INFRINGENTES – FURTO SIMPLES TENTADO – CRIME IMPOSSÍVEL – Acusada acompanhada pelos seguranças do estabelecimento comercial, desde o momento em que entrou na loja, por meio de câmeras de vídeo, observada colocando vários objetos na bolsa que trazia consigo, sendo abordada somente após passar pelos caixas. Essa vigilância tornou impossível a consumação do delito, tornando-se hipótese de crime impossível. Confirmado voto vencido que referendou decisão de primeiro grau, reconhecendo o crime impossível, rejeitando, por isso, a denúncia. Embargos acolhidos, por maioria. (TJRS – EMI 70003884525 – 3º G.C.Crim. – Rel. Des. Alfredo Foerster – J. 19.04.2002)

[221] TACRIMSP – Ap 1259599/8 – 13ª C. – Rel. Juiz Roberto Mortari – DOESP 22.11.2001.

policial, nesses casos, influi na desenvolver da figura delitiva, animando a vontade do agente. Nosso sistema jurídico pátrio não permite tal figura, como ocorre, por exemplo, nos Estados Unidos da América, pois o induzimento da milícia para o agente cometer a infração penal exclui a vontade da conduta e consequentemente, o fato típico.

A matéria é observada de maneira tão rígida pelo nosso ordenamento penal, que o próprio Supremo Tribunal Federal, através da Súmula nº 145, unificou a jurisprudência no sentido de que, "não há crime quando a preparação do flagrante pela polícia torna impossível a consumação".

13. Dos crimes hediondos[222]

Não aceitamos essa nomenclatura como apropriada a espelhar a intenção do legislador, porque, todo o crime é hediondo, repulsivo e horrendo. A nova classificação diz que só determinado tipo de crime merece repulsa maior, o que não é verdade. O caráter repulsivo, repelente e horrendo faz parte da índole de todo ato criminoso. A lei não foi muito feliz ao nomear os crimes que detêm uma maior carga negativa como hediondo. Dá perfeitamente a entender que, afora os elencados como hediondos, os demais não merecem tal repulsa, o que é um verdadeiro absurdo.

A Constituição Federal, em seu artigo 5º, inciso XLIII, prescreve que "a lei considerará crimes inafiançáveis e insuscetíveis de graça ou anistia a prática da tortura, o tráfico ilícito de entorpecentes e drogas afins, o terrorismo e os definidos como crimes hediondos".

Estes delitos foram positivados, sem dúvida, pelo grande clamor popular que o nosso país vivia ao final da década de oitenta, portanto, o calor das paixões movimentou o legislador a responder ao crescimento descontrolado da criminalidade naquele período histórico.

---

[222] *HABEAS CORPUS*. PROCESSUAL PENAL. SUBSTITUIÇÃO DE PENA PRIVATIVA DE LIBERDADE POR RESTRITIVA DE DIREITO (ART. 44 DO CÓDIGO PENAL). TRÁFICO ILÍCITO DE ENTORPECENTE. POSSIBILIDADE. INCONSTITUCIONALIDADE DO § 1º DO ART. 2º DA LEI N. 8.072/90. PRECEDENTES. ORDEM CONCEDIDA. 1. O fundamento que vedava a aplicação de pena alternativa aos condenados por crime hediondo era o art. 2º, § 1º, da Lei n. 8.072/90, a impedir a progressão do regime de cumprimento de pena. O Supremo Tribunal Federal declarou inconstitucional esse dispositivo, o que faz não possibilitar a adoção daquele entendimento proibitivo da progressão. Precedentes. 2. Habeas corpus concedido. (STF. HC 90.871-3/MG. Primeira Turma. Rela. Min. Carmen Lúcia. Julg. 03/04/2007. DJU 25/05/2007, p. 78)

AÇÃO PENAL. PRISÃO PREVENTIVA. Decreto fundado na gravidade concreta do delito. Crime hediondo que causaria desassossego social. Inadmissibilidade. Razão que não autoriza a prisão cautelar. HC concedido. Precedentes. É ilegal o Decreto de prisão preventiva que se funda na gravidade concreta do delito que, tido por hediondo, causaria desassossego social. 2. AÇÃO PENAL. Prisão preventiva. Decreto fundado na periculosidade presumida dos réus. Inadmissibilidade. Razão que não autoriza a prisão cautelar. Ofensa à presunção constitucional de inocência. Aplicação do art. 5º, inc. LVII, da CF. Precedente. É ilegal o Decreto de prisão preventiva que se funda na periculosidade presumida do réu. 3. AÇÃO PENAL. Prisão preventiva. Decreto fundado na conveniência da instrução criminal. Resguardo da incolumidade física de testemunhas e da vítima. Inadmissibilidade. Inexistência de ameaças ou de outros fatos capazes de justificar temor desse risco. Constrangimento ilegal caracterizado. É ilegal o Decreto de prisão preventiva que, a título de resguardo da incolumidade física da vítima e de testemunhas, não indica ameaças nem outros fatos capazes de justificar temor desse risco. 4. AÇÃO PENAL. Homicídio doloso. Prisão preventiva. Decretação na decisão de pronúncia. Garantia de realização do júri. Inadmissibilidade. Falta de fundamentação legal da custódia cautelar. Constrangimento ilegal caracterizado. Inteligência do art. 408, § 2º, CC. Art. 312, ambos do CPP. Aplicação do art. 5º, LVII, da CF. Precedente. Não pode ser automática, nem de fundamentação alheia às hipóteses previstas no art. 312 do Código de Processo Penal, a decretação de prisão em decisão de pronúncia. (STF. HC 84.997-1/SP. Segunda Turma. Rel. Min. Cezar Peluso. Julg. 13/03/2007. DJU 08/06/2007, p. 46)

Assim, o Congresso Nacional aprovou a Lei 8.072, de 25 de julho de 1990, considerando, igualmente como hediondos, além dos enumerados acima, os seguintes crimes: o latrocínio (art. 157, § 3º, do Código Penal); a extorsão qualificada pela morte (art. 158, § 2º, *in fine*), extorsão mediante sequestro e na forma qualificada (art. 159, *caput*, e seus §§ 1º e 3º); estupro (art. 213, *caput* e sua combinação com o art. 223, *caput*, parágrafo único); atentado violento ao pudor (art. 214, e sua combinação com o art. 223, *caput*, parágrafo único); epidemia com resultado morte (art. 267, § 1º); envenenamento de água potável ou de substância alimentícia ou medicinal, qualificado pela morte (art. 270, combinado com o art. 285); e, ainda, o crime de genocídio (arts. 1º, 2º e 3º da Lei 2.889, de 1º de outubro de 1956).

Importante destacar que há apenas uma definição de crimes hediondos, que é a que consta da Carta Magna. Os outros delitos são assemelhados. Os crimes hediondos, além de representarem uma resposta penalizadora mais dura, além de insuscetíveis de anistia, graça, indulto e de fiança e liberdade provisória, terão as suas penas aplicadas quando da sentença, cumpridas integralmente em regime fechado (questão que hoje suscita grandes polêmicas, já que há entendimentos distintos acerca da problemática).[223]

Cabe, contudo uma reflexão quanto ao tema dos crimes hediondos. Não se pode aceitar a nomenclatura que o legislador usou quanto aos crimes elencados como "hediondos". Não se aceitar a nomenclatura da hediondez para estes crimes, não quer dizer que não se reconheça a gravidade do resultado oriundo das práticas dos mesmos. Mas sim, que ao determinar para alguns delitos o título de hediondo, a contrário senso, o legislador, em manifesta má técnica legislativa, permite que se considerem os outros delitos como não hediondos.[224]

Tem-se por paradigma que todo o crime é hediondo. Independente do valor do bem jurídico tutelado e do prejuízo que este possa vir a sofrer, o delito, o crime é sempre crime e, sendo crime, é sempre hediondo.

É certo que alguns crimes alcançam maior repercussão que outros, mas tal alcance é para o conjunto da sociedade, e o processo histórico é rico em nos apresentar

---

[223] CRIMINAL. HC. TRÁFICO DE ENTORPECENTES. REGIME PRISIONAL INTEGRALMENTE FECHADO. HEDIONDEZ DO DELITO. IMPROPRIEDADE DA FUNDAMENTAÇÃO. ÓBICE DO REGIME INTEGRALMENTE FECHADO AFASTADO. PACIENTE PRIMÁRIO E SEM ANTECEDENTES. CIRCUNSTÂNCIAS JUDICIAIS FAVORÁVEIS. PENA-BASE NO MÍNIMO LEGAL. DIREITO AO REGIME ABERTO. ORDEM CONCEDIDA. II. III. IV. I. O pleno do STF declarou, incidenter tantum, a inconstitucionalidade do § 1º do artigo 2º da Lei nº 8.072/90, que trata da obrigatoriedade do cumprimento de pena em regime integralmente fechado para os condenados pela prática de crime hediondo. Dissipada a vedação legal à progressão de regime, deve ser aplicada aos condenados por crimes hediondos a regra do art. 33 do CP para a fixação do regime prisional de cumprimento de pena. Se o paciente preenche os requisitos para o cumprimento da pena em regime aberto, em função da quantidade de pena imposta e diante do reconhecimento da presença de circunstâncias judiciais favoráveis na própria dosimetria da reprimenda, como a primariedade e a ausência de maus antecedentes, não cabe a imposição de regime fechado com fundamento exclusivo na hediondez do delito praticado. Precedentes desta Corte. Deve ser determinado o regime aberto para o cumprimento da reprimenda imposta ao paciente. Ordem concedida, nos termos do voto do Relator. (STJ. HC 67.575. Proc. 2006/0217217-2/SP. Quinta Turma. Rel. Min. Gilson Langaro Dipp. Julg. 24/04/2007. DJU 11/06/2007, p. 338)

[224] I. RECURSO EXTRAORDINÁRIO. DESCABIMENTO. Falta de prequestionamento dos dispositivos constitucionais dados como violados (Súmulas nºs 282 e 356), além de não impugnados os fundamentos do acórdão recorrido. II – Crime hediondo. Regime de cumprimento de pena. Progressão. Ao julgar o HC 82.959, PL., 23.2.06, Marco Aurélio, Inf. 418, o Supremo Tribunal declarou, incidentemente, a inconstitucionalidade do § 1º do art. 2º da L. 8.072/90 – Que determina o regime integralmente fechado para o cumprimento de pena imposta ao condenado pela prática de crime hediondo – Por violação da garantia constitucional da individualização da pena (CF., art. 5º, LXVI). III – *Habeas corpus*. Deferimento da ordem, de ofício, para afastar o óbice do regime fechado imposto, cabendo ao Juízo das Execuções analisar a eventual presença dos demais requisitos da progressão. (STF. RE 510.331-5/RS. Primeira Turma. Rel. Min. Sepúlveda Pertence. Julg. 13/02/2007. DJU 27/04/2007, p. 69)

transformações nestes alcances. O que em uma época é crime de grande repercussão, em outra, e para a mesma sociedade, pode não ser mais.

No caso da vítima, que sofre o alcance da ação do agente, todo o sofrimento, é um grande sofrimento. E é ao indivíduo, origem de tudo, que o direito tem a obrigação de proteger, pois, se perdermos o ser humano de vista, vendo-o, apenas como mais um na multidão, corremos o risco de construir uma sociedade como aquela imaginada por George Orwell, no livro *1984*.

O momento social vivido pelo Brasil, quando da origem da lei, era o de uma sociedade refém de suas próprias políticas e incoerências. Isso obrigou o legislador a responder, e este, sob o efeito da emoção, que não é nunca a melhor técnica para o operador do direito, respondeu com um absurdo jurídico.

Não se pode, em um Estado democrático de Direito, aviltar a técnica jurídica por tamanha falta de bom-senso, de tamanha falta de cuidado com a boa exegese. Em síntese, ao se criar categorias de delito, a sociedade, e somente ela, se põe à mercê do equívoco que ameaça a própria sobrevivência do contrato social, aquele que nos mantém no estado civil, único que detém as condições para manter a paz social.

A lei dos crimes hediondos coloca algemas nas mãos dos juízes, únicos com capacidade técnica para aplicar a pena. Ora, veja-se a hipótese de um crime dito hediondo, praticado por mais de um agente. O juiz da execução poderia constatar que um dos réus já teria condições, pela conduta carcerária e outros elementos justificadores, de receber um dos tantos benefícios admitidos para outros réus. Em razão da lei, fica ele manietado e, se quiser fazer justiça, terá que agir ao arrepio da lei.[225]

---

[225] AÇÃO PENAL. PRISÃO PREVENTIVA. Decreto fundado na gravidade concreta do delito. Crime hediondo que causaria desassossego social. Inadmissibilidade. Razão que não autoriza a prisão cautelar. HC concedido. Precedentes. É ilegal o decreto de prisão preventiva que se funda na gravidade concreta do delito que, tido por hediondo, causaria desassossego social. 2. AÇÃO PENAL. Prisão preventiva. Decreto fundado na periculosidade presumida dos réus. Inadmissibilidade. Razão que não autoriza a prisão cautelar. Ofensa à presunção constitucional de inocência. Aplicação do art. 5º, inc. LVII, da CF. Precedente. É ilegal o decreto de prisão preventiva que se funda na periculosidade presumida do réu. 3. AÇÃO PENAL. Prisão preventiva. Decreto fundado na conveniência da instrução criminal. Resguardo da incolumidade física de testemunhas e da vítima. Inadmissibilidade. Inexistência de ameaças ou de outros fatos capazes de justificar temor desse risco. Constrangimento ilegal caracterizado. É ilegal o decreto de prisão preventiva que, a título de resguardo da incolumidade física da vítima e de testemunhas, não indica ameaças nem outros fatos capazes de justificar temor desse risco. 4. AÇÃO PENAL. Homicídio doloso. Prisão preventiva. Decretação na decisão de pronúncia. Garantia de realização do júri. Inadmissibilidade. Falta de fundamentação legal da custódia cautelar. Constrangimento ilegal caracterizado. Inteligência do art. 408, § 2º, cc. art. 312, ambos do CPP. Aplicação do art. 5º, LVII, da CF. Precedente. Não pode ser automática, nem de fundamentação alheia às hipóteses previstas no art. 312 do Código de Processo Penal, a decretação de prisão em decisão de pronúncia. (STF, HC 84.997-1/SP, Relator Min. Cezar Peluso, Segunda Turma, julg. 13.03.2007, DJU 08.06.2007 p. 46)
HABEAS CORPUS. PROCESSUAL PENAL. SUBSTITUIÇÃO DE PENA PRIVATIVA DE LIBERDADE POR RESTRITIVA DE DIREITO (ART. 44 DO CÓDIGO PENAL). TRÁFICO ILÍCITO DE ENTORPECENTE: POSSIBILIDADE: INCONSTITUCIONALIDADE DO § 1º DO ART. 2º DA LEI N. 8.072/90. PRECEDENTES. ORDEM CONCEDIDA. 1. O fundamento que vedava a aplicação de pena alternativa aos condenados por crime hediondo era o art. 2º, § 1º, da Lei n. 8.072/90, a impedir a progressão do regime de cumprimento de pena. O Supremo Tribunal Federal declarou inconstitucional esse dispositivo, o que faz não possibilitar a adoção daquele entendimento proibitivo da progressão. Precedentes. 2. *Habeas corpus* concedido. (STF, HC 90.871-3/MG, Relatora Min. Cármen Lúcia, Primeira Turma, julg. 03.04.2007, DJU 25.05.2007, p. 78)
EXECUÇÃO PENAL. REGIME DE CUMPRIMENTO DE PENA. RE. Descabimento: é questão de direito ordinário saber se a fixação do regime integralmente fechado na sentença faz ou não coisa julgada material oponível ao juízo da execução: incidência, *mutatis mutandis*, da Súmula 636. II – Crime hediondo: regime de cumprimento de pena: incidência da Súmula 698 ("Não se estende aos demais crimes hediondos a admissibilidade de progressão no regime de execução da pena aplicada ao crime de tortura"). III – Crime hediondo: regime de cumprimento de pena: progressão. Ao julgar o HC 82.959, Pl., 23.2.06, Marco Aurélio, Inf. 418, o Supremo Tribunal declarou, incidentemente, a inconstitucionalidade do § 1º do art. 2º da L. 8.072/90 – que determina o regime integralmente fechado para o cumprimento de pena imposta ao condenado pela prática de crime hediondo – por violação da garantia constitu-

De mais a mais, a vigência da lei dos crimes hediondos não tem, até agora, demonstrado qualquer vestígio de vitória sobre crime, especialmente, os do colarinho branco, os de sequestro, os de tráfico de entorpecentes, a fazer com que os bandidos, dos morros, governem as cidades.

Ainda poder-se-ia falar em outras classificações de crimes, mas estas, destacadas acima, são as que mais usualmente concentram a atenção da doutrina e da jurisprudência.

---

cional da individualização da pena (CF., art. 5º, LXVI). IV – Habeas-corpus: deferimento da ordem, de ofício, para afastar o óbice do regime fechado imposto, cabendo ao Juízo das Execuções analisar a eventual presença dos demais requisitos da progressão. (RE 498.268-4/RS, Relator Min. Sepúlveda Pertence, Primeira Turma, julg. 13.02.2007, DJU 27.04.2007, p. 69)
EXECUÇÃO PENAL. CONDENADO, POR CRIME HEDIONDO, A PENA INTEGRALMENTE NO REGIME FECHADO. PROGRESSÃO DE REGIME. VEDAÇÃO CONTIDA NA LEI DOS CRIMES HEDIONDOS TIDA COMO INCONSTITUCIONAL PELO PRETÓRIO EXCELSO E OBJETO DE REVOGAÇÃO POR NOVA LEI. Tido como inconstitucional, pelo plenário do Pretório Excelso, o dispositivo em que se fundaram as sentenças condenatórias para deliberar pelo regime integral fechado, dispositivo, aliás, que acabou revogado por nova lei, indiscutível o cabimento da progressão de regime, a ser deliberado pelo juízo da execução. Apenado que cumpriu aos requisitos legais, algo nem questionado na espécie, tanto que limitado o recurso à questão do regime integral fechado. Agravo não provido. (TJRS, Agravo nº 70018878744, Sétima Câmara Criminal, Relator Marcelo Bandeira Pereira, Julg. 10.05.2007)
AGRAVO EM EXECUÇÃO. CRIME HEDIONDO. PROGRESSÃO DE REGIME. É admissível a progressão de regime, ainda que se trate de condenado por crime hediondo, observando-se a inconstitucionalidade do dispositivo legal que determinava o cumprimento da pena no regime integralmente fechado e a superveniência da Lei nº 11.464/07. Com a declaração de inconstitucionalidade pelo plenário do E. STF passou-se a exigir a verificação dos requisitos do art. 112 da LEP, dentre os quais o cumprimento de 1/6 da pena. Como a lei nova passou a exigir requisito temporal mais gravoso, não pode ser aplicada aos delitos cometidos antes da sua vigência, devendo ser aplicado o princípio do *tempus regit actum*. No entanto, o simples cumprimento de 1/6 da pena, prazo mínimo legalmente previsto, não é garantia de progressão, ainda mais em se tratando de crime hediondo. É necessária a observação do caso concreto, com prazo suficiente para que se verifique o cabimento da medida, que deve estar de acordo com os objetivos da pena privativa de liberdade, dentro os quais a prevenção geral e especial. Ademais, não obstante a alteração legislativa provocada pela Lei nº 10.792/03 tenha reduzido o espaço do exame do mérito, exigindo apenas o bom comportamento carcerário, não se pode simplesmente abandonar o conceito daquele, devendo, outrossim, ser verificada a provável capacidade de adaptação do condenado ao regime carcerário menos restritivo. Na hipótese dos autos, o apenado cumpriu mais de 1/4 da pena no regime fechado, apresentando bom comportamento, além de haver pareceres social e psicológico no sentido da conveniência da progressão para o regime semi-aberto, o que resta mantido. DESPROVIMENTO. (TJRS, Agravo nº 70019084672, Sétima Câmara Criminal, Relatora Naele Ochoa Piazzeta, Julgado em 10.05.2007)

CAPÍTULO X

DA CAUSA E DO RESULTADO

1. Conceito de causa e conceito de resultado

Quando se fala em ação penal não basta, para a sua melhor caracterização, falar apenas na efetiva presença dos elementos vontade e ato exterior, que a doutrina entende como a manifestação externa dessa vontade.

A ação penal é composta de variados elementos, tais como, a vontade, o ato exterior, a relação causal e o resultado. Todos, sem exceção, são fundamentais para a caracterização da ação criminosa.

Entrementes, vejamos a conduta de um indivíduo que decide matar alguém, com ou sem motivo, mas que, ao iniciar os atos de execução, vem a se arrepender, interrompendo o *iter criminis*.

Existiram, apesar da interrupção, a vontade e a manifestação exterior, mas acabou não se aperfeiçoando o resultado. Neste sentido, não tem a ação qualquer significado jurídico-penal, pois lhe falta este último elemento, o "evento".

Atesta Magalhães Noronha que o resultado é a modificação que se opera no mundo exterior em consequência da ação.

Sob o aspecto jurídico ou formal, somente então o resultado é considerado pela lei, fazendo parte integrante do tipo.

É doutrina de Beling: "... o bien de la concurrencia de un evento o estado temporalmente posterior a la acción, como resultado (ya físico, p. ej., la muerte de un hombre, o espiritual, como, p. ej., tomar conocimiento, escandalizar)".[226]

Entretanto, alguns doutrinadores não incluem o resultado no conceito de ação. É uma posição minoritária, já que não existe ação sem resultado. Quer dizer que, em princípio, não há de se falar em crime se este não apresentar um resultado.

2. A ação, a omissão e o resultado

A toda ação ou omissão deve corresponder um resultado danoso, ou um perigo de dano. É consequência da violação, ou ameaça de violação, ao bem jurídico tutelado.

Esses elementos, portanto, fundamentam o paradigma de que não existe crime sem resultado. Na maioria das situações reais, o resultado é visível, aparecendo de forma fácil aos olhos de qualquer observador.

---
[226] NORONHA, Magalhães. Op. cit., p. 118.

É o resultado perceptível por todo o contexto social. Exemplos de vestígios acusando o resultado delitivo: um corpo com marcas de golpes de faca, os escombros de uma casa incendiada, etc.

Em outras situações, o resultado não é perceptível e dá a impressão de que não existiu. É o caso dos delitos de ofensa à honra, do crime de ameaça, etc.

O resultado, esta modificação que recai sobre o mundo exterior, já que ele tem poder de modificar o mundo real, pode assumir as mais diversas formas. Pode ser física, como no crime de dano; ser fisiológica, como a morte, no crime de homicídio; e pode, também, ser psicológico, quando se percebe o verdadeiro significado do delito.

3. Teoria naturalista e teoria normativa ou Jurídica; a vontade, o ato exterior e o resultado e a modificação do mundo exterior; causa, condição e concausa

Para entender os efeitos do resultado, a doutrina se divide em duas correntes: a teoria naturalística e a teoria jurídica, ou normativa.

Para a concepção naturalística, o resultado é a mera modificação do mundo exterior, causada por um comportamento voluntário do homem. Para essa teoria, o resultado da ação é natural, objetivo e concreto (o resultado morte, no mundo dos homens).

A concepção jurídica, também chamada de normativa, é determinada pela norma, pela lei positivada.

Aqui, o resultado não é uma transformação do mundo das coisas, mas sim, uma lesão ao interesse protegido pela norma penal.

Em vez de se falar em um resultado natural, fala-se em um resultado jurídico, no sentido de que este é estabelecido e determinado pelo próprio ordenamento jurídico. Não quer dizer que não seja mais natural, e sim, a norma lhe deu um novo contorno, uma nova cor, uma vez que o seu sentido foi alterado, no momento em que passou a existir para o mundo do "dever-ser".

Através de um exemplo, pode-se perceber melhor a diferença entre uma e outra concepção teórica. Quem entra em casa alheia, sem consentimento do seu morador, não produz, no mundo circundante natural, nenhum dano material, algo que tenha algum significado em relação ao mundo natural.

Todavia, se percebida tal ação no mundo jurídico, quem entra em casa alheia, sem permissão do proprietário violenta um importante interesse jurídico como o direito de propriedade, o princípio da privacidade, a tranquilidade doméstica, etc.

Neste caso, está aí configurada a lesão no seu sentido normativo, pois a Constituição Federal no art. 5º, inciso XI, preceitua que a casa é asilo inviolável do indivíduo, ninguém nela podendo penetrar sem consentimento do morador, salvo em caso de flagrante delito ou desastre, ou para prestar socorro, ou, durante o dia, por determinação judicial.

DA CAUSA E DO RESULTADO

Tanto é assegurado o direito à inviolabilidade de domicílio que aqueles que romperem com a norma comportamental podem ser alvo da repulsa armada, baseada na legítima defesa do lar e do patrimônio.[227]

Estas teorias têm consequências relevantes para o estudo do direito. Os que são defensores da primeira, a naturalista, admitem a hipótese de que possa ocorrer um crime sem resultado, isto porque, nem todos os delitos cometidos têm um efeito natural.

Por sua vez, para aqueles que são adeptos da teoria normativa, o resultado é um elemento que pertence ao próprio crime, é parte intrínseca da sua própria natureza. Desta maneira, não pode haver um crime sem resultado, pela simples razão de que, sem a ocorrência do dano material, não pode haver o dano jurídico.

Para os seguidores dessa segunda corrente, a existência de um dano, de um prejuízo, não necessariamente patrimonial, mas normativo, é *conditio sine qua non* para a existência do próprio crime, pois este é sempre uma lesão, ou uma ameaça de lesão, fruto de uma ação que, de alguma forma, ao afrontar a ordem jurídica, deixa a marca de sua ação, ou omissão.[228]

Os naturalistas, não se deixando derrotar, lançam mão da tese de que pode sim, haver o crime sem a consequência do resultado. Para isso, lembram da figura dos chamados crimes de mera conduta. Nesses crimes, o indivíduo não faz, e nem se omite, ele simplesmente fica.

Tanto essa afirmação é aceita, que muitos chamam essa espécie de crime de crime de posição. No exemplo da invasão de domicílio seria o mesmo que afirmar que o agente, ao entrar na casa sem autorização do proprietário, não praticou nenhum delito, pois não trouxe, com sua ação, qualquer interesse de matar, furtar, etc. E note-se que houve a ação sem, entretanto, nenhum dano perceptível, pois ainda não se alterou, em nada, o mundo externo.

Mas o que não percebem é que, até os crimes de mera conduta, também trazem em si uma lesão ao bem juridicamente tutelado. No exemplo, é um dano ao interesse jurídico, que não é palpável, mas real, uma vez que o homem vive num universo social que tem suas regras de existência. Tanto que tal ato é figura tida como criminosa.[229]

Se o mundo natural não sofre qualquer transformação, o universo jurídico reage essa "invasão", pois com o seu "ato inocente" de entrar na casa, pelo menos,

---

[227] PENAL – PROCESSUAL PENAL – REMESSA DE OFÍCIO – HOMICÍDIO – TENTATIVA – INVASÃO DE DOMICÍLIO – SUSPEITA DE MELIANTE – LEGÍTIMA DEFESA PUTATIVA – ABSOLVIÇÃO SUMÁRIA – IMPROVIMENTO – Age em legítima defesa putativa aquele que efetua disparos de arma de fogo contra desconhecido que pula o muro e adentra o lote de sua residência, em alta madrugada, supondo ser um ladrão. (TJDF – RMO 19990310001108 – DF – 1ª T.Crim. – Rel. Des. P. A. Rosa de Farias – DJU 23.10.2002 – p. 72)

[228] RECURSO ESPECIAL – PENAL E PROCESSO PENAL – CRIME CONTRA O SISTEMA FINANCEIRO – ART. 17, *CAPUT*, DA LEI 7.492/86 – CRIME DE MERA CONDUTA – INEXIGIBILIDADE DE QUE OS RECURSOS TRANSFERIDOS DA EMPRESA CONTROLADORA À CONTROLADA PERTENÇAM A TERCEIROS – PRECEDENTES – "O *caput* do art. 17, da Lei 7.492/86, não prevê, como elemento do tipo, que os valores transferidos de uma sociedade para a outra pertençam aos consorciados. O crime é de mera conduta, isto é, o simples fato de o gerente deferir o empréstimo já configura o delito". Recurso conhecido e provido. (STJ – RESP 313452 – SP – 5ª T. – Rel. Min. José Arnaldo da Fonseca – DJU 26.08.2002)

[229] CÓDIGO PENAL, art. 150. Entrar ou permanecer, clandestina ou astuciosamente, ou contra a vontade expressa ou tácita de quem de direito, em casa alheia ou em suas dependências. Pena – detenção de 1 (um) a 3 (três) meses, ou multa.

agrediu-se o direito à tranquilidade doméstica. Todos que vivem em sociedade têm o direito de proteger esse interesse determinado pela existência do tecido social.

Desta forma, reafirma-se que a conduta ou a ação é constituída, sobretudo, de três elementos: a vontade, o ato exterior e o resultado.

A estrutura da ação, por conseguinte, só se completa com a relação de causalidade, ou seja, com o vínculo entre a conduta e o resultado, ou modificação no mundo exterior.

Em outras palavras, é indispensável que ao movimento corporal do agente, ou mesmo, a abstenção desse movimento, possa-se afirmar que, de qualquer forma, eles são a causa geradora de um resultado.

Através desse nexo de causalidade é que o resultado constituído pela ação do agente dá margem a que se possa imputar a ele a autoria da ação ou omissão, e é isso que, em direito penal, se chama de *imputatio facti*. Como exemplo, um indivíduo que mata seu desafeto a golpes de faca, obtendo como resultado a morte.

Entre a conduta do agente, até ao resultado morte, existe uma relação de causalidade, pois se não fosse a ação, o outro não teria morrido. Não é uma tarefa das mais difíceis descobrir a relação de causalidade. Comumente, ela está a olhos vistos, permitindo afirmar-se, com segurança, que o resultado obtido é consequência da ação daquele sujeito ativo do delito.

Contudo, há outras ocasiões em que tal relação resta incerta, ou confusa. É que a linha entre a conduta e o resultado resta ambígua e só pode ser confirmada, se possível uma acurada investigação por parte da autoridade policial.

Note-se do exemplo tirado da vida real. Em uma pequena cidade do interior, A é ferido gravemente por B, que lhe desferiu um golpe de faca no ventre. Com habilidade o cirurgião conseguiu salvá-lo da morte. Dias após, a vítima, de sua residência, vê pegar fogo na casa do vizinho, ameaçando alastrar-se para a sua casa. Pega um balde e tenta apagar o fogo, quando, pelo esforço, vê os pontos cirúrgicos arrebentarem-se e, por hemorragia interna, vem a morrer.

Não é tão simples, nesse exemplo, solucionar o problema da relação de causalidade, pois aqui se somou, à ação causal do agressor mais um outro elemento de causa, formando-se, desta maneira, um conjunto de antecedentes que levaram A à morte.

Num mesmo universo de resultados, assim, podem aparecer, na mesma linha causal da ação, outros fatores que não foram criados pela vontade do agente, no momento da ação. Houve uma causa primeira, acompanhada de outras causas denominadas concausas.

Um outro exemplo é o caso da pessoa que foi ferida a tiros de revólver e, arrastando-se, procura socorro. Enquanto isso, um raio cai próximo dela, matando-a. A dificuldade aqui está em determinar se o autor que disparou o revólver responde por homicídio consumado ou por tentativa de homicídio.

Para solucionar essas e outras questões surgiram várias teorias que buscam responder quando a conduta do agente dá causa ao resultado.

Podemos separá-las em dois grupos: o da teoria que não distingue entre causa e condição, e as teorias que fazem tal distinção. E para isso, fixam-se critérios que permitem indicar, dentre as condições, aquelas que funcionaram, verdadeiramente, como causas das outras.

A que não faz distinção entre causa e condição, pertencente à teoria da Equivalência das Condições, foi a adotada pelo nosso Código Penal.[230] Essa teoria é a teoria originária de estudos de parte de Von Buri. De acordo com essa teoria, causa é tudo quanto concorre para o resultado. Para os seguidores dessa escola, não há distinção entre causa e condição, causa e ocasião, causa e concausa.

Todas as forças que concorram para o evento se equivalem na relação de causalidade. Magalhães Noronha destaca que todas as causas devem ser levadas em consideração, sendo que nenhuma delas pode ser abstraída, pois, de certo modo, ter-se-ia de concluir que o resultado, na sua fenomenalidade concreta, não teria ocorrido.

Formam uma unidade infragmentável. Relacionadas ao evento, tal como este ocorreu, foram todas igualmente necessárias, ainda que, qualquer uma, sem o auxílio das outras, não tivesse sido suficiente. A ação ou a omissão, como cada uma das outras causas concorrentes, é condição *sine qua non* do resultado. O nexo causal entre a ação (em sentido amplo), e o evento não é interrompido pela interferência cooperante de outras causas.[231]

Como consequência desse princípio, que é, como já se disse, adotado pelo nosso Código Penal, as chamadas concausas, isto é, as causas que concorrem para dar causa ao resultado juridicamente relevante, não têm o efeito de que desfrutava, pelo código anterior.

Ali, as condições personalíssimas do ofendido e a não observância do regime reclamado pelo estado da vítima[232] desclassificavam o crime de homicídio.

Frente aos mandamentos de nosso Código Penal, o homicídio não deixa de ser classificado como tal, ainda que para o seu resultado venham a concorrer outras causas, tais como, a consequência fatal de um golpe dado em um hemofílico ou em um diabético etc. Assim, todas as circunstâncias concorrentes para dar causa ao resultado deverão ser consideradas.

Destarte, a teoria da Equivalência das Condições, atribui relevância causal a todos os antecedentes do resultado, e considera que nenhum elemento de que depende a produção do resultado pode ser excluído do processo causal.

No que diz respeito a essa teoria, o verbo condicionar, ou o ocasionar o resultado, têm a mesma significação, não se fazendo distinção quanto à relevância para o seu nexo causal.

Esta teoria não exige que o resultado tenha sido causado diretamente pelo movimento corporal do agente. Não há, aqui, a necessidade de que a ação humana tenha o dom da exclusividade.

Outrossim, a grande relevância dessa teoria diz respeito quando se está a resolver o problema da responsabilidade de outro agente na prática do crime. No caso de, por exemplo, um indivíduo estar agredindo outro, com a intenção de matá-lo, não o

---

[230] CÓDIGO PENAL, art. 13. O resultado, de que depende a existência do crime, somente é imputável a quem lhe deu causa. Considera-se causa a ação ou omissão sem a qual o resultado não teria ocorrido. Superveniência de causa independente: § 1º. A superveniência de causa relativamente independente exclui a imputação quando, por si só, produziu o resultado; os fatos anteriores, entretanto, imputam-se a quem os praticou. Relevância da omissão. § 2º. A omissão é penalmente relevante quando o omitente devia e podia agir para evitar o resultado. O dever de agir incumbe a quem: a) tenha por lei obrigação de cuidado, proteção ou vigilância; b) de outra forma, assumiu a responsabilidade de impedir o resultado; c) com seu comportamento anterior, criou o risco da ocorrência do resultado".

[231] NORONHA, Magalhães. Op. cit., p. 121.

[232] CONSOLIDAÇÃO DAS LEIS PENAIS, art. 295, §§ 1º e 2º, do Código Penal de 1940.

conseguindo por si só. Pede ajuda a terceiro que, de imediato, lhe empresta um revólver, com o qual se consuma o homicídio, ocorre aí a participação de ambos como causadores do resultado legal.

Quem emprestou a arma que propiciou causa ao resultado morte, ainda que não tivesse disparado diretamente os projéteis, concorre, também, para o resultado. Ambos responderiam por homicídio.

Mesmo que de importância relevada, há muita crítica à Teoria da Equivalência, pois, para muitos, ela assinala uma larga extensão sobre a ação que vem a dar causa ao resultado danoso.

Alguns chegam a afirmar que, iniciando-se a busca da causa, pode-se ir até ao infinito, o que pode gerar a situação esdrúxula de que se colocar na relação de causalidade o fabricante da arma que o agente usou para matar o seu desafeto.

Karl Binding,[233] inimigo confesso dessa teoria, fazia ironia, quando afirmava que se a deixarmos entregue a si mesma, sem limitá-la, chegaríamos ao extremo de considerar participante do crime de adultério o lenhador que cortou a árvore que forneceu a madeira para o marceneiro fabricar a cama onde os adúlteros praticaram o crime.

É preciso entender que a causalidade física, ou natural, não é tudo na vida do crime. Na estrutura do crime, existem duas relações causais: uma que é a causalidade objetiva, física, ou natural, e a outra que é a causalidade psíquica, ou moral, ou subjetiva. A causalidade física liga a mão do agente ao resultado, e a psíquica liga a cabeça do agente à sua vontade, e igualmente, ao resultado. A respeito disso, afirma Magalhães Noronha que "claro é que a teoria da equivalência dos antecedentes se situa exclusivamente no terreno do elemento físico ou material do delito, e por isso mesmo, por si só, não pode satisfazer à punibilidade. É mister a consideração da causalidade subjetiva; é necessária a presença da culpa (em sentido amplo), caso contrário haveria o que se denomina *regressus ad infinitum*: seriam responsáveis pelo resultado todos quantos houvessem física ou materialmente concorrido para o evento; no homicídio, v.g., seriam responsabilizados também o comerciante que vendeu a arma, o industrial que a fabricou, o mineiro que extraiu o minério etc.".[234]

Pode haver, sem dúvida, relação causal sem que exista a relação psíquica, isto porque o indivíduo pode praticar um ato e produzir um outro resultado, sem ter tido a vontade de praticá-lo. Daí se afirmar que a culpabilidade, ou causalidade psíquica, funciona como um freio aos eventuais exageros da teoria da equivalência.

A experiência pragmática demonstra que o resultado é sempre a consequência de forças, ou condições despertadas pela conduta do agente. Em outras palavras, a causa do evento, para poder produzir o resultado, depende de condições propícias. E essas condições podem ser antecedentes, concomitantes, ou subsequentes, ou supervenientes relativas, ou supervenientes absolutamente independentes, da conduta do agente. É exemplo de uma causa, ou condição antecedente, absolutamente independente, é o de um indivíduo que fere outro, atingindo-o com disparo de arma de fogo em local não letal, vindo a vítima a falecer logo após, não pelo ferimento do projétil, mas porque, antes dessa agressão ingerira fortes doses de um veneno mortal.

---

[233] VINDING, Karl. *Compendio di Direitto Penal*. Roma: Athenaeum, 1927, p. 253.
[234] NORONHA, Magalhães, op. cit., p. 121.

Por sua vez, veja-se um exemplo de causa, ou condição concomitante, absolutamente independente: o agente saca a arma com manifesta intenção de matar, mas, ao mesmo tempo em que o agente inicia a ação, pelo susto, a vítima é acometida de um colapso cardíaco, vindo, então, a morrer. O exemplo é dado por muitos autores como exemplificador de causa concomitante absolutamente independente. No nosso entender, a matéria aqui é controvertida, por que o "susto" teria abalado o sistema psíquico da vítima que, pela própria descarga de adrenalina, teve o enfarto. Pode-se dizer que o sacar da arma, combinado com o "susto" foram "causa" do resultado morte.

O exemplo de causa, ou condição superveniente absolutamente independente, é o do indivíduo que põe veneno na alimentação de um outro, esperando matá-lo. Mas, quando este está a comer a refeição envenenada, sobrevém um desabamento, que o mata. Essas hipóteses são resolvidas à luz do Código Penal. Quando a causa for absolutamente independente da conduta do agente, a hipótese é resolvida pelo *caput* do artigo 13 do Código Penal, o que quer dizer que se dá a exclusão da causalidade, isto é, o autor não será responsabilizado pelo resultado morte.

Nos exemplos dados, com a devida ressalva ao caso do "susto", a causa do resultado morte não teve nenhuma ligação com a conduta do agente. Na realidade, como ele não pode restar impune ante o dano que pretendeu causar, responde pelo crime na forma tentada.[235]

Quando a causa for antecedente, ou concomitante, ou superveniente e, sendo ela absolutamente independente, não podendo ser ligada, de nenhuma forma com a ação, ou omissão do agente, na realidade será tida como uma não causa, relação ao resultado produzido.

Uma outra situação a ser enfrentada diz respeito ao problema da causa, ou condição preexistente, concomitante, ou superveniente mas, relativamente independente da conduta do agente.

É um exemplo é o do um indivíduo que, sem saber, apunhala um hemofílico.[236] A vítima vem a morrer em consequência de hemorragia consequente ao seu estado mórbido. A hemofilia é uma condição preexistente, ou antecedente, isto porque, quando a vítima recebeu a agressão, já sofria desta doença, ignorada pelo agente.

Uma situação que demonstra uma causa concomitante, ou simultânea, relativamente independente, é a do indivíduo que atira em outro, no mesmo instante em que este está sofrendo um ataque cardíaco, e que, mais tarde, resta provado que o ferimento à bala, não matou a pessoa, mas veio a contribuir para que sofresse o ataque cardíaco.

É exemplo de uma condição, ou causa concomitante, ou simultânea, relativamente independente, o de um indivíduo que apunhala alguém, com a intenção de matar, não conseguindo. Mas, em consequência desse ato, a vítima fora deslocada para um hospital em uma ambulância, que abalroa outro automóvel e vem a morrer.

---

[235] CÓDIGO PENAL, art. 14. Diz-se o crime: (...) II – tentado, quando, iniciada a execução, não se consuma por circunstâncias alheias à vontade do agente. Parágrafo único. Salvo disposição em contrário, pune-se a tentativa com a pena correspondente ao crime consumado, diminuída de um a dois terços.

[236] Hemofilia – Condição hemorrágica hereditária (embora, às vezes, seja muito difícil identificar ascendentes hemofílicos) que incide quase sempre no homem e só excepcionalmente na mulher, e caracterizada por hemorragias precoces, abundantes e prolongadas, que se repetem espontaneamente, ou por ocasião de traumatismos mínimos subcutâneos, submucosos, musculares, articulares, viscerais, etc.

Nos dois primeiros exemplos, o caso da hemofilia e do ataque cardíaco, as causas antecedentes e concomitantes não excluem o processo causal desencadeado pela conduta do agente agressor. Logo, não se pode aplicar a regra do *caput* do artigo 13 do Código Penal, pois o artigo trata das causas absolutamente independentes, quer dizer, a ação e a omissão, não deram causa ao resultado. O agente, nesses casos, responde pelo delito de homicídio.

Porém, em relação ao terceiro exemplo, o autor dos ferimentos não responde pela morte da vítima, e sim por tentativa de homicídio, aplicando-se a regra do § 1º do artigo 13 do Código Penal, que preceitua que a superveniência da causa relativamente independente tem o condão de excluir a imputação quando por si só produziu o resultado. Mas os fatos anteriores devem ser imputados a quem os praticou.

O legislador foi atento a esta possibilidade, evitando, de forma certa e segura, que não haveria impunidade pelos atos pelos quais o agente se tornou responsável.

A teoria da equivalência veio eliminar a concausa, que é a condição que concorre para a produção de um resultado danoso, com preponderância sobre a conduta do agente.

O sistema das concausas acabou por criar verdadeiros absurdos jurídicos e graves injustiças. Defendiam seus seguidores a tese de que a concausa tinha o poder de justificar para a produção do resultado, um conjunto de condições que em muito atenuavam a ação do agente agressor. Não raro, o autor, para despistar a justiça, quando agia contra uma vítima, já estava ao abrigo de uma concausa preexistente, garantindo-lhe a atenuação da sua ação delituosa.

Não se pode de deixar de analisar outro tema que Magalhães Noronha destaca e que diz respeito à questão da superveniência causal. O § 1º do artigo 13 do Código Penal preceitua que a superveniência de causa relativamente independente exclui a imputação quando, por si só, produziu o resultado; os fatos anteriores, entretanto, imputam-se a quem os praticou. Exclui a imputação quando, por si só, produzir o evento. Mas os fatos anteriores implicam punição do agente. É uma das exceções à teoria da *conditio sine qua non*.

A superveniência, se absolutamente independente, tem o condão de impedir que se estabeleça, entre o agente e o resultado, um nexo de causalidade, isentando-o de responsabilidade penal advindo do resultado danoso.

É o caso de um sujeito que, ao acaso, fere outrem, sem matá-lo e sem intenção de fazê-lo. Este alguém, ao sair do local do evento, é atropelado por um veículo e vem a morrer. Não se pode imputar a quem o feriu a culpa pelo resultado morte.

Na regra, o legislador incluiu o advérbio modal "relativamente" (a superveniência de causa relativamente independente exclui a imputação quando, por si só, produziu o resultado), com o objetivo de dissipar quaisquer dúvidas e não impor um critério de avaliação que tornasse impeditivo o seu reconhecimento.

Portanto, na causalidade dita natural, há uma causa que tem o poder de produzir um efeito; do mesmo modo, na causalidade jurídica, há uma ação de um agente que tem como pretensão produzir um resultado, e que, em muitas situações, consegue lograr o seu objetivo.

CAPÍTULO XI

DO TIPO PENAL

1. Conceito de tipo

O tipo é um modelo ideal, traz em si, um conjunto de condições que o determinam, que o explicam. Ele é, etimológica e juridicamente, um modelo. Nicola Abbagnano, tratando do tipo como modelo, afirma que "... no sentido de modelo, forma, esquema ou conjunto interligado de características que pode ser repetido por um número indefinido de exemplares, essa palavra já é usada por Platão e por Aristóteles (...) é a palavra ou o signo que não sejam uma coisa única ou evento único, mas uma forma definidamente significante que, para ser usada, deve ganhar corpo numa ocorrência; esta deve ser o signo de um tipo, portanto do objeto que o tipo significa".[237]

O tipo, portanto, é uma construção intelectual, é o resultado de um processo, que se inicia com a observação da sociedade e culmina com a gênese da norma. O legislador, e somente ele, tem a legitimidade para construir os modelos jurídicos, a partir dos cortes que faz sobre o tecido da sociedade. Estas lâminas do social são elevadas ao plano da idealização, abstrato, indecomponível, e que ganham, no trabalho da análise, um sentido, um axioma.

Pronta a norma, ela retorna à sociedade, impondo sobre o universo de onde saiu de forma embrionária, a sua vigência, a sua eficácia. Nesse retorno à origem, ela ganha condições para determinar o que pode, ou não pode vir a ser o ato lícito, ou ilícito.

Cada crime tem uma gama de variabilidade que, sem poder conglomerar em sua natureza todos os aspectos do fato natural, o tipo legal busca, assim, preferencialmente, sancioná-lo. O fato concreto é, então, sempre mais amplo em seus sentidos e leituras. Apenas a essência comum de cada fato punível, é reunida na figura do tipo legal.

Assim, o legislador, ao recuperar os elementos empíricos, que no campo social já apresentavam algum sentido, redefine-os, dando àquela tipicidade imanente, latente, uma nova ordem de coisas, ajuizando-a com base em um valor que se coloca como um fim legal a ser ambicionado.

Juridiscizando o tipo natural, essa transformação modifica toda a origem de onde ele foi resgatado, e como consequência disso, nessa metamorfose sofrida, detém as condições suficientes, se legítimas ao copo social, para dominar os atos, as atitudes, o concreto.

Miguel Reale Jr. sintetiza dizendo que "a estrutura é própria do objeto e a revelação da sua estrutura indica a inteligibilidade do objeto, a sua composição interna,

---
[237] ABBAGNANO, Nicola. *Dicionário de Filosofia*. 3ª ed. São Paulo: Martins Fontes, 1998. p. 959.

como um todo cujas partes são ligadas entre elas e cujos termos são definidos por suas relações, de tal forma que a modificação de um dos elementos ocasiona a dos outros".[238]

Na ação típica, o tipo penal é uma passagem que segue um caminho curioso, pois parte do concreto, retornando, mais tarde a ele mesmo. Mas o meio para realizar tal fim é o abstrato. Isto é, o legislador, percebe no mundo natural dos fatos encontra os atos que violentam a harmonia social e tira deles um modelo, e este, com mais ou menos eficiência, vai deter condições para determinar os comportamentos futuros. O passado dá o exemplo para o futuro. Não o exemplo que se deva imitar, mas sim, o que se deve evitar.

Assim, como comumente se constata, a gênese do tipo não se dá de forma aleatória, mas, ao contrário, sua força está no fato de que, o seu alcance, o seu significado e o seu poder de comando, estão inatos na própria ação, aquela do ordenamento social, natural.

Portanto, o tipo penal é uma descrição do crime, descrição que foi construída pelo legislador. É uma ordem, um comando, um fazer ou não fazer que tem, como fim, resgatar a conduta do agente, estabelecendo os limites dessa conduta. E através de seu maior ou menor efeito, espera ser a solução para os conflitos, amparando a segurança jurídica com os instrumentos de sua realização.

A tipicidade, assim, é a mera adequação entre uma conduta do mundo concreto, real, em adequação ao mundo legal, normativo. Como exemplo, é o que acontece quando um indivíduo mata outro. A conduta de matar alguém subsume-se no tipo legal estabelecido no artigo 121 do Código Penal.

2. Evolução doutrinária: a teoria do tipo

O conceito predominante de tipicidade, em nosso universo moderno, é resultado das ideias desenvolvidas, com maior eficiência, por Beling, que, no início do séc. XX, elaborou a teoria dogmático-jurídica.

Antes desse pensador, a tipicidade era entendida como um amplo e exagerado universo, pois ela compreendia a materialidade do fato delituoso, isto é, o chamado *corpus delicti*, a ilicitude, a culpabilidade e o conjunto de todos os pressupostos da punibilidade (significa este último elemento, que a tipicidade tinha sido colocada nos limites do campo processual, isto é, a sua existência estava determinada pela existência de uma sentença).

Beling, contudo, estabeleceu como paradigma a restrição do conceito de *tatbestand* [239] aos aspectos descritivos do crime. A importância dessa expressão, saudada pela ciência penal, é incomensurável. Para Luis Luisi, "a doutrina do *Tatbestand* representa na dogmática penal a versão técnica do apotegma político *nullum crimen sine lege*", como quer M. Jiménez Huerta, ou "o precipitado técnico do princípio da

---

[238] REALE JUNIOR. Miguel. Op. cit., p. 35.
[239] A palavra alemã *Tatbestand*, significa, literalmente, "estado de fato". Observe-se que esta expressão tem sido traduzida de diversos modos nas línguas românicas. Os italianos traduzem-na como *fattispecie*, *fatto*. Os franceses, como *éléments légaux*. Na Espanha, ela é traduzida como *contenido legal del hecho*. Em nosso país, muitos se utilizam dela como "delito tipo", "tipo" e *typus regens*.

legalidade, para lembrarmos a expressão de G. Bettiol. Vale dizer que o *Tatbestand* traduz, em termos técnicos jurídicos, a exigência de certeza na configuração das figuras delituosas, limitando o arbítrio dos governantes e, principalmente, daqueles que julgam".[240]

Desta forma, a existência da tipicidade passou a estar determinada pela correspondência entre aquele fato da vida real e social, e o chamado tipo legal. Essa correspondência entre fato real/tipo legal significou uma revolução dentro do universo do direito penal, isto porque, ao se sedimentar essa relação direta, os elementos da materialidade, os da antijuridicidade, da culpabilidade e da punibilidade, foram expurgadas do juízo da tipicidade.

Limpando, assim, o campo da tipicidade, Beling deu margem para que os elementos da tipicidade, da antijuridicidade e da culpabilidade pudessem se apresentar com juízos distintos, independentes, mas, entretanto, intercalados para melhor expressarem o poder de manifestação do tipo sobre a vida real.

Separados desta forma, os três elementos passaram a responder com maior potencialidade às exigências de adequações da norma ao concreto, definindo as suas principais características.

Quer dizer, no juízo da tipicidade, observa-se como característica principal a adequação do fato concreto ao tipo legal. No que diz respeito ao juízo da antijuridicidade, o que está reservado para este tipo de juízo é que o fato típico está protegido pela presença de alguma excludente da ilicitude. Em derradeiro, no caso do juízo da culpabilidade, o que tem que se verificar é se o autor do fato típico e ilícito merece, ou não, a aplicação da pena.

Max Ernst Mayer, mesmo que conflitando com algumas das ideias de Beling, trouxe à teoria da tipicidade novos elementos quando conferiu a esta a função de ser um indício da antijuridicidade. Quer com isso dizer que, até prova em contrário, o fato típico é presumido como antijurídico.

Mayer trouxe também, para a teoria da tipicidade, a afirmação de que os elementos normativos do tipo estão introduzidos nela, ou seja, a culpabilidade e a ilicitude devem se somar aos elementos meramente descritivos do crime para, então, configurar uma tipicidade com maior poder de absorção e com maior extensão do fato legal.

Desta maneira, a teoria do *Tatbestand* não pode mais ser entendida como queria Beling, pois não apresenta mais os mesmos contornos imaginados por ele. Atualmente, esta teoria possui um conteúdo psicológico, um axiológico e outro normativo.

Damásio de Jesus destaca que, quer do ângulo que se desejar encarar a estrutura do crime, quer pelo aspecto objetivo, quer pelo subjetivo, há de se partir sempre daquilo que se considera como figura típica.

Vê-se, então, que tanto a antijuridicidade, como a culpabilidade só podem ser entendidas sob a ótica da figura típica que, no ordenamento jurídico, tem o poder de definir o mandamento proibitivo. Tem ainda legitimidade para concretizar a antijuridicidade e as condições para assinalar e limitar o injusto cometido.

Outrossim, a figura do "tipo" estabelece o limite do *iter criminis*, marcando o início e o término da conduta, ao assinalar os seus mandamentos penalmente relevan-

---

[240] LUISI, Luis. *O Tipo Penal*: a Teoria Finalista e a Nova Legislação Penal. Porto Alegre: Sergio Antonio Fabris, 1987, p. 13.

tes. Igualmente, ajusta a culpabilidade ao crime praticado. Finalmente, passa a ser uma garantia do Estado democrático de direito, pela presença do princípio do *nullum crimem sine poena*.

Portanto, se afirmamos que a antijuridicidade e a culpabilidade precisam ser apreciadas sob o aspecto do tipo, estamos a dizer que o tipo engloba a antijuridicidade e a culpabilidade.

É que, filosoficamente, a nova lei penal adotou a teoria finalista da ação, de Hans Welzel. Através dela, a conduta humana – ação ou omissão – é movimento dirigido a uma finalidade.[241]

Através dessa teoria, o dolo e a culpa passam a integrar a tipicidade, isto é, a figura do tipo, resgatando, assim, a máxima de que não há, no ato consciente e voluntário, pelo menos, a presença de um desejo mínimo de se alcançar algum fim.

Para Luiz Luisi, "(...) a ação humana é compreendida por Hans Welzel e seus discípulos como uma realidade ordenada, e com um contexto ôntico definido que a configura. Ao apreender a essência dos atos do querer e do conhecimento do homem – postos como objetivas realidades, na posição de objetos do conhecimento – verifica-se que o conhecer e o querer humanos se voltavam sempre para uma meta; visam a um objetivo. O conhecimento é conhecimento de algo, posto ante o sujeito. O querer é querer algo posto como fim pelo sujeito. A característica ontológica, portanto, do conhecer e do querer humanos está nesta 'intencionalidade', isto é, nesta 'finalidade', que é sempre, por força da normação ôntica, visada pelo agente. A ação, portanto, como decorrência desta estrutura ontológica, é sempre, enquanto autenticamente humana, 'exercício de atividade final'".[242]

Assim sendo, a vontade é elemento integrativo da própria figura penal. Quando ausente, o fato se torna atípico. Por exemplo, não pratica o tipo penal estelionato a viúva que, desconhecendo a ilicitude de sua conduta, bem como as consequências desta, na esfera penal, continua a receber o benefício previdenciário outorgado a seu companheiro, mesmo após a sua morte.[243]

Duas outras teorias recentes devem ser destacadas, uma vez que encontram em nosso país doutrinadores que as seguem. São as teorias da tipicidade conglobante, e a dos elementos negativos do tipo. Esta teoria defende o paradigma de que as causas de justificação funcionam como elementos negativos do tipo legal. A tipicidade seria, então, a *ratio essendi* do elemento da antijuridicidade. Reconhecendo-se a figura da tipicidade, se estará, também, se reconhecendo a da antijuridicidade. E, obrigatoriamente, nessa linha teórica, ao se excluir a tipicidade, extinta estará aquela.

Para a primeira teoria, a conglobante, a figura da tipicidade não se esgota na figura do tipo legal, sendo complementada pela presença da antinormatividade. Assim, para este campo teórico, a tipicidade legal seria mera adequação do fato concreto

---

[241] WELSEL, Hans. *Derecho Penal Aleman*, 11ª ed. Editoria Juridica de Chile, p. 53. "Acción humana es ejercicio de actividad final. La acción es, por eso, acontecer final, no solamente causal. La finalidad o el carácter final de la acción se basa en que el hombre, gracias a su saber causal, puede prever, dentro de ciertos límites, las consecuencias posibles de su actividad, ponerse, portanto, fines diversos y dirigir su actividad, conforme a su plan, a la consecución de estos fines".

[242] LUISI, Luis. Op. cit., p. 39.

[243] CÓDIGO PENAL, art. 21. O desconhecimento da lei é inescusável. O erro sobre a ilicitude do fato, se inevitável, isenta de pena; se evitável, poderá diminuí-la de um sexto a um terço. Parágrafo único. Considera-se evitável o erro se o agente atua ou se omite sem a consciência da ilicitude do fato, quando lhe era possível, nas circunstâncias, ter ou atingir essa consciência.

ao tipo legal, já que a antinormatividade deveria ser entendida como a proibição da conduta pelo restante das normas do ordenamento jurídico.

As normas jurídicas, como afirma Zaffaroni, defensor desta teoria, não vivem isoladas, mas sim, entrelaçadas, sendo que umas têm o condão de limitar as outras, não podendo assim, ignorarem-se mutuamente. Se uma conduta, aparentemente proibida pela norma penal é admitida por outra norma, que a ordena ou a impulsiona, legitimando a sua realização, não há que se falar de tipicidade penal. Exemplo disso é o caso do médico que realiza uma cirurgia com o expresso consentimento do paciente. Ele não estará violando a norma do artigo 129 do Código Penal, visto que cirurgias terapêuticas são legítimas pelo nosso ordenamento jurídico.[244]

3. A adequação típica

Adequar significa estabelecer a coerência entre uma ação concreta e o tipo legal, isto é, realizar a congruência entre a prática do ato e um tipo de injusto. A ação será considerada típica, se for enquadrável em um modelo predeterminado, sendo que o sentido do ato realizado tem que ter um sentido valorativo negativo. Isso, porque o sentido analisado pelo ordenamento jurídico tem que ser contrário ao valor cuja positividade se quer impor para a segurança jurídica.

Mas a operação desse enquadramento não é fácil, pois que a mesma não se dá de forma automática. Em muitas situações, o tipo legal não se confunde com o fato concreto, pela simples razão de que aquele traz em seu interior apenas uma representação da conduta criminosa. O fato concreto, por outro lado, é multifacetado e depende das condições socioculturais para detalhar o seu grau de reprovabilidade.

Bem assim, porque os fatos concretos podem se subsumir em mais de um tipo legal, o que dá espaço para o surgimento do denominado conflito aparente de normas.

Pode-se perceber essa dificuldade, por exemplo, quando o operador do direito está a determinar o enquadramento típico da tentativa. Nem sempre é fácil perceber a diferença entre os chamados atos preparatórios e os executórios.

Ademais, o tipo legal não se compõe apenas dos elementos meramente descritivos, mas, também é composto dos elementos normativos. Estes exigem indagações de variadas ordens, como cultural, política e jurídica, bem como, daqueles aspectos atinentes ao estado anímico do agente.

É dessa maneira correto afirmar-se que a tipicidade depende da existência da adequação típica, pois é esta que possibilita o enquadramento do fato concreto em um tipo penal. Como a ação no crime tem como elementos estruturais a vontade do agente, a sua manifestação exterior (resultado) e a relação causal, faz-se necessária a apreciação normativa dessa ação. Essa apreciação jurídica consiste numa adequação da conduta do agente, ao regramento legal. O ato naturalístico é, assim, incorporado pelo mundo jurídico, sofrendo uma transformação em sua natureza.

Tal fenômeno é conhecido como "pesquisa da tipicidade". A tipicidade é entendida como a correspondência entre o fato praticado pelo agente, e a descrição do crime na norma penal.

---

[244] CÓDIGO PENAL, art. 129. Ofender a integridade corporal ou a saúde de outrem: Pena – detenção, de 3 (três) meses a 1 (um) ano.

Todos os fatos acontecidos no universo do campo social e que lesam ou ameaçam lesionar os interesses juridicamente relevantes são levados para o universo da incidência do direito, tornando-os jurídicos. E todas estas condutas agora percebidas pela razão jurídica, passam a estar sujeitas à aplicação de uma norma penal.

Faz-se necessário, para poder se aplicar a norma penal, que o legislador descreva, em minúcias, as condutas consideradas nocivas aos interesses juridicamente tutelados. Assim, para poder aplicar a lei à conduta do agente, o legislador deve descrever os atos que se consideram lesivos. Essa construção que se elabora permite a definição da tipicidade.

O tipo penal, ou o tipo legal, é essa descrição abstrata, que indica os elementos essenciais da conduta reputada como criminosa (*essentialia delicti*). É abstrata até o instante em que se vê frente ao caso concreto, quando, então, previamente estabelecida, tem o poder de recriar a própria ação natural, dando a esta um novo tom, um tom jurídico.

Quando a norma penal descreve o delito, a descrição tem o condão de restringir a ação a uma definição objetiva, precisa e minuciosa. Sem esse cuidado, a generalidade do ato fugiria do controle da norma, gerando impotência ao Estado para controlar as relações entre os sujeitos.

Mas não só por isso é a importância do tipo penal, mas também porque, se não o delimitasse, o campo social ficaria à mercê da livre vontade do órgão estatal, o que igualmente geraria a insegurança jurídica, agora do cidadão.

O tipo legal é uma garantia dos cidadãos contra os excessos, tanto das ações delitivas, quanto do direito de punir do Estado. Ele tem esta dupla face, fundamental para o estabelecimento da paz social.

O tipo legal é formado, fundamentalmente, por um verbo, o "núcleo do tipo" que carrega consigo todos os atributos da definição que se quer delimitar. Além de conter o elemento objetivo, possui ele, também, os elementos referentes à culpabilidade e à antijuridicidade.

O verbo-núcleo é o elemento que descreve a ação do indivíduo. No delito de homicídio, o verbo indicador da figura proibida é o verbo "matar". Sempre que o agente realizar a ação do verbo matar, estará cometendo o delito de homicídio. O pronome indefinido "alguém" significa que sempre que se qualquer ente humano "matar" qualquer pessoa cometerá um crime, porque realizou, integralmente, um tipo penal trazido, anteriormente, pela lei penal.

Já o delito de divulgação de segredo contém um elemento da antijuridicidade, pois diz que é punível "divulgar a alguém, sem justa causa" algo tido como confidencial. Portanto, mesmo que o agente realize a ação expressa pelo verbo "divulgar", havendo a presença da justa causa, o fato não é mais um ilícito.[245]

Costuma-se dar como comparação aos contornos do tipo penal a um recipiente, uma jarra, por exemplo. O recipiente seria a figura típica, por conter toda a descrição de todos os seus contornos. O líquido no recipiente vai amoldar-se perfeitamente, preenchendo todos os seus espaços. Se não houver essa obrigatória acomodação, plena e total, não há que se falar em realização do tipo penal.

---

[245] CÓDIGO PENAL, art. 153. Divulgar alguém, sem justa causa, conteúdo de documento particular ou de correspondência confidencial, de que é destinatário ou detentor, e cuja divulgação possa produzir dano a outrem: Pena – detenção, de 1 (um) a 6 (seis) meses, ou multa.

Se o agente realiza a figura tipificada no verbo "matar", ou seja, com vontade determinada de matar o seu desafeto, dá um tiro e o acerta, se não vier a morrer, não houve a plena acomodação do tipo. O agente não responderá pelo delito de homicídio.

É que, repita-se, a ação determinada pela vontade do agente não preencheu todos os contornos da jarra, ficando ela meio cheia. E, em vez de homicídio, o agente passa a responder por outro crime, de tentativa de homicídio ou de lesão corporal.

Há uma divisão na forma do reconhecimento do tipo penal, pois quando a descrição legal só contém os elementos objetivos, o tipo é conhecido como tipo normal.

Quando, porém, o tipo traz, além dos elementos objetivos, também elementos ligados à culpabilidade e à antijuridicidade, diz-se que o tipo é anormal.

Concluindo: os elementos do tipo podem ser objetivos, se concernentes ao aspecto material do fato, ou subjetivos, quando relativos ao estado psíquico do agente e, ainda, normativos, por se referirem, em regra, a antijuridicidade.

Como diferenciar se o tipo penal traz os elementos subjetivos ou os elementos antijurídicos? O próprio Código Penal destaca-os, através de expressões tais como: "em proveito próprio, ou alheio" (artigo 173),[246] "para ocultar desonra própria" (art. 134)[247] "com o fim de" (artigo 159),[248] "conhecendo essa circunstância" (art. 235, §1º), "por motivo" (artigo 235, § 2º).[249]

Os elementos normativos do tipo são designados, também em nosso Código Penal, pelas seguintes expressões: "indevidamente" (art. 151),[250] "sem justa causa" (art. 153),[251] "sem consentimento de quem de direito" (art. 164),[252] "sem licença da autoridade competente" (art. 166),[253] etc.

Portanto, a adequação típica é parte decisiva, já que é através dela que a norma penal consegue, ainda que nem sempre de maneira fácil, percorrer o caminho até o

---

[246] CÓDIGO PENAL, art. 173. Abusar, em proveito próprio ou alheio, de necessidade, paixão ou inexperiência de menor, ou da alienação ou debilidade mental de outrem, induzindo qualquer deles à prática de ato suscetível de produzir efeito jurídico, em prejuízo próprio ou de terceiro. Pena – reclusão, de 2 (dois) a 6 (seis) anos, e multa.

[247] CÓDIGO PENAL, art. 134. Expor ou abandonar recém-nascido, para ocultar desonra própria: pena – detenção, de 6 (seis) meses a 2 (dois) anos.

[248] CÓDIGO PENAL, art. 159. Seqüestrar pessoa com o fim de obter, para si ou para outrem, qualquer vantagem, como condição ou preço do resgate: Pena – reclusão, de 8 (oito) a 15 (quinze) anos.

[249] CÓDIGO PENAL, art. 235. Contrair alguém, sendo casado, novo casamento: Pena – reclusão, de 2 (dois) a 6 (seis) anos. § 1º. Aquele que, não sendo casado, contrai casamento com pessoa casada, conhecendo essa circunstância, é punido com reclusão ou detenção, de 1 (um) a 3 (três) anos. § 2º. Anulado por qualquer motivo o primeiro casamento, ou o outro por motivo que não a bigamia, considera-se inexistente o crime.

[250] CÓDIGO PENAL, art. 151. Devassar indevidamente o conteúdo de correspondência fechada, dirigida a outrem: Pena – detenção, de 1 (um) a 6 (seis) meses, ou multa. § 1º Na mesma pena incorre: I – quem se apossa indevidamente de correspondência alheia, embora não fechada e, no todo ou em parte, a sonega ou destrói; II – quem indevidamente divulga, transmite a outrem ou utiliza abusivamente comunicação telegráfica ou radioelétrica dirigida a terceiro, ou conversação telefônica entre outras pessoas;

[251] CÓDIGO PENAL, art. 153. Divulgar alguém, sem justa causa, conteúdo de documento particular ou de correspondência confidencial, de que é destinatário ou detentor, e cuja divulgação possa produzir dano a outrem: Pena – detenção, de 1 (um) a 6 (seis) meses, ou multa. § 1º-A. Divulgar, sem justa causa, informações sigilosas ou reservadas, assim definidas em lei, contidas nos sistemas de informações ou banco de dados da Administração Pública: Pena – detenção, de 1 (um) a 4 (quatro) anos, e multa.

[252] CÓDIGO PENAL, art. 164. Introduzir ou deixar animais em propriedade alheia, sem consentimento de quem de direito, desde que do fato resulte prejuízo: Pena – detenção, de 15 (quinze) dias a 6 (seis) meses, ou multa.

[253] CÓDIGO PENAL, art. 166. Alterar, sem licença da autoridade competente, o aspecto de local especialmente protegido por lei: Pena – detenção, de 1 (um) mês a 1 (um) ano, ou multa.

fato concreto, englobando-o e assim, revesti-lo de significados e de efeitos do mundo jurídico.

Concluindo, dizemos que o tipo legal não é uma elaboração autoritária, mas sim, o resultado da observação dos fatos concretos, reais e, a partir da realidade social, eles são constituídos. Frente a este paradigma, se pode afirmar que o Direito Penal não cria a conduta humana. Ele as seleciona, redefinindo-as, a partir de um certo axioma, mais ou menos grave, dependendo do bem jurídico que é lesado ou ameaçado de lesão.

4. Espécies de tipos

Analisamos o conceito geral de "tipo", bem como as noções penais de "tipo injusto", e de "tipo legal". Observou-se, igualmente, que o "tipo legal", nem sempre coincide com o chamado "tipo injusto", pois que alguns destes são irrelevantes para sofrer qualquer penalização do Estado.

Agora, convém, assim, apresentar, senão todos, pelo menos as variações mais significativas do gênero "tipo", aquelas que são encontradas com maior frequência nos tratados penais.

4.1. Tipo fundamental e tipo derivado

O tipo fundamental, ou também tipo básico, é aquele que apresenta a imagem mais simples de uma espécie de delito. A sua descrição é a mais singela. Está situado, comumente, na "cabeça" do dispositivo legal. E é, por esse motivo, denominado de "figura típica simples".

Assim, no caso da figura típica do homicídio, previsto no Código Penal, em seu artigo 121, *caput*, temos os seguintes elementos: a) o agente ativo (uma pessoa física), b) a conduta ilícita (a ação, ou omissão causadora da morte), c) a presença do dolo (que é a voluntariedade consciente do agente em praticar a ação), d) um agente passivo (obrigatoriamente, uma pessoa humana), e) um resultado (que é a morte), e, finalmente, f) um nexo causal (a relação entre o ato do agente, enquanto produtor do resultado).

Ao se afastar um desses elementos, estará se violentando a sua substância e essa alteração será fatal para a figura do homicídio. Neste caso, perdida uma das suas características fundamentais, o fato poderá ser tudo, menos o crime de homicídio.

O tipo derivado, por seu lado, é o que se forma a partir do tipo fundamental, mediante a inclusão de circunstâncias que agravam ou atenuam a pena. Se vier a ocorrer o agravamento, temos um tipo qualificado. Se for, não um agravamento, mas uma atenuação, temos um tipo privilegiado.

O tipo derivado pode, por sua vez, apresentar-se como figura subserviente do tipo fundamental ou como figura independente, a que muitos chamam de *delictum sui generis*. Se o tipo derivado é caudatário do tipo básico, as regras que se aplicam a este também são aplicadas, quer dizer, os tipos qualificados, ou privilegiados, também recebem-nas.

Contudo, se ele for autônomo, a sua existência, independente da do fundamental, permite-lhe que se mantenha fora da área de incidência daquelas regras aplicadas ao tipo básico.

4.2. Tipo fechado e tipo aberto

Quando o legislador cria um tipo legal, ele pode optar por duas formações: fechada ou aberta.

No primeiro caso, os tipos fechados são aqueles em que a sua descrição está completa, pormenorizada, detalhando a conduta criminosa. Assim, o intérprete não tem a dificuldade, quando verifica a ilicitude do ato, outra função que não a constatação da correspondência entre a conduta concreta e a descrição típica, bem como a inexistência daquelas causas de justificação. Exemplo desse tipo é o homicídio. Isso porque a descrição de "matar alguém" não deixa margem de dúvida para o operador do direito, quando analisa o tipo em destaque.

Assis Toledo afirma que "a descrição 'matar alguém', por ser completa, não exigiria do intérprete qualquer trabalho de complementação do tipo. A imensa variedade da ação de matar um ser humano cairia facilmente sob o domínio desse tipo; a ilicitude resultaria da simples inincidência de normas permissivas".[254]

O tipo aberto, ao contrário, consiste numa descrição incompleta do da conduta proibida, transferindo-se ao intérprete a obrigação de complementá-lo. As limitações e as indicações para ele fazer a complementação não estão dadas à voluntariedade, mas indicadas no próprio tipo. Os delitos culposos são exemplos consagrados desses tipos abertos.

4.3. Tipo simples e tipo misto

Em muitas situações, o tipo legal apresenta uma única exposição do verbo nuclear, quer dizer, ele manifesta uma única ação. Esta é vista pela presença do verbo-núcleo, que expõe toda a situação fática.

Ao se descrever uma espécie de conduta criminosa, um único núcleo, está-se a falar de um tipo simples. É o que se dá quando analisamos os artigos do Código Penal, por exemplo, o artigo 129 ("ofender"), o artigo 155 ("subtrair"), etc.

Por sua vez, os tipos mistos são aqueles que possuem dois ou mais núcleos, e deles são exemplos, os chamados tipos de ação múltipla. Subdividem-se em duas categorias distintas: o tipo misto alternativo e o tipo misto cumulativo.

No chamado tipo misto alternativo, é descrita mais de uma conduta como hipótese de realização do mesmo crime. Assim, a prática sucessiva dessas condutas, unidas, caracteriza um crime único. A doutrina chama esses delitos de crimes de condutas variáveis ou fungíveis.

O verbo nuclear não está sozinho, mas o agente não responde por mais de um crime, mas apenas por um só. Variam as condutas, não o tipo do crime. Na fórmula do tipo, pode-se ler a letra "e", como a indicar ao agente, as diferentes formas adotadas pela sua conduta.

---
[254] TOLEDO, Francisco de Assis. Op. cit., p. 136.

Por sua vez, no tipo misto cumulativo, somente se pode falar em consumação do delito quando todas as condutas foram realizadas pelo agente. Aqui, a descrição do tipo usa a palavra "ou", indicando a possibilidade da acumulação de ações.

É importante, aqui neste trabalho, comentar sobre uma outra confusão da doutrina, entre os tipos mistos cumulativos e os tipos acumulados. Nestes últimos, o que ocorre é uma soma de penas, se o crime cometido for o resultado de mais de uma conduta. No caso dos crimes mistos cumulativos, não se pode falar de soma de penas.

Exemplo de crimes acumulados são os artigos 208, 244, ambos do Código Penal. Diz o artigo 208 do Código Penal que é crime zombar de alguém, em local público, por um ou outro motivo, bem como impedir ou perturbar, vilipendiar, ou ato ou objeto. O artigo 244 do mesmo códex afirma que é crime deixar, sem justa causa, de prover a subsistência de filho menor, ou de cônjuge, ou inapto. Dessa forma, percebe-se, claramente, a presença da figura acumulativa.[255]

5. Tipos conexos

A conexão é um conceito usado com a intenção de se estabelecer, de alguma forma, a ligação entre duas ou mais infrações penais, a partir da identidade de seus elementos objetivos e subjetivos.

Isso ocorre quando um crime se posiciona como um meio para assegurar a outro crime, a execução, a ocultação, a impunidade ou uma vantagem. Desta forma, entre o chamado crime-meio e o crime-fim há um concurso material.

E é a presença desse concurso que dá as bases para que se estabeleça a conexão.

---

[255] CÓDIGO PENAL, art. 208. Escarnecer de alguém publicamente, por motivo de crença ou função religiosa; impedir ou perturbar cerimônia ou prática de culto religioso; vilipendiar publicamente ato ou objeto de culto religioso: Pena – detenção, de 1 (um) mês a 1 (um) ano, ou multa.
CÓDIGO PENAL, art. 244. Deixar sem justa causa, de prover à subsistência do cônjuge, ou de filho menor de 18 (dezoito) anos ou inapto para o trabalho, ou de ascendente inválido ou valetudinário, não lhes proporcionando os recursos necessários ou faltando ao pagamento de pensão alimentícia judicialmente acordada, fixada ou majorada; deixar sem justa causa, de socorrer descendente ou ascendentes, gravemente enfermo: Pena – detenção, de 1 (um) a 4 (quatro) anos, e multa, de uma a dez vezes o maior salário mínimo, vigente no País.

CAPÍTULO XII

O DOLO NO TIPO

1. O conceito de dolo e a visão jurídica do conceito

O dolo é uma percepção que se perfectibiliza com uma ação. Ele faz parte do universo psicológico do sujeito, é a gênese da sua vontade frente ao mundo real.

O dolo é vontade, desejo em realizar ou mesmo de não produzir uma ação. É uma vontade consciente do agente em construir as condições para a conduta. É o autor do movimento realizando os elementos objetivos do tipo, e consequentemente, gerando o dano social, fruto de seu ato.

É um querer determinado à consumação de um evento e do desvalor que este venha representar. No dolo, o agente dirige o seu comportamento de maneira contrária ao que a norma defende como lícito. Esclarece-nos Assis Toledo que "em um sistema como o nosso marcado por tipos dolosos e por tipos culposos, o que distingue os primeiros dos segundos é a presença do dolo nos tipos dolosos e a da negligência, imprudência e imperícia nos tipos culposos, já que são esses os únicos elementos internos ao tipo que lhe dão essa especial fisionomia".[256]

Entretanto, o dolo, enquanto elemento psíquico, não está configurado em nosso ordenamento. Nosso ordenamento enquadra, simplesmente, o crime doloso. A regra, consolidada no artigo 18, inciso I, do Código Penal, afirma que "diz-se crime doloso, quando o agente quis o resultado ou assumiu o risco de produzi-lo".

A definição dada é a do crime doloso, mas, por via indireta, se chega ao elemento volitivo, o dolo. Tal observação tem relevância, na medida em que estudamos os delitos no que diz respeito à produção do resultado. Isso, porque, a conceituação positivada no Código Penal compreende apenas os delitos de conduta e evento, ou seja, contempla os chamados crimes materiais e formais. Apenas esses dois tipos de condutas ilícitas trazem em sua natureza a figura do resultado naturalístico acoplados ao tipo.

Em relação aos crimes de mera conduta, onde o tipo tem o poder de prescindir da figura de qualquer resultado naturalístico, tal compreensão do dolo, sob o signo naturalístico, não tem razão de ser.

Manoel Pedro Pimentel afirma que tal compreensão "poderia levar o intérprete menos avisado a supor que somente os crimes de resultado podem ser dolosos, já que o dispositivo legal alude expressamente à vontade do resultado".[257]

Outrossim, o sentido jurídico confere ao dolo uma extensão de suas capacidades, pois ao relacioná-lo ao resultado, estabelece-lhe frente aos conceitos de lesão e

---
[256] TOLEDO, Francisco de Assis. Op. cit., p. 154.
[257] PIMENTEL, Manoel Pedro. *O Crime e a Pena na Atualidade*. São Paulo: Revista dos Tribunais, 1983, p.78.

de perigo de lesão, uma vez que a ação do agente é, sempre, uma ameaça a um bem juridicamente tutelado.

Por essa percepção, é verdade se afirmar que não há crime sem resultado, pois a prática de todo e qualquer delito tem a faculdade negativa de violar e ameaçar a segurança jurídica.

Eis o que leciona Flávio Augusto Monteiro de Barros: "... Cremos que a concepção jurídica do resultado é totalmente inócua, porquanto a lesão ou perigo de lesão ao bem jurídico insere-se da na essência da antijuridicidade, de modo que não há nenhuma utilidade na desenvoltura dessa ideia no estudo do resultado".[258]

Contudo, mesmo que se mantendo a questão, o certo é que o nosso Código Penal atrela a figura do dolo a do resultado. Assim, é máxima em nosso ordenamento de que não há crime sem resultado danoso. Esta é, então, a visão jurídica que predomina sobre o conceito de dolo.

Incontroverso neste sentido, é a certeza de que o artigo 18, em seu primeiro inciso, supedita os dois elementos do dolo, ou seja, a vontade, livre e consciente e o resultado. Portanto, o que interessa é o nexo causal entre o agente e a materialidade da ação. Age, pois, dolosamente quem pratica a ação (em sentido amplo) consciente e voluntariamente.[259]

Contudo, é imperioso destacar que o dolo não pode ser esgotado nesses dois aspectos (vontade e resultado), pois, verdade seja dita, não basta o agente querer a produção de um evento ilícito. É condição primordial para a sua caracterização, enquanto ato contrário ao direito, que ele tenha o conhecimento da ilicitude de sua ação.

Dolo é a vontade para a realização de um ato, é a sua representação no mundo concreto, com um resultado, mas, de modo igual, é ter consciência de que, com o ato, se pôs o agente em oposição ao dever ético-jurídico.

Sobre a questão, Magalhães Noronha destaca que o ato ilícito não é o conhecimento da lei. Se assim fosse, somente os juristas e advogados poderiam cometer crimes. Para o assaltante saber que o roubo ou o furto são figuras delitivas, não é necessário cientificar-se de que o fato está definido ou no art. 155 ou no art. 157 do Código Penal.

Conhecimento da antijuridicidade é a ciência de se opor à ordem jurídica, é a convicção de incorrer no juízo de reprovação social. É por nascermos e vivermos em sociedade que cedo adquirimos aquela consciência comum, do certo e do errado, no sentido do que é permitido, ou ilícito. Em regra, o delito, antes de se achar positivado na lei escrita, já é, para nós, um ato nocivo e contrário aos interesses dos indivíduos e da coletividade.

Eles são apreendidos naquela margem da psique, quase que obscura, entre os liames da consciência e da inconsciência, incorporados ao nosso patrimônio cultural-psicológico de forma instantânea, sucedânea da nossa inserção, no mundo coletivo. Há leis porque existem crimes.

Hodiernamente, é aceito um outro, um quarto elemento a caracterizar o dolo. Ele não é somente a soma de vontade, resultado e consciência da ilicitude, mas, ainda, a anuência ao delito, pois fruto do desejo pessoal. Age dolosamente não apenas

---

[258] BARROS, Flávio Augusto Monteiro de. Op. cit., p. 155.
[259] NORONHA, Magalhães. Op. cit., p. 136.

o que quer livre e conscientemente um resultado, mas também quem, embora não o querendo de modo principal, aceita-o ou a ele anui.[260]

No caso dos crimes de mera conduta, ou de simples atividade, onde se prescinde da figura do resultado, encontram-se apenas os outros três elementos.

De todo o exposto, assim, pode-se definir o conceito de dolo, como um ato de vontade, livre e consciente de um agente, na busca de um resultado que é violação, ou ameaça de violência, a um bem juridicamente tutelado. O ato doloso é praticado com a consciência da ação, do evento, e da ilicitude da conduta, bem como do reconhecimento da existência do nexo causal entre todos esses elementos.

E, como uma última observação sobre o ponto, na medida em que a reforma do Código Penal de 1984 adotou a teoria a finalista da ação, o dolo não pode mais ser o dolo mau, isto é, dolo que sofre a carga do axioma da norma, mas é um dolo, agora, natural, identificado com a vontade. Em resumo, com a ação humana.

Algumas teorias buscam explicar o dolo, principalmente, a partir dos seus elementos da ação e do resultado. Pela sua importância, merecem tais teorias uma atenção mais acurada. São elas: a teoria da representação, a teoria da vontade, e a teoria mista.

2. Teoria da representação

Segundo essa teoria, o dolo é formado apenas pela previsão do resultado como certo ou provável. E a previsão é a representação na mente do autor do resultado lesivo como consequência da sua própria conduta.

No momento em que o agente, pelo exercício da inteligência, pode prever um nexo causal entre a sua ação e o resultado, existe o dolo penal, não sendo necessária, assim, a exclusividade do elemento volitivo.

O dolo é constituído tão somente pela consciência do vínculo da causalidade. Em outras palavras: se o agente pode prever, na sua inteligência, no seu espírito, que a ação pretendida vai constituir-se num certo resultado ilícito, nesta operação mental, intrínseca, ele já está constituindo o dolo.

Para a teoria da representação, o dolo significa a consciência de uma conduta da qual deriva um resultado previsto pelo agente. Essa teoria prescinde da vontade, dispensa o conteúdo volitivo como elemento componente essencial do dolo.

Entende que a vontade desempenha um papel subalterno na mecânica do delito. Para essa corrente, a vontade está a serviço das representações psíquicas.

Assim, se não se tiver previsto mentalmente um crime, a vontade não tem ação porque, psiquicamente nada foi elaborado.

A vontade somente vai agir em consequência da resolução criminal, pessoal, e essa resolução surge quando o agente representa para si, na sua mente, as ações contrárias ao direito, que ele pretende realizar, tais como a ideia de furtar, de matar, sequestrar, etc. Então, somente a partir desse instante é que a representação move a vontade de modo tal que não pode haver vontade sem a sua representação.

---
[260] NORONHA, Magalhães. Op. cit., p. 138.

A vontade é movida, dessa forma, pela representação. E isso é o que mais importa na estruturação do elemento "crime". Quer dizer, é o conceito da representação que põe a vontade em ação. Não há vontade sem que haja uma atividade psíquica anterior. Não há vontade vazia, porque a vontade é uma energia psíquica que impele o homem de realizar, no mundo exterior, coisas que já estão na sua cabeça, no seu espírito.

Os defensores dessa teoria sustentam que, por exemplo, a teoria da vontade não explica os casos em que o agente tem a representação do resultado (ele percebeu mentalmente o resultado), mas age sem querer esse mesmo resultado.

Um exemplo dessa situação é um caso, muito famoso até, ocorrido na Alemanha, onde o diretor de uma companhia de navegação, desejando receber o valor do seguro de um de seus navios, fez com que ele explodisse. Ora, ele não tinha a vontade livremente direcionada para o ato de matar a tripulação, mas, de outro lado, tinha-a perfeitamente representada em sua mente, a possibilidade evidente de que ela poderia vir a ocorrer.

A sua vontade, sem dúvida, não era praticar o delito de homicídio, mas sim, o estelionato, obtendo vantagem para si, em prejuízo da companhia seguradora.[261]

Os defensores da teoria da representação entendem o caso da seguinte forma: se o dolo é a vontade do resultado, esse indivíduo não poderia ser punido pela morte da tripulação, uma vez que não quis matar ninguém. Na verdade, o dolo está no fato de ele praticar o ato querendo receber, ilegalmente, o prêmio do seguro.

Pode-se, ainda, acrescentar que, à luz da nossa teoria penal, ele será punido por crime de homicídio, porque teve a previsão mental do resultado morte da "tripulação".

3. Teoria da vontade

A teoria da vontade considera o dolo como o querer do resultado, dispensando a previsão ou a representação. Essa teoria julga que a representação mental é fenômeno puramente psíquico que se passa no mundo interior do indivíduo e, portanto, não pode, por si só, interessar ao direito penal.

Aquele que representou um ato contrário ao direito, mas ainda não conseguiu converter essa representação em prática não pode ser atingido pelo Direito Penal, já que o delito, ainda que possível, é hipotético, pois que não saiu do universo interior do agente. Não se pode punir a ideia, a mera intenção.

O juízo de reprovação penal, a censura que o Estado pratica sobre o indivíduo que procede mal, essa repressão legal, dever da soberania nacional, se dá através da pena e só começa a pesar sobre o agente, quando ele deliberou, e resolveu, objetivamente, agir contra o direito. Antes da ação, ele não está possibilitado de ser atingido pela repressão.

A reprovabilidade incide a partir do instante em que a representação mental gerar a resolução de praticar o fato e a vontade puser em movimento o corpo do agente.

---

[261] CÓDIGO PENAL, art. 171. Obter, para si ou para outrem, vantagem ilícita, em prejuízo alheio, induzindo ou mantendo alguém em erro, mediante artifício, ardil ou qualquer outro meio fraudulento: Pena – reclusão, de 1 (um) a 5 (cinco) anos, e multa.

Quando ele começa a realizar atos para alcançar o fim delituoso, neste momento, sim, estará iniciando a pratica do crime e partir desse marco é que o direito penal vai poder alcançá-lo.[262]

Afora essa crítica de que a representação mental, sendo puro fenômeno psíquico, não interessa ao Direito Penal, a teoria da vontade aponta, na teoria da representação, outro defeito: é o fato de que só com a representação não se pode dizer se a conduta é dolosa. Se apenas se buscar a previsão do resultado, difícil se tornará distinguir entre dolo e a culpa. Este talvez seja o maior defeito da teoria da representação.

Uma situação que, de tão comum, se tornou consumada em nossa realidade, são nos chamados acidentes de trânsito. Um motorista imprudente que anda em alta velocidade perto de uma escola tem que admitir a possibilidade de que possa vir a ferir ou matar uma criança, ainda que sem a presença do elemento volitivo "querer".

Nesse caso, pergunta-se: a conduta é dolosa ou culposa? Partindo-se da ideia de que o dolo é previsão, esse motorista deve responder por homicídio doloso, mas, se ele não queria o resultado mais gravoso? As duas teorias divergem sobre a resposta: pela teoria da representação, seria o ato doloso; pela teoria da vontade, seria culposo, já que ele pôde prever o resultado, ainda que sem o querer.

Tomando-se isoladamente a teoria da representação, ou a teoria da vontade, nenhuma delas explica o conceito mais aproximado de dolo. Tem revelado a doutrina, e a experiência, que há casos de representação mental sem vontade, e em outras vezes, vontade sem representação.

Uma hipótese de representação sem vontade é a do indivíduo que é forçado, sob a ameaça de morte, a escrever a outro uma carta injuriosa ou caluniosa. Exemplo de vontade sem representação é a do agente que seduz uma moça, julgando que ela seja maior de idade, e durante o processo, vem a se descobrir que ela é menor de idade. Neste caso, ele teve a vontade de seduzi-la, mas ignorava, verdadeiramente, a condição de sua menoridade.

Todas essas dúvidas e questões em aberto conduziram os estudiosos a admitirem uma outra teoria: a mista. Essa teoria surgiu com o propósito de se sobrepor às outras duas, resgatando o melhor de cada uma delas e tentando evitar os seus equívocos.

4. Teoria mista

A essa teoria agregou-se a noção do dolo, a representação, ou previsão, e a vontade. A definição de dolo, segundo ela, é a de que dolo é a vontade de uma ação ou omissão da qual deriva um resultado antijurídico, previsto e querido pelo agente.

---

[262] *ITER CRIMINIS*: Cogitação, preparação dos meios, início da execução, consumação. A cogitação não é ainda parte do crime, assim como a preparação dos meios. Assim, o indivíduo que compra uma arma com a intenção de matar se desafeto, ainda que evidente a sua vontade, não será atingido pela lei penal, eis que está apenas cogitando. No segundo passo, ainda não atingido pela lei penal, o agente, de posse da arma, se põe de atalaia em lugar que seu desafeto costuma passar. Não pode ainda ser punido por que se admite que ainda passa desistir da prática do ato delitivo. Agora, no momento em que ele sair da preparação dos meios, e partir para o início dos atos executórios, já começou a exteriorizar os atos de execução que podem ficar no crime tentado ou, se exaurido o crime, atingir a consumação do delito.

Ou, ainda, é a livre e consciente determinação da vontade, dirigida à causação de um resultado contrário a uma lei penal. Sintetizando, o dolo é a intenção de causar um resultado antijurídico.

Assim, do concurso da consciência e da vontade, surge a intenção. Em geral, a intenção é o esforço da vontade para um determinado fim e, em Direito Penal, ela é um esforço da vontade para a realização de um delito.

Não basta a previsão sem o elemento volitivo, mas, tampouco basta a vontade, sem a previsão do resultado maléfico.

Quando se diz que o dolo é previsão ou representação e vontade, não significa que só exista um crime doloso quando o resultado é querido de forma direta. Sucede, às vezes, que o indivíduo não quer o resultado, de modo imediato, direto, pois em certas ocasiões, o indivíduo age com uma vontade oblíqua, isto é, não quer aquele resultado, mas, se submete a ele e o aceita.

O agente que quer matar alguém que está com o filho ao colo. Se matar o filho, que está sendo carregado, pouco importa ao Direito Penal. É a hipótese do dolo eventual, em que o indivíduo não quis o resultado, mas assumiu, com os seus atos, o risco de produzi-lo.[263]

Os tribunais entendem, também, que quem desenvolve velocidade excessiva em seu veículo, não obstante advertido para o perigo, na melhor das hipóteses, assume o risco de produzir o resultado lesivo.[264]

A teoria da vontade não conseguia explicar esse tipo de conduta dolosa, e então, foi preciso complementá-la com a chamada teoria do consentimento, igualmente denominada de teoria da anuência. Para essa teoria, o ato de consentir na possibilidade ou na probabilidade do resultado é uma forma de querê-lo. Deste modo, o dolo é agora não só a vontade do resultado direto, mas, também, a vontade de assumir as consequências.

O Código Penal brasileiro acabou por incorporar essas duas teorias, definindo o crime doloso como aquele em que o agente quis o resultado. Aí está a presença da teoria da vontade. Quando fala em assumir o risco de produzi-lo, se está complementando o conceito com a teoria do consentimento.[265]

O dolo contém, portanto, um elemento psicológico e um outro normativo. O elemento psicológico desdobra-se em um componente intelectual, que é previsão ou representação do resultado, e em um elemento volitivo ou emocional, que é a vontade.

A representação é entendida como a capacidade psíquica, graças à qual o homem consegue refletir, na mente, um objeto ou um fenômeno do mundo exterior. Como elemento do dolo, diríamos que é a capacidade que tem o homem de prever, ou de antever, a sua conduta que, se realizada no mundo exterior, poderá produzir determinado resultado.

---

[263] RECURSO EM SENTIDO ESTRITO – HOMICÍDIO – TRÂNSITO – EMBRIAGUEZ – DOLO EVENTUAL – PRONÚNCIA – O motorista que dirige veículo automotor embriagado causando a morte de outrem assume o risco de produzir o resultado danoso, restando caracterizado o dolo eventual. Em delitos desta natureza, neste momento processual impõe-se a pronúncia, cabendo ao tribunal do júri julgar a causa. TJRS – RSE 70003230588 – 3ª C.Crim. – Rel. Des. Danúbio Edon Franco – J. 18.04.2002.

[264] TJSP – RSE 249.097-3 – São Paulo – 2ª C.Crim. – Rel. Des. Geraldo Xavier – J. 28.04.1999.

[265] CÓDIGO PENAL, art. 18, I, última parte: Diz-se o crime: I – doloso, quando o agente quis o resultado ou assumiu o risco de produzí-lo.

Em síntese, a representação é, na vida do delito, a previsão da ação e do resultado, com a presença do nexo causal, que preenche a relação da ação e da sua consequência, o resultado.

A vontade, por sua vez, é a faculdade que tem o homem de escolher, entre várias condutas, a mais adequada à realização do fim objetivado por ele. Esse processo volitivo se apresenta em distintos graus: 1º) o apetite; 2º) o desejo; 3º) o arbítrio, e 4º) a vontade autônoma, consciente e livre.

O apetite é uma ânsia indefinida. Não se pode confundir vontade com desejo, pois desejar não é querer, nem na psicologia, nem no direito penal.

Como direção da vontade, o dolo não tem nada a ver com o desejo, nem com a esperança do resultado. Por exemplo, uma coisa é querer matar alguém, eletrocutando-o com uma descarga elétrica. Outra coisa é desejar, e esperar, que esse alguém morra fulminado por uma descarga elétrica. O dolo é a vontade liberta de qualquer vacilação, é uma vontade firme e voltada para um fim escolhido livremente.

Esses dois elementos (representação ou previsão e vontade) têm um alcance próprio. Cada um desses elementos tem um campo de abrangência e podemos desdobrá-los no interior do dolo da seguinte maneira: se o dolo for direto, são necessários os elementos: a) da representação, ou da previsão, e os da ação, e do resultado; b) representação, ou previsão da relação de causalidade entre a ação e o resultado; c) a vontade de praticar a ação e de produzir o resultado; d) a consciência, ou conhecimento da ilicitude da ação e do resultado.

Se o dolo for eventual, os elementos da representação, e da vontade, desdobram-se de outro modo: a) a representação, ou previsão da ação, e da possibilidade do resultado; b) a representação, ou previsão da relação de causalidade, entre a ação, e o resultado possível; c) a anuência, ou o assentimento ao resultado possível; d) a consciência da ilicitude da ação e do resultado possível.

Necessário é examinar cada um desses elementos. Em primeiro lugar, é preciso que o agente que pratica o fato tenha em mente que sua ação com o resultado configura um determinado tipo de delito. Exemplo: se alguém dispara uma arma de fogo, deve estar mentalmente informado de que atira contra um ser humano. Que este ser humano está vivo. É que o crime de homicídio pressupõe a presença de um homem vivo como vítima. Logo, se mentalmente decidiu atirar, e mentalmente sabe que atira contra um cadáver, não há dolo de homicídio, podendo existir dolo de praticar um outro delito, talvez o dolo como vilipêndio a cadáver, que é completamente diferente de crime de homicídio.[266]

Assim se passa, também, com o crime de furto, pois se o indivíduo imagina apenas apoderar-se de alguma coisa, não há crime de furto. Para tanto, é necessário que o agente tenha a imagem de que é a coisa alheia móvel, porque só pode existir dolo de furto se houver consciência de que se subtrai coisa alheia.

Surge aqui a dúvida acerca da figura da receptação. Seu tipo penal é o de receber, adquirir ou ocultar coisa que se sabe produto de um outro crime.[267]

---

[266] CÓDIGO PENAL, art. 212. Vilipendiar cadáver ou suas cinzas: Pena – detenção, de 1 (um) a 3 (três) anos, e multa.
[267] CÓDIGO PENAL, art. 180. Adquirir, receber, transportar, conduzir ou ocultar, em proveito próprio ou alheio, coisa que sabe ser produto de crime, ou influir para que terceiro, de boa-fé, a adquira, receba ou oculte: Pena – reclusão, de 1 (um) a 4 (quatro) anos, e multa.

Se o agente recebe em sua casa algo que lhe foi deixado por pessoa conhecida, só se poderia estar a falar no delito da receptação se tivesse a consciência de que esse objeto era fruto de um outro delito por suposto, praticado por outro indivíduo.

Não havendo o dolo de receber coisa que é fruto de um outro crime, não se estaria a representar, mentalmente, tal delito. O agente, para que se possa caracterizar o delito de receptação, deve estar certo e consciente de que estava recebendo coisa furtada, por exemplo. Se ignorar, não há o crime de receptação.[268]

Geralmente a descrição do tipo é feita numa linguagem que está ao alcance de todas as pessoas, isto é, o legislador descreve o crime, tipifica o crime, empregando vocábulos de uso corrente, como homem, mulher, parto, etc.

Algumas vezes, ao tipificar certos crimes, o legislador é forçado a empregar palavras técnicas, como estelionato, cheque, sociedade anônima, *warrants*, etc. Nesse sentido, o indivíduo, para se representar mentalmente no delito que vai acontecer fora de sua mente, não precisa ter conhecimento técnico dessas palavras. Pois é óbvio, não se exige que o agente entenda tais conceitos com o vigor e a precisão de um especialista, porque senão o direito penal seria dirigido, como já se disse, somente aos técnicos em Direito Penal.

O que se exige, isso sim, é que ele interprete o tipo, mentalmente e com o critério de um homem comum. De modo que, quanto a esse requisito da representação mental da ação e do resultado, a regra geral é esta: basta que o agente criminoso entenda o significado da ação fundamental contida no verbo, pois é esta ação que constitui o núcleo do tipo. Portanto, a ação fundamental é sempre, no tipo, enunciada pelo verbo, e o verbo em todos os tipos que são usados pelo legislador brasileiro é sempre o transitivo, com complemento direto: matar alguém, ofender a integridade corporal. Assim, o verbo usado é o núcleo do tipo.

Todavia, essa regra não é validade para todos os casos, pois há certos tipos penais de conteúdo complexo e que exigem que todos os elementos do tipo devem estar, mentalmente, abrangidos.

Qualquer pessoa tem noção de que desacatar tem o sentido conhecido do vulgo, como faltar ao devido respeito a alguém, afrontar, menosprezar, menoscabar, desprezar, profanar, etc. Tecnicamente, o crime de desacato só existe quando dirigido a funcionário público, quer dizer, se a vítima não é funcionário público, o crime praticado não é mais o de desacato, e sim, de injúria, por exemplo.

Com a apresentação dessas três teorias, objetivou-se detalhar o elemento da ação e do resultado, que vem a ser um dos núcleos fundamentais da estrutura do dolo.

---

[268] RECEPTAÇÃO – Descaracterização. Inexistência de prova do cometimento do fato criminoso anterior. Proveniência da coisa que necessita irromper demonstrada. Inteligência do art. 180, caput e § 1º, do CP – A receptação – dolosa, ou culposa, pouco importa – guarda como pressuposto um delito anterior, dito crime-base, ou antecedente. À toda luz, não se exige condenação, no delito originário; mas, exsurge necessário se não duvide de que tenha sucedido – "... coisa que sabe produto de crime..." (art. 180, *caput*, do CP); e que "... deve presumir-se obtida por meio criminoso" (art. 180, § 1º, do CP). Assim, a coisa móvel, ou mobilizada, há de possuir concreta origem criminosa, que se conhece; ou se devia suspeitar, em face dos indícios normativos. Note-se o delito antecedente não se presume. Ele precisa ter sucedido, no plano da realidade, não da imaginação. Logo, a especial proveniência da coisa necessita irromper demonstrada, de alguma sorte. Se não emerge prova do cometimento do fato criminoso anterior, jamais se pode cogitar de receptação. A presença dos indícios normativos – "natureza da coisa"; "desproporção entre o valor e o preço"; e "condição de quem a oferece"-, na receptação culposa, não basta para concretizá-la (art. 180, § 1º, do CP). Reclama – como visto – a induvidosa prática do crime-base. (TACRIMSP – ACr. 868.969/6 – 10ª C – Rel. Juiz Sérgio Pitombo – J. 01.02.1995) (02 718/426)

Mas, como se sabe, além da consciência e da vontade na realização da conduta, o dolo também compreende como elemento psicológico o conhecimento de que o fato é juridicamente proibido.

As teorias do dolo, por suas variantes, são assim representadas: a) teoria extremada do dolo; b) teoria limitada do dolo e; c) teoria modificada do dolo.

A primeira, a extremada, exige por parte do agente a capacidade de conhecer, de forma real, a ilicitude que regia a sua conduta quando do ato delituoso. Tal tese é impossível de ser aceita. Isso porque não se há de efetivar essa consciência plena, já que é difícil estabelecer o grau de conhecimento do agente, quando da ação, da sua percepção sobre a ilicitude daquilo que ele estava por fazer, ou mesmo já fazendo.

A segunda, a teoria limitada, é construída para preencher os espaços da outra, e seus pontos centrais estão em que o conhecimento da antijuridicidade, não precisa ser atual, real ou concreto, bastando ser alcançável, atualizável ou potencial. E, dessa maneira, não há de ocorrer a menor possibilidade de exclusão do dolo, por falta de conhecimento da ilicitude. Mesmo quando o agente poderia tê-lo alcançado, mas sem se interessar na averiguação do fato, frente aos valores da ordem jurídica, agindo, por consequência, de forma indiferente, por variados motivos, entre eles, até por desconhecimento do ilícito.

Afirma Zaffaroni sobre as condições variadas porpostas por essa teoria: "O sujeito de maus hábitos os terá adquirido por frequentar tabernas e prostíbulos; esta conduta é claramente atípica, mas quando a ele se reprova sua condução de vida, que desemboca num homicídio, estaremos reprovando sua conduta anterior de frequentar tabernas e prostíbulos, isto é, a reprovação da conduta de vida é a reprovação de condutas anteriores atípicas, que o juiz considera contrárias à ética (quando na realidade podem ser contrárias apenas a seus próprios valores subjetivos. A culpabilidade pela conduta de vida é o mais claro expediente para burlar a vigência absoluta do princípio da reserva e estender a culpabilidade em função de uma *actio inmoral in causa*, por meio da qual se pode chegar a reprovar os atos mais íntimos do indivíduo".[269]

A última teoria é conhecida pela expressão "teoria modificada do dolo". Apresenta uma única distinção das outras duas teorias, qual seja: sendo evitável o erro sobre a ilicitude, o agente, diferentemente das outras duas teses que dão ao tratamento da negligência uma punição pela modalidade culposa do delito, responde ainda por dolo, mas com pena atenuada.

Estas teorias do dolo estão praticamente superadas pelas teorias da culpabilidade, pois estão vinculadas a uma ultrapassada concepção psicológico-normativa da culpabilidade.

Modernamente, a culpabilidade é concebida como juízo de censura que leva em conta fatores essencialmente normativos, sem qualquer conteúdo psicológico. Quer dizer que, ainda que o dolo venha a ser entendido como resultado de uma dupla função (elemento subjetivo do injusto e portador do desvalor do ânimo), a culpabilidade é tão somente composta de elementos normativos.

---

[269] ZAFFARONI, op. cit., p. 612.

5. Espécies de dolo

Muitos autores apresentam a sua própria divisão, quanto ao tema das espécies do dolo. Aqui, decidiu-se privilegiar aquelas que são as mais usuais, pelo uso da doutrina.

5.1. Dolo direto e dolo indireto

A primeira espécie diz respeito ao *dolo direto*, também conhecido como dolo determinado, intencional ou incondicionado. Este é o dolo que existe quando o evento corresponde à vontade do sujeito ativo da ação delituosa. Quando objetiva produzir um evento certo.

O agente se determina em um único norte, buscando, com todas as suas forças, realizar o *iter criminis* escolhido. É o que está previsto pelo artigo 18, inciso I, do Código Penal, "... quando o agente quis o resultado". Por exemplo: "A" quer matar "B" e, para realizar o seu desejo, atira e atinge "B", consumando a sua conduta com a morte de "B".

O *dolo indireto*, conhecido como indeterminado, é aquele onde a vontade do agente não está determinada em uma única direção. Ele quer o resultado, mas a sua vontade não é exclusiva, ela não se manifesta num modo único e certo.[270]

5.2. Dolo indireto alternativo e dolo indireto eventual

Comporta duas formas: *dolo indireto alternativo* e *dolo indireto eventual*. O dolo indireto alternativo ocorre quando o agente quer um dos eventos que a sua ação objetiva produzir: atirar para matar ou ferir. Em se tratando de uma situação real, no exemplo dado, o agente deverá ser responsabilizado pela pena mais grave.

O dolo indireto eventual, por sua vez, se dá quando o agente não quer propriamente o resultado, mas assume o risco de produzi-lo. Embora não seja esta a razão de sua conduta, aceita-o, assumindo o risco das consequências de seu ato. Frisa-se, novamente, que o autor não quer o resultado, mas assume o risco, pois, se assim não fosse, ele estaria ao abrigo do dolo direto.

Nélson Hungria dá um exemplo que, pela sua clareza, tornou-se paradigma, que é o do médico que, para fim científico, experimenta *in anima nobili* certa substância química, que talvez possa (juízo dubitativo) causar a morte do paciente, e o resultado letal vem, realmente, a ocorrer. Dá-se, aqui, incontestavelmente, um homicídio com dolo eventual.

Contrariamente ao que ocorre no dolo direto, observa Aníbal Bruno, "no eventual a vontade do agente não se dirige propriamente ao resultado, mas apenas ao ato

---

[270] USO DE DOCUMENTO FALSO – FALSIFICAÇÃO DE DOCUMENTO PÚBLICO – ABSORÇÃO – CONDENAÇÃO APENAS EM UM DOS CRIMES – TENDO O RÉU ADQUIRIDO CNH, MEDIANTE PAGAMENTO, SEM REALIZAÇÃO DOS EXAMES NECESSÁRIOS, NO MÍNIMO, SUA CONDUTA REVESTIU-SE DE DOLO INDIRETO, O QUE, ALIADO AO FATO DE ENCONTRAR-SE NA DIREÇÃO DO VEÍCULO PORTANDO CARTEIRA FALSA, É SUFICIENTE PARA CARACTERIZAR CLARAMENTE O DELITO PREVISTO NO ART. 304 DO CP – A prática do crime de uso de documento falso não implica na falsificação de documento público, o que, na ausência de provas que levem a tal conclusão, como in casu, não deve ser atribuído ao réu. Ainda que se atribuísse a autoria da falsificação ao apelante, o uso pelo falsário é a concretização do fim que ele tem em perspectiva com a falsificação, justificando-se, pois, que responda somente por um delito. (TJMG – ACr 000.236.744-9/00 – 3ª C.Crim. – Rel. Des. Mercêdo Moreira – J. 23.10.2001)

inicial, que nem sempre é ilícito, e o resultado não é representado como certo, mas só como possível. Mas o agente prefere que ele ocorra, a desistir da conduta".[271]

É forçoso reconhecer que estas duas espécies de dolo apresentam uma problemática sutil e que requer do operador do direito muita atenção: a linha que os separa é muito grácil, muito tênue, pois que diz respeito à previsão do resultado.

Neste sentido, o observador deve se manter atento para não deixar de perceber que, no caso do dolo indireto, o agente realiza a conduta sem perder de vista o resultado. Em relação a este dolo, para caracterizá-lo de forma definitiva, Frank cunhou uma fórmula aceita pela ciência penal, "seja como for, dê no que der, em qualquer caso não deixo de agir".[272]

Não se deve confundir o dolo eventual com a figura da culpa consciente, pois que, neste caso, o agente pratica a ação descartando qualquer hipótese de produzir um resultado ilícito.[273] É o exemplo, também clássico e repetitivo, da figura do caçador

---

[271] ANÍBAL BRUNO, op., cit., p. 73.

[272] FRANK, apud HUNGRIA, Nelson. *Comentários ao Código Penal*, v. 1, 1949, p. 289.

[273] JÚRI – QUESITOS – ALEGAÇÃO DE NULIDADE – INOCORRÊNCIA – "RACHA" AUTOMOBILÍSTICO – VÍTIMAS FATAIS – HOMICÍDIO DOLOSO – RECONHECIMENTO DE DOLO EVENTUAL – A conduta social desajustada daquele que, agindo com intensa reprovabilidade ético-jurídica, participa, com o seu veículo automotor, de inaceitável disputa automobilística realizada em plena via pública, nesta desenvolvendo velocidade exagerada – além de ensejar a possibilidade de reconhecimento do dolo eventual inerente a esse comportamento do agente –, justifica a especial exasperação da pena, motivada pela necessidade de o Estado responder, grave e energicamente, à atitude de quem, em assim agindo, comete os delitos de homicídio doloso e de lesões corporais. – Se a Defesa requerer a desclassificação do evento delituoso para homicídio meramente culposo – e uma vez superados os quesitos concernentes à autoria, à materialidade e à letalidade do fato imputado ao réu –, legitimar-se-á a formulação, em ordem seqüencial imediata, de quesito dirigido ao Conselho de Sentença, pertinente à existência de dolo na conduta atribuída ao acusado.- A resposta afirmativa dos Jurados ao quesito referente ao dolo torna incabível a formulação de quesito concernente à culpa em sentido estrito. Precedentes. – Se os vários crimes atribuídos ao réu foram tidos como praticados em concurso formal, daí resultando a aplicação, em grau mínimo, de uma mesma pena, aumentada, também em bases mínimas, de um sexto (CP, art. 70), torna-se irrelevante – por evidente ausência de prejuízo – a omissão, nas demais séries de quesitos concernentes aos crimes abrangidos pelo vínculo do concurso ideal, da indagação relativa à existência de circunstâncias atenuantes. – Reveste-se de legitimidade o ato judicial, que, fazendo aplicação da causa especial de diminuição que alude o art. 29, § 1º, do CP, vem, de maneira fundamentada, a optar pela redução mínima de um sexto, autorizada pelo preceito legal em referência, desde que o Conselho de Sentença haja reconhecido o grau de menor importância da participação do réu na prática delituosa. Embora obrigatória, essa redução da pena – que supõe a valoração das circunstâncias emergentes do caso concreto – é variável, essencialmente, em função da maior ou menor culpabilidade do réu na eclosão do evento delituoso. – Se, não obstante eventual contradição entre as respostas dadas aos quesitos, vêm os Jurados a respondê-los de maneira favorável ao réu, permitindo, desse modo, que se lhe dispense tratamento penal benéfico, não há como reconhecer a ocorrência de prejuízo apto a invalidar a condenação imposta. – Inocorre contradição na declaração dos Jurados, que, em resposta à indagação sobre o dolo eventual, afirmaram-no existente nas três séries de quesitos, muito embora diverso o resultado dos votos apurados em relação a cada uma dessas séries (4x3, na primeira série, e 5x2, nas segunda e terceira séries). – A contradição que se revela apta a gerar a nulidade processual é somente aquela que se manifesta nos votos proferidos pela maioria dos Jurados, não sendo possível inferi-la da eventual incoerência de um ou de alguns votos minoritários. (STF – HC 71.800-1 – Rio Grande do Sul – 1ª T. – Rel. Min. Celso de Mello – DJU 03.05.1996) JCPP.563
RECURSO EM SENTIDO ESTRITO – HOMICÍDIO – TRÂNSITO – EMBRIAGUEZ – PRÁTICA DE "RACHA". DOLO EVENTUAL – PRONÚNCIA – O motorista que dirige veículo automotor após ingerir bebida alcoólica e vem a praticar o denominado "racha" de veículos, causando a morte de outrem, assume o risco de produzir o resultado danoso, restando caracterizado o dolo eventual. Em delitos dessa natureza, uma vez comprovada a materialidade do delito e presentes indícios suficientes da autoria, em havendo dúvida acerca do elemento subjetivo do delito, impositiva se faz a pronúncia, cabendo ao Tribunal do Júri julgar a causa. Recurso em sentido estrito. Art. 308 do CTB. Homicídio. Trânsito. Princípio da absorção. O delito descrito no art. 308 do CTB e de perigo envolvendo risco a incolumidade pública e privada, prescindindo da verificação de dano concreto. Todavia, quando resultar lesão corporal ou homicídio, o delito de perigo resta absorvido. (TJRS – RSE 70005626718 – 3ª C.Crim. – Rel. Des. Danúbio Edon Franco – J. 13.02.2003) JCTB.308
DIREITO PENAL – TENTATIVA – ESTELIONATO – INEXISTÊNCIA DE DOLO EVENTUAL – INOCORRÊNCIA DA QUALIFICADORA PREVISTA NO § 3º, DO ART. 171 DO CÓDIGO PENAL – INIDONEIDADE

que, ao avistar uma fera, resolve atirar, prevendo que poderia errar o alvo e atingir uma pessoa. Atira e fere, realmente, uma pessoa que ali se encontrava por perto. Se, não obstante, a previsão considerava improvável a ocorrência do resultado, descartando a hipótese de produzi-lo, haverá culpa consciente.[274] Se, contudo, aceitou o resultado como uma das hipóteses prováveis, agindo sem descartar a possibilidade de realizá-lo, haverá dolo eventual.

Não basta a presença da probabilidade para a ocorrência do dolo eventual, é fundamental que o agente anua em realizar o resultado. Ele, o autor da conduta, tem que assumir o risco de produzi-lo.

Chama-se a atenção para o fato de que o Código Penal equiparou o dolo direto ao dolo eventual. O dolo direto e o dolo eventual alternativo estão compreendidos na expressão "quis o resultado" (artigo 18, I, 1ª parte), enquanto o dolo eventual é abrangido pela expressão "assumiu o risco de produzi-lo" (artigo 18, I, 2ª parte). E, também, deve-se observar que, em regra, os tipos admitem a figura do dolo direto e do dolo eventual. Porém, alguns delitos não admitem o segundo, dolo eventual. É o caso da receptação (artigo 180, *caput*), circulação de moeda falsa ou alterada recebida de boa-fé (artigo 289, § 2º), denunciação caluniosa (artigo 339), etc.

5.3. Dolo de dano e dolo de perigo

O dolo de dano é um querer voltado para o resultado danoso. Com uma ação, se quer a produção de um determinado dano a um bem juridicamente tutelado. Esse dolo se efetiva com a obtenção da lesão ao bem jurídico.

O dolo de perigo é aquele que se dá quando o agente quer ou assume o risco de expor a perigo bens ou interesses juridicamente protegidos.

Nos crimes ditos formais, o agente pratica uma ação ao abrigo do dolo de dano, com a vontade real de danificar o bem. No caso dos crimes de perigo, o autor do delito atua com dolo de perigo, ele tem como vontade do seu agir colocar um determinado bem frente a uma possibilidade de dano.

DO MEIO – I- A utilização de procurações antigas, não obstante a falta de diligência em constatar se os outorgantes estavam vivos, não pode ser interpretada como dolo eventual, podendo ser classificada, no máximo, como desídia do causídico, que não constitui fato sujeito à apenação criminal. II- Admitida a ocorrência do delito previsto no art. 171 do Código Penal, o sujeito passivo não seria o Instituto de Previdência, mas sim os segurados, pois, em tese, faziam jus a pleiteada revisão dos benefícios previdenciários proposta pelo acusado. Essa apuração, contudo, é impossível diante dos elementos carreados nos autos. III- O processo é meio inidôneo para prática do estelionato, uma vez que impossível a previsão de seu resultado. IV- Apelação provida para absolver o réu. (TRF 2ª R. – ACr 99.02.07548-7 – (1993) – 6ª T. – Rel. Des. Fed. André Fontes – DJU 18.06.2003 – p. 317)

APELAÇÃO CRIMINAL – HOMICÍDIO SIMPLES – DELITO DE TRÂNSITO – DOLO EVENTUAL – Irresignação da defesa contra decisão condenatória do Conselho de Sentença, sob o fundamento de que houve contrariedade à evidência dos autos. Improvimento do apelo. Agente que conduz veículo em velocidade excessiva em local onde funciona escola e, após o choque com a vítima, acelera o carro para evadir-se do local, terminando por passar com as rodas dianteira e traseira esquerdas sobre o corpo da vítima, assume o risco do evento morte. Decisão: "À unanimidade, negou-se provimento ao apelo". (TJPE – ACr 87913-4 – Rel. Des. Fausto Freitas – DJPE 26.07.2003).

[274] PENAL – PROCESSUAL PENAL – CULPA CONSCIENTE – DESCLASSIFICAÇÃO DE HOMICÍDIO DOLOSO PARA HOMICÍDIO CULPOSO – I. Não age com dolo quem, mantendo relações de amizade com a vítima e sem nenhuma animosidade, dispara arma por pura imprudência. II. Unanimidade. (TJMA – ACr 000620/00 – (34.041/2001) – 1ª C.Crim. – Rel. Des. Júlio Araújo Aires – J. 06.03.2001)

5.4. Dolo genérico e dolo específico

Os conceitos aqui transitam em torno do conceito de fato material, isto é, aquele que contém, em sua natureza de existência, os elementos objetivos da estrutura do delito.

O dolo genérico é aquele onde o agente esgota a sua ação, a sua vontade em produzir um resultado ilícito, ou seja, quando pratica o ato delituoso. O melhor exemplo é o que está previsto pelo artigo 121 do Código Penal: "matar alguém". Assim, este tipo de dolo é aquele que se esgota na realização do tipo que está previsto em lei.

O dolo específico, por seu lado, é o que obriga o agente a uma finalidade particular, considerado como um fim especial e próprio do delito. É a satisfação de um resultado que não está no interior do próprio tipo, mas sim se acha fora dos atos que permeiam a execução do delito.

Este dolo específico é também conhecido como dolo com intenção ulterior, ou dolo especial, e tem como exemplo "o rapto de uma mulher honesta, para fim libidinoso" (artigo 131, Código Penal), ou, ainda, "para satisfazer interesse ou sentimento pessoal" (artigo 319 do mesmo Código Penal).

5.5. Dolo geral ("dolus generalis") ou erro sucessivo

O dolo geral acontece quando o agente, acreditando ter alcançado o resultado desejado, parte para a realização de uma outra conduta, com uma finalidade distinta, sendo que esta outra conduta é que acaba por tornar efetivo o resultado de início desejado.

Mais uma vez é Nelson Hungria quem estabelece o exemplo, também clássico, de um indivíduo que, depois de haver "*occidendi animo*", golpeado outro e supondo, erroneamente, que este já está sem vida, atira o presumido cadáver a um rio, vindo a verificar-se, pela autópsia, que a morte ocorreu por afogamento e não em consequência da lesão anterior.

5.6. Dolo antecedente, concomitante e subsequente

O dolo antecedente, igualmente chamado de inicial, ou pré-ordenado, é aquele que subsiste desde o início da execução do crime. Com a presença desse tipo de dolo já se têm condições de se estabelecer a responsabilidade criminal do agente. Quer dizer, não se precisa, para a fixação da responsabilidade penal, continuar no desenrolar dos atos executórios. É o caso do arrependimento ineficaz que, não evitando a consumação da conduta, não tem a faculdade de eximir o agente das consequências de seu ato.

O dolo concomitante é aquele em que, durante todo o desenrolar dos atos executórios, fica subsistido, mantendo-se presente e atuante na realização da conduta.

O último, *o dolo subsequente*, ou para muitos, *dolo sucessivo*, é aquele em que o agente inicia a ação ao abrigo do universo da licitude, mas desvia-se desse caminho para, então, agir em sequência, com uma ação ilícita, vindo ao final, praticar o crime. Bem assim, quando se dá uma situação *post factum*, ou seja, iniciada a ação, ela se direciona para a ilicitude, e o agente, mesmo tendo o conhecimento da situação delituosa, não procura evitar suas consequências.

Importa ressaltar, já que destacada pela nossa doutrina, a noção de dolo incial (*ab initio*) e de dolo subsequente (*post factum*), como elementos diferenciadores de alguns delitos, como de estelionato e de apropriação indébita. No primeiro delito, o dolo é *ab initio*; no segundo, é subsequente, isto é, posterior ao recebimento do objeto.

5.7. Dolo de propósito e dolo de ímpeto

O dolo de propósito é aquele que é o resultado de um certo grau de reflexão sobre a prática da conduta delituosa. Podem ser percebidos nos delitos cometidos mediante premeditação, que se caracterizam pelo intervalo de tempo mais ou menos longo, entre a idealização do crime e a sua real execução, de modo a destacar a vontade perseverante do agente, na busca do propósito criminoso.

Premeditar não quer dizer, imperiosamente, maior perversidade, ou periculosidade. Não é nem agravante e nem qualificadora. Todavia, pode agir, conforme as condições que se apresentem, como uma circunstância judicial, exasperando a fixação da pena-base.

O dolo de ímpeto é também conhecido como dolo repentino, ocorre quando o autor de um delito está tomado de violenta emoção, que lhe venha a alterar de forma anormal o estado comum de uma pessoa. Tal é a emoção que arrebata o sujeito de um impulso que o leva em sua força impetuosa à ação ilícita.

Muitos autores o consideram como uma atenuante genérica daqueles crimes cometidos sob a influência da violenta emoção, provocado por um ato injusto da vítima. E, ainda, esse dolo tem o condão de privilegiar o homicídio e a lesão corporal, quando acontecem logo em seguida à injusta provocação da vítima.

5.8. Dolo "bonus" e dolo "malus"

Essa divisão tem a sua razão de existir, pelas qualidades dos motivos do crime. Não se pode aceitar essa classificação, pois, independente dos motivos que caracterizam o dolo bom e o dolo mau, ainda assim, o delito é cometido. E mesmo recebendo uma carga valorativa maior e até respeitável, mantém intocada a figura do dolo, pois motivos não podem ser entendidos como sinônimos de dolo.

5.9. Dolo de consequências necessárias

Este dolo é o que abrange todos os resultados derivados, obrigatoriamente, da prática criminosa. Um exemplo desse dolo é o do agente que, pretendendo matar uma pessoa num campo de futebol, aciona uma bomba, vindo a matar não só aquele que era o seu objetivo inicial, mas todos os outros que ali estavam assistindo à partida.

Todas as mortes serão, dessa forma, de responsabilidade do que colocou a bomba, mesmo que ele só pretendesse matar uma única e determinada pessoa.

5.10. Dolo civil

No universo do direito penal, o dolo exprime uma ação criminosa voltada para a obtenção de um resultado, geralmente, uma lesão ou uma ameaça de lesão a um bem juridicamente tutelado. No caso do direito civil, o dolo civil assume, comumente, um caráter mais atenuado. Nesse ramo do direito, o dolo tem uma natureza de engano, de erro, provocado pela má-fé. Um dos seus efeitos mais significativos diz respeito à sua capacidade para anular o ato praticado sobre a ação do dolo, dando, ainda, ensejo para ações de indenização por perdas e danos.

Não é possível, por ação de um dolo penal, anular um ato de homicídio, por exemplo. No campo penal, a fungibilidade do bem é absoluta. Portanto, o dolo é elemento anímico da conduta criminosa, força pela qual o agente põe em movimento a sua vontade, deslocando a pretensão ao êxito do resultado, do mundo da vontade, meramente psíquico, para o mundo real, dos bens a serem tutelados pelo Estado.

Ainda se discute a posição que o dolo deva ocupar, se na culpabilidade ou na tipicidade. Modernamente, ele se aloja na conduta, bem assim a culpa, uma vez que não se aceita mais uma ação que não vise a algum fim. E, ausente no tipo penal, tanto no dolo, quanto na culpa, provoca o que se chama de atipicidade do fato.[275]

Outrossim, como já se disse, o dolo não deve ser confundido com motivo. Ele não pode ser graduado, pois há delito na forma tentada ou consumada de violação de um bem. Isso nos permite também rejeitar a tese de que a sua intensidade, isto é, a determinação do autor em consumar o seu delito, pode embasar a dosagem da pena. Isto aceito, haveria o risco de se regredir a um estágio onde o Direito Penal estava dominado pelo instituto da vingança.

O dolo, finalmente, é elemento de análise para ação, para que se possa perceber a intenção do agente, e nunca uma medida para o juízo determinar a pena. Para isso, o próprio ordenamento jurídico buscou alternativas.

6. O crime e os motivos determinantes (uma homenagem a Pedro Vergara)[276]

O Direito Penal atravessou a história da humanidade exatamente de acordo com o estado do homem na sua época. E conforme o seu tempo, o crime foi adquirindo contornos variados, até se chegar aos conceitos adotados nos dias de hoje. É evidente que toda a sua evolução se baseou no desenvolvimento da sua capacidade de pensar e de sentir.

E a partir do sentir e do pensar humano é que evoluíram as doutrinas de acordo com as escolas penais da ocasião. Assim, a noção do dolo, primeiramente, tinha contornos de maldade, de propósito perverso, sempre coordenado pelos princípios da ética religiosa. E, dentro dos princípios ditados pela ética, e apenas a ética e, obedientes aos dogmas supremos, é que o homem passou a temer o castigo ante a sua atitude tida

---

[275] CRIMINAL – RHC – ABANDONO DE CARGO PÚBLICO – AUSÊNCIA DE DOLO – FATO ATÍPICO – ILEGALIDADE FLAGRANTE – TRANCAMENTO DETERMINADO – RECURSO PROVIDO – I. Evidenciado que o paciente, na condição de Delegado de Polícia, ausentou-se do serviço em virtude de problemas de saúde, tendo fornecido, inclusive, o número do telefone do local onde poderia ser encontrado, sem demonstrar, contudo, dolo ou propósito de abandonar arbitrariamente o cargo público exercido, deve ser reconhecida a atipicidade da conduta para o fim de determinar-se o trancamento da ação penal. II. Recurso provido para determinar-se o trancamento da ação penal movida contra o paciente. (STJ – RHC – 11621 – SP – 5ª T. – Rel. Min. Gilson Dipp – DJU 17.09.2001, p. 175)

[276] Artigo publicado na *Revista Magister* por Amadeu de Almeida Weinmann, com a colaboração de Rejane Weinmann, Max Heller, Bruno Seligman de Menezes e Rodrigo Silveira da Rosa.

como pecaminosa. O crime não era o mal causado aos homens e à sociedade, mas o mal causado aos deuses. No dizer de Antônio Cordova, citado por Vergara: "o delito era tratado ao lado do pecado, do mesmo modo que a pena ao lado da penitência".

Note-se que, para aplacar a "vingança" dos deuses, puniam-se os pais pelo sacrifício de seus filhos, puniam-se animais, destruíam-se plantações, unicamente pelo temor divino.

Entendia o mestre gaúcho que, "quanto mais recuamos na história das sociedades politicamente organizadas, e portanto já evoluídas, mais ligados encontramos o direito de punir com a religião e com a sua moral. O crime não era o mal causado aos homens e à sociedade, mas pelo mal causado aos deuses. As exigências fundamentais da repressão correspondem às exigências essenciais da ética. Portanto, o que se busca é a moral cada vez mais presente no campo do direito penal, e que esse direito cada vez mais corresponda aos sentimentos que a sociedade tem por bons e úteis".[277]

De outro lado, havia o império do ser dominante, ou seja, do líder. Para estes havia apenas o direito de punir, nunca o de ser punido. Assim, o sacerdote, por exemplo, era sempre um homem bom, ainda que transgredisse os princípios tidos como de moralidade da época.

Contrariamente, o pecador vulgar era, no atuar contrário à *moral da época*, um homem mau. O conceito de *bem* e de *mal* então era variado, tanto quanto diferenciado fosse o autor do ato tido como pecaminoso.

Segundo Beccaria, os delitos como os de *lesa-majestade* foram colocados na classe dos grandes crimes, pois se entendia serem prejudiciais à sociedade. Mas isso dava vaza ao despotismo e à ignorância, que confundiam as palavras e as ideias mais límpidas. Avisava o mestre italiano, no seu pioneirismo, que foram, até então, aplicados os castigos mais graves às faltas mais leves; e, nessa oportunidade, como em milhares de outras, o homem passara a ser, com frequência, vítima de uma palavra.[278]

Aníbal Bruno destaca que "o que pretendeu fazer Beccaria, não foi certamente obra de ciência, mas de humanidade e justiça e, assim, ela resultou num gesto eloquente de revolta contra a iniquidade universal, que teve, na época, o poder de sedução suficiente para conquistar a consciência universal".[279]

Pela primeira vez, então, no mundo do direito se alertava para o fato de que toda a espécie de crime é prejudicial à sociedade, ainda que nem todos levassem ao fim destruidor de normas de comportamento social.

Assim que, no direito de punir antigo, não se buscava saber dos motivos que levava alguém a violentar a moral e a ética-social. A intenção do agente não se buscava conhecer, pois bastava simplesmente a presença do ato que violentasse a moralidade pública.

A depois, conta-nos o saudoso professor Salgado Martins, rememorando Florian, "a noção de dolo compreendia, implicitamente, a ideia de maldade, *di propósito pravo, d'intencione perversa e criminosa*, pressupondo ainda a liberdade de querer". Mais ainda: ao critério jurídico se conjugava o critério ético, comandado pela religiosidade.

---

[277] VERGARA, Pedro. *Dos Motivos Determinantes*. Rio de Janeiro: Direito Aplicado, 1937, p. 12
[278] BECCARIA, Cesare. *Dos Delitos e das Penas*. São Paulo: Hemus, 1971, p. 66.
[279] BRUNO, Aníbal. *Direito Penal*. Rio de Janeiro: Forense, 2003, p. 50.

Afastado o critério ético, ainda na lição de Salgado Martins, a noção de ato delitivo se dirigiu ao elemento legal, "no sentido de incluir, como sua condição necessária, a consciência do ilícito jurídico".

No entanto, até então, a teoria emergente, a do *dolus malus* já distinguido do *dolus bonus*, se limitava à apreciação do ato, apenas pelo aspecto objetivo do atuar humano.

O pecado, ou o crime, era punido pelo seu resultado pois, "a previsão, a vontade ou a representação do resultado lhe era mais ou menos estranha. Bastava ter sido deliberado o ato inicial e ser o mesmo contrário à lei, para o seu autor responder por todas as consequências resultantes do mesmo".[280]

Época houve em que se iniciou a fazer uma distinção entre os aspectos jurídicos e os aspectos éticos do agir humano. Tanto é verdade que Ferri fazia, a título de ensinamento, a distinção entre o *Crime Natural* e o *Crime Legal*. Dizia o mestre da escola positiva: "Quando se tem conhecimento que um homem cometeu um crime, na consciência pública dos povos civilizados contemporâneos, forma-se, por intuição, favorecida por seculares tradições e experiências, um duplo juízo: pensa-se que essa ação é proibida e punida pela lei (como homicídio, furto, falsidade, ultraje, etc.) e portanto é uma *ação antijurídica*, e observa-se que é também uma *ação imoral*, que indica um homem com tendências anti-sociais mais ou menos perigosas".[281]

É que, para a escola positiva, o elemento subjetivo não tinha a importância que os tempos modernos vieram lhe acrescentar. Mas, se a vontade e a intenção constituíram sempre a condição *sine qua non* do crime e da pena, nas antigas legislações, como nas modernas, é evidente, do mesmo modo, que o motivo tinha de ter, e teve, para elas, uma importância capital, pois que a vontade é uma força psíquica derivada, cujos antecedentes imediatos são os motivos.[282]

O dolo, modernamente, trata do sentimento, da vontade, da intenção, da consciência do acusado no momento do crime; o motivo corresponde à personalidade do delinquente e do exame de quais as forças que o impulsionaram àquele gesto muitas vezes até indesejado.

A criminologia, com o auxílio da psicologia e da psiquiatria, tem estudado profundamente a mente humana e tem por certo que os atos dela surgidos são originários de experiências passadas, quase sempre mal resolvidas.

E, desde já se pode afirmar que não há crime sem motivo determinante. Para a própria figura do doente mental quando delinque, pode-se dizer que a doença foi a razão do ato delitivo.

O conceito de crime tem inserido em si mesmo a noção de *motivo*,[283] pois que são eles que levam o indivíduo à prática de um delito. Se de um lado, as razões fundamentais do direito de punir são a reprovação moral, a defesa da sociedade e, hoje,

---

[280] MARTINS, José Salgado. *O Crime Além da Intenção*. Porto Alegre: Livraria do Globo, 1941, p. 12.
[281] FERRI, Enrico. *Princípios de Direito Criminal*. São Paulo: Livraria Acadêmica – Saraiva, p. 369.
[282] VERGARA, Pedro. Op. cit., p. 13.
[283] MOTIVO – [Do lat. *motivu*, "que move".] Adj. 1. Que pode fazer mover; motor. 2. Que causa ou determina alguma coisa. S. m. 3. Causa, razão: 4. Fim, intuito, escopo. 5. V. móbil (2). 6. *Mús*. Fragmento melódico, harmônico ou rítmico predominante no desenvolvimento de um trecho musical: 7. Ornato isolado ou repetido que aparece na decoração de alguma coisa. Motivo condutor. 1. *Leitmotiv*. Motivo de força maior. 1. Razão muito forte, muito poderosa. *Enciclopédia Virtual Encarta*.

a recuperação do ser humano, há que se estudar, profundamente, quais as razões que levaram o ser humano até o ato final proibido.

Conta-nos Figueiredo Dias e Costa Andrada que é tão importante o exame do motivo na realização do estudo do crime e do criminoso que somente agora se tem como importante exame do que se poderia chamar de *crime sem motivos*.[284]

Dizem os mestres coimbrãos que o *motiveless* passou a ser examinado por ser um tema despertado pela literatura. Aparece, por exemplo, em obras como As Caves do Vaticano, de GIDE,[285] *Teurs sans gages*, de Jonesco, O Estrangeiro, de Camus, etc.

Entendem que, "a sua descoberta pela criminologia veio a perturbar as concepções tradicionais, pondo em causa o postulado da racionalidade intrínseca de todo o crime". E isso por que o surgimento da figura do *bystander* intervindo em favor da vítima alteraria o binômio *delinquente-vítima*, fazendo surgir o que chamara de modelo triádico, *delinquente-vítima-bystander*.[286]

Mas, mesmo assim, e a conclusão é nossa, o *"motivo"* em casos como estes, é simplesmente o de querer auxiliar, convertendo-se, pela vontade de socorrer quem está em perigo, num bom Samaritano. E nestas atuações motivo é, eminentemente altruísta, comandada pelos princípios filosóficos que consideram como fim da conduta humana o interesse do próximo, e que se resume nos imperativos: "Viva para outrem"; "Ama o próximo mais do que a ti mesmo".

Poder-se-ia dizer que a vida contemporânea, tão cheia de preocupações, faz com que as pessoas se omitam na defesa de seus semelhantes. E a própria sociedade assim age, gize-se, por ser oportuno no momento, as campanhas de desarmamento proporcionadas pelo Estado, obrigando o cidadão a ficar sem o seu mais rudimentar direito de se defender, que dirá a defender o alheio. Vejam-se as dificuldades que se têm para que alguém testemunhe um simples acidente de trânsito. Mas, se de um lado a figura do *bystander* se torna rara em nossa sociedade, casos há, como o chamado caso Kitty Genovese, que estimulou aos estudiosos da criminologia a desenvolverem estudos sobre a verdadeira necessidade da atuação dos *bystander* na humanização de nossa sociedade.

Figueiredo Dias e Costa Andrada descrevem que, cerca das três horas da manhã, e após ter terminado o seu trabalho, Kitty Genovese aproxima-se de sua casa, numa rua de grandes imóveis habitacionais e estabelecimentos comerciais. É atacada por um homem armado com uma faca que lhe desfere alguns golpes. Aos gritos da jovem acendem-se as luzes em vários apartamentos, e algumas pessoas vêm à janela, havendo mesmo um homem que grita contra o agressor. Este foge, mas regressa poucos minutos depois, mata a jovem Kitty Genovese e viola-a. Só após a morte da jovem é que uma testemunha se dispôs a chamar a polícia. Como o réu (Wilson Moreley) viria a declarar em julgamento : "Eu tinha o pressentimento de que aquele homem fecharia a janela e voltaria a deitar-se". Este caso, dizem os professores de Coimbra, chocou a consciência americana e foi objeto de grande debate. Dentre a

---

[284] DIAS, Jorge de Figueiredo; ANDRADA, Manuel da Costa. *Criminologia, o Homem Delinqüente e a Sociedade Criminógena*. Coimbra: Coimbra Editora, 1984, p. 182/183.
[285] Viajando num comboio a grande velocidade, o herói de Gide empurrou para fora do comboio um homem que nunca conhecera, provocando-lhe a morte.
[286] *Bystander*, espectador.

vasta bibliografia que foi dedicada ao caso, dizem os mencionados autores, sobressai o livro de A. Rosenthal, *Thirty-Eight Witness*, editado em 1964.[287]

O exame do binômio *dolo-motivo* está perfeitamente delineado no caso Kitty: primeiramente, Moreley atacou Kitty com o fim de violentá-la sexualmente e, eventualmente, matá-la. Teve a sua vontade coarctada pelo grito da testemunha. Depois, motivado pelo seu pressentimento de que a testemunha fecharia a janela e voltaria a dormir, voltou e executou os seus instintos.

Temos aí presentes o dolo e a motivação. Há que se distinguir a força motriz da finalidade. No caso, a finalidade foi interrompida *motivada* pela intervenção de um terceiro. O reinício de sua atuação foi também *motivada* pela certeza moral que adquirira de que o homem voltaria a deitar-se.

Há um fenômeno entre o crime e a violação da lei penal, que segundo Souza Neto, resume tudo: *a causa é a vontade do homem*.[288]

7. Os motivos determinantes e as escolas penais

"Todavia, os escritores têm divergido na maneira de julgar os motivos determinantes do crime. Para uns, – e estes são maioria, – não se pode estudar o delito, o criminoso e a sua classificação, a pena a ser aplicada *in concreto* e *in genere*, as medidas preventivas de segurança, sem estudar e avaliar os motivos que originam a vontade criminosa. Para outros escritores, porém, o motivo não é, de modo algum, um pressuposto ou sequer um elemento integrante e constitutivo do crime. É antes um dado secundário".[289]

Ainda que se reconhecendo o andar desarmônico entre as diversas Escolas Penais, uma palavra sempre esteve presente, seja como "motivo psicológico oposto ao crime", como disse Beccaria, ou "reação contra o impulso criminoso", segundo Romagnosi, ou "coação psicológica", conforme Feuerbach, o certo é que o crime, no entender da modernidade, não existe sem um motivo determinante.

Diz-nos o nosso homenageado que havia duas escolas que disputavam a verdade, nos domínios da ciência penal. De um lado, o posicionamento de Romagnosi,[290] e, de outro, o de Rossi. Dois sistemas que giravam com prevalência, em torno da quantidade delitual, ou seja, do maior ou menor dano causado pelo crime. "O primeiro sistema, diz Carrara, – aquele que Romagnosi ideou, – derivava a quantidade, da *Spinta* criminosa; o segundo, isto é, o sistema de Rossi, ia descobri-la na importância do *dever violado*". A escola de Romagnosi é chamada de escola política, a escola de Rossi leva o nome de escola ascética, pois uma vê o delito como sendo um mal social, ao passo que a outra, pairando no domínio da metafísica, o encara como sendo um atentado à moralidade.[291]

---
[287] ROSENTHAL, A. *Thirty-Eight Witness*, 1964. Sobre isso, ainda, CONKLIN, J. (n. 23), p. 214 e segs.; BROWN-MILLER, S. *Le viol*. Paris; STOCK, 1975, p. 24 e segs.
[288] SOUZA NETO. *O Motivo e o Dolo*. 2ª ed. Rio de janeiro: Freitas Bastos, 1956.
[289] VERGARA. Op. cit., p. 75.
[290] ROMAGNOSI, Giandomenico. *Gênesis del Derecho Penal*. Bogotá: Themis, 1956.
[291] VERGARA, op. cit., p. 48.

A escola política entende que a quantidade do malefício deve ser estudada em face da força e da natureza da *spinta*,[292] que pode ser a iteração final de *um motivo* ou de *uma soma de motivos*, ou a sua resultante muscular, inibitória ou livre, na sua fase de ato ou de vontade.

Segue Vergara, dizendo que o motivo é uma força compósita, interior, de maior ou menor energia, provocada, quase sempre, por uma representação, e que condiciona todas as nossas atitudes conscientes. Exemplificava, a partir da tese de Romagnosi, que se pode dizer que o homem matou por ódio, por amor, por piedade, por necessidade, não importa; ele, sempre, terá matado para tirar alguma cousa útil do delito. E conclui dizendo que, por maior que seja a força, boa ou má, de um motivo, por mais social ou antissocial que se revele, o crime persistirá sempre.

Já a escola ascética ou metafísica, seguida por Rossi, não se baseia na *spinta* delitiva, mas sim se alicerça na importância do dever violado. O delito deve ser contrastado pela pena, porque é a violação de um dever, o que significa um fato intrinsecamente malvado. A moralidade interna do ato e a violação do dever moral são critérios mensuradores da quantidade delitual: *Légitimité intrinséque du fait, malgré les conséquences nuisibles au tiers, ou sés apparences criminelles*.[293]

Filippo Manci, definindo o dolo, equipara essa *voluntas sceleris* ao *motivo*. Para ele, um e outro são a mesma coisa, tal é a importância que dá ao último; não se pode definir o dolo, senão por meio do motivo. Já para os da escola positiva, o crime é, para Enrico Ferri, uma anomalia, mas o motivo é que nos dá a medida de tal aberração e nos abre o caminho através da personalidade do delinquente, para desvendá-la e compreendê-la.

Em sua magnífica obra, Vergara nos dá a síntese do conceito positivista sobre os motivos:

a) têm uma importância capital para o legislador e para o juiz;

b) esta importância está demonstrada pelo fato de que só os motivos tornam possível um estudo, um conhecimento e uma avaliação exata da ação criminosa e da personalidade do criminoso;

c) é de conformidade com a personalidade revelada pelo motivo gerador da vontade e refletida na ação que devemos calcular e adequar a pena e a sanção ao delinquente;

d) se o perigo revelado pela personalidade for mínimo ou nulo, a repressão e a prevenção devem ser, correspondentemente, mínimas ou nulas.

Em razão destes fatos, todas as escolas estão de acordo que só a ação oferece margem à descoberta do motivo. Daí por que o motivo deve ser examinado *a posteriori*. Os motivos não podem ser classificados, taxativamente, *a priori*, e só resultam demonstrados pela ação.

Ensina-nos o mestre gaúcho que, ainda que encontremos um criminoso habitual, ou um *serial killer*, nenhum de seus homicídios pode ser antecipadamente interpretado, pois cada um será diferente do outro, e as motivações serão diversificadas. Isso porque a ética interna do delito se funda na periculosidade da ação em relação ao resultado causado. Mas, para eles, todo e qualquer motivo só vale como agravante ou como atenuante.

---

[292] *Spinta*, do Italiano, impulso, empurrão, empuxo.

[293] ROSSI, Pelegrino. *Traité de Droit Penal*, Chapitre XIII. Paris: Librairie de Guillaumin, 1872, p. 9

8. O motivo e o dolo no entender da corrente finalista da ação

> O dolo é, no seu conceito, um *impulso instintivo* e uma produção efetiva, mas não é tudo ainda, porque, em linguagem jurídica e em linguagem psicológica, o dolo é a *esca* dos gregos, e *esca* é precisamente o motivo.[294]

Nenhum país sofreu mais com a desnaturação do direito que o alemão. Com o nazismo hitleriano, o não direito passou a ser a expressão máxima do direito. Note-se que as leis, por exemplo, que transferiam os bens dos descendentes judeus para o Estado alemão, ou as que determinavam a morte de crianças com defeitos congênitos, contrariavam, frontalmente, o direito natural, ainda que transformados em lei.

Com o fim da chamada 2ª Grande Guerra, foi também na Alemanha que brotaram os primeiros frutos da democracia penal. Grandes nomes iniciaram a reforma penal, entre eles vale citar Reinhart Maurach, com o seu *Deutsches Strafrecht*, que nos levou a Hans Welzel e sua teoria finalista da ação, dois doutrinadores que levaram ao desenvolvimento das teses depois desenvolvidas por Hassemer, Jeschek, Jakobs, Claus Roxin e tantos outros.

Mas foi com Welzel que o direito penal adquiriu outra visão universal, mais humana porque subjetivista. É que, filosoficamente, a nova Parte Geral de nossa lei penal adotou a teoria finalista da ação, de Hans Welzel. Por ela, a conduta humana – ação ou omissão – é movimento dirigido a uma finalidade: "Acción humana es ejercicio de actividad final. La acción es, por eso, acontecer final, no solamente causal. La finalidad o el carácter final de la acción se basa en que el hombre, gracias a su saber causal, puede prever, dentro de ciertos límites, las consecuencias posibles de su actividad, ponerse, portanto, fines diversos y dirigir su actividad, conforme a su plan, a la consecución de estos fines".[295]

Continua, o crime, sendo um ato típico, antijurídico e culpável, apenas que e quando não exigível outro comportamento do seu agente. E, sendo assim, a ação humana deixa de ser entendida como um mero movimento causal, passando a ser entendida como uma atitude teleológica dirigida à atuação final.

Para Luis Luisi, "a ação humana é compreendida por Hans Welzel e seus discípulos como uma realidade ordenada, e com um contexto ôntico definido que a configura. Ao apreender a essência dos atos do querer e do conhecimento do homem – postos como objetivas realidades na posição de objetos do conhecimento, verifica-se que o conhecer e o querer humanos se voltam sempre para uma meta; visam a um objetivo. O conhecimento é conhecimento de algo, posto ante o sujeito. O querer é querer algo, posto como fim pelo sujeito. A característica ontológica, portanto, do conhecer e do querer humanos está nesta 'intencionalidade', isto é, nesta 'finalidade', que é sempre, por força da normação ôntica, visada pelo agente. A ação, portanto,

---
[294] VERGARA. Op. cit., p. 93.
[295] WELZEL, Hans. *Derecho Penal Aleman*. 11ª ed. Editoria Juridica de Chile, p. 53.

como decorrência desta estrutura ontológica, é sempre, enquanto autenticamente humana, 'exercício de atividade final'".[296]

E, com muita propriedade, ensina-nos Luiz Flávio Gomes que "o homem, quando sabe o que faz, pode prever as conseqüências de sua conduta, dirigindo-a conforme um plano à consecução de alguns fins".[297]

O dolo ante o finalismo adquire um caráter de ciência, de conhecimento do ato praticado. Com isso, o elemento subjetivo passa a ser integrante do tipo penal. E, como elemento subjetivo se deve entender, não somente o elemento volitivo, como também, e principalmente, a sua motivação. Ambos, o dolo e o motivo, mantêm uma profunda e inafastável identificação com o tipo penal.[298]

De todos os elementos elaborados acima, em resumo, pode-se afirmar que a conduta típica, ação ou omissão, é o elemento objetivo ou material do crime, a sua parte exterior, palpável. A culpabilidade é a porção subjetiva, psíquica ou moral do crime. A antijuridicidade, por seu lado, se constitui na substância mesma do delito, uma vez que seu fundamento é aquele princípio de que não existe crime sem prévia lei escrita.

No que diz respeito à punibilidade, a questão não é pacífica, pois as discussões em torno do fato de que esta deva ou não ser um elemento do crime é bastante atual. Para alguns, a punibilidade não integra a definição de crime, porque a pena é uma consequência natural do delito. Outros divergem dessa posição. Defendem que uma ação ou omissão somente pode ser considerada criminosa se for punida com uma pena, pois sem a pena não há de se falar em crime. Exemplo é o caso da doença mental, onde o ato praticado o foi em razão da enfermidade. Tanto isso é verdade, que o próprio Código Penal, no seu art. 411, determina que "O juiz absolverá desde logo o réu, quando se convencer da existência de circunstância que exclua o crime ou isente de pena o réu (artigos 17, 18, 19, 22, e 24, § 1º, do Código Penal), recorrendo, de ofício, da sua decisão".

---

[296] LUISI, Luis. Op. cit., p. 39.
[297] GOMES, Luiz Flávio. *Direito Penal*, 3º vol. São Paulo: Revista dos Tribunais, 2004, p. 21.
[298] *HABEAS CORPUS* – PROCESSO PENAL – SENTENÇA DE IMPRONÚNCIA – RECURSO EM SENTIDO ESTRITO FORMULADO PELO MINISTÉRIO PÚBLICO – PROVIMENTO – PACIENTE PRONUNCIADO POR HOMICÍDIO DUPLAMENTE QUALIFICADO – ACÓRDÃO DESPROVIDO DE FUNDAMENTAÇÃO – 1- Não se considera fundamentado o acórdão que não indica com precisão, requisito indispensável à pronúncia, o motivo determinante da submissão do paciente a julgamento pelo Tribunal do Júri, não podendo ser aceita a afirmação de que ele, o acusado, "é líder máximo do movimento de vendas de drogas, conhecido como um perigoso narcotraficante" na favela onde ocorreu a morte de um policial federal. 2- O aresto impugnado não revela se o paciente foi pronunciado por ser o autor direto dos disparos ou por ter determinado que seus subordinados atirassem. De registrar, ainda, que a parte dispositiva do voto não faz qualquer referência às qualificadoras acolhidas, constando apenas da ementa do acórdão que a pronúncia se deu por homicídio duplamente qualificado, revelando-se, assim, manifesto o constrangimento. 3- Habeas corpus concedido para, decretada a nulidade do acórdão do Recurso Criminal nº 00419 – Processo nº 96.02.43810-0, determinar que se renove o julgamento, observadas as formalidades legais. (STJ – HC 25580 – RJ – 6ª T. – Rel. Min. Paulo Gallotti – DJU 16.08.2004 – p. 285).
PROCESSUAL CIVIL – ADMINISTRATIVO – APELAÇÃO CÍVEL – MANDADO DE SEGURANÇA – REMOÇÃO DE SERVIDOR – ATO NULO – AUSÊNCIA DE MOTIVAÇÃO – PRELIMINAR NOTIFICAÇÃO INDEVIDA – I – A notificação no mandado de segurança equivale à citação, podendo ser cumprida em qualquer lugar que se encontre o réu. A motivação do ato administrativo é consectário dos princípios da legalidade e da moralidade administrativa. II – É nulo o ato de remoção de servidor público quando os motivos de sua prática não condizem com o interesse público, demonstrando apenas interesse político, viciando o motivo determinante. III – Apelo improvido. (TJMA – AC 14.063/2004 – (52.237/2004) – 1ª C.Cív. – Rel. Des. Jorge Rachid Mubárack Maluf – J. 22.11.2004).

É consabido que é a acusação que deverá provar a existência do delito, exatamente com a prova do fato material e com a prova do motivo *(onus probandi incumbit ei qui agit)*, pois é este que constitui o dolo.

Mas, também que o réu poderá adiantar-se à ação da justiça e mostrar que o motivo alegado na denúncia não foi, de fato, aquele que o moveu, mas outro menos grave ou inteiramente justificável. E não é esse direito mais do que a justificativa, *através do seus motivos*, que se atingem os critérios, não só da discriminante, quanto os das qualificadoras, agravantes ou dirimentes.

Assim, quando o art. 27 do Código Penal diz que os menores de 18 anos são penalmente irresponsáveis, ficando sujeitos às normas estabelecidas pela legislação especial (o Estatuto da Criança e do Adolescente), está dando o motivo da inimputabilidade.[299] Ou quando o Código Penal, no seu art. 24, fala que, "Considera-se em estado de necessidade quem pratica o fato para salvar de perigo atual, que não provocou por sua vontade, nem podia de outro modo evitar, direito próprio ou alheio, cujo sacrifício, nas circunstâncias, não era razoável exigir-se". A excludente se dá porque o *motivo determinante* foi a prática do fato para salvar de perigo atual, que não provocou por sua vontade. Da mesma forma, é o *motivo determinante* que qualifica o delito. Quando o Código fala, por exemplo, em diminuição da pena, está dizendo que, sempre que o agente comete o crime *impelido por motivo* de relevante valor social ou moral, ou sob o domínio de violenta emoção, logo em seguida à injusta provocação da vítima, o juiz pode reduzir a pena de um sexto a um terço. Outras vezes, fala em *motivos determinantes,* como atuar mediante paga ou promessa de recompensa, ou por outro motivo torpe; – com emprego de veneno, fogo, explosivo, asfixia, tortura ou outro meio insidioso ou cruel, ou de que possa resultar perigo comum; – à traição, de emboscada, ou mediante dissimulação ou outro recurso que dificulte ou torne impossível a defesa do ofendido; – para assegurar a execução, a ocultação, a impunidade ou vantagem de outro crime, estará dando a *motivação* pelo que se deve ter a atuação do agente como qualificada. Outras vezes o código fala em "se o crime é praticado por motivo egoístico". Quando discrimina, dizendo que não se pune o aborto praticado por médico, dá o seu *motivo determinante*: "se não há outro meio de salvar a vida da gestante", ou, "se a gravidez resulta de estupro e o aborto é precedido de consentimento da gestante ou, quando incapaz, de seu representante legal".

Por fim, o motivo se confunde com a vontade, com as ideias, com as representações; o motivo é um estado de consciência, passivo e subordinado; a vontade é um ente *per se stante*, com a virtude da autodeterminação, espontânea e livre, a que os motivos ficam sujeitos. E o motivo determinante é uma representação que se impõe como sendo a mais forte, e esta maior força do motivo determinante é o resultado de todos os fatores de nossa personalidade que se aglutinam, e nessa síntese se orientam, espontaneamente, conforme o seu próprio bem, subjetivamente considerado.[300]

---

[299] CÓDIGO PENAL, art. 27. Os menores de 18 (dezoito) anos são penalmente inimputáveis, ficando sujeitos às normas estabelecidas na legislação especial.
[300] VERGARA. Op. cit., p. 145.

9. Os motivos determinantes e a aplicação da pena

> "Mas, esses dados anteriores, que irrompem do mais fundo de nós mesmos, sob os surtos do inconsciente, ao mesmo tempo em que são movidos pelo *não eu*, pela realidade externa, pelas sensações que vêm de fora e por ela modificados, – à sua vez modificam esta realidade, como fenômeno. Por tudo isso, nenhum crime, nenhum homicídio, nenhum atentado ao pudor, nenhuma injúria, por mais habitual que seja o criminoso, – será igual ao delito praticado anteriormente".[301]

Diz a lei que o juiz, atendendo à culpabilidade, aos antecedentes, à conduta social, à personalidade do agente, aos motivos, às circunstâncias e consequências do crime, bem como ao comportamento da vítima, estabelecerá, conforme seja necessário o suficiente para reprovação e prevenção do crime.

Assim, não só as condições pessoais do réu, tais como a primariedade e os bons antecedentes, devem ser analisadas pelo juízo, na fixação da pena. Importante, por demais, é o exame os motivos e circunstâncias que deram origem ao crime.[302]

Quando o Código fala em "na medida de sua culpabilidade", está dizendo que o juiz deve apreciar, profundamente, os motivos que levaram o agente a participar do delito.[303]

Da mesma forma, imperioso é o exame do fato de o agente ter tido participação de somenos importância na prática do delito ou se quis participar de crime menos grave.[304]

---

[301] VERGARA. Op. cit., p. 111.

[302] CRIMINAL – HC – LATROCÍNIO – DOSIMETRIA – PENA-BASE – CIRCUNSTÂNCIAS JUDICIAIS DEVIDAMENTE VALORADAS – PECULIARIDADES QUE AUTORIZAM A EXASPERAÇÃO – MOTIVAÇÃO SUFICIENTE – IMPROPRIEDADE DO WRIT – APLICAÇÃO DA ATENUANTE – MENORIDADE DO RÉU NÃO COMPROVADA – ORDEM DENEGADA – Não há ilegalidade na dosimetria da pena, no que se refere à majoração da pena-base, se esta ocorreu de maneira devidamente fundamentada, obedecendo aos critérios de Lei, com as devidas ressalvas *dos motivos* que levaram à indigitada exasperação do seu quantum. Hipótese em que o Magistrado singular ressaltou, por ocasião do exame das circunstâncias judiciais, as gravíssimas circunstâncias do crime, praticado *"com requintes de crueldade", mediante tiros, facadas e golpes de porrete, com abuso das relações de hospitalidade que o paciente mantinha com a vítima. Circunstâncias judiciais devidamente sopesadas, demonstrando satisfatoriamente a necessidade da majoração estabelecida*. É descabida qualquer análise mais acurada da dosimetria da reprimenda imposta nas instâncias inferiores, assim como a verificação da sua justiça, se não evidenciada flagrante ilegalidade, tendo em vista a impropriedade do meio eleito. Não se acolhe a alegação de constrangimento ilegal por falta de aplicação da atenuante relativa à menoridade, pois o impetrante não logrou comprovar a idade do réu na data da prática delitiva. Ordem denegada. (STJ – HC 34072 – RJ – 5ª T. – Rel. Min. Gilson Dipp – DJU 03.11.2004 – p. 213-372) JCP.33, JCP.33.1, JCP.59.

[303] CÓDIGO PENAL, art. 29. Quem, de qualquer modo, concorre para o crime incide nas penas a este cominadas, na medida de sua culpabilidade. § 1º. Se a participação for de menor importância, a pena pode ser diminuída de um sexto a um terço. § 2º. Se algum dos concorrentes quis participar de crime menos grave, ser-lhe-á aplicada a pena deste; essa pena será aumentada até metade, na hipótese de ter sido previsível o resultado mais grave.

[304] HOMICÍDIO – PENA-BASE – PARTICIPAÇÃO DE MENOR IMPORTÂNCIA – REGIME – Sendo as circunstâncias judiciais, em sua maioria, favoráveis à acusada, a pena-base deve ser fixada pouco acima do mínimo legal – *Reconhecida pelo Conselho de Sentença a participação de menor importância, a redução da pena prevista no art. 29, § 1º, do Código Penal deve ser aplicada de acordo com a efetiva conduta do agente, no cometimento do crime.* (TJMG – APCR 000.322.064-7/00 – 3ª C.Crim. – Rel. Des. Mercêdo Moreira – J. 08.04.2003) JCP.29, JCP.29.1
PENA – DANO QUALIFICADO PRATICADO EM CONCURSO DE PESSOAS – *Co-réu cuja conduta teve menor interferência em relação ao crime.* – Redução da reprimenda em 1/3 (um terço): – No dano qualificado praticado em concurso de pessoas, é admissível, na forma do art. 29, § 1º, do CP, a redução de 1/3 (um terço) na reprimenda de co-réu cuja conduta teve menor interferência em relação ao crime, sendo sua participação de menor grau. (TACRIMSP – Ap 1380441/8 – 1ª C. – Rel. Juiz Guilherme G. Strenger – J. 13.11.2003) JCP.29, JCP.29.1

Por fim, o exame dos motivos do crime deve ser perquirido desde o início das investigações, pois podem "determinados motivos" por si sós, anular o poder de controle do indivíduo. Para tanto, há que se prevenir o crime, especialmente se examinando uma das tantas razões que servem como estímulo para uma maior ousadia do delinquente: a deficiência dos nossos organismos de repressão.

10. Os motivos determinantes e a segurança nacional

> "O processo penal só é belo quando dele faz o juiz um permanente exercício de amor ao próximo. A justiça não é obra de meia-confecção: é obra feita sob medida, para o justiçado. O molde é o homem. Deve ser feito para o homem que está sendo julgado, ele e suas circunstancias, ele e seus sonhos irrealizados, ele e suas belezas morais escondidas, ele e sua eterna imperfeição, ele e o lodo que foi feito, todavia, por Deus.[305]

Houve uma época em que o criminoso tinha certo receio de, por exemplo, adentrar numa residência, numa loja ou num banco. Hoje, a certeza do estado de desarmamento leva-os a invadir e roubar carros fortes e até Delegacias de Polícia.

Parece-nos que longe ficou o tempo em que o delinquente tinha medo da polícia. Hoje, a polícia, vendo-se impotente pelos descasos das administrações públicas que os deixam em condições desumanas de trabalho, teme o bandido.

E como nos ensina Vergara, todos os criminosos só são descontrolados porque apresentam uma predisposição muito forte para a ação motora, sob a pressão de sentimentos que a sociedade julga subalternos ou ilegítimos e que prejudicam o consórcio social.

Em suma, o delinquente é um psicopata que quer contrariar as regras de comportamento social, impondo a violência. E este posicionamento deletério se aumenta na medida em que a sociedade lhe mostra a sua fraqueza.[306]

---

[305] ROSA, Eliezér. *Dicionário de Processo Penal*. Rio de Janeiro: Ed. Rio, 1975, p. 147.
[306] PENAL. *HABEAS CORPUS*. FURTO PRIVILEGIADO. PRINCÍPIO DA INSIGNIFICÂNCIA QUE NÃO FOI EXAMINADO PELO TRIBUNAL *A QUO* – SUPRESSÃO DE INSTÂNCIA. MEDIDA DE INTERNAÇÃO QUE NÃO SE ADEQUA À NECESSIDADE SOCIAL NEM AO FIM CURATIVO ALMEJADO. CONDENAÇÃO QUE SE FOSSE EFETIVADA IMPLICARIA EM PENA DE DETENÇÃO. PACIENTE QUE SE ADEQUARIA MELHOR A TRATAMENTO REALIZADO EM MEIO LIVRE, COMO RECOMENDA HOJE A PSIQUIATRIA. ORDEM PARCIALMENTE CONHECIDA E NESTA EXTENSÃO CONCEDIDA. Não se pode conhecer de matéria que não foi submetida ao Tribunal *a quo*, sob pena de supressão de instância. Paciente inimputável que, se condenado, ficaria sujeito à pena de detenção, pois é primário, de bons antecedentes, e o objeto furtado é de pequeno valor. A medida de segurança deve atender a dois interesses: a segurança social e principalmente ao interesse da obtenção da cura daquele a quem é imposta, ou a possibilidade de um tratamento que minimize os efeitos da doença mental, não implicando necessariamente em internação. Não se tratando de delito grave, mas necessitando o paciente de tratamento que o possibilite viver socialmente, sem oferecer risco para a sociedade e a si próprio, a melhor medida de segurança é o tratamento ambulatorial, em meio livre. Ordem parcialmente conhecida e nesta extensão concedida, para permitir ao paciente o tratamento ambulatorial. (STJ, HC 113.016/MS, Rel. Ministra Jane Silva, Sexta Turma, julg. 18.11.2008)
INTERDIÇÃO – Restabelecimento da curatela provisória – Nomeação de filha de confiança da interditanda, e que com ela convive, para o cargo de curadora provisória – Interditanda que se revelou mentalmente hígida diante do Juiz – Saúde mental também afirmada pela filha, nomeada curadora – Juntada posterior do laudo pericial que concluiu pela ausência de doença psiquiátrica e da não necessidade de ajuda do ponto de vista civil – Prevalência da liberdade de a pessoa gerir a si própria e a seus bens sobre o interesse do requerente da interdição, sobretudo se não apoiada a

A lei que visa ao desarmamento será o *motivo determinante* do aumento da criminalidade, colocando, lado a lado coisas desiguais. De uma parte, o bandido fortemente armado (com armamento mais potente que a dos policiais) e, de outro, a população totalmente desarmada por aqueles que não têm condições de nos garantir uma segurança razoável.

---

medida provisória em dado concreto que a justifique – Inconveniência de manutenção da medida inibitória – Decisão reformada Agravo provido. (TJSP, Agravo nº 4904844200, 10ª Câmara de Direito Privado, Relator João Carlos Saletti, Julg. 16.10.2007)

CAPÍTULO XIII

O DELITO CULPOSO

1. A culpabilidade em seu sentido amplo

O crime enquanto fenômeno jurídico é uma ação ou uma omissão típica, antijurídica e culpável. É uma ação ou omissão humana e voluntária. Logo, se não for voluntária, como é a conduta praticada em estado de inconsciência, ou sob coação física, não existe o crime. Porque não houve vontade no agir.

Ensina Magalhães Noronha que o crime culposo tanto se pode dar por ação como por omissão, e tanto nesta como naquela, a vontade está presente. A ação causal (em sentido amplo) no crime culposo é, portanto, desejada.[307]

Assim, se a investigação policial, ao tentar esclarecer o fato, acabar por constatar a hipótese de ação inconsciente, ou sob coação física, o Ministério Público deve requerer o arquivamento do inquérito policial. E o juiz, neste caso, será obrigado a determiná-lo, com fundamento no artigo 43, inciso I, do Código de Processo Penal.[308]

Além de voluntária, a ação humana deve ser típica, isto é, deve ajustar-se à descrição dada pelo legislador ao tipo penal. Dessa forma, o tipo penal, como já foi afirmado, é a descrição daquela conduta feita pela lei, e que corresponde ao delito praticado.

É preciso ainda que a ação humana, além de voluntária e típica, seja igualmente antijurídica. A ação deve ser, imperativamente, contrária à norma do Direito Penal.

Como característica do delito, a antijuridicidade é uma contradição entre a conduta e a norma. Portanto, sendo o crime a violação da lei penal, não pode haver ação no comportamento humano que não seja conforme ao que é determinado pelo direito.

Quem mata alguém realiza uma ação voluntária e típica, mas, se for provado que o agente produziu o evento letal em legítima defesa, desaparece o fato humano como crime. Quer dizer, não chega a se formar um ilícito penal, mesmo que o agente tenha praticado uma ação voluntária e típica, pois o crime é a conjunção da ação voluntária, antijurídica, culpável e típica.

Deste modo, apesar da presença de dois desses atributos, a voluntariedade da ação e a tipicidade, quem mata em legítima defesa realiza uma conduta conforme o direito; logo, praticou uma ação lícita.[309]

Esta é uma situação em que o Ministério Público, confrontado as provas, não vai instigar a ação penal, e sim se pronunciará, pedindo o arquivamento da ação, cabendo ao juiz, unicamente, deferir tal pedido.

---

[307] NORONHA, Magalhães. *Do Crime Culposo*. São Paulo: Saraiva, 1974, p. 55.
[308] CÓDIGO PENAL, art. 43. A denúncia ou queixa será rejeitada quando: I – o fato narrado evidentemente não constituir crime (...).
[309] CÓDIGO PENAL, art. 23. Não há crime quando o agente pratica o fato: I – em estado de necessidade; II – em legítima defesa; III – em estrito cumprimento de dever legal ou no exercício regular de direito.

Mas a questão suscita polêmica. Uma parcela da doutrina entende que não se pode arquivar o inquérito policial, ao passo que uma outra opinião acha obrigatório o arquivamento.[310]

A orientação de que a legítima defesa ou qualquer outra causa de exclusão da antijuridicidade, como o estado de necessidade, o estrito cumprimento do dever legal, o exercício regular do direito não têm o condão de permitir o arquivamento do inquérito policial, não é a mais correta, no nosso entender. Para essa corrente, por se tratar de matéria de mérito, deve ser examinada pelo Tribunal do Júri ou em sentença de impronúncia ou de absolvição sumária.

Entendem, por isso, ser vedado ao juiz rejeitar a denúncia sob o fundamento de que no inquérito policial já exista prova de que o réu agiu em estado de legítima defesa. Os tribunais pátrios têm concedido ordem de *habeas corpus* para trancamento de ação penal quando os fatos descritos na denúncia carecem de justa causa para seu recebimento.[311]

Mas, além de voluntária, típica e antijurídica, a ação humana precisa ser culpável. Agente culpável é aquele que praticou a ação com dolo ou com culpa, ação esta vedada em lei e, especialmente, se o agente podia e devia ter agido de acordo com a lei. O traço característico da culpabilidade está em que o indivíduo viola o direito penal, quando podia ter agido de acordo com uma outra conduta, aquela que fosse conforme o direito. Daí por que reprovável essa sua atitude, típica e antijurídica. E a reprovação consiste na censura ao criminoso, que é representada pela pena.

Faltando o elemento da culpabilidade, a conduta não é punida, embora possua voluntariedade, tipicidade e antijuridicidade. Exemplo dessa situação é o do agente enfermo mental, ou quando menor de 18 anos, ou ainda, quando está coagido moralmente. Na coação física, o agente perde a possibilidade de querer, por isso que, tanto a tipicidade, quanto a culpabilidade, desaparecem do campo volitivo.

2. Histórico da culpabilidade

Quando foi estudado o tema "ação", destacou-se que o resultado é um dos elementos formadores da ação. O resultado tem como definição a alteração do mundo exterior, que é provocada por uma conduta humana.

O direito penal moderno não pune a conduta do homem só porque alterou alguma coisa no mundo exterior. O fato praticado por um homem não é punido apenas

---

[310] INQUÉRITO POLICIAL – ATRASO NO PAGAMENTO DE PRECATÓRIO – SECRETÁRIO DE ESTADO – COMPETÊNCIA PRIVATIVA DO ÓRGÃO ESPECIAL DO TRIBUNAL DE JUSTIÇA – INTELIGÊNCIA DO ARTIGO 16, IV, "B", DO CODJPR – PEDIDO DE ARQUIVAMENTO FORMULADO PELO MINISTÉRIO PÚBLICO – INEXISTÊNCIA DE CRIME – *DOMINUS LITIS* – DECISÃO UNÂNIME – Quando a ação penal é da competência privativa do Tribunal de Justiça, se requerido o arquivamento do inquérito policial pela douta Procuradoria Geral da Justiça, nada mais cabe ao colegiado do que acolher o pedido. (TJPR – InquePol 0105695-1 – (5266) – Curitiba – O.Esp. – Rel. Des. Antônio Lopes de Noronha – DJPR 25.03.2002)

[311] *HABEAS CORPUS* SUBSTITUTIVO DE RECURSO ORDINÁRIO – AÇÃO PENAL – JUSTA CAUSA – AUSÊNCIA – Em sede de *habeas corpus*, é possível que se proceda à valoração jurídica da conduta que, inequivocamente e nos limites da descrição do fato, se apresenta lícita. Essa análise não implica em revolvimento, cotejo, ou exame aprofundado de prova, o que tornaria inviável o *writ*. Determina-se o trancamento da ação quando restar demonstrado, de plano, a falta de elementos mínimos que caracterizem a existência de fato punível. *Writ* concedido, determinando-se o trancamento da ação penal. (STJ – HC 14978 – RJ – 5ª T. – Rel. p/o Ac. Min. Felix Fischer – DJU 04.02.2002)

porque produziu um resultado contrário à lei penal. Muitas vezes, o resultado acontece sem ser querido pelo indivíduo. É o que corre no chamado crime de azar, ou *casus*.

Neste delito, o resultado é imprevisível e incalculável, e sobrevém de surpresa, durante a realização da conduta. Mas em todas essas situações fortuitas o indivíduo é, na verdade, o autor causal, o autor físico do resultado. Isto porque o resultado não teria acontecido se não fosse a sua conduta.

Apesar de autor causal, esse indivíduo não é o autor culpável jurídico pelo resultado, pois não quis realizá-lo e nem assumiu o risco de produzi-lo. Pode-se mesmo afirmar que o resultado foi produto exclusivo da atividade corpórea, sem a participação das forças psíquicas do agente. Os doutrinadores conceituam o *casus* ou o caso fortuito, como um fato não previsto e nem previsível. "Quando não se previu a consequência lesiva que se pudera prever, não há dolo mas culpa; quando não se poderia prevê-la, não há culpa e, sim, caso".[312]

A punição pressupõe, geralmente, uma ação dolosa ou culposa, em que o agente não desejou o resultado, mas veio a produzi-lo por falta de atenção, por falta de cuidado, por ausência de cautela, enquanto realizava a conduta. É o caso de um motorista que, frente a uma escola, a 100 km/h, mesmo não querendo matar alguém, ao imprimir em seu carro velocidade excessiva, pecou por não ter a necessária cautela, a devida atenção.[313]

Sem o dolo, que é a vontade do resultado, ou sem a culpa, que é a desatenção, ninguém pode ser punido, mesmo que tenha praticado uma ação voluntária, típica, antijurídica, ou seja, violado os direitos protegidos pela norma penal. É obrigatória a observância do denunciado princípio universal de que não há crime sem culpa, sobre o qual se assenta o direito penal atual, ou seja, no princípio do *nulla poena, sine culpa*.[314]

Este princípio evoluiu lentamente, até porque, durante séculos, o Estado viu no crime apenas o resultado antissocial, não inquirindo se o indivíduo tinha ou não a vontade de agir. Sendo assim, a culpabilidade não tinha a visão para dentro, para o

---

[312] MACHADO, Raul. *A Culpa no direito Penal*. 2ª ed. São Paulo, 1943, p. 133.
[313] DELITO DE TRÂNSITO – HOMICÍDIO – FALTA DE HABILITAÇÃO PARA DIRIGIR – OMISSÃO DE SOCORRO – DIREÇÃO IMPRUDENTE – LAUDO PERICIAL – PROVA TESTEMUNHAL – SUBSTITUIÇÃO DA PENA – RECURSO IMPROVIDO – DELITO DE TRÂNSITO – HOMICÍDIO – RÉU QUE DIRIGE VEÍCULO SEM HABILITAÇÃO, EM ALTA VELOCIDADE E DEIXA DE PRESTAR SOCORRO À VÍTIMA – A inobservância do necessário cuidado objetivo, no conduzir automóvel em excesso de velocidade, atropelando letalmente a vítima, caracteriza a imprudência versada no art. 18, II, do Estatuto Repressivo. Culpa devidamente comprovada, descabendo a absolvição pleiteada com fulcro no princípio do in dubio pro reo, ainda mais se o imputado dirigia sem habilitação e fugiu do local, deixando de prestar socorro`a vítima. Infringência do art. 302, par. único, I e III, da Lei nº 9503/97. Penas corretas. Substituição. Inaplicabilidade, in casu. Sentença correta. Apelação improvida. (TJRJ – ACr 1554/2000 – (29092000) – 8ª C.Crim. – Rel. Des. Servio Tulio Vieira – J. 24.08.2000)
[314] *HABEAS CORPUS* – CRIMES CONTRA A ORDEM TRIBUTÁRIA E SONEGAÇÃO FISCAL – RESPONSABILIDADE PENAL OBJETIVA – PRINCÍPIO *NULLUM CRIMEN SINE CULPA* – TRANCAMENTO DA AÇÃO PENAL – 1. Desprovida de vontade real, nos casos de crimes em que figure como sujeito ativo da conduta típica, a responsabilidade penal somente pode ser atribuída ao HOMEM, pessoa física, que, como órgão da pessoa jurídica, a presentifique na ação qualificada como criminosa ou concorra para a sua prática. 2. Em sendo fundamento para a determinação ou a definição dos destinatários da acusação, não, a prova da prática ou da participação da ou na ação criminosa, mas apenas a posição dos pacientes na pessoa jurídica, faz-se definitiva a ofensa ao estatuto da validade da denúncia (Código de Processo Penal, artigo 41), consistente na ausência da obrigatória descrição da conduta de autor ou de partícipe dos imputados. 3. Denúncia inepta, à luz dos seus próprios fundamentos. 4. *Habeas corpus* concedido para trancamento da ação penal. (STJ – HC 15051 – SP – 6ª T. – Rel. Min. Hamilton Carvalhido – DJU 13.08.2001 – p. 00287)

interior do homem. Era ela puramente objetiva, exterior e concreta. A culpabilidade antiga não era mais do que uma relação física ou natural e essa relação estava baseada na causalidade, ou seja, a simples ação do corpo produzindo um resultado danoso.

A pesquisa judicial era realizada sobre um homem sem alma, sem espírito. Quer dizer, buscava somente o vínculo causal externo, entre o movimento do corpo e o resultado que ele produziu. Abstraía-se o elemento volitivo.

O melhor retrato dessa concepção é o do direito romano, especialmente aquele do período da monarquia. O poder punitivo do Estado estendia-se sobre todos os seres humanos, não excluindo nem os loucos, nem mesmo as crianças, porque estes também podiam ser capazes de mover seus corpos e, assim, causar algum resultado.

E o retalho daquela velha mentalidade era a regra jurídica, cruel em seus efeitos, e que dominou durante muitos séculos, inclusive em nosso país, a de que a pena imposta aos pais era igualmente transmitida aos filhos. Feria-se, assim, um princípio previsto na Constituição: o da individualização das penas.

Desse estágio alienado, construído sobre a pena sem culpa, o direito penal evoluiu para o sistema psicológico. Lentamente, a culpabilidade adquiriu uma dimensão subjetiva, deslocando-se do mundo das ações corpóreas para o mundo das ações psíquicas.

O direito penal buscava descobrir a força que, de dentro do indivíduo, agita seu corpo, através do sistema neuromuscular, a ponto de transformá-lo em causa psíquica. A ciência do direito penal, portanto, começava a elaborar os dois conceitos: o de dolo e o de culpa, graças aos quais haveria uma revolução de baixo para cima em todo o direito penal, e em consequência, se haveria de montar um novo sistema punitivo no mundo civilizado.

Ao ingressar no período psicológico da culpabilidade, o Direito Penal vinha a estabelecer, ao lado da relação causal física e externa, a relação psíquica, chamada também de "moral" e interior.

Essa nova relação seria uma espécie de fio invisível prendendo o resultado à intimidade psíquica do agente. Quando o direito penal entrou na fase psicológica, estabeleceu uma segunda relação ao lado da primeira, qual seja, a da relação causal psíquica, interna, moral e objetiva.

Quando o Código Penal, na segunda parte do artigo 13, considera causa como a ação ou omissão sem a qual o resultado não teria ocorrido, ele está enunciando o princípio da causalidade externa.[315]

Então, para se entender melhor a culpa, é necessário estudar as formas pelas quais a culpabilidade é percebida em nosso ordenamento jurídico.

3. Concepção psicológica da culpabilidade

Quando tudo parecia acertado em matéria de culpabilidade, a chamada culpa inconsciente, repensada pela doutrina penal, trouxe profundos abalos aos alicerces do Direito Penal.

---

[315] CÓDIGO PENAL, art. 13. O resultado, de que depende a existência do crime, somente é imputável a quem lhe deu causa. Considera-se causa a ação ou omissão sem a qual o resultado não teria ocorrido.

A teoria psicológica da culpabilidade foi fundada para tentar perceber a relação do agente com o resultado produzido. A doutrina penal repensou a culpa inconsciente e determinou uma extensa e profunda revisão do conceito da culpabilidade. O traço marcante da culpa inconsciente é a ausência de qualquer vínculo psíquico entre o autor e o resultado da sua ação.

A culpa inconsciente ou crime com culpa inconsciente ocorre sempre que o indivíduo age sem prever as consequências do seu ato, vindo a produzir o resultado sem ter tido a consciência deles. Mas, não prevendo as consequências do seu ato, quando podia e devia prever, esse indivíduo viola uma obrigação jurídica: a de diligência, a de atenção, a de cautela.

Vejamos: alguém que está absorvido no estudo para o vestibular e, em determinado momento, sem se dar conta, joga o cigarro na cesta de papéis, provocando um incêndio. Teremos aí um crime de incêndio com culpa inconsciente, mas ainda assim culposo, porque o agente podia e devia ter previsto as consequências, e não as previu, como devia.

Ora, segundo a doutrina da culpabilidade psicológica, a pena somente pode ser aplicada quando houver o vínculo psíquico entre o autor e a sua obra. Neste exemplo, não há que se falar em vínculo psíquico, porque a vontade de agir se ocupava, na ocasião, de outro elemento a concentração no estudo.

A falta de vínculo psíquico é, ainda, mais evidente nos chamados crimes de "esquecimento". Ocorrem esses crimes, por exemplo, quando uma enfermeira esquece de dar o remédio ao paciente, e este vem a morrer. Destarte, de investigação em investigação, a ciência do Direito Penal constatou que não há relação causal psíquica nos crimes de culpa inconsciente.

Para que não ficassem ao abrigo da impunidade, e para se poder punir a esses tipos anômalos de agir, é que a teoria psicológica obrigou-se a violar os seus próprios princípios, usando ficções jurídicas. Para poder salvar essa teoria, houve quem propusesse eliminar do Direito Penal todos os crimes de culpa inconsciente, e transformá-los em delito civil, punidos com pena de indenização. Com isto, a sociedade ficaria à mercê dos levianos e dos não cautelosos.

O penalista alemão Reinhard Frank foi quem, em 1907, por primeiro compreendeu que somente o dolo da culpa não basta para justificar a aplicação de pena.

Graças às suas análises, o direito penal, que só conhecia o momento psicológico da culpabilidade expresso no dolo e na culpa, ampliou seu campo de pesquisa e começou a explorar o momento chamado normativo da culpabilidade.

Desta forma, chegou-se à conclusão de que o agente é culpado e, portanto punível, não pela culpa ou pelo dolo, mas porque agiu contra o direito quando podia e devia agir de acordo com ele.

A concepção psicológica normativa da culpabilidade parte também do dolo, da culpa, mas ao partir de um desses dois elementos, pode examinar a motivação que vem a levar o agente a proceder com atitude dolosa ou culposa.

A conduta será reprovável quando o agente que a praticou podia ter tido uma outra conduta, diversa daquela e de acordo com o direito. Esse juízo de reprovação, ou de censura, e que é jurídico, e não uma censura de natureza moral, ética ou religiosa, está na cabeça do juiz, e não na de quem age. E é por isso que se diz que ele é normativo, enquanto o dolo e a culpa são os seus elementos psicológicos.

Depois dos estudos de Frank, compreendeu-se que a pena, fruto do dolo ou da culpa, mas sem o elemento normativo da exigibilidade de uma outra conduta, restaria enfraquecida, já que nela estaria faltando o fundamento jurídico, base para a punição dos crimes dos quais o agente não previu o resultado.

Naquela conduta de lançar um cigarro na cesta de papéis, embora não exista o laço unindo a vontade de agir ao resultado, existe a conduta reprovável. E está fincada a sua reprovabilidade no fato de que o indivíduo podendo e devendo ter uma outra atitude, qual seja, a de não jogar o cigarro aceso na cesta, preferiu estar desatento, causando o dano.

E se o seu comportamento é censurável e reprovável, é, por isso, punível. Não pela culpa em si, não pela imprudência, mas porque foi violado o dever jurídico de cautela a que do *homus medius* se haverá de esperar.

Acontece que, nem sempre as condições e as circunstâncias do fato permitem que o indivíduo possa vir a ter um outro comportamento. Muitas vezes as forças da vida colocam o homem na contingência de não poder evitar a conduta criminosa. Ele é posto dentro do dilema criado pela ordem social ou respeita a ordem jurídica e deixa perecer os seus direitos ou salva os seus direitos e viola a norma jurídica.

A teoria psicológica normativa não dispensa o dolo ou a culpa, apenas considera que a culpabilidade é mais do que o dolo ou do que a culpa. É também a exigibilidade de uma outra conduta. Nesse sentido é, também, a exigibilidade de conduta diversa.

Dessa exigibilidade de uma conduta decorre um juízo de reprovação. E este é resultado da percepção de que o agente escolheu a atitude criminosa quando podia e devia ter optado por uma conduta de acordo com a lei.

Daí a definição de culpabilidade: é o conjunto de pressupostos que fundamentam a reprovabilidade da conduta antijurídica. Então, culpado é todo aquele que agiu com dolo ou com culpa, violando a norma penal quando podia ter agido conforme o direito.

Deste conceito, extraem-se os elementos componentes da culpabilidade:

a) *a imputabilidade* ou a capacidade de entender e querer o conjunto de qualidades psíquicas (consciência e vontade), graças às quais o agente toma consciência do caráter ilícito de sua conduta criminosa, e orienta os seus movimentos de acordo com essa compreensão. Uma exceção é o louco, que não sabe o que faz e, por isso, não pode ser culpabilizado, já que não tem a capacidade de entender o caráter delitivo de sua ação.

Outra situação há em que o indivíduo, apesar de doente mental, não é plenamente doente da consciência. Ele tem, isso sim, diminuída a sua capacidade de se governar de acordo com aquilo que ele percebe no mundo real.

b) *o elemento psicológico normativo* isto é, o dolo ou a culpa, através do que ao agente se une o fato, mediante uma relação causal subjetiva, seja porque ele quis a ação e quis o resultado (no caso do crime doloso), seja porque quis a ação, mas não quis o resultado, vindo a causá-lo por falta de cautela ou de diligência na prática da ação (no caso do crime culposo).

c) *a exigibilidade de conduta conforme o direito,* ou seja, a exigência de que o agente, ao praticar a ação típica e antijurídica, dolosa ou culposa, esteja impedido de agir segundo a lei.

Desse modo é que a teoria psicológica normativa organiza a estruturação da culpabilidade. Na falta de um desses elementos, não se pode falar na existência de um agente culpável.

Essa teoria é a que hoje domina na nossa doutrina penal.

E é chamada de teoria psicológico-normativa, porque coloca, lado a lado, componentes de ordem psicológica, especialmente o dolo, e componentes de ordem normativa, a exigibilidade de uma outra conduta conforme o direito.

4. Imputabilidade

Não se pode afirmar que, com a exposição dos elementos da teoria psicológica da culpa, o tema esteja esgotado. Isso porque a culpabilidade se compõe de três elementos: o biológico, o psicológico e o normativo. O elemento biológico compõe-se da imputabilidade O elemento psicológico é formado pelo dolo e pela culpa. E o elemento normativo é constituído pela exigibilidade de conduta conforme o direito.

A imputabilidade deve ser entendida como a capacidade de compreensão e de querer, isto é, o conjunto das faculdades mentais graças às quais o agente pode compreender o caráter ilícito de sua conduta e determinar-se de acordo com esse entendimento.

O nosso Código Penal não define a imputabilidade, nem diz o que seja agente imputável. Em vez disso, prefere destacar quais são os agentes inimputáveis. É o que dispõem os artigos 26 e 27 do Código Penal.[316]

Portanto, é inimputável quem, no momento da ação ou da omissão, não possui a capacidade de entender o caráter ilícito do ato/fato, ou não tiver como se determinar de acordo com esse entender em virtude de doença mental, ou desenvolvimento mental incompleto ou retardado.

Nesse momento, é importante abrir espaço para uma questão que nos parece vital, mas que tem passado despercebida pelos doutrinadores, e que diz respeito, tanto ao tema da inimputabilidade do menor, quanto da maioridade deste.

Essa contradição, que na verdade é um conflito de normas, não está resolvida, pois estamos a conviver com a inimputabilidade do menor no Código Penal e a maioridade do indivíduo, presente no novo Código Civil, que entrou em vigor no dia 11 de janeiro de 2002.[317]

Se o novo Código Civil confirma a maioridade plena a partir dos 18 anos de idade, isso quer dizer que o agente, ao alcançar esse termo, já poderá responder por seus atos, assumindo a responsabilidade que poderá ser imposta pelo Estado.

---

[316] CÓDIGO PENAL, art. 26. É isento de pena o agente que, por doença mental ou desenvolvimento mental incompleto ou retardado, era, ao tempo da ação ou da omissão, inteiramente incapaz de entender o caráter ilícito do fato ou de determinar-se de acordo com esse entendimento. Parágrafo único. A pena pode ser reduzida de um a dois terços, se o agente, em virtude de perturbação de saúde mental ou por desenvolvimento mental incompleto ou retardado não era inteiramente capaz de entender o caráter ilícito do fato ou de determinar-se de acordo com esse entendimento.
CÓDIGO PENAL, art. 27. Os menores de 18 (dezoito) anos são penalmente inimputáveis, ficando sujeitos às normas estabelecidas na legislação especial.
[317] CÓDIGO CIVIL, art. 5º. A menoridade cessa aos 18 (dezoito) anos completos, quando a pessoa fica habilitada à prática de todos os atos da vida civil (...)

Portanto, não é mais aceitável que réus menores de 21 anos venham a receber um benefício tal como um período de prazo prescricional reduzido pela metade, fazendo jus, assim, a essa circunstância atenuante genérica, prevista no Código Penal, em seu artigo 65, inciso I.[318]

Não se quer acreditar que, pela ótica do Código Penal, por serem os agentes menores de 21 anos, venham a ter direito à nomeação de um curador especial na fase pré-processual, bem como, posteriormente, durante a fase criminal.

Se o novo Código Civil deixa claro que a pessoa, por ter alcançado a maioridade aos 18 anos, já pode responder por todos os seus atos, entende-se que ela já é plenamente responsável. Entretanto, quando se fala no universo penal, não há mais se ter a necessidade de nomear-lhe curador.

Quando se analisava a questão sob a égide do antigo Código Civil, os menores de 21 anos e os maiores de 16 anos eram considerados relativamente incapazes e, por causa desse mandamento, tinham direito a um tratamento privilegiado na órbita penal, quer dizer, justamente com a incidência de normas protecionistas.

Agora, com o novo Código Civil, o réu, aos 18 anos, deixou de ser considerado relativamente incapaz, para adquirir a plenitude de sua capacidade civil. Parece-nos uma obviedade que, se a maioridade civil e a penal estão em coincidência, não há mais qualquer razão para a distinção entre os réus maiores e menores de 21 anos.

No caso específico do universo penal, uma nova lei processual penal, pelos seus próprios mandamentos, teria uma aplicação imediata, respeitando os atos processuais já praticados sob o manto da lei civil anterior.[319]

Já a lei penal não poderia retroagir em nenhum de seus aspectos, pois isso seria um caso de *lex gravior*, portanto, só podendo alcançar aquelas infrações penais praticadas posteriormente à sua vigência.

Impressionam, ainda, as inúmeras hipóteses em que a lei penal comina aumento de pena para infrações penais praticadas contra vítima menor de 21 anos, como é exemplo o artigo 18, inciso III, da Lei nº 6.368/76. Nessas hipóteses, a lei penal deverá prever o referido aumento de pena apenas para as infrações praticadas contra vítima menor de 18 anos, e por se tratar de *lex mitior*, deverá retroagir para, assim, beneficiar os eventuais réus.

Em outras palavras, o Código Penal considera imputável o indivíduo mentalmente desenvolvido e mentalmente capaz de entender o sentido criminoso de seu ato ou de governar-se de acordo com esse entendimento.

Essa capacidade de querer e de entender é adquirida, pouco a pouco, na medida em que o homem se desenvolve no plano físico e no plano mental, até completar o seu crescimento. Para ser culpável, o indivíduo precisa ser, antes de tudo, imputável.

A imputabilidade pressupõe uma consciência normal e, também, uma vontade livre. É com a consciência que o agente percebe e conhece a ilicitude do seu ato. Já com a vontade, ele a dirige e pode, assim, governar-se em sociedade, de acordo com aquilo que percebeu e conheceu.

---

[318] CÓDIGO PENAL, art. 65, I – São circunstâncias que sempre atenuam a pena: I – ser o agente menor de 21 (vinte e um), na data do fato, ou maior de 70 (setenta) anos, na data da sentença.

[319] CÓDIGO DE PROCESSO PENAL, art. 2º: A lei processual penal aplicar-se-á desde de logo, sem prejuízo da validade dos atos realizados sob a vigência da lei anterior.

Por isso, a aptidão intelectual e volitiva é o fundamento necessário à imputabilidade. Imputar é ato de se atribuir a alguém uma certa dose de responsabilidade pelos atos cometidos. Então, imputar um crime é atribuí-lo a essa pessoa responsável, para que ela sofra as consequências da sua ação.

Quem não sabe o que faz e nem pode escolher a própria conduta é um ser indeterminado, é um homem conduzido, mas que não pode conduzir a sua livre manifestação. E, não sendo um homem livre, não pode ser homem imputável e, sendo inimputável, está isento de pena.

Por isso que o direito penal declara que aquele que não sabe o que faz ou que não tem o poder de escolher a própria conduta, está isento de pena, já que o crime não é expressão da sua personalidade consciente, mas sim, de uma outra vontade.

Entretanto, como está em jogo a segurança do tecido social, o Estado moderno sujeita tais tipos humanos à medida de segurança.

Mayer considerava a imputabilidade como a possibilidade condicionada pela saúde mental, ou pelo desenvolvimento do agente, de proceder de acordo com o justo conhecimento do seu dever. Assim, a imputabilidade é o conjunto das condições mínimas de saúde e desenvolvimento mental, no momento da prática do ato típico, e capazes de tornar o autor responsável para enfrentar as consequências advindas da pena.

A estrutura da imputabilidade é formada de dois elementos: o intelectivo e o volitivo. O elemento intelectivo se constitui na capacidade psicológica de entender o caráter ilícito da conduta, ao passo que o elemento volitivo é a capacidade psicológica de motivar-se livremente, escolhendo o comportamento adequado. Na falta de um desses elementos, não há que falar em imputabilidade.

O fundamento da pena é a imputabilidade. Dessa relação entre a pena e a imputabilidade decorre a responsabilidade. O fundamento da medida de segurança, portanto, é sempre a periculosidade social de quem praticou um determinado fato criminoso.

O agente só deve poder ser imputado no momento em que pratica o crime. Nem antes e nem depois, mas sim, no momento de delinquir. Um fato só pode ser imputado a alguém quando, na ocasião em que ele for realizá-lo, tiver a plena capacidade psíquica para entender, e para se determinar de acordo com essa compreensão.

A imputabilidade deve ser dirigida ao momento da ação ou da omissão. Há casos, no entanto, em que o agente, apesar de não se encontrar em condições de entender e de querer, no momento do acontecimento do delito, ainda, é responsável juridicamente. É o caso do indivíduo que coloca uma bomba num avião, e a explosão vem a ocorrer algum tempo após, quando ele já está dormindo. Dormindo em sono profundo ninguém pratica crime.

Outro exemplo é aquele de quem, para vencer seus escrúpulos e adquirir coragem, coloca-se em estado de embriaguez para matar alguém. Na hora em que praticou o crime, ele até poderia ser tido como incapaz, por estar embriagado. Tendo o agente voluntariamente ingerido bebida alcoólica, colocando-se em estado de embriaguez, não é de se considerar o crime como proveniente de caso fortuito ou força maior.[320]

---

[320] APELAÇÃO CRIMINAL – HOMICÍDIO SIMPLES – ABSOLVIÇÃO – TESE DE EMBRIAGUEZ FORTUITA ACOLHIDA – DECISÃO MANIFESTAMENTE CONTRÁRIA À PROVA DOS AUTOS – EMBRIAGUEZ VOLUNTÁRIA – Tendo o agente confessado que voluntariamente ingeriu bebida alcoólica, colocando-se em estado de embriaguez, não é de se considerar o crime como proveniente de caso fortuito ou força maior. De acordo com a teoria da actio libera in causa, adotada pelo nosso sistema penal, a embriaguez, voluntária ou culposa, não exclui a

É que, de acordo com a teoria da *actiones libera in causae*, adotada pelo nosso sistema penal, a embriaguez voluntária ou culposa não exclui a responsabilidade penal, fazendo com que o agente responda pelo resultado lesivo.

Os agentes, quer o que colocou a bomba, quer o que se embriagou para poder matar, na ocasião, estavam gozando da plenitude de suas capacidades de entender o caráter proibitivo do ato que estavam a praticar. Simplesmente respondem eles pelos crimes que praticaram, sendo atingidos pela pena.

O fundamento da punibilidade nesses casos está no princípio do *actiones libera in causae* (ações livres em suas causas). É que, se de um lado é certo que o agente tem as suas faculdades mentais diminuídas, ou suprimidas, no momento do crime, por outro, é igualmente correto que o agente, no início da sua ação, era plenamente imputável. Eram livres e conscientes no momento anterior, quando tinham íntegras a inteligência e a vontade e, mesmo assim, desejaram praticar o crime. O segundo momento é irrelevante para o Direito Penal.

A inimputabilidade é procurada pelo agente, com a intenção manifesta de encontrar uma saída para o crime ou para iludir a justiça. Isso ocorre na embriaguez chamada pré-ordenada, em que o indivíduo se embriaga para cometer um crime. A dificuldade está no fato de que esta embriaguez pré-ordenada é matéria de prova.

A *actiones libera in causae* é uma exceção à regra geral de que a imputabilidade deve existir no momento da prática do fato. No momento da ação ou da omissão. E o fundamento de imputabilidade é a liberdade de querer. Ninguém pode ser responsável não sendo imputável. O indivíduo responde por seus atos diante do direito penal, repita-se, quando tem a mente plenamente desenvolvida e não sofre de anomalias psíquicas que o privem de entender e de querer.

A partir desse estágio, o direito penal fez do livre arbítrio um núcleo de toda a sua filosofia. De acordo com esse princípio, para ser declarado responsável, o indivíduo precisa possuir, ao tempo da ação, capacidade de discernimento, mais a faculdade de escolha, ou de eleição dos motivos da sua conduta. No seu ponto mais avançado, a teoria do livre-arbítrio entende a liberdade como algo que pertence à determinação do espírito.

A necessidade e a liberdade são duas categorias filosóficas. Em matéria de filosofia, necessidade é tudo aquilo que há de acontecer de modo inevitável, ao passo que a vontade é o oposto da necessidade. É imperioso que analisemos estes dois conceitos, só que agora, à luz do Direito Penal.

Lombroso, que foi a maior expressão do determinismo, criou a figura do criminoso nato, o qual, atravessando a vida, se não se deparasse com condições propícias para o ilícito, passaria a vida sem delinquir. Mas, se essas condições aparecessem, ele delinquiria obrigatoriamente, quisesse ou não.

Essas forças naturais, sociais e biológicas, agindo sobre o homem, não lhe permitiriam a escolha. A conduta humana seria predeterminada por forças superiores às da sua vontade. Exemplo do determinismo é o câncer. O indivíduo não conta com liberdade em relação à agressão do câncer. Isso porque o câncer é a vitória da necessidade sobre a liberdade.

---

responsabilidade penal, fazendo com que o agente responda pelo resultado lesivo. Recurso provido. (TJMA – ACr 018312/2000 – (34.389/2001) – 2ª C.Crim. – Rela. Desa. Madalena Serejo – J. 29.03.2001)

Nesse sentido, os deterministas diziam que o homem está subordinado, também, à mesma lei da causalidade que rege todas as coisas. Estaria submisso à lei da causalidade onde condições iguais produziriam necessidades dos mesmos efeitos. E esse determinismo natural teria a capacidade para reger todas as coisas, inclusive as ações humanas, já que são parcelas pertencentes à natureza.

A teoria determinista sustentava que o homem vivia a reboque da necessidade, sem poder construir o seu destino, sem poder mudar a sua sorte no mundo, uma vez que também estaria sujeito ao que deveria acontecer de modo inevitável.

Para seus adeptos, o homem é um prisioneiro da necessidade, e sendo um prisioneiro da necessidade, é esta que deverá determinar o acontecer em certas condições. A sua conduta é, assim, predeterminada por circunstâncias exteriores e que não dependem da sua vontade.

O conceito de "livre-arbitrismo", por outro lado, significou para o Direito Penal a máxima de que o homem não está submetido, constantemente, a forças superiores, ao poder da vontade, como as forças do meio social, da natureza e entre estas, a da herança biológica.

Assim, os livre-arbitristas diziam que o determinismo livrava o homem de qualquer responsabilidade de seus atos, tornando impossível valorar moralmente uma ação.

Em resposta, os deterministas, através de suas maiores expressões, como Lombroso, Ferri e Rafael Garofalo, reunidos dentro da escola positivista, diziam que o homem é responsável por suas ações, exatamente porque vive em sociedade. Se uma conduta individual viola um bem jurídico fundamental, comprometendo a própria existência da sociedade, o autor dessa conduta é tão responsável, como se fosse livre para o querer.

A responsabilidade humana existe com uma diferença: em vez de ser responsabilidade moral, como no livre-arbítrio, é uma responsabilidade social ou objetiva.

Mas nesse debate entra uma terceira corrente, a que rejeita a concepção clássica de que a vontade é absolutamente livre, mas, igualmente, rejeitando também a concepção determinista da necessidade absoluta, para a qual o indivíduo seria um simples joguete das leis naturais.

O raciocínio dessa escola seria o de que a liberdade e a necessidade existem. Mas a liberdade não consiste numa independência absoluta e imaginária em relação às forças da natureza. As forças da natureza, enquanto não são conhecidas, e existindo fora, e à margem da consciência do homem, agiriam sobre ele com a violência da necessidade cega.

Então, a liberdade pressupõe o conhecimento das leis naturais e, graças a isso, são utilizadas na atividade prática do homem e postas a seu serviço, no momento em que ele descobriu uma das leis da natureza. Nesse momento, deu-se a vitória do indivíduo sobre a necessidade natural.

Daí chegou-se à conclusão da concepção de que a liberdade do domínio se dá em nós mesmos. E quem se apercebeu disso pela primeira vez foi Spinoza.

Jacques Maritain, filósofo e pensador católico, dizia que civilizar é espiritualizar a natureza, isto é, dominá-la. Ocorre que essa liberdade de querer e de entender pode ser suprimida. Essa liberdade de querer e de entender é o que fundamenta a imputabilidade. Deve existir no agente quando ele praticar o fato, mas se estiver inteiramente suprimida, ao tempo da ação, ou da omissão, ocorre o que se chama de ilícito não culpável, isento de pena, mas sujeito à medida de segurança.

A supressão da capacidade de entender e de querer é a consequência psicológica de causas biológicas, e é a que é usada no sistema brasileiro. As causas biológicas suprimem a capacidade de entender e de querer e, no ordenamento jurídico brasileiro, estão em número de quatro. São elas: a) doença mental; b) a deficiência mental; c) a embriaguez fortuita e, finalmente; d) a menoridade completa.

Três sistemas respondem à questão da doutrina, quanto às condições necessárias para se considerar alguém incapaz de entender e querer, a partir da doença mental ou da deficiência mental, a saber: 1) sistema biológico, também chamado de etiológico ou psiquiátrico; 2) psicológico; e, 3) biopsicológico, também denominado de eclético ou misto.

Sistema Biológico. Este sistema considera inimputável o agente, desde que ele sofra de doença mental, ou de grave deficiência mental. Se existe a doença ou a deficiência, não se precisa indagar mais nada.

Assim, não é preciso saber se o agente possuía, ou não, na ocasião de praticar o ato, a capacidade de entender ou querer. Este sistema presume a existência de um vínculo constante de causalidade entre o estado mental e o fato criminoso. Há sempre uma relação de causa e efeito entre o estado psíquico, ou mental, e o fato delituoso.

Se existe a doença mental ou a deficiência mental, entende-se, sem necessidade de prova, que existe a incapacidade de discernir e de querer.

Sistema Psicológico. Ao contrário do sistema anterior, esse sistema dá mais importância à saúde psíquica do que à saúde biológica. E assim se justifica: estando abolidas, na ocasião do delito, a capacidade intelectual e a capacidade volitiva, o agente é considerado inimputável, haja ou não doença mental afetando a saúde psíquica. Esta, então, não interessa.

O que vale mesmo é o transtorno psíquico no momento do fato. Não interessa saber a causa desse transtorno, e que pode ser de ordem biológica, ou de qualquer outra natureza.

Sistema Biopsicológico. Por sua vez, este sistema é uma combinação dos sistemas biológico e psicológico. De acordo com ele, a imputabilidade somente fica excluída quando o agente, em virtude de uma doença mental, ou de uma deficiência mental, perde a capacidade de entender e de querer.

O agente é inimputável quando, em virtude de uma doença mental, ou desenvolvimento incompleto, ou retardado, perde a capacidade de entender e de querer, isto no momento de delinquir. O indivíduo pode ser, neste caso, um epiléptico, um paranóico, um débil mental e, mesmo assim, pode não ser desprovido da capacidade de compreender e de querer.

Conforme a marcha da moléstia, a capacidade psicológica pode existir na sua forma íntegra, mas a diminuição da capacidade de entender está colocada em outra situação. Dessa maneira, reduz a pena, mas esta não resta isenta.

Ora, se o crime foi cometido num desses períodos transitórios de lucidez, o agente é responsável como qualquer outro, ainda que seja portador de uma doença mental.

Segundo o método biopsicológico, não basta também só a ausência da capacidade de entender e de querer, mas, nesse caso, o fundamento para não se aceitar só a incapacidade é a da conveniência social, quer dizer, é uma defesa muito mais do réu do que da sociedade.

É que, se fosse dispensada a pesquisa da causa biológica da incapacidade, o juiz ficaria com poderes amplos demais e haveria o arbítrio incontrolável nas decisões. Isso porque só a ele caberia dizer se o acusado era ou não imputável no momento de praticar o delito.

No método biopsicológico, o problema da sanidade mental pressupõe, sempre, a presença do laudo psiquiátrico no processo, e o juiz é orientado pelas informações do perito psiquiátrico.

No Brasil, não se coloca o problema da sanidade mental no processo sem que haja laudo. Os dados fornecidos pela perícia vão substituir as impressões puramente pessoais do julgador. Em nosso país, o juiz não está obrigado a aceitar as conclusões do perito.

Sendo necessária uma causa orgânica, uma causa biológica, o indivíduo é imputável, mesmo destituído de senso moral (louco moral, que é o indivíduo que não chegou a assimilar os conceitos ecléticos da sociedade).

Dado esse critério que deve haver relação causal entre a doença mental (causa biológica) e a privação da capacidade de entender e de querer, que é o efeito psicológico, deve haver relação causal entre a doença mental e a incapacidade de entender e de querer.[321]

A classificação das doenças mentais tem interesse prático para o direito penal, desde que uma anomalia psíquica qualquer tenha o poder de suprimir a capacidade de entender e de querer.

4.1. Doença mental

Como decorrência do sistema biopsicológico, a doença mental possui, no âmbito do direito penal, um conceito elástico, que nem sempre coincide com o conceito médico-psiquiátrico.

Qualquer perturbação psíquica é doença mental, desde que acarrete a privação do entendimento ou da vontade. Nem mesmo são excluídos do conceito de doença mental alguns estados mórbidos passageiros, muito embora não sejam, para a ciência psiquiátrica, características genuínas de doença mental.

Está nesse caso, por exemplo, o sonambulismo, que é uma crise noturna do sono, em que o indivíduo, de modo subconsciente, e automático, se move, se agita.

---

[321] JÚRI – ABSOLVIÇÃO SUMÁRIA – INIMPUTABILIDADE POR DOENÇA MENTAL – ESQUIZOFRENIA PARANÓIDE – MEDIDA DE SEGURANÇA – INTERNAÇÃO EM HOSPITAL PSIQUIÁTRICO – Processo Penal. Júri. Sentença de absolvição sumária. Ausência de capacidade de culpabilidade. Esquizofrenia paranóide. Reconhecimento. Manutenção do decisum monocrático. 1. A imputabilidade penal deve ser entendida como pressuposto da culpabilidade, constituindo-se em condição penal de maturidade e sanidade mental que retira do autor do fato a capacidade de culpabilidade, pois deixa de possuir, pela doença mental, a capacidade de entendimento da ilicitude ou a determinação de acordo com esse entendimento e, por óbvio, fica vedada a formação do juízo de reprochabilidade, sujeitando-o a aplicação da medida de segurança, in casu, detentiva; 2. Observa-se que, na hipótese, o laudo de exame de sanidade mental incontestado em incidente próprio e observado o devido processo legal, informa, através de peritos oficiais, que o réu-Apelado mostra sinais e sintomas de esquizofrenia paranóde, com nexos afetivos e volitivos prejudicados, com incapacidade de autodeterminação. A esquizofrenia não possui graus e sim categorias, sendo recomendável o encarceramento prisional, diante da periculosidade, com tratamento obrigatório de natureza hospitalar; 3. Desta forma, devem ser improvidos os recursos – de ofício (duplo grau de jurisdição) e o recurso em sentido estrito interposto pelo órgão do Ministério Público. (TJRJ – RSE 81/97 – (Reg. 121297) – Cód. 97.051.00081 – SAQUAREMA – 3ª C.Crim. – Rel. Des. Álvaro Mayrink da Costa – J. 28.10.1997)

Porém, se nessas condições, o sonâmbulo vier a praticar ações orientadas para um determinado fim ilícito, estando ao abrigo dessa disfunção do sono, em que não há capacidade de entender e de querer, ele é inimputável. Porque, no momento em que ele delinquiu, havia nele uma perturbação psíquica, chamada de sonambulismo, que o privou da capacidade de entender e de querer.

Um outro exemplo é o caso do sujeito que é portador de um delírio infeccioso. Isto aparece em algumas moléstias infecciosas, como o tifo, a sífilis, a hidrofobia, gerando, também, uma doença mental. Assim, se durante esse delírio, o indivíduo, vier a praticar um crime, não tendo a capacidade de entender e de querer, ele será, igualmente, inimputável.

É também o caso do delírio febril, como a varíola, a malária, a escarlatina, em que vai se processando a deterioração da consciência, sob um calor insuportável.

Muitas são as doenças mentais. Elas chegam às dezenas. A espécie de uma depende de causa e de sintomas e são classificadas nos modos mais diferentes, dependendo da concepção de cada psiquiatra. E esse modo diferente de classificar as doenças mentais tem dificuldade, de certo modo, com o progresso da psiquiatria, porque, variando as classificações das doenças de país para país, e até mesmo dentro de um próprio país, em consequência, não se tem podido fazer um estudo estatístico das doenças mentais no mundo.

De acordo com os entendidos, o Código atual designa com a expressão *doença mental* todas as psicoses, que são toda a alteração da vida mental que produz a perda da faculdade de entender o sentido das coisas e de escolher a própria conduta. Ressalte-se que as psicoses podem atingir só a faculdade de entender, ou atingir só a faculdade de querer, ou ainda, ambas.

4.2. Psicoses orgânicas

Provêm de perturbações de lesões no tecido nervoso, isto é, orgânicas. São todas as anomalias psíquicas que resultam de alteração, ou de lesão na organização e na estrutura do sistema nervoso, como ocorre na psicose conhecida como arteriosclerose (obstrução dos vasos de irrigação sanguínea do cérebro de consequente desnutrição, em virtude do colesterol). Nessa classe de psicose estão a psicose sifilítica, a chamada sífilis cerebral, a demência senil, e a traumática, em virtude de pancada no cérebro.

4.3. Psicoses tóxicas

São as produzidas por toxinas ou venenos que se infiltram nos centros nervosos e causam distúrbios psíquicos, os quais podem vir de fora do organismo, pela ingestão de substâncias entorpecentes, ou podem, ainda, ser geradas pelo próprio organismo durante infecções agudas, ou no curso de algumas enfermidades.

Ora, se o veneno pode vir de fora ou gerado pelo próprio organismo, então se pode dividir a psicose tóxica em duas classes: a) heterotóxicas e b) autotóxicas. As heterotóxicas são alterações das faculdades psíquicas provocadas pela intoxicação pelo álcool, que se chamam de alcoolismo, ou pela maconha, pela cocaína, pela morfina, etc.

Já as psicoses autotóxicas são provocadas pela retenção, no organismo, dos produtos tóxicos gerados pelos próprios órgãos, como a uremia (os rins não conseguem eliminar as toxinas formadas por determinada doença no organismo).

4.4. Psicoses funcionais

Estas não são originárias de lesões na estrutura do sistema nervoso, são alterações na função do sistema nervoso. Estão fora do alcance da medicina atual. Outros dizem que estas não são psicoses funcionais resultantes das alterações, das transformações, das perturbações, dos desvios de função da estrutura do aparelho nervoso. Portanto, como não há uma base orgânica, alguns psiquiatras preferem chamar as psicoses funcionais de neuroses, e outros querem chamá-las de psiconeuroses.

4.5. Embriaguez

A embriaguez voluntária pode ser dolosa, culposa ou pré-ordenada. Nenhuma dessas formas de embriaguez exclui a imputabilidade do agente, pois, embora seja completa, isto é, embora suprima inteiramente a capacidade de entender e de querer, mesmo assim não isenta o agente de culpa.

Pela aplicação da teoria da *actiones libera in causae*, que é adotada pelo nosso Código Penal, pune-se o agente, não porque seja ele inimputável no momento da ação, mas porque ele quis, e era livre, no momento anterior, quando decidiu beber, conforme o disposto no artigo 28, inciso II, do Código Penal.[322]

A embriaguez dolosa é aquela que o agente quer embriagar-se, mas não para cometer o crime, como na embriaguez pré-ordenada. Embora não se embriague para cometer o delito, no momento de se embriagar, previu a possibilidade de cometer um crime e, assim, assumiu o risco.

É um exemplo dessa situação o indivíduo que vai a uma festa e lá encontra um inimigo. Se ele se embriaga para tomar coragem para matar o inimigo, isto é, de propósito, é caso típico da embriaguez pré-ordenada.[323]

Mas se ele faz o raciocínio de que, embriagando-se, ele pode libertar a sua raiva, e acontecendo isso, pouco importa, porque ele não se embriagou para matar, mas previu que pudesse matar e assumiu o risco desse ato, esta embriaguez é a típica dolosa.[324]

---

[322] CÓDIGO PENAL, art. 28. Não excluem a imputabilidade penal: (...) II – a embriaguez, voluntária ou culposa, pelo álcool ou substância de efeitos análogos.

[323] ROUBO QUALIFICADO – ARMA DE FOGO – GRAVE AMEAÇA – VIOLÊNCIA – ROUBO IMPRÓPRIO – EMBRIAGUEZ – EXCLUDENTE DE IMPUTABILIDADE – Responde por roubo próprio o agente que exerce a violência ou grave ameaça no início da conduta típica, objetivando anular ou diminuir a capacidade de resistência da vítima, para assegurar o apossamento da res furtiva e não pelo roubo impróprio, porque neste a grave ameaça ou a violência é empregada no final do comportamento, para garantir ao agente a posse do objeto ou a impunidade do crime. A embriaguez voluntária, preordenada ou culposa, não exclui a imputabilidade, porque o legislador penal, ao cuidar da questão relativa ao estado etílico do agente, definiu que a incapacidade de entendimento decorrente da ebriez só se verifica quando resultar de caso fortuito ou força maior. (TAMG – AP 0340244-0 – Belo Horizonte – 1ª C.Crim. – Rel. Juiz Rosauro Júnior – J. 07.11.2001)

[324] PENAL – DESACATO – CONDENAÇÃO – ATIPICIDADE DA CONDUTA – IMPOSSIBILIDADE – A EMBRIAGUEZ VOLUNTÁRIA NÃO EXCLUI O DOLO – A embriaguez voluntária não afasta o elemento subjetivo do tipo necessário para a ocorrência do crime de desacato. O art. 28, II, do CPB, expressamente revela que a embriaguez somente exclui a imputabilidade penal quando proveniente de caso fortuito ou força maior. Além disso, o fato de o agente estar nervoso nas condições em que proferiu as palavras ofensivas ao funcionário público, não o exime

O Código Penal chama isso de dolo eventual, porque ele não quer cometer o crime, mas assume o risco de cometê-lo, e é direto quando o agente quer cometer o crime. Exemplo: uma mãe está com uma criança no colo, e seu amante quer matá-la. Para conseguir isso, decide executar seu intento. Em relação à criança que está no colo da mãe, ele não tem intenção alguma de ferir ou de matar. No entanto, se acabar matando o filho e a mãe, comete o crime de homicídio duplo, pouco importando seu erro diante da lei penal. Nessa situação, em relação à mãe, responderá por homicídio com dolo direto, e em relação à criança, por dolo eventual (assumiu o risco).

Na embriaguez culposa, o agente também quer beber, mas não quer se embriagar. Embriaga-se pela imprudência de ter bebido demais, de ter bebido além da conta. Nessa embriaguez culposa, o agente não quer praticar o crime e nem assume o risco de praticá-lo. Ele apenas deixa de prever o crime que podia ter previsto. Se previsse o crime, acreditou, sinceramente, que não aconteceria nada.

Assim que, tanto a embriaguez voluntária quanto a culposa, seja incompleta ou completa, não exime o agente de responsabilidade penal

Uma outra causa da exclusão da imputabilidade é a menoridade. A imputabilidade é capacidade de entender e de querer; pressupõe, então, uma certa maturidade biológica e psíquica, ou seja, desenvolvimento mental completo. Isto se chama interação pessoal.

O limite de interação pessoal, ou seja, a idade em que o homem se torna imputável, varia nas legislações dos povos. O Código Criminal do Império, de 1830, considerava inimputável o menor de 14 anos.[325]

Assim, o menor de 14 anos e um dia podia ser condenado de acordo com a pena do crime cometido. Se tivesse menos de 14 anos, e se descobrissem nele discernimento e capacidade para a compreensão do crime que praticou, igualmente, podia ser punido com a prisão que não poderia ultrapassar a idade de 17 anos.[326]

Esse regime durou até 1890, quando surgiu o primeiro Código Penal da República. Ele adotou, também, o princípio do discernimento, segundo o qual se dispôs que não era criminoso o menor de 9 anos e, do mesmo modo, o menor entre 9 e 14 anos, se tivesse agido sem discernimento. Assim, conclui-se que a menoridade entre 9 e 14 anos, se tivesse o agente a capacidade para discernir o caráter ilícito do seu ato, poderia ser punida.[327]

Comenta Costa e Silva: "Ao inverso do Código da Monarquia, que, acompanhando o francês, não conhecia na vida um período de irresponsabilidade absoluta, o atual, mais bem inspirado, adotava o sistema oposto. Até aos nove anos, o menor não poderia ser havido como criminoso, qualquer que fosse o ato por ele praticado. O limite nesse período de irresponsabilidade absoluta era muito baixo, sobretudo aten-

---

da responsabilidade penal, posto que qualquer desacato é proveniente de estado de nervosismo. Recurso conhecido e improvido. (TJDF – APR 20010210015167 – DF – 1ª T.Crim. – Rel. Des. P. A. Rosa de Farias – DJU 16.10.2002 – p. 63)

[325] SILVA, Josino do Nascimento. *Código Criminal do Império*. 9ª ed. Rio de Janeiro: Eduardo & Henrique Laemmert, 1963 , p. 16: "art. 10. Também não se julgarão criminosos: § 1º Os menores de quatorze anos".

[326] SILVA, Josino do Nascimento. Op. cit., p, 17: "Se se provar que os menores de quatorze anos, que tiverem cometido crimes, obraram com discernimento, deverão ser recolhidos às casas de correção, pelo tempo que ao juiz parecer, contanto que o recolhimento não exceda a idade de dezessete anos".

[327] CÓDIGO PENAL DE 1890: "art. 27: Não são criminosos: § 1º. Os menores de nove anos completos. § 2º. Os maiores de nove anos e menores de quatorze, que obrarem sem discernimento".

dendo-se o estado cultural do nosso povo. Na doutrina e nas legislações do mundo culto, a tendência era para elevar aos 14 anos o aludido período".[328]

Mas tarde, a Lei nº 4.242 reformou o Código Penal de 1890, estabelecendo que o menor de 14 anos, autor de crime e contravenção, não podia se submetido a processo para fins de prisão; então, deduz-se que a imputabilidade começava aos 14 anos, e fora eliminado o princípio do discernimento.

Depois disso, veio o Código de Menores, de 1927 (Decreto nº 17.943-A, de 12.10.27), e esse Código confirmou a orientação da regra anterior, e reiterou que o menor de 14 anos, autor de crime ou contravenção, também não poderia ser submetido a processo para efeito de punição.

Finalmente, em 1932, foi editada a Consolidação das Leis Penais, que reuniu as leis esparsas desde 1890, e manteve o critério de considerar inimputável o menor de 14 anos.

Essa consolidação esteve em vigor até 1940, quando sobreveio o Código vigente, que elevou para 18 anos a idade limite para a imputabilidade.

De acordo com o artigo 27 do Código Penal, os menores de 18 anos são penalmente irresponsáveis, ficando sujeitos às normas estabelecidas pela legislação especial (o Estatuto da Criança e do Adolescente).[329]

Assim, o agente, não tendo 18 anos completos, ao tempo da ação, ou da omissão, é inimputável. Mas, se o resultado sobrevier quando tiver já completado 18 anos, é irrelevante para o Direito Penal, pois que, a imputabilidade deve existir no momento da ação e, como se sabe, há crimes que têm o resultado muito longe da ação.

Mas, mesmo o menor, por seus atos, não escapa de sofrer com os efeitos civis e disciplinares. Os efeitos disciplinares podem ser vistos no exemplo em que, ao matar alguém, pelo Código Civil, os pais respondem pelos prejuízos causados, e devem-lhes ser imputadas as indenizações devidas.

Então, se um menor com 16 anos de idade, dirigindo um veículo, vem atropelar, ferindo gravemente alguém, mesmo que ele não responda penalmente, será submetido a um processo especial, perante um juiz que tenha competência para julgar menores, e ali, poderá ser "condenado" a uma medida pedagógica. Todavia, a vítima pode, sem óbice, ajuizar uma ação ordinária de indenização por perdas e danos, materiais e morais, contra o pai do menor infrator.

O menor de 18 anos é penalmente irresponsável, inimputável. Trata-se de uma presunção absoluta, *juris et jure*. É que o nosso Código Penal adotou o sistema biológico.

4.6. Da responsabilidade penal do menor

O Brasil é o país do improviso. Basta surgir um caso de repercussão e já nos mobilizamos na busca de uma solução, como quase sempre, eminentemente emocional e por isso, lotérica. Quando surgiu a primeira lei antitóxico, equiparando o drogado ao traficante, achava-se que se tinha encontrado uma solução para o problema social. Veio a década de setenta e com ela uma nova lei, também sem os resultados

---
[328] COSTA E SILVA, Antônio José da. *Código Penal dos Estados Unidos do Brasil Comentado*. São Paulo: Editora Nacional, 1930, p. 176.
[329] CÓDIGO PENAL, art. 27. Os menores de 18 (dezoito) anos são penalmente inimputáveis, ficando sujeitos às normas estabelecidas na legislação especial.

esperados. Chegamos hoje, a uma lei bem mais humana, fruto do amadurecimento e do exame mais acurado dos fatores que levam o indivíduo a àquele tipo de delito. Assim foi também com os chamados "crimes hediondos". Como toda a panacéia acabou tornando-se um simples e impotente placebo. Não resultou, dela, mais que soluções representadas pelo atulhamento de presos nas cadeias, a comandar o crime nacionalmente. Tudo simplesmente porque não incluíram na draconiana legislação os elementos terapêuticos para a solução do problema nacional. Resultado: O Supremo Tribunal Federal acabou por sepultar a hedionda lei. Agora, bastou um acontecimento de grave ressonância nacional, para que se tente buscar uma solução justamente onde ela não se encontra. Redução da menoridade penal para dezesseis anos? Em breve, ante a ineficácia da lei, sentiremos a necessidade da redução para os quatorze anos, e assim por diante. E, de redução em redução, chegaremos ao nada jurídico, à certeza de que tivemos uma imensa perda de tempo. Os que fazem o acompanhamento junto aos juizados da infância e juventude sabem que, de nada adianta pensar em redução da menoridade penal, e muito menos, no agravamento das medidas ditas como punitivas. É bem verdade que a redução da maioridade penal encontra forte eco na mídia nacional, quer pelo desconhecimento dos mecanismos psicológicos que levam o adolescente a um ato infracional, quer por desconhecimento da própria lei. E o que é mais grave: é a total ignorância da necessidade dos Poderes da república de dotarem as autoridades, de mecanismos de recuperação dos jovens infratores. Sem isso, nada atingiremos. A lição de Mário Volpi é no sentido de que, "não é um conhecimento que você acumula para trabalhar com adolescentes, mas as ferramentas que se adquire para poder desvendar este universo e adentrá-lo sem preconceitos, limitações e repressões". E essas ferramentas são sempre buscadas onde não estão as soluções. E a falta de conhecimento dos elementos intrínsecos que leva o jovem à quebra de uma regra de comportamento social é que nos faz buscar solução em medidas, como a tal redução, sem nenhum conteúdo racional e lógico. Vale a pergunta: O que fizemos até aqui para prevenir a delinquência? Ora, o não uso de medidas preventivas, e o uso de soluções equivocadas, jamais irá solucionar o problema. Mais ainda, não há na mídia nacional o interesse em noticiar os índices de recuperação de menores infratores de cada Estado da Federação. Claro que a notícia de um crime praticado por um menor interessa muito mais à mídia do que o informe de sua recuperação. E, para alegria nossa, esses índices são muito mais animadores do que se pode imaginar. De outro lado, há que se considerar que a lei, em alguns aspectos, é muito mais rigorosa para com o menor do que com o adulto. A prisão temporária, por exemplo, para o menor, pode se estender a quarenta e cinco dias, enquanto para o adulto se prende a apenas cinco dias. Depois, como se sabe, e não temos dados estatísticos confiáveis a ponto de nos permitir fazer algumas afirmações, mas, por certo, que a delinquência juvenil não atinge a dez por cento da criminalidade adulta. É Volpi quem nos noticia isso. No entender do Juiz da Infância e Juventude da cidade missioneira de Santo Ângelo, João Batista da Costa Saraiva, em brilhante trabalho, com toda a sua experiência, leciona que, "... a proposta anacrônica de redução da idade de responsabilidade penal não passa de uma 'pseudo solução' para o enfrentamento da criminalidade juvenil". E não se venha com a idéia comparativa dizendo-se que países há que adotam idade mais reduzida para a responsabilidade penal. Todos os países trazidos à colação são nações que há mais de duzentos anos vêm dando um tratamento especial ao problema. Falar-se em Suécia e Noruega seria um absurdo, especialmente quando se tem conhecimento de que são países altamente civilizados e onde a criminalidade contra o patrimônio é próxima de zero. E especialmente quando se sabe que são os países do mundo onde há o menor índice de desemprego e os maiores indicativos de escolaridade. Outro fator importante a ser considerado: a menoridade penal está entre as chamadas cláusulas pétreas da Constituição. Sua modificação só poderá ser feita por outro poder constituinte. O art. 27 do Código Penal reflete a disposição da Lei Magna. Nem se há de falar em decisão plebiscitária, ou qualquer outra formula mágica pela qual se queira violentar o sistema representativo nacional.

4.7. Direito Penal do menor e sua história

O direito penal do menor atravessou a história da humanidade, partindo dos períodos das barbáries. O passeio sobre sua história nos dá uma noção de como os povos passaram a sentir a necessidade, não da punição do menor, e sim, da sua educação e socialização. A Lei Mosaica e o Velho Testamento presenteavam os jovens com penalidades iníquas, chegando à condenação à morte, por exemplo, do filho rebelde. A legislação grega não diferia daquelas do início das civilizações. O direito romano dava, de início, aos pais o direito de vida sobre os filhos. Podiam matar aquele que nascesse doente ou com defeito. E mais: toda a história punitiva do menor se prendia à necessidade da preservação da autoridade do *Pater Familias*, símbolo máximo da realidade da social de então. Assassinatos, chibatas, torturas, ordálias eram as medidas socioeducativas determinadas pelo espírito da época. E não é preciso ir-se muito longe, basta se examine a França de Luiz IX, o homem tido como modelo da Idade Média, exemplo imitado por todos os príncipes cristãos. Ainda que tido como santo, permitiu estabelecer na legislação de seu país a regra da punição com a pena de chicotadas para o menor desobediente. Desde as mais remotas eras da humanidade, procurou-se dar, cada vez mais, e a cada passo, um tratamento diferenciado aos infantes. Tanto que os romanos, a depois, e bem mais tarde, passaram a classificá-los em três classes distintas: impúberes, púberes e infantes. Conta-nos Heloisa Gaspar Martins Tavares que "a proteção especial ao menor era da seguinte forma: os impúberes (homens de 07 a 18 anos e mulheres de 07 a 14 anos) estavam isentos de pena ordinária aplicada pelo juiz, uma vez que esta somente era aplicada após os 25 anos de idade, quando se alcançava a maioridade civil e penal embora fossem passíveis de receber uma pena especial, chamada de arbitrária (bastão, admoestação), desde que apurado o seu discernimento. Assim prescrevia a lei romana: 'os pupilos devem ser castigados mais suavemente'. A pena de morte era proibida". Na fase clássica do Direito Penal, a punição se dava ao menor desde que demonstrasse discernimento igual ao do adulto. Até hoje, países como Paquistão, Nigéria, Indonésia, Quênia, Etiópia, Irã, Turquia, Algéria, Vietnã, Uganda, Sudão, Nepal, Tanzânia e outros países sem desenvolvimento, têm idade penal desde os 7 (sete) aos 14 (quatorze) anos. Há que considerar que todos esses países são considerados pela ONU como de médio para baixo IDH (Índice de Desenvolvimento Humano). Países há, também, que mantém o limite da responsabilidade penal abaixo dos dezoito anos, todos eles altamente civilizados, tanto que mantêm, inclusive, cursos de ética e etiqueta em suas escolas, desde seus cursos preliminares. Tanto a Inglaterra quanto os Estados Unidos mantêm a idade penal abaixo dos dezoito anos, mas sua juventude mantém altos índices de escolaridade e cultura, o que se torna absurdo a equiparação. Lá, para se chegar à Universidade, tem-se que percorrer um longo caminho, onde a cultura é o parâmetro máximo de seu fim teleológico. Com que orgulho se diria ter cursado Harvard, Michigan e MIT nos Estados Unidos, ou Oxford e Cambridge na Inglaterra. Frise-se que lá seus dirigentes não se orgulham de ser analfabetos, nem de não gostarem de leituras, e nem pretendem tirar o estudo de línguas estrangeiras de seus cursos diplomáticos. Lá os que os dirigem se orgulham da cultura. Túlio Kahn, em trabalho intitulado "Delinqüência juvenil se resolve aumentado oportunidades e não reduzindo a idade penal", depois de uma larga análise sobre o tratamento dado à matéria, leciona: "Não se argumente que o problema da delinqüência juvenil aqui é mais grave que alhures e que por isso a punição deve ser mais rigorosa: tomando 55 países da pesquisa da ONU como base, na média os jovens representam 11,6% do total de infratores, enquanto no Brasil a participação dos jovens na criminalidade está em torno de 10%. Portanto, dentro dos padrões internacionais e abaixo mesmo do que se deveria esperar, em virtude das carências generalizadas dos jovens brasileiros. No Japão, onde tem tudo, os jovens representam 42,6% dos infratores e ainda assim a idade penal é de 20 anos. Se o Brasil chama a atenção por algum motivo é pela enorme proporção de jovens vítimas de crimes e não pela de infratores. São os especialistas, e não os aventureiros do saber que entendem que, 'responsabilizar diferentemente um jovem de 17 e outro de 18 anos por atos idênticos é uma opção de política criminal adotada na maioria dos países desenvolvidos, que procuram oferecer oportunidades diferenciadas para que o jovem supere o envolvimento com o crime'. E mais, é de ciência que não interessa apenas a capacidade de entendimento do menor, e sim "da inconveniência de submetê-los ao mesmo sistema reservado aos adultos, comprovadamente falido".

4.8. Pena não! Medidas socioeducativas, sim!

Será que o povo brasileiro, representado por seus legisladores, tem noção da quantidade e da qualidade de nossa habitabilidade carcerária? Será que têm eles noção do quanto se terá que aumentar o número de vagas no nosso falido sistema penitenciário? Claro que nem pensam nisso. É que a redução da menoridade penal implica uma série de providências necessárias para abrigar o incalculável número de menores que, injustamente, estarão em contaminação direta com os perversos comandantes da criminalidade nacional. Será que nossas autoridades, e os apregoadores do ferretear menor, têm consciência de que 90% dos adolescentes em conflito com a lei sob o regime de privação de liberdade no país não completaram o ensino primário, embora tenham idade compatível com ensino médio? E esses dados são frutos de pesquisa divulgada pela Secretaria Especial dos Direitos Humanos da Presidência da República alardeada pela imprensa, recentemente. E é essa mesma mídia que nos informa que dados referentes ao ano de 2002 mostram que de um total de 9.555 jovens internados em instituições, 51% não freqüentavam a escola. E tristemente dito levantamento mostra-nos que esses jovens, repita-se, pobres jovens, além de terem baixa escolaridade, 90% dos internos são do sexo masculino, 76% tinham idade entre 16 e 18 anos, mais de 60% eram negros, 80% viviam com renda familiar de até dois salários mínimos e 86% eram usuários de drogas. Ora, e se quer tirar essa triste população de instituições ressocializadoras para colocá-la nos presídios. Melhor dito, colocá-los na cadeia? Será que nossa ignorância social está chegando ao limite máximo de desconhecer que a marginalização, o contato com a população carcerária, transformarão o menor, no mais das vezes vítimas dos conflitos sociais, em um delinquente requintado e de primeiro grau? A propósito, vale lembrar a lição sempre atual de Afrânio Peixoto. quando diz que "importa talvez curar o criminoso de primeira culpa, ou evitar o contágio das formas graves da criminalidade, que se realiza nas prisões, que degradam e perdem definitivamente o culpado que se lhes deu a corrigir: de um criminoso às vezes somenos, faz-se um profissional pela desmoralização, pelo exemplo, pela aprendizagem nessas escolas normais da criminalidade". Luiz Eduardo Pascuim, Mestre em Direito das Relações Sociais da Pontifícia Universidade Católica de São Paulo, pós-graduado pela Universidade de Castilla La Mancha de Toledo, Espanha, questiona se não há interesse da legislação em apenas punir, mas tentar resgatar esse adolescente entregue a delinquência enquanto ele ainda é passível de tratamento eficaz de revitalização. Segundo ele, em geral, os jovens que cumprem medidas socioeducativas em unidades de internação são filhos de pais que também não concluíram nem o Ensino Fundamental. Vejamos as palavras de Delgado, a respeito do tema e que bem demonstra a época em que vivemos: "a menoridade penal, assim como acontece com muitos temas jurídicos, assume uma discussão eminentemente modista, ou seja, está sujeita as variações sazonais que acontecem de tempos em tempos, e, não obstante o fato de todos saberem quais as consequências de possíveis alterações, a serem perpetradas por puro sentimentalismo, ou mesmo emocionalismo, a verdade é que, perde-se tempo em demasia com referidas discussões, posto que as soluções que são engendradas não podem ser adotadas, sob pena de instituírem o caos social". E conclui dizendo: "Por essas razões, que falam por si mesmas, acreditamos que reduzir a menoridade penal seja para que patamar for, não reduzirá, por via de consequência, a criminalidade em nosso país, nem muito menos a violência. A violência é, antes de um problema jurídico, um problema sociológico arraigado desde longa data no bojo de nossa sociedade. Somente com o tempo e com as políticas adequadas este mal poderá ser minimizado. Note-se, por propósito, que o governo consumiu 65% mais dinheiro para pagar os bilhetes aéreos de servidores públicos federais. Gastou R$ 1,8 bilhão em passagens aéreas e despesas de locomoção, despesa 65% maior do que o valor registrado nos quatro anos iniciais da gestão de seu antecessor".

E com a educação do povo, gastou quanto por cento a mais? O rigor da lei até agora não demonstrou seus bons efeitos no combate à criminalidade. Aí está estampada a reincidência. Aí está a evidência a nos mostrar que hoje o crime é comandado de dentro dos presídios. Aí está estampada a certeza certa de que, ao colocarmos o menor na cadeia, estaremos, sem dúvida, incluindo-o como meeiro dos criminosos maiores.

Até agora não se tem qualquer estatística e, consequentemente, os malefícios da penalização do menor não foram por nós aferidos. No momento em que as autoridades nacionais se aperceberem da inocuidade do sistema, por certo, mudarão. Não será, jamais, a punição rigorosa e sistemática que irá resolver o grave problema. Em obra magnífica, sobre psicologia criminal, Luiz Dourado leciona que, "pouco adiantarão castigos, perseguições, internamento em casas de saúde ou prisões, se não houver a indispensável psicoterapia de cada caso". Psicoterapia e educação, binômios inseparáveis, únicos capazes de resolver o grave problema que pretendemos tratar com o placebo da diminuição da menoridade penal. Discípulo de Freud, Arnaldo Rascovsky ensinava que "muitos dos fenômenos que afligem o homem moderno seriam mais bem esclarecidos quando percebêssemos o que significa uma criança para os seus pais". E aqui, o grande pai é o Estado que deve, o mais breve possível, se aperceber que a diminuição da menoridade penal é uma maldade, uma crueldade social inominável. E que, enquanto não nos apercebermos do que significa para uma pátria o cuidado com o seu menor, viverá ela escrava da criminalidade sempre crescente. Para concluir, vale a eterna lição de Beccaria, "a moral política não pode oferecer à sociedade qualquer vantagem perdurável, se não estiver baseada em sentimentos indeléveis do coração do homem". E, com a grandeza que caracterizava suas idéias, ensinava: "Façamos uma consulta, portanto, ao coração humano; encontraremos nele os preceitos essenciais do direito de punir".

Importante observar que, em matéria de imputabilidade, o Código adota o sistema biopsicológico, mas, com uma exceção: em se tratando de imputabilidade de menor, adota o sistema biológico.

Entende-se que a prova da menoridade deve ser feita pela certidão do registro civil e, para aqueles que não a possuem, por viverem marginalizados, a certidão de batismo, embora esta não venha a valer como prova, na sua plenitude. Trata-se de uma prova supletiva.

A prova indireta é possível e se dá através de testemunhas, que são arroladas. Para a falta da certidão de registro civil, usa-se a prova pericial médico-legal, que é feita por radiografia do sistema ósseo, exame da arcada dentária e outros recursos da medicina. A perícia médica nunca chega a afirmar se era menor ou maior, mas, provavelmente, se era maior ou menor ao tempo de fato.

4.9. Semi-imputabilidade

Muitas vezes a causa biológica (doença mental, desenvolvimento mental retardado ou desenvolvimento mental incompleto) não suprime inteiramente a capacidade de entender ou a capacidade de autodeterminação, de querer. Esta causa biológica diminui no agente a faculdade de compreender o sentido ilícito da conduta ou a liberdade motivada por essa conduta.

Os indivíduos assim afetados ficam numa zona psíquica entre a normalidade e a anormalidade, isto é, têm capacidade de entender e de querer, mas não na sua plenitude e inteireza. São os chamados fronteiriços ou semi-imputáveis. A situação desses tipos é tratada no parágrafo único do artigo 28 do Código Penal.[330]

A imputabilidade restrita ou diminuída abrange, assim, os casos benignos de certas doenças mentais, certas formas de debilidade mental, estados incipientes, estacionários ou residuais de algumas psicoses, os intervalos lúcidos, alguns estados psíquicos decorrentes de estados fisiológicos especiais (como a gravidez), puerpério (processo de expulsão da criança no ato do parto) e, finalmente, o vasto grupo das personalidades psicopatas (os que têm a constituição psíquica diferente do homem normal).

À influência de causas internas ou externas, o psicopata transforma certas disposições normais em verdadeiras anomalias e, em virtude disso, passa a conflitar com o mundo circundante, tornando-se prejudicial a ele e ao meio social em que vive. Essas pessoas têm um desvio de inteligência, de vontade e de sentimentos morais,

---

[330] CÓDIGO PENAL, art. 28, parágrafo único. A pena pode ser reduzida de um a dois terços, se o agente em virtude de perturbação de saúde mental ou por desenvolvimento mental incompleto ou retardado não era inteiramente capaz de entender o caráter ilícito do fato ou de determinar-se de acordo com esse entendimento.

de modo a não poderem estabilizar o seu ajustamento à sociedade e, por causa disso, ficam inquietas, instáveis, aflitas, ansiosas, e às vezes, por pouca coisa, provocam uma reação surpreendente e passam a agir como um ser tresloucado.

Não sendo um psicótico, e sendo retardado ou desajustado mental, o psicopata é, contudo, em geral, um tipo humano no qual não existe a plenitude da consciência e da vontade. Daí por que se é levado a reconhecer que sua culpabilidade existe, mas que é reduzida.

Pelo Código atual, o semi-imputável faz jus a uma redução de pena, de um a dois terços (parágrafo único do artigo 28), além da medida de segurança em casa de custódia e tratamento. Isto porque é um tipo humano intimidável e sensível ao castigo. É possível acreditar-se que tenha condições de ser corrigido através da pena.

Este é o entendimento majoritário do legislador brasileiro. Mas esse entendimento não é tranquilo: há uma outra corrente de autores, minoritária, para os quais a pena é uma brutalidade quando aplicada aos psicopatas, uma vez que, segundo essa corrente, eles não têm as condições mínimas para compreender o significado do castigo.

5. O elemento psicológico normativo

Vamos entrar no estudo do segundo elemento componente da culpabilidade, chamado de elemento psicológico normativo.

Já se disse que o crime, como conduta humana punível, não é apenas uma ação física corporal. Nem sempre alguém, agindo, produzirá um resultado antijurídico, quer dizer, virá a praticar um crime.

Embora causado pela ação muscular do agente, o resultado pode ter sido obra do azar, infeliz ou casual. Outrora, quando dominava o direito penal do resultado, o agente era punido mesmo que não tivesse querido o resultado.

Com o advento do chamado Direito Penal da culpa, o crime adquiriu uma porção, uma dimensão subjetiva, deixando de ser o puro acontecer na ordem natural das coisas.

Além da causalidade física ou interna, que liga o resultado ao movimento do corpo, o crime passou a ter uma causalidade psíquica, ou interna, que une ao resultado o querer do agente. Esse querer chama-se dolo, quando ele representa a vontade da ação e do resultado. E chama-se culpa, quando é vontade da ação, mas não a vontade do resultado.

Dolo e culpa formam o elemento psicológico normativo da culpabilidade. Diz-se elemento psicológico normativo porque o dolo, sendo consciência e vontade de praticar o ato, é fenômeno que se passa na vida psíquica do indivíduo, ao passo que a culpa é um juízo de valoração, realizado pelo juiz sobre a conduta do agente. Logo, a culpa é um juízo de apreciação que o julgador faz para verificar se o agente procedeu com imprudência, negligência ou imperícia.

Assim, o dolo é um fenômeno psicológico, e a culpa é um fenômeno normativo. Por isso se diz que dolo e culpa são partes do elemento psicológico normativo da culpabilidade. O resultado, em Direito Penal, é qualquer alteração que se passa no mundo exterior e tem um significado jurídico.

Assim, diz-se que o dolo é um alvo psicológico, porque representa a ligação, mediante a vontade, entre o indivíduo e a sua obra criminosa. Já a culpa não contém a ligação entre o autor e o resultado criminoso, visto que se caracteriza pela ausência da vontade de produzir o resultado.

Há um adágio alemão que diz: o dolo está na cabeça do agente, a culpa está na cabeça do juiz, porque cabe ao juiz decidir se o indivíduo, correndo em alta velocidade, foi imprudente ou não. Portanto, o dolo está na cabeça do agente, e é um fenômeno psicológico; mas, a culpa está na cabeça do juiz, e é um fenômeno normativo, e como ele faz a apreciação da conduta através da norma, é, por isso, normativo.

Tanto o dolo como a culpa pressupõem, no agente, o estado de imputabilidade, que é o primeiro elemento componente da culpabilidade. Sem que a pessoa tenha a capacidade de entender o caráter criminoso de sua conduta e a capacidade de ordenar a sua conduta pela própria vontade, ninguém será capaz de dolo ou de culpa.

Assim, os menores de 18 anos, como são inimputáveis, os doentes, e os deficientes mentais não têm a capacidade de dolo e de culpa.

O mais grave e o mais importante dos elementos psicológicos normativos é o dolo, que é a mais grave das fórmulas da culpabilidade. Por isso mesmo, sempre corresponde ao crime doloso uma pena bem mais grave do que a pena do crime culposo.

6. A culpabilidade, *stricto sensu*

Vimos, então, a culpabilidade a partir de seu sentido mais amplo. Necessário se faz, agora, olharmos mais de perto a culpabilidade, enquanto culpa, com as suas características internas e particulares, suas contradições e particularidades.

A culpabilidade é tema vital ao direito penal. Ela é o fundamento último e, também, a medida substancial da responsabilidade penal.

Não é um tema de fácil apreensão, pois bastante polêmico, e talvez, um dos mais discutidos pelo moderno direito repressivo. Mezger, quanto a isso, afirma com razão e legitimidade, que "o problema da culpabilidade é o problema do destino mesmo do direito de castigar".[331] E Von Liszt já destacava tal situação, quando enunciava que, "pelo aperfeiçoamento da teoria da culpabilidade mede-se o progresso do Direito Penal".[332]

O tema da culpabilidade, pela sua força e efeitos, transcende ao universo exclusivo do Direito Penal, pois avança sobre outros ramos do ordenamento jurídico. A culpa se insere na discussão sobre os direitos e deveres do indivíduo.

Ela se confunde, e se distingue, com aquele outro elemento caro para a dogmática criminal, o dolo. Afirmações do tipo, "o dolo tem a presença de vontade, e a culpa não", não ajudam, atrapalham. Segundo Carnelutti, "a diferença entre o dolo e a culpa está no querido, não no *querer*; em outros termos, não na existência, senão na *direção* da vontade. Para o dolo existe uma coincidência, e para a culpa uma divergência entre

---
[331] MEZGER, Edmund. *Derecho Penal*. Tomo II. Madrid: Revista Derecho Privado, 1935, p. 41.
[332] LISZT, Franz von. *Tratado de Derecho Penal*, v. 2. Madri: Reus, 1929, p. 390.

o evento e a vontade; porém, a vontade, e com ela a intenção, faz parte do mesmo modo, do delito doloso e culposo".[333]

Portanto, não se pode, levianamente, afirmar a existência de uma diferença entre estes dois elementos, a partir daquelas características que os formam, pois elas são encontradas em ambos. É a combinação dessas circunstâncias que obedece a condições diferentes.

Combinação essa que no dolo é a expressa manifestação do querer, enquanto na culpa não está clara a direção da vontade, pois ela sofre as influências de outros fatores, que a obnubilam, envolvendo-a em brumas que, ao observador desatento, parece uma ausência de vontade.

Mas é inegável, sobretudo, que nem tudo aquilo que se produz é conseqüência direta do querer. É, assim, que se pensa a culpa, isto é, o evento produzido, não é, ou não foi, querido, pois por uma falta de mínima previsibilidade, o agente lhe deu causa.

É, deste modo, perfeitamente possível afirmar-se que a causação material nem sempre é coincidente com a causação psíquica.[334]

Mezger diz que o agente atua culposamente quando infringe um dever de cuidado que pessoalmente lhe incumbia, e que lhe permitiria prever o resultado. Ele, assim, procura a essência da culpa numa reprovação ditada pela culpabilidade. Ele afirma que "para o delito culposo ser também culpabilidade, necessita apresentar em si um momento de querer consciente contrário ao dever".[335]

O autor do delito culposo teria, deste modo, que conhecer o dever, bem como, o caráter daquele dever que lhe incumbia, pois é preciso que ele tenha uma noção sobre o caráter dessa obrigação imposta.

Todavia, independente da discussão doutrinária, que não está encerrada, o nosso Código Penal traz uma definição sobre o tema do tipo culposo.

Mas ele não chega a oferecer uma definição clara da culpa, mas sim, define o que vem a ser o delito culposo. Diz o artigo 18, inciso II, do Código, que se pode falar no "crime culposo, quando o agente deu causa ao resultado por imprudência, negligência ou imperícia". Desta forma, revela-se a culpa pelos seus elementos, mas não pela sua essência.

O conceito que aparece positivado determina a culpa, a presença do resultado, quer dizer, a conduta também deve ser percebida a partir da produção de um resultado naturalístico. Em tese, isso significa afirmar que não se poderia falar em crime culposo em delitos de mera conduta.

Flávio Augusto de Barros Monteiro, partindo desse conceito de crime culposo, propõe, uma própria definição que tenta responder as limitações daquela apresentada pelo Código Penal. Assim, para ele, "diz-se o crime culposo quando o agente, deixando de observar o cuidado necessário, realiza conduta que produz resultado, não previsto nem querido, mas previsível, e excepcionalmente previsto e querido, que podia, com a atenção devida, ter evitado".[336]

---

[333] CARNELUTTI, Francesco. *Teoria General Del Delito*. Trad. por Victor Conde. Madrid: Revista de Derecho Privado, 1941, p. 167.
[334] NORONHA, Magalhães. Op. cit., p. 36.
[335] MEZGER, Edmund. Op. cit., p. 171.
[336] MONTEIRO, Flávio A. Barros. Op. cit., p. 167/168.

É um conceito mais amplo, que permite um espaço maior para a análise, mas que, ainda assim, não consegue oferecer uma direção para o próprio conceito de culpa.

Porém, se não há, ainda, uma clara definição do conceito de culpa, mas sim, do tipo culposo, e mesmo que os elementos que formam esse delito sejam conhecidos, antes de os analisarmos, faz-se vital destacar as duas grandes correntes que, hodiernamente, tentam enquadrar a culpa. Uma é a concepção subjetiva da culpa; a outra, a concepção objetiva.

A primeira está calcada no elemento psicológico, apontado como o principal conteúdo da culpa. Já a concepção objetiva, sem se preocupar com a relação psíquica existente entre o agente e a ação culposa praticada, busca a sua principal sustentação no liame entre a conduta e o evento, isto é, no nexo causal, bem como na perquirição da natureza do bem jurídico violado ou ameaçado de violação.

Ao buscar a sua análise no liame que une o agente à conduta, a teoria objetiva destaca, implicitamente, o elemento da previsibilidade. Esta é entendida como a capacidade que, racionalmente, o homem tem para prever os efeitos de um determinado ato.

É inegável que, qualquer que seja a natureza do ato humano, voluntário ou ao abrigo da culpa, a sua complexidade interna não tem o poder de mascarar a transformação que ele sempre causa no mundo exterior.

Se a ação é o primeiro ato objetivo, material do crime, a reação é a primeira sequência natural da transformação que ele ocasiona, quando desaba sobre o mundo real. E só porque a ação é sentida sobre o mundo concreto ela pode, verdadeiramente, afirmar a sua existência. É por seu intermédio que a concepção e a deliberação delituosas se exteriorizam, tornando o agente passível de pena.[337]

A previsão, portanto, só tem validade quando pela sua falta, ela constitui uma ação, ou omissão, e que pela sua falta de cuidado tem a possibilidade de causar alguma transformação no mundo jurisdicizados.

Enquanto a ação ou a omissão não abandonam o abrigo do universo psicológico, elas não têm como ser importantes para o direito, pois a mera ausência de previsão, de uma ação que não se realiza, foge à repressão penal.

O crime é, sobretudo, ação ou conduta, de um fazer e de um não fazer. Deste modo, a culpa, no seu sentido objetivo de falta de previsibilidade, somente se torna relevante ao Direito Penal quando ela, efetivamente, transforma o real.

Realizada a ação, diz-se haver a previsibilidade quando o agente, nas circunstâncias em que estava, podia e devia evitar o resultado danoso. "O previsto é sempre previsível. A previsão é o desenvolvimento natural da previsibilidade".[338]

Desta forma, não se podendo detalhar um conceito da culpa, em regra, pode-se dizer que o crime culposo apresenta os seguintes elementos: violação de um dever de cuidado, por imprudência, negligência ou imperícia; resultado involuntariamente causado; nexo causal entre a conduta e o resultado; previsibilidade objetiva do resultado; a ausência de previsão; e, finalmente, a tipicidade do fato.

---

[337] NORONHA, Magalhães. Op. cit., p. 47.
[338] NORONHA, Magalhães. Op. cit., v. 1, p. 141.

7. Dos elementos do crime culposo

7.1. Violação de um dever de cuidado

Na gênese de todo e qualquer crime culposo, está a presença de uma falta de atenção, de previsão, que decorre daquele dever de cuidado que os indivíduos devem ter, por estarem, essencialmente, a viver em sociedade.[339]

É obrigação social não se dar causa ao perigo, e consequentemente, ao dano que pode ser gerado. Esta falta de cuidados tem o poder de ameaçar a sobrevivência do próprio contrato social, isto é, tem o poder de ameaçar a segurança jurídica de todo o ordenamento legal.

Viver em sociedade é desenvolver toda uma gama de cautelas, evitando-se ao máximo que dos atos praticados, sem a devida atenção, venham a exsurgir os danos decorrentes destes.

Mas essa regra não é absoluta, porque há ocasiões mesmo em que essas situações de perigo estão ordenadas pelo próprio ordenamento jurídico.

Neste sentido, destaca Aníbal Bruno que "nem todo comportamento perigoso constitui só por isso uma conduta contrária ao dever. Há atividades exigidas pela vida social, como fabricação ou manejo de explosivos, funcionamento de fábricas, exploração de usinas, intervenções cirúrgicas, condução de veículos que implicam por sua própria natureza um risco que pode conduzir, de maneira muitas vezes inevitável, a resultados de dano a coisas, lesões corporais ou morte. O simples exercício dessas atividades perigosas não basta para constituir o ato inicial de um ato culposo, se o agente atua com a atenção devida, maior ainda nesses casos, mantendo-se apenas dentro do risco necessário, que supõe essas empresas ou profissões. Esse comportamento perigoso não é contrário ao dever, porque corresponde a exigências sociais reconhecidas pelo direito. Configura-se a culpa se o indivíduo ultrapassa os limites do risco permitido e o resultado típico sobrevém".[340]

É, igualmente, o caso extremo do estado de beligerância entre nações. Nessas condições, legitima-se o direito de matar alguém, já que os agentes, investidos da figura de militares, ganham abrigo do direito para ofender o mais importante bem jurídico tutelado: a vida.

O contexto social tem o poder de determinar o próprio sentido do que vem a ser os conceitos de "perigo" e de "dano". Em muitas situações, por necessidade prática, ou interesse político, o tecido social descaracteriza estes conceitos, desconstruindo-os, e, ao agir assim, evitando a presença do delito culposo, bem como, do doloso.

---

[339] HOMICÍDIO CULPOSO – VIOLAÇÃO DO DEVER DO CUIDADO – O delito negligente tem como conceito toda conduta voluntária que produz resultado antijurídico não querido, mas previsível, que podia, com a devida atenção, ser evitado (CF. Mirabete), surgindo como seus elementos, desta forma, a conduta, a inobservância do cuidado objetivo, o resultado lesivo involuntário, a previsibilidade e a tipicidade, todos presentes no caso em julgamento, eis que é evidentemente descuidada a conduta do motorista de ônibus que cruza via férrea sem o devido cuidado, sequer atentando ao apito da locomotiva que se avizinha, comportamento culposo que acarretou a colisão e o consequente falecimento de um dos passageiros. A pena-base deve ser fixada de acordo com as circunstâncias judiciais do artigo 59 do Código Penal, devendo o Magistrado ao analisá-las promover o seu devido calibramento, não justificando reprimenda próxima do máximo quando se trata de acusado primário e de bons antecedentes. Redução da pena e reconhecimento da prescrição. (TJRJ – ACr 3042/2000 – 3ª C.Crim. – Rel. Des. Marcus Basílio – J. 07.08.2001)

[340] BRUNO, Aníbal. Op. cit., p. 86.

Essa permissividade, por sua vez, não é absoluta, quer dizer, ela é concedida, mas dentro de certos limites. No caso de excesso, a própria sociedade já o prevendo, permite a sua punição. E é aqui, mais do que nunca, que o Estado tem o dever de agir, na necessidade clara de proteger o universo coletivo.

O limite permissivo é, em muitos casos, violado pela imprudência, pela negligência e pela imperícia do agente, que não atende aos deveres de cuidado e previsão que deveria ter.

A imprudência é a culpa *in agendo* e consiste na prática de uma ação com um certo grau de perigo, e que ocorre sem a devida atenção, a devida cautela. É, por exemplo, quem está jogando facas em uma outra pessoa, por pura brincadeira.

A negligência é a culpa *in omitendo*, que se funda em uma inobservância de cuidados exigidos pelas circunstâncias em que transcorre a situação. Quem negligencia, na verdade, se omite, em algum aspecto da ação, o que não poderia fazer.

A última característica é a imperícia, que boa parte da doutrina chama de "culpa profissional", uma vez que ela ocorre quando um agente, um profissional, um "especialista" na sua arte ou atividade, não obedece às exigências de seu labor. Ele está autorizado a atuar, mas, por falta de maior conhecimento, teórico ou mesmo, prático, vem a gerar graves danos a outros. É o caso clássico do médico, que não possuindo, ainda, todo o saber exigido para operar uma pessoa, a opera e mata.

Muitas vezes, pode-se perceber que há uma confusão entre estes três conceitos, pois que, na verdade, eles se aproximam muito. Mas é imprescindível, ao operador, não perder de vista que, na imperícia, o agente é, em particular, um profissional, que não atenta para todas as exigências da sua técnica. No caso da negligência, há a presença do descaso, da irresponsabilidade quanto à ação, um desleixo, de uma regra a que o agente devia obedecer e conhecer. É o caso, trágico, de um médico que esquece, dentro do corpo de um paciente, uma gaze, quando da operação. Essa, com o tempo, acaba se deteriorando dentro do organismo da pessoa, levando-a à morte.

E, na imprudência, há a presença do elemento perigo, rondando a toda a ação praticada pelo agente, que não evita a sua emergência.

Assim, na imperícia, desconhecimento; na negligência, descaso; e, na imprudência, uma ação perigosa. Como já afirmamos acima, a linha divisória, em muitos casos, é de difícil percepção. Mas é vital, para se observar as diferenças entre estas características, que se observe que, no caso particular da imperícia, o agente está no exercício da sua atividade profissional, e esta é uma particularidade importante para que o operador o perceba na sua forma robusta. Mirabete leciona que, "além de imprecisos os limites que distinguem essas modalidades de culpa, podem-as coexistir no mesmo fato. Poderá haver imprudência e negligência (pneus gastos que não foram trocados e excesso de velocidade), a negligência e a imperícia (profissional incompetente que age sem providências específicas), imperícia e a imprudência (motorista canhestro recém-habilitado que dirige em velocidade incompatível com o local)".[341]

7.2. Do resultado involuntário

Não se pode afirmar haver crime culposo se não ocorre um resultado lesivo aos bens juridicamente tutelados. Não há como se falar em culpa se da conduta não exsurge algum resultado.

---

[341] MIRABETE, Julio Fabbrini. *Manual de Direito Penal*, v. 1. São Paulo: Atlas, p. 146.

Quando se fala na culpa, no tipo culposo, sempre positivado pelo nosso Direito Penal, é indissociável a figura do resultado no tipo, ele o compõe de forma inexorável.

Falar-se que a mera conduta do agente já pode ser considerada a partir do tipo culposo é um equívoco, uma vez que, se ela não gera o dano, ele não está ao abrigo da culpa. O tipo penal culposo se integraliza quando o evento, não querido, mas acontecido, ocorre.

Assim, a punibilidade da ação praticada está sempre em um espaço externo ao tipo, e, igualmente, desvinculada daquela linha de causalidade material e psicológica, originada na conduta do agente. O resultado, dessa forma, não se entende como uma condição da objetividade da punibilidade, já que ele está no mesmo espaço das consequências da conduta realizada pelo agente, no mundo real.

Com exceção da culpa imprópria, onde o agente acaba por dar causa ao resultado, geralmente, o agente não quer o resultado, e, conscientemente, não quer assumir o risco proveniente da sua ação.

7.3. Do nexo de causalidade no crime culposo

Entre a ação do agente e a consumação da sua conduta delituosa, como já se disse, é preciso o resultado, já que é a partir da sua perfectibilização que se poderá rastrear o nexo causal do tipo culposo.

7.4. Da previsibilidade

Falar de culpa, de tipo culposo, é tocar, de forma intensa, o tema da previsibilidade. A previsão é elemento essencial, condicional, do crime culposo. Ela está como a antessala da culpa, pois é nela que se podem perceber aquelas condições de imperícia, imprudência e negligência.[342]

A previsão passa por uma sensação social, isto é, ela está na mentalidade do corpo social, onde ocorre a ação delituosa. São aquelas condições que, na mentalidade dos homens, se definem como as regras de cuidado que uma ação, qualquer ação, deve manter com a realidade em que ela vai acontecer.

Muitos chamam-na senso comum, visão comum do homem médio, etc. Mas ainda que inegável que a sociedade, o homem, possua um universo de condições em que se definem os conceitos de "correto", "certo", "adequado", não se aceita mais a figura teórica do homem médio, pela simples razão de que ele é, igualmente, mera criação ficcional.

A sociedade, histórica, define os seus arcabouços teóricos, tornando-os comuns ao homem, do mais intelectualizado ao mais comum, e, nesse momento, os padrões

---

[342] RECURSO CRIME EM SENTIDO ESTRITO – SENTENÇA DE PRONÚNCIA – REJEIÇÃO DA DENÚNCIA – CRIME CULPOSO – AUSÊNCIA DE PREVISIBILIDADE OBJETIVA DO RESULTADO – CABIMENTO – Para ocorrer, ao menos em tese, o crime culposo é necessário que haja previsibilidade do resultado. A previsibilidade é a possibilidade de conhecer o perigo que a conduta descuidada do sujeito cria para os bens jurídicos alheios e a possibilidade de prever o resultado conforme o conhecimento do agente. Trata-se da possibilidade de conhecimento e previsão, podendo ser analisada sob dois aspectos: o subjetivo, conforme as características pessoais do agente e objetivo, de acordo com o discernimento do homem comum. No caso em exame, a morte da vítima não poderia ter sido prevista por ninguém. Inexistindo, portanto, previsão, não se pode falar em conduta culposa ou fato típico, o que daria ensejo à ação penal. Recurso improvido. (TJCE – APen 1997.01370-7 – 2ª C.Crim. – Rel. Des. José Evandro Nogueira Lima – DJCE 06.01.2000)

de comportamento são definidos. Observando-se que, mesmo os conceitos criados em uma dada realidade social não são homogêneos, comumente acreditados, aceitos, sim, compartilhados, geralmente, mas nunca os mesmos, a ponto de criar a figura de um homem médio.

Cabe, então, ao operador do direito, mais particularmente, ao juiz, estabelecer a ponte entre os espaços sociais, dando-lhes um sentido comum, um comando geral. Assim, a lei e o juiz resgatam aquilo que, em um dado momento, seria a circunstância que se poderia esperar, e exigir, de uma pessoa qualquer, em uma determinada ação.

Se o indivíduo não responde, afirmativamente, a essa expectativa, ele está a ferir o chamado senso comum. Assim ocorrendo, essa falta de cuidado esperado faz emergir o tipo culposo, o que nos permite presumir a antijuridicidade do ato praticado.

A culpabilidade será, dessa maneira, o espaço para se medir a previsibilidade subjetiva do agente, uma vez que, é nesse juízo de valor que o magistrado pode, sem praticar nenhuma desigualdade, analisar todas as motivações subjetivas do autor.

Flávio Augusto Monteiro de Barros leciona que "não se pense, porém, que o direito se queda inerte diante da dessemelhança de certas pessoas, que, por algum motivo qualquer, encontram-se aquém do perfil fictício do homem médio. A essas pessoas, que deixam de prever o previsível, ainda é possível o juízo absolutório, não mais por exclusão da tipicidade ou antijuridicidade, mas por ausência de culpabilidade. Se o perfil subjetivo do agente, mesmo empregando carga razoável de atenção, não conseguir captar o resultado previsível ao comum dos homens, excluir-se-á a culpabilidade, por falta da potencial consciência da ilicitude do fato. O homem rústico, de parcas instruções, que adquire mercadoria criminosa, pagando preço desproporcional ao seu valor, realiza a conduta típica da receptação culposa, desde que a natureza criminosa da coisa pudesse ter sido antevista pelo homem médio. Nem por isso, porém, estará fadado à sujeição de uma sentença penal condenatória, pois, se os seus atributos individuais, por mais que se acionem os neurônios da prudência, não conseguirem captar a previsão do resultado, a culpabilidade é excluída".[343]

Se o agente tiver condições para antever o resultado da sua ação, não se estará mais ao abrigo da culpa, mas sim, no território do dolo.

7.5. Da tipicidade no tipo culposo

Os tipos culposos são exemplos comuns, de tipos abertos, uma vez que, neles, a complementação da figura dita como típica acontece na culpabilidade, isto é, no juízo de valor que será definido pelo magistrado.

8. Espécies do tipo culposo

8.1. Da culpa consciente e da culpa inconsciente

A culpa consciente, a chamada culpa *ex lascivia*, ocorre numa ação com a previsão do resultado. Todavia, o agente acredita que ele não vai ocorrer. A sua crença é

---
[343] BARROS, Flávio Augusto Monteiro de. Op. cit., p. 173.

sincera, e determinada, em muitos casos, por uma superestimação de sua capacidade em evitá-lo.

Por sua vez, a culpa consciente, também conhecida como *ex ignorantia*, é aquela onde o agente não previu o resultado que era previsível. Em nosso país, não há nenhum sistema que puna a culpa consciente de forma mais grave do que a culpa inconsciente.

Magalhães Noronha afirma que "a culpa consciente nem sempre traduz maior periculosidade ou desajuste da pessoa. Um homem previdente pode, após madura reflexão, praticar um ato do qual antevê o resultado, contando com que, devido à sua cautela, este não sobrevirá, o que, entretanto, não impede que se verifique. Não necessita de maior corretivo do que o estabanado, o desatento, o imprudente que pratica o mesmo ato, sem que nem por um momento perceba a consequência funesta".[344]

Não há, assim, nenhuma distinção, no que diz respeito à penalização, quanto ao fato de que há diferenças entre a culpa consciente e a culpa inconsciente.

8.2. Da culpa imprópria e da culpa própria

A culpa imprópria é aquela que o agente, após ter previsto o resultado, realiza a conduta delituosa, por erro inescusável quanto à ilicitude do ato.

Aqui, o erro inescusável pode acabar incidindo sobre as chamadas descriminantes putativas, ou ainda, sobre o excesso, no caso das justificativas.

Na realidade, quando ao abrigo da culpa imprópria, o agente reincide no erro quanto ao caráter ilícito do resultado, pois ele tem verdadeira crença de que está em uma situação que, se realmente existisse, ela estaria no rol dos atos lícitos. É o caso, por exemplo, da legítima defesa putativa, do estado de necessidade putativo, etc.

Quanto à culpa própria, ela se perfectibiliza quando o agente não quis o resultado, nem mesmo assumiu o risco de produzi-lo, mas, por falta de cuidados, ele veio a ocorrer.

8.3. Da culpa presumida

A culpa presumida, que também é conhecida pela expressão *in re ipsa*, é aquela onde ocorre uma inobservância da disposição regulamentar.[345]

Graças ao Código Penal de 1940, ratificado pela reforma de 1984, não se pode mais falar em culpa presumida. Tal instituto é uma violenta aberração, pois consagra a responsabilidade objetiva, sem respeitar um princípio maior do direito, consagrado pela Constituição Federal a presunção da inocência do agente.[346]

---

[344] NORONHA, Magalhães. Op. cit., v. 1, p. 140.
[345] RECURSO EM *HABEAS CORPUS* – HOMICÍDIO CULPOSO – AFOGAMENTO – CULPA PRESUMIDA E RESPONSABILIDADE PENAL OBJETIVA – INEXISTÊNCIA – TRANCAMENTO DA AÇÃO PENAL – RECURSO PROVIDO – A responsabilidade penal é de caráter subjetivo, impedindo o brocardo *nullun crimen sine culpa* que se atribua prática de crime a presidente de clube social e esportivo pela morte, por afogamento, de menor que participava de festa privada de associada e mergulhou em piscina funda com outros colegas e com pessoas adultas por perto. Inobservância de eventual disposição regulamentar que não se traduz em causa, mas ocasião do evento lesivo. Recurso provido. (STJ – RHC – 11397 – SP – 5ª T. – Rel. Min. José Arnaldo da Fonseca – DJU 29.10.2001 – p. 219)
[346] CONSTITUIÇÃO FEDERAL DE 1988, art. 5º, LVII – Ninguém será considerado culpado até o trânsito em julgado da sentença penal condenatória.

8.4. Da compensação de culpas

No Direito Penal, não se pode falar em compensação de culpas, pois se tal fosse possível, isso iria de encontro ao princípio da *conditio sine qua non*. Pode-se, assim, afirmar que a compensação de culpas é instituto particular do direito privado.[347]

Entretanto, não se pode esquecer que, no universo do Direito Penal, a atuação da vítima tem grande relevância, isso porque se a culpa da vítima não tem o condão de excluir a culpa do agente, por outro lado, funciona como uma circunstância judicial, favorável ao autor da ação, obrigando o juiz a considerá-la, quando da fixação da pena-base.[348]

Mas, ao se falar em concorrência de culpas, é imperativo não confundi-la, com o tema da compensação. A concorrência de culpas ocorre quando dois ou mais agentes, culposamente, acabam contribuindo para a gênese do resultado naturalístico. Dessa forma, todos concorrem pelo evento danoso que ajudaram a dar causa, como quer a teoria consagrada da *conditio sine qua non*.

Chama-se a atenção para o fato de que aqui não se está a falar da coautoria, onde ocorre a situação de diversos agentes realizarem, de comum acordo, uma conduta culposa. Na realidade, diversos são os agentes na concorrência, e que, efetivamente, dão causa para o resultado delituoso. Mas isso acontece sem que, obrigatoriamente, se dê, entre eles, uma ligação psicológica.

8.5. Das causas que permitem a exclusão da culpa

Da mesma forma que no dolo, também na culpa existem situações em que é possível se falar em exclusão da culpa. Neste sentido, podem-se destacar o caso fortuito ou a força maior, o chamado erro profissional e o princípio da confiança.

O caso fortuito ou a força maior é aquele em que ocorre um acontecimento imprevisível para o agente, é inevitável, mas nem ele pode percebê-lo.

O erro profissional ocorre quando há uma falha naquelas características da própria técnica, da própria ciência, que não se esperava. Não é sinônimo de imperícia, pois aqui o agente não observou os cuidados necessários. No erro profissional, a técnica, por sua vez, já não era a mais adequada, pelo simples fato de já estar ultrapassada. Assim, ele exclui a culpa, porque não é o agente que comete a falha, mas sim, a própria ciência.[349]

---

[347] HOMICÍDIO CULPOSO – IMPRUDÊNCIA E NEGLIGÊNCIA – COMPENSAÇÃO DE CULPA – ABSOLVIÇÃO – IMPOSSIBILIDADE – SUSPENSÃO DO DIREITO DE DIRIGIR – 1 – Age com manifesta imprudência e negligência o motorista profissional que converge seu caminhão à direita, interceptando a trajetória de um ciclista que trafegava pelo acostamento, abalroando-o e causando-lhe a morte. 2. Consabido é que, no Direito Penal, inexiste a compensação de culpa. A conduta por ventura culposa da vítima não elide a atuação culposa do agente. 3. A suspensão do direito de dirigir não é pena alternativa, e sim cumulativa, fazendo parte da repressão contida no art. 302 do Código Brasileiro de Trânsito. (TJRO – ACr 01.004755-7 – C.Crim. – Rel. Des. Valter de Oliveira – J. 14.03.2002)

[348] CÓDIGO PENAL, art. 59. O juiz, atendendo à culpabilidade, aos antecedentes, à conduta social, à personalidade do agente, aos motivos, às circunstâncias e conseqüências do crime, bem como ao comportamento da vítima, estabelecerá, conforme seja necessário e suficiente para a reprovação e prevenção do crime: I – as penas aplicáveis dentre as cominadas; II – a quantidade de pena aplicável, dentro dos limites previstos; III – o regime inicial de cumprimento da pena privativa de liberdade; IV – a substituição da pena privativa de liberdade aplicada, por outra espécie de pena, se cabível.

[349] *HABEAS CORPUS* – TRANCAMENTO DE AÇÃO PENAL – ACIDENTE AERONÁUTICO – AERONAVE MILITAR – DANO MATERIAL – LESÃO CORPORAL – ERRO PROFISSIONAL – IMPERÍCIA – INÉPCIA DA DENÚNCIA – FALTA DE JUSTA CAUSA – TUTELA JURISDICIONAL – A Jurisprudência torrencial de nossos Tribunais inclina-se pelo cabimento de *habeas corpus* como instrumento adequado para atacar denúncias

Finalmente, o princípio da confiança é aquele que, qualquer pessoa, por viver em sociedades organizadas, espera que aquelas regras de segurança jurídica venham sempre a ocorrer.

São, assim, todas as condições que, tacitamente, os indivíduos aceitam e acatam, por viver em conjunto, torcendo para que todos, como eles, respeitem as regras sociais. É muito comum, hoje em dia, observar que esse princípio é violentado, de forma cruel e trágica, quando se analisa o trânsito em cidades e rodovias do nosso país, onde grassa a total falta de respeito às normas estabelecidas.

Assim, o tipo culposo, tão complexo e rico, é uma outra forma do tipo penal, não menos importante do que o dolo, ainda que ele só venha a se constituir, enquanto tipo, se expressamente positivado, pois, se a lei não o determinar culposo, ele será, sempre, no seu silêncio, um delito doloso. E, da mesma forma que esse, ele apresenta como figuras de sua culpabilidade os mesmos elementos daquele, isto é, a imputabilidade, a potencial consciência da ilicitude, e, finalmente, a exigibilidade da conduta diversa.

Deve-se entendê-lo como mais uma medida que o ordenamento jurídico oferece ao operador do direito, para que se possa, alongando o conceito de tipo penal, incluir uma maior variedade de delitos.

---

manifestamente inéptas. Acidente aeronáutico do qual resultou a perda total de aeronave militar, um helicóptero do tipo AH-11A, Super Lynx e lesões corporais em seus ocupantes. Não há que se confudir erro profissional com imperícia. Enquanto esta decorre do desconhecimento de regras técnicas, aquele (erro profissional) é inerente à própria falibilidade humana e, por isso mesmo, via de regra, escusável, em razão da imprevisibilidade de sua ocorrência. Do militar aviador exige-se mais do que o preaparo técnico para o combate, comum a todos da carreira das armas. Exige-se preparo psicológico, equilíbrio emocional em ambiente adequado, de modo que, ao assumir o comando de uma aeronave, nada possa retirar-lhe a concentração para operar este complicado aparelho. A atipicidade da conduta induz à falta de justa causa para proposição de ação penal. Ordem concedida para determinar o trancamento da ação penal. Decisão unânime. (STM – HC 2000.01.033545-5 – DF – Rel. Min. João Felippe Sampaio de Lacerda Junior – DJU 16.08.2000)

CAPÍTULO XIV

A COAÇÃO NO DIREITO PENAL

1. Conceito de coação

Não se percebe na lei a definição da coação, pois o Código Penal, no artigo 22, ao tratar da coação, apenas retrata a ação, sem defini-la. Todavia, é sabido que a culpabilidade pode ser excluída pela coação moral irresistível.[350] Então, o que se entende por coação? Coação é o emprego da violência física (*vis absoluta* ou *corporalis*), ou moral (*vis compulsiva* ou *conditionalis*) com o fim de obrigar alguém a fazer ou a não fazer alguma coisa. Este é o conceito de coação em sentido amplo, inclusive válido para o Direito Civil, onde a coação atua como causa geradora de vício do ato jurídico.

No sentido penal, a coação significa forçar, constranger, compelir outrem a praticar uma ação ou omissão criminosa.[351]

Pode consistir em violência física, ou em violência moral. A *vis absoluta* pode, às vezes, ir até o ponto de suprimir totalmente a liberdade do querer, e do agir do sujeito. Em algumas ocasiões, ela é tão intensa, tão poderosa, que transforma o indivíduo coagido numa espécie de autômato, usando-o como instrumento da prática de crimes. Nesta forma, o coagido não age, não quer a ação. Esta é fruto da vontade do coator. É ele quem comanda, quem age. O outro é mero instrumento para a consumação do ato delituoso.

É o exemplo do agente que domina outrem, pela violência física, e, nesse sentido, obriga-lhe a mão até o delito. É o caso do guarda-chaves que, completamente dominado fisicamente, manobra a chave do desvio de trens, a fim de causar a colisão, e com isso, matar pessoas.

Enfatize-se que o dispositivo legal fala em coação irresistível. Refere-se, apenas, à coação moral (*vis compulsiva*), e não à coação física (*vis absoluta*). É evidente

---

[350] CÓDIGO PENAL, art. 22. Se o fato é cometido sob coação irresistível ou em estrita obediência a ordem, não manifestamente ilegal, de superior hierárquico, só é punível o autor da coação ou da ordem.

[351] PROCESSO PENAL – *HABEAS CORPUS* – PRISÃO EM FLAGRANTE – VÍCIOS QUE TORNAM A COAÇÃO ILEGAL – 1) O flagrante tem um liame com o crime. É quando este está sendo cometido ou quando acaba de sê-lo, permitindo a prisão do agente sem mandado, considerando-se a certeza virtual do delito. 2) Constitui-se vício que torna a coação ilegal, sanável por Habeas Corpus, o flagrante lavrado contra o paciente cinco dias após um suposto crime de estupro com presunção de violência, tendo em vista que não ocorreu perseguição ao paciente, pois os pais somente tomaram conhecimento do fato quando da instauração da peça informativa. 3) Ordem concedida. *Habeas corpus*. (TJAP – HC 92703 – (5711) – S.Única – Rel. Des. Gilberto Pinheiro – J. 12.06.2003)
HABEAS CORPUS – ABORTO – PACIENTE PRIMÁRIO E SEM ANTECEDENTES CRIMINAIS – INQUÉRITO QUE AINDA NÃO SE CONCRETIZOU DECORRIDO QUASE SESSENTA DIAS – COAÇÃO ILEGAL CONFIGURADA – INEXISTÊNCIA DE MOTIVOS PARA MANTER O PACIENTE PRESO – ORDEM CONCEDIDA – "O excesso de prazo na concretização do inquérito *constitui grave coação à liberdade do paciente*, tolerado pela autoridade coatora, fato que por si só justifica a concessão da ordem". (TJES – HC 100020024392 – 2ª C.Crim. – Rel. Des. Welington da Costa Citty – J. 02.10.2002)

que neste caso o agente não é sujeito ativo, mas passivo, isto é, ele é usado para prática da ação, dela não participando sua vontade.

Atente-se para o dispositivo que, quando se refere à coação irresistível, está, evidentemente, excluindo a resistível. Na primeira, o agente não é passível de punição. Já, na coação resistível, a pena fica atenuada em face do disposto no artigo 65, III, *c*, primeira parte, do Código Penal.[352]

A coação física absoluta é tratada pelo artigo 23 do Código Penal. Ali, ela é percebida como a causa de exclusão da ação típica, não como causa de exclusão da culpabilidade.

Isso ocorre porque, perante a nossa legislação, três são as causas de exclusão da ação: a) ato reflexo, b) estado de inconsciência e c) a coação física absoluta.

Mas a análise do mundo real permite-nos constatar, ao longo de quatro décadas de advocacia, que a violência física nem sempre assume o caráter de coação absoluta, podendo produzir um estado de coação, onde a liberdade de agir e de querer não desaparece totalmente. Subsiste, mesmo em situações extremadas, um resto de vontade, ainda que viciada, é bem verdade, imperfeita, anormal, mas suficiente para fazer desaparecer o caráter absoluto da coação. Exemplo disso é o do indivíduo que, coagido, seviciado, espancado e com medo de continuar sofrendo, acaba por cometer a ação criminosa desejada pelo seu coator.

A coação moral irresistível,[353] de que pode redundar o benefício da exclusão da culpabilidade, não é uma coação qualquer. É preciso que surja de um constrangimento inevitável, insuperável ou inelutável, valendo isso dizer que se exige uma força de que o coacto não se pode subtrair. E tal é a dominação do coator, que tudo sugere situação à qual o outro não se pode opor, não pode recusar, ou fazer face, mas tão somente, sucumbir, ante a inexorável decisão daquele.[354]

Com propriedade, leciona Flávio Augusto Monteiro de Barros: "Na coação moral irresistível, o fundamento da exclusão da culpabilidade reside na inexigibilidade

---

[352] CÓDIGO PENAL, art. 65. São circunstâncias que sempre atenuam a pena: (...) III, c) cometido o crime sob coação a que podia resistir, ou em cumprimento de ordem de autoridade superior, ou sob a influência de violenta emoção, provocada por ato injusto da vítima;

[353] BARROS, Flávio Augusto Monteiro de. Op. cit., p. 327.

[354] CRIME CONTRA O PATRIMÔNIO – ROUBO – EXCLUSÃO DA CULPABILIDADE – IMPOSSIBILIDADE – COAÇÃO MORAL IRRESISTÍVEL NÃO-COMPROVADA – EMPREGO DE ARMA – RECONHECIMENTO DA QUALIFICADORA – DESNECESSIDADE DA APREENSÃO DA ARMA E ELABORAÇÃO DO LAUDO DE EFICIÊNCIA – CONCURSUS DELICTORUM – CONCURSO FORMAL – REPRIMENDAS – REESTRUTURAÇÃO – NECESSIDADE – RECURSOS PARCIALMENTE PROVIDOS – Para o reconhecimento da coação moral irresistível como excludente de culpabilidade é indispensável a existência de elementos concretos que a comprovem, sendo insuficiente a alegação do agente de que teria sido coagido a delinqüir. – Em delito de natureza patrimonial praticado na clandestinidade, a palavra idônea da vítima prevalece sobre a do réu, mormente quando em perfeita consonância com o contexto probatório dos autos. – Assim, para a configuração da qualificadora do emprego de arma de fogo não se mostram imprescindíveis a apreensão do objeto utilizado pelo agente para ameaçar a vítima e a conseqüente realização do exame pericial no mesmo, caso sua utilização tenha sido constatada através da prova oral produzida. – Há concurso formal de roubo quando mediante uma só ação, desdobrada em vários atos, são atingidos patrimônios de diferentes vítimas. (TAMG – AP 0346969-6 – (50767) – Belo Horizonte – 2ª C.Crim. – Relª Juíza Maria Celeste Porto – J. 19.02.2002)
HOMICÍDIO QUALIFICADO – CARACTERIZAÇÃO – ALEGAÇÃO DE QUE FORA O DELITO COMETIDO SOB COAÇÃO MORAL IRRESISTÍVEL – INOCORRÊNCIA – PROVAS QUE NÃO CONTRARIAM A SOLUÇÃO DA LIDE PENAL – CRIME, ADEMAIS, PRATICADO MEDIANTE PROMESSA DE PAGAMENTO – PEDIDO REVISIONAL INDEFERIDO – É irresistível a coação quando não pode ser superada senão com uma energia extraordinária e, portanto, juridicamente inexigível. (TJSP – RvCr nº 241.481-3 – Itararé – 2º G.C.Crim. – Rel. Des. Segurado Braz – J. 05.10.1999 – v.u.)

de conduta diversa. Como dizia Aníbal Bruno, nas circunstâncias particulares em que o agente se encontra, não lhe pode ser juridicamente exigido comportamento diferente, desde que o direito não pode impor ao indivíduo a atitude heróica de cumprir o dever jurídico".

É necessário, portanto, que não seja qualquer situação. É fundamental a ocorrência de situação fática insuperável, que submeta uma pessoa a um receio invencível de que algum mal maior possa lhe ser feito, ocorrendo assim, uma verdadeira supressão de sua vontade, levando-a a fazer, ou a não fazer algo que, na situação de normalidade, estaria sob seu crivo de responsabilidade.

Em suma, é irresistível a coação, quando ela não pode ser superada, senão com uma energia extraordinária e, portanto, juridicamente inexigível.

A forma mais característica da violência moral é a ameaça, que também é um crime. A ameaça consiste em prometer um mal a alguém, para forçá-lo a fazer ou não fazer algo que convenha ao coator.

Quando a ameaça é abstrata e ideal, não se faz presente o seu caráter irresistível. Só será irresistível, quando tiver condições para criar um mal injusto, grave e atual, ao indivíduo, ou a outro que lhe for caro. Ocorre muito essa situação, quando alguém ameaça, com promessa de dano a pessoa a quem o coagido está intimamente vinculado, como o pai, o irmão, o filho e a esposa. E há que ser a ameaça, inexoravelmente, a um bem jurídico.

São também situações de coação sobre a forma de ameaça aquelas contra o devedor da dívida vencida, através da ameaça do protesto, ou, aquela do senhorio, que ameaça o locatário com o despejo, por falta de pagamento. Todavia, nesses casos, estar-se-á ameaçando com a realização de um dano justo, lícito, permitido por lei.

Esse tipo de promessa, que tem um efeito moral, verdadeiramente arrasador, ainda assim, não está a caracterizar uma ameaça injusta, já que são ações que estão ao abrigo da lei, previstas em forma de sanção penal em contratos livremente estipulados entre as partes.

Além de injusto, o dano precisa ser grave, feito com seriedade, dando-lhe foros de verdade. Os males sem importância não coagem. Nem mesmo aqueles que são prometidos com gestos teatrais, com rompantes de coragem e gabolice.

Também não pode ser considerada grave a ameaça de produção de um mal indefinido, vago e ambíguo. Não são considerados ameaça gestos e promessas de males, através do que se chama comumente de "praga". O ato de rogar praga a alguém só pode ser reprimido pela sanção moral ao abrigo do discurso religioso. Jamais no universo da racionalidade penal, quer dizer que, em nosso ordenamento jurídico, isso não pode ser visto como um crime.

A atualidade da ameaça de um mal é mister. O mal futuro, remoto, não tem valor nenhum ante o direito, porque é um mal evitável, e contra ele, o coagido pode precaver-se.

No conceito de violência moral, inclui-se o emprego de substância entorpecente, geradora de dependência física ou psíquica. Para que se configure essa dependência, é necessário que a droga seja ministrada à força ou inoculada no coagido de forma clandestina e furtiva, porque o que interessa é o efeito moral que a droga produz, isto é, a perturbação do mecanismo psíquico de defesa individual.

A droga, assim ministrada por alguém, coloca o outro sob seu domínio, independente da sua vontade. Drogado e sem a sua própria vontade, estará ao abrigo da violência moral da qual não pode resistir.

Quando se tratar de coação resistível, tanto o coator, quanto o coagido, respondem, em coautoria, pelo crime cometido pelo segundo. Quer dizer, cada um terá uma pena proporcional ao grau da sua culpabilidade. Contudo, como cada agente responde pelo crime, a partir daquilo que deu causa para a sua realização, o coagido terá uma pena menor, e o coator, uma maior.

Na hipótese de coação irresistível, só o coator responde pelos dois crimes. Nesse caso, ele é punido em concurso formal, como se fosse um ação só, tanto pelo crime praticado pelo coagido, seja ele qual for, bem como pelo crime de constrangimento ilegal.

Para muitos doutrinadores, aproximar a coação moral irresistível ao estado de necessidade é uma grande atração. Entretanto, o único ponto comum a esses dois institutos é no polo passivo se encontrar uma pessoa comprimida por uma ameaça real, atual ou iminente. Entretanto, se este é o elemento a ser compartilhado pelo estado de necessidade e a coação moral irresistível, outros são os que os diferenciam.

Em primeiro lugar, quando se fala em ameaçar, está se falando da ação de alguém, quer dizer, a ameaça é sempre de um ser humano para outro. No caso do estado de necessidade, a ameaça que confronta o indivíduo não é, obrigatoriamente, de uma pessoa, mas de uma situação que pode vir a ser, desde forças do meio, como até animais. É óbvio que pode ser resultado da ação humana. Mas é igualmente certo que a ameaça humana, aqui, não precisa atuar de forma direta sobre aquele que a sofre.

Em segundo lugar, quando se fala em coação moral irresistível, sabe-se que a antijuridicidade do ato há de subsistir, pois excluída estará apenas a culpabilidade daquele que foi o coagido. Entretanto, ao se falar em estado de necessidade, não há que se admitir a sobrevivência da figura da antijuridicidade, pois ela é excluída por aquela situação limite.

2. Obediência hierárquica

O Estado, além de legislar e julgar, é também o administrador dos bens públicos. Como administração pública, entende-se a atividade estatal destinada a prover e satisfazer as necessidades coletivas, desde as materiais, as morais e até as intelectuais.

A função estatal de satisfazer necessidades sociais é realizada através do serviço público, que é uma organização de caráter permanente. O serviço público é desempenhado pelos servidores, e a atividade funcional do servidor se rege pelo seu direito estatutário, o qual regula os direitos e deveres do funcionário.

Os deveres são de três ordens: 1) *o dever administrativo*, onde o funcionário deve desempenhar pessoalmente o cargo, ser assíduo, diligente e pontual; 2) *o dever moral*, onde o funcionário deve exercer o cargo com dignidade e elevação de conduta; 3) *o dever hierárquico*, pelo qual se regulam as relações entre o superior e o subalterno.

De todos os deveres do funcionário público, o que interessa aqui é o que trata do dever hierárquico, pois inclui o dever da obediência.

A obediência é o dever que tem o servidor público de acatar e executar as ordens do seu superior hierárquico. Das ordens aqui tratadas só se admitem as legais.[355]

Como o ser humano é falível, o superior, eventualmente, de boa ou de má-fé, pode emitir ordenamentos contrários à lei. Quando se trata de ordem legal executada, ainda que cause dano a um bem protegido pela lei penal, o autor da ordem e o seu executor realizam uma conduta lícita. É o delegado de polícia que ordena ao inspetor para que efetue a prisão do delinquente. Essa ordem do delegado e a sua execução pelo inspetor não causam nenhum dano ilícito à liberdade do preso, porque se trata de prisão (em flagrante, provisória ou preventiva). A hipótese é de estrito cumprimento de dever legal que, como já vimos, é causa de exclusão da antijuridicidade (legítima defesa, estado de necessidade, estrito cumprimento do dever legal, exercício regular de direito).

Quando se falar em obediência hierárquica, não se estará a cogitar de ordem ilegal. No caso da obediência hierárquica, é ela sempre dirigida ao cumprimento de uma ordem legal.

Ao tratarmos da antítese da ordem superior legal, temos considerar a ordem superior ilegítima, pelas suas aparências. A ilegalidade da ordem pode ser evidente ou disfarçada, camuflada ou oculta.

Se a ilegalidade da ordem é manifesta, evidente, incontestável, não há o dever de obediência (o caso de ordem para matar alguém). É que a hierarquia no serviço público existe por força da lei, de modo que as ordens do superior ao subalterno são, na verdade, expressões da própria lei. Então podemos concluir que a obediência não é à ordem superior, mas sim, à lei.

Ora, se a ordem superior não está de acordo com a lei, de maneira manifesta, o funcionário deve cumprir a lei, desobedecendo ao superior.

Considerando-se o interesse da disciplina e da hierarquia, em princípio, se o funcionário pudesse discutir a validade das ordens dos seus superiores, viraria o serviço público numa verdadeira catástrofe anárquica.

O direito moderno somente reconhece o dever do não cumprimento daquelas ordens em que é manifesta e indiscutível a sua ilicitude.

Ordem manifestamente ilegal é aquela que é dada por autoridade sem competência para dá-la. Ou, então, aquela que, não está entre as atribuições do subalterno cumpri-la. Ou, ainda, aquela que sendo legítima, não esteja revestida das formalidades exigidas pela lei. E, por fim, aquela que representa um crime ou uma contravenção.

A ilegalidade de uma ordem é mais ou menos evidente, conforme o grau de instrução e a lucidez do agente incumbido da sua execução. E o juiz, ao julgar, deve ter em conta as qualidades de inteligência, de educação, de cultura, de sensibilidade,

---

[355] – APELAÇÃO CRIMINAL – ESTELIONATO EM FACE DO SUS – ART. 171, § 3º – VALORAÇÃO DAS PROVAS – OBEDIÊNCIA HIERÁRQUICA – ART. 22 DO CP – 1. Praticam estelionato contra o SUS os agentes que inserem dados inverídicos nas guias de internação hospitalar, para fins de obrigar a autarquia previdenciária a proceder pagamento a maior pelos procedimentos médico-cirúrgicos descritos, mas não realizados. 2. Ainda que as provas trazidas aos autos contenham vícios, estes não desnaturam seu valor probante, pois o cotejamento de todos os elementos carreados impelem à decretação do veredito condenatório. 3. Não se admite que o subordinado não questione os comandos de seu superior hierárquico, mormente se evidente que estes não se encontram amparados pelo ordenamento legal ou pelos princípios informadores do Direito, não lhe aproveitando o teor do art. 22 do CP. (TRF 4ª R. – ACr 1999.70.07.003239-5 – PR – 7ª T. – Rel. Des. Fed. Vladimir Freitas – DJU 30.10.2002) JCP.22

de percepção das coisas, porque, quanto mais ignorante, ou menor for a capacidade de percepção do agente, tanto menos responsável deverá ser considerado.

Há casos em que a ilegalidade é oculta, impedindo que o executor a reconheça. Trata-se de excludente de culpabilidade, pois o funcionário executa a ordem convencido de estar fazendo algo de acordo com o direito, e de acordo com o seu dever de obediência.

A liberdade que se dá ao funcionário de apreciar se a ordem é justa ou não, está na medida suficiente para avaliar ser ela, manifestamente ilegal.

Tanto que, no conceito moderno de direito administrativo, válido também para o direito penal, no caso de ordens duvidosas, o funcionário tem o dever de cumpri-las.

Só responde pelas consequências da ordem duvidosa aquele que sabe que está dando ordem ilegal; se pensa que a ordem é legal e não o é, não lhe cabe a culpa.

CAPÍTULO XV

ANTIJURIDICIDADE

1. Conceito

A antijuricidade é parte da estrutura do tipo. É a confirmação de que a ação ou omissão resultou num dano, ou ameaça de dano, a um bem juridicamente tutelado.

Ela não é o juízo de reprovabilidade social, mas é a quantificação da lesão. É, assim, a materialização de todo um processo criminoso que, sentido e percebido pelo campo social, concretiza o delito.

Quando se fala em antijuridicidade, é mister observar que esta apresenta uma dupla natureza, quer dizer, ela pode ser observada tanto em sua natureza formal, quanto em sua natureza material.

A antijuridicidade formal é aquela que ocorre em estreita ligação entre a norma e a conduta, quer dizer, é a conduta contrariando o dispositivo legal. É a violação da norma legal.

Em nosso entendimento, essa concepção é muito pobre, vez que restringe a antijuridicidade a uma determinação exclusiva do legislador, e dessa forma, retira espaços do operador do direito que é, na verdade, aquele que se confronta com o ato nas dobras da lei.

Do mesmo modo, a antijuridicidade só existe junto ao fato concreto, pois que, no mundo do "dever ser", tudo pode ser enquadrado enquanto ilícito. Sem a ação ou omissão real, não se pode construir um sistema capaz de proteger a paz social, uma vez que apenas teórica. Portanto, a mera adequação do fato ao tipo legal não é suficiente para definir o que seja a antijuridicidade, pois sem a realidade, isto é, sem a lesão, ou ameaça de lesão ao bem tutelado, ela não existe.

A antijuridicidade material, por seu lado, é a própria lesão ou a ameaça de lesão a um bem concreto tutelado pelo ordenamento legal. Na verdade aqui, o fato ocorre no mundo do "ser", materializado no campo social, alcançando uma determinada repercussão. É essa repercussão que consubstancia a percepção do ilícito, ou seja, a antijuridicidade.

A lesão ou a ameaça de lesão tem um sentido individual, mas igualmente social e que não abre mão de ser típica, até porque não há crime sem lei anterior que o defina.

O liame entre a teoria e a realidade, aqui, tem pouca distância, já que somente com a ação ou omissão realmente acontecida é que a norma, até então teórica, ganha sentido.

Essa natureza material da antijuridicidade teve ao seu corpo de fundamentação o reforço de Mayer, que defendia a tese de que a antijuridicidade depende do contraste do fato com as concepções éticas, sociais e políticas que, hegemonicamente, dominam um determinado tecido social, em uma determinada época.

Portanto, inserido no seu próprio contexto social, o operador do direito tem melhores condições para apreender a norma ao fato real, e assim, investigar o verdadeiro valor, o sentido concreto, daquilo que é tutelado pela norma jurídica, quando da ocorrência de um ato delituoso.

É nesse universo de materialidade da antijuridicidade que se pode falar das chamadas causas supralegais de exclusão da ilicitude, pois, determinando-se o grau do ato antijurídico, para a sociedade, pode o juiz excluir todas aquelas condutas que, mesmo típicas, são insignificantes, ou igualmente, aceitas pelos valores sociais.

Destarte, vezes há em que o agente realiza todos os passos de um ato típico, antijurídico, mas, mesmo assim, não comete crime. É que, como já se afirmou, para o Direito Penal, circunstâncias há em que a atuação do agente, ainda que contra o direito, nos obrigam a aceitá-la como justa.

Isso porque temos que admitir o ser humano, sempre, como que revestido de todo aquele envolvimento físico-psicológico que justifica a sua própria existência.

Assim, na luta para sobreviver, o ser humano tem que buscar o alimento. A fome é o que determina, então, o momento em que se deve alimentar. Não existindo a fome, também não existiria, talvez, a necessidade da própria sobrevivência do homem.

E o próprio movimento corporal reage instintivamente a esse processo de sobrevivência do organismo. É, assim, o olho humano, que tem mecanismos de defesa contra o excesso de claridade.

Outrossim, a vestimenta, fruto de um grande e cansativo processo de humanização, igualmente, não é mais do que um elemento criado para protegê-lo das intempéries, pois o desejo do homem de derrotar as dificuldades naturais está intimamente relacionado com essa sua determinação em resistir.

Assim, de modo igual, o homem tem a sua *estimatio* protegida pelo dever de defender sua honra. Ainda que não palpável, a honra é alimento para o homem, necessária, portanto, a sua defesa, para sobreviver enquanto indivíduo social, pois como bem afirmou Shakespeare, não só de comida vive o homem, mas também de outros alimentos que tocam a alma.

Enfim, há no ser humano algo que independe da sua vontade e que representa a manifestação da luta pela sua própria sobrevivência. E esse algo é natural nos seres vivos, tanto no mundo vegetal quanto no mundo animal.

A cultura e a civilização deram nome a este sentimento, chamando-o de *instinto*, ou se quiserem, de *reflexo*. São os instintos de conservação, de sobrevivência, de defesa que nos dão condições de defendermo-nos em atos espontâneos, porque reflexos, naturais.

Todo o reflexo de defesa é instintivo. Quando se come um alimento envenenado, imediatamente, o organismo reage através do vômito que, instintivamente, tenta nos livrar do mal, expurgando do nosso aparelho digestivo o elemento nocivo.

Ao sermos feridos, a glândula suprarrenal faz com que se desencadeie uma descarga de adrenalina que, indo até as arteríolas, atua, de forma a permitir ao organismo a sobrevivência, através da sua ação vasoconstritora, e, dessa forma, diminuir a hemorragia letal.

Se a própria natureza dotou a nossa estrutura física de defesas inconscientes, naturalmente, o homem, ao se adaptar ao regime social, não tem por que excluir aqueles instintos que nos protegiam, como seres vivos, das agressões advindas do corpo social.

Por essas razões, o direito, em todos os seus ramos, é originário dessa mesma árvore, isto é o homem, e construído por ele, acaba por absorver toda a essência que nos faz homens individuais, naturais, bem como homens sociais, positivados.

É, assim que a nossa lei penal admite três espécies de atuações que se transformam em excludentes de antijuridicidade: o estado de necessidade, a legítima defesa e o estrito cumprimento de um dever legal, ou o exercício regular de um direito.[356]

Todas elas são formas de exclusão de antijuridicidade, ou de criminalidade.

2. Estado de necessidade

O estado de necessidade é *lato sensu* o criador de todas as demais cláusulas de exclusão de crime. Se analisarmos o instituto da legítima defesa, do estrito cumprimento do dever legal, ou do exercício regular do direito, vamos encontrar, em todos eles, a presença de um perigo que o agente não provocou, não podia ter evitado e, ainda, a presença da ofensa a um bem, próprio ou de outrem, cujo sacrifício não seria exigível.[357]

Diz o Código Penal no seu art. 24: "Considera-se em estado de necessidade quem pratica o fato para salvar de perigo atual, que não provocou por sua vontade, nem podia de outro modo evitar, direito próprio ou alheio, cujo sacrifício, nas circunstâncias, não era razoável exigir-se".

Ao examinarmos o instituto do estado de necessidade vamos encontrar, de um lado, um bem exposto a perigo e, de outro, uma proibição pelo Estado de uma res-

---

[356] CÓDIGO PENAL, art. 23. Não há crime quando o agente pratica o fato: I – em estado de necessidade; II – em legítima defesa; III – em estrito cumprimento de dever legal ou no exercício regular de direito.

[357] PENAL – CONTRIBUIÇÕES PREVIDENCIÁRIAS – ART. 95, D, § 1º, LEI Nº 8.212/91 – APROPRIAÇÃO – DOLO – ESTADO DE NECESSIDADE – PROVA – INEXISTÊNCIA – 1. A jurisprudência desta Corte, excepcionalmente, tem reconhecido não configurar o crime capitulado no artigo 95 da Lei nº 8212/91, quando restar cabalmente comprovado que o não recolhimento da contribuição social ocorreu por motivo de estado de necessidade, consistente em incontornável dificuldade financeira. 2. Meras alegações sobre a difícil situação financeira, não são suficientes para caracterizar o estado de necessidade. 3. A pena pecuniária imposta na sentença condenatória, atende aos requisitos de caráter reparatório, preventivo e repressivo (CP, art. 45, § 1º). 4. Recurso de apelação improvido. (TRF 1ª R. – ACR 01000420740 – MG – 4ª T. – Rel. Des. Fed. Mário César Ribeiro – DJU 28.08.2003 – p. 47) JCP.45 JCP.45.1
CRIME AMBIENTAL – ART. 32 DA LEI Nº 9.605/98 – ACUSADO QUE REAGE À INVESTIDA DE UM CACHORRO, CAUSANDO-LHE FERIMENTOS – CARACTERIZAÇÃO – INOCORRÊNCIA – ESTADO DE NECESSIDADE – CONFIGURAÇÃO – Deve ser reconhecido o estado de necessidade, não se configurando o delito do art. 32 da Lei nº 9.605/98, na hipótese em que o acusado reage à investida de um cachorro, causando-lhe ferimentos, uma vez que a reação foi legítima, pois inexiste lei obrigando à passividade diante do ataque de animal capaz de ofender a integridade corporal de pessoa. (TACRIMSP – HC 392354/0 – 7ª C. – Rel. Juiz Corrêa de Moraes – DOESP 19.11.2001)
ESTADO DE NECESSIDADE – CARACTERIZAÇÃO – JOGO DO BICHO – Não há censurar decisão que, pelo argumento do estado de necessidade, absolve ancião de 74 anos, aposentado, que praticava o "jogo do bicho" para ocorrer ao sustento próprio e das pessoas de sua obrigação. A condenação, que é sempre um estigma de infâmia, argúi também o caráter de iniquidade quando se imprime na fronte de um velho, que já alcançou aquele estádio da vida em que os sonhos e as ilusões se trocam pela saudade e pelo sofrimento. (TACRIMSP – ACr 1.171.549/2 – 15ª C.Crim. – Rel. Juiz Carlos Biasotti – J. 25.11.1999)

posta violenta. O que resta ao direito é sopesar, desse conflito de interesses, se a ação do agente foi justada.

Não pode o Estado, frente a tipos de regramentos distintos e conflitantes, proteger um e abandonar outro. A solução que se dá, ao caso, é a de se saber qual o bem de maior valia, ante ao direito que se colocou em perigo.

Assim, o exemplo clássico do prédio em chamas, cujo administrador pretende salvar por primeiro a mercadoria, e não os funcionários. Ou do comandante da aeronave que, diante de uma pane, procura colocar os paraquedas na mercadoria valiosa que transporta, em vez de oferecê-los aos passageiros.

É claro que, nos exemplos acima, nenhum dos agentes atuou sob o manto do estado de necessidade, porque optaram por salvar bens menos valiosos do que a vida humana. Se tivessem agido de forma contrária, defendido os humanos, suas atitudes estariam plenamente justificáveis.

Teria o agente atuado no sentido de salvar um bem jurídico alheio exposto a um perigo atual (iminente), tendo sido justa a opção de sacrificar os bens materiais em defesa dos seres humanos.

Outro aspecto que vale ressaltar no reconhecimento do estado de necessidade é aquele em que dois bens, de igual valia, e de mesma forma, protegidos pelo Estado, se veem colididos.

Veja-se o caso de um naufrágio, onde duas pessoas lutam para adentrar num barco salva-vidas, no qual cabe lugar a somente uma delas. É lícito que lutem pelo lugar salvador e se uma vem a eliminar a outra, o faz em perfeita situação de estado de necessidade.

É que a lei não foi feita para os pusilânimes e covardes e, dessa forma, não admite que se abra mão da luta pelos próprios direitos. O primeiro, com a obrigação legal de resguardar seus bens juridicamente tutelados, deve ser o próprio indivíduo. É uma obrigação além de legal, é moral, é natural. Não por acaso, a primeira lei da natureza é a sobrevivência.

Esta propriedade de agredir, de ofender um bem alheio, para defender o seu direito, não se trata de uma imposição legal, mas sim, de uma faculdade aceita e admitida pela lei penal.[358]

De outro lado, o estado de necessidade, por si só, não tem o condão de transformar o ato criminoso em ação não criminosa. Não acontece por um mero capricho legal. É preciso que estejam presente no caso, o motivo e o fim a ser atingido pelo agente. O motivo deve ser de relevante valor social ou moral. E o fim, a defesa de um

---

[358] CRIME AMBIENTAL – ART. 32 DA LEI Nº 9.605/98 – ACUSADO QUE REAGE À INVESTIDA DE UM CACHORRO, CAUSANDO-LHE FERIMENTOS – CARACTERIZAÇÃO – INOCORRÊNCIA – ESTADO DE NECESSIDADE – CONFIGURAÇÃO – Deve ser reconhecido o estado de necessidade, não se configurando o delito do art. 32 da Lei nº 9.605/98, na hipótese em que o acusado reage à investida de um cachorro, causando-lhe ferimentos, uma vez que a reação foi legítima, pois inexiste lei obrigando à passividade diante do ataque de animal capaz de ofender a integridade corporal de pessoa. (TACRIMSP – HC 392354/0 – 7ª C. – Rel. Juiz Corrêa de Moraes – DOESP 19.11.2001)
ESTADO DE NECESSIDADE – FURTO – ALEGAÇÃO DE QUE A COISA FOI SUBTRAÍDA COM O INTUITO DE SER INGERIDA – INSUFICIÊNCIA – PROVA CABAL DA IMPOSSIBILIDADE DE OBTENÇÃO DA RES POR MEIO LÍCITO – INDISPENSABILIDADE – Para que se tenha presente o estado de necessidade, não basta alegar que a coisa foi furtada com o intuito de ser ingerida, sendo indispensável, para o seu reconhecimento, provar-se cabalmente a impossibilidade de se obtê-la por meio lícito. (TACRIMSP – Ap 1196983/1 – 7ª C. – Rel. Juiz Corrêa de Moraes – DOESP 01.09.2000)

bem seu, ou de outrem. Ambos, motivo e fim, para serem recepcionados pelo direito penal como excludentes, devem ter amparo naquilo que se considera justo.

O indivíduo age com toda a carga "volitiva", sabendo, portanto, que está agindo de forma contrária à lei. Mas, sabe também, que seu ato não poderá ser reprovado pelo contexto social, porque justo.

Então, o estado de necessidade tem como pressuposto um direito próprio ou alheio, que se vê a salvo com o sacrifício do bem de outrem.

Magalhães Noronha dá dois exemplos plenamente elucidantes: o do espectador de uma casa de diversões que se incendeia e que, para salvar-se, fere ou mata outro espectador. Ou ainda, o do alpinista que precipita no abismo o companheiro, pois a corda que os sustenta não suporta mais que o peso de uma só pessoa.

Só se está em legítimo estado de necessidade ante a iminência ou atualidade do perigo, da inevitabilidade dele, da involuntariedade em sua causação e da inexigibilidade do sacrifício do bem ameaçado.

Quanto ao primeiro requisito do estado de necessidade, a atualidade ou iminência do perigo obriga, para o seu reconhecimento, a que o fato esteja iminente, ou já se realizando.

A iminência deve ser entendida como a probabilidade, ou pelo elevado grau de *possibilidade, a possibilidade* de que o perigo venha acontecer. Absurdo seria exigir-se do agente que somente iniciasse a sua atuação depois que o perigo estivesse presente, exaurido. Até porque a excludente é um ato reflexo, que somente coexiste no momento em que o agente se sente, na iminência, de ver o bem violentado.

A atualidade, de outro lado, existe para aqueles casos em que o dano já esteja se realizando, e o indivíduo age, então, para evitar que aumente o dano até então já sofrido.

Como em todas as excludentes de criminalidade, não se admite a defesa a uma agressão passada, e nem a futura, pois o direito exige que deva ser momentânea, quer pela atualidade, quer pela iminência.

O outro requisito do estado de necessidade é que o perigo seja inevitável, e que seja visível o fato de o agente não poder evitá-lo. Aqui, ao contrário da legítima defesa, impõe-se a fuga, diferentemente, da situação vexaminosa que a retirada acarreta aos casos de legítima defesa.

A inevitabilidade do evento inclui, também, a produção do menor estado de lesividade. Assim, se o agente podia apenas ferir e matou, questionável passa a ser o estado de necessidade.

Outro requisito do estado de necessidade é não ter o agente querido produzir o perigo, pois que o perigo que se exclui no estado de necessidade está no fato de ser ele gerado por outra pessoa. Este não querer inclui tanto o querer doloso, quanto culposo.

Por fim, o último requisito do estado de necessidade é a inexigibilidade do sacrifício do bem ameaçado. É claro que, nos exemplos anteriormente expendidos, à primeira vista já salta aos olhos a presença do estado de necessidade. Quer no caso do incêndio, quer no do alpinista, o bem próprio tutelado é maior do que o sacrificado.

É válido lembrar, como exemplo de inexigibilidade do sacrifício do bem ameaçado, o caso de antropofagia acontecido com a queda do avião nos Andes. Os sobreviventes, loucos de fome, passaram a agir como antropófagos, comendo pedaços de carne do corpo de seus próprios companheiros.

Passemos a uma breve digressão. Lon L. Fuller escreveu *O Caso dos Exploradores de Cavernas* como uma mera alegoria. Isso porque queria confrontar-nos com as contradições do contrato que assinamos para abandonar o estado de natureza, e assim, adentrarmos no estado civil.

Cinco exploradores ficam presos em uma caverna e o resgate demora. Nesse meio tempo, a comida foi se escasseando, até o momento em que se vêem obrigados a tomar uma decisão: ou morrem todos de fome, por respeitarem as regras positivadas do estado civil (onde o homicídio é crime) ou, através de sorteio, um deles será morto para servir de alimento aos demais.

A alegação era a de que, para que quatro pudessem viver, seria necessário o sacrifício de uma vida. Sub-repticiamente, o que está por trás dessa opção é o velho direito jusnaturalista, onde a primeira lei é a da natureza, a da sobrevivência.

Julgados e condenados apelam. Cada juiz é chamado a dar o seu voto, assim como bem justificá-lo. Serão, ao final, condenados à forca.

Mas interessa é que, lá na caverna, distantes do corpo social, eles foram obrigados a realizar, pelas necessidades, um novo contrato que, sem vício oculto, redefiniu todo o corpo conceitual do direito positivo original. Agiam todos sob o abrigo do estado de necessidade!

E fica aí a lição desse pequeno grande livro, com uma pergunta: em situações extremas, é possível respeitar os ditames de regras pensadas para situações normais? O resultado, cada leitor deve buscar, nunca se esquecendo de que a posição de cada um é, na verdade, um posicionamento frente ou à escola positiva, ou à escola jusnaturalista.[359] Para concluir, deve-se dizer que o estado de necessidade existe sempre que uma situação de fato, intransponível, e que traz consigo a existência de uma ameaça iminente de perigo grave, o Estado, reconhecendo e entendendo a impossibilidade de se vencer a essa situação, passe a admitir que o indivíduo tenha o direito de atuar de forma contrária à lei.

É que, sendo o direito feito para os homens, tanto a lei quanto a dignidade humana têm conteúdos de intransigências que deverão se fazer, obrigatoriamente, recíprocas concessões.

Assim que, como leciona Garaud, "quando, em conseqüência de um acontecimento de ordem natural ou humana, o agente se vê forçado a praticar uma ação ou omissão delituosa para salvar-se, ou salvar a outrem de um perigo grave, iminente e inevitável, temos um estado de necessidade".[360]

3. Causas de exclusão do estado de necessidade

Como vimos, é facultado ao indivíduo tomar atitudes sob a proteção do direito, ainda que contrariamente à lei.

---

[359] FULLER, Lon L. *O Caso dos Exploradores de Caverna*. Porto Alegre: Sergio Fabris, 1976.
[360] GARAUD, R. *Traité Théorique et Pratique du Droit Penal Français*. Paris: L. Larose et Forcel, 1888, p. 394.

Casos há, entretanto, de que o agente não se vê protegido legalmente. Assim, não age em estado de necessidade quem tinha o dever legal de enfrentar o perigo.

Aquele que tem por *obrigação legal* enfrentar o perigo não pode se defender quando em razão do seu ofício deixa de cumpri-lo.

Assim, por exemplo, o policial militar, no exercício de sua profissão, não pode se esconder, por trás de outra pessoa, para defender-se do tiroteio com delinquentes. A obrigação do policial é a de enfrentar o perigo para salvar o corpo social da atuação de criminosos.

Por sua vez, o salva-vidas não pode alegar estado de necessidade, ao não socorrer uma pessoa que está se afogando. Não cabe a justificativa de que o mar estaria revolto e que, primeiro, pensou em salvar sua vida, desertando do local.

Há que se distinguir entre as expressões *dever legal* e *dever jurídico*. Onde houver uma obrigação jurídica de enfrentar o perigo, não se pode invocar o estado de necessidade. O policial é, por dever legal, obrigado a defender a sociedade das agressões da criminalidade. Ele não pode fugir ao perigo, alegando, assim, o estado de necessidade. Ele tem a obrigação legal de enfrentá-lo.

O transeunte que se depara diante de um indivíduo ferido, sangrando, sabendo-se portador do vírus HIV, tem o dever legal de socorrê-lo? É exigível que ele se contamine com o vírus? Praticará ele o delito de omissão de socorro se não atender ao ferido?[361] O caso se reveste de caracteres interessantes. O indivíduo não tem obrigação legal. Pode até dizer-se que teria ele uma obrigação, meramente, de natureza moral.

Há de se perguntar se o Estado pode exigir essa obrigação. Creio que não! A lei fala em deixar de prestar assistência, quando possível fazê-lo, *sem risco pessoal*.

No caso, haveria o caso de risco pessoal de contaminação, ainda mais, de uma doença tida como incurável. Cometeria o crime de omissão de socorro se o agente não atendesse a parte final do tipo penal: "ou não pedir, nesses casos o socorro da autoridade pública".

O caso se cerca de maior indagação se admitirmos, à mesma hipótese, o fato de o transeunte ser um profissional da medicina. Sem luvas protetoras, sem material que evitasse o contágio, teria o médico, nessas circunstâncias, dever legal de socorrer? O dever aqui é um dever legal ou um dever jurídico-moral? Creio que o máximo que se devesse exigir dele seria obter, da autoridade pública, ou de uma entidade hospitalar, a presença de uma ambulância para recolher o ferido para um hospital com as condições apropriadas.

Há que se distinguir o dever legal, subscrito pelo Código, e o dever jurídico abrangido pelo contrato. O primeiro, dever legal, é o do policial que tem em sua índole o enfrentamento do problema. O guarda de um prédio tem, em razão do contrato, a obrigação jurídica de proteger aquele bem particular. Desse, pode-se admitir o agir em estado de necessidade; àquele não.

---

[361] CÓDIGO PENAL, art. 135. Deixar de prestar assistência, quando possível fazê-lo sem risco pessoal, à criança abandonada ou extraviada, ou à pessoa inválida ou ferida, ao desamparo ou em grave e iminente perigo; ou não pedir, nesses casos, o socorro da autoridade pública: Pena – detenção, de 1 (um) a 6 (seis) meses, ou multa.

4. Exclusão de criminalidade e exclusão de culpabilidade

Muitos confundem o estado de necessidade, excludente de culpabilidade, com aquele estado de necessidade excludente do crime.

O estado de necessidade excludente de culpabilidade, como o próprio nome indica, exclui o elemento culpabilidade, isto é, elimina a pena, mas não o crime (o delito subsiste). Tanto que, se dois agirem na prática do fato, um em inexigibilidade de outra conduta, e o outro não, um é absolvido, e o outro é punido.

É exemplo o caso do cocheiro alemão cujo patrão, na falta de outro cavalo para atrelar na carruagem, deu a ordem ao cocheiro de que atrelasse um cavalo recém-domado. Na cidade, o cavalo assustou-se, disparou e feriu um transeunte. O cocheiro foi absolvido por se encontrar em estado de inexigibilidade de uma conduta diversa, e o patrão se viu condenado. É que não haveria de se exigir do empregado a perda do seu emprego por desobedecer ao patrão.

O estado de necessidade excludente do crime é causa de exclusão da antijuridicidade. O ato torna-se lícito, e desaparece o crime. O estado de necessidade que exclui a culpabilidade é o instituto de inexigibilidade de uma outra conduta.

Quais são as diferenças entre ambos? A primeira diferença é que um exclui o antijurídico, de modo que a conduta deixa de ser criminosa; no outro, exclui a culpabilidade, de modo que o fato é criminoso, mas não é punido, sendo o réu isento de pena.

Há uma segunda distinção: no estado de necessidade, excludente do crime, o bem que o agente salva, próprio ou alheio, deve ser mais valioso, mais importante do que o bem alheio sacrificado, ou, pelo menos, equivalentes um ao outro.

No instituto da inexigibilidade, o direito alheio excluído pode ser superior ao direito protegido, residindo, nesse ponto, a diferença fundamental entre os dois estados de necessidade. Não é requisito que haja a proporção de valor entre os bens em conflito.[362]

---

[362] PENAL – CRIME DE OMISSÃO DE RECOLHIMENTO DE CONTRIBUIÇÕES PREVIDENCIÁRIAS – FALÊNCIA – INEXIGIBILIDADE DE CONDUTA DIVERSA – COMPROVAÇÃO – PRINCÍ – PIO DA INSIGNIFICÂNCIA É necessária a produção de robusto conjunto probatório para que se reconheça a causa supralegal de exclusão da culpabilidade, consistente na inexigibilidade de conduta diversa. Mesmo com o advento da Portaria MPAS nº 1.013, de 30 de julho de 2003, os valores omitidos abaixo de R$ 5.000,00 são insignificantes penalmente para justificar a sanção penal. Atipicidade das condutas na esteira da Turma Criminal. (TRF 4ª R. – ACr 2003.04.01.011734-0 – RS – 8ª T. – Rel. Des. Fed. Paulo Afonso Brum Vaz – DJU 12.11.2003 – p. 606)
EMBARGOS INFRINGENTES – JÚRI – QUESITOS – INEXIGIBILIDADE DE CONDUTA DIVERSA – CAUSA SUPRALEGAL DE EXCULPAÇÃO – POSSIBILIDADE – A simples verificação da existência de situações de exculpação de um autor culpável indica a insuficiência da conceituação de culpabilidade para dar conta das condições de anormalidade que fundamentam o juízo de inexigibilidade de outra conduta concretizado em determinadas situações. A legislação penal brasileira não proíbe a utilização da inexigibilidade de conduta diversa como causa supralegal de exculpação, pois, a despeito do formalismo, o julgador deve se nortear pelos princípios informadores do estado democrático de direito. A tese da inexigibilidade de conduta diversa pode ser apresentada como causa de exclusão da culpabilidade. Especificada e admitida a forma de inexigibilidade, aos jurados devem ser indagados os fatos ou as circunstâncias fáticas pertinentes à tese" (STJ. HC 16.865/PE. Rel. Min. Félix Fischer. Dj: 04.02.2002, p. 435). "é nulo o julgamento ante o evidente cerceamento de defesa que se caracteriza na recusa do magistrado em formular quesito referente a tese sustentada pela defesa, pertinente a causa supralegal de exclusão da culpabilidade, já que não é dado ao juiz, pendendo discussão a respeito do tema, indeferir a formulação correspondente, expondo o seu posicionamento particular a respeito do assunto" (TJMG. Reynaldo ximenes Carneiro). Recurso a que se dá provimento. (TJMG – EI 000.258.707-9/01 – 1ª C.Crim. – Rel. Des. Tibagy Salles – J. 08.10.2002)

O agente pode sacrificar direito ou bem de outrem, mais valioso, ou mais importante, desde que não possa se exigir uma outra conduta para salvar o seu bem. Volta-se, ainda, ao caso do cocheiro alemão: ele lesionou uma pessoa para salvar o seu emprego. E sacrificou aquele bem mais valioso (a integridade física) do que o bem protegido (o emprego). Estaria, assim, o cocheiro, em verdadeiro estado de necessidade excludente de culpabilidade ou inexigibilidade de outra conduta?

Outro exemplo clássico é o da parteira de uma cidade carvoeira do interior da Alemanha. Os administradores das minas de carvão dispensavam os empregados cujas mulheres tivessem filho num dia de semana. Sempre que uma criança nascesse no sábado ou no domingo, os trabalhadores não tinham essa "benesse".

Então, convencionaram com a parteira que, sempre que os filhos nascessem no sábado ou no domingo, ela daria um atestado dizendo que este nascera na segunda-feira. Relutante, a parteira, a princípio, não quis aceitar a exigência, até que os mineiros avisaram que iriam buscar uma outra parteira, de uma cidade próxima, e que já concordara com o trato.

A parteira, na iminência de perder sua atividade profissional, foi obrigada a aceitar a condição. Flagrados, parteira e mineiro, ela foi absolvida pela excludente de culpabilidade, enquanto o mineiro foi condenado por falsidade ideológica.

5. Legítima defesa

Quando estudamos o estado de necessidade, dissemos que ele era o gerador de todas as demais excludentes de antijuridicidade. Ao estudarmos agora a legítima defesa, veremos que, na realidade, a legítima defesa é um caso especial de estado de necessidade. As razões que justificam o estado de necessidade estão, todas elas, presentes na legítima defesa.

A diferença que existe é a de que, no estado de necessidade, há o choque de dois ou mais interesses lícitos, enquanto, na legítima defesa, apenas um dos interesses conflitantes é jurídico, enquanto o outro é uma agressão injusta.

Assim, por exemplo, João agride Pedro com uma faca. A atuação de João é injusta. O bem que Pedro tem a proteger (a sua vida, sua integridade corporal, sua saúde) são bens juridicamente tutelados. Pedro reage se defendendo. Essa defesa se torna legítima, e, ainda que Pedro mate João, não comete crime, porque agiu ao abrigo de uma descriminante legal.

É que, segundo o entendimento doutrinário, o agente procede em legítima defesa atendendo aos impulsos eminentemente sociais.

Mas nem toda reação a uma agressão injusta pode ser considerada defesa legítima. Para que haja o reconhecimento da descriminante, há necessidade de que a agressão injusta seja atual e iminente, contrária a determinado bem ou interesse jurídico, e que exista uma proporcionalidade entre a agressão sofrida e a reação oposta. Faltando qualquer um desses elementos constitutivos da excludente, desaparece a justificativa, e o agente deverá ser condenado pela prática do delito cometido.

Se a agressão for justa, desaparece a excludente, até porque não se admite a legítima defesa recíproca.

CAPÍTULO XV

Se a agressão foi provocada pelo agente, perde seu caráter jurídico e, consequentemente, passa a colocar o pretenso agressor em estado de legítima defesa.

Ainda, a resposta à agressão deve ser no momento em que aconteceu ou ante probabilidade de imediatamente acontecer. A reação tardia, muito depois de a agressão ter ocorrido, não justifica a legítima defesa. A reação deve ser moderada, existindo certa proporcionalidade entre a ação e a reação.

É importante a análise do uso moderado dos meios necessários, pois a legítima defesa não aceita, por sua natureza, os excessos, mesmo que defensivos.

O indivíduo que, por exemplo, é agredido e se retira do local indo a casa buscar sua arma, para depois descarregá-la no seu agressor, rompe com todas as normas das justificativas penais.

Ainda que a agressão tenha sido injusta, a resposta não foi nem atual, nem iminente. Houve um lapso temporal injustificável entre a agressão e a sua reação.

De outro lado, os meios não foram os necessários, porque tanto a doutrina quanto a jurisprudência entendem que os meios necessários são aqueles que o agredido dispõe no momento em que está sofrendo a agressão. Então, meios necessários podem ser confundidos com meios disponíveis. A partir do momento em que, cessada a agressão, o indivíduo sai da arena da discórdia e vai a casa buscar a arma, não o faz mais para se defender, e sim, está agindo, de forma a caracterizar a vingança.[363]

Outra característica da legítima defesa é que o emprego dos meios necessários seja feito de forma moderada. Essa moderação pode ser entendida como a necessária para fazer cessar a agressão. Assim, se o agente, com um tiro, faz com que seu adversário caia, cessada restou a agressão. Se continuar atirando, não é mais para se defender, e sim para extravasar sua raiva.

É claro que o juiz, ao examinar a legítima defesa, não deve se cercar de um extremo rigorismo, a ponto de tirar do agente a possibilidade do reconhecimento da excludente. Há que se considerar que a legítima defesa é um fenômeno eminentemente subjetivo, e o Juiz, para ser justo, deve-se colocar na posição do agredido, no momento em que sofreu a pressão.

Pedro Vergara ensina que todos reagem no momento em que é preciso salvar a existência – todos julgam a situação –, mas cada um julga, e reage, com o seu próprio temperamento, com os próprios nervos e com as contingências de seu organismo.[364]

Na lição do advogado gaúcho, "na apreciação dos requisitos que constituem a legítima defesa, deve o juiz fugir a um rigorismo que tornaria impossível o reconhecimento da justificativa; deve ser feita, não sob o ponto de vista objetivo da agressão e da defesa, 'senão sob o ponto de vista subjetivo do agressor e do agredido'".[365]

---

[363] JÚRI – HOMICÍDIO SIMPLES – LEGÍTIMA DEFESA – EXCESSO DOLOSO – DESAFIO – PROVOCAÇÃO E ACEITAÇÃO – Não age em legítima defesa o agente que se desentende e discute com a vítima, sabendo que estava com um revólver, vai em busca de arma de fogo no carro e retorna, aceitando o desafio do agressor, ocorrendo o confronto. Em circunstância de aceite de provocação, nem agente nem vítima estão em situação de autodefesa. Apelo desprovido. (TJRS – ACR 70002690725 – 1ª C.Crim. – Rel. Des. Silvestre Jasson Ayres Torres – J. 06.03.2002)
[364] VERGARA, Pedro. *Da Legítima Defesa Subjetiva*. Porto Alegre: Livraria do Globo, 1929. p. 57.
[365] VERGARA Pedro. Op. cit., p. 13 e 14.

Realmente, o julgador não pode se desvincular da realidade do agredido, para, adotando seus padrões jurídicos e morais, à distância, querer agir como um ser robótico. Aliás, a própria jurisprudência, tão cautelosa na análise dos requisitos da legítima defesa, tem aceitado, como necessária à humanização do instituto da legítima defesa.

Temos de considerar que, quem se defende, é obrigado a prejulgar um acontecimento, até mesmo porque a repulsa para ser eficaz tem que ser, na maioria das vezes, anterior ao ataque, na iminência do seu acontecer, para que o resultado seja considerado, dessa forma, eficaz.[366]

Nem se poderia admitir que o indivíduo esperasse a bofetada, a facada ou o tiro do seu agressor, para, só então, merecer do direito, a autorização para agir.

Se assim fosse, não seria necessária a criação das justificativas penais. Seria exigir do ser humano a covardia, a pusilanimidade, a falta de honra e dignidade, perante o seu semelhante. Aliás, todas as discriminantes existem para proteger a dignidade humana.

Lemos Sobrinho diz que, "efetivamente, a lei não exige que indivíduo sacrifique a dignidade própria ou afronte o perigo da retirada para não usar da força na defesa de um direito. Se o fizesse, estaria em contradição consigo mesmo porque importaria em negar a prática de um direito que reconhece em teoria".

E segue no seu lecionar: "Exigir, com efeito, que o indivíduo se retire diante da agressão é o mesmo que impor que aquele que momentaneamente representa a justiça repressiva renuncie a sua defesa e à da sociedade, deixe o campo livre ao agressor e se inutilize para grande luta pela vida, o que afinal importaria em reduzir a quase nada os seus direitos, visto que para a defesa lhe é indispensável a permanência do teatro do ataque".[367]

Ihering diz que "a doutrina da covardia da obrigação de sacrificar o direito que se nos quer arrancar, constitui a antítese científica com a opinião que defende, e que, ao contrário, faz da luta corajosa pelo direito um dever estrito, classifica a fuga diante da agressão como um atentado contra a ideia do direito e com a mais afrontosa ofensa contra o sentimento jurídico, que jamais a ciência cometeu".[368]

No exercício da legítima defesa, o direito quer proteger todos os bens, sem excluir nenhum. Assim, o indivíduo pode agir em legítima defesa da vida, da integridade física, da saúde, da honra, da posse, da propriedade, enfim, todo e qualquer bem, desde que protegido pelo direito.

Há outro aspecto a ser considerado: pode o agente atuar em legítima defesa dos bens de terceiro, quando agredidos injustamente? A resposta é afirmativa, pois a legítima defesa de terceiro é a mais heróica das defesas, porque eminentemente

---

[366] APELAÇÃO – HOMICÍDIO – JÚRI – LEGÍTIMA DEFESA – EXCESSO (CULPOSO OU DOLOSO) – DECISÃO CONTRÁRIA À PROVA DOS AUTOS – NÃO CONFIGURAÇÃO – A cassação de veredicto popular manifestamente contrário à prova dos autos só é possível quando a decisão for escandalosa, arbitrária e totalmente divorciada do contexto probatório, nunca aquela que opta por uma das versões existentes". (Súmula nº 28 – TJMG). Em "momento de exasperação e em pleno desenvolvimento de luta corporal acirrada, não deve o julgador ser muito exigente quanto ao uso dos meios necessários na reação justa e inadiável empreendida pela pessoa agredida" (TJSP). Recurso a que se nega provimento. (TJMG – ACr 000.255.358-4/00 – 1ª C.Crim. – Rel. Des. Tibagy Salles – J. 30.04.2002)

[367] LEMOS SOBRINHO, Antonio. *Da Legítima Defesa*. 2ª ed. São Paulo: Saraiva, 1931, p. 73.

[368] IHERING, Rudolf von. Op. cit., p. 146.

altruística. A legítima defesa de terceiro é sempre um gesto de desprendimento, de abnegação, de filantropia e de amor ao próximo.[369]

5.1. Histórico da legítima defesa

Quem procurou, por primeiro, uma definição de legítima defesa foi Hugo Grocio. Era ela mais filosófica que jurídica, eis que eminentemente naturalista. Seguiram-se as doutrinas de Puffendorf, Thomasius, Cristiano Wolff, entre os pioneiros.

Partindo da concepção naturalista do direito, Grocio encontra a legitimação da defesa privada, como a da guerra pública, na qual digladiava a causa justa contra uma injúria. Para ele, só a legítima defesa da própria pessoa, realizada na atualidade de um perigo absolutamente inevitável, era admitida.

Diz-nos Vincenzo La Medica que "a teoria de Grocio, e a outra mais limitativa, a de Puffendorf, exerceram grande influencia nos séculos seguintes, e tanto na legislação francesa, como nos códigos que a seguiram, a legítima defesa era regulada com base naquelas ideias e, conseqüentemente, restrita a pessoa do agredido. Era ela colocada, não na parte geral dos códigos, mas na especial, onde se tratavam dos crimes de sangue, como se fosse uma causa de justificação".[370]

Segundo consagrados autores, foi no século XIX que deram ao instituto da legítima defesa uma sistematização positiva.

Várias teorias surgiram nesse período pelas quais passeou o direito penal, procurando dar variegados sentidos ao direito da defesa privada. Tantas foram as teorias surgidas que Carrara acabou por dizer que "o problema da legitimidade da defesa privada ocupou um tão grande número de escritores que, para darmos uma bibliografia completa, seria necessário um volume".

Até por isso, vamos examinar cada uma das consideradas mais importante e, mesmo assim, a voo de pássaro.

5.2. O instinto de defesa e o Direito Penal

Desvendar algo que está nas profundidades da alma humana é de extrema valia para a definição de importantes conceitos inerentes ao próprio direito. E um dos mistérios de maior importância para o ser humano é a necessidade que tem de saber a origem de todos os fenômenos que representam, desde o iniciar da própria vida, as lutas do indivíduo com ele próprio. O desconhecimento de tais fenômenos seria a negativa da sua própria razão de ser.

A mitologia grega nos conta a história de alguns gigantes, todos eles habitantes da alma humana que, de certa forma, nos permite entender fenômenos tais, como o do instinto natural de defesa.

---

[369] DIREITO E PROCESSO PENAL – HOMICÍDIO – LEGÍTIMA DEFESA PRÓPRIA E DE TERCEIRO – ABSOLVIÇÃO SUMÁRIA – Confirma-se a absolvição sumária, na forma do art. 411 do CPP, quando toda a prova produzida evidencia, estreme de dúvida, que o acusado disparou contra a vítima em legítima defesa própria e da esposa, nos termos do art. 25 do CP, revidando imediatamente a injusta agressão atual e fazendo-o moderadamente e com o uso de meio necessário, pois o ofendido, também armado de revólver, atirou primeiro, chegando inclusive a ferir a mulher do réu. (TJPR – RecExOff 0113667-2 – (13729) – Curitiba – 2ª C.Crim. – Rel. Des. Gil Trotta Telles – DJPR 04.02.2002)

[370] MEDICA, Vincenzo la. *O Direito de Defesa*. São Paulo: Livraria Acadêmica; Saraiva, 1942, p. 30.

A sensação de ambivalência que angustia todo o ser humano tem explicação mitológica nas figuras de Eros[371] e Tanato,[372] os deuses da mitologia grega que Freud elegeu para personificar o sentimento e a consciência da existência da vida e da morte.

Eros despertava o amor e o desejo nos homens, acertando flechas em seus corações. Representa o instinto de sobrevivência. Já Tanato, o deus da morte, filho de Nyx (a Noite), era irmão de Hypnos (o Deus do sono).

A luta entre ambos está representada, na psicologia, como o embate entre os instintos de conservação e de destruição. A supremacia de um destes sentimentos sobre o outro nos dará o nível de normalidade do ser humano. Se o Tanato estiver no comando, seus instintos de defesa são diminutos, fazendo com que desapareça aquilo que é o símbolo deificante, divinizado por Eros, na defesa da sobrevivência.

5.3. Mecanismos de defesa

Muito embora o filósofo espanhol Ortega y Gasset, há quase um século, tenha escrito que o ser humano é fruto das suas circunstâncias, e que estas são, muitas vezes, imponderáveis, há que se entender que a parcela de instintos que nascem com o homem são a razão e a garantia de seu próprio sobreviver.

Anna Freud, a filha caçula do casal Sigmund e Martha Freud, diz que o homem tem, desde o nascer, uma série de mecanismos de defesa, inserto em sua própria psique.

Entre os principais mecanismos encontram-se a repressão, a negação, a racionalização, a formação reativa, o isolamento, a projeção, a regressão e a sublimação.[373]

O equilíbrio entre essas reações é a característica encontrada em indivíduos saudáveis. De outro lado, a presença excessiva de qualquer deles pode ser uma indicação da presença de possíveis sintomas neuróticos senão que psicóticos.

Fadiman & Frager, em sua obra *Teorias da Personalidade*, em síntese máxima, descreve a repressão no ato humano, que consiste em afastar uma determinada coisa do consciente, mantendo-a à distância da sua capacidade de entendimento.

A negação é a tentativa de não aceitar na própria consciência algum fato que lhe perturba o Ego. Esse mecanismo é talvez o de maior importância para justificação do instinto de defesa. Através dele o indivíduo passa a negar, ou seja, a "esquecer" o ato que praticou, negando-o, plenamente. É uma defesa guiada pelo seu ego, na tentativa de se livrar de um peso em sua consciência. É presente no ser humano desde criança.

---

[371] Cupido, dos romanos, e Eros, dos gregos. Deus brincalhão, astuto, cruel e impiedoso, tiraniza os deuses e os homens, e se diverte com as suas vítimas. Filho de Marte e de Vênus, e esposo de Psiquê, espalha sobre a terra a vida, a alegria, e a fecundidade; impera no coração humano e em toda a natureza; "é a misteriosa força de afinidade universal, que atrai os elementos e seres, unindo-os, em íntima harmonia, para a maravilhosa obra da geração da vida". Por sua mágica influência, tudo surge do Caos e da Terra. Os artistas representam-no dotado de asas e armado de flechas e setas fatais, que atravessam os corações, ou de facho que os devora. Tem sido e será sempre manancial fecundo das mais ardentes inspirações dos poetas.

[372] O deus da morte da mitologia grega. Era filho de Nyx (a Noite), que o criou sozinha e irmão gêmeo do deus do sono. Era representado como um jovem alado portando uma tocha apagada. Embora bastante utilizado na arte e poesia, sua adoração era apenas significativa em Esparta, onde era alvo do culto popular. Existe uma lenda que narra como o jovem Sísifo, fundador e primeiro rei de Corinto, o derrotou, dando, portanto, imortalidade às pessoas, até que Ares libertou a Morte.

[373] FREUD, Anna. *O Ego e os Mecanismos de Defesa*. Rio de Janeiro: Civilização Brasileira, 1978.

A racionalização, segundo a definição clássica, é o processo de achar motivos lógicos e racionais aceitáveis para pensamentos e ações inaceitáveis. O indivíduo justifica, muitas vezes, com alta convicção, o ato proibido, defendendo-se dele com argumentos às vezes extremamente razoáveis.

A formação reativa não é mais que uma inversão clara e, no mais das vezes, inconsciente do seu verdadeiro desejo. Como os outros mecanismos, as formações reativas são desenvolvidas, em primeiro lugar, na infância, desenvolvendo-se também na idade adulta.

A projeção é o ato de atribuir a outrem as qualidades ou desejos que se originam em si próprio. É um mecanismo de defesa que o indivíduo faz, deslocando de dentro de si para fora de si mesmo, depositando a responsabilidade nos outros. É comum posições defensivas como, "ora, quem nunca errou na vida", "quem nunca pecou, que atire a primeira pedra", "todo homem tem o seu preço", quase sempre para justificar seu ato contrário às normas de comportamento social.

A regressão é o retorno a um nível de desenvolvimento anterior, assumindo posições infantis, desordenadas, e não próprias ao seu estágio atual de vida. Assim, uma pessoa que na infância foi muito reprimida, ao atingir a terceira idade passa a ter atitudes juvenis, normalmente os homens pintam os cabelos brancos de um exagerado preto, com vestimentas muitas vezes ridiculamente inadequadas, tentando parecer com menos idade, tentando seduzir menininhas, etc.

A sublimação é processo inconsciente que consiste em desviar a energia da libido para novos objetos. Não é mais que a canalização da libido para atividades altruísticas, muitas vezes até de altíssimo mérito social. Normalmente vem precedida de uma grande frustração afetiva. A perda de um grande amor já levou muitos indivíduos a se defenderem, recolhendo-se ao claustro, dedicando-se à poesia, ou outra atividade, simplesmente como forma de sublimar o amor perdido.

Deslocamento é o mecanismo psicológico de defesa em que a pessoa substitui a finalidade inicial de um impulso por outra diferente e socialmente mais aceita. O indivíduo, em uma discussão, quer agredir o outro, entretanto, substitui a vontade pela execução de um pontapé violento na parede, ou atirando um vaso ao chão, expressão consagrada popularmente como "virando a mesa" e, no mais das vezes caindo num choro convulsivo.[374]

5.4. A defesa como meio de sobrevivência

Todos esses elementos basilares do instinto de defesa é que criam as reações tidas, pelo direito, como naturais, porque nativas, e hão de ser encontradas na reação de qualquer ser vivo. Diz-se, apropriadamente, qualquer ser vivo, eis que, até determinadas plantas se defendem. Exemplo é o de que, quando atacadas por insetos, liberam um composto químico volátil que funciona como uma forma de defesa a impedir a sua destruição. A citronela é uma planta que possui características interessantes. É ela rica em substâncias que lhe dão um odor cítrico semelhante ao do eucalipto. Devido a isso, é mundialmente usado como aromatizador e em produtos de perfumaria. Mas o mesmo cheiro que agrada tanto aos humanos é uma forma de defesa para a planta, por que insuportável aos insetos, característica que faz dele um repelente natural.

---

[374] FADIMAN, James; FRAGER, Robert. *Teorias da Personalidade*. São Paulo: Ed. Harbra, 1980.

Conta-nos a ciência que os golfinhos precisam respirar sempre, especialmente enquanto dormem. Há necessidade de estarem conscientes para permanecer respirando. Por isso eles não podem dormir em sono profundo pois, sem respirar, morreriam sufocados. Como forma de defesa das vidas, esses animais deixam apenas uma das metades do cérebro dormir de cada vez. A outra, estando acordada, defende-os da morte.

Então, tudo na vida se nos apresenta como luta contra a morte. E esta luta, como já se disse, é representada pelo embate entre Eros e Tanato. Encontra-se no ser humano, ali acomodado, desde o nascer do indivíduo.

Na década de setenta, a Revista Pais & Filhos fez publicar uma matéria que tratava do instinto de defesa, tão fortemente insculpido no âmago do humano. Na capa, aparecia uma criança recém-saída do útero materno, agarrada a um cordel, mostrando o seu apego à vida, defendendo-se de um perigo, com inusitada força.

É que o ser humano apresenta respostas instintivas de defesa já ao nascer: a primeira delas é a respiração, representada por um forte choro anunciando a sua entrada na vida. Depois, o seu reflexo: o de se agarrar à vida. Este reflexo nasce, instintivamente, como integrante do direito de conservação. É só colocar o dedo na palma de sua mão que ele o segurará com bastante firmeza, defendendo-se de uma possível queda. É uma defesa natural e inerente.

Com isso já temos uma certeza absoluta: o ser humano, fruto de suas circunstâncias, nasce com o instinto de defesa. É ele, o instinto de defesa, parte integrante da própria vida humana. E esse instinto de sobrevivência, advém do medo da queda e de suas consequências. Portanto, o medo da queda, ou, simplesmente o medo de alguma coisa, é o mais forte instinto de conservação, gerador das mais variadas formas de defesa, próprias do instinto de vida.

5.5. O medo como forma de defesa

Nos seres humanos, o receio da represália, nascida desde a punição divina, faz com que o ser humano use a fantasia como a forma mais espontânea de defesa.

O justo temor reverencial foi o que fez Adão, ante o medo da expulsão do paraíso, afirmar: "Senhor, não fui eu quem comeu do fruto proibido!" À pergunta do Criador, "Caim, Caim, que fizeste de teu irmão?", não houve resposta, e sim, uma saída representativa de uma preliminar de mérito: "Acaso sou eu guarda de meu irmão?".

Ainda que evasiva, a resposta a uma pergunta através de outra pergunta é uma forma natural de se defender. E é tão natural a resposta indeterminada, imprecisa e incerta que a criança, mesmo flagrada "furtando" um doce, quebrando um objeto de valor de seus pais, nega a sua autoria e se desfaz do sentimento de culpa. O medo, gerador dessa fantasia de punição, é que representa uma das respostas humanas mais rápidas e menos elaboradas.

Depois de a criança ter tido a experiência de queimar sua mão no fogo, a segunda vez, por certo, não acontecerá, unicamente, pelo medo da dor antes experimentada.

O medo é, então, uma das emoções animais mais primitivas. Por demais simples, é ele essencial à sobrevivência do indivíduo, pois é gerador de novos instintos de defesa.

Exaustivamente estudado em animais, o circuito neuronial do medo é bem conhecido e interpretado, basta se leia a passagem de Mira Y Lopez sobre o gigante negro da alma humana: "Importa, pois, assinalar, que a passagem da fuga para dentro de si à fuga para fora de si (em direção oposta à do estímulo fobígeno) requer, obrigatoriamente, em algum momento da evolução biológica, a passagem da mera passividade à ativa defesa individual ante a ação nociceptiva. Desta forma, se poderia dizer que o animal não foge porque tem medo, mas sim que foge para livrar-se do medo, passando, de vítima propiciatória e indefesa, a uma individualidade pessoal que põe em jogo seus recursos para superar a situação, libertando-se dela sem sofrer maiores danos".[375]

É que, com a criação dos dois primeiros homens, veio a necessidade da criação de regras de convivência do rudimentar social. O primeiro casal vivia no paraíso ausente de regras. Criou-se a primeira norma e, com ela, a curiosidade pelas suas razões de ser, geradoras da primeira desobediência. Essa primeira desobediência já foi fruto de uma forma de defesa ante o desconhecido. Com a primeira lei, a necessidade da primeira defesa.

No pedido de explicações, o medo fez com que houvesse a primeira inverdade: "eu não comi do fruto proibido". Essa primeira falsidade teve origem na necessidade de defesa gerada pelo medo do primeiro castigo, o divino.

Note-se que, quando Prometeu roubou o fogo escondido no Olimpo para entregar aos homens, para castigá-lo, Zeus enviou-lhe Pandora, portadora de uma caixa que, ao ser aberta, espalharia todos os males sobre a Terra. Tendo Prometeu resistido a seus encantos, como represália, foi acorrentado a um penhasco, onde uma águia, diariamente, devorava seu fígado, que ao se reconstituir, novamente era castigado, até que Hércules conseguiu matar a águia, libertando o infeliz prisioneiro do castigo divino.

Assim, o instinto de defesa, com todos os seus mecanismos básicos, passa a ser o gerador do medo que, como o gerador da perspectiva de punição, obriga a criação da fantasia humana, teleologicamente dirigida à defesa de um mal de uma eventual punição.

De outro lado, é o medo o principal freio à realização de alguns atos proibidos pelas leis humanas. É ele, antes de humano, eminentemente animal, surgindo no ser racional, exatamente como ocorre nas outras espécies. Sem dúvida que se trata de uma defesa que faz parte do próprio instinto de autoconservação, cuja finalidade é afastar-nos dos perigos reais.

Medo e Castigo são os geradores de equilíbrio social, impedindo que o regramento natural humano seja desvirtuado.

5.6. O medo e a imaginação humana

De outra banda, não podemos pretender o ser humano ausente de sua imaginação. Nogueira Itagiba leciona que todas as coisas se apresentam ao homem como qualidades ocultas, dotadas de boa ou má influência. Diz que o ser humano só pensa no que sente. É, porém, dono de uma imaginação que se constitui em um privilégio

---

[375] MIRA Y LOPEZ, Emílio. *Quatro Gigantes da Alma*. 7ª ed. Rio de Janeiro: Livraria José Olympio, 1963, p. 15.

do cérebro humano. E a imaginação é suscetível de vícios, entre os quais figura o medo.

Seguindo sua exposição sobre o culto às formas sobrenaturais, tabus, totens, animismo e magia, diz-nos o saudoso juiz que o medo, estado de emotividade, foi, segundo o epicurista Lucrécio, o grande criador dos deuses.[376]

Assim que, de primeira conclusão, podemos dizer que reação defensiva é eminentemente subjetiva, já que não podemos conhecê-la sem toda aquela gama que representa o conteúdo imaginativo do ser humano. Então, a razão natural permite a autodefesa contra um perigo.

5.7. A teoria da perturbação ou da coação moral

Segundo essa teoria, o agente não era punível por estar coagido (e por isso, com medo). Não era punível, porque a necessidade de se defender do perigo de uma agressão injusta exclui, do agredido, a liberdade de querer e, portanto, há a exclusão do dolo.

Esta teoria, que tem uma antiga tradição, foi adotada por Puffendorf, o qual ensinou que quem age para se defender de um perigo eminente não pode ser responsável, por ter agido em estado de perturbação do espírito.

Tal teoria, adotada também por Pessina e outros autores italianos, foi violentamente combatida por Carrara. Para ele, o estado de coação não explicaria a extensão da dirimente à defesa do direito alheio, reconhecida pelo direito positivo, e por todas as outras legislações contemporâneas.

A perturbação do espírito, para Carrara, pode ser utilmente considerada, não como fundamento racional da escusa, mas como critério a admitir casos concretos, para eliminar do arguido a acusação de *excesso,* tanto no cálculo do próprio perigo, como nos limites da reação.[377]

Poderia acrescentar-se que, segundo De Marisco, na infração cometida em legítima defesa, a intenção de cometer o fato é frequentemente determinada pela necessidade da defesa.[378]

5.8. A teoria da colisão dos direitos

Segundo esta teoria, o agredido tem direito a matar o agressor, porque este, violando o dever que tinha de respeitar a vida alheia, perdeu o direito de exigir o respeito pela sua. Os defensores dessa teoria sustentavam que, quando dois direitos entram em colisão, de modo que a vida de um importa na morte do outro, o Estado deve optar pela conservação do mais importante.

Carrara também criticou esta teoria por entender que não se pode considerar suficiente, como demonstra a hipótese da morte de um agressor que seja louco, ou, por outra forma seja irresponsável, o que faz com que não possa dizer-se ter ele perdido o seu direito à vida em resultado da sua agressão.

---
[376] ITAGIBA, Ivair Nogueira. *Homicídio, Exclusão de Crime e Isenção de Pena*, vol. I. Rio de Janeiro: IBGE, 1958, p. 7 e 8.
[377] CARRARA, Francesco. *Opuscoli*, vol I, p. 153.
[378] MARISCO, Alfredo de. *Studi di Diritto Penale*. Napoli: Alberto Morano.

A dificuldade maior para os doutrinadores repousaria em distinguir o direito menor do direito maior. Daí a pergunta: por que deveria o Estado querer o sacrifício do primeiro, em sacrifício do segundo?

Poderia, diz Carrara, até argumentar-se com a afirmação de que o Estado deveria, pelo contrário, proteger o direito menor.[379]

Não há dúvida, porém, que entre dois interesses jurídicos, ou direitos subjetivos em conflito, deveriam ser sacrificados ou restringidos aqueles cuja satisfação importe num menor dano à existência da sociedade, o que constitui, realmente, o supremo fim do direito penal.

Examinando o caso de legítima defesa, lecionava Rocco que, aquele que ofende um interesse alheio penalmente tutelado, afasta um perigo de ofensa a um bem próprio ou alheio, cuja tutela tem para a sociedade uma importância maior do que a tutela do interesse do ofensor, e pratica, portanto, uma ação conforme o direito.[380]

Mas, na realidade, a teoria da colisão dos direitos encontra uma barreira já na sua conceituação, a saber, até onde o interesse público exige ou autoriza uma invasão dos bens jurídicos alheios, que também representam, pela sua parte, um interesse da sociedade, abstraindo-se a justiça ou injustiça da agressão.

5.9. A teoria da defesa pública subsidiária

Segundo esta teoria, criada por Carrara, a defesa privada teria como fundamento jurídico na *cessação do direito de punir da sociedade,* que se dá quando a defesa privada pudesse ser eficaz, enquanto a defesa pública fosse impotente ou inadequada.

Para Carrara, quando a defesa pública se torna ineficaz, a defesa privada retomaria a sua supremacia com perfeita legitimidade. A defesa pública teria o caráter de subsidiária, e não seria, simplesmente, uma faculdade reconhecida ao Estado, mas antes, um direito originário do indivíduo, que o instinto de conservação faz aparecer. Dá-se assim à legítima defesa um conteúdo originário naturalístico.

A teoria da defesa pública subsidiária foi rebatida fortemente pela escola positiva sob a alegação de que estaria ela alicerçada em pressupostos individualistas e contratualistas.

O grande mérito de Carrara foi o de que, pela sua teoria, ter elevado a legítima defesa da categoria de "justificação" à de "direito". Foi somente depois dela, e a partir de Carrara, portanto, que se passou a aceitar, de forma inconteste, a legítima defesa como um exercício de um direito subjetivo apreciável tanto pelos seus aspectos subjetivos, quanto objetivos.

5.10. A teoria que considera a legítima defesa como um direito público subjetivo

Entendem os criadores desta teoria que a legítima defesa é um direito subjetivo de caráter público, do qual o cidadão é competente para agir, o qual se harmoniza com as funções de polícia do Estado que, por isso, não se opõe a ação desenvolvida pelo indivíduo, mesmo que em defesa de terceiros.

---
[379] CARRARA, Francesco. *Programma de Dirito Penale*, vol. I, p. 271.
[380] ROCCO, Arturo. *L'oggetto del Reato*, p. 536, 1933.

Contra esta teoria, tem-se a considerar que a reação não pode ser apreciada como parte de um poder de polícia, com caráter punitivo, e sim, à luz de um princípio de justiça.

Para Hegel, há que se ter, no lado do agressor, "a infinita inexistência de um direito e, de parte do que se defende, do agredido, a violação de certa existência limitada apenas pela liberdade".[381]

Carrara entendia que, a se entender o contrário, se estaria "impondo ao inocente que se deixasse matar, impor-se-ia uma desordem e ir-se-ia de encontro com as leis da natureza".

Entendia Hegel que, "se ao homem que se encontra em perigo de vida não devesse ser permitido proceder de maneira a conservá-la, seria considerá-lo privado do direito a ela e, por conseguinte, seria sentenciá-lo à morte".

É que, a não se admitir a autodefesa, teríamos que admitir, de plano, a consagração do reflexo covarde, expresso não mais no direito de se defender, e sim, no de fugir. A humanidade não aceita uma sociedade formada por covardes, pois seria, então, a negação de todo o conteúdo anímico gerado dentro do espírito humano. Seria, segundo o exemplo da mitologia grega, impor-se a vontade de Tanato sobre a de Eros.

5.11. Teoria da delegação do poder de polícia

O instituto da legítima defesa, para os defensores dessa teoria, representa uma delegação hipotética e condicionada do poder de polícia que o Estado faz ao indivíduo, por razões de necessidade, quando ele, Estado, reconhece que não pode eficazmente prestar uma oportuna proteção.

Esta concepção, segundo ainda La Medica, levaria a reconhecer na legítima defesa uma hipótese de exercício privado de funções públicas.[382]

Entretanto, na legítima defesa, o indivíduo, em regra, reage não pelo Estado, mas no seu próprio interesse. É o levantar da voz do instinto sobre a própria razão.

A isso, acrescenta De Marisco, nenhum poder delegado pode ser diverso daquele que tiver o delegante. E nunca sucede que o Estado, para prevenir a violação de um direito, tenha necessidade de praticar fatos que correspondam ao modelo legal de uma infração.[383]

5.12. A teoria da sociabilidade dos motivos

Criação da Escola Positiva, desenvolvida por Ferri e descrita pela primeira vez na sua Sociologia Criminal. Sustentava que, "quando a reação defensiva se aplica na sua forma individual, é evidente que o seu único e fundamental móvel é a utilidade pessoal do ofendido, e a tendência inevitável para a própria conservação".

O fundamento da legítima defesa, portanto, não seria uma justificante, e sim, o exercício de um direito, em correspondência com a teoria do instinto de conservação. Ferri teve o mérito, com a teoria da antijuridicidade dos motivos, de ter apresentado

---
[381] HEGEL. *Lineamentos de Filosofia de Direito.*
[382] MEDICA. Op. cit., p. 35.
[383] MARISCO. Op. cit., p. 158.

pela primeira vez uma doutrina da legítima defesa que não estivesse em desacordo com o bom-senso e com a lógica.

Entretanto, para Fioretti, essa doutrina é incompleta, e sustenta que a legítima defesa se justifica pelo fato de o interesse do agredido coincidir com o interesse social, no sentido de que a sociedade tem maior interesse na conservação do indivíduo agredido, do que na conservação do agressor, criminoso e antissocial.

Florian, aderindo à teoria dos positivistas, observa que o fim da conservação de si, ou de outra pessoa, contra uma agressão injusta, é eminentemente social e jurídico, pelo que falta a temibilidade a quem o tem em vista, e cessa, por conseguinte, a razão para reprimir.

Essa teoria tem grande aceitação, especialmente porque não deixa de considerar os aspectos psicológicos do crime, do criminoso e da sua vítima, importantes no conhecimento social. Pecava, entretanto, por não considerar os aspectos inerentes aos instintos naturais de defesa.

5.13. A teoria que baseia a legítima defesa na licitude da ação

Essa teoria, criação da genialidade criativa tudesca, é a mais moderna e a mais aceita pelo direito penal moderno. Considera a legítima defesa como uma causa que exclui a antijuridicidade, característica de qualquer infração. As ações que representam uma invasão proibida da esfera de poder, juridicamente protegida, de outra pessoa ou da coletividade, tem-se por antijurídicas, isto é, contrárias ao direito.

Seria, em última análise, ofensa a interesses protegidos pelo Estado e, por isso, ilegais. A legítima defesa, como as demais excludentes, seria exceção permitida pelo direito.

5.14. Conclusão

Já vimos, então, que o instinto de defesa é inerente à própria razão de existir do ser vivo. E o homem tem o direito/dever de se defender com toda a sua capacidade de reagir. Entretanto, temos como regra universal a máxima de que ninguém pode fazer valer o seu direito pela força, pena de voltarmos a um estado primitivo onde vigoraria a lei do mais forte.

Mas isso não impede que a vítima de uma agressão, desde que se valendo, moderadamente, dos meios necessários, responda, pela força, à injusta agressão, atual ou iminente, a direito seu ou de outrem.

A ordem jurídica visa à proteção dos bens juridicamente tutelados e, por isso, o Estado admite que a vítima, naquelas condições, se defenda, mesmo porque, nem sempre, as pessoas podem recorrer ao Estado para a proteção de seu direito.

Quem defende, seja embora violentamente, o bem próprio ou alheio injustificadamente atacado, não só atua dentro da ordem jurídica, mas em defesa dessa mesma ordem.

De outra banda, se o instinto de defesa faz parte do subjetivismo do indivíduo, não pode ele ser entendido dentro de um rigorismo tal que venha dificultar o seu reconhecimento.

Citado por Vergara, a lição vinha do Ministro Edgard Costa, no sentido de que, "... na apreciação dos requisitos que constituem a legítima defesa, deve o juiz fugir a um rigorismo que tornaria impossível o reconhecimento da justificativa; deve ser feita, não sob o ponto de vista objetivo da agressão e da defesa, senão que, sob o ponto de vista subjetivo do agressor e do agredido".[384]

E conclui o saudoso Vergara: "Seria intolerável que a legítima defesa estivesse coartada ao puro e exclusivo objetivismo da agressão, quando esta ainda não saiu, por assim dizer, da sua potencialidade, para tomar, no mundo exterior, uma expressão mais definitiva e unívoca".

Do mesmo modo: "... se a agressão já teve início, mas ainda não terminou e tudo mostra que continuará ou que pode continuar, o prosseguimento da repulsa é também uma questão de foro íntimo, um fato de intenção: o agente prossegue na defesa e na repulsa, porque não sabe até onde chegará o impulso agressivo do adversário".

E conclui, sabiamente, dizendo: "Quem se defende julga um acontecimento futuro; *prejulga*, porque é obrigado a prejulgar, visto que a repulsa, para ser eficaz, tem de ser anterior ao ataque, nos seus resultados".[385]

6. Estrito cumprimento de dever legal

Outra excludente de antijuridicidade está presente na atuação do agente cumprindo um dever advindo da lei.

Não comete crime quem age cumprindo um dever legal. Nos países que adotam a pena de morte, o carrasco não está a cometer crimes, porque protegido pela excludente do cumprimento do dever estabelecido pela lei.

Assim, também, o policial que detém um ladrão, ainda que esteja privando-lhe de um direito juridicamente tutelado, que é a liberdade, estará agindo no cumprimento de um dever, que lhe é imposto pelo comando da lei.[386]

A situação, *a priori*, é de evidente ilicitude (constranger, matar, ferir, etc.). Mas, há que se considerar que o fato não acontece por vontade exclusiva do agente, e sim, por uma imposição legal.

É claro, e é íncito no princípio do cumprimento do dever legal, que o agente deva agir dentro do contexto legal, ou seja, sem nenhum excesso que transfira a sua atuação, do domínio do lícito, para o do ilícito penal punível.

---

[384] VERGARA, Pedro. Op. cit., p. 13 e 14.
[385] VERGARA, Pedro. Op. cit., p. 50.
[386] HOMICÍDIO – TENTATIVA – OCORRÊNCIA ENVOLVENDO CONDUTOR DE AUTOMÓVEL E MILITARES DE SERVIÇO – PASSAGEM FORÇADA ATRAVÉS DE PORTÃO DA GUARDA – DISPAROS DE ARMAS DE FOGO – CONSTATAÇÃO DE ESTRITO CUMPRIMENTO DO DEVER LEGAL E ERRO DE FATO – " In casu ", não se visou atingir propriamente o condutor que restou ofendido, mas, deter o seu veículo quando de ultrapassagem a obstáculos que lhe cabia respeitar. Nas circunstâncias "in tela, os acusados, como militares então de serviço, agiram conforme exigiam os Planos de Segurança de sua Unidade. Subsume-se a quaestio nas hipóteses de que tratam o Art. 42, inciso III, e o Art. 36 do CPM. Apelo ministerial improvido, mantendo-se o decisum absolutório de 1º grau quanto aos apelados. Provimento do apelo defensivo, com reforma parcial da Sentença a quo, para se ver absolvido o apelante sob pálio do Art. 439, alínea d) do CPPM, em combinação com os dispositivos legais retro apontados. Decisão por unanimidade. (STM – Apelfo 2001.01.048452-3 – RJ – Rel. Min. Carlos Eduardo Cezar de Andrade – DJU 07.03.2002)

Aqui, mais uma vez, tem que se fazer distinção entre o dever legal e o dever jurídico. Embora a Constituição Federal autorize a qualquer um do povo prender outrem, quando em flagrante delito, não há, aí, dever legal.

Já o policial, este, sim, tem o dever legal de prender. Tal poder é inerente à atividade de polícia. É dever inerente ao cargo e à função policial. E é inerente ao particular, mas não como um dever. Ele pode prender, mas não tem a obrigação legal de prender.

Nenhum advogado, por exemplo, pode ser processado por crime contra a honra se agiu no estrito cumprimento do dever legal, ou no exercício regular de um direito. É que ele não pode ser tolhido, intimidado ou amordaçado, no exercício de seu dever profissional. Trata-se de uma garantia que é imprescindível para que possa expor, dizer ou exibir em juízo, ou fora dele, o que seja útil ao seu cliente.[387]

Sem dúvida, o advogado, atuando no estrito cumprimento do dever legal, pode usar uma linguagem forte, desde que diga respeito às teses a serem suscitadas e as use moderadamente.

Aliás, a lei penal faz uma referência expressa ao direito de convencer (*de jure conviciendi*). O Código Penal, no seu art. 142, diz que não constitui injúria ou difamação punível a ofensa irrogada em juízo, na discussão da causa, pela parte ou por procurador.[388]

É claro que, como tudo em direito, tem que se admitir a afirmação, dentro de certos critérios de razoabilidade. Assim, não se pode admitir, sob título de necessidade defensiva, o uso de palavras de baixo calão, ou ofensas que não digam respeito à causa. Isso não implica incluir frases difamantes, ou injuriosas, contra a pessoa do juiz, que não é parte no processo.[389]

A imunidade do advogado está disposta no Estatuto da Ordem dos Advogados do Brasil, no § 2º do art. 7º, quando declara que o advogado tem imunidade profissional, não constituindo injúria, difamação ou desacato puníveis, qualquer manifestação de sua parte, no exercício de sua atividade, em juízo ou fora dele. É lógico que isso não o exime das sanções disciplinares pelos excessos que cometer.

A Constituição Federal de 1988 estabelece, também, restrições à imunidade do advogado, ao advertir, no art. 133, que os limites da atuação do advogado estão dentro da lei.[390]

---

[387] TACRIMSP – HC 255.112 – 12ª C. – Rel. Juiz Abreu Machado – J. 24.02.1994.

[388] *HABEAS CORPUS* – ADVOGADO – EXCESSOS EM PEÇAS PROCESSUAIS – INJÚRIA, DIFAMAÇÃO E CALÚNIA – AUSÊNCIA DE JUSTA CAUSA – LEI 8.906/94 – 1. No exercício do seu ofício, o advogado possui imunidade profissional, não podendo ser processado por eventual cometimento de injúria ou difamação (Lei 8.906/94, art. 7º, § 2º). 2. Não obstante a aspereza das palavras tecidas pelo advogado em petição, não há como se concluir pela intenção de imputar falsamente qualquer prática de crime ao magistrado. 3. Pedido de *Habeas Corpus* deferido, para trancar a Ação Penal, por ausência de justa causa. (STJ – HC . 18947 – SP – 5ª T. – Rel. Min. Edson Vidigal – DJU 29.04.2002)

[389] *HABEAS CORPUS* – ADVOGADO DENUNCIADO PELA PRÁTICA DE CRIMES DE DIFAMAÇÃO E INJÚRIA CONTRA MAGISTRADO – Não há como se trancar a ação penal se a conduta configura, em tese, crime. – A conduta do denunciado não encontra respaldo na imunidade profissional do advogado, que nem é absoluta, nem agasalha a ofensa dirigida a magistrado. – Não há como, por meio de *habeas corpus*, investigar-se a existência ou não do dolo, em face da inexistência de dilação probatória. – *Habeas corpus* indeferido. (STF – HC 82190 – RN – 2ª T. – Rel. Min. Gilmar Mendes – DJU 14.11.2002 – p. 53)

[390] CONSTITUIÇÃO FEDERAL, art. 133. O advogado é indispensável à administração da justiça, sendo inviolável por seus atos e manifestações no exercício da profissão, nos limites da lei.

É necessário que o advogado esteja praticando atos de advocacia, e não apenas trabalhando, para que se caracterize a imunidade prevista para os delitos contra a honra. A análise do *animus,* para a prática dos crimes contra a honra, só é necessária quando as palavras proferidas possuírem um caráter dúbio.

Há momentos, entretanto, na vida de todo o advogado, em que o constrangimento deve ser superado pelo sentimento de cumprimento do dever profissional. E esses momentos se apresentam quando o advogado excepciona, por exemplo, o impedimento ou a suspeição do julgador.

Vejamos: diz o regramento jurídico civil que o juiz não poderá exercer jurisdição no processo em que tiver funcionado como juiz de outra instância, pronunciando-se, de fato ou de direito.

A lei, ao admitir a exceção, o faz pelo fato de o juiz que tenha se manifestado anteriormente sobre o mérito da causa, não ter mais condições de imparcialidade, pois já tomara posicionamento.

O advogado tem que dizer que o juiz é parcial. O mesmo acontece quanto à suspeição. É que, não agindo assim, poderá ser punido por negligência na sua atuação profissional.

7. Exercício regular de um direito

Também não há que se falar em ato ilícito o atuar do agente na prática de algo que a lei lhe permite, ou que a lei e a moral o autorize.[391]

Ainda que a sociedade moderna tenha evoluído, agem no exercício regular de um direito os pais que punem seus filhos para educá-los. É claro que o exercício desse direito deve ser encarado teleologicamente, sempre se analisando a finalidade do castigo, que há de ser, sempre, endereçada à educação do menor.

Os meios a serem empregados devem ser evidentemente adequados e plenos de moderação. Essa prática do exercício regular do direito já foi muito mais rígida no passado, atenuando-se, a cada dia, ante novas filosofias, que se identificam como sendo defensoras do menor e do adolescente.

Outra matéria a ser encarada, quando se tratar de exercício regular de um direito, são as chamadas defesas predispostas, ou *offendicula*.

Entre as defesas predispostas, encontram-se, por exemplo, os pedaços de vidro, as pontas de ferro e a eletrificação das cercas e muros.

---

[391] INDENIZAÇÃO – DANO MORAL – DELAÇÃO – EXERCÍCIO REGULAR DE UM DIREITO – INEXISTÊNCIA DE RESPONSABILIDADE CIVIL – RECEBIMENTO DE CITAÇÃO – AUSÊNCIA DE DANO MORAL – Inexiste responsabilidade civil para o procurador que age no exercício regular de um direito assegurado pela legislação processual penal, comunicando à autoridade policial a existência de infração penal relatada por seu constituinte. A citação feita com as cautelas e nos limites legais é ato lícito, sendo o seu recebimento insuficiente para causar danos morais no citando. (TJRO – AC-RA 02.002541-6 – C.Cív. – Rel. Des. Renato Mimessi – J. 26.11.2002)
DANO MORAL – RESPONSABILIDADE CIVIL – REQUERIMENTO DE INQUÉRITO POLICIAL – EXERCÍCIO REGULAR DE UM DIREITO – PRISÃO E NOTÍCIAS JORNALÍSTICAS – ATOS DE TERCEIROS – A sociedade comercial que sofre desfalque, comprovadamente praticado por seus empregados, e requer instauração de inquérito policial, age no exercício regular de um direito, não podendo ser responsabilizada civilmente por atos de terceiros relativamente a notícias jornalísticas e prisão que não promoveu – Apelação improvida. (TJBA – AC 7.284-8/00 – (5487) – 2ª C.Cív. – Rel. Des. Amadiz Barreto – J. 23.05.2000)

O meliante, ao tentar ultrapassar um muro com "cacos de vidros", poderá vir a se ferir. O proprietário do imóvel, assim, não praticou nenhum crime, pois que, é direito seu proteger o bem jurídico *propriedade*, contra toda e qualquer agressão injusta.

Uma consideração especial deve ser feita, quando se trata da eletrificação de cercas e muros. O proprietário tem o dever de proteger seu lar, desde que usando meios razoáveis e necessários, tudo no sentido de protegê-lo de eventual violência. Esse atuar licitamente, tem o seu fim delimitado pelo início do abuso. Se o dispositivo elétrico usado tiver o poder de ferir ou matar, indiscriminadamente, é lógico que se estará diante de um evidente abuso de direito, respondendo o proprietário pelas consequências legais.

8. Intervenções médico-cirúrgicas

Outra matéria que interessa ao estudo do exercício regular do direito diz respeito aos atos médicos, em especial aos resquícios deixados pelas intervenções cirúrgicas.[392]

Primeiramente, há que se considerar sempre o ato cirúrgico, como surgido de um verdadeiro estado de necessidade. Nele, o estado mórbido do paciente exige a intervenção cirúrgica sob pena de agravamento da moléstia ou até a morte do paciente.[393]

A partir desse entendimento, a intervenção cirúrgica legítima visa à proteção de um bem juridicamente tutelado (vida e saúde) do paciente.

A doutrina não tem um posicionamento pacífico quanto à confusão que possa aparentemente existir entre o estado de necessidade e o exercício regular de direito.[394]

---

[392] HOMICÍDIO CULPOSO. PROVA. CONDENAÇÃO. PENA DE PRESTAÇÃO PECUNIÁRIA. REDUÇÃO. IMPOSSIBILIDADE. RECURSO DESPROVIDO. Demonstrado nos autos que o agente, que era médico-cirurgião à época dos fatos, agiu culposamente, causando a morte de paciente que necessitava de transfusão de sangue, a ser realizada através de pequena intervenção cirúrgica, correta está a sua condenação pelo crime de homicídio culposo. Não há que se reduzir a pena de multa e a prestação pecuniária arbitradas em valores razoáveis, condizentes com a condição de médico que possui o condenado. (TJ-MG; ACr 1.0460.01.004635-3/001; Ouro Fino; Segunda Câmara Criminal; Rel. Des. José Antonino Baía Borges; Julg. 15/03/2007; DJMG 11/04/2007).

[393] PENAL E PROCESSUAL PENAL. HOMICÍDIO CULPOSO (ARTIGO 121, §§ 3º E 4º, C/C O ARTIGO 13, *CAPUT* E § 2º, AMBOS DO CÓDIGO PENAL). INTERVENÇÃO CIRÚRGICA. CONDIÇÕES FÍSICAS. PACIENTE. IMPOSSIBILIDADE. CONDUTA DO MÉDICO. ADEQUADA. CULPABILIDADE. DÚVIDAS. ABSOLVIÇÃO. Em uma análise perfunctória dos autos, conclui-se ter sido extremamente longo o tempo decorrido entre a entrada da vítima no hospital e, a realização da cirurgia. No entanto, ao ser admitida no hospital, as condições apresentadas pela vítima não autorizavam fosse submetida imediatamente à cirurgia. De acordo com as declarações das testemunhas, o paciente deve apresentar condições físicas suficientes para suportar o êxito de uma cirurgia, não podendo ser realizada a qualquer momento. Os demais depoimentos dos médicos, participantes do processo cirúrgico da vítima, ratificaram a intenção do apelado, de buscar melhorar o quadro da vítima para fins de submissão à intervenção cirúrgica. A conduta praticada pelo recorrido foi adequada, estando presente durante todo o procedimento clínico da paciente. Uma condenação não pode ter supedâneo em meras conjecturas, mas, em provas contundentes e inequívocas, persistindo dúvidas sobre a culpabilidade do réu, a absolvição é medida imperiosa. Negou-se provimento ao recurso. Unânime. (TJ-DF; APR 19990110723313; Ac. 170266; DF; Segunda Turma Criminal; Rel. Des. Vaz de Mello; Julg. 05/12/2002; DJU 30/04/2003; Pág. 63).

[394] ERRO MÉDICO – LESÃO CORPORAL CULPOSA – OMISSÃO – CIRURGIA – INTEGRIDADE FÍSICA – CORPO ESTRANHO – FRAGMENTO METÁLICO – RETIRADA – PREVISIBILIDADE – CULPA – NÃO-CARACTERIZAÇÃO – Constatada a presença de fragmento de agulha no corpo do paciente e não se cogitando de que a ruptura decorrera de imprudência ou imperícia, a decisão de encerrar demorada cirurgia, com a opção de deixar o fragmento para retirada futura, representa atitude consciente e cirurgicamente recomendável, consoante praxe ado-

Como a lei admite o tratamento médico-cirúrgico somente se realizado por profissional da medicina devidamente habilitado, pode-se entender que o médico atua sob a égide de um "dever" comandado pelas regras inerentes à profissão médica. Portanto, exercício regular de um direito.

De outro lado, há que se admitir que, em certas ocasiões, o indivíduo, geralmente não médico, se vê obrigado a atuar como tal. Este não médico atuaria sob a proteção do estado de necessidade. Exemplo: a mulher grávida que, distante dos recursos médico-hospitalares e em processo de parto, se socorre do auxílio de uma pessoa que, ao acaso, por ali passa. Quem presta o auxílio, nessas circunstâncias, não comete o crime do exercício irregular da profissão de médico, porque amparada pelo estado de necessidade.

Em suma, o que fundamenta o exercício regular da profissão médica é, além das condições intelectuais que lhe outorga o diploma de médico, a autorização que é dada pelo Estado, através dos Conselhos de Medicina. Se o Estado autoriza a criação destes Conselhos, o faz de forma a outorgar-lhes o dever de fiscalizar o exercício da medicina e a conduta ética e técnica dos profissionais.

O exercício regular do direito de exercer a medicina não isenta o médico de punições por atuações dolosas, ou culposas, resultantes do dano causado a seu paciente.[395]

9. Lesões e morte nos esportes

Como deve se comportar o direito penal ante a morte que vier a resultar em um dos contendores de uma luta de boxe? É claro que o boxeador que, por uma agressão mais forte a seu adversário, e dentro das regras do esporte, sem dúvida atuou dentro do exercício regular de um direito.

Note-se que este tipo de esporte é reconhecido pelo próprio Estado quando libera o local para realização da luta. Ademais, é da própria índole daquela atividade esportiva a possibilidade do surgimento de um perigo que venha causar um resultado antijurídico.

Assim, especialmente nos esportes coletivos, é comum a presença de um resultado danoso e, aparentemente, antijurídico.

Numa partida de futebol, é comum em disputas de bola surgirem atitudes que causem lesões corporais. Tanto é comum o fato, que já nos campos esportivos existem macas, ambulâncias, médicos e paramédicos, prontos a intervirem, no caso de lesões.

---

tada pela classe médica, sedimentada no entendimento de que o corpo metálico de menores proporções é inerte, sendo até, em alguns casos, preferível removê-lo depois. Desta forma, não se vislumbra omissão no comportamento do profissional que assim delibera, ao escopo de evitar a assunção de riscos desnecessários, em acolhida ao princípio de que, não gerando o comportamento omissivo resultado lesivo que se insira na categoria de fatos previsíveis, não há se falar em culpa. (TAMG – AP . 0324516-1 – Belo Horizonte – 1ª C.Crim. – Rel. Juiz Sérgio Braga – J. 04.04.2001)

[395] HOMICÍDIO CULPOSO – ERRO MÉDICO – NEGLIGÊNCIA – Age com imprudência o médico que protela o atendimento ao infante enfermo, cujos sintomas evidentes reclamavam pronta e imediata intervenção, motivada a omissão do profissional em sentimentos mesquinhos de represálias a eventuais impropérios da nervosa genitora da criança, fazendo com que esta demandasse outra assistência, com a conseqüente perda de tempo e o inevitável recrudescimento da enfermidade que culminou no ceifamento da vida da pequena vítima. (TAMG – AP 0342723-4 – Nova Resende – 1ª C.Crim. – Rel. Juiz Lamberto Sant'anna – J. 10.10.2001)

Mas não são todos os atos violentos que provoquem lesões que são protegidos pelas regras do exercício regular de um direito.[396]

A ordem jurídica cobre com sua autorização aqueles atos praticados nos limites estabelecidos pela esportividade. A disputa da bola no futebol é fato corriqueiro, objeto plenamente lícito. Entretanto, um soco desferido na jogada ou fora dela implica ato antiesportivos, ilícito e, consequentemente penalmente punível.

Como tudo no direito, a regra está na razoabilidade da atuação do agente que deve se circunscrever às regras da cautela que os regulamentos esportivos determinam.

10. Consentimento do titular do bem jurídico

Aqui, a matéria se reveste de posicionamentos altamente contraditórios. Mas o que se pode dizer, com certeza, é que determinados bens juridicamente tutelados não podem ficar disponíveis ante a vontade do titular. Assim, por exemplo, a vida é um bem indisponível porque a sua proteção não interessa somente ao indivíduo, mas sim, a todo o contexto social. Não exclui, portanto, a criminalidade e, tampouco, a punibilidade, o fato de o agente alegar que matou a vítima a seu pedido.

Mesmo que o indivíduo demonstre desinteresse pela própria vida, mesmo assim o Estado permanece com a obrigação legal de proteger. Tanto isso é verdade que o Código pune o auxílio ao suicídio.[397]

Com muito mais razão há de a lei punir o agente que praticar atos que resultarem na morte da vítima, não importando a manifestação desta.

Assim como a vida, a integridade física e a saúde também são bens indisponíveis, com proteção total do Estado. Entretanto, casos há em que a exceção se põe por imposição da excludente do estado de necessidade.

A evolução da medicina vem causando reflexos no direito penal, obrigando a considerações de todo especiais. Tem se tornado prática generalizada a doação, por parte de familiar, de órgãos para transplantes, com a finalidade de evitar a rejeição. Não raro uma mãe permite que se lhe cause lesão corporal grave, extirpando-se um de seus rins para transplante em seu filho. Essa atitude, altruística por excelência, passa a ter relevância perante o direito penal.

A mãe, em estado de necessidade, para salvar a vida do filho, autoriza ao médico que faça a operação de transplante. A mãe e o filho agiram sob o abrigo do estado de necessidade; o médico, no exercício regular de um direito.

---

[396] APELAÇÃO – VIOLÊNCIA CONTRA INFERIOR E LESÃO CORPORAL – Desentendimento ocorrido entre um suboficial e um sargento que disputavam uma partida de futebol, em área de recreação e lazer militar, que resultou em lesão leve no inferior hierárquico sem maiores consequências. Circunstâncias a indicar que o fato situou-se dentro da normalidade própria de um prédio esportivo, estando em consonância com a melhor doutrina e jurisprudência no sentido de que no exercício de práticas esportivas como o futebol, os resultados danosos que acidentalmente ocorrem são acobertados pela licitude, estando assim, amparado pela excludente de antijuricidade prevista no Art. 42, IV do CPM. Apelo ministerial improvido. Decisão unânime. (STM – Apelfo 1999.01.048265-2 – MS – Rel. Min. Germano Arnoldi Pedrozo – DJU 04.02.2000)

[397] CÓDIGO PENAL, art. 122. Induzir ou instigar alguém a suicidar-se ou prestar-lhe auxílio para que o faça: Pena – reclusão, de 2 (dois) a 6 (seis) anos, se o suicídio se consuma; ou reclusão, de 1 (um) a 3 (três) anos, se da tentativa de suicídio resulta lesão corporal de natureza grave.

11. Desistência voluntária e arrependimento eficaz

O art. 15 do Código Penal preceitua que o agente que, voluntariamente, desiste de prosseguir na execução ou impede que o resultado se produza, só responde pelos atos já praticados.[398]

Quem desiste de prosseguir na execução desiste de perseguir a consumação. O *iter criminis*, como já vimos, possui quatro fases: a cogitação, a preparação dos meios, a execução e a consumação. A distinção entre desistência voluntária e arrependimento eficaz reside na realização das fases do delito.[399]

Na desistência voluntária, o agente, de vontade própria, cessa a prática dos atos executórios, deixando de perseguir o resultado inicialmente desejado. No arrependimento eficaz, o agente pratica todos os atos de execução, passando, em seguida, a buscar o impedimento do resultado. Exemplo: o agente cogita e se prepara para envenenar a vítima e, no momento em que esta vai ingerir a substância venenosa, o sujeito ativo impede que o fato ocorra (desistência voluntária).[400]

Pode ocorrer, todavia, que a vítima sorva o veneno, e o agente, imediatamente, por ato voluntário, ministre-lhe um antídoto, impedindo o resultado morte (arrependimento eficaz).[401] Em ambos os casos, o agente só é responsável pelos atos já prati-

---

[398] DESISTÊNCIA VOLUNTÁRIA – AGENTE QUE, NOTANDO A PRESENÇA DE DUAS MENINAS E NÃO CONSEGUINDO FAZER FUNCIONAR O MOTOR DO VEÍCULO, QUE PRETENDIA FURTAR, ABANDONA O LOCAL E O BEM – OCORRÊNCIA – Ocorre desistência voluntária na hipótese em que o agente, notando a presença de duas meninas e não conseguindo fazer funcionar o motor do veículo, que pretendia furtar, abandona o local e o bem, uma vez que o acusado não tenha sido desestimulado pela presença da polícia ou de quem quer que pudesse se opor à sua ação. (TACRIMSP – Ap 1203135/5 – 3ª C. – Rel. Juiz Ciro Campos – DOESP 25.08.2000)
USO DE DOCUMENTO FALSO – NÃO CONFIGURAÇÃO – OCORRÊNCIA DE DESISTÊNCIA VOLUNTÁRIA – Inteligência dos artigos 304 e 15 do Código Penal. Ao identificar-se junto a policiais, o agente exibe-lhes cédula de identidade falsa, porém, antes que se concretize qualquer providência de relevância jurídica, voluntariamente retrata-se e admite a falsidade documental. Conquanto instantâneo o crime, possível suceder lapso de tempo entre a entrega ou exibição do documento e o início da relação jurídica desse emprego, no curso do qual possa o usuário desistir da conduta tipificadora, obstando assim seja lesada a fé pública. (TJSP – ACr 274.166-3 – 3ª C.Crim. – Rel. Des. Gonçalves Nogueira – J. 03.12.1999) *JCP*.304, *JCP*.15

[399] CONFLITO DE COMPETÊNCIA. TENTATIVA DE HOMICÍDIO. DESISTÊNCIA VOLUNTÁRIA. LESÃO CORPORAL. COMPETÊNCIA DO JUIZADO ESPECIAL CRIMINAL. 1. Desiste voluntariamente de praticar homicídio quem, depois de efetuar um único disparo contra a vítima, deixa espontaneamente o local, embora pudesse contra ela reiterar atos agressivos sem que alguma circunstância alheia à sua vontade o impedisse. 2. Afirmado pelos peritos a ausência de perigo de vida, resta tipificado o delito de lesão corporal simples. 3. Conflito conhecido para declarar competente o 1º Juizado Especial de Planaltina. (TJ-DF; CC 2006.00.2.000873-5; Ac. 257548; Câmara Criminal; Rel. Des. Getulio Pinheiro; DJU 06/11/2006, p. 128).

[400] CRIME CONTRA OS COSTUMES. ESTUPRO. TENTATIVA. NÃO OCORRÊNCIA. DESISTÊNCIA VOLUNTÁRIA. AUSÊNCIA DE PROVA SUFICIENTE À CONDENAÇÃO PELAS LESÕES. 1. Para que haja a tentativa é necessário que o iter criminis seja interrompido por motivos alheios à vontade do agente, anteriormente à consumação do ato. O denunciado cessou seu comportamento delituoso, por livre e espontânea vontade, quando a vítima começou a se debater e ameaçá-lo, dizendo que contaria para seu pai e para a polícia. Assim, tem-se claramente a caracterização da desistência voluntária, situação em que o agente responde apenas pelos fatos já praticados. 2. Laudo pericial assinado por médico inimigo do réu, não se reveste da isenção necessária. APELO DEFENSIVO PROVIDO. (TJ-RS; AC 70009587551; Rio Pardo; Sétima Câmara Criminal; Rel. Des. Nereu José Giacomolli; Julg. 18/11/2004)

[401] FURTO – APREENSÃO DOS BENS SUBTRAÍDOS PELA PRÓPRIA VÍTIMA – ARREPENDIMENTO EFICAZ OU ESTADO DE NECESSIDADE – INOCORRÊNCIA – Em sede de delito de furto é impossível falar em arrependimento eficaz ou estado de necessidade se o produto da subtração foi recuperado por causa do esforço da própria vítima, sem que houvesse existido comportamento voluntário do agente, sendo certo que o benefício do art. 24 do CP não se presume, só podendo ser reconhecido com apoio em prova segura e convincente, e a singela alegação de que o delito teria sido praticado por motivo de dificuldades financeiras é insuficiente para que tal justificativa seja acolhida. (TACRIMSP – Ap 1122861/1 – 1ª C. – Rel. Juiz Pires Neto – DOESP 27.05.1999) *JCP*.24

cados. A doutrina e a jurisprudência a respeito são fartas, mesmo porque há questões doutrinárias relevantes, como o entendimento de estar presente causa de exclusão da punibilidade ou a atipicidade da conduta.

Ainda que sincero, se o agente não evita a consumação, a sua conduta é punível: se o agente se arrepende e ministra o antídoto, esse arrependimento é inoperante se não surtir efeito.

Há quem diga que persiste a responsabilidade do agente, mesmo que concorra outra causa para o resultado: o agente apresenta um antídoto à vítima, e ela se nega a tomar. Esse arrependimento não é eficaz, não isentando da pena, e o agente responde por tentativa de homicídio.

Vejamos duas hipóteses: 1ª) a recusa da vítima em ingerir o antídoto, por certo, não rompe a relação de causalidade existente entre o ato de ministrar o veneno e a morte. A recusa da vítima não cortou o processo causal. 2ª) essa vontade da vítima de não se tratar é uma concausa, isto é, acabou morrendo por não ter observado o regime médico. A recusa implicou uma concausa.

Esse homicídio concausal merecia, pelo regime do Código de 1890, uma pena menor. Depois, porque o Código de 1940 adotou a teoria da equivalência das condições, segundo a qual tudo aquilo que concorre para o resultado é causa, desapareceu o regime das concausas. Não há mais por que o agente se beneficiar com a redução de pena. Ele desejou o resultado morte, administrou disfarçadamente o veneno e matou a vítima.

É claro que a vítima contribuiu para o resultado letal, mas não há por que se diminuir a pena. Se não tivesse sido administrado o veneno, a vítima não teria morrido. É que existe uma ligação direta entre o ato e o resultado. Não obstante ser uma corrente dominante, há uma outra corrente que entende que essa negativa da vítima em ingerir o antídoto é de molde a validar o arrependimento do agente.

Mas há outro aspecto a se estudar no fenômeno arrependimento eficaz. É o caso da não repetição dos atos de execução. Exemplo: Pedro, dispondo de várias balas no tambor do seu revólver, desfecha um só tiro contra Paulo, não acertando seu alvo. Não continua na sua ação, podendo fazê-lo porque tinha mais balas no revólver.

A corrente majoritária entende que houve a desistência voluntária. Se Pedro realmente quisesse a morte de Paulo, teria condições para tal. Entretanto, não o fez por ausência de vontade.

Outros entendem o contrário, pois o homicídio não aconteceu por erro de alvo, que é o elemento característico do crime tentado (circunstâncias alheias à vontade do agente).[402]

Perante a nossa legislação, se houver lesões corporais, o agente responde pelas lesões. Se não houver lesão nenhuma, é ato impune pelo arrependimento eficaz que levou o agente à desistência voluntária.

Também é certo que não desiste da consumação quem adia a prática do crime, isto é, não é desistência do crime o adiamento da sua execução.

Exemplo: o meliante, após destelhar a casa, suspende a execução para postergar a execução do furto, por no outro dia, lhe parecer mais seguro. A regra é a seguinte:

---

[402] CÓDIGO PENAL, art. 14. Diz-se o crime: I (...). II – tentado, quando, iniciada a execução, não se consuma por circunstâncias alheias à vontade do agente.

não poderá invocar a desistência voluntária quem se detém na execução do delito com o propósito de consumá-lo em outro tempo, em outro lugar, ou em outra pessoa.

De acordo com a lei, a desistência e o arrependimento isentam de pena o agente. Significa que são causas de extinção da punibilidade, embora não figurem no elenco dos arts. 107 e 108 do Código Penal.[403]

12. Crime impossível

Dispõe o Código atual, em seu artigo 17, que não se pune a tentativa quando, por ineficácia absoluta do meio empregado ou por absoluta impropriedade do objeto, é impossível consumar-se o crime. Nesses dispositivos, o legislador enfrenta um problema que vem sendo debatido há muito, cujas últimas soluções não são as definitivas. Cabe saber-se qual o critério válido para definir o que seja idoneidade de meio e de objeto. Em outras palavras: é saber o que seja ineficácia absoluta dos meios e impropriedade absoluta do objeto.[404]

Para o legislador brasileiro, ineficaz ou inidôneo é o meio que, por si só, não pode produzir o resultado. Exemplo: o agente quer envenenar alguém e lhe dá, equivocadamente, açúcar em vez de arsênico.[405]

Quanto ao objeto, a integral ou absoluta impropriedade se dá quando não existe o bem jurídico, como praticar manobras abortivas em mulher não grávida. Nos dois casos citados, não há tentativa punível, porque não houve início da execução do tipo: o agente, ministrando o açúcar, em vez de veneno, sequer iniciou a execução do tipo penal homicídio; sem o estado de gravidez, não há o tipo penal aborto.

O crime impossível é também chamado de tentativa inidônea, tentativa inadequada, quase crime, ou quase delito e tentativa de delito impossível. Em matéria de crime impossível, defrontam-se duas teorias: a objetiva e a subjetiva. A *teoria objetiva* entende que uma ação tentada somente é punível quando for capaz de criar

---

[403] CÓDIGO PENAL, art. 107. Extingue-se a punibilidade: I – pela morte do agente; II – pela anistia, graça ou indulto; III – pela retroatividade da lei que não mais considera o fato como criminoso; IV – pela prescrição, decadência ou perempção; V – pela renúncia do direito de queixa ou pelo perdão aceito, nos crimes de ação privada; VI – pela retratação do agente, nos casos em que a lei a admite; VII – pelo casamento do agente com a vítima, nos crimes contra os costumes, definidos nos Capítulos I, II e III do Título VI da Parte Especial deste Código; VIII – pelo casamento da vítima com terceiro, nos crimes referidos no inciso anterior, se cometidos sem violência real ou grave ameaça e desde que a ofendida não requeira o prosseguimento do inquérito policial ou da ação penal no prazo de 60 (sessenta) dias a contar da celebração; IX – pelo perdão judicial, nos casos previstos em lei.
CÓDIGO PENAL, art. 108. A extinção da punibilidade de crime que é pressuposto, elemento constitutivo ou circunstância agravante de outro não se estende a este. Nos crimes conexos, a extinção da punibilidade de um deles não impede, quanto aos outros, a agravação da pena resultante da conexão.

[404] FURTO EM SUA FORMA TENTADA. CONDUTA DOS RÉUS QUE CARACTERIZARIA, EM TESE, O CRIME DE ESTELIONATO. SITUAÇÃO QUE, DE QUALQUER MODO, IMPLICARIA EM "CRIME IMPOSSÍVEL" PELA ABSOLUTA INEFICÁCIA DO MEIO. ESTABELECIMENTO COMERCIAL DOTADO DE PLENA SEGURANÇA. SUSPEIÇÃO ANTERIOR SOBRE O ACUSADO, VIGIADO TODO O TEMPO. ABSOLVIÇÃO. EXTENÇÃO DOS EFEITOS DA DECISÃO À CO-RÉ NÃO APELANTE. Apelação provida. Disposição de ofício. (TJ-RS; ACr 70013072152; Santa Maria; Sexta Câmara Criminal; Rel. Des. Marco Antonio Bandeira Scapini; Julg. 30/03/2006).

[405] APELAÇÃO CRIMINAL MINISTERIAL. TENTATIVA DE FURTO QUALIFICADO. ABSOLVIÇÃO POR ATIPICIDADE DA CONDUTA. Crime impossível. Sentença mantida por seus próprios fundamentos. Tentativa inidônea. Ausência de risco ao bem jurídico tutelado. Recurso desprovido. (TJ-RS; ACr 70016916256; Rio Grande; Sexta Câmara Criminal; Rel. Des. João Batista Marques Tovo; Julg. 12/04/2007; DJRS 30/05/2007).

perigo concreto a um bem jurídico. Ora, esse perigo só pode ser criado se os meios empregados forem adequados à realização do resultado. Ou se o objeto visado pela ação criminosa reunir em si condições para que o resultado aconteça.

Para a *teoria subjetiva*, o que realmente importa é a vontade do delinquente, porque toda tentativa é sempre inidônea, já que não alcança o resultado final. O fundamental para essa corrente é a convicção do agente de que há idoneidade na ação. O importante, para efeitos penais, não é o perigo experimentado pelo bem jurídico, mas a externação da vontade de lesar esse mesmo bem jurídico. Ainda que ineficazes os meios usados, e inidôneo o objeto empregado, é pela vontade externada em atos que o agente deve ser punido.

O legislador brasileiro acolheu a teoria objetiva, mas em forma temperada. O legislador exige que sejam absolutas a ineficácia e a impropriedade. Menciona a lei, expressamente, "ineficácia do meio ou a absoluta impropriedade do objeto". Mas, a inidoneidade do meio e do objeto pode ser relativa ou absoluta. Existe inidoneidade absoluta do meio quando é totalmente incapaz de produzir o resultado, como no caso do açúcar em vez de veneno, ou do revólver sem munição. E existe inidoneidade relativa quando o meio é eficaz e adequado em si mesmo, mas se torna impróprio pela maneira como foi empregado, ou em virtude das circunstâncias em que ocorreu o seu uso. Exemplo: dar veneno à vítima, mas em dose insuficiente. Ou dar açúcar a uma pessoa diabética. Ou empregar um revólver carregado sem saber manejá-lo, como é também o exemplo da arma que falhou (negou fogo) pelo fato de a munição estar vencida. Mas o revólver é o meio adequado, entretanto, no momento da ação concreta é que veio a falhar, por circunstâncias que cercaram o fato, totalmente alheios à vontade do agente.

Dá-se a inidoneidade absoluta do objeto na hipótese de ele não existir ou de não possuir as condições para que o resultado se produza. Faltam-lhe as qualidades exigidas para a realização do tipo penal. Exemplo: apunhalar pessoa morta, supondo-a adormecida. Praticar manobras abortivas em mulher não grávida. Subornar quem não é funcionário público, etc.

Existe impropriedade e inidoneidade relativa do objeto quando ele existe realmente, ou possui as qualidades necessárias para a realização do tipo, mas não se deu oportunidade para tal. A vítima não se encontrava no local onde o agente foi atacá-la. Isto é, quando, por circunstância acidental ou fortuita, não se atingiu o resultado. Exemplo: Pedro dispara um tiro contra Paulo, e a bala é desviada pela cigarreira, ou pelo relógio, ou pela fivela da cinta. Outro exemplo: o ladrão mete a mão no bolso direito da vítima, mas a carteira se encontra no lado esquerdo. Não se pune quando a impossibilidade for absoluta. Se é relativa, é tentativa punível.

Não se pune o crime impossível. Funda-se a impunidade no fato de que, não sendo possível ao agente produzir lesão ao objeto sob a tutela penal, a repressão recairia então sobre a mera vontade do agente. Sempre que o resultado querido pelo agente não puder ser realizado por sua conduta, essa vontade carece de significação para o Direito Penal, porque se trata de um querer inútil: por mais que se possa querer matar alguém, é impossível fazê-lo com um revólver de plástico. Puni-lo seria punir a pura vontade de delinquir.

Castigar uma ação humana marcada desde o começo por sua absoluta inaptidão para com o fim visado é a mesma coisa que castigar pensamentos ou meras intenções.[406]

A isenção de pena não impede a imposição da medida de segurança. Entretanto, é preciso que o juiz verifique a periculosidade criminal, considerando a personalidade e os antecedentes do réu, motivo e circunstâncias do crime.

---

[406] PENAL – RECURSO CRIMINAL – USO DE DOCUMENTO FALSO (ART. 304 DO CPB) – REJEIÇÃO DA DENÚNCIA – FALSIFICAÇÃO GROSSEIRA – CRIME IMPOSSÍVEL – 1. O entendimento pacífico, na doutrina e na jurisprudência, é no sentido de que se o falso não for apto a ludibriar o homem médio, configura-se crime impossível, em razão de o meio utilizado ser absolutamente inidôneo. 2. Precedentes 3. Recurso do Ministério Público Federal improvido. (TRF 1ª R. – RCCR 38000330989 – MG – 4ª T. – Rel. Juiz Conv. Jamil Rosa de Jesus – DJU 27.06.2003 – p. 99) *JCP*.304.

CAPÍTILO XVI

ERRO NO DIREITO PENAL

1. Conceito de erro

O velho e embolorado Código Penal brasileiro (Decreto-Lei nº 2.848, de 7 de dezembro de 1940) resistiu heroicamente às ameaças de modernização por quarenta e cinco anos. O advento da Lei nº 7.209, de 11 de julho de 1984, que alterou seus dispositivos, muito inovou em matéria penal. Entretanto, a mais substancial, a mais abrangente modificação, diz respeito à nova conceituação emprestada ao tipo e ao erro penal.

É por demais importante começarmos analisando o jargão *errare humanum est.* O aforismo romano nos dá, de logo, a noção de tal importância, pois é o erro parte integrante da atividade humana. Portanto, para termos uma apreciação filosófico-conceitual do erro, precisamos buscá-la nas profundas raízes da verdade. Consiste ela, essencialmente, em julgar as coisas como realmente são. Aristóteles a definia: "Dizer que é o que é, e que não é o que não é, eis a verdade".

A verdade, portanto, é uma relação de conformidade entre o que o espírito julga e o que é realmente. É por isso que o ser humano vive constantemente na busca do conhecimento das coisas, especialmente se exteriorizando ou se introjetando, mas sempre na procura de seu próprio encontro. Vivemos intentando conhecer a nós próprios e nos enganamos tanto a nosso respeito.

Procuramos entender os nossos semelhantes e, quantas vezes, nos equivocamos. Tudo isso não mais é que a eterna busca da verdade. E, nesta procura eterna e insaciável, o homem se depara com um terrível anátema: é falível! ... imensamente falível.

O homem não só ignora as coisas, como se equivoca, frequentemente, com elas. Ignora-as, quando se surpreende desnudo de saber; equivoca-se, tomando o falso por verdadeiro. Mas se, como dizia Aristóteles, a verdade pode se definir como o que é, sempre que tivermos o que é diferente da realidade formal e lógica, nos depararemos diante do "erro".

Diz-se verdade lógica justamente por ser ela, ao contrário da verdade ontológica, a simples conformidade dos objetos com a visão de nossa frágil inteligência. Tanto é verdade isso, que podemos mudar tal visão, desde que mude a perspectiva do observador. Mas é o objeto que deve se conformar com a nossa inteligência, ou a nossa inteligência é que deve se adaptar ao objeto?

C. Lahr, em seu *Cours de Philosophie,* nos ensina: "É evidente, por exemplo, que a estátua preexistiu como ideia, na inteligência do escultor que a fez, e que, para existir, teve de se conformar, mais ou menos, com esta ideia. Pelo contrário, para o espectador, a ideia da estátua é que deve se conformar à estátua".

Assim, podemos definir a verdade lógica como a conformidade do juízo com o que é, ou, também, a conformidade do juízo com o que não é. Definidos, então, a verdade e o erro, cabe fazer as distinções entre a ignorância e o próprio erro.

São coisas perfeitamente distintas. A ignorância, por exemplo, se não é a ausência total da verdade é, pelo menos, a sua limitação. O erro, entretanto, é a sua negação formal. Diríamos que ambos, tanto o que ignora, como o que erra, "não sabem". A diferença reside apenas em que o que erra não sabe que erra, e pensa que sabe. Aparentemente, diante de um juízo ligeiro, os nossos sentidos poderão ser condenados por responsáveis pelas nossas ideias ilusórias.

O sol, por exemplo, nos parece medir pouco mais que trinta centímetros de diâmetro. Parece-nos que é ele que gira à volta da terra. Uma vareta mergulhada na água se nos parecerá quebrada.

Mas, filosoficamente, os nossos sentidos não podem nos enganar, pois, por si só, não são capazes de verdades ou de erros. Limitam-se a nos transmitir impressões que recebem, sem fazer qualquer juízo de valor. Nós é que nos enganamos pelas condições ligadas, ontologicamente, ao saber.

Veja se, por exemplo, a imensa gama de condições, quer de ordem física, biológica, fisiológica, psicológica, e tantas outras que nos levam, obrigatoriamente, ao erro. A torre de uma igreja, vista de longe, se nos parecerá cilíndrica quando, na realidade, é quadrada; a noção ilusória de terceira dimensão que nos transmite o desenho, ou a pintura, quando sabemos que, na realidade, estão num mesmo plano. São condições de ordem eminentemente física que nos levam ao erro inconsciente. Assim, que culpa tem o daltônico por ser insensível a certas impressões, tanto que confunde determinadas cores? Não é ele influenciado por razões biofisiológicas? E que dizer das razões de ordem psicológicas, oriundas de hábitos que o espírito formou de valorizar ou de interpretar diversos fatos, ou dados, sem que se detenha a uma mais aprofundada reflexão?

Por exemplo: "A" ameaça "B" de morte. Promete matá-lo ao primeiro encontro. Ao se defrontarem, "A" leva a mão ao bolso em busca de um lenço, pois está gripado. "B", psicologicamente amedrontado, saca de seu revólver, matando "A". "A" não possuía qualquer arma consigo, morrendo com o lenço na mão.

Tão fortes as influências psicológicas na apreciação dos fatos que, a respeito do medo, da ira, do amor e do dever, Mira y Lopes dedicou-lhes um livro, o qual denominou os *Quatro Gigantes da Alma*. Estes e outros gigantes nos levam a erros. Alguns poderíamos dizer que são vencíveis, desde que perfeitamente evitáveis.

Outros, entretanto, são totalmente invencíveis, eis que, de todo imprevisíveis e, por isso mesmo, inevitáveis, mas sempre oriundos de erros. Por essa razão é que desde os romanos se respeita o princípio de que *errare humanum est*.

2. O erro no Direito Penal

Ora, não poderia o Direito Penal ser insensível às situações ditadas tanto pela ignorância, como pelo erro. E, para adentrar no estudo destas entidades ante o Direito Penal pátrio, tanto o Código Penal de 1890, como o de 1940, erraram quando buscaram trazer distinções entre o que convencionaram chamar de "erro de fato" e "erro de direito ".

Não há fronteiras entre eles. Não há distinções profundas entre eles, pois, o direito é sempre dirigido às ações humanas. Quer dizer, o que se dizia ser erro de fato não era senão, uma apreciação errada do direito. Erro de direito, portanto.

O erro de direito não tratava mais do que da *ignoratio legis*, e não de erro de direito. Prendia-se, apenas, à ortodoxia da inescusabilidade da insciência da lei.

E interessante que o erro de fato recaía sobre elementos objetivos e essenciais do tipo penal, sendo causa apenas de isenção da pena. Ora, se o erro recaía sobre as circunstâncias tidas como *essentiallia delicti*, era, evidentemente, invencível, consequentemente, deveria ser excludente de tipicidade.

O erro de direito, por seu turno, não abrangia a hipótese da errada compreensão da lei, coisa completamente diferente da ignorância da lei.

Uma coisa é eu ignorar, outra é me equivocar a respeito de um ato, fato, ou uma regra de comportamento social. E é aí que reside a parte mais importante entre as tantas trazidas pela alteração da Parte Geral de nosso Código Penal.

Abandonou ela, a obsoleta e desadequada conceituação de *erro de fato* e *erro de direito*, passando a adotar a moderna doutrina que consagra a dicotomia entre o *erro sobre os elementos do tipo* e o *erro sobre a ilicitude do fato*.

Primeiramente, cabe dizer que o princípio do *erro juris nocet* ficou mais abrandado e sem o caráter de irrefutabilidade e de inescusabilidade total. Aliás, de há muito que Alexandre Graf zu Dohna combatera a ortodoxia de tal *fictio juris*. Atribuía à terrível ficção a responsabilidade por tantas e tantas decisões irreais e, por isso, injustas.

O abrandamento do repugnante dogma deu ao juiz criminal mais humanidade, democratizando o nosso Direito Penal. Para a nova lei, continua vigendo o princípio de que a ninguém aproveita o desconhecimento da lei penal. Continua com seu caráter imperativo e coercitivo, mas ao que se tornou ela sensível, foi ao aspecto moral do comportamento humano.

O que há que se tenha pela ignorância da lei é a consciência profana do injusto, pois o Direito Penal é, cada vez mais, o direito penal da culpabilidade. E para um bom direito penal da culpabilidade, há necessidade que se tenha plena consciência dos limites existentes entre a ignorância da lei e a sua errada compreensão.

O alicerce da estabilidade do direito continua sendo a obrigatoriedade do conhecimento da lei. Mesmo porque a sua varredura conceitual implicaria a asfixia do próprio direito.

O que se busca é desfazer a confusão que por tanto tempo se fez entre conhecimento, com o desconhecimento da *ilicitude do fato*.

A ilicitude do fato diz respeito à culpabilidade do agente e implica juízo de censurabilidade. Importa saber se o agente, naquelas condições, tinha a representação de que agia ao arrepio da norma legal, se estava, conscientemente, rompendo com uma norma de comportamento social.

Poderíamos dizer que a ignorância da lei tem um caráter objetivo, enquanto a errada compreensão da lei, caráter moral, pois que de ordem eminentemente subjetiva. E, se de um lado não é dado a ninguém ignorar a lei, pois é ela que delimita os campos do justo e do injusto, não podemos aceitar que o *erro de direito* inculpe, sempre, o agente.

Assim que, pela doutrina adotada pelo Código, o *erro de proibição* pode abranger, também, o erro de direito sem, entretanto, estar revogando a lei. Poderá o erro excluir o dolo e a culpa, ou determinar, apenas, a diminuição de pena.

Por conseguinte, o desaparecimento das conceituações de erro de fato e de direito e o surgimento do erro de tipo e de erro de proibição deslocaram a análise do problema, do exame de situações fáticas ou jurídicas para o da tipicidade e da ilicitude.

O erro então pode recair sobre a tipicidade ou sobre a injuridicidade da ação humana. Assim, tanto o "erro de tipo" pode recair, como já dissemos, sobre o "erro de direito" como sobre o "erro de fato". Não menos verdadeiro, também, que ao "erro de proibição" pode-se admitir a abrangência das duas situações, pois não mais socorre apenas o *error juris*, indo bem mais além – especialmente – atingindo o exame da errônea suposição da existência de uma causa que exclua o ilícito.

O saudoso Alcides Munhoz Netto, de cujo convívio tão precocemente a morte nos furtou, em sua sabedoria, lecionava: "O *Tatbestandsirrtum* e o *Verbotsirrtum* não refletem uma simples renovação de nomes, senão uma profunda modificação conceitual. Não há efetivamente, correspondência entre a antiga e a nova classificação. O erro quanto ao tipo não equivale ao erro de fato, nem o erro quanto à proibição ao erro de direito".

Maurach dizia que o "erro de tipo é o desconhecimento de circunstâncias do fato pertencentes ao tipo legal, com independência de que os elementos sejam descritivos ou normativos".

Sobre o erro de proibição, aquele que incidia sobre a antijuridicidade da ação, conhecida como típica pelo autor, assim se adiantava o mestre de Munique: "Error de prohibición es todo error sobre la antijuridicidad de una acción conocida como típica por el autor, independientemente de que el error se base en un desconocimiento fáctico o en una errónea apreciación de preceptos jurídicos".

Se alguém compra cocaína por bicarbonato de sódio e detém a posse da substância, sem o conhecimento real, está incidindo em erro de tipo, enquanto aquele que a tem em depósito, apenas supondo que não é proibido, incide em erro de proibição.

O professor Walter M. Coelho, em trabalho magnífico sobre a matéria, entende que o pressuposto básico de um "erro de proibição" é a impossibilidade de o agente alcançar o entendimento da ilicitude de seu procedimento. Se inevitável, isentaria de culpabilidade. Eis a lição: "A culpabilidade penal exige não apenas a consciência da ilicitude, mas a potencial consciência dessa ilicitude. Quer dizer, não basta simplesmente, não ter a consciência do injusto para inocentar-se. É preciso indagar ainda se havia a possibilidade de adquirir esta consciência e, em havendo esta possibilidade, se ocorreu negligência em não adquiri-la ou falta ao dever concreto de procurar esclarecer-se sobre a ilicitude ou não da conduta praticada. Veja, pois, que sendo a culpabilidade normativa, estará sempre presente um juízo de valor sobre a ação humana e, assim, o erro só será evitável e, portanto, justificável, se não decorreu de censurável desatenção ou falta de um dever cívico, que, nas circunstâncias, se impunha".[407]

---

[407] COELHO, Walter M. *O Direito Penal e o Novo Código Penal Brasileiro, Erro de Tipo e Erro de Proibição no Novo Código Penal*. Porto Alegre: Sergio Fabris; ESMP, p. 81 e segs.

Se, de um lado, o dolo é o componente psíquico do tipo penal, não pode integrar a culpabilidade, para que possa sofrer uma incidência valorativa. A culpabilidade é um fenômeno meramente normativo, e não psicológico. Existe até, sobre a matéria, um provérbio alemão que bem ilustra o tema : "A culpabilidade não está na cabeça do réu, mas na do juiz; o dolo, pelo contrário, está na cabeça do réu".

Há, por isso, que se ponderar, no "erro de proibição", a consciência normal do ilícito. É aquilo que a genialidade criativa germânica denominou, com muita propriedade, de "consciência profana do injusto".

É aquilo que, mais do que sabemos, sentimos.

No exame da culpabilidade na nova Parte Geral do Código Penal brasileiro, Francisco de Assis Toledo assim se manifestou: "É, todavia, no tratamento do erro que o princípio *nullum crimen sine culpa* vai aflorar com todo o vigor no direito legislado brasileiro. Com efeito, acolhe o projeto, nos arts. 20 e 21, as duas formas básicas de erro construídas pela doutrina alemã: erro sobre os elementos do tipo (*Tatbestandirrtum*), erro sobre a ilicitude do fato (*Verbotsirrtum*). Definiu-se a evitabilidade do erro em função da consciência potencial da ilicitude (parágrafo único do art. 21), mantendo-se, no tocante às descriminantes putativas, a tradição brasileira, que é a forma culposa em sintonia com a denominada teoria limitada da culpabilidade".

3. Erro sobre os elementos do tipo

O tipo penal é, conceitualmente, algo abstrato. Para que, entretanto, se possa entender o erro sobre os elementos do tipo, é mister que se rememore ainda dos alemães, a teoria do *Tatbestand*.

Primeiramente, o verbete *tatbestand*, literalmente traduzindo, significa "estado de fato". Os franceses, traduziram-no para a expressão idiomática *éléments légaux*. Os italianos entenderam-no como *fattispecie*, ou simplesmente *fatto*.

Seja, entretanto, qual for a palavra usada, representará, sempre, o *tatbestand*, a democratização do direito penal, fincada no pórtico de todos os códigos penais e tão bem expresso por Feuerbach no *nullum crimen sine lege*.

O princípio da legalidade delimitou as figuras delitivas, colocou um freio nos legisladores, bem como deu os reais contornos ao arbítrio dos julgadores. O *tatbestand*, ou o tipo penal, não possui hoje apenas os contornos da figura proibida de Beling. Possui, além disso, um conteúdo psicológico, outro axiológico e, mais outro, normativo.

Damásio de Jesus ensina que, do ângulo que se desejar encarar o crime, quer pelo aspecto objetivo, quer pelo subjetivo, é que se deve partir sempre, da figura típica. Tanto a antijuridicidade como a culpabilidade só podem ser entendidas, sob a ótica do "tipo" que, juridicamente: a) cria o mandamento proibitivo; b) concretiza a antijuridicidade; c) assinala o injusto; d) limita o injusto; e) limita o *iter criminis*, marcando o início e o término da conduta e assinalando os seus momentos penalmente relevantes; f) ajusta a culpabilidade ao crime considerado e, g) constitui uma garantia liberal, pois não há crime sem tipicidade.

CAPÍTULO XVI

Portanto, se afirmamos que a antijuridicidade e a culpabilidade precisam ser apreciadas sob o aspecto do tipo, estamos a dizer que o tipo engloba a *antijuridicidade* e, também, *a culpabilidade*. É que, filosoficamente, a lei penal adotou a teoria finalista da ação, de Hans Welzel. Através dela, a conduta humana – ação ou omissão – é movimento dirigido a uma finalidade. Em sua teoria da ação, ao tratar da estrutura do crime e de natureza do autor, Welzel lecionava que: "Acción humana es ejercicio de actividad final. La acción es, por eso, acontecer final, no solamente causal. La finalidad o el carácter final de la acción se basa en que el hombre, gracias a su saber causal, puede prever, dentro de ciertos límites, las consecuencias posibles de su actividad, ponerse, portanto, fines diversos y dirigir su actividad, conforme a su plan, a la consecución de estos fines".

Assim sendo, a vontade é elemento integrativo da própria figura penal. Quando ausente, o fato se torna atípico. Assim, por exemplo, não pratica estelionato a viúva que, desconhecendo a ilicitude de sua conduta, bem como suas consequências na esfera penal, continua a receber o benefício previdenciário outorgado a seu companheiro após o falecimento deste – incidência da figura do art. 21 do CP, isentando de pena a agente; o valor do benefício – dois salários mínimos – e a sua utilização pela acusada como meio de garantir sua subsistência revelam a pouca gravidade da conduta perpetrada, aplicando-se o Princípio da Insignificância, que se fundamenta no fato de que o *jus puniendi* e estatal e a consequente persecução penal somente se justificam como asseguradores da ordem social.

De outro lado, a circunstância da pessoa ser humilde e de baixa instrução por si só não é suficiente para a configuração de erro de proibição.

Se o dolo, como já dissemos, é o elemento integrativo do tipo e representa o seu lado subjetivo, a culpabilidade, representando o elemento normativo, deve conter: a) a imputabilidade b) a exigibilidade de uma conduta diversa e c) potencial consciência da ilicitude da ação.

Na doutrina finalista, ao contrário do entendimento da doutrina clássica, a culpa é a inobservância do cuidado objetivo necessário, manifestada numa conduta produtora de um resultado eminentemente previsível, quer sob o ponto de vista objetivo, quer do ponto de vista subjetivo.

Jescheck, tratando da matéria ligada ao erro de tipo, lecionava que ele se embasa no princípio fundamental de que o dolo pressupõe o conhecimento de todos os elementos do tipo objetivo. Portanto, no erro de tipo, há falta desse conhecimento total. Mas, diz o mestre de Friburgo em Birsgóvia que a falta do conhecimento, por exemplo, dos elementos que qualificam o delito, desclassifica para o tipo básico.

Em seu magistério, entende que, se o erro de tipo implicar imprudência, o autor deve responder pelo crime culposo, se houver correspondente sob a forma culposa.

Hoje adotamos os conceitos da doutrina alemã, pois, sempre que o erro recair sobre os elementos descritivos do tipo penal, há o erro sobre os elementos do tipo, pois, à luz do art. 20: "O erro sobre elemento constitutivo do tipo legal de crime exclui o dolo, mas permite a punição por crime culposo, se previsto em lei".[408]

---

[408] PENAL E PROCESSUAL PENAL – ESTUPRO (ARTIGO 213, CAPUT, DO CÓDIGO PENAL) – ABSOLVIÇÃO – PROVAS – LAUDO PERICIAL – AUSÊNCIA – PROVIMENTO – VIOLÊNCIA PRESUMIDA – IDADE DA VÍTIMA – ERRO DE TIPO – EXCLUSÃO – A palavra da vítima, nos crimes contra a liberdade sexual, deve encontrar arrimo em outras provas, de forma a inculcar no julgador certeza quanto à prática do fato criminoso pelo seu autor. O recorrente confessou ter se relacionado sexualmente com a vítima, porém de modo consensual. A vítima

No caso, o agente supõe a ausência de elemento essencial da norma. O Tribunal de Justiça de São Paulo absolveu réu estrangeiro que portava lança-perfume, permitida no seu país, diferentemente da lei brasileira. Entendeu que se tratava de erro de tipo, porque a suposição de inexistência de incriminação legal é erro de tipo, e não genericamente sobre a ilicitude do fato e como o dolo não se presume e se entendeu acertadamente ausente na espécie, a absolvição deve se processar nos moldes do artigo 386, inciso V, do Código de Processo Penal.

Apresentamos aqui a ementa de um *habeas corpus* concedido a um paciente que mantivera relações sexuais com menor de 13 anos de idade, caracterizado penalmente como crime com violência ficta. Alegado pela defesa o erro de tipo, assim se manifestou o Superior Tribunal de Justiça: "Inexiste empeço legal à aplicação do *error aetatis* em relação à presunção de violência, se caracterizado em concreto, por sua relevância, tendo presente o disposto no art. 2º, *caput*, do Código Penal. O *erro aetatis*, afetando o dolo do tipo, é sobranceiro, 'afastando a adequação típica e prejudicando, assim, a *quaestio* acerca da natureza da presunção'. Ordem concedida para absolver o acusado".

Eis outro julgado ilustrativo. "1. Tratando-se de rejeição de denúncia, cabível RSE (Súmula nº 60 do TRF da 4ª Região). 2. 'Induzir ou manter alguém em erro' é elemento constitutivo do tipo do delito de estelionato. Se a omissão de informação se deu por ignorância quanto à necessidade desta informação, e não para 'induzir em erro' o INSS, ocorre erro de tipo vencível, responde o agente pela modalidade culposa. Porém, não existindo modalidade culposa para o delito de estelionato, deve ser mantida a decisão que rejeitou a denúncia, com base nos arts. 18, parágrafo único, do CP, e 386, V, do CPP. Assim, A dispara um tiro de revólver no vulto que supõe ser um animal feroz e mata um menor que descansava atrás de um arbusto. O art. 121 do Código Penal prevê a pena de seis a 20 anos a quem matar 'alguém'. No caso, o agente pretendeu matar um animal bravio e não imaginava que pudesse ser 'alguém'. Não houve nexo causal psicológico, nem vontade dirigida, muito menos consciência da causação de tal resultado. O erro, no caso, foi inevitável, excluindo o dolo e a culpa. Caso fosse evitável, se a presença do ser humano estivesse dentro dos parâmetros da previsibilidade, A seria punido por homicídio culposo".

4. Descriminantes putativas

O Código Penal, no art. 20, § 1º, "É isento de pena quem, por erro plenamente justificado pelas circunstâncias, supõe situação de fato que, se existisse, tornaria a ação legítima. Não há isenção de pena quando o erro deriva de culpa e o fato é punível como crime culposo".

---

declarou ter sido acordada pelo réu, acompanhado-o para um dos quartos dos fundos, vestida em trajes íntimos, circunstância confirmada pela sua prima. Não há outras provas nos autos, pois o fato ocorreu enquanto todos dormiam. Inexiste laudo a confirmar a declaração da vítima de ter sofrido agressão. A presunção de violência capitulada no artigo 224, alínea *a* do Código Penal é relativa, cedendo ante o erro justificado quanto à idade. É necessário a existência de elementos robustos e seguros do conhecimento do acusado desta elementar do fato típico, pois, do contrário, configura erro de tipo, excluindo a tipicidade do ato. Não havendo elementos suficientes para afirmar conhecer o apelante a idade da vítima, impõe-se a absolvição, com base no princípio in dubio pro reo. Deu-se provimento ao recurso. Unânime. (TJDF – APR 19990310073994 – DF – 2ª T.Crim. – Rel. Des. Vaz de Mello – DJU 28.08.2002, p. 87)

Mas, não somente elogios se devem fazer ao Código. Aqui, por exemplo, demonstrou a sua timidez e o seu temor em enfrentar a matéria com firmeza e realidade. Quedou-se, perplexo, ao cacoete mantido pelo "erro de fato".

As ditas descriminantes são eminentemente baseadas em "situações putativas", devendo ter sido tratadas no capítulo atinente ao "erro de proibição", e não no do "erro de tipo". Entretanto, atrelado à teoria limitada da culpabilidade, não há isenção de pena quando o erro deriva de culpa, e há correspondente punível a título de culpa.[409]

As hipóteses putativas de estado de necessidade, legítima defesa, estrito cumprimento de dever legal e exercício regular de um direito são abrangidas pelo § 1º do art. 20 da nova lei.

Os exemplos aqui dados são repetitivos e não originais: Em uma sessão de cinema, alguém alarma os espectadores com o grito de "fogo", o que não é real. Tentando salvar-se, "A", supondo-se encontrar em estado de necessidade, fere "B", tentando se salvar de suposto incêndio. Se verdadeira a situação, a ação seria legítima.

No caso de ameaça de morte a "B", no primeiro encontro entre ambos, "A" leva sua mão à cintura em busca de um lenço. "B", certo de que seria agredido, mata "A" em legítima defesa putativa.

Sobre a situação putativa de estrito cumprimento de um dever legal, o saudoso Nelson Hungria dava o exemplo da sentinela que atira sobre o vulto pensando tratar-se de um inimigo, quando, na realidade, é um companheiro seu que, fugindo de campo adversário, vem em busca de suas linhas.

Por fim, o exemplo do exercício regular de um direito putativo: alguém surpreende outrem em flagrante delito. Persegue-o e, em uma dobra de esquina segue um sósia do perseguido. Prende e o leva à Delegacia de Polícia mais próxima. Em lá chegando, conscientiza-se do erro. Não responderá pelo delito de sequestro, eis que, se houvesse prendido o delinquente, a ação seria legítima. Nestes casos, o erro não recai sobre a figura típica, e sim, sobre as circunstâncias do fato que o tipo descreve, ou seja, sobre os dados do tipo penal.

Se inevitável o erro, há exclusão do dolo e da culpa. Se evitável, exclui-se o dolo, respondendo, se for o caso, o agente, por crime culposo.

Quando, entretanto, o erro do autor recair sobre os limites normativos da causa de justificação, aplicam-se os princípios do erro de proibição: se inevitável, há

---

[409] CRIME CONTRA A FAMÍLIA – SUBTRAÇÃO DE INCAPAZ – PRÁTICA PELA MÃE, PRIVADA DA GUARDA DO MENOR – IRRELEVÂNCIA DA EXPRESSÃO PAI CONTIDA NO § 1º DO ART. 249 DO CP – NORMA QUE NÃO É EM SI INCRIMINADORA, MAS EXPLICADORA, SENDO O AGENTE, NO DELITO EM APREÇO, INDISCRIMINADO, INVIÁVEL ILAÇÃO A CONTRARIO SENSU PARA SE CONCLUIR PELA NÃO INCRIMINAÇÃO DA GENITORA QUE SE CONDUZ TIPICAMENTE – COMPREENSÃO, PORTANTO, DA CONDUTA NO CAPUT DO DISPOSITIVO – ERRO INEVITÁVEL SOBRE A ILICITUDE DO FATO, PORÉM, RECONHECIDO, POR SER A MÃE PESSOA DE POUCA IDADE E SIMPLESMENTE ALFABETIZADA, SUPONDO LÍCITA SUA CONDUTA – ABSOLVIÇÃO DECRETADA COM FUNDAMENTO NO ART. 386, V, DO CPP – APLICAÇÃO DO ART. 21 DO CP – A mãe, como qualquer pessoa, pode ser agente ativo do delito de subtração de incapaz. A expressão pai contida no § 1º do art. 249 do CP não é incriminadora em si, inviável, pois, tirar-se ilação a contrario sensu para se concluir pela não incriminação da genitora que se conduz tipicamente. Todavia, tratando-se a mãe do menor de pessoa de pouca idade e simplesmente alfabetizada, a quem pareceu não estar cometendo ilícito penal ao levar o filho consigo, é de se reconhecer o erro sobre a ilicitude do fato em termos inevitáveis, justificando a absolvição com fundamento no art. 386, V, do CPP. (TACRIMSP – Ap. 487.233-2 – 4ª C. – Rel. Juiz Walter Theodósio – J. 14.03.1988) (*RT* 630/315). *JCP*.249.

exclusão da culpa e, se evitável, não há exclusão de culpabilidade, restando o crime culposo, podendo, apenas, haver atenuação de pena.[410]

5. Erro determinado por terceiro

O Código Penal, no art. 20, § 2º, leciona que, "responde pelo crime o terceiro que determina o erro". Mais uma vez vamos nos socorrer do exemplo de Hungria: "Suponha-se que Tício, introduzindo insidiosamente balas na pistola pertencente a Mévio, fez com que este, convencido de que a arma continua descarregada e de que apenas serve a um gracejo, dê ao gatilho, visando a Caio que vem a ser atingindo e morto pelo tiro disparado. Tício responderá por homicídio doloso, enquanto Mévio ficará isento de pena, salvo se tivesse razões para desconfiar da sugestão de Tício e eximir-se ao erro provocado (caso em que responderia a título de culpa)".

Figure-se, agora, que Tício fosse o próprio dono da arma e, inadvertidamente, supondo-a descarregada, assim o informa a Mévio que, sem maior exame, apertasse o gatilho, seguindo-se o disparo do tiro e a morte de Caio. Ambos responderão, em concurso, por homicídio culposo.

O art. 20, § 2º, do Código Penal, não fez mais, assim, do que ampliar as possibilidades da culpabilidade a todos aqueles agentes que, de certa forma, acabam por dar causa ao resultado. É nesse sentido que o terceiro é alcançado pela norma, adentrando no *iter criminis*.

6. Erro sobre a pessoa

O Código Penal, no art. 20, § 3º, preceitua que o erro quanto à pessoa contra a qual o crime é praticado não isenta de pena. Não se consideram, neste caso, as condições ou qualidades da vítima, senão as da pessoa contra quem o agente teria praticado o crime. O erro sobre a pessoa não exclui o dolo.[411]

---

[410] ERRO DE PROIBIÇÃO – INEVITÁVEL DESCONHECIMENTO DA NORMA JURÍDICA OU A SUA FALSA REPRESENTAÇÃO – EXCLUSÃO DA CULPABILIDADE – OCORRÊNCIA – A real consciência do injusto penal é pressuposto elementar da culpabilidade, portanto, o desconhecimento da norma penal ou a sua falsa representação, quando inevitáveis, excluem a culpabilidade, sendo possível, assim, absolver do delito do art. 7º, IX, da Lei nº 8137/90, pecuarista de pequeno porte com instrução primária que exercendo sua atividade há 27 anos sem nunca lhe proibirem de fazê-lo ou lhe advertirem de eventual procedimento higiênico especial obrigatório e sem autorização do ministério da agricultura, mantém em depósito leite, com finalidade de venda, em condições precárias no que concerne à conservação das instalações e equipamentos e em condições higiênicas péssimas, porém, idênticas às de outros produtores da região, pois não há que se confundir a generalidade e obrigatoriedade da Lei Penal em qualquer ordenamento jurídico, com a ignorância ou falsa representação da legislação especial penal, uma vez que aquela não escusa, é obrigatória, esta, quando inevitável, afasta um dos elementos da culpabilidade e, conseqüentemente, o juízo de reprovabilidade, não se podendo reprovar a conduta de quem, realmente, não tinha conhecimento do tipo de injusto. (TACRIMSP – Ap 1237717/0 – 4ª C. – Rel. Juiz Marco Nahum – DOESP 21.03.2001)

[411] TENTATIVA DE HOMICÍDIO – DESCLASSIFICAÇÃO – LESÃO CORPORAL – DISPARO DE ARMA – ABERRATIO ICTUS QUALIFICADORAS – Tendo o acusado apontado arma de fogo em direção a pessoa certa, vindo a disparála, pretendendo nela acertar, em razão de desentendimentos havidos em baile funk, comete, em tese, tentativa de homicídio, já que não conseguiu obter o resultado morte. Não há que se falar na desclassificação do fato se, em tese, praticou o réu tentativa de homicídio. Vindo o acusado a atingir vítima diversa, configura-se erro na execução do delito, o que não afasta a tipicidade do fato. Não sendo as qualificadoras manifestamente contrárias à prova dos autos, não há como serem afastadas no momento da pronúncia. (TJMG – RSE 000.215.702-2/00 – 3ª C.Crim. – Rel. Des. Mercêdo Moreira – J. 19.06.2001)

Em regra, a norma penal não foi criada para proteger determinadas pessoas, segundo o princípio da igualdade de todos perante a lei. Assim, se João quer matar Antônio e, encontrando outra pessoa muito parecida vem a matá-la, equivocadamente, o erro, no caso, é irrelevante. Responde como se a Antônio tivesse sido atingido.

A título ilustrativo, o *error in persona* não se confunde com a *aberratio ictus*. Naquele, o sujeito ativo dirige a agressão à pessoa errada. Nesta, o golpe é dirigido à pessoa certa, porém, por desvio de alvo atinge pessoa errada.

Exemplo: "A", pretendendo matar "B", dispara sua arma contra ele, atingindo "C" que, inadvertidamente atravessa a linha do alvo. Responde "A" como se tivesse atingido "B".

7. Erro sobre a ilicitude do fato ou erro de proibição

Já vimos, então, que o erro de tipo não é a representatividade do erro de fato e, ainda mais, que o erro de direito não coincide com o erro sobre a ilicitude do fato.

O alicerce do erro de proibição está, fundamentalmente, na "consciência profana do injusto", e não mais na ditadura da ficção de que todos são obrigados a conhecer a lei.

A lei, como proibição, é uma entidade moral e abstrata. Dentro da doutrina da teoria finalista da ação, o fato, ou seja, a ação humana, é uma entidade além de real, também material e concreta. Já a ilicitude do fato é uma relação de contradição entre a lei e o próprio fato. Mais, a ilicitude é uma quantificação da repercussão que o ato ilícito alcança no corpo social, dependente da proporcionalidade de prejuízo que venha causar ao bem juridicamente tutelado.

O erro de proibição incide sobre a ilicitude do fato, ou seja, sobre o nexo etiológico de contradição existente entre a norma penal, obrigatória, como regra, e a consciência do injusto, inerente à culpabilidade.

Quem atua na suposição de que lícito é o comportamento vedado pela lei penal, faltando-lhe condições de detectar a ilicitude da conduta, pratica escusável erro de proibição, capaz de excluir-lhe a culpabilidade, conforme preceitua o art. 21 do Código Penal.

Nesse contexto, é isento de pena o lavrador semialfabetizado que, em decorrência de extrema ignorância e miserabilidade, é manipulado e inserido em esquema ardiloso, em que passa a agir acreditando que estava a trabalhar regularmente, percebendo o respectivo salário, derivado, na realidade, de usurpação e rateio de taxas mensais pagas por trabalhadores ludibriados pelo mentor e gestor da trama.

Ante o art. 21 do Código Penal, temos a considerar: a) o desconhecimento da lei é inescusável, b) o erro sobre a ilicitude do fato, se inevitável, isenta de pena e, c) se evitável o erro sobre a ilicitude do fato, pode ser causa de diminuição da pena de um sexto a um terço.

Sobre a primeira hipótese, a ignorância da lei não aproveita a ninguém. Poderá, no máximo, funcionar como uma atenuante genérica, *ex vi* do art. 65, que preceitua: "São circunstâncias que sempre atenuam a pena: II – O desconhecimento da lei".

Contudo, seria causa de diminuição de pena, o caso de alguém que residisse por longa data no exterior e desconhecesse uma nova lei. Nesse caso não poderá alegar, jamais, a "ignorância da lei", mormente no respeitante a fatos universalmente puníveis e que impliquem conhecimento moral do ilícito (homicídio, o furto, etc.).

Entretanto, a falta de conhecimento da ilicitude do fato, qual seja, a falta da consciência profana do injusto, isto é, a ausência de entendimento da regra de proibição pode levar à exclusão de culpabilidade, se inevitável, ou reduzir a pena, se evitável.

Sobre a primeira hipótese, cabe o exemplo de quem recebe uma nota falsa e a passa adiante, de boa-fé, julgando-a verdadeira. Estará isento de pena ante a putatividade da ação.

Hungria nos enriquece com os exemplos: "Certo indivíduo, vendo-se encalçado por um inimigo que empunha uma arma, visando-o, saca de seu revólver e dispara, matando-o. Verifica-se, a seguir, que a vítima trazia sua arma descarregada e tencionava, apenas, amedrontar o seu desafeto".

Outro exemplo é do agente que, atravessando à noite uma floresta, onde sabe que costuma acoitar-se um bandido perigoso, é repentinamente surpreendido com a intimativa de alguém que, de arma em punho, lhe barra o caminho gritando: "a bolsa ou a vida". Rapidamente, saca de seu revólver e abate-o com um tiro. Constata-se, *a posteriori*, que todo o episódio não passava de uma brincadeira preparada por um amigo seu, exclusivamente para experimentar-lhe a coragem. O erro era-lhe totalmente invencível.

A hipótese prevista no parágrafo único do art. 21 do Código Penal não isenta de pena. O juiz "poderá" diminuir a pena. Quer dizer, não se trata de um direito que o agente detenha, e sim, uma mera faculdade do juiz. Assim, é previsível e, consequentemente evitável, o erro que comete o enfermeiro em dar arsênico ao paciente, em vez de bicarbonato de sódio. Não se pode pretender a isenção de pena ante uma previsibilidade evidentemente objetiva.

Por fim, a isenção de pena por erro sobre a ilicitude do fato, ou seja, erro de fato essencial – não exclui a punibilidade –, se o agente, na sua ação ou omissão, praticar outro delito. "A" desacata "B", tendo-o como autoridade e, não sendo "B" funcionário público, desaparecerá o tipo "desacato", permanecendo o crime de injúria, se for o caso.

O crime putativo por obra de agente provocador é chamado, também, crime de ensaio, crime de experiência, crime provocador. Ocorre quando alguém, de forma astuciosa, insidiosa, provoca o agente à prática de um crime, ao mesmo tempo em que adota providências para que o crime não se consuma. O exemplo disso é o caso do dono de uma loja que, desconfiado de uma empregada, ordena que ela vá trabalhar selecionando determinada mercadoria, deixando-a só na sala, mas coloca gente da polícia de vigilância, os quais a surpreendem no ato de furtar.

Isto acontece, geralmente, quando a autoridade policial não tem provas contra ato ilícito de um ladrão. Não sabendo se ele é o autor de vários crimes de furto, provoca-o e o instiga a cometê-lo, com o objetivo de prendê-lo em flagrante. Alguns penalistas sustentam que, nessas hipóteses, só na aparência existe o crime, porque o seu autor é, em verdade, protagonista inconsciente de uma "comédia".

Outros afirmam opinião contrária, convencidos de que há, no caso, tentativa punível, e a vigilância policial, preparada de antemão, seria a circunstância alheia à vontade do agente, graças à qual ele não pode consumar o crime.

Nelson Hungria acha que nessas situações só existe o elemento subjetivo do crime, mas que não há violação da norma penal. O *aspecto objetivo*, porque o agente é um meio inconsciente e auxiliar da polícia, utilizado para descobrir a autoria de crimes anteriores.

Na situação analisada, pode-se perceber que o agente induzido é instrumento, não para a consumação do ato ilícito, mas, para a simulação da cena em que o órgão policial busca constituir, de qualquer forma, a autoria de uma materialidade que se sabe impossível.

Como só existe o elemento subjetivo, e não se pune só o dolo ou a vontade, ou o pensamento, não haveria crime algum. Já para Magalhães Noronha, que discorda de Hungria, para sustentar que não existe ineficácia absoluta do meio ou impropriedade total do objeto, o crime é punível e acrescenta: "os que tem opinião diversa, deveriam explicar qual a solução que dariam se, não obstante as providências tomadas, o agente conseguisse consumar o crime".

Exemplificando o pensamento de Magalhães Noronha, apesar do cerco policial, se aquela empregada conseguisse se adonar da peça e fugisse do flagrante, nessa situação o doutrinador afirma: "esses que entendem que não há tentativa punível, como explicariam essa hipótese de o agente consumar o crime apesar de todas as cautelas adotadas?"

Acontece que vem prevalecendo nas decisões dos tribunais brasileiros, maciçamente, a orientação de que isso não constitui crime e não constitui figura delitiva, a conduta instigada por agente provocador, porque nesses crimes putativos se torna impossível a sua consumação devido às providências tomadas.

A putatividade do flagrante preparado tem o condão de afastar qualquer possibilidade do agente vir a alcançar o êxito de sua ação delitiva, quer dizer, sem reais possibilidades de alcançar a consumação, não há que se falar em crime, pois que, mesmo esse, necessita ser um ato baseado no concreto, numa materialidade verdadeiramente real.

O Supremo Tribunal Federal incluiu na Súmula 145: "Não há crime quando a preparação de o flagrante pela polícia, torna impossível a sua consumação". Quando o Supremo transforma princípios de jurisprudência em súmula, é que aquilo já não mais se discute, tanto que, para impetrar *habeas corpus*, basta mencionar a súmula 145, para esses casos.

8. Crime putativo

Faz-se importante estudar-se, agora, o crime putativo. Ocorre o crime putativo, então, por obra de um agente provocador, que cria a representação para o delito, mas, que, efetivamente, não chega a constituir-se como crime, por ser impossível a sua consumação.

Tudo está preparado para que o agente seja apanhado no momento em que vai ser consumado o delito e, se ele é apanhado exatamente naquele momento, materialmente é impossível haver a consumação. Portanto, trata-se de uma forma de crime impossível.

Esse crime putativo, também chamado de ensaio, de experiência, não se confunde com o crime de flagrante preparado.[412]

O crime de flagrante preparado ocorre quando um indivíduo sabe que alguém vai ser vítima de um delito e dá ciência à polícia, que coloca agentes de sentinela para apanhar o autor no momento da prática do crime.

Não se trata de crime putativo por obra de agente provocador, mas se trata de crime real, não havendo provocação. O fato surgiu sem que ninguém interviesse, seja provocando, seja instigando ou induzindo.

Não se fala em crime putativo sem ter sido ele artificialmente provocado, pois é previamente conhecida a iniciativa dolosa do agente. Dá-se ao indivíduo, apenas, o ensejo de agir, tomadas de antemão as devidas precauções. Exemplo disso é o caso de uma firma que vinha sendo lesada pelo fornecedor, em conluio com um empregado. Comunicado à polícia de que se faria uma entrega de mercadorias em determinado local e hora, no exato momento, chega a polícia e prende em flagrante o empregado que está entregando a carga como regular. Trata-se agora de crime real, sem provocação nenhuma. Assim, houve um flagrante como outro qualquer.[413]

Finalmente, há que se considerar o chamado crime falho ou crime frustrado. No crime falho, o agente não consegue realizar a consumação. É a designação que se dá à chamada tentativa perfeita ou acabada.

Quando se fala em tentativa perfeita ou acabada, fala-se em crime falho. Crime falho é aquele em que o agente realizou todos os atos de execução e não conseguiu realizar o crime.

Na tentativa, o agente interrompe a execução por motivo alheio à sua vontade. No crime falho, o agente faz tudo o que está ao seu alcance para consumar o crime, realiza todos os atos de execução, vai até o fim da fase executiva, mas não pode obter o resultado previsto e querido e não consegue obter o resultado, também por circunstâncias alheias à sua vontade. Exemplo: o indivíduo não sabe manejar o revólver e descarrega todas as balas sem atingir a pessoa visada (não conseguiu o resultado porque não sabia manejar o revólver e porque não tinha mais balas). Outro exemplo é

---

[412] *HABEAS CORPUS* – PACIENTE CONDENADA PELO CRIME DE TRÁFICO DE ENTORPECENTE – PROCESSO APODADO DE NULO, POR AUSÊNCIA DE DEFESA E POR TRATAR-SE DE CRIME PUTATIVO INEXISTENTE – Alegações que encontram ampla ressonância nos autos, onde se verifica que, efetivamente, a denúncia, em relação a paciente, descreve crime putativo por obra de agente provocador, de modo tão nítido que, conquanto a circunstância não tenha sido invocada pela defesa, com sério prejuízo para a paciente, não poderia ter passado despercebido aos julgadores de primeiro e segundo graus. Processo nulo ex radice. Súmula 145. Ordem deferida. (STF – HC 69.192 – RJ – 1ª T. – Rel. Min. Ilmar Galvão – DJU 13.03.1992)

[413] PROCESSUAL PENAL. *HABEAS CORPUS*. FLAGRANTE "PREPARADO". INEXISTÊNCIA. PROPINA. OFERECIMENTO. FUNDADAS SUSPEITAS. CONVERSA GRAVADA, HIPÓTESE DE FLAGRANTE "ESPERADO". INQUÉRITO POLICIAL. TRANCAMENTO. ORDEM DENEGADA. 1. Configura-se "flagrante preparado" quando o agente provocado é induzido à prática de uma ação delituosa pelo agente provocador, que adota cautelas para evitar a consumação do ilícito, diferentemente do "flagrante esperado", em que o agente, por razões previamente conhecidas, "espera" que o indivíduo vá praticar o ilícito. 2. Existindo fundadas suspeitas de que o investigado poderia oferecer propina em troca de repasse de informações sobre apreensões de máquinas caça-níqueis e vídeo-bingo, como fundou por acontecer, foi colocado um gravador para captar sua conversa com o agente policial. 3. Consumada hipótese de "flagrate esperado", visto que não se identifica a ocorrência de provocação ou induzimento à prática de crime, e sim atividade policial de alerta e de precaução, não há que se cogitar de crime impossível ou em prova ilícita, nem de nulidade do auto de prisão lavrado. (TRF 1ª R.; HC 2007.01.00.009580-2/PA; Quarta Turma; Rel. Mário César Ribeiro; DJU 13.06.2007, p. 16)

o do indivíduo que tem ciência de que seu inimigo não sabe nadar e o atira ao mar durante uma briga. A vítima vem a ser salva por outras pessoas. Em ambos os exemplos, o agente não desistiu no curso da execução, tanto que completou a etapa executiva do delito, somente não tendo podido alcançar o resultado.

Para se averiguar se houve crime falho, é necessário constatar se o agente podia ter feito mais alguma coisa para ter consumado o crime. Se podia fazer alguma coisa a mais e não fez, para consumar o delito, trata-se de desistência voluntária, desde que tenha interrompido a execução por sua livre e própria vontade. Mas, se fez tudo o que estava ao seu alcance, e mais não podia fazer, dá-se o crime falho.

Algumas legislações distinguem tentativa e crime falho para puni-los de forma diferente. A maioria dos Códigos, porém, não faz essa distinção, como é o caso do nosso Código, que dispensa o mesmo tratamento penal às duas figuras.

Quer dizer: o crime falho é punido da mesma forma como se pune a tentativa. Mas essa distinção entre uma coisa e outra tem um interesse prático, especialmente no que se refere à desistência.[414]

Na tentativa, o agente desiste de levar avante a sua ação no transcurso da execução. No crime falho, isto é impossível de acontecer, porque ele já realizou todos os atos de execução ao seu alcance, e somente por interferência de terceiros ou circunstâncias alheias à sua vontade é possível que o agente desista de levar avante a sua ação.

Não comportando a desistência, o crime falho admite, porém, o arrependimento ativo (eficaz), visto que, tais sejam as circunstâncias, poderá intervir o agente com nova conduta para impedir a produção do resultado que antes ele queria. Exemplo: o indivíduo, sabendo que o seu inimigo não sabe nadar, atira-o no rio ou no mar, e arrependendo-se, salva-o.

A desistência é enquadrada na tentativa. A desistência é tentativa desistida. Qual a diferença entre tentativa punível e tentativa não punível? Na tentativa punível, o agente não vai ao resultado por circunstâncias alheias à sua vontade. Na tentativa não punível, o agente para em meio à execução porque quer e é punido só pelos atos que já praticou.

---

[414] DOMICÍDIO PRIVILEGIADO QUALIFICADO E TENTADO. QUANTIDADE DAS DIMINUIÇÕES EFETUADAS. CONSIDERA-SE COMO CRITÉRIO PARA A RUDUÇÃO DA PENA, NO CRIME TENTADO, A QUANTIDADE DA EXECUÇÃO PERCORRIDA. Tratando-se de tentativa perfeita ou crime falho, em que ela foi esgotada, a diminuição deve ser feita em seu mínimo legal, pouco importando que as circunstâncias judiciais militem em favor do réu. No caso do acolhimento do relevante valor moral não pode o Juiz levar a redução ao seu máximo, se houve desproporção entre a ofensa recebida e o ato praticado pelo agente ativo (TJMG; ACr 1.0395.03.004239-8/001; Manhumirim; Terceira Câmara Criminal; Rel. Desa. Jane Ribeiro Silva; Julg. 07.11.2006; DJ 13.01.2007)

CAPÍTULO XVII

DO CRIME CONSUMADO E DA TENTATIVA

1. Introdução

Toda a ação delituosa visa a um objetivo. A constituição do processo criminoso só tem sentido para o ordenamento jurídico se, de fato, os meios executórios são movimentados. Assim, consumar é finalizar, é alcançar a satisfação da conduta contrária ao direito.

Mais: estabelecer o momento consumativo é dar condições para se definir o termo inicial da prescrição, da competência territorial, etc.

Assim, pode-se afirmar que o crime está consumado quando o tipo está completamente atingido pelo agente, isto é, quando se pode, sem relutar, perceber que o fato concreto se subsume no tipo abstrato da lei. Se preenchidos estiverem todos os elementos do tipo pela conduta delituosa, está-se frente à consumação.

Segundo a leitura do artigo 14, inciso I, do Código Penal, o crime está consumado quando todas as condições para a perfectibilização do tipo estão presentes.[415]

Segundo o mestre Aníbal Bruno, a consumação é a fase última do atuar criminoso. É o momento em que o agente realiza em todos os seus termos o tipo legal da figura delituosa, e em que o bem jurídico penalmente protegido sofre a lesão efetiva ou a ameaça que se exprime no núcleo do tipo.[416]

Muitos autores tendem a confundir a consumação com o crime exaurido, o que é um grave equívoco. A consumação é o momento em que os elementos que formam o tipo são esgotados pela ação do criminoso. O exaurimento é uma fase posterior à consumação, e se dá com a efetiva realização do resultado gravoso. É o caso da extorsão mediante sequestro: ao sequestrar alguém, o agente já consumou o ato, mas o exaurimento só pode vir a ocorrer se ele receber o resgate.

Entende Flávio Augusto Barros Monteiro que, no plano da tipicidade, o exaurimento não exerce influência, pois o *iter criminis* termina com a consumação. Todavia, a pesquisa da existência do delito exaurido tem relevância na aplicação da pena, porquanto o exaurimento insere-se dentro das consequências do crime, influenciado na fixação da pena base (CP, art. 59). Às vezes, ainda, a lei erige o exaurimento à condição de qualificadora ou causa de aumento de pena, utilizando-o para construir os denominados tipos derivados. Assim, por exemplo, a corrupção passiva consuma-se quando o funcionário solicita a vantagem indevida; mas se, além disso, o funcionário retarda ou deixa de praticar ato de ofício ou o pratica infringindo dever funcional,

---
[415] CÓDIGO PENAL, art. 14, I. Diz-se do crime: I – consumado, quando nele se reúnem todos os elementos de sua definição legal;
[416] BRUNO, Aníbal. Op. cit., p. 254.

essa consequência ulterior à consumação, isto é, o exaurimento, passa a funcionar como causa de aumento de pena (CP, art. 317, § 1º).[417]

Outrossim, mesmo que o autor do delito não alcance a totalidade dos fins perseguidos, basta que o fato concreto realizado tenha o condão de reproduzir os elementos substanciais do tipo legal, para que, nessa coincidência entre o fato real e o tipo legal, se dê a consumação.

2. Da consumação nas diferentes espécies de crimes

Quando se fala em crimes materiais, deve-se perceber a consumação quando ocorre o resultado desejado pelo agente. Aqui devem ser incluídos os crimes culposos e, igualmente, os omissivos impróprios. Assim, por exemplo, o homicídio se consuma com a morte. É mister uma observação: ao se falar em crimes omissivos impróprios, deve-se lembrar que a omissão, em si, é forma ou meio para se alcançar um determinado resultado, então a consumação só é possível com o efetivo resultado lesivo, e não com a mera inatividade do agente (como nos casos da omissão pura).

Nos crimes formais, bem como nos de mera conduta, a consumação só é possível quando acontece a própria ação, uma vez que, como é aceito pela doutrina, não se precisa da figura do resultado, aqui.

No caso dos crimes habituais, a consumação só é possível quando houver uma contínua reiteração de atos, estes suficientes para o conhecimento do modo de vida do agente. É de observar-se que a repetição da rotina tem a virtude essencial para constituir os crimes dessa espécie, pois, isoladamente, os atos não se constituem em nenhum interesse penal.

Já os crimes permanentes alcançam a consumação com a dilatação do ato no tempo, quer dizer, desde o instante em que se reúnem os seus elementos, até que cesse o comportamento delituoso do agente. Pode-se, por conseguinte, observar que, enquanto não houver a cessação da permanência, e o ato delituoso se mantiver em movimento, há de se marcar a sentença da consumação.

A consumação, no caso do crime complexo, só é perceptível na variação, isto é, conforme estejamos frente a um crime material, formal e de mera conduta.

Quando se fala em crimes de perigo concreto, o momento consumativo só pode ser alcançado quando houver a probabilidade do dano. É *conditio sine qua non* a clara e inequívoca demonstração do perigo ao bem juridicamente tutelado.

Por fim, nos crimes omissivos, a consumação só pode ocorrer naqueles locais e nos momentos, em que o agente deveria agir, mas não o fez.

Para José Frederico Marques, tem-se a infração por consumada no local e tempo onde não se efetuou o que se deveria efetuar. "Cometem-se, pois, delitos de omissão ali onde o autor, para cumprir o dever jurídico a ele imposto, devesse praticá-lo, e não onde se encontrasse no momento de seu comportamento inerte".[418]

---

[417] MONTEIRO, Flávio Augusto Barros. Op. cit., p. 196.
[418] MARQUES, José Frederico. Op. cit., p. 171.

3. As fases do crime (*iter criminis*)

O caminho do crime é o procedimento, são as condições exigidas pela conduta que, obrigatoriamente, devem ser obedecidas para que o fim venha a ser alcançado.

O agente busca, assim, realizar uma conjunção de atos que, sucedâneos num tempo e num espaço, permitem-no construir o resultado danoso. Portanto, o *iter criminis* se divide em cogitação, atos preparatórios, atos executórios e consumação.

A *cogitação* é uma ideia. É uma abstração que o agente faz de um desejo. Ele realiza a gênese através de uma forma que surge em seu íntimo. Ela é restrita ao universo onírico, e, assim, é uma percepção analógica daquilo que o homem percebe como obstáculo, desafio, ameaça, desejo, na realidade. Sendo, pois, uma fase eminentemente interna, ontológica, não há que merecer sanção, ou mesmo, atenção por parte do legislador.

Dessa forma, quando se fala em cogitação, não se está a falar em crime, muito menos, em tentativa.

Já afirmavam os romanos que *cogitationis poenam nemo patitur*.

Enfim, enquanto a ideia não ganha forma no mundo concreto, em sua natureza etérea, ela escapa ao abraço do Direito Penal, uma vez que somente aquilo que é sólido ao contato da norma pode por ela ser avistado.

Pedro se desentende com Paulo que, enraivecido, passa noites sem dormir, pensando numa vingança. Diz a seus amigos que vai se vingar e que vai adquirir uma arma para matá-lo. Enquanto Paulo permanecer nessa fase, ficará apenas cogitando o mal a fazer a Pedro.

Sua atitude é de nenhuma relevância para o Direito Penal, até porque pode ser apenas uma gabolice de Paulo que, com o passar dos dias, venha se convencer da inutilidade da ideia.

Os atos preparatórios são a exteriorização da vontade criminosa, e assim como os atos executórios, têm em vista a consumação da ação contrária ao direito. Não se pode dizer que aqui já se pode enfrentar o crime, pois que ele ainda não existe. Em regra, igualmente se pode dizer que eles permanecem afastados do universo da norma penal. São, em sua substância, fatos atípicos.

Hipóteses isoladas dão conta de que eles podem vir a receber algum tipo de sanção. É o caso da incitação ao crime, prescrito no artigo 286 do Código Penal, bem assim o crime de quadrilha ou bando, aquele do artigo 288.[419]

Nos atos preparatórios, o indivíduo, vencida a cogitação, passa a preparar os meios necessários a concluir o seu intento.[420]

---

[419] CÓDIGO PENAL, art. 286. Incitar, publicamente, a prática de crime: Pena – detenção, de 3 (três) a 6 (seis) meses, ou multa.
CÓDIGO PENAL, art. 288. Associarem-se mais de três pessoas, em quadrilha ou bando, para o fim de cometer crimes: Pena – reclusão, de 1 (um) a 3 (três) anos".
[420] PENAL – CALÚNIA – COGITAÇÃO QUE NÃO SE TRANSFORMOU EM ATO – É atípico e penalmente irrelevante o plano com escopo de caluniar alguém, abortado ainda em fase de execução. (STJ – INQ – 256 – MS – C.Esp. – Rel. Min. Humberto Gomes de Barros – DJU 12.11.2001 – p. 116)
APELAÇÃO CRIMINAL – TENTATIVA DE FURTO QUALIFICADO – DECISÃO ABSOLUTÓRIA – RECURSO – ART. 14, INC. II, CÓDIGO PENAL – COGITAÇÃO E ATOS PREPARATÓRIOS – IMPUNIBILIDADE – ANDAR NO TELHADO DE RESIDÊNCIA – ATO PREPARATÓRIO QUE NÃO CONFIGURA TENTATIVA – SENTENÇA MANTIDA – Em vista do critério do art. 14, inc. II, do Código Penal, nem a cogitação do crime,

No exemplo acima, Paulo, não se conformando com a ofensa recebida de Pedro, com a intenção de matá-lo, vai ao armeiro, compra um revólver, carrega com seis "balas" e vai, na calada da noite, se colocar de atalaia, num lugar de passagem quotidiana e obrigatória de Pedro.

Ainda que tenha ele iniciado a exteriorizar os atos mentalmente preparados, ainda aí, seus atos são indiferentes ao Direito Penal. É que, ante o direito, Paulo ainda pode arrepender-se, por exemplo, ao ver que seu adverso vem acompanhado da mulher e com um filho no colo.

Poderá ele estar cometendo outro crime, como porte ilegal de arma, mas jamais o de tentativa de homicídio.

Os atos executórios. Então, acompanhando a linha do *iter criminis*, chega-se aos atos executórios. Deve-se notar a impressionante proximidade destes com os atos de tentativa, pois estes são sempre a marcha dos atos executórios.

Através da inicialização de atos idôneos para a realização do crime, e uníssonos, o agente põe-se em movimento para alcançar o fim desejado. Destarte, deve-se perceber o sentido de ato idôneo. É aquele que é capaz de dar ao agente as condições para lesar um bem jurídico tutelado.

Não se pode falar em fato idôneo, enquanto não material, pois senão o juiz não teria o que analisar no mundo dos fatos concretos, quer dizer, o juízo não teria como se colocar no lugar daquele que sofreu a lesão. E nesse sentido, se material o fato, idôneo, então é possível ao julgador buscar a certeza de que o ato praticado poderia, realmente, ter alguma eficiência em relação ao resultado visado.

Bettiol observa que é necessário indagar sobre a qualidade e quantidade dos meios utilizados, sobre as condições do sujeito passivo, sobre o tempo e o lugar da ação, e assim por diante. Uma dose insuficiente de veneno não poderá dar lugar à tentativa, enquanto a água açucarada ministrada regularmente a um diabético deve ser considerada idônea para provocar a morte e pode, portanto, dar lugar a uma configuração de delito tentado.[421]

E o que se entende por ato inequívoco? É aquele que o agente, de forma determinada, direciona para o fim, para a consumação do resultado. Ele revela, assim, a real intenção, o propósito indiscutível da intenção criminosa do agente.

Ainda no exemplo do desentendimento de Pedro com Paulo: Paulo de atalaia, na calada da noite, com a arma carregada, vê Pedro vindo em sua direção. Quando este se aproxima, saca da arma e, quando vai atirar, um policial que por perto espreitava, atira-se sobre Paulo, e o tiro sai para cima, evitando que Pedro fosse atingido. Paulo, ao dar o tiro, iniciou os atos de execução da morte de Pedro, que só não se consumou por elementos completamente alheios à sua vontade. Se não houvesse a atuação do policial, o crime, por certo, teria se consumado.

Dessa forma, entender-se o *iter criminis* é, com certeza, criar as condições para a melhor percepção da possibilidade da consumação do delito, bem como, ao mesmo tempo, fazer emergir as opções que se apresentam ao autor. Igualmente, as suas dificuldades. Transpô-las é dar vazão à satisfação da obtenção do fim planejado.

---

nem os atos preparatórios são puníveis. O inciso fala em: "iniciada a execução". Recurso improvido. (TAPR – ACr 0156201-8 – (8037) – 2ª C.Crim. – Rel. Juiz Idevan Lopes – DJPR 25.05.2001) *JCP*.14, *JCP*.14.II

[421] Bettiol, Op. cit., p. 229/230.

Não se podem confundir os atos preparatórios com os executórios. Pode-se colocar a questão da seguinte maneira: o ato verdadeiramente idôneo e inequívoco dá vida ao ato executório, o que enseja à tentativa, enquanto o ato completamente inidôneo, ou equívoco, não passa de um ato preparatório.

Nelson Hungria dá o seguinte exemplo para caracterizar essa situação: "Tício, tendo recebido uma bofetada de Caio, corre a um armeiro, adquire um revólver, carrega-o com seis balas e volta, ato seguido, à procura de seu adversário, que, entretanto, por cautela ou casualmente, já não se acha no local da contenda; Tício, porém, não desistindo de encontrar Caio, vai postar-se, dissimulando atrás de uma moita, junto ao caminho onde ele habitualmente passa, rumo de casa, e ali espera em vão pelo seu inimigo, que desconfiado, tomou direção diversa. Não se pode conhecer uma série de atos mais inequivocadamente reveladores da intenção de matar, embora todos eles sejam meramente preparatórios".[422]

Para que a distância entre estes dois institutos viesse a se solidificar, a doutrina acabou aceitando a utilização de dois critérios diferenciadores: a) o critério material e b) o critério formal.

O critério material tem a sua tese no fato de que a diferença entre aqueles dois elementos está na natureza do ataque direto ao bem da proteção jurídica. Isto é, o momento de perigo real ao bem, fruto da ação delituosa do agente.

Pode-se, portanto, afirmar que o crime está definido a partir da lesão ou ameaça a um bem jurídico tutelado pela lei. Se o ato não representa um verdadeiro perigo ao bem, não há de se falar em ato executório.

No critério formal, o começo da execução é delineado a partir da realização do tipo legal, isto é, quando a própria conduta do tipo legal começa a ser preenchida pela ação do agente criminoso. Assim, por este critério, busca-se comprovar o momento do início da realização do tipo. E este critério é o adotado pelo Direito Penal brasileiro.

Fica difícil analisar a questão do início exato do ato executório em algumas situações, pois nelas o agente está em movimento, mas ainda não apresentou nenhuma ação que se aproxime do verbo nuclear do tipo. É, assim, o caso de um agente que é surpreendido antes mesmo de iniciar o movimento característico, mas que, por ser surpreendido, não consumou a ação, já que estava distante da analogia possível entre o ato realizado e o verbo do tipo.

Segundo Aníbal Bruno, na realidade, "o ataque ao bem jurídico para constituir movimento executivo de um crime tem de dirigir-se no sentido da realização de um tipo penal. O problema da determinação do início da fase executiva há de resolver-se em relação a cada tipo de crime, tomando-se em consideração, sobretudo a expressão que a lei emprega para designar a ação típica. É em referência ao tipo penal considerado que se pode decidir se estamos diante da simples preparação ou já da execução iniciada. Para isso é preciso tomar em consideração o fim realmente visado pelo agente".[423]

O que se percebe, olhando a doutrina, é que algumas teorias foram desenvolvidas para melhor explicar os atos executórios, e, de forma resumida, elas podem

---

[422] HUNGRIA, Nelson. Op. cit., p. 76.
[423] BRUNO, Aníbal. Op. cit., p. 408.

ser assim apresentadas: a) teoria da hostilidade ao bem jurídico protegido, b) teoria objetivo-formal, c) teoria objetivo-individual.

A teoria da hostilidade, que tem como principais defensores Mayer e Nelson Hungria defende a tese de que o ato executório, que inicia a ação que vem confirmar o verbo nuclear do tipo, é um ataque ao bem jurídico protegido. Com esse assalto, que é um desvalor ao bem, está constituída a cena de perigo, que põe em movimento o contingente normativo que tem por intenção a proteção ao bem. Visto por essa perspectiva, essa teoria dá importância ao critério material, quer dizer, o bem protegido pelo ordenamento jurídico tem que estar, efetivamente, em perigo.

A objetivo-formal é defendida por Von Liszt, Frederico Marques e outros. Para eles, o ato executório é o que inicia o verbo nuclear, quer dizer, a ação típica tem de estar presente, mesmo que num mínimo de movimento, a revelar a prática de conduta contrária ao direito. A diferença em relação à teoria anterior é muito sutil, dependendo mais de rigores teóricos. Naquela, o perigo ao bem tem de estar já caracterizado (o bem já está sendo atacado) e, aqui, tal perigo pode ser ainda potencial (o bem ainda vai ser atacado).

A teoria objetivo-individual. Ela defende o paradigma de que os atos executórios são aqueles que, elaborados pelo agente criminoso, se inauguram no período imediatamente anterior ao começo da execução da ação delituosa. Esta teoria tem, assim, a pretensão de incluir na análise os elementos do plano de ataque do agente, e uma proximidade delitiva ao verbo núcleo do tipo. Seus principais defensores são Welzel, Zaffaroni e Pierangelli.

Independente de qualquer legitimidade para as críticas que possam ser emitidas contra as teorias aqui apresentadas, o que mais nos parece é que, todas estão, na realidade, a falar sobre a mesma coisa, sendo, nada mais, do que fruto de um rigor teórico sem sentido, e que não contribui, efetivamente, para responder as questões acerca dos atos executórios. Conjugá-las, então, com certeza, seria o mais apropriado para que se tivesse algum resultado no universo concreto.

4. Da tentativa

A tentativa é um crime que não se consumou. Ela é uma ação típica que, mesmo em movimento, foi obstaculizada, impedindo o seu agente, assim, a alcançar a sua satisfação.

Ela é uma realização incompleta do tipo, pois, ao estar em aproximação do verbo nuclear, o agente é inadvertidamente afastado dele. Observe-se que, na letra da lei, não existe o tipo "tentar matar alguém", "tentar furtar", "tentar caluniar", etc. Nesse sentido, deve-se, sempre, divisar a tentativa como uma liberdade do tipo penal, isto é, ela é um tipo penal ampliado, aberto, incompleto, é verdade, mas, ainda, assim, um tipo penal.

Diz-nos o artigo 14 do Código Penal, inciso II, que a tentativa é aquela que "quando, iniciada a execução, não se consuma, por circunstâncias alheias à vontade do agente". Então, a ação típica está em movimento, mas sem a decisão livre e soberana do agente, outras circunstâncias o impedem de configurar a analogia completa entre ação-tipo.

Assim, a tipicidade desse ato que foi abruptamente interrompido decorre de uma conjugação do tipo penal, com o dispositivo que define e prevê uma punição para ela e, por isso, tem uma eficácia extensiva, já que, por força dele, é que se dá a ampliação do espaço de proibição aos fatos que o agente criminoso tenta realizar ou realiza de forma incompleta.

Portanto, na riqueza ampliativa que está contida na norma penal, ou seja, na leitura atenta do artigo 14, inciso II, do Código Penal, se tem a possibilidade de enquadrar todo esse universo de novos mandamentos proibidos, dando ao ordenamento jurídico, assim, a possibilidade de tipificar aquilo que poderia estar ao abrigo da atipicidade.

Por ser uma ação trincada, que existe em relação a uma ação que não se completou, é que se pode dizer que a tentativa é um tipo subordinado, quer dizer, derivado do tipo principal não realizado. Ela funciona como uma causa de extensão desse tipo principal.

Dessa forma, não está errado defender a tese de que a mesma norma que fundamenta a tipicidade daquele crime que se completou, que se consumou, sustenta, então, a tipicidade do crime que restou incompleto. É por isso que se diz que tanto o crime consumado, quanto o crime tentado, não são dois crimes distintos, mas formas de realização de um mesmo delito.

A tentativa, assim como o crime consumado, também tem substância, e por isso, ela tem os seus elementos, que são: a) início da execução do delito, b) não consumação do crime, por circunstâncias alheias à vontade do agente, c) o dolo em relação ao crime consumado.

Quando falamos do início da execução, é importante dizer-se que o nosso Código adotou a teoria realística, objetiva, quer dizer, para que se inicie a execução de um fato típico, é necessária a existência de uma ação criminosa que já esteja na fase dos atos executórios. Assim, a tentativa é punida por trazer um perigo ao bem juridicamente tutelado.

Apenas na fase da execução é que se tem condição para precisar o sentido do agir criminoso do agente, pois somente aqui o universo normativo pode buscar a ameaça ao bem protegido.

Já em relação ao elemento da não consumação por circunstâncias alheias, é importante destacar aqui que a interrupção não pode ser uma manifestação de vontade, livre e soberana, do agente, pois se for assim, não se estará ao abrigo da tentativa, mas sim, da desistência voluntária ou do arrependimento eficaz. Não pode haver, para se visualizar a tentativa, qualquer manifestação volitiva do agente.

É sempre uma causa estranha à vontade daquele que está agindo para executar um crime.

Quanto ao dolo em relação ao crime consumado, é óbvio que a ação do agente tem que estar motivada pelo agir dolosamente, ou seja, o agente realmente quis o resultado ilícito, e sempre buscou completar a figura típica. Diz-se, na doutrina e na jurisprudência, que o agente queria o resultado mais grave do que aquilo que pôde obter, por causa da interrupção. Desse modo, diz-se que o dolo da tentativa é o mesmo do dolo do crime consumado.

5. Dolos que admitem compatibilidade com a tentativa

O dolo existe na tentativa, e é tão verdadeira essa sentença, que não se pode falar em tentativa nos crimes culposos. Dessa forma, não se pode afirmar que, em seu aspecto subjetivo, há alguma distinção entre o crime tentado e o crime consumado.

Na tentativa, há uma clara intenção, por parte do agente, em chegar até a consumação (*meta optata*). Destarte, o agente, ainda que não tendo completado toda a ação, responde por todos os atos praticados, e que visavam a concluir uma conduta contrária ao direito. Se esta objetiva apenas uma tentativa, e não uma consumação, o agente responde pelos atos praticados se, e isso é importante de se atentar, nessa situação, estes forem atos típicos, pois caso contrário, eles serão atípicos.

Em relação ao dolo eventual, a doutrina admite a figura da tentativa, e que é caso daquele agente que, ao realizar uma conduta delituosa, assume o risco da sua consumação, mas que, por circunstâncias alheias à sua vontade, não ocorre. Tal compatibilidade entre a tentativa e o dolo eventual está no fato de que, desde que o Código Penal equiparou este dolo com o dolo direto, isso se tornou possível.

Ela é, igualmente, compatível com o dolo alternativo, aquele em que a própria vontade do agente oferece esse espaço de ação (ele quer matar, ou ferir; quer furtar, ou estuprar).

Aníbal Bruno não entende a questão dessa forma, pois, para ele, o que se tem nessa situação é o predomínio da ação mais grave, quer dizer, querer matar ou ferir é tentativa de homicídio, como ele mesmo afirma quando diz "se um indivíduo atira em outro para matar ou ferir, mas não atinge o alvo, é evidente ter havido tentativa de homicídio".

A tentativa existe, também, com o dolo de ímpeto. Nesse sentido, afirma Flávio Augusto Monteiro de Barros que, "por mais súbita que seja a resolução criminosa, já dizia Nélson Hungria, 'não falta ao agente um fim determinado. O estado emocional, por mais agudo, não realiza o contra-senso de uma vontade agindo sem escopo definido'. Assim, a tentativa existe tanto nos crimes de ímpeto quanto nos crimes refletidos, não procedendo o argumento de Carrara, que acoimava de duvidosa a vontade daquele que age num assombro de ira".[424]

6. Das formas em que não se admite a figura da tentativa

Não cabe a tentativa nos crimes culposos, pois o evento, nesses delitos, ocorre contra a vontade manifesta do agente. Mas se alerta para o fato de que na culpa imprópria, ela é possível, pois aqui há uma intenção em se produzir o resultado contrário ao direito.

Também em relação aos crimes preterdolosos, bem como em relação aos crimes previstos pela Lei das Contravenções Penais, não há que se falar em tentativa. No

---
[424] BARROS, Flávio Augusto Monteiro de. Op. cit., p. 205.

primeiro caso, porque o chamado evento mais grave não é pretendido pelo agente e, no segundo, porque há um comando legal que assim determina.[425]

Os chamados crimes unissubsistentes, aqueles que alcançam a consumação com um único ato, o que não permite a interrupção do caminho do crime, não podem admitir a tentativa. Estão aqui englobados os chamados crimes omissivos próprios. Ao contrário, os omissivos impróprios a admitem.

Para muitos doutrinadores, a tentativa somente seria possível ao se analisar os chamados crimes materiais, ficando assim, distante dela, os crimes de mera conduta e os formais. Mas, se esses dois últimos forem plurissubsistentes, não se haverá de admitir a tentativa? A resposta só pode ser positiva, pois até mesmo aqui, será possível de se ver uma fragmentação da conduta, o que vem a criar a hipótese de uma interrupção do *iter criminis*, e esta poderá ser de forma alheia à vontade do agente.

Assim, nos crimes de perigo unissubsistentes não se fala na presença de tentativa, porque a conduta não admite ser fragmentada. Nos crimes habituais, também não existe a tentativa porque aqui, pela sua própria natureza, eles se integram ao estilo de vida do agente.

7. Das espécies de tentativa

Dependendo do instante em que a ação criminosa for interrompida, estar-se-á frente a duas espécies distintas de tentativa, e que são: a) tentativa perfeita, b) tentativa imperfeita.

A tentativa perfeita é aquela que ocorre quando o agente, apesar de ter realizado todas as condições para alcançar a consumação do ato delituoso, mesmo assim, ele não acontece. Muitos se referem à tentativa perfeita como crime falho, pois, apesar da fase executória ter se realizado na sua integralidade, o resultado não é obtido, por circunstâncias que fogem à vontade do agente.

É importante observar que, aqui, não se está falando de alguma interrupção do agente quando da execução da ação, mas sim, no fato de que foi o resultado, e apenas ele, que não foi alcançado.

Segundo Damásio de Jesus, o crime é subjetivamente consumado em relação ao agente que o comete, mas não o é objetivamente em relação ao objeto ou pessoa contra o qual se dirige. A circunstância impeditiva da produção do resultado é eventual no que se refere ao agente, ou, como dizia Luiz Jiménes Asúa, o resultado se verifica por mero acidente.[426]

Portanto, o agente realiza todas as exigências para a realização do fim desejado, mas este não acontece, por uma situação de última hora que incide sobre a fase final do *iter criminis*.

A tentativa imperfeita. Quando se fala em tentativa imperfeita, está-se a configurar a própria circunstância da tentativa, uma vez que nessa, a tentativa se dá porque o agente não consegue praticar todos os atos necessários à consumação, pois ele sofre com uma interrupção exógena ao seu universo de ação. Enfim, aqui, o autor da con-

---

[425] LEI DAS CONTRAVENÇÕES PENAIS, art. 4º. Não é punível a tentativa da contravenção.
[426] JESUS, Damásio de. *Direito Penal*. São Paulo: Saraiva, 1998, p. 289.

duta não tem tempo para esgotar toda a potencialidade lesiva da conduta criminosa pretendida. É esta a figura mais típica do instituto da tentativa.

8. A punibilidade admitida à tentativa

Duas são as correntes que tentam explicar a punibilidade da tentativa: a) a teoria objetiva, e, b) a teoria subjetiva.

A *teoria objetiva* entende que a punibilidade da tentativa deve estar fundamentada no grau de perigo a que está exposto o bem jurídico ameaçado pela conduta do agente criminoso. Uma vez que se inicia a execução do crime, está-se justificando a resposta repressiva do sistema jurídico.

Esta teoria é a que é aceita pelo nosso Código Penal, como se depreende da leitura do parágrafo único do artigo 14 e que dispõe: "salvo disposição em contrário, pune-se a tentativa com a pena correspondente ao crime consumado, diminuída de um a dois terços".[427]

A *teoria subjetiva*, ao contrário, credita a punibilidade da tentativa à vontade do sujeito, isto é, do agente criminoso, vontade esta que é contrária ao ordenamento jurídico. Para os que comungam dessa posição teórica, a vontade do agente é *conditio sine qua non*, uma vez que está completa e determinada ao resultado lesivo.

Assim, ao se falar em tentativa, a pena proposta deveria ser a mesma do crime consumado, já que se estaria punindo a vontade delitiva do agente que pretendeu causar o dano ao bem tutelado. Portanto, desde que a vontade criminosa se manifeste nos atos de execução do fato punível, a punibilidade já está justificada.

Finalmente, mais uma vez, chama-se a atenção para que não se confunda a tentativa com a desistência voluntária, bem como com o arrependimento eficaz.

9. Desistência voluntária

Na desistência voluntária, o agente é quem interrompe, voluntariamente, a sua conduta criminosa, que acaba sendo impunível.

A impossibilidade de se punir a desistência voluntária tem razão de ser na política criminal do Estado, que se utiliza desse benefício para impedir a ação típica. Segundo Von Liszt, é "a ponte de ouro que a lei estende para a retirada oportuna do agente".[428]

---

[427] PENAL – APELAÇÃO – DUAS TENTATIVAS DE HOMICÍDIO QUALIFICADO EM CONCURSO FORMAL – FIXAÇÃO DA PENA-BASE – ITER CRIMINIS PERCORRIDO E REDUÇÃO PENAL – CONFISSÃO E ATENUAÇÃO DA PENA – REGIME PRISIONAL – I – A pena-base só será obrigatoriamente fixada no mínimo legal se todas as circunstâncias judiciais forem favoráveis ao réu. II – A redução penal pela tentativa será inversamente proporcional à proximidade da consumação do crime, ou seja, quanto mais perto o crime esteve de se consumar, menor será a redução penal. III – Como não há previsão legal de quanto o juiz deverá subtrair da pena pela confissão espontânea, a razoabilidade e as circunstâncias do caso concreto é que dirão, na espécie, o quantum a ser reduzido, de forma que a política criminal que privilegia a confissão espontânea seja satisfeita. IV – Conforme expressa determinação legal, cuja constitucionalidade já foi julgada pelo STF, o condenado por homicídio qualificado deverá cumprir a pena em regime integralmente fechado. (TJDF – APR 19990710103728 – DF – 1ª T.Crim. – Rel. Des. Natanael Caetano – DJU 08.05.2002, p. 58)

[428] VON LISZT. *Tratado de Derecho Penal*. Madrid: Editorial Réus, 1929, p. 20.

Dessa forma, o agente desiste, apesar de poder realizá-la, da ação delituosa, não a levando adiante por ter mudado, ao longo da execução, de intenção quanto ao objetivo da sua conduta criminosa.

Não é importante que a desistência seja espontânea, basta que seja voluntária. Quer dizer, ainda que a ideia para interromper a conduta criminosa não tenha sido do próprio agente, é ele, sem nenhuma forma de coação, que deliberadamente põe fim ao curso do ato criminoso.

Estabelecendo-se uma relação entre a desistência voluntária e as espécies de tentativa, ela só pode acontecer na figura de tentativa imperfeita, já que, na perfeita, todos os atos da execução foram cumpridos, e, portanto, aqui, só há de se falar em arrependimento eficaz.

Quanto ao arrependimento eficaz, este ocorre quando, após o agente ter realizado toda as condições para a realização da conduta, ele se arrepende e evita o último e derradeiro ato para alcançar o seu êxito final. Quer dizer, no instante final, ele pratica uma nova atividade que altera o resultado em sua totalidade. Igualmente, aqui, não é necessário que ele seja espontâneo, bastando, apenas, que seja voluntário.

Anota-se que o arrependimento, para trazer algum benefício ao agente, deve ser, obrigatoriamente eficaz, quer dizer, se ele não conseguir evitar o resultado delituoso, de nada valerá o arrependimento. E mesmo no caso em que a própria vítima contribui para o resultado, mesmo aí, deve ser eficaz a ação do agente em realizar um outro ato para mudar o resultado final.

Assim, como derradeira observação, tanto no caso da desistência voluntária, quanto no caso do arrependimento eficaz, o agente responde pelos atos já praticados que, por si próprios, venham a constituir crimes. Esse é o fenômeno que a doutrina conhece como tentativa qualificada.

Dessa forma, a tentativa, ainda que não perfectibilizando o crime, aquele verdadeiramente desejado, está caracterizada em nosso ordenamento penal, pois se tal não fosse alcançado, as consequências para a paz jurídica seriam de grande monte, ameaçando todo o edifício social.

CAPÍTULO XVIII

CONCURSO DE PESSOAS

1. Conceito

Diz-nos Julio Fabbrini Mirabete, ao analisar o tema, que o concurso de pessoas é a ciente e voluntária participação de duas ou mais pessoas na mesma infração penal.[429]

Ainda que singela e bastante objetiva, essa definição não reflete toda a problemática que cerca o tema. A análise sobre as suas condições tem profundas repercussões na própria ciência penal, uma vez que, ao se refletir sobre ele, se está refletindo sobre as próprias noções da infração penal, da causa material e psíquica, da imputabilidade, da responsabilidade penal, etc.

Para Esther de Figueiredo Ferraz, a codelinquência constitui um verdadeiro ponto de encontro dos principais temas da dogmática jurídico-penal, e seu estudo enseja-nos a oportunidade de repensá-los em maior profundidade. [430]

Uma das primeiras polêmicas acerca do tema diz respeito ao fato de que, para uns, o concurso de pessoas representa uma variedade de crimes, unidos que estão pela ação dos agentes. Mas, para outros, ainda que numa pluralidade de agentes, na verdade, estamos diante de apenas um crime.

Para se responder às implicações de uma ou outra posição, devemos nos socorrer de teorias que as tentam explicar e nos convencer de suas teses.

Estas são a t*eoria pluralística*, a *dualística* e a teoria *monística* ou *unitária*.

2. A teoria pluralística

Esta teoria defende a tese de que, a cada um dos participantes que, em conjunto, atuarem em uma conduta delituosa, corresponde uma conduta própria, um elemento psicológico particular e, igualmente, um resultado exclusivo.

Para os seguidores dessa teoria, não há participação de vários agentes num delito só. O que existe são crimes simultâneos. Se, por exemplo, quatro indivíduos concorrerem para a prática de um mesmo delito, existem quatro crimes, praticados simultaneamente, muito embora alguns dos comportamentos não tenham realizado todos os passos do *iter* das figuras típicas.

Dessa forma, falar em pluralidade de agentes seria automaticamente falar de uma pluralidade de ações delituosas. Tantas serão as condutas quanto tantos forem os agentes.

---
[429] MIRABETE, Julio Fabbrini. Op. cit., p. 225.
[430] FERRAZ, Esther de Figueiredo. *A co-delinqüência no Direito Brasileiro.* São Paulo: Bushatsky, 1976, p. 114,

Alguns defensores dessa teoria advogam a ideia de que a participação não seria elemento de um crime, mas sim, um outro crime. Na realidade, o erro dessa teoria é não perceber que, ainda que haja uma pluralidade de agentes, todos podem estar conectados a um único fim, pois a divisão de tarefas não os obriga a alcançar um objetivo distinto.

Na verdade, a complexidade de alguns atos criminosos exige um *iter criminis* tão sofisticado que, para consumá-lo, é fundamental a participação de sujeitos distintos que, com as suas especialidades somadas, podem contribuir para a melhor ou pior realização do crime.

Outrossim, o fim é o mesmo, ainda que muitos venham a ser os agentes que participam do processo criminoso, pois o que os une é um mesmo nexo psicológico.

3. A teoria dualista

Por seu turno, percebe a presença de dois crimes, isto é, um para os autores, outro para os partícipes. Os primeiros seriam todos aqueles que realizam a conduta principal, fundamental, e que atende às necessidades da figura típica normatizada. Os segundos, partícipes, realizam não a conduta nuclear, aquela descrita pelo verbo do tipo, mas, apenas, são agregados ao *iter criminis*. Eles praticam toda uma série de atos secundários, complementares dos praticados pelos autores.

Mais uma vez, foge-se ao entendimento dos que defendem a teoria de que o crime é um só. Ele é uma especialidade, e por ser assim, exige uma participação distinta, pois cada agente tem uma contribuição a dar para a consumação do ato delituoso. Não raro, por outro lado, a prática nos mostra que alguns partícipes têm até mais importância na realização do crime que o próprio autor.

Independente de críticas, essa posição doutrinária entende como uma soma de dois crimes: um principal, dos autores, e outro, secundário, acompanhando o primeiro, mas exclusivo dos partícipes.

4. A teoria monista

Finalmente, a terceira teoria, a monista, igualmente conhecida como unitária, tem uma posição mais coerente, adotada pelo nosso Código Penal. Não há uma distinção específica entre o autor e o partícipe. Indo mais a fundo, também não se marca, de forma profícua, a distinção desses dois papéis do agente do crime, como a instigação, ou mesmo, com a cumplicidade.

A máxima que se tem é que todo aquele que, de alguma forma contribui para a realização da conduta contrária ao direito, responde por ele, na medida de sua responsabilidade. Dessa forma, pode-se dizer que o crime é o resultado da conduta de cada um, como, também, de todos.

A responsabilidade penal de cada um dos integrantes do *iter criminis* está na equivalência de sua contribuição para que a conduta pudesse alcançar o êxito desejado.

Com a reforma da parte geral do Código Penal, em 1984, teve-se o cuidado de, por um lado, consagrar essa teoria como aquela que foi acolhida pelo nosso ordenamento, mas por outro, buscou-se diminuir os rigores da sua essência, quer dizer, desde a reforma, vem-se distinguindo, com uma certa acuidade, a exata punibilidade da autoria e da participação.

O artigo 29 do Código Penal dispõe que incide nas penas cominadas ao crime quem, de qualquer maneira, concorre para sua realização. Assim dispondo, o Código equipara, em princípio, todos os que intervêm no delito. Distingue o autor principal do secundário, o cúmplice do autor, concorrendo todos para o crime, respondem pela pena a ele cominada.

É que, em matéria de causalidade física, o Código já havia adotado a teoria da equivalência das condições, ou da *conditio sine qua non*. Causa do crime é, portanto, tudo o que concorrer, direta ou indiretamente, para a concretização do resultado danoso.

De modo que, por um princípio de coerência, o legislador tinha que adotar essa Teoria Monística, porque ela nada mais é do que um corolário da teoria da causalidade. Assim, o princípio monístico explica-se como decorrência do princípio da equivalência das condições que o Código adota para resolver o problema da causalidade física ou natural.

Ainda que as ações dos partícipes não tenham, cada uma, de per se, produzido o resultado, serão causas desse mesmo resultado, desde que, reunidas, produzam as consequências antijurídicas.

Uma só não pode produzir o resultado, mas somadas, vinculadas umas às outras, formam o conjunto de antecedentes causais do resultado. Logo, são coautores do fato, tantos quantos praticarem das ações causais.

Apesar de fazer a unificação dos partícipes do crime, e ainda dizer que todos que concorrem para o crime são participantes dele, o Código não ignora a existência de fórmulas diferentes de codelinquência, ou seja, modos pessoais de concorrerem para o delito.

Assim, em doutrina, designa-se como autor aquele que pratica ação típica, enunciada pelo verbo da oração: no homicídio, é autor o que matou; no furto, é aquele que subtraiu; no rapto, quem raptou; na lesão corporal, aquele que lesionou, etc.

5. Autoria e participação

Ao lado do autor, há a presença do participante. Isto é, o coautor, aquele que pratica atos não típicos, mas cuja conduta é punida por força da norma ampliativa da parte geral do Código.

Partícipe ou participante é aquele que adere ao crime, praticando atos atípicos, diferentes dos atos praticados pelo autor ou pelo executor. Quando se fala em atos atípicos praticados pelo partícipe, pode-se até entender que sejam eles atos delitivos diferentes do praticado pelo autor. O exemplo é o do autor do crime de estelionato, que pretende passar cheque sem fundos e o faz em talonário furtado pelo partícipe.[431]

---

[431] CÓDIGO PENAL, art. 171. Obter, para si ou para outrem, vantagem ilícita, em prejuízo alheio, induzindo ou mantendo alguém em erro, mediante artifício, ardil ou qualquer outro meio fraudulento: Pena – reclusão, de 1 (um) a 5 (cinco) anos, e multa.

Foi, então, que se passou a atribuir "graus de participação", quer dizer, todos respondem pela conduta praticada, mas a partir daquilo que a sua participação contribuiu, na exata medida de sua atuação.

Esse princípio de "graus de participação" é uma rica construção teórica de nossos legisladores, pois ela cria condições para que as teorias monista e as dualista venham a conviver dentro do mesmo ordenamento. [432]

Portanto, adota-se a teoria monista, determinando que todos os participantes de uma mesma infração penal venham a receber a sanção correspondente pelo crime praticado. Mas, excepcionalizando-se a conduta de cada um, no que seria a aplicação da teoria dualista em sua forma mitigada, e assim, se distinguiria, no mesmo crime, autor e partícipe.[433]

E, embora o Código diga que todos estão sujeitos às mesmas penas, de algum modo deixa entrever a existência de tipos de coautores diferentes.

Depois de dizer que coautor é aquele que, de qualquer modo, concorre para a prática do crime, o Código faz referência a tipos, a espécies de coautoria.

Prevê, por exemplo, agravamento de pena em relação ao agente que promove ou organiza a cooperação no crime ou dirige a atividade dos demais.[434]

6. Da autoria colateral

No concurso de agentes, o vínculo é que estabelece a culpabilidade, sem a qual ninguém pode ser punido. E a culpabilidade se exprime no dolo, na culpa ou no preterdolo, sem o que não há que se falar em concurso de pessoas.

---

[432] PENA – CONCURSO DE PESSOAS – CO-AUTORIA E PARTICIPAÇÃO – DISTINÇÃO – APLICAÇÃO DA MINORANTE DO ARTIGO 29, § 1º, DO CP, DE MENOR PARTICIPAÇÃO – INADMISSIBILIDADE – "Há co-autoria quando mais de uma pessoa pratica o comportamento proibido; há participação, quando não pratica tal conduta, mas concorre, de alguma forma, para a realização do crime. (STF, in RTJ 106/544)" Constatando-se que o agente participou, como co-autor de delito inaplicável é a minorante da participação de menor importância, prevista no artigo 29, § 1º, do CP, porquanto o referido dispositivo beneficia, apenas, o partícipe. SENTENÇA – OMISSÃO DO REGIME DE CUMPRIMENTO DE PENA – IRREGULARIDADE SUPRÍVEL EM GRAU DE APELAÇÃO – NULIDADE INEXISTENTE – Não é passível de anulação a sentença que omite o regime de cumprimento de pena, vez que se trata de irregularidade suprível em grau de apelação. PENA – ROUBO DUPLAMENTE MAJORADO – PRETENSA DIMINUIÇÃO PARA O MÍNIMO LEGAL COMINADO NO CAPUT DO ARTIGO 157 – IMPOSSIBILIDADE JURÍDICA DO PEDIDO – Juridicamente impossível fixar a pena no mínimo legal cominado no caput do artigo 157 do CP ao crime de roubo duplamente majorado, em face do emprego de arma e concurso de pessoas, porquanto incide aumento de pena obrigatório, a teor do § 2º daquele mesmo dispositivo. (TJAC – ACr 99.000864-9 – C.Crim. – Rel. Des. Arquilau Melo – J. 26.05.2000)

[433] PRONÚNCIA – HOMICÍDIO QUALIFICADO – ART. 121, § 2º, IV, C.C – O ART. 29 DO CÓDIGO PENAL – DISPAROS DE ARMA DE FOGO POR POLICIAIS MILITARES NA DIREÇÃO DE VEÍCULO AUTOMOTOR CUJO MOTORISTA DESOBEDECEU ORDEM DE PARADA – HIPÓTESE EM QUE ASSUMIRAM O RISCO DE PRODUZIR O RESULTADO MORTE – IRRELEVANTE SABER QUAL DOS IMPUTADOS REALIZOU O DISPARO FATAL – CO-AUTORIA CARACTERIZADA – IMPRESCINDÍVEL O JULGAMENTO DOS RÉUS PELO TRIBUNAL DO JÚRI – RECURSO PROVIDO PARA ESTE FIM – O concurso delinqüencial abrange toda e qualquer participação ou omissão, principal ou secundária, próxima ou remota, mediata ou não, por ato, gestos, ou simples presença, desde que encorajadora do partícipe do evento. Por este respondem todos quantos para ele colaborem, indiferentemente do grau dessa cooperação, que somente é relevante para fins de graduação da pena. (TJSP – RSE nº 237.955-3 – São Carlos – 2ª C.Crim. – Rel. Des. Geraldo Xavier – J. 20.09.1999 – m.v.)

[434] ROUBO QUALIFICADO PELO EMPREGO DE ARMA E PELO CONCURSO DE AGENTES – Existência e autoria demonstradas pelo conjunto de elementos de convicção existentes nos autos, incluindo as declarações de um co-réu no inquérito policial, que não podem ser ignoradas, uma vez que confirmadas pelas outras provas. As causas de aumento de pena comunicam-se ao Apelante, idealizador e organizador da empreitada criminosa diretamente executada pelos dois co-réus, aplicando-se-lhe, ainda, a agravante genérica prevista no artigo 62, I do Código Penal. Apelação desprovida. (TJRJ – ACr 474/2001 – 4ª C.Crim. – Rel. Des. Raul Quental – J. 18.09.2001)

Antonio e José, que não se conhecem, pretendem matar Paulo. Sem qualquer tipo de combinação, sem se verem, escondem-se em lugares distintos da beira de uma mesma estrada. Tudo no mesmo dia e hora, atirando ambos contra a mesma vítima.

A hipótese não é de coautoria (cada um agiu independentemente e por conta própria). Trata-se de uma autoria colateral.

Dá-se a autoria colateral quando, sendo vários os executores, cada um age de modo independente, sem saber o que o outro está fazendo, não havendo, por isso, qualquer vínculo psicológico irmanando as ações dos agentes.

Nesse mesmo exemplo, se Antonio e José concebem, juntos, o plano de matar Paulo e, para realizarem os seus intentos, vão armados para a espera, atirando contra a vítima, mesmo que só um deles acerte e mate a vítima, ambos respondem por homicídio, porque existente a coautoria.

7. Coautoria no crime culposo

Mas no caso dos crimes culposos, o liame psicológico é normativo, pois, ainda que neles também seja possível falar de concurso de pessoas, não há de se falar em expressa manifestação de um dolo de vontade, mas sim, numa contribuição culposa, que acaba por constituir condições para a realização do delito.

A matéria é, de certa forma, controvertida. Resta saber se é possível o concurso de agentes no crime culposo, ou seja, se pode haver coautoria em crime culposo.

Uma corrente argumenta que na culpa existe vontade de praticar a ação que é a causa do resultado. Ora, se a ação causal é voluntária, pode haver, então, coautoria. Exemplo: uma pessoa instiga o condutor de um automóvel a dirigi-lo em alta velocidade. Resulta disso o atropelamento de um pedestre. Nesse caso, ambos são responsáveis pelo delito, na forma culposa, pois ambos deram, culposamente, causa ao resultado: um, instigando o motorista (um modo para concorrer com o crime), e o outro, executando materialmente o delito (dirigindo em alta velocidade).

Neste exemplo, verifica-se a possibilidade de haver coautoria em crime culposo, e essa cooperação pode ocorrer, inclusive, na própria ação do motorista. Agora, um outro exemplo, em que a cooperação está na própria ação: dois operários, do alto de uma construção, carregando uma viga, imprudentemente, largam-na, indo cair ao solo, matando uma pessoa que por ali passava. Os dois operários deram causa ao resultado punível, ou seja, a morte do transeunte aconteceu em razão de imprudência e negligência de ambos.

Outra corrente sustenta o contrário, entendendo existirem dois crimes autônomos, pelo simples fato de não ser possível a coautoria em crime culposo. Ora, na coautoria, o concurso de agentes pressupõe não apenas a consciência de estar concorrendo junto à ação do outro. Sustentam que, no crime culposo, não há vontade do resultado.

A explicação dada pelos adeptos dessa corrente é a de que, no concurso de agentes, pressupõe-se não apenas a consciência de estar concorrendo para a ação de outrem, mas também, a vontade de contribuir, com sua própria conduta, para que se realize o resultado criminoso.

Segundo a teoria, esta vontade de contribuir para o resultado não existe, e nem pode existir, porque no crime culposo pode haver vontade de ação, mas não a vontade do resultado danoso. A vontade de ação e o resultado aconteceram pelas práticas, de forma imprudente e negligente.

Para ilustrar a posição acima, tomemos como exemplo o filho, menor de idade, vendo as chaves do automóvel do pai no chaveiro, sub-repticiamente, e sem o conhecimento do pai, as toma para si e, no passeio que empreende com o automóvel, vem a atropelar uma pessoa.

É evidente que o pai não pode ser responsável pelo ato do filho, pois é normal que se deixem as chaves do automóvel guardadas no chaveiro existente na parede da residência. Não houve negligência, nem imprudência de parte desse pai que, de hábito, deixava as chaves no mesmo lugar.

Agora, a matéria acresce em discussão, se admitirmos a hipótese de que esse mesmo pai tivesse entregado as chaves ao filho, sabendo que o mesmo não estava habilitado para dirigir o veículo. Muitos entendem que, aí, a atitude do pai seria acompanhada de dolo, na sua forma eventual.

A posição de nossos tribunais tem sido ambígua, decidindo a maioria de acordo com essa segunda orientação, isto é, repelindo a coautoria em crime culposo.

8. Coautoria culposa nos delitos dolosos

Também não é possível a coautoria culposa em crime doloso: José, alegando que sua arma está descarregada, entrega-a a Antonio para que, por pura brincadeira, atire contra Paulo. Se José desejava matar Paulo, e era sabedor de que a arma não estava descarregada, somente ele responde pelo crime na forma dolosa.[435]

Antônio, por erro de tipo, não pode ser punido, porque ignorava a presença de projéteis na arma de José. Entretanto, se lhe ocorresse a oportunidade de examinar a arma, então sim, cometeria o crime em coautoria com José.

9. Do mandato criminal

Pode acontecer que o resultado seja diverso do pretendido por um dos participantes. No caso, acontece o que se denomina "desvio subjetivo entre os participan-

---

[435] JÚRI – DECISÃO CONTRÁRIA À PROVA DOS AUTOS – LEGÍTIMA DEFESA DE TERCEIRO – EXCESSO CULPOSO – CO-AUTORIA – JULGAMENTO ANULADO – RECURSO PROVIDO – Entre os elementos do dolo, está a consciência da conduta e do resultado. Quem alega ter agido para defender terceiro, teve sua vontade dirigida com manifesta finalidade de comportamento; já a espécie culposa não cuida da finalidade da conduta, mas da não observância do dever de cuidado e, só por isso, o comportamento é punível. No crime culposo, a conduta é desejada, mas decorre da inobservância do cuidado objetivo manifestado através da imprudência, negligência ou imperícia; inocorre a previsão. Não pode ser culposa a conduta de quem, após encerrada a discussão, vai ao encalço da vítima, em fuga, desferindo-lhe vários golpes mortais. No concurso delinqüencial não se faz mister que todos os participantes consumem atos típicos de execução para ser alguém co-responsabilizado; basta que se constate haja colaborado para o evento, auxiliando (física ou moralmente), instigando, prestigiando ou encorajando (em certas ocasiões a simples presença voluntária) a atuação dos executores diretos (Rel. Des. Nilton macedo machado, jc 69/518). É manifestamente contrária à prova dos autos a decisão do Conselho de Sentença que afasta o vínculo psicológico, voluntário e consciente do agente no evento criminoso, diante de elementos técnicos irrefutáveis da participação. (TJSC – ACr 00.020161-8 – 2ª C.Crim. – Rel. Des. Irineu João da Silva – J. 14.11.2000)

tes". Exemplo: a figura do mandato criminal é a que melhor serve para ilustrar as diversas hipóteses que podem ocorrer. Uma delas é a do arrependimento na execução do crime: Antonio manda José matar Paulo e, nesse entretempo, se arrepende. Antônio é obrigado a, imediata e tempestivamente, dar a José a contraordem e chegar a tempo, o crime não se consuma. Mas, se a contraordem não chegar, e José cometer o homicídio, ambos respondem: José, como autor material, e Antonio, como mandante (autor intelectual).

Se José recebeu a ordem e, mesmo assim, veio a praticar o crime, por sua conta própria, responderá pelo ato, não havendo, no caso, coautoria. Outra hipótese é de deficiência de execução: Antonio manda José matar Paulo. José só consegue ferir a vítima, causando-lhe lesões corporais. Antonio (mandante) e José (mandatário) respondem pelo crime de lesões corporais dolosas.

Há uma corrente minoritária que entende que ambos respondem por tentativa de homicídio, uma vez que o elemento volitivo era dirigido para o resultado morte. E a morte não ocorreu, por elementos estranhos à vontade do agente.

Há também o caso de excesso de mandato, que pode ocorrer em diversas hipóteses: Antonio manda José dar uma surra em Paulo. José se exacerba na missão, de tal maneira que Paulo vem a morrer. Antonio responde por homicídio, embora não fosse essa a sua vontade (dolo).

Fora do mandato criminal, podem-se apresentar certas situações singulares: o criado entrega ao ladrão as chaves da casa para que ele possa adentrar nela e furtar. Em vez de furtar, o ladrão estupra a filha do dono da casa. Somente o ladrão responde pelo delito de estupro.

É que falta, no ato do empregado, a relação de causalidade psíquica. O criado anuiu a possibilidade da prática do crime de furto, não cogitando o crime de estupro (ausência total de dolo). Infringiu ele, sem dúvida, deveres morais, ou no máximo, trabalhistas.

Diferente é a situação em que o ladrão recebe, do criado, as chaves da casa. Nela entra e, ao pressentir a presença do proprietário, mata-o. O empregado responderá, em coautoria, pelo crime de homicídio, porque está na mesma linha causal e psíquica. O dolo de furto passa para o de roubo, passo indispensável para o delito de latrocínio. Porque o gatuno usou da violência para assegurar o furto (ou a fuga), estando dentro da previsibilidade ideária do empregado.

É fácil ver-se, então, que o resultado mais grave (morte do dono da casa) situa na mesma linha causal da ação que ele quis realizar: ao entregar a chave, iniciou-se uma linha de causalidade que deveria terminar na subtração de coisas e a retirada do gatuno. Mas essa linha causal foi surpreendida com a presença do dono da casa e, para se retirar, o gatuno precisou matar. Tudo está dentro da mesma linha causal.

10. Os requisitos do concurso de pessoas

Os requisitos para o concurso de pessoas são quatro. Todos contribuem, na mesma medida, para a sua formação. São os seguintes: a) pluralidade de agentes, b) relevância causal das condutas, c) vínculo subjetivo e normativo entre os agentes; d) identidade da infração penal.

A pluralidade de agentes é fator essencial e imprescindível para se configurá-lo. Não há que se falar em concurso de pessoas sem a presença de mais de um agente, durante a realização da conduta contrária ao direito.

Abre-se aqui um parêntese para esclarecer que nem sempre a participação de várias pessoas em um mesmo crime importa em coautoria. Assim, nos chamados crimes plurissubjetivos, a pluralidade de agentes é elemento componente do tipo, e de tal modo que a figura típica não se completa, se o fato for cometido por um só agente. Temos como exemplos os crimes de bando ou quadrilha, de sedição, de conspiração, etc. Nesses crimes, a pluralidade de agentes é elemento constitutivo do sujeito ativo do delito, não se tratando de coautoria. É o que se chama de concurso necessário.

Ainda que se admita que todos os agentes, através da manifestação da sua vontade, tivessem desejado participar da mesma forma do processo criminoso, não o fazem, necessariamente, com o mesmo grau e intensidade. Isso, porque a construção do crime exige especialidades distintas, e que, ao natural, limitam a ação de cada um dos que dele concorrem.

Assim, alguns realizam a conduta explícita do verbo nuclear do tipo, enquanto outros financiam, induzem, dão auxílio moral, etc. Portanto, a participação de cada um, e de todos, somados em conjunto, contribui para que o fim desejado seja alcançado.

A relevância causal das condutas, por sua vez, é o efeito da exegese do art. 29 do Código Penal, até porque a conduta típica ou atípica, de cada um dos que estão envolvidos na persecução criminosa, deve integrar-se aos elos da corrente causal determinante do resultado.

César Roberto Bitencourt chama atenção para o fato de que nem todo comportamento constitui participação, pois precisa ter eficácia causal, provocando, facilitando, ou ao menos estimulando a realização da conduta principal. Assim, no exemplo daquele que, querendo participar de um homicídio, empresta uma arma de fogo ao executor que não a utiliza, e tampouco se sente estimulado ou encorajado com tal empréstimo a executar o delito. Aquele não pode ser tido como partícipe pela simples e singela razão de que o seu comportamento foi irrelevante, isto é, sem qualquer eficácia causal.[436]

Participação inócua e mero conhecimento de crime. Em síntese, afirma-se que a participação inócua, que em nada contribui para a produção do crime, é desprezada pelo direito penal.

Todavia, não se deve confundir participação inócua com mero conhecimento do crime, pois aquele que do crime tem conhecimento, especialmente tendo o dever legal de impedi-lo e não o faz, a ausência de ação para evitar o delito nada tem de inócuo.

O conhecimento também gera responsabilidades, e como tal, ainda que não integrando diretamente o elo da corrente causal, ele traz consequências aos que dele compartilham.

Dessa forma, se estiver ausente o dever legal de agir, e o sujeito não tiver manifestado dolo de não impedir o ato delituoso, afirma-se estar frente à situação de participação negativa, pois, reafirma-se, ter o mero conhecimento é estar frente à opção de evitar a conduta contrária ao direito.

---

[436] BITENCOURT, César Roberto. Op. cit., p. 428.

O vínculo subjetivo e normativo do agente é fruto da existência de um liame psicológico entre aqueles que estão unidos na mesma corrente criminosa. Quer dizer, eles detêm uma consciência de que participam de uma obra comum, portanto, tais como elos, formam o espaço psicológico e material do processo criminoso.

Não há se falar em concurso de pessoa, sem a presença desse liame psicológico, pois na sua falta, não haveria como se estabelecer a conjunção de vontade dos diferentes agentes.

Para Mirabete, somente a adesão voluntária, objetiva (nexo causal) e subjetiva (nexo psicológico), à atividade criminosa de outrem, visando à realização do fim comum, cria o vínculo do concurso de pessoas e sujeita os agentes à responsabilidade pelas consequências da ação.[437]

Mas é fundamental distinguir que, em relação aos crimes dolosos, ou culposos, há uma distinção quanto a esse vínculo. Quer dizer, no caso de crimes dolosos, o liame psicológico é subjetivo, pois os agentes devem atuar em conjunção de vontades, visando todos, ao fim almejado, e que é a base do chamado princípio da convergência.

Identidade da infração penal. O último requisito da coautoria ou da participação delitiva é o da identidade da infração penal. Entende-se esta como o objetivo compartilhado, o fim conjuntamente almejado por todos. Trata-se de algo juridicamente unitário.

Toda a divisão da atividade criminosa, por cada um dos agentes que compartilham do *iter criminis*, deve estar voltada para a realização do mesmo ato a que visa lesionar, ou ameaçar de lesão, um bem juridicamente tutelado.

Mesmo que em sua forma tentada, deve existir, de forma substancial, essa identidade, pois ela é o material pela qual os elos se mantêm voltados para a consumação do crime.

---

[437] MIRABETE, Julio Fabbrini. Op. cit., p. 226.

CAPÍTULO XIX

DO CONCURSO FORMAL E MATERIAL NO SISTEMA DO CÓDIGO PENAL

1. Conceito de concurso de crimes

O concurso de delitos é, hoje em dia, uma realidade bastante comum. Faz parte daquilo que Magalhães Noronha chamava de dogmática do crime. Ocorre o concurso de crimes, quando o agente, mediante uma ou mais de uma conduta, vem a praticar duas ou mais ações.

Não se deve considerar o concurso de crimes (*concursus delictorum*) como sinônimo de outro tipo de concurso, o concurso de agentes (*concursus delinquentium*).

O concurso de crimes é matéria da teoria das penas, e não do crime. Quer dizer, tal concurso tem como objetivo resolver a forma de aplicação das penas em face da multiplicidade de crimes.

Zaffaroni e Pierangelli, a respeito da matéria, dizem que, de uma maneira geral, o Código vigente manteve o sistema do Código de 1940, com poucas inovações. A novidade mais importante, talvez, é a de fixar o limite máximo de 30 anos para qualquer dos casos (artigo 75 do CP), porque, de conformidade com o Código de 1940, as regras do concurso poderiam neutralizar a garantia constitucional de proibição da pena perpétua.[438]

O estudo do concurso de crimes é distinto do tema do conflito aparente de normas, já abordado, e que pertence ao universo da teoria da tipicidade. Verdadeiramente, no concurso de crimes, o agente viola mais de uma norma penal, ou então, sucessivamente, a mesma norma.

Já no conflito aparente de normas, o agente viola apenas uma norma, pois que as outras estão subordinadas ao preceito do fato violado, de modo que a eficácia de uma norma tem a faculdade de excluir a eficácia de outra.

Hodiernamente, são aceitas duas espécies de concurso: uma, a ideal, ou formal e, a outra, conhecida como real, ou material. São distintas, principalmente, quanto aos seus efeitos. Todavia, a doutrina, do mesmo modo, insere uma terceira espécie, aqui no tema do concurso de crimes, qual seja, a dos crimes continuados.[439]

Em regra, consolidou-se a posição de que o concurso formal é menos grave do que o concurso material. O primeiro, o formal, é composto de uma única ação, en-

---

[438] ZAFFARONI; PIERANGELLI. Op. cit., p. 718 e 719.
[439] CÓDIGO PENAL, art. 71. Quando o agente, mediante mais de uma ação ou omissão, pratica dois ou mais crimes da mesma espécie e, pelas condições de tempo, lugar, maneira de execução e outras semelhantes, devem os subseqüentes ser havidos como continuação do primeiro, aplica-se-lhe a pena de um só dos crimes, se idênticas, ou a mais grave, se diversas, aumentada, em qualquer caso, de um sexto a dois terços.

quanto o segundo, o material, é uma pluralidade de ações, que indicam, ainda mais, a gravidade da conduta quando são diversas as violações legais cometidas pelo agente.

Outrossim, ocorrendo a extinção de punibilidade, incidirá a mesma, isoladamente, em qualquer das espécies de concurso.[440]

2. Concurso material

Este concurso é integrado por várias ações, ou omissões, que constituem crimes. Está previsto no *caput* do artigo 69 do Código Penal que diz que: "Quando o agente, mediante mais de uma ação ou omissão, pratica dois ou mais crimes, idênticos ou não, aplicam-se cumulativamente as penas privativas de liberdade em que haja incorrido. No caso de aplicação cumulativa de penas de reclusão e de detenção, executa-se primeiro aquela".

Dois aspectos são intrínsecos ao concurso material: a pluralidade de condutas e a pluralidade de crimes. Quer dizer, poder-se-á observá-lo, quando, por exemplo, um agente pratica um furto, para, dias depois, estuprar e, mais tarde, praticar um homicídio contra uma pessoa qualquer. Aqui, estamos diante da conjunção dos artigos 155, 213 e 121, todos do Código Penal brasileiro.

O concurso material ainda apresenta dois outros elementos que o constituem: ele pode ser homogêneo, isto é, quando os crimes praticados são idênticos, por exemplo, dois roubos. E ele também se apresenta na forma heterogênea, ou seja, quando o autor delituoso ofende diferentes normas penais, por exemplo, latrocínio e estupro.

É discussão ainda presente na doutrina se, para se caracterizar no concurso material, as distintas infrações que o formam há, ou não, a necessidade de que elas tenham sido cometidas antes de julgadas definitivamente.

E essa discussão é relevante pelo simples fato de que se está a distinguir entre a reincidência e o concurso material. Acredita-se que, a reincidência se perfectibiliza após o trânsito em julgado. No caso do concurso material, parece-nos óbvio que os crimes são cometidos anteriormente ao trânsito em julgado, por isso mesmo, a doutrina os entende como concurso.

No artigo 69 do Código Penal não há nenhuma observação sobre a necessidade de ter acontecido o trânsito em julgado. Ora, como não existem palavras sem sentido na lei, a ausência da expressão "trânsito em julgado", no caso em que se está tratando, não autoriza ao intérprete modificar a natureza das condições, pois a própria lei determinou os limites para a existência desse tipo de concurso.

Assim, caracteriza-se o concurso material, ainda quando alguns dos delitos venham a ser cometidos e julgados depois de os restantes o terem sido, porque não há necessidade de conexão entre eles, podendo os diversos delitos ser objeto de processos diferentes.

Não há, contudo, na lei, impedimento à existência, concomitante, de reincidência e concurso material. Admite-se que, para ambos, o chamado novo delito tenha sido praticado após o trânsito em julgado de sentença.

---
[440] CÓDIGO PENAL, art. 119. No caso de concurso de crimes, a extinção da punibilidade incidirá sobre a pena de cada um, isoladamente.

No que diz respeito à aplicação de penas aos delitos cometidos quando em concurso material, a regra estabelece que a cada crime se concederá uma pena.

Entretanto, para realizar essa operação, há que se respeitar um limite, do qual não se pode tergiversar, qual seja: o estabelecido pelo artigo 75 do Código Penal.[441]

É importante destacar que esse limite legal não se sustenta na hipótese da reincidência, isto é, quando o agente, já tendo cumprido a pena máxima de 30 anos, vem a praticar um novo ato ilícito.

Mas, no caso de serem aplicadas ao agente as penas de reclusão e detenção, a melhor técnica determina que seja empregada por primeiro a reclusão, isso porque o nosso sistema de aplicação de penas obedece ao sistema progressivo, da mais rigorosa até a mais branda.

No caso de serem aplicadas penas restritivas de direito, aquele que for condenado cumprirá, simultaneamente, as que forem compatíveis entre si e, sucessivamente, as demais penas, conforme preceitua o § 2º do artigo 69 do Código Penal.

Note-se entretanto que, se o juiz negar para um dos delitos o benefício do *sursis*, para todos os demais, será incabível a aplicação de penas restritivas de direitos.

É importante ressaltar, ainda, que a pluralidade de delitos, decorrente do concurso material, poderá ser objeto de vários processos, que, consequentemente, gerarão várias sentenças.

3. Concurso formal

O concurso formal ocorre quando o agente, mediante uma só conduta (ação ou omissão), pratica dois ou mais crimes, idênticos ou não. Assim, para que seja possível perceber a existência do concurso formal, faz-se obrigatório que exista uma só conduta, embora esta tenha a possibilidade de se desdobrar em vários atos, considerados como os segmentos em que ela se divide.[442]

Este tipo de concurso, igualmente, apresenta uma subdivisão interna, qual seja: se os delitos praticados pelo agente são idênticos, ele é chamado de homogêneo, mas se diversos, é chamado de heterogêneo.

Desta maneira, dois são os elementos que devem estar, incondicionalmente, no corpo do concurso formal: a unidade da conduta e a pluralidade de crimes.

Esta posição doutrinária é a aceita pelo nosso Código, quer dizer, em nosso ordenamento penal, adotamos a teoria objetiva, e que está baseada nestes dois elementos. Isto afasta a possibilidade de um terceiro aspecto, caro à teoria subjetiva, e que vem a ser a unidade do desígnio.

---

[441] CÓDIGO PENAL, art. 75. O tempo de cumprimento das penas de liberdade não pode ser superior a 30 (trinta) anos. § 1º Quando o agente for condenado a penas privativas de liberdade cuja soma seja superior a 30 (trinta) anos, devem elas ser unificadas, para atender ao limite máximo deste artigo. § 2º Sobrevindo condenação por fato posterior ao início do cumprimento da pena, far-se-á, para esse fim, o período de pena já cumprido.

[442] CÓDIGO PENAL, art. 70. Quando o agente, mediante uma só ação ou omissão, pratica dois ou mais crimes, idênticos ou não, aplica-se-lhe a mais grave das penas cabíveis ou, se iguais, somente uma delas, mas aumentada, em qualquer caso, de um sexto até metade. As penas aplicam-se, entretanto, cumulativamente, se a ação ou omissão é dolosa e os crimes concorrentes resultam de desígnios autônomos, consoante o disposto no artigo anterior. Parágrafo único. Não poderá a pena exceder a que seria cabível pela regra do art. 69 deste Código.

A respeito da discussão, diz Magalhães Noronha que, na doutrina, se separam os autores, uns dando ao concurso formal base exclusivamente objetiva, enquanto outros a esta acrescentam o elemento subjetivo da unidade do desígnio. "Defende, entre nós, esta opinião, o eminente Costa e Silva, em síntese: no sistema de nosso Código, o concurso formal exige unidade de ação ou omissão e unidade de desígnio. Acreditamos, entretanto, não ter sido essa a opinião de nossa lei, porque, se a exigisse, não se compreende houvesse omitido esse requisito, na primeira parte do artigo, máxime diante do precedente do Código de 1932, que, no art. 66, § 3º, se referia expressamente a uma só intenção".[443]

Para os que defendem a teoria subjetiva, não se pode falar em concurso formal sem se falar em unidade de desígnio, já que, para esta teoria, a unidade é o liame que liga os delitos praticados por um mesmo autor. A teoria subjetiva é incapaz, pelas suas próprias razões, de explicar o concurso formal entre os crimes culposos, uma vez que, na culpa, não se pode perceber o vestígio de propósito ou desígnio.

Ao contrário, para os que compartilham com as ideias propostas pela teoria objetiva, o concurso formal pode prescindir da existência da unidade de desígnio, pois se admite a hipótese, por exemplo, de concurso formal entre um crime doloso e um culposo, ou entre crimes dolosos e crimes culposos.

O concurso formal tem sua característica na ação única, quer dizer, exige-se dele a unidade da conduta.

Aldo Moro, em sua obra *Unitá e Pluralitá di Reati*, p. 137, afirma que "entre o concurso ideal e o real existe de comum a pluralidade de eventos juridicamente relevantes, mas a diferença reside nisto: no concurso real concorrem vários delitos; no ideal, só relações de um idêntico agir delituoso, com diversos eventos".[444]

Essa unidade só existe quando os diversos atos praticados pelo autor se dão no mesmo contexto temporal e espacial. Por exemplo, pode-se perceber o concurso formal, quando um agente, dentro de um ônibus, furta objetos de várias pessoas.

Neste caso, ele realiza uma só conduta, com vários atos, e dentro dessa perspectiva, não está praticando um crime único, mas sim, concurso formal de crimes, pela simples razão de que as vítimas de sua ação são diferentes.

Igualmente, não há de se falar em crime continuado, já que os distintos e variados atos do autor estão aglutinados numa só conduta.

O concurso formal admite, ainda, uma outra divisão: ele pode ser perfeito, ou imperfeito. No concurso formal perfeito, o agente pratica a conduta, sem a presença de desígnios autônomos. Ele é, portanto, uma causa de aumento da pena.

Já o concurso formal imperfeito, ou impróprio, é o que ocorre quando a conduta dolosa e os crimes concorrentes resultam de desígnios autônomos. Aqui, a doutrina adota o sistema de acumulação material, quer dizer, para cada um dos crimes cometidos, as penas serão somadas.

Não se deve confundir unidade de desígnio com desígnio autônomo, pois este último quer significar uma intenção de produzir, com uma só conduta, mais de um resultado lesivo.

O desígnio autônomo ocorre, assim, quando o autor de uma conduta, prévia e deliberadamente, pretende cometer mais de um crime com a sua ação. É o caso do

---
[443] NORONHA, Magalhães. Op. cit., p. 272.
[444] MORO, Aldo. "Unitá e Pluralitá di Reati" *apud* NORONHA, Magalhães, Op. cit., p. 272.

agente que rapta uma mulher, com a intenção de praticar um estupro, e depois, satisfeito o seu desejo sexual, termina por matá-la.

4. Crime continuado

O crime continuado não é uma construção recente. Já se fazia referência expressa, a ele, desde os primórdios medievais. Foi assim com os glosadores, entre 1100 e 1250 e, do mesmo modo, com os pós-glosadores, isso por volta de 1250 a 1450.

Mas a sua melhor formatação foi dada após o período medieval, com Jacob de Belvisio, seu discípulo Bartolo de Sassoferrato e o seu mais próximo colaborador, Baldo Ubaldis. Para muitos, estes, ao reunirem as referências, e estabelecendo uma linha uniforme de raciocínio, seriam, verdadeiramente, os criadores deste instituto.

Na modernidade, o direito alemão trouxe o crime continuado para o seu ordenamento, mas, principalmente, pelas experiências autoritárias que a sociedade alemã vivenciou, especialmente com o nazismo, ele não foi efetivamente utilizado.

Mas a sua não aplicação pelo Direito Penal alemão não impediu que a sua importância viesse a ser percebida, e muitos outros ordenamentos jurídicos vieram-lhe a consagrar um papel de importância. Esse é o caso do nosso país.

Fundamentalmente, a reforma de 1984, do Código Penal, na sua parte geral, confirmou a importância do crime continuado, até porque este veio a ser previsto, no artigo 71 do nosso ordenamento penal.[445]

Portanto, longa é a tradição em torno desse conceito, e isso só tem a prestigiar a sua relevância. Atualmente, o crime continuado não pode ser entendido mais como um *favor rei*. A doutrina tem a percepção de que ele é um reconhecimento da menor gravidade penal das condutas concorrentes e, deduzidas estas da culpabilidade diminuída do agente.

Assim, o crime continuado é uma ficção jurídica, que resulta de disposição expressa da lei, e tem como finalidade primeira impedir que ocorra um excesso de punição, decorrente esta do sistema de acumulação material das penas, vigente quanto ao concurso real de infrações.

Assim, o crime continuado destina-se a servir como instrumento de individualização da pena, inspirando-se na benignidade e equidade, decorrentes estas, da identidade do bem jurídico ofendido, com a homogeneidade das condutas delituosas concorrentes.

Em derradeiro, o crime continuado é definido sempre, quando o agente, mediante mais de uma conduta, pratica dois ou mais crimes da mesma espécie e, pelas condições de tempo, lugar, maneira de execução e outras semelhantes, devem os crimes subsequentes ser havidos como continuação do primeiro.

Manoel Pedro Pimentel, em obra clássica, sobre o tema, afirmava que o conceito de crime continuado é "uma ficção jurídica inspirada pelo critério de benignidade; destinada a servir como fator de individualização da pena e deduzida, por motivos de

---

[445] CÓDIGO PENAL, art. 71. Quando o agente, mediante mais de uma ação ou omissão, pratica dois ou mais crimes da mesma espécie e, pelas condições de tempo, lugar, maneira de execução e outras semelhantes, devem os subsequentes ser havidos como continuação do primeiro, aplica-se-lhe a pena de um só dos crimes, se idênticas, ou a mais grave, se diversas, aumentada, em qualquer caso, de um sexto a dois terços.

equidade justificados pela culpabilidade diminuída do agente, da homogeneidade das condutas concorrentes que ofendem o mesmo bem jurídico".[446]

5. Natureza jurídica do crime continuado

Não é pacífica a questão da natureza jurídica do crime continuado, isso porque a doutrina se confronta com a dificuldade em definir se as várias condutas configuradoras do crime continuado realizam um único crime ou, na realidade, constituem vários crimes. Para tentar solucionar a problemática, surgiram algumas teorias.

a) *Teoria da unidade real* – os que defendem essa teoria, acreditam que os vários comportamentos lesivos do agente constituem efetivamente um crime único, já que os mesmos, ainda que distintos, são elos de uma mesma corrente e traduzem uma unidade de intenção que se reflete na unidade da lesão proferida.

Proposta por Bernardino Alimena, essa teoria se baseia na concepção da teoria objetivo-subjetiva, quer dizer, além de exigir os requisitos objetivos, ela ainda precisa de uma unidade de desígnios, isto é, uma certa programação inicial para o início da realização sucessiva dos diversos atos.

b) *Teoria da ficção jurídica* – esta também é chamada de teoria da unidade fictícia limitada, e teve em Carrara o seu principal idealizador. Ela entende o crime continuado como uma pluralidade de crimes, considerando-se a unidade apenas para o momento da aplicação da pena. Ocorrem, assim, vários crimes, e não um crime único.

Admite, igualmente, que a unidade delitiva é uma criação da lei, posto que, concretamente, existem vários delitos. E, se fosse, apenas um crime único, a pena a ser cominada ao agente deveria ser a mesma para um só dos crimes concorrentes.

Todavia, se Carrara é o seu primeiro defensor, é Manzini quem sintetiza, com particular precisão, a essência dessa teoria, quando afirma que o instituto do crime continuado está fundado, de forma indiscutível, sobre uma definitiva ficção jurídica. E esta é uma transação voluntária entre a coerência lógica, a utilidade e a equidade.

Em nosso país, é esta que prepondera em nosso ordenamento jurídico. Dessa forma, temos a presença de vários delitos, mas cabe à lei, tão somente, unificá-los, para a melhor aplicação da lei ao caso concreto.

Por isso, diz-se que não tem sentido considerá-lo unidade real, ou mesmo autônoma, pois é impossível se encontrar um resultado jurídico próprio no crime continuado, o que pode inviabilizar a análise do momento da consumação. Portanto, "não possuindo evento próprio, o crime continuado também não tem elemento subjetivo peculiar".[447]

c) *Teoria da unidade jurídica ou mista* – O crime continuado não é nem uma unidade real, nem uma ficção meramente legal. Aqui, a continuidade delitiva do crime continuado tem o poder de constituir uma figura própria, destinando-se a fins determinados, a qual, a partir desse momento, há de se constituir numa realidade jurídica.

---

[446] PIMENTEL, Manoel Pedro. *Do Crime Continuado*. São Paulo: Revista dos Tribunais, 1969, p. 119.
[447] PIMENTEL, Manoel Pedro. Op. cit., p. 87.

Não importa a teoria Mista discutir a unidade ou a pluralidade de delitos, mas sim, a presença de um terceiro tipo de crime, e que vem a ser, o crime de concurso, que tem toda a sua unidade delituosa, definida em lei.

Mais uma vez, é preciso levantarmos uma advertência proferida por Manoel Pedro Pimentel, quando ele diz que o crime continuado é uma realidade jurídica, mas a unidade do crime é uma ficção, porque, em verdade, vários são os delitos que a compõem.[448]

Reitera-se que a unidade do crime continuado tem razão de ser, apenas, porque é necessário fixar-lhe uma pena. Para outros efeitos, tem-se a figura do concurso de crimes. Ao se falar de prescrição e de decadência, pode-se perceber a verdade dessa afirmação. Estes dois institutos são analisados, de forma separada, a cada crime, e não ao seu conjunto.

Do mesmo modo, quando se trata de coisa julgada, faz-se necessário descaracterizar a ficção jurídica.

Diz Flávio Augusto Monteiro de Barros que se, por exemplo, o agente é absolvido dos diversos furtos que lhe são imputados em continuidade delitiva no mesmo processo, descobrindo-se, após o trânsito em julgado, outros furtos integrantes da sequência delituosa, novo processo pode ser instaurado. Sobre esses novos fatos não se opera a coisa julgada, porque não foram objeto de decisão, ao passo que, se a unidade fosse real, a coisa julgada os atingiria.[449]

6. Requisitos do crime continuado

Para que seja possível reconhecer-se o crime continuado, faz-se necessário observar os seguintes requisitos:

a) *pluralidade de condutas* – o mesmo agente deve praticar duas ou mais condutas, e não somente apenas uma pluralidade de atos. Se houver, assim, uma conduta, ainda que desdobrada em vários atos, ou mesmo, vários resultados, o concurso poderá ser formal.

b) *pluralidade de crimes da mesma espécie* – para alguns, crimes de mesma espécie são aqueles que estão previstos no mesmo dispositivo legal, tanto em sua forma simples, quanto nas formas privilegiadas, qualificadas, consumadas e tentadas. Outros entendem que são da mesma espécie os que lesam o mesmo bem jurídico, ainda que estejam tipificados em dispositivos distintos. Assim, além de ofender a um mesmo bem jurídico, ainda apresentam em sua substância caracteres comuns.

Há, portanto, continuação, entre crimes que se assemelham em seus tipos fundamentais, por seus elementos objetivos e subjetivos, violadores, bem como, do mesmo interesse jurídico.[450]

c) *nexo da continuidade delitiva* – deve ser apurado pelas circunstâncias de tempo, lugar, modo de execução e outras semelhantes.

---

[448] PIMENTEL, Manoel Pedro. Op. cit., p. 82 e 83.
[449] BARROS, Flávio Augusto Monteiro de. Op. cit., p. 444.
[450] MIRABETE, Julio Fabbrini. *Manual de Direito Penal*, v. 1. 7ª ed. São Paulo: Atlas, 1992, p. 301.

No que diz respeito à condição de tempo, é o que a doutrina alemã chama de conexão temporal adequada, isto é, uma certa continuidade de tempo, quando da realização dos delitos.

Entre um e outro crime, conforme a posição majoritária, não pode haver um hiato muito grande, e o lapso temporal que se aceita é o de, no máximo, trinta dias. Entretanto, somente esse dado não é suficiente para estabelecer a continuidade de ações.

Quando se fala em condições de lugar, está-se a concordar com Nelson Hungria quando afirmava que não é necessário que seja sempre o mesmo lugar, mas a diversidade de lugares pode ser tal que se torne incompatível com a ideia de uma série continuada de ações para a realização de um só crime. É a consideração total das condições mais do que de cada uma delas que permite concluir pela continuidade ou não do crime.

Também o modo de execução deve ser assemelhado. Isso quer dizer que os meios utilizados para a instrumentalização das condutas devem guardar alguma proximidade básica, pois senão, corre-se o risco de estar frente a qualquer outro tipo de crime, mas não do crime continuado.

Do mesmo modo, é relevante a conexão ocasional, pois o agente, quando na prática do crime posterior, deve aproveitar-se da mesma ocasião, ou da idêntica situação, nascida com o crime anterior.

Assim, não se devem olhar essas circunstâncias objetivas em separado, mas, em conjunto. Apesar disso, nenhuma delas constitui um elemento estrutural do crime organizado, quer dizer, a ausência de uma delas não tem o condão de impedir a emergência daquele. Na falta de um daqueles elementos, o crime continuado não sofre descaracterização. Mas, fundamental, é a presença da homogeneidade de bens jurídicos violados pela ação do agente e a homogeneidade do processo executório.[451]

7. Das condições especiais

Independente da teoria do crime continuado adotado, enquanto gênero, ele deve observar as seguintes condições: a) a pena não pode exceder a que seria cabível pela regra do concurso material (aqui é, também, consagrado o concurso material benéfico). b) se, dentre os componentes do crime continuado, houver também o concurso formal, aplica-se apenas o aumento decorrente da continuidade delitiva. Se assim não o fosse, estaríamos frente à situação do *bis in eadem*.

---

[451] *HABEAS CORPUS*. DIREITO PENAL. TRIBUNAL DO JÚRI. PLURALIDADE DE DELITOS. CONTINUIDADE DELITIVA. CARACTERIZAÇÃO. 1. "Quando o agente, mediante mais de uma ação ou omissão, pratica dois ou mais crimes da mesma espécie e, pelas condições de tempo, lugar, maneira de execução e outras semelhantes, devem os subsequentes ser havidos como continuação do primeiro, aplica-se-lhe a pena de um só dos crimes, se idênticas, ou a mais grave, se diversas, aumentada, em qualquer caso, de um sexto a dois terços". (artigo 71 do Código Penal). 2. Evidenciando a denúncia, a pronúncia e a sentença que os homicídios, presididos por um só e mesmo desígnio, mostram-se vinculados pelo nexo da continuidade, à luz das condições de tempo, lugar e forma de sua execução, faz-se imperativo o reconhecimento da unidade jurídica do crime continuado. 3. Ordem concedida. (STJ; HC 25164/PR; Sexta Turma; Rel. Min. Hamilton Carvalhido; Julg. 03.02.2005; DJU 11.04.2005; p. 384)

8. Crimes onde não se pode admitir a continuidade delitiva

Os crimes continuados não são admitidos e reconhecidos nas infrações que tratam dos crimes falimentares, pois as suas condutas estão unificadas pela lei, o que lhes confere a característica de serem um único crime. Mas isso é correto, quando se está a falar de uma falência, "já que se o agente possuir diversas firmas e, por geri-las mal, vierem as duas ou mais delas quebrar quase simultaneamente, não vemos por que deixar de reconhecer em tal hipótese a continuidade delitiva".[452]

9. Do crime continuado específico

É longa a discussão na doutrina e na jurisprudência, quanto à possibilidade de se reconhecer a continuidade delitiva em crimes que o resultado atinge a bens personalíssimos.

O Supremo Tribunal Federal chegou a editar uma súmula sobre a questão, a de nº 605, que preceitua o seguinte: "Não se admite continuidade delitiva nos crimes contra a vida". Todavia, para Celso Delmanto,[453] esta súmula está superada pela reforma que a parte geral do Código Penal sofreu em 1984.

A hipótese sugerida por essa súmula se refere, em geral, à prática de dois homicídios, crime doloso contra a vida, e que é bem jurídico personalíssimo, pertencendo exclusivamente à pessoa.

É inegável que Delmanto tem razão, pois com a reforma de 1984, o Código Penal adotou a corrente minoritária, entendendo que se a lei não se dá ao trabalho de distinguir entre bens pessoais e patrimoniais, e se também não exige unidade de desígnio, não cabe, por fim, ao intérprete fazê-lo.

Na verdade, a lei enfrentou, sim, a questão. É o que ela diz quando, no artigo 71 do Código Penal, em seu parágrafo único, determina a continuidade delitiva contra bens personalíssimos, desde que se trate de vítimas diferentes.

Entretanto, a circunstância de se tratar de vítimas diferentes é somente uma exceção, que dá margem legal para a pena ser aumentada até o triplo. Assim sendo, numa interpretação sistemática, a lei recomenda que se aceite a continuidade delitiva contra bens de natureza personalíssimos, mesmo quando se está a tratar da mesma vítima.

Em particular, quando falamos de crime continuado específico, precisamos anotar três características que devem se fazer presente para melhor caracterizá-lo:

a) ser contra vítimas diferentes, pois se o crime for cometido contra a mesma vítima, vai haver, igualmente, continuidade delitiva, mas não haverá de caracterizar-se a exceção prevista no parágrafo único do artigo 71, e a sanção a ser aplicável será a do *caput*.

---
[452] PIMENTEL, Manoel Pedro. Op. cit., p. 169.
[453] DELMANTO, Celso. *Código Penal Comentado*. São Paulo: Saraiva, 1996, p. 550.

b) com violação ou grave ameaça à pessoa, se não houver violência, tanto faz se real ou ficta, contra a pessoa, não se poderá falar de continuidade específica. Não importa, assim, apenas a presença da violência contra a coisa.

c) deve ocorrer somente em crimes de natureza dolosa, pois, mesmo praticado contra sujeitos diferentes, com violência à pessoa, mas não produto de uma conduta dolosa, mas sim, culposa, não se poderá falar do crime continuado específico.

Finalmente, é importante abordar, ainda que sinteticamente, a questão da dosimetria da pena no concurso de crimes. Aqui, como se pode notar nela a leitura do Código Penal, a lei prevê critérios específicos de aplicação de pena.

No caso do concurso material, é adotado o sistema do cúmulo material, quer dizer, soma-se as penas dos diversos crimes praticados. No que diz respeito ao concurso formal, o sistema prescrito é o da exasperação, ou seja, aplica-se a pena de um só dos crimes, a mais grave, se houver, sempre elevada até a metade.

O crime continuado também obedece ao critério da exasperação, contudo, aqui se permite que a pena que é aplicada seja elevada até dois terços (no caso do crime continuado específico é até o triplo).

Enfim, o crime continuado, como recorda Manoel Pedro Pimentel, não é um tipo particular de crime, um tipo especial, mas, sim, uma forma especial do concurso material de delitos. É por essa razão, que ele está descrito na parte geral do Código Penal, ao lado dos outros concursos, enquanto gênero deste tema, e não na parte especial, onde os crimes estão singularizados, enquanto espécies de delitos.

E, assim, conclui Pimentel: "tendo em vista o atual conceito do crime continuado, pode-se dizer que, mesmo as legislações que adotam os princípios da acumulação jurídica, ou da acumulação material limitada das penas, devem acolher a ocorrência dos pressupostos deste tipo especial de concurso, o réu merece punição mais branda, dada a menor gravidade penal das infrações concorrentes, justificada pela culpabilidade diminuída do agente".[454]

---

[454] PIMENTEL, Manoel Pedro. Op. cit., p. 217.

CAPÍTULO XX

DAS PENAS, UMA ABORDAGEM ANALÍTICA

1. Breve desenvolvimento histórico e filosófico da pena através dos tempos

Houve um momento na vida de todos os povos que o direito, assim como todo o resto, estava envolvido pelo discurso religioso. A religião era o esteio daqueles elementos que permitiam ao homem voltar-se à natureza, não mais como elemento dela, mas como seu dominador.

Sendo assim, não surpreende que o vocábulo "pena", que tem sua origem remota no sânscrito, significasse purificar. Mas, em sua marcha inexorável, os conceitos também foram sofrendo alterações e migrando para outros campos discursivos, ganhando novas dimensões e significações.

No caso da pena, este conceito abandonou o universo religioso, para adentrar no espaço privado dos sujeitos, quer dizer, passou a ser usado como uma satisfação para o desejo de vingança.

Passa a ter, assim, a natureza de *vendeta*. Nos povos primitivos, abandonados os discursos religiosos, a ideia da pena se desenvolveu no sentimento de vingança, inicialmente na forma privada, e posteriormente foi alçada à categoria de direito.

O chamado homem primitivo estava, assim, absorto em sua comunidade, nela buscando todos os referenciais e encontrando, ali, suas certezas, bem como a sua segurança.

Fora da comunidade, gentílica, clânica, ou mesmo da *polis*, o homem estava mais do que perdido, não apenas à mercê dos perigos concretos, mas exposto a ameaças psíquicas que, de forma mais definitiva, ameaçavam a sua sobrevivência.

Essa ligação se refletia na organização jurídica primitiva, baseada no chamado vínculo de sangue, representado pela recíproca tutela daqueles que possuíam uma descendência comum.

E a partir dessa ligação cultural e existencial, dela se originava a chamada vingança de sangue, definida por Erich Fromm como um dever sagrado que recai num membro de determinada família, de um clã ou de uma tribo, que tem de matar um membro de uma unidade correspondente, se um de seus companheiros tiver sido morto.

Curioso é observar que mesmo na fase em que o discurso se tornara independente da religião, ante a franca ascensão do Estado, o que legitimava essa "vingança" era que o ato delituoso atentava contra os valores divinos.

Desta forma, sendo o ato considerado como atentado à divindade, a sanção tendia para a eliminação ou expulsão do transgressor, como um sacrifício que se oferecia aos deuses da comunidade.

As penas públicas vieram paulatinamente substituir a vendeta como característica essencial da pena. A pena pública não deixa de ser uma forma de vingança, mas construída sobre uma base francamente ficcional, e que vem a ser a figura do órgão estatal.

O Estado, com dificuldades, foi lutando para estabelecer uma noção segundo a qual as penas, ainda que um dever do Estado, já que legitimadas pelos costumes sociais, não deixavam de guardar uma certa dose de vingança. Mas era uma vingança não mais pertencente a um indivíduo que agia contra um outro, mas, agora, de um universo maior, isto é, da nação.

Através de seu órgão disciplinador, o Estado usava a pena como um instrumento para atingir aquele agente criminoso que houvera ousado atacar a segurança jurídica de um determinado bem, que estava sob a sua guarda.

Entretanto, para que ela não fosse taxada como uma outra etapa da vingança pessoal, o Estado iniciou a transformação do sentido ontológico da pena, isto é, deveria respeitar o princípio da proporcionalidade.

Se observada, a lei de talião estaria, ainda, longe da atual noção de proporcionalidade, já que a pena se revestia em muito, na sua natureza, de mera violência coatora. Ela era somente um exemplo.

Mas não se deve confundir a origem histórica da pena com sua origem jurídica. Isto porque, a partir do século XV, ou seja, ao final do período medieval, a elaboração de ideias mais liberais, condicionada pela renovação dos conceitos, tais como, mundo, Estado, sociedade, homem etc., acentua-se de forma decisiva, ao afinal do séc. XVIII que, com os postulados da Revolução Francesa alcançam maiores e impensáveis matizes.

Novas concepções surgem então no campo penal e, com elas, as doutrinas acerca do fundamento do direito de punir.

A abordagem do tema impõe destacar, desde logo, a figura do Marquês de Beccaria, filósofo italiano, nascido em Milão, em 1738, seguidor das ideias de Rousseau e Montesquieu, autor da fundamental obra "Dos Delitos e das Penas" (1764).

A ele se tem atribuído a criação da ideia utilitarista e o movimento de renovação do Direito Penal da época, e que deu origem à Escola Clássica, da qual farão parte Carmignani, Carrara, Feuerbach, Filangieri, Pessina, Romagnosi, etc.

Inicia-se então, uma árdua luta para resgatar a pena, procurando mantê-la não apenas com o seu sentido de repressão, de sanção, mas somá-lo a qualquer outro elemento, com outro caráter que não o retributivo.

De certa forma, é o início de um longo processo que, em síntese, só buscava humanizar a sanção penal.

2. Do conceito de pena

A pena é uma sanção imposta pelo Estado como sucedâneo da sua soberania. A aplicação da pena pelo Estado é uma obrigação e uma das suas mais exemplares funções.

Segundo Manoel Pedro Pimentel, o Estado tem mesmo o dever de aplicar a sanção. Diz que o Estado não é titular de um direito subjetivo de punir. "Segundo se extrai dos ensinamentos de Satin-Romano, o que existe realmente, é um poder-dever de punir".

Entende, e com razão, que o Estado tem o poder de punir, que é atributo da soberania, mas, ao mesmo tempo, tem o dever de punir, imposto pela exigência de realização de uma das suas finalidades. Não há, portanto, o direito de punir (*jus puniendi*), mas um poder-dever de punir que mais convém ao caráter público do Direito Penal.[455]

Não é um direito impor-se uma pena ao agente que delinquiu, mas, um dever, uma vez que a ação daquele que ameaça um bem juridicamente tutelado é uma ameaça à paz social, ou seja, é uma exposição a perigo, que violenta as regras determinadas para a convivência em grupo.

O certo é, como preleciona Muñoz Conde, que "sem a sanção do comportamento social desviado (delito), a convivência humana em uma sociedade tão complexa e altamente tecnificada como a sociedade moderna seria impossível. A pena (ou, quando for o caso, a medida de segurança), é uma condição indispensável para o funcionamento dos sistemas sociais de convivência".[456]

A pena é, assim, uma materialização da resposta do Estado ao ato ilícito praticado por um agente. Ela é uma retribuição, com capacidade de submeter o agente, fazendo com que este venha, de alguma forma, a responder pelo dano ou ameaça de dano que ele praticou contra um bem juridicamente tutelado.

É evidente que, mesmo retribuindo a uma agressão, com a aplicação de uma sanção, a pena não tem o condão de apagar todos os reflexos deixados no corpo social pela ação do agente delituoso. Ela, apenas, tem o poder de satisfazer aquele desejo de vingança que, num primeiro momento, pertencia ao indivíduo e que, agora, é objeto da sociedade como Estado.

Vingança socializada, limitada por princípios que ordenam o Direito e, em particular, o Direito Penal. Mas é inegável que a pena tem, em sua própria natureza, uma larga dose de violência, pois ela instrumentaliza a velha vendeta, agora, dentro de um espaço social e menos traumático.

É de Beccaria a lição: "O legislador deve, consequentemente, estabelecer fronteiras ao rigor das penalidades, quando o suplício não se transforma senão em espetáculo e parece ordenado mais para ocupação da força do que para a punição do crime. Quem não treme horrorizado ao ver na história tantos suplícios atrozes e inócuos, criados e empregados com frieza por monstros que se intitulam sábios? Quem não tremeria até o âmago da alma, vendo milhares de desgraçados que o desespero obriga a retomar a vida errática, para fugir a males superiores às suas forças, provocados ou tolerados por essas leis injustas que sempre acarretaram e ultrajaram a multidão, para servir tão-somente a um reduzido número de homens privilegiados?"[457]

Portanto, a pena é uma reação à ação de um agente, é dever do Estado, único guardião do contrato social, que consiste numa privação de determinados bens do agente delituoso. A pena é sempre prevista em lei, a partir do crime previamente

---

[455] PIMENTEL, Manoel Pedro. *Direito Penal Econômico*. São Paulo: Revista dos Tribunais, 1973, p. 88.
[456] CONDE, Francisco Muñoz. *Derecho Penal y Control Social*. Fundación Universitária de Jerez, 1985, p. 121.
[457] BECCARIA, Césare. *Dos Delitos e Das Penas*. São Paulo: Revista dos Tribunais, 1996, p. 43 e 47.

tipificado. Obediente, pois, ao princípio de que não há crime sem lei anterior que o defina.

Faz-se obrigatório dizer que os bens jurídicos ameaçados pelo Estado contra o delinquente são, na mais das vezes, os mais estimados do homem, tais como a vida (nos países onde vigora a pena de morte) a liberdade e o patrimônio até.

3. Dos fundamentos e dos fins da pena

São quatro as teorias que buscam justificar os fundamentos e os fins das penas: a teoria absoluta, a teoria relativa, a teoria mista e a da prevenção geral positiva.

A *teoria absoluta* está fundamentada numa máxima: "o Estado pune porque alguém cometeu um crime". Esta é uma exigência do princípio de justiça. A pena é assim, uma retribuição, uma resposta a uma ação de natureza delituosa.

Com certeza, o maior representante dessa corrente doutrinária foi Kant, que expressamente afirma que, a qualquer sujeito social que vier a praticar uma ação delituosa deve-se, de forma frontal, rejeitar-lhe o direito à cidadania.

Assim, Kant entende o direito de castigar, através do exercício da pena, não como um meio que vise à intimidação, mas sim, e tão só, como um castigo ao agente que praticou o delito reprovável. Para ele, o homem não é um meio, mas um fim. Assim, penalizar um agente de delito é, por sua natureza, uma realização da justiça.

Para Hegel, que também coaduna com as ideias dessa teoria, a pena é o instrumento possível para que o Estado possa restabelecer a ordem quebrada. Neste sentido, ela é simplesmente retributiva. Quando alguém ameaça o bem-estar da sociedade, o Estado tem a obrigação de avançar, com sua espada, contra o agente agressor.

Outros, como Carrara, Binding, Welzel, Mezger e Maurach, também compartilharam com as ideias da teoria absoluta.

Enfim, essa teoria tem como preceito maior o fato de que a pena é, somente, uma consequência da prática do ato ilícito.

A *teoria relativa*, por seu lado, procura dar um sentido utilitário ao instituto da pena. Para os seus seguidores, a pena não é apenas uma resposta, uma reação, mas uma necessidade social com o objetivo de prevenir outras ações criminosas.

Quer dizer, o crime não é a causa da pena, mas uma ocasião, um evento que permite ao Estado aplicá-la e, dessa forma, aplicando a pena, intimidar futuros agentes que pretendem agir do mesmo modo.

A teoria relativa, preventiva, pode ser desmembrada em duas correntes: a da prevenção geral e a da prevenção especial.

No caso da primeira corrente, a da prevenção geral, podemos referir, entre os seus seguidores, os seguintes teóricos: Bentham, Beccaria, Filangieri e Feuerbach. Para eles, a pena que se constituía, a partir da sua aplicação, em um exemplo, tinha o poder de educar os agentes potencialmente criminosos, pois permitia-lhes identificar o castigo. Deste modo, possibilitava a todos reconhecer o valor do castigo, isto é, o preço a ser pago pelo delito.

A outra forma de prevenção, a especial, também chamada de particular, igualmente parte do princípio de que a pena pode ser uma forte ameaça ao agente criminoso. Mas ela só teria poder para intimidar o próprio indivíduo que delinquiu, não servindo de exemplo para os demais agentes sociais. São representantes dessa teoria Marc Ancel e Von Liszt.

A teoria mista, como o próprio nome diz, é uma tentativa de reunir os elementos das duas teorias anteriores. Busca assim, agrupar os fins da pena, a partir de um conceito geral das finalidades do conceito da pena. Para poder realizar, mescla os conceitos já desenvolvidos pelas teorias anteriores. Portanto, a pena teria uma índole retributiva, todavia, com um objetivo de reeducação do criminoso, pois através de sua publicidade, também seria intimidativa. A pena, portanto, é uma retribuição, mas com uma finalidade funcional.

Por ter a pretensão de tentar ser uma fusão, uma síntese, entre as teorias, a teoria mista não teve como se sustentar, já que buscou a difícil tarefa de tentar conciliar posições que, na realidade, eram inconciliáveis.

A última, *a teoria da prevenção geral positiva*, resgata a pena como matéria de intimidação, como instrumento para limitar a ação do agente criminoso, desde que todo o alcance da pena se dê com respeito ao preceituado na lei, e em acordo com os princípios gerais do Direito Penal.

Ela pode ser dividida em duas correntes: uma, a da prevenção geral positiva fundamentadora, e a outra, da prevenção geral positiva limitadora.

A primeira tem como princípio norteador a máxima de que o Direito Penal tem como meta primordial a realização ético-social. Quer dizer, quando o Direito Penal legitima a gênese da pena, ele está, em realidade, reforçando todos os valores que conduzem a ideia do agir corretamente, ou seja, ir ao encontro dos princípios ético-sociais.

O direito seria assim um instrumento a orientar, a conduzir as ações dos agentes dentro de marcos do que viriam a ser os atos de acordo com a lei. São representantes dessa teoria Welzel, e Jacobs.

A segunda, a teoria da prevenção geral positiva limitadora, defende a tese de que a prevenção geral é a expressão da limitação do poder de punir do Estado. O Direito Penal e a pena seriam instrumentos de controle social.

A pena é uma prevenção geral, isto é, tem uma natureza intimidatória, limitadora, mas sem perder de vista a sua capacidade de ressocializar o autor criminoso. Mas toda a ação estatal tem que ser efetivada dentro de uma margem irrenunciável, isto é, a da lei.

No caso do nosso ordenamento penal, a partir de uma leitura atenta da exposição de Motivos da Parte Geral, a teoria adotada é a relativa, ou preventiva. Diz ele no seu art. 26: "Uma política criminal orientada no sentido de proteger a sociedade terá de restringir a pena privativa de liberdade aos casos de reconhecida necessidade, como meio eficaz de impedir a ação criminógena cada vez maior do cárcere. Esta filosofia importa obviamente na busca de sanções outras para delinquentes sem periculosidade ou crimes menos graves. Não se trata de combater ou condenar a pena privativa da liberdade como resposta penal básica ao delito. Tal como no Brasil, a pena de prisão se encontra no âmago dos sistemas penais de todo o mundo. O que por ora se discute é a sua limitação aos casos de reconhecida necessidade".

Destarte, a pena serve ao agente como punição, intimidação, mas, também, como instrumento jurídico-educativo, já que ela tem, igualmente, o objetivo de ressocializá-lo.

Aliás, o caráter maior da pena deveria ser o pedagógico. É claro que cumpre ao Estado, em reeducando o agente que delinquiu, se estaria realizando o verdadeiro desiderato da cidadania. A reclusão somente poderá ter caráter relevante, a partir da certeza que nos der de que, ao cumprir sua pena, recebeu ensinamentos do Estado que, com isso, devolve o indivíduo à sociedade em condições de conviver com os seus pares.

Como lecionava Beccaria, não importa a quantidade da pena, e sim a certeza de sua execução. E não tem sentido a execução se não tiver o sentido de recuperar o indivíduo que agiu contra as regras normais da sociedade.

Hoje o que se vê são os presídios repletos de presos que lá são jogados a esmo, sem qualquer tipo de atividade e sem qualquer orientação pedagógica. Já na década de 1930, o grande Afrânio Peixoto dedicava o epíteto das cadeias, como escola normal da criminalidade.

Vejam-se os presídios hoje, com comunicação via telefonia celular com as suas organizações, chegando ao grau máximo de decadência de serem núcleos dos comandos da criminalidade, especialmente nas grandes cidades.

4. Dos princípios de direito que são aplicados na pena

4.1. Princípio da igualdade

A igualdade é um princípio regulador do direito. Isso porque obriga o legislador a respeitar os limites da desigualdade social, com leis que buscam dar um tratamento igual aos desiguais.

Na Constituição Federal, o título II, Dos Direitos e Garantias Fundamentais, abre com o hercúleo artigo 5º, que, em seu *caput*, consagra a igualdade de todos perante a lei.[458]

Mas essa igualdade deve ser percebida a partir de suas particularidades, quer dizer, pode-se afirmar a igualdade das pessoas, a igualdade das pessoas na lei e a igualdade das pessoas perante a lei.

O pressuposto de que todos são iguais é um paradigma, pois que fruto de todo um processo histórico que a Europa, e mais particularmente a França, sofreu na segunda metade do séc. XVIII.

O corolário dessa certeza, a de que todos são iguais, foi consagrado na Declaração dos Direitos do Homem e do Cidadão já em plena revolução francesa de 1789.

Nesse documento, inspirado em trabalhos anteriormente escritos por Jean Jacques Rousseau, a igualdade era colocada como um princípio geral do próprio conceito de homem.

---

[458] CONSTITUIÇÃO FEDERAL, art. 5º Todos são iguais perante a lei, sem distinção de qualquer natureza, garantindo-se aos brasileiros e aos estrangeiros residentes no País, a inviolabilidade do direito à vida, à liberdade, à igualdade, à segurança e à propriedade, nos termos seguintes (...).

Por sua vez, o pressuposto da igualdade das pessoas na lei diz respeito ao fato de que o homem, ao renunciar ao estado de natureza, para buscar a proteção do estado civil, foi obrigado a reconhecer que, eles, homens, em suas manifestações materiais, são diferentes, mas enquanto sujeitos de direito, encontram na lei um tratamento que não prevê essa desigualdade, pois a lei é para todos.

A lei socorre as diferenças entre os sujeitos sociais, minimizando-lhes as desigualdades materiais. Ela se apresenta ao tecido social, e não a um ou outro grupo. A lei é um bem que pertence à coletividade.

Por sua vez, a igualdade perante a lei só vem a reforçar aquela última, principalmente, quando se percebe a aplicação da pena.

O professor José Antonio Paganella Boschi, tratando da matéria, faz a seguinte observação: "A constatação de que as pessoas são, perante a lei, responsáveis em pé de igualdade, muito embora a desigualdade material que as caracteriza não se erige em fonte de ilegitimidade do direito penal, porque este se vivifica em princípios, valores e normas que fornecem ao juiz, instrumentos eficazes para tratamento igualitário perante a lei, sem menosprezo à diferença. Como disse Spota, o juiz que, ao cumprir sua função, realiza uma justiça individualizada, 'também; porém, antes da lei se acha o homem, e aquela – já o disseram os antigos – é feita para este, e não reciprocamente'".[459]

Todas essas formas de igualdade se encontram na pena, pois ela deve respeitar esse princípio, já que está em sua natureza, e consagrado em nosso ordenamento, que ela só poderá ser aplicada ao agente que, de alguma forma, der causa para o evento delituoso.

Assim, a igualdade, a culpabilidade e a individualização da pena se confundem, se guiam e se fundamentam, enquanto elementos norteadores da gênese do processo de pena, definindo ao juiz a possibilidade de sua qualificação e quantificação.

4.2. Princípio da legalidade

Esse princípio está consagrado pela Constituição Federal, em seu artigo 5º, inciso XXXIX, que prescreve: "Não há crime sem lei anterior que o defina, nem pena sem prévia cominação legal".

No bojo desse princípio estão outros dois grandes princípios fundamentais ao Direito Penal: o da anterioridade e o da reserva legal.

Assim, para que uma pena possa vir a ser aplicada a alguém, fruto de uma ação delituosa cometida, é essencial que a ação ou a omissão já estejam tipificadas, quer dizer, o crime só é crime, porque ele já existe em sua forma legal. E a pena também já existe, pois está, igualmente, cominada no tipo legal.

4.3. Princípio da individualização da pena

Um outro princípio importante ao Direito Penal, e que está fundamentado, de forma explícita, na Carta Magna é o da individualização da pena. No inciso XLV, artigo 5º, de nossa Carta Constitucional encontramos a regra que "Nenhuma pena passará da pessoa do condenado, podendo a obrigação de reparar o dano e a decreta-

---

[459] BOSCHI, José Antonio Paganella. *Das Penas e seus Critérios de Aplicação*. Porto Alegre: Livraria do Advogado, 2000, p. 38.

ção do perdimento dos bens ser, nos termos da lei, estendidas aos sucessores e contra eles executadas, até o limite do valor do patrimônio transferido".

Esse princípio é importante, não somente porque consagra a individualização da pena. A pena será aplicada a todo aquele que der causa ao ato delituoso e dele não ultrapassará. É um freio legal aos abusos que eventualmente poderiam advir do Estado. É princípio detestado pelos países que não têm tradição democrática.

4.4. Princípio da proporcionalidade

Esse princípio tem estreitas relações com a natureza retributiva da pena. Se a pena é uma resposta a uma ação ou omissão, enfim, ao ato delituoso, ela deve obrigatoriamente guardar a proporção com o delito.

O crime tem uma quantidade, tem um espaço por onde escorrem o seu sentido e o seu efeito. A pena não pode ser maior que esse espaço, pois, se isso correr, sobrevém o risco de violentar a sua natureza legal.

Todavia, não se pode defender a ideia de que esse é um princípio absoluto, já que a figura da reincidência (artigo 63 do Código Penal) e a da aplicação da pena (artigo 59 do Código Penal) têm causado graves reflexos neste princípio, e de certa forma, têm tornado relativa a sua potencialidade.

4.5. Princípio da inderrogabilidade penal

A pena deve ser certa, pois é a sua certeza que lhe dá condições de efetividade. Mas também, esse princípio, não pode ser mais entendido em sua forma plena, pois, como lembra-nos Magalhães Noronha, "a inevitabilidade penal tem sofrido restrições impostas pela finalidade da prevenção especial, ditando medidas como o livramento condicional, o sursis, o perdão judicial, a graça e o indulto. Devem esses institutos, principalmente os últimos, ser aplicados com parcimônia e critério para não se consagrar como norma a impunidade".[460]

4.6. Princípio da humanidade

A pena, como consagrada em nosso ordenamento jurídico, não pode ser de forma a violar a integridade física ou moral do agente criminoso. Não se aceitam, assim, penas que tenham alguma forma de crueldade, de desumanidade ou de degradação ao ser humano, pois o agente que está em custódia pelo Estado tem direitos que devem ser respeitados, pois se não for assim, todo o edifício do estado de direito não tem como se sustentar.

É por causa desse princípio que em nosso país não possuímos as penas de morte, ou as de tortura, ou as cruéis, ou as de trabalhos forçados. A pena é uma reação a uma ação, ela não pode tentar corrigir o estrago feito pela conduta de um agente criminoso, com uma resposta que gera, por si só, uma outra conduta delituosa.

---

[460] NORONHA, Magalhães. Op. cit., p. 228.

5. Da questão em torno do garantismo penal – uma abordagem crítico-teórica

De nada valeriam as constituições e nem as leis se não fossem dirigidas, diretamente, à dignidade humana, valor supremo e fundamental à própria existência do verdadeiro Estado Democrático de Direito.

A necessária obediência aos princípios que regem o respeito à pessoa humana deve ser encarada ante a realidade social de cada época da nacionalidade, pois que, são eles os geradores únicos de todos os direitos fundamentais, como os à vida, à intimidade, à imagem, à honra, à liberdade, à saúde, enfim, a tudo aquilo que a nossa Constituição Federal estatui no seu quinto artigo.

É de Alexandre Moraes a lição: "A dignidade humana se manifesta singularmente na autodeterminação consciente e responsável da própria vida e que traz consigo a pretensão ao respeito por parte das demais pessoas, constituindo-se um mínimo invulnerável que todo estatuto jurídico deve assegurar, de modo que, somente excepcionalmente, possam ser feitas limitações ao exercício os direitos fundamentais, mas sempre sem menosprezar a necessária estima que merecem todas as pessoas enquanto seres humanos. O direito à vida privada, à intimidade, à honra, à imagem, dentre outros, aparecem como consequência imediata da consagração da dignidade da pessoa humana como fundamento da República Federativa do Brasil".[461]

E isto se reflete, fundamentalmente, no Direito Penal, pois este trabalha diretamente com o um dos bens mais valiosos para o homem, que é o direito à liberdade. Daí a relação mais íntima entre este ramo do direito com os princípios do garantismo penal.

É razoável admitir-se que o discurso em torno do conceito de garantismo tenha, como uma primeira gênese organizada, o grande movimento que se instalou na magistratura italiana nas décadas de sessenta a setenta. E, assim o foi, com o objetivo de se estabelecer uma crítica mais fecunda sobre a hermenêutica da natureza das penas.

O garantismo, em suas primeiras investidas teóricas, se voltava para o universo limitado do Direito Penal.

Não há negar-se que tal conceito alcança hoje ares mais generalistas, buscando estruturar uma nova abordagem teórica em torno da questão da Teoria Geral do Direito e do Estado.

E se no início a sua pretensão analítica era a de deslegitimar o discurso sobre a própria natureza da pena no universo penal, agora, esse mesmo conceito busca estabelecer significados para a própria atuação e relação do Estado, enquanto ente político e normativo, com a sociedade.

Nesse sentido, a teoria do garantismo avança sobre temas dos mais variados matizes, já que passa a ser entendido como filosofia do direito, ao mesmo tempo em que faz também uma crítica política.

E, isso é assim, porque o garantismo busca estabelecer as bases de um discurso explicativo entre as ações do direito e do Estado, enquanto produtores/executores da tutela e da garantia, conceitos estes que fundam as bases político-ideológicas das

---

[461] MORAES, Alexandre. *Direitos Humanos Fundamentais: teoria geral, comentários aos arts. 1º a 5º da Constituição da República Federativa do Brasil*: doutrina e jurisprudência. 3ª ed. São Paulo: Atlas, 2000, p. 60.

realidades sociais, bem como, através dessa ação de controle sobre o campo social, resgatar todo o ônus externo da justificação da manutenção daqueles conceitos.

Dessa maneira, segundo Luigi Ferrajoli, Magistrado, Professor da Universidade de Camerino e autor da revolucionária obra *Direito e Razão*, o garantismo pressupõe "a doutrina laica da separação entre direito e moral, entre validade e justiça, entre ponto de vista interno e ponto de vista externo na valoração do ordenamento, ou mesmo entre o 'ser' e o 'dever ser' do direito".[462]

Mas, antes de se realizar uma análise sobre essa visão mais abrangente da teoria do garantismo, é obrigatório buscar-se as suas primeiras manifestações, isto é, a sua concepção original, numa verdadeira exegese arqueológica do conceito.

5.1. A gênese analítica do garantismo

Em suas primeiras manifestações, o garantismo surgiu como uma negação da teoria da prevenção geral positiva da pena. Em outras palavras, ele pretendeu criticar a natureza ressocializadora da pena.

A pena é o epicentro de todo o campo teórico do direito penal, bem como é a mais relevante fundamentação fenomenológica do Estado moderno. Através de sua presença, aplicada externamente sobre o campo social, pode-se perceber as contradições de uma dada realidade histórica, pois que ela tem o condão de concretizar, entre os indivíduos, o valor da norma, isto é, o significado palpável do ferimento aos mandamentos de certo e errado, lícito e ilícito.

Não se pode admitir um sistema de mera legalidade punitiva que corresponda a um "estado selvagem", a um "direito constitucional-penal autoritário", ou um direito penal máximo, em prejuízo ao garantismo penal e a própria segurança jurídica.

Como qualquer conceito social, a pena sofreu com as alterações promovidas pelo *iter* histórico. Utilitária, de natureza intimidatória-retributiva, influenciada pelo contratualismo, passando pelo positivismo, ganhando novos contornos com a ideologia do "tratamento social", cuja essência vem a ser a defesa social, até ao predomínio preventivo/ressocializador do século XX.

O conceito de pena encontra-se igualmente perdido frente às novas dimensões do delito, que exsurgem com poder suficiente para abalar a própria legitimidade do poder público. Hoje, o Direito Penal não tem mais por finalidade fazer justiça, e sim, fazer funcionar a justiça para o bem da sociedade.

Note-se que o Projeto Alternativo de legislação penal alemã já trazia, em seu preâmbulo, a afirmativa de que o fenômeno punitivo se constitui de "uma amarga necessidade da comunidade de seres imperfeitos que são os homens".

Portanto, o que interessava ao projeto tedesco era a manutenção da boa convivência social, como sendo o grande motor necessário à regularização da atividade penal.

É nesse contexto de crise estatal que se discutem as teses que buscam revalidar a sua natureza profilática, num discurso que se apresenta tomado pelo neopositivismo da corrente político-criminal que se arvora de corrente político-criminal da "Nova Defesa Social".

---

[462] FERRAJOLI, Luigi. *Direito e Razão*: Teoria do Garantismo Penal. São Paulo: Revista dos Tribunais, 2002, p. 685.

Surge, portanto, a teoria do *garantismo* como uma crítica antitética, como a verdadeira antítese a essa busca por uma natureza da pena, de cunho ressocializador, já que objetiva construir no conceito de pena, não uma abordagem jurídica, mas sim, política.

O garantismo quer secularizar a natureza mesma da pena, usando para isso, uma abordagem acimentada na possibilidade racional da intervenção estatal no campo social, mostrando com isso, a impossibilidade de sobrevivência daqueles discursos que querem pretender a defesa da natureza de recuperação da pena, isto é, da ressocialização do indivíduo infrator.

Observa o Prof. Salo de Carvalho que, "assim, antes de mais nada, o garantismo apresenta-se como modelo interpretativo do sistema penal, como recurso heurístico de legitimação e/ou deslegitimação das normas e práticas do controle social formal".[463]

E, analisando-se a realidade prisional de nosso país, não há de se negar a essa postura teórica do garantismo uma boa dose de veracidade, já que a brutal e excludente violência estatal impedem, na prática, a defesa do paradigma ressocializador da pena.

Contudo, essa primeira abordagem da teoria do garantismo, que se confronta diretamente com aqueles que defendiam esse discurso meramente jurídico da capacidade de recuperação da pena, ao retirar essa exclusividade do discurso jurídico, ampliando os produtores desse conceito através da presença de um discurso de matiz política, coloca de forma crua o embate entre o mundo do "ser" e do "dever ser", pois que permite ao primeiro um maior espaço no segundo, já que novas categorias de análise têm a chance de adentrar no espaço limitado do campo jurisdicional.

Em um outro significado, o *garantismo* designa uma teoria jurídica da "validade" e da "efetividade" como categorias distintas não só entre si, mas, também, pela "existência" ou vigor das normas. Neste sentido, a palavra *garantismo* exprime uma aproximação teórica que mantém separados o "ser" e o "dever ser" no direito; e, aliás, põe como questão teórica central a divergência existente nos ordenamentos complexos entre modelos normativos (tendentemente garantistas) e práticas operacionais (tendentemente antigarantistas), interpretando-a com a antinomia – dentro de certos limites, fisiológica, e fora destes, patológica – que subsiste entre validade (e não efetividade) dos primeiros e efetividade (e invalidade) das segundas.

Assim, afirma o mestre italiano, que "segundo um primeiro significado, 'garantismo' designa um modelo normativo de direito: precisamente, no que diz respeito ao direito penal, o modelo de 'estrita legalidade', próprio do Estado de Direito, que sob o plano epistemológico se caracteriza como um sistema cognitivo ou de poder mínimo, sob o plano político se caracteriza como uma técnica de tutela idônea a minimizar a violência e a maximizar a liberdade e, sob o plano jurídico, como um sistema de vínculos impostos à função punitiva do Estado em garantia dos direitos dos cidadãos. É, consequentemente, garantista todo o sistema penal que se conforma normativamente com tal modelo e o satisfaz efetivamente".[464]

---
[463] CARVALHO, Salo de. *Pena e Garantia*: Uma Leitura do Garantismo de Luigi Ferrajoli no Brasil. Rio de Janeiro: Lumen Juris, 2001, p. 6.
[464] FERRAJOLI, Luigi. Op. cit., nota 1, p. 684.

Destarte, como resultado dessa crítica da teoria do garantismo, seus defensores foram obrigados a ampliar o campo de sua incidência teórica. Quer dizer, se num primeiro momento o garantismo vislumbrou a natureza da pena, ao pretender a sua secularização política, passou a buscar o campo jurídico como um todo, e nesse sentido, estendeu-se o conceito de garantismo à categoria de princípio de direito.

O garantismo transmuta-se, portanto, numa compreensão maior da relação Estado/Norma/Sociedade, alcançando a própria pirâmide legal na qual está fundado o Estado Democrático de Direito.

E o desafio para esse novo universo é grande, o que justifica a sua elevação a princípio de direito, pois se é relativamente fácil delinear modelos abstratos e traduzir seus princípios em normas constitucionais, essas dotadas de força e clareza capazes de deslegitimar as normas inferiores e as práticas administrativas abusivas do poder público, mais difícil é dar forma às técnicas legislativas e judiciais que possam se ajustar a assegurar a efetividade aos princípios constitucionais e aos direitos fundamentais que são assegurados por aqueles, e nesse sentido, ampliar a discussão sobre a pena, para a polêmica em torno das garantias do indivíduo enquanto sujeito político-social.

5.2. O garantismo como direito fundamental

Elevado à condição de princípio constitucional, o garantismo está presente de forma bastante evidente em nossa Carta Constitucional. Tanto assim que, no seu título II, tem como tema a legenda: "Dos Direitos e Garantias Fundamentais". Logicamente que não se podem confundir os dois conceitos lá elencados, pois que não são sinônimos. Os direitos representam por si mesmos certos bens, enquanto as garantias têm como efeito assegurar que se possa fruir desses bens.

Dessa forma, entendem-se os direitos como fins, e as garantias como os meios que a ordem política coloca à disposição dos sujeitos sociais. Alexandre de Moraes simplifica, dizendo que "os direitos declaram-se, as garantias estabelecem-se".[465]

O garantismo é, dessa forma, um meio pelo qual melhor se pode pretender o exercício de um direito.

Com efeito, já no *caput* do artigo 5º da nossa Constituição, é delineada a garantia aos brasileiros e aos estrangeiros no Brasil dos seus principais direitos. Mas, seguindo a tradição analítica de nossa tradição constitucional, o constituinte oportunizou, em vários incisos, o desenrolar mais aprofundado do princípio do garantismo, estabelecendo com ele as bases dos princípios da legalidade e do devido processo legal.

Alguns exemplos podem ser pinçados ao longo do seu artigo 5º, exemplificando de forma clara a presença do princípio do garantismo constitucional. O inciso II dá forma à chamada liberdade matriz, ao garantir aos sujeitos sociais que "ninguém será obrigado a fazer ou deixar de fazer alguma coisa senão em virtude de lei".

Quer dizer, lançam-se, de forma clara e objetiva, os pressupostos da legalidade e do devido processo legal, garantindo-se para isso o predomínio da lei, fonte primeira de nosso ordenamento jurídico.

---

[465] MORAES, Alexandre. Op. cit., p. 62.

Nesse mesmo sentido caminham, em particular, os incisos XXXV (que sustenta o princípio da inafastabilidade do controle judicial); o inciso XXXVI (que solidifica os institutos da coisa julgada, do ato jurídico perfeito e o direito adquirido); o XXXVII (que consagra o princípio do juízo natural, e consequentemente é regra da competência da jurisdição); o XL (que declara, com força constitucional, o princípio da irretroatividade da lei penal, salvo se for para benefício do réu), e tantos outros incisos que estão dispostos no comando constitucional.

E, a partir do poder normativo constitucional, em sua manifestação ante o princípio do garantismo, atrela-se o universo processual, aos limites estabelecidos por esse princípio.

Todavia, esse paradigma, aliás, como todos os paradigmas, sofre sérias dificuldades quando se manifesta no universo dialético do concreto, isto é, no campo social. Isso porque o legislador, confrontado com a pressão que advém da realidade social, se vê obrigado a instituir leis que, não raro, além de contraditórias nos efeitos que geram, agridem a ordem jurídica, ameaçando as regras que garantem as bases do Estado Democrático de Direito.

É esse o caso do sistema prisional brasileiro, que não tem mais condições de buscar nenhum valor educativo ao sujeito praticante do ilícito, bem como as contradições geradas pelo peso de sanções que estabelecem penas que geram desigualdades, fruto não da natureza do ilícito praticado, mas sim do valor político que o delito alcança em determinado momento histórico, e que alimenta o sentimento de insegurança jurídica e impunidade, elementos que em última instância, maculam o Estado e a sociedade.

Fala-se muito, entre nós, em sistema penitenciário. Pergunta-se: Que sistema há em nosso penitenciarismo? Por certo que nenhum. Já na década de 30, o Prof. Afrânio Peixoto classificava o nosso sistema prisional como "a escola normal da criminalidade".

O que temos, na realidade, são depósitos de presos que vivem na verdadeira indolência, desleixo, ociosidade, inércia, promiscuidade, comandando a criminalidade de dentro dos presídios. E lá se encontram em verdadeira contradição ao sentido ressocializador da pena.

Em relação a isso, o professor Salo de Carvalho afirma que "a realidade da pena privativa executada em regime fechado no Brasil traduz a incapacidade do poder público de racionalizar os ébrios desejos de vingança de uma sociedade videocrática, que confunde ação pública com (re)ação privada e que está isenta de filtros capazes de dirimir a emoção e negar a punição desenfreada".[466]

E é nessa contradição criada pelo confronto do paradigma com a realidade social que a teoria garantista, ainda que marcada por posições críticas, é importante, pois que busca um discurso essencialmente fincado no social, baseado esse em um caráter eminentemente procedimental, destacando, como se disse, a relação Estado/Norma/Sociedade.

O garantismo, portanto, surge exatamente por um descompasso que existe entre a normatização enviada pelo poder público, e as práticas que deveriam estar e ser fundamentadas nele.

---

[466] CARVALHO, Salo de. Op. cit., nota 2, p. 292.

No universo penal, é evidente que as atuações administrativas e policiais já não conseguem acompanhar os preceitos que estão configurados nas normas jurídicas, o que cria um descompasso entre a norma, e a realidade social.

Destarte, a ideia que se pretende do garantismo é, de um modo geral, de que esse conceito, ao ser aplicado devidamente, busca uma melhor maneira de adequar os acontecimentos do mundo empírico, dos sujeitos em seu próprio nicho, às prescrições normativas que se recobrem de oficialidade, já que emanadas do poder legalmente constituído.

Modernamente está criada, pelas contradições entre a lei e a realidade, uma divergência que em síntese é a divergência entre normatividade e efetividade.

E o garantismo, na medida em que seculariza o discurso da norma, tem a pretensão de se fazer como a junção entre esses espaços, muito embora ele tenha como ponto de partida a distinção entre o "ser" e o "dever-ser". E essa distinção pode ser apreendida tanto no plano externo, ou ético/ideológico/político, como também num plano interno, ou marcado pelo predomínio do discurso jurídico.

Assim, parece óbvio que o garantismo ambiciona ter influência não apenas no campo particular do universo jurídico, mas igualmente, naquele campo de matiz política. Para isso, busca solver as contradições entre eles, ao mesmo tempo em que também busca minimizar a violência, para ampliar a liberdade do indivíduo.

E essa pretensão do garantismo se fundamenta a partir de um arcabouço de normas jurídicas que dá poder ao Estado para punir, em troca da "garantia dos direitos dos cidadãos".

Quer dizer, o sistema seria mais garantista quando conseguisse minimizar a distância existente entre o texto da norma e a sua real aplicação ao mundo empírico. Mesmo sem ser original, já que essa é uma pretensão de muitas outras teorias do direito, o garantismo avança sobre outras teorias na medida em que se abre ao fato de que a norma se vê limitada pela dialética do concreto.

5.2. Significações do conceito de garantismo

É inegável a contribuição que o grande mestre italiano Luigi Ferrajoli, em sua complexa obra *Direito e Razão*, oferece ao tema do garantismo. É ali que estão estabelecidas as bases conceituais e metodológicas do que foi chamado de garantismo penal.

Mas, ainda que destacando o ramo particular do direito penal, é possível de se perceber que os pressupostos teóricos/metodológicos estabelecidos no campo penal, igualmente podem servir de subsídios para uma teoria geral do garantismo, a tal ponto que se possa admitir a sua aplicação aos outros ramos do universo jurídico.

5.3. Primeiro sentido do conceito de "garantismo"

O conceito de garantismo, inicialmente, seria um modelo normativo de direito. E, esse modelo normativo estaria estruturado a partir de um princípio chave do ordenamento jurídico, qual seja, o da legalidade, e que muito apropriadamente é entendido pelo mestre italiano como o núcleo do Estado de Direito.

Essa figura normativa de direito pode ser apreendida a partir de três aspectos que, ainda que distintos, estão relacionados entre si, pois que se entrelaçam de tal forma que criam as bases que os justificam.

Sob esse ponto de vista epistemológico, o garantismo pressupõe um sistema de poder que possa, na via política do termo, diminuir o grau de violência, ao mesmo tempo em que busca soerguer a ideia de liberdade.

E tal pretensão não fica restrita apenas ao universo do direito penal, mas de todo o universo jurídico.

Quanto ao prisma jurídico, pode-se atentar para um aspecto, no mínimo, curioso: é o fato de se criar um sistema de proteção aos direitos dos cidadãos, que seria imposto ao Estado.

Quer dizer, o próprio Estado que pela dogmática tradicional, tem o poder pleno de criar o direito, e todo o direito, sofre uma limitação garantista ao seu poder.

Assim, mesmo com sua "potestade punitiva", mesmo com o seu exclusivo exercício de soberania, o Estado se veria na obrigação de respeitar um elenco sistêmico de garantias que sobre ele atuam, ao mesmo tempo em que devem ser por ele efetivados.

Para o mestre italiano, esse seria o primeiro ato vital para a configuração de um verdadeiro e concreto Estado Constitucional de Direito.

5.4. Segundo sentido do conceito de "garantismo"

O garantismo é, portanto, um modelo normativo que deve ser percebido em variados planos, tais como, no plano político, jurídico epistemológico e fenomenológico. Isso porque ele pressupõe uma teoria que busca explicar as problemáticas da validade e da efetividade.

Sua pretensão teórica consiste em buscar aproximar esses dois elementos, muito embora reconhecendo o pressuposto de que os mesmos são distintos em sua natureza e em seus efeitos, visto que pode existir validade sem efetividade e, mesmo em um grau inferior de garantismo, efetividade sem validade.

No caso desta última premissa, pode-se verificar que certos atos/ações adotados por sujeitos revestidos de autoridade estatais, comumente entendidos como policiais, não são dotados de validade. Bem assim é o caso de uma confissão obtida por meios abusivos, ilegais e que, em tese, não são permissíveis pelo Estado. O melhor exemplo sobre a hipótese aqui levantada é o da tortura.[467]

---

[467] DIREITO CIVIL – TORTURA PRATICADA POR AGENTES PÚBLICOS – RESPONSABILIDADE DO ESTADO – PROCEDÊNCIA – PRISÃO PREVENTIVA DECRETADA POR MAGISTRADO – ALEGAÇÃO DE AUSÊNCIA DE REQUISITOS AUTORIZADORES – DANOS MORAIS – NÃO CONFIGURAÇÃO – I – É devida indenização por danos morais pelo estado quando seus agentes, nessa qualidade, causarem danos a terceiros. Inteligência do art. 37, § 6º da constituição federal; II – O uso de violência física por agentes policiais para a obtenção de informações sobre crimes ocorridos, configura-se prática ilegal e criminosa, atentatória aos princípios insculpidos na Carta Magna, dando ensejo a ressarcimento por danos morais à vítima de tais atos; III – Tendo o Decreto de prisão preventiva se pautado no art. 312 do Código de Processo Penal, não há que se falar em lesividade passível de caracterizar dano de ordem moral; IV – A responsabilidade do Estado por ato jurisdicional, propriamente dito, somente deve ser decretada nas hipóteses expressamente previstas em Lei ou nos casos de dolo e má-fé do agente responsável pelo seu proferimento, cabendo à parte demonstrá-lo; V – Apelo não provido. (TJMA – AC 3805/2003 – (44.891/2003) – 3ª C.Cív. – Rel. Des. Cleones Carvalho Cunha – J. 29.05.2003) JCF.37 JCF.37.6 JCPP.312
PENAL E PROCESSUAL PENAL – *HABEAS CORPUS* – TORTURA QUALIFICADA PELO RESULTADO MORTE – PRISÃO PREVENTIVA – FUNDAMENTAÇÃO – CLAMOR PÚBLICO E PERICULOSIDADE. I – Os pareceres técnicos elaborados por médicos legistas e especialistas, apresentados pela acusação quando do oferecimento

Por conseguinte, ao se analisar atentamente o sistema jurídico de modo tradicional, isto é, não garantista, verifica-se que os graus de garantismo podem, e devem variar conforme o compasso, ou o descompasso que vai existir entre o espaço da normatividade do direito, com o da efetividade do direito.

Logo, como o garantismo não pode ser medido apenas por um referencial, Ferrajoli afirma a existência de graus de garantismo. Seria maior se observássemos apenas as normas estatais vigentes sobre os direitos sociais em um país como o Brasil. De outra banda, se o ponto de análise for o de sua aplicabilidade, o grau de garantismo diminui. Percebe-se, dessa forma, que o grau de garantismo depende do ponto de partida em que se colocar a observação do analisador. Isso porque cada observador ocupa no espaço social um determinado quinhão do mesmo, e a partir de onde se encontrar, a sua visão/ideologia é definida em relação a todos os discursos que cercam o que se determinar como sendo o campo social. O garantismo não foge a essa regra do pensamento.

Para Ferrajoli, tal determinação apriorística da distinção entre normatividade e efetividade não tem por intuito determinar certezas absolutas ou dados inquestionáveis, inalteráveis, tais como a unidade, a coerência e a eficiência de um ordenamento jurídico estatal, trabalhados assim de modo tradicional.

Para ele, há de se admitir o questionamento, a angústia, a dúvida, a capacidade de poder perquirir, mesmo a partir do referencial estatal acerca da validade das leis e de suas possibilidades de aplicação ao mundo empírico.

A lei, por ela mesma, não tem capacidade de se autoimpor à realidade social. Não raro, citam-se leis que vulgarmente se diz que "não pegaram", apesar de continuarem a existir juridicamente. Reconhecendo os problemas de sua própria teoria da validade e da vigência, afirma serem essas, tipos ideais de legitimação de suas próprias bases.

Contudo, mesmo sendo reconhecidamente tipos ideais, há que se determinar a sua visão de validade e vigência, como a possibilidade de verificação de um garantismo no direito.

O garantismo seria, na lição de Ferrajoli, uma forma de direito que se preocupa com aspectos formais e substanciais que devem sempre existir para que o direito seja válido. Essa convergência de aspectos formais e substanciais tem a função de resga-

---

da denúncia, são aptos a fornecer indícios da autoria do delito, permitindo dessa forma a decretação da prisão preventiva do acusado. II – A grande comoção que o delito causa na sociedade, gerando expectativa de impunidade, é motivo para a decretação da segregação cautelar. II – A forma de execução de delito gravíssimo, revelando, em princípio, periculosidade, serve de fundamento para a prisão ad cautelam, ainda que o agente seja primário, de bons antecedentes, afora outras qualificações normalmente elogiáveis. Writ denegado. (STJ – HC 20633 – PA – 5ª T. – Rel. Min. Felix Fischer – DJU 05.08.2002)
AGRAVO DE EXECUÇÃO – PROGRESSÃO DE REGIME PRISIONAL – TRÁFICO DE ENTORPECENTES – IMPOSSIBILIDADE – LEI Nº 9.455/97 – PREVISÃO DE PROGRESSÃO DE REGIME – APLICAÇÃO RESTRITA AO CRIME DE TORTURA – 1. É vedada a progressão do regime prisional ao réu condenado por tráfico de entorpecentes, quando a decisão condenatória fixou o cumprimento da pena em regime integralmente fechado. Tal proibição decorre do disposto no art. 2º, § 1º da Lei nº 8.072/90, cuja inconstitucionalidade foi afastada por reiteradas decisões do Supremo Tribunal Federal. 2. O advento da Lei nº 9.455/97, por ter aplicação restrita ao crime de tortura, não logrou revogar o disposto na Lei dos Crimes Hediondos, no que tange a obrigatoriedade de cumprimento da pena em regime integralmente fechado. (TJRS – AGV 70005807383 – 3ª C.Crim. – Rel. Des. Danúbio Edon Franco – J. 14.02.2003)

tar, de forma objetiva, a possibilidade de se garantir, efetivamente, aos sujeitos do direito, os direitos fundamentais existentes.[468]

É como se a categoria dos direitos fundamentais fosse um dado ontológico para que se pudesse aferir a existência ou não de um direito. Quer dizer, em outras palavras, a possibilidade de uma norma ser ou não válida.

5.5. Terceiro sentido do conceito de "garantismo"

O terceiro significado que o termo "garantismo" pode alcançar é o de buscar uma justificativa de natureza externa dos parâmetros garantistas adotados internamente pelos Estados.

Ferrajoli afirma que a legitimidade dos comandos e práticas garantistas são de cunho "ético-político". Por um lado, externos, portanto, ao sistema interno, que é propriamente jurídico no seu pensamento, ou como afirma em sua obra, a distinção entre o "ser" e "dever-ser" no direito, de cunho político, em relação ao mundo do "ser" e "dever-ser" do direito, próprios do âmbito interno de observação.

Afirma ainda que esses elementos políticos acabam por vir a ser as bases fundamentais para o surgimento dos comandos jurídicos do Estado. Seriam, pois, bases metajurídicas, isto é, seriam certas condições jurídicas que não podem ser analisadas com os métodos da jurisprudência tradicional, algo como uma "metafísica jurídica".

Como se pode perceber há, claramente, uma tentativa de dentro do normativismo teórico/jurídico/político, de ampliar o leque de possibilidades para a garantia efetiva de direitos dos cidadãos.

Para se obter esse objetivo, é necessário fazer da norma, eminentemente estatal, um ponto de partida, e em assim fazendo, uma ontologia para a observação de sua adequação ou não à realidade social. Dessa forma, o autor, em sua concepção de garantismo, ainda trata da ideia de validade, como uma outra forma de observação do garantismo.

Em seu arcabouço teórico, centra-se Ferrajoli neste segundo plano de garantismo (vigência e validade), buscando trazer ao espectro jurídico uma nova forma de observação do fenômeno, ao afirmar a existência de aspectos formais e substanciais no mundo jurídico, sendo o aspecto substancial, ao seu ver, algo novo que deve ser observado na formação das constituições e respectivos ordenamentos jurídicos.

Para ele, o aspecto formal do direito está calcado no procedimento prévio existente, que funciona como pressuposto de legitimidade do surgimento de uma nova norma estatal.

---

[468] PROCESSO PENAL. *HABEAS CORPUS* CRIME. TRÁFICO DE ENTORPECENTES. 1. Flagrante preparado. Nulidade evidenciada. 2. Liberdade provisória. Ausência de fundamentação válida. Constrangimento ilegal por ato de autoridade. Concessão de ordem. 1. Quando o policial se passa por viciado, e compra drogas do traficante, não se configura o crime de tráfico, mas o de porte de entorpecente por parte deste, posto que o flagrante do tráfico é nulo, por ser preparado, mas o de porte não o é, pois se protraiu no tempo anterior ao flagrante. Em decorrência, igualmente, é nulo o flagrante por instigação ao tráfico pela pessoa que, acompanhando o vendedor do entorpecente, faz sinal de anuência a este, para que proceda a venda. 2. "A prisão em flagrante, mantida em decisão judicial ao decidir pedido de liberdade provisória, deve, necessariamente, como qualquer outra prisão cautelar, estar amparada em um dos motivos constantes do art. 312 do código de processo penal. Por força do art. 5º, xli e 93, IX, da Constituição da República, o magistrado está obrigado a apontar os elementos concretos ensejadores da medida, mostrando-se ilegítimo fundamentar a manutenção da medida extrema na gravidade em abstrato do delito ou em meras conjecturas" (STJ- 6ª t., HC nº 46385/PR, Rel. Min. Paulo medina, DJ de 17.04.06). (TJ-PR; HC Crime 393283-4; Ac. 63; Araucária; Câmara Criminal Suplementar Única; Rel. Juiz Conv. Mário Helton Jorge; Julg. 05/03/2007; DJPR 23/03/2007)

Quer dizer, com isso, que uma norma só será válida e legítima se for composta de acordo com os procedimentos formais traçados previamente pelo ordenamento jurídico.

Entretanto, o grande mestre Ferrajoli, não satisfeito com essa primeira asserção, acrescenta um novo elemento ao conceito de validade: Uma norma será válida, não somente pelo seu enquadramento formal às normas do ordenamento jurídico que lhe são anteriores, e que configuram um pressuposto para a sua verificação.

A tal procedimento de validade, que é eminentemente formalista, acrescenta um dado que constitui exatamente o elemento substancial do universo jurídico. Assim, a validade traz em si também elementos de conteúdo materiais como fundamento mesmo da norma. E, esses elementos introduzidos de forma sutil e definitiva no universo jurídico, seriam os aclamados direitos fundamentais.

Essa intenção do autor tem por escopo resgatar uma perspectiva de introdução desses valores materialmente estabelecidos no seio do ordenamento jurídico, fazendo um resgate daquilo que se pode afirmar ser uma "ética material dos valores".

E para sustentar sua posição, Ferrajoli se vê obrigado a estabelecer uma crítica ao pensamento de Kelsen, pois afirma que o conceito de validade desenvolvido por esse é equivocado, pois uma norma, em seu entender, só poderia vir a ser inválida se não estivesse de acordo com os direitos fundamentais consubstanciados na Constituição.

Nesse sentido, no caso de uma norma ingressar no ordenamento jurídico, a partir do esquema formal de Kelsen, e que é utilizado de forma atrelada por Ferrajoli, levando-se em conta o conceito de vigência deste último, se ela não estiver de acordo com as normas que consagram os direitos fundamentais, o resultado seria a sua invalidade, uma vez que ela não estará de acordo com a racionalidade material, pressuposto indispensável para o conceito de validade das normas jurídicas.

Em decorrência, afirma Ferrajoli, inegavelmente, o conceito de validade pretendido por Kelsen se confunde, equivocadamente, com o de vigência. É por causa da importância desses conceitos de validade e vigência, que o mestre italiano traz uma outra acepção teórica que é bastante útil para impor coerência e forma a sua teoria.

Uma norma vigente, todavia não dotada do caráter de validade, quer dizer, eminentemente material, estaria expurgada do ordenamento jurídico, isto é, revogada no seu mais amplo sentido, em função de sua incompatibilidade, não com as diretrizes formais de seu surgimento, mas com a materialidade dos direitos fundamentais que se formariam através de um processo histórico/político/ideológico/social, e que continua em seu devir, conquistado através da experiência calcada na relação do Estado com a sociedade, e que tem nos direitos fundamentais, o seu balizador de existência.

5.6. Impressões finais do conceito de "garantismo"

Se, por um lado, a teoria do garantismo tem como principal contribuição revitalizar a relação entre os espaços do político e do jurídico, já que realiza uma secularização do direito, por outro, fundando o garantismo numa busca de que a norma deve obedecer à essência dos direitos fundamentais, é inegável que determina àquela, uma materialidade que boa parte das correntes jurídicas dos últimos séculos buscaram em vão.

Mas não é somente de contribuição que se pode avaliar a teoria do garantismo. Aquilo que é contribuição original para a ciência do direito, igualmente exala as suas fragilidades, pois que, ao centrar-se no sujeito, através da implicação dos direitos fundamentais, o garantismo permite que a sua utilização possa se dar até mesmo por aqueles regimes que são uma verdadeira antítese dos Estados Democráticos de Direito.

Isso porque, sendo a teoria garantista balizada pela definição política, pela construção legislativa do conceito de direitos fundamentais, na realidade ela fica à mercê do significado que esse conceito pode ser construído.

Quer dizer, um regime totalitário ou autoritário tem as mesmas condições de fundar as bases do seu próprio discurso sobre o que entenda sobre os princípios de direitos fundamentais, o que, a partir daí, poderia estabelecer os espaços de sua noção de garantismo jurídico, tornando válida e vigente a norma aí construída.

É importante assim, destacar que a teoria de Luigi Ferrajoli, embora corra o risco real e acentuado de vir a ser manipulada por estruturas de poder que se valham da imprecisão conceitual daquilo que chamamos de direitos fundamentais, igualmente serve de alento a todo um universo teórico, isso porque, abre possibilidades argumentativas para a configuração daqueles direitos.

Mas, apesar dessa ameaça real ao universo teórico do garantismo, é inegável que a sua contribuição está presente em Estados que se pretendem democráticos, e onde reina o princípio da legalidade e do devido processo legal, como o caso do nosso país.

No nosso caso, como já citamos, tomando a nossa Constituição Federal, verifica-se que seu texto, ao tratar dos direitos fundamentais, determina que os direitos enumerados no art. 5º não excluem a existência de outros direitos que sejam decorrentes dos seus princípios basilares ou de tratados internacionais nos quais o Brasil seja parte.

Tal prescrição constitucional abre, assim, um grande e extenso espaço argumentativo de construção tópica dos direitos fundamentais, haja vista que o intérprete, tomando por base os princípios contidos no ordenamento constitucional, tem espaço para estabelecer, legalmente, a existência de direitos fundamentais a partir de um problema específico, e buscar a sua solução através da aplicação de tal direito ao caso concreto.

6. Classificação doutrinária das penas. Os regimes de pena aceitos em nosso ordenamento jurídico

Quando o agente criminoso é condenado, a pena imputada deverá ser cumprida a partir de um dos três regimes em que ela se apresenta, isto é, em regime fechado, semiaberto, e aberto.

Outrossim, o regime de penas em nosso país, apresenta como característica básica o sistema de progressão de regime. Com isso se quer dizer que o cumprimento da sanção tem previsão para a forma progressiva, ou seja, a pena deve obedecer a uma evolução progressiva.

Isso ocorre porque em nosso Direito Penal, as penas cumprem uma função retributiva, mas, igualmente, educativas. Assim, a pena não é só um castigo, mas é uma forma de recuperação do agente que praticou o ato delituoso.

Dessa forma, seguindo a regra da execução penal prevista, a pena privativa de liberdade deve ser executada, com a passagem de regimes mais rigorosos para outros de menor rigor.

Essa progressão respeita uma conjunção de condições que o juiz da execução, competente, para julgar tal questão, deve observar: a) cumprimento de um sexto da pena, no regime anterior; b) o mérito do condenado; c) o fato de ter mantido algum tipo de atividade, quando na prisão, etc.

É imperativo observar que a determinação do regime inicial de cumprimento da pena não transita em julgado, em razão das possibilidades de modificações que porventura, venha a sofrer a situação do agente preso.

Não se pode esquecer, também, que o regime inicial de cumprimento da pena sofre a influência da detração.[469]

Portanto, é muito complexa a imposição do regime penal, pois são múltiplos os elementos que com ele interagem, alterando-o, e, ao ser modificado, transformando as próprias condições do preso.

O primeiro regime a se analisar é o regime de natureza fechada. Neste, o condenado cumpre a pena em um estabelecimento carcerário, estando obrigado ao desenvolvimento, de qualquer tipo de trabalho, que deve ser realizado no interior da penitenciária.

Neste regime, o preso deveria ficar sujeito a um isolamento durante o turno da noite.[470] Todavia, a realidade se encarregou de violentar essa pretensão do legislador, já que a superpopulação das prisões inviabilizou, completamente, essa determinação legal.

Outro aspecto que a crise do sistema penitenciário solapou foi aquele que previa, na lei,[471] o direito de cada preso a uma cela individual. Hoje, em celas em que já seria um absurdo encontrar, por exemplo, 10 presos, podem-se encontrar 30, ou mais.

É por isso que muitos doutrinadores têm chamado a atenção para o fato de que não se deve falar em penas mais pesadas como arma contra o aumento da criminalidade, mas numa reforma geral do sistema carcerário brasileiro, este sim, um dos responsáveis pela atual tragédia nacional.

Os presos, no regime fechado, para tentarem alguma progressão de seu regime inicial, devem trabalhar de acordo com as suas aptidões e conhecimentos. Ainda que tal atividade laboral só ocorra no interior das prisões, em casos extremos, eles po-

---

[469] CÓDIGO PENAL, art. 42. Computam-se, na pena privativa de liberdade e na medida de segurança, o tempo de prisão provisória, no Brasil ou no estrangeiro, o de prisão administrativa e o de internação em qualquer dos estabelecimentos referidos no artigo anterior.

[470] CÓDIGO PENAL, art. 34. O condenado será submetido, no início do cumprimento da pena, a exame do cumprimento da pena, a exame criminológico de classificação para individualização da execução. I – O condenado fica sujeito a trabalho no período diurno e a isolamento durante o repouso noturno.

[471] LEI DE EXECUÇÃO PENAL, art. 88. O condenado será alojado em cela individual que conterá dormitório, aparelho sanitário e lavatório.

derão desenvolvê-la, também, fora do espaço da prisão.[472] O regime semiaberto não prevê o isolamento durante o turno da noite, o que não quer dizer que o preso tem a liberdade para escolher onde vai passar a noite.

Mas esse regime é mais liberal, pois permite ao agente condenado frequentar cursos profissionalizantes, bem como concluir o ensino básico, como também frequentar curso universitário.

Ele deve, igualmente, desenvolver alguma atividade produtiva, em colônia agrícola, industrial, ou em estabelecimento semelhante. Não há, em tese, restrição ao trabalho do preso na iniciativa privada, contrariamente ao que ocorre no regime anterior.

Conforme anota César Roberto Bittencourt, "é bom esclarecer que o juiz da condenação, na própria sentença, já poderá conceder o serviço externo. Ou, então, posteriormente, o juiz da execução poderá concedê-lo desde o início do cumprimento da pena. A exigência de cumprimento de um sexto da pena verifica-se apenas quando tal benefício for concedido pela direção do estabelecimento penitenciário, que dependerá também da aptidão, disciplina e responsabilidade do apenado. Esta hipótese justifica-se quando o Poder Judiciário, nas oportunidades anteriores, considerou não ser prudente a concessão de tal benefício, pelas circunstâncias apresentadas pelos fatos e pelo condenado. Com o cumprimento de um sexto da pena, presume-se, poderá adquirir as condições que lhe faltavam quando iniciou a cumpri-la".[473]

Por sua vez, o regime aberto baseia-se num princípio muito ambíguo e de difícil confirmação: o princípio da autodisciplina do preso. Aqui, quer-se valorizar o senso de responsabilidade do apenado, concedendo-lhe maiores oportunidades para que ele próprio venha a entender a sua reeducação.

O preso só se mantém recolhido durante o turno da noite, em casas de albergados, ou em outros estabelecimentos apropriados, já que não se encontram albergues na maioria das áreas urbanas de nosso país.

O condenado tem, por esse regime, o direito de trabalhar sem vigilância, e dessa forma, deverá demonstrar que tem merecimento a esse regime de pena, verdadeiramente brando. Ele não deve, em nenhuma hipótese, frustrar as expectativas nele depositadas, pois, caso contrário, ele não apenas perderá o direito a esse regime, bem como será transferido para outro mais rigoroso.

É evidente o caráter humanitário desse regime de pena, já que permite ao apenado, não apenas desenvolver uma atividade lícita, como, igualmente, usufruir do contato com a sua família. Seria, em conjectura, o sistema menos traumático da pena.

No entender de Pierangeli, "é a pena por excelência que encerra todas as qualidades de uma verdadeira pena. O trabalho é lei civilizadora do homem; acompanhar

---

[472] CÓDIGO PENAL, art. 36. O trabalho externo será admissível para os presos em regime fechado somente em serviços ou obras públicas realizadas por órgãos da administração direta ou indireta, ou entidades privadas, desde que tomadas as cautelas contra a fuga e em favor da disciplina.
CÓDIGO PENAL, art. 37. A prestação de trabalho externo, a ser autorizado pela direção do estabelecimento, dependerá de aptidão, disciplina e responsabilidade, além do cumprimento mínimo de um sexto da pena. Parágrafo único. Revogar-se-á a autorização de trabalho externo ao preso que vier a praticar fato definido como crime, for punido por falta grave, ou tiver comportamento contrário aos requisitos estabelecidos neste artigo.
[473] BITENCOURT, César Roberto. *Manual de Direito Penal*. São Paulo: Saraiva, 1999, p. 473.

a prisão dessa circunstância não é impô-la ao homem, é sim, fazer com que cumpra uma lei que está escrita nos livros santos: trabalha que eu te ajudarei".[474]

Infelizmente, o que se observa, na prática, é o fato de que muitos presos, nesse regime, utilizam o tempo diurno não para trabalhar, mas para praticar outros crimes, e, depois, ao cair da noite, retornar para o estabelecimento, ao abrigo da lei.

Bem assim, é importante tecer-se alguns comentários sobre o regime inicial de cumprimento da pena. A fixação do regime inicial da execução das penas privativas de liberdade é de competência do juiz da ação, quer dizer, do juiz da condenação.

A fixação do regime inicial é ato que integra o *decisium* do juízo, conforme está previsto no artigo 59, inciso III, do Código Penal.[475]

Mas essa não é uma fixação definitiva, uma vez que, obedecendo à técnica penal, a fixação do regime inicial fica sujeita às ocorrências da progressão e da regressão. Saliente-se que é da competência do juiz da execução, decidir sobre aqueles elementos que incidem sobre a pena.[476]

Os fatores que auxiliam o juízo na determinação do regime inicial são a natureza e a quantidade da pena aplicada, e a reincidência. Congregam-se a estes, em forma subsidiária, aqueles do artigo 59 do Código Penal, já destacados.

Ao se analisar o Código Penal, percebe-se que o artigo 33,[477] em seu *caput*, estabelece as regras gerais dos regimes penais, determinando que, no caso da reclusão, o cumprimento inicial da pena pode se dar em qualquer um dos regimes previstos. No caso da detenção, ela somente pode se iniciar, nos dois regimes menos gravosos, isto é, no semiaberto, e no aberto. Isso significa que, a pena de detenção não poderá iniciar o seu cumprimento pela imposição de um pena em regime fechado.

Alguns doutrinadores, entretanto, na obscuridade em que se encontra o artigo 33 do Código Penal, especialmente em seu § 2º, querem acreditar que é possível, sim, que o condenado à pena de detenção, também, inicie a mesma em regime fechado.

César Bitencourt, todavia, esclarece que esse entendimento está equivocado, pois segundo ele, em "primeiro lugar, não é necessário adotar a sugestão proposta porque o regime legal e próprio é o semi-aberto e não o fechado ...; em segundo lugar, porque seria flagrantemente ilegal (art. 33, § 2º, alínea c, CP). Segundo o dispositivo citado, que impede que se inicie a execução de pena de detenção em regime aberto (para reincidente), conjugado com o artigo 33, *caput*, segunda parte, que proíbe que a pena de detenção inicie em regime fechado, sobra como uma única alternativa o regime semi-aberto. Conclui-se, portanto, que o regime estabelecido pela lei, no caso, é o semi-aberto".[478]

No que tange ao elemento da reincidência, a sua importância para a fixação do regime inicial, na pena de detenção, só tem poder para se fazer sentir, quando a pena

---

[474] PIERANGELI. Alguns Aspectos de Penas no Projeto de Código Penal, *RT* 580/307, 1984.

[475] CÓDIGO PENAL, art. 59. O juiz, atendendo à culpabilidade, aos antecedentes, à conduta social, à personalidade do agente, aos motivos, às circunstâncias e conseqüências do crime, bem como comportamento da vítima, estabelecerá, conforme seja necessário e suficiente para reprovação e prevenção do crime: III – o regime inicial de cumprimento da pena privativa de liberdade;

[476] LEI DE EXECUÇÃO PENAL, art. 66. Compete ao juiz da execução: III – decidir sobre: b) progressão ou regressão nos regimes;

[477] CÓDIGO PENAL, art. 33. A pena de reclusão deve ser cumprida em regime fechado, semi-aberto ou aberto. A detenção, em regime semi-aberto, ou aberto, salvo necessidade de transferência a regime fechado.

[478] BITENCOURT, César Roberto. Op. cit., p. 476/477.

for de até 4 anos. No caso da reclusão, a reincidência tem como se fazer sentir, em penas de até 4 anos, para os regimes semiaberto e aberto, e relevante ela será para as penas do regime fechado, quando o apenado for condenado a penas superior a 4 anos, mas até o limite de 8 anos.

7. Da progressão e da regressão

O sistema penitenciário não é uma uniformidade. Ele apresenta sistemas distintos, quer dizer, o tratamento dado aos condenados não é igual. Assim, encontramos três sistemas distintos: o de Filadélfia, o Aurbun e o inglês ou progressivo.

No primeiro, conhecido como de Filadélfia, seus partidários defendem a tese de que o apenado deve permanecer em absoluto isolamento. Devem permanecer fechados, trancados, sem poder sair, a não ser para esporádicos passeios individuais, em locais fechados.

No segundo, conhecido como sistema de Aurbun, o apenado deve ter de trabalhar em silêncio, durante o turno diurno, mas o seu isolamento de outros presos somente acontece no período da noite.

Por fim, no terceiro sistema, o inglês, ou progressivo, o condenado inicia a pena em isolamento, passando, posteriormente, através do trabalho, a conviver com outros presos, alcançando, assim, através de seus próprios méritos, o benefício da liberdade condicional.

Em nosso país, ainda que, desde 1984, se possam perceber os elementos desse último sistema, o Código Penal trouxe contribuições de nossa própria realidade. Assim, adotamos uma forma mista, pois como já afirmamos acima, o preso tem, durante o dia, a possibilidade de conviver com outros presos, principalmente através das atividades que desenvolve com todos os outros apenados, mas à noite, ele deveria ser mantido em isolamento.

Além disso, respeitado o limite temporal, que é exigido por lei, isto é, cumprido um sexto da pena, o preso de boa conduta nesse período pode requerer o direito à progressão, do regime mais grave em que foi inicialmente condenado, para um mais brando. Por exemplo, se um sujeito foi condenado, inicialmente, a um regime fechado, cumprido o prazo legal de um sexto, e com boa conduta, poderá requerer a progressão para o regime semiaberto. E, assim, consequentemente, para o regime aberto, desde que obedecidas as mesmas pré-condições anteriores.

Flávio Augusto Monteiro de Barros chama a atenção para o fato de que, para obter a progressão, urge que se cumpra um sexto do total da pena, e não o restante, embora a questão não seja pacífica. Não basta, porém, cumprir um sexto da pena; é preciso ainda que o condenado tenha méritos para obter a progressão. No caso de a condenação ser superior a 30 anos, é preciso cumprir um sexto da pena total, e não dos trinta anos.[479]

A progressão se dá, portanto, de forma gradual e progressiva, sem se admitir que se queime uma etapa. Dessa forma, é impossível de se imaginar a possibilidade

---
[479] BARROS, Flávio Augusto Monteiro de. Op. cit., p. 376.

de um apenado sair de um regime fechado, para um aberto, sem antes passar pelo regime semiaberto.

Contudo, nem essa regra é absoluta, pois, por exemplo, pode ocorrer de um apenado, que já tenha cumprido o mínimo legal exigido, e de boa conduta, ao pedir o benefício da progressão, não o receba, por simples ausência de vaga no regime semi-aberto. Aqui, ele deve continuar no fechado, e quando for possível a progressão, passar, nessa situação, para o regime aberto. Segundo Flávio Augusto Monteiro de Barros, "Surge, porém, que ele tenha obtido, por decisão judicial, a transferência para o semi-aberto, pois apenas nesse caso, à mingua de vagas, admite-se que o condenado ao cumprimento da pena em regime semi-aberto sujeite-se ao regime fechado".[480]

Como é por todos sabido, há uma categoria de crimes que se constituiu em exceção ao regime da progressão, qual seja, a dos crimes hediondos. Estes mais o tráfico de entorpecentes e o terrorismo recebem pena integralmente em regime fechado, quer dizer, aqui, estaria ausente o sistema da progressão. Ainda que a Lei 8.072/90 assim o afirme, sabe-se que a questão é controvertida, pois há um bom número de julgados que admitem a progressão, principalmente por entenderem que a proibição da progressividade fere preceitos constitucionais, como é o caso da individualização da pena, que está no artigo 5º da Carta Constitucional.

Caso particular é de tortura, preceituado pela Lei 9.455/97, onde se afirma que o regime inicial é o regime fechado. Nesse sentido, ainda que esse crime venha a ser assimilado aos crimes hediondos, a própria lei que o define admite o benefício.

Em passagem esclarecedora, César Roberto Bitencourt assim se posiciona: "Com o novo tratamento que a Lei 9.455/97 estabelece para o cumprimento da pena decorrente de condenação pelo crime de tortura – inegavelmente mais benéfico – reconhecendo o direito à progressão, está autorizada a interpretação extensiva da nova dicção legal, para estendê-la às demais infrações definidas como crimes hediondos, inclusive retroativamente. Afora a regra geral de hermenêutica que permite, no Direito Criminal, a interpretação extensiva da lei mais benéfica, há o tratamento uniforme que a Constituição federal estabeleceu a essa modalidade de infrações penais. Aliás, em sentido semelhante, decidiu recentemente o Superior Tribunal de Justiça, sendo o relator o Ministro Luiz Vicente Cernicchiaro (REsp 140.617-GO, 6ª Turma, j. 12.09.97 – *Bol. IBCCRIM* n. 60)".[481]

Deste modo, não está errado afirmar que, desde a edição da Lei 9.455/97, pode-se aplicar, igualmente, aos crimes hediondos, o sistema da progressão, sem quaisquer restrições, até mesmo, no seu efeito da retroatividade.

Uma última observação, quando se está a falar da progressão, diz respeito ao fato de que, antes mesmo de transitar em julgado a sentença penal condenatória, a progressão de regimes já pode ser requerida ao juízo competente. Isso ocorre de forma bastante comum, e é conhecido pela dogmática penal como execução provisória da pena.

Falamos, também, mais acima, na regressão. Esta ocorre quando um apenado que se encontra em um regime mais benéfico, ao frustrar as condições da pena, ou não efetivar o pagamento da multa estipulada, se vê regredindo, isto é, retornando para um regime mais gravoso. A própria lei penal, através do artigo 50 da Lei de

---

[480] BARROS, Flávio Augusto Monteiro de. Op. cit., p. 377.
[481] BITENCOURT, César Roberto. Op. cit., p. 482.

Execução Penal, destaca as situações em que o preso tem decretada a sua regressão de pena.[482]

É interessante observar que, quando se está a examinar a regressão, se percebe que aqui, nesse instituto, ocorrem "saltos", isto é, não se faz necessário respeitar nenhuma regra de evolução. Nesse sentido, um sujeito que está em regime aberto, não cumprindo as exigências desse regime, poderá, dependendo da falta cometida, regredir diretamente para o fechado, não precisando, desta forma, passar pelo regime semiaberto.

8. Da detração penal

A detração é um instituto do Direito Penal que permite que se desconte, na pena, ou na medida de segurança, o tempo de prisão, ou de internação, que foi efetivamente cumprido pelo apenado, antes de sua condenação em definitivo.

Diz o artigo 42 do Código Penal que "computam-se, na pena privativa de liberdade, e na medida de segurança, o tempo de prisão de provisória, no Brasil ou no estrangeiro, o de prisão administrativa e o de internação em qualquer dos estabelecimentos referidos no artigo anterior".

Assim, esse artigo estabelece, de forma expressa, o que pode ser descontado da pena privativa de liberdade, e da medida de segurança. Ela pode ocorrer nas seguintes situações:

a) *prisão administrativa*: deve-se ter cuidado para não confundi-la com a prisão civil. Ela não tem, exatamente, uma natureza penal, pois decorre de infração disciplinar, quebra da hierarquia do poder da autoridade, infrações cometidas por particulares, tanto nacionais, quanto estrangeiros, contra a administração pública.

b) *a prisão provisória*: tanto a que ocorre no Brasil, quanto a que ocorre no estrangeiro. É uma prisão de natureza processual, pois ela ocorre durante a fase processual, isto é, antes da sentença final ser pronunciada. Em nosso ordenamento penal, podem ser encontradas as seguintes hipóteses de prisão provisória: prisão em flagrante delito, prisão temporária, prisão preventiva, prisão decorrente de sentença de pronúncia e prisão decorrente de sentença condenatória passiva de ser recorrida.

c) *internação em casa de saúde*: mesmo aqui, a internação em hospitais de custódia, ou tratamento psiquiátrico, também sofre os efeitos da detração. Fere o princípio da igualdade não aceitar que a internação em casas de saúde está isenta dos efeitos da detração. Não há uma razão coerente admitir-se a hipótese de que a execução da pena, enquanto o apenado estiver adoentado, deva vir a ser suspensa.

O juízo competente para julgar a detração é o juízo da execução,[483] e se ocorrer a formulação do pedido, este deve ser feito diretamente no tribunal, o que vem a suprimir um grau de jurisdição.

---

[482] LEI DE EXECUÇÃO PENAL, art. 50. Comete falta grave o condenado à pena privativa de liberdade quem: I – incitar ou participar de movimento para subverter a ordem ou a disciplina; II – fugir; III – possuir, indevidamente, instrumento capaz de ofender a integridade física de outrem; IV – provocar acidente de trabalho; V – descumprir no regime aberto, as condições impostas; VI – inobservar os deveres previstos nos incisos II e IV do art. 39 desta lei. Parágrafo único. O disposto neste artigo aplica-se, no que couber, ao preso provisório.

[483] LEI DE EXECUÇÃO PENAL, art. 66. Compete ao juízo da execução: III – decidir sobre: c) detração e remissão da pena.

9. Da remissão

O verbo *remir* significa adquirir de novo, isto é, no caso do apenado, é tirar do cativeiro, do poder alheio; livrar-se do cativeiro. Mas, também, significa recuperar-se de uma falta, quer dizer, reabilitar-se.

Dessa forma, através do trabalho que o apenado realiza, ele tem a oportunidade de ir acumulando uma espécie de bônus, em forma de dias, que serão, mais tarde, confrontados com o tempo de pena que lhe resta. Quando isso ocorre, a remissão tem a faculdade de diminuir do total daquela os dias correspondentes aos trabalhados.

A remissão se faz na base de três dias de trabalho por um de pena, isso se o período trabalhado obedecer à jornada de trabalho não inferior a seis horas diárias, e que, também, não deve ser superior a oito horas.

A remissão é um instituto importante, uma vez que seus efeitos são levados em conta para o livramento condicional e também para o indulto. Mas somente terá acesso à remissão aquele apenado que, verdadeiramente, realizar alguma atividade laboral.

10. Dos tipos de pena aceitos em nosso país. Das penas privativas de direito

As penas privativas de direito são aquelas que estabelecem uma limitação ao direito de ir e vir do agente criminoso. Quer dizer, a partir da imposição da sanção, o preso deixa de contar, exclusivamente, com a vontade, como único instrumento a comandar a sua movimentação corporal.

Em nosso ordenamento jurídico, três são as espécies de penas privativas de direito: a) *reclusão*, b) *detenção* e c) *prisão simples*. As penas de reclusão, e detenção, estão previstas no artigo 33 do Código Penal,[484] e a terceira, no artigo 5º da Lei das Contravenções Penais.[485]

A pena de reclusão pode ser cumprida nas três formas de regime admitidas em nosso ordenamento, isto é, pode ser cumprida tanto no regime fechado, semiaberto, bem como no aberto. Portanto, não é verdadeira a afirmação de que a pena de reclusão deve, sempre, iniciar ao abrigo do regime mais gravoso.

Quanto a essa questão, as regras estão no próprio Código Penal, ali, o comando legal estabelece as condições em que o regime deverá, obrigatoriamente, se iniciar em regime fechado, ou, cumpridas as exigências, em outro regime qualquer.[486]

A pena de detenção, por outro lado, é menos grave que a anterior, por isso, deverá ser cumprida no regime semiaberto ou no aberto. Pode-se afirmar que esta pena privativa de direito, na maioria absoluta dos casos, não se iniciará no regime fechado.

---

[484] CÓDIGO PENAL, art. 33. A pena de reclusão dever ser cumprida em regime fechado, semi-aberto ou aberto. A detenção, em regime semi-aberto, ou aberto, salvo necessidade de transferência a regime fechado.

[485] LEI DAS CONTRAVENÇÕES PENAIS, art. 5º As penas principais são: I – prisão simples.

[486] CÓDIGO PENAL, art. 33. (...) a) o condenado a pena superior a 8 (oito) anos deverá começar a cumpri-la em regime fechado; b) o condenado não reincidente, cuja pena seja superior a 4 (quatro) anos e não exceda a 8 (oito), poderá, desde o princípio, cumpri-la em regime semi-aberto; c) o condenado não reincidente, cuja pena seja igual ou inferior a 4 (quatro) anos, poderá, desde o início, cumpri-la em regime aberto".

Mas há, na lei, uma solitária exceção: no caso do crime organizado, o seu regime inicial, mesmo na detenção, é o fechado.[487]

Além do regime inicial, podemos perceber outras diferenças em relação às penas de reclusão e detenção.

Quanto à ordem de cumprimento no caso de concurso material, é o caso previsto no artigo 69 do Código Penal. O preso deve cumprir, primeiro, a pena de reclusão, e, depois, a de detenção.

Se, por acaso, houver a necessidade de se substituir o internamento por um tratamento através de uma medida de segurança, estando o réu preso em regime de reclusão, isso não é possível, mas no caso dele estar preso em regime de detenção, essa possibilidade é plenamente legal.[488]

A detenção admite, como regra geral, a possibilidade de se oferecer a fiança para se obter a liberdade provisória,[489] mas, se o preso estiver no regime de reclusão, e a pena mínima cominada for superior a dois anos, isto será impossível de acontecer.

No caso de se estar examinando a prisão preventiva, se a pena for de reclusão, é possível a hipótese de se decretar a prisão preventiva, desde que o réu tenha sido condenado pela prática delituosa em crimes dolosos. Agora, se for caso de detenção, a prisão preventiva somente poderá ser decretada quando houver dúvida quanto ao endereço, ou quanto à identidade do agente.

Quanto à pena de prisão simples, é aplicada em crimes cometidos ao abrigo da Lei das Contravenções Penais.[490] Ela não tem um formalismo rigoroso, já que a própria lei, assim, não o prevê. Em sua natureza punitiva, ela não admite o regime fechado, mas apenas o regime semiaberto e o aberto. Da mesma forma que, no artigo 51 do Código Penal, a multa pode ser convertida em detenção, aqui, também ela pode ser convertida em prisão simples, mas, se for a única cominada ao agente, a prisão simples deverá obedecer a um prazo determinado de quinze dias, no mínimo, e, no máximo três meses.

11. Da fixação das penas

O tema da fixação das penas é um tema árido. É bastante comum, para todos os que lidam com o direito, encontrar grandes obstáculos quanto a essa questão. Tanto os profissionais, quanto os estudantes, enfrentam dificuldades oriundas do cálculo de

---

[487] Lei 9.034/95, art. 10. Os condenados por crimes decorrentes de organização criminosa iniciarão o cumprimento da pena em regime fechado.

[488] CÓDIGO PENAL, art. 97. Se o agente for inimputável, o juiz determinará sua internação (art. 26). Se , todavia, o fato previsto como crime for punível com detenção, poderá o juiz submetê-lo a tratamento ambulatorial.

[489] CÓDIGO DE PROCESSO PENAL, art. 323. Não será concedida fiança: I – nos crimes punidos com reclusão em que a pena mínima cominada for superior a 2 (dois) anos; II – nas contravenções tipificadas nos arts. 59 e 60 da Lei das Contravenções Penais; III – nos crimes dolosos punidos com penas privativas da liberdade, se o réu já tiver sido condenado por outro crime doloso, em sentença transitada em julgado; IV – em qualquer caso, se houver no processo prova de ser o réu vadio; V – nos crimes punidos com reclusão, que provoquem clamor público ou que tenham sido cometidos com violência contra a pessoa ou grave ameaça.

[490] LEI DAS CONTRAVENÇÕES PENAIS, art. 6º. A pena de prisão simples deve ser cumprida sem rigor penitenciário, em estabelecimento especial ou seção especial de prisão comum, em regime semi-aberto ou aberto. § 1º O condenado à pena de prisão simples fica sempre separado dos condenados à pena de reclusão ou detenção. § 2º O trabalho é facultativo, se a pena aplicada não excede a 15 (quinze) dias.

penas a serem aplicadas. Assim, ainda que não pretendendo esgotar a matéria, apresenta-se aqui um esboço do que seja essa operação.

Quanto ao critério trifásico: O Código Penal brasileiro adotou, em seu artigo 68, o chamado critério trifásico de fixação das penas. Assim, a pena será fixada em três fases, quer dizer: uma primeira fase, na qual são analisadas as circunstâncias do artigo 59 do Código Penal. Analisadas as circunstâncias previstas neste artigo, ao final dessa fase, será fixada uma pena provisória, é denominada, geralmente, de pena-base.

Será a pena-base, provisória, porque, em seguida, observando-se a existência daquelas circunstâncias conhecidas como agravantes, ou atenuantes, e que estão previstas nos artigos 61 e seguintes do Código Penal, a pena será aumentada, ou diminuída, conforme o caso analisado. E, assim, uma nova pena, ainda provisória, será quantificada.

Ao final, sobre esta nova quantificação da pena provisória, deverão incidir as chamadas causas de aumento ou de diminuição de penas, e que são encontradas, tanto na parte geral, bem como na parte especial do Código, e que se caracterizam por serem expressas por frações. Quer dizer, elas serão, por exemplo, aumentadas da metade, ou diminuídas de um terço, etc. Somente nesse momento é que a pena resultante deste processo será, então, a pena final a ser aplicada ao réu.

Quanto à 1ª Fase: Já se disse que a fixação da pena-base deve-se dar em estrita observância das circunstâncias do artigo 59 do Código Penal. São conhecidas como circunstâncias judiciais, pois são frutos de uma análise, quase sempre bastante subjetiva, por parte do juízo da causa. Todavia, é de boa técnica que essa subjetividade não se confunda com arbítrio do julgador, já que ela deve respeitar os limites legais.

É imperativo observar que a culpabilidade a que se refere o artigo 59 do Código Penal não é a mesma daquela que é elemento constitutivo do tipo. Não se trata, pois de uma inexigibilidade de conduta diversa, mas sim do grau de reprovabilidade social da conduta criminosa.

Aqui, a culpabilidade a ser analisada na fixação da pena é um mero *plus* de reprovação social do delito, contraposta à análise em relação aos demais crimes da mesma espécie.

Mas não se podem confundir os *maus antecedentes* com a *reincidência*. Isso porque o artigo 63 do Código Penal dispõe que: "verifica-se a reincidência quando o agente comete novo crime, depois de transitar em julgado a sentença que, no país ou no estrangeiro, o tenha condenado por crime anterior". Assim, só há de se falar em reincidência quando: a) houver sentença penal condenatória, com trânsito em julgado, b) o novo crime for praticado após o trânsito em julgado da primeira sentença condenatória.

Por outro lado, os maus antecedentes não podem estar baseados em meras acusações contra o réu, pois o artigo 5º, inciso LVII, da nossa Carta Constitucional, consagrou o importante princípio da presunção de inocência.

Ora, se meras acusações não podem ser consideradas maus antecedentes e a sentença transitada em julgado gera a reincidência, então, como se entender o conceito presente de maus antecedentes?

Algumas vezes ocorre que uma sentença condenatória transitada em julgado é posterior ao segundo crime, ainda que anterior a seu julgamento. Assim, na data do julgamento do segundo crime já há uma sentença penal condenatória transitada em julgado contra o réu, porém não se trata de reincidência, pois o segundo crime foi praticado antes do trânsito em julgado. Aqui, e, somente aqui, o operador poderá falar na figura dos maus antecedentes.

É bom destacar que, tanto no caso da reincidência, quanto no caso dos maus antecedentes, só podem, ambas ser comprovadas por certidão emitida pelo escrivão judicial. Nesse documento, deve constar não só a data da condenação, mas também, e, principalmente, a data do trânsito em julgado e, se for o caso, da extinção da punibilidade.

Na ausência de tal certidão ou no caso de certidão apócrifa, fica impedido o aumento da pena, tanto para a reincidência, quanto para os maus antecedentes.

A doutrina reconhece que, no caso de condenação anterior por contravenção penal, tal condenação não gera a reincidência, pois o artigo 63 do Código Penal é expresso em sua referência a qual crime.

Vale frisar que, de acordo com o artigo 64 do Código Penal, se entre a data do cumprimento, ou extinção da pena, e a infração posterior, tiver já decorrido um período de tempo superior a cinco anos, não há de se falar em reincidência.

Dando prosseguimento à análise do artigo 59 do Código Penal, a conduta social e a personalidade do agente são elementos a serem levados em observação pelo magistrado.

Trata-se de circunstâncias que, somente, poderão ser analisadas para diminuir a pena do réu, pois é de pacífico conhecimento que o seu uso, para aumentar a pena, se constitui em flagrante violação do princípio constitucional da legalidade, também consagrado no artigo 5º, inciso XXXIX, da Constituição Federal, através do bordão "não há crime sem lei anterior que o defina, nem pena sem prévia cominação legal".

Continuando a análise do artigo 59 do Código Penal, onde se afirmam os motivos do crime, suas circunstâncias e consequências, igualmente, todas essas circunstâncias deverão ser levadas em conta na fixação da pena. Vale frisar que o que se pune aqui não é o motivo, as circunstâncias e consequências, já previstas pela própria leitura do tipo penal, mas um *plus* de reprovabilidade.

Quanto à *2ª Fase*. Depois de analisadas as circunstâncias judiciais do artigo 59, serão consideradas as causas agravantes e atenuantes previstas nos artigos 61, 62, 65 e 66, todos do Código Penal.

Devem-se compreender as agravantes e as atenuantes como causas legais de fixação da pena, pois a sua previsão é bastante objetiva na lei penal, não merecendo uma análise subjetiva mais apurada pelo magistrado.

A agravante é entendida como aquela circunstância acidental do crime, que é legalmente prevista, e, igualmente reveladora de sua maior gravidade. Em síntese, ela acarreta, obrigatoriamente, um aumento da pena, e este aumento se dá a critério do juiz, respeitado, porém, o limite máximo da cominação.

Por sua vez, a atenuante é a circunstância acidental do crime, do mesmo modo que a anterior, é ela legalmente prevista, e que acarreta, obrigatoriamente, uma diminuição da pena. Esta diminuição também se dá a critério do juiz, respeitado, porém, o limite mínimo da cominação.

Ainda que a lei estabeleça o mínimo e o máximo legal, discute-se na doutrina e na jurisprudência a possibilidade de se reduzir a pena por meio de uma atenuante abaixo do mínimo legal fixado para o crime em análise. Desse modo, a leitura do artigo 65 do Código Penal,[491] por si só, permite a certeza ao observador atento que, o legislador usou do adjunto adverbial "sempre". E não por acaso, já que na lei não existem palavras vãs. Isso aconteceu porque o objetivo era deixar claro que, em toda e qualquer hipótese, dever-se-á aplicar a circunstância da atenuante. Se, assim, não fosse, se teria usado a expressão "sempre que possível", quer dizer, não de forma absoluta.

É claro que a redução da pena por meio da atenuante não se dá de forma ilimitada, pois, do contrário, estar-se-ia admitindo que o magistrado poderia fixar uma pena de um dia de prisão. E isso não ocorre, porque, como se afirmou acima, os limites do mínimo e do máximo legal, devem, por imposição da lei, ser respeitados.

O limite da redução é fixado em 2/3 (dois terços), por analogia com a maior causa de diminuição de pena do Código Penal, e que é o caso da tentativa.

Alegar, no entanto, que por não ter o legislador fixado expressamente este limite, simplesmente, não se pode diminuir a pena abaixo do piso legal, é negar vigência a lei federal que é expressa ao usar o advérbio "sempre", e, isso quer dizer que se está a ferir, diretamente, a Constituição Federal quando ela imortaliza o princípio da individualização das penas.

Contudo, para uma infelicidade da prática legal, a maior parte da jurisprudência tem preferido não reduzir a pena abaixo do mínimo legal, e isso, em flagrante desrespeito à interpretação literal do artigo 65 do Código Penal.

Agravantes são aquelas circunstâncias prescritas pelos artigos 61 e 62 do Código Penal, enquanto as atenuantes são as previstas pelo artigo 65 do mesmo diploma legal. Não se pode esquecer que há, ainda, no artigo 66 do nosso Código, a previsão de uma atenuante de natureza genérica.[492]

Ao se falar sobre a circunstância inominada do artigo 66 do Código Penal, deve-se atentar para o conteúdo variável, observando-se a regra de que ela deverá ser aplicada pelo magistrado, quando, no caso concreto, as circunstâncias do delito indicarem uma menor necessidade de reprovação do crime, não prevista pelas atenuantes do artigo anterior.

Quanto à 3ª fase. As causas do aumento e da diminuição de pena são os últimos elementos a serem levados em conta na fixação da pena. Apesar de encontrarem-se, essas situações, bastante dispersas no Código, isso, tanto na parte geral, bem como na parte especial, elas são, por outro lado, facilmente identificáveis, uma vez que sempre expressas por uma fração, quer dizer, aumenta-se da metade, diminui-se de um a dois terços, etc.

Portanto, em primeiro lugar, são aplicadas as causas de aumento de pena e, em seguida, as causas de diminuição de pena. Essa é a técnica que melhor oferta ao sentenciado condições de uma justa individualização da sanção do Estado.

---

[491] CÓDIGO PENAL, art. 65. São circunstâncias que sempre atenuam a pena: I – ser o agente menor de 21 (vinte e um) anos, na data do fato, ou maior de 70 (setenta) anos, na data da sentença; II – o desconhecimento da lei; III – ter o agente: a) cometido o crime por motivo de relevante valor social ou moral; b) procurado, por sua espontânea vontade e com eficiência, logo após o crime, evitar-lhe ou minorar-lhe as conseqüências, ou ter, antes do julgamento, reparado o dano; c) cometido o crime sob a coação a que podia resistir, ou em cumprimento de ordem de autoridade superior, ou sob a influência de violenta emoção, provocada por ato injusto da vítima; d) confessado espontaneamente, perante a autoridade, a autoria do crime; e) cometido o crime sob a influência de multidão em tumulto, se não o provocou.

[492] CÓDIGO PENAL, art. 66. A pena poderá ser ainda atenuada em razão de circunstâncias relevantes, anterior ou posterior ao crime, embora não prevista em lei.

Fundamentalmente, não se pode descurar que as principais causas de aumento de pena da parte geral são o concurso formal, artigo 70 do Código Penal, e a continuidade delitiva, que se encontra no artigo 71 do Código Penal.

A fração do aumento da pena deverá ser calculada com base no número de crimes praticados: se apenas dois, 1/6; se três, 1/5; se quatro, 1/4 e assim sucessivamente.

As principais causas de diminuição de pena, do Código, em sua parte geral são a tentativa, artigo 14, II, o arrependimento posterior, o artigo 16 e o erro inevitável sobre a ilicitude do fato, artigo 21. Bem assim, a participação de menor importância (artigo 29, § 1º).

As causas do aumento e da diminuição de pena da parte especial estão relacionadas, inexoravelmente, no tipo penal. É ele que descreve o crime que está a sofrer uma análise. Vale ressaltar que não se podem aplicar duas causas de aumento ou diminuição de pena, da parte especial, para o mesmo crime.

Assim, o roubo praticado em concurso de agentes e com emprego de arma só terá a pena aumentada na terceira fase por uma das circunstâncias: pelo concurso de agentes ou pelo emprego de armas. A fração do aumento da pena não será determinada pelo número de circunstâncias, mas pela gravidade de cada uma delas: número de agentes no caso de concurso de pessoas e potencialidade ofensiva da arma no caso de emprego de arma.

Vale lembrar que, em qualquer hipótese, a causa de diminuição da pena, muito em razão da tentativa, artigo 14, II, do Código Penal, será sempre a última a ser aplicada.

12. Do regime inicial das penas

Após a fixação do *quantum* da pena definitiva, o regime inicial de cumprimento de pena será definido, pelo nosso já conhecido, e citado artigo 33 do Código Penal.

Não obstante o que prevê, o artigo 2º, §1º, da Lei nº 8.072/90, que estabeleceu um regime de cumprimento integralmente fechado, tal redação, trata-se de disposição que para muitos é inconstitucional, já que ela fere não só o princípio da individualização das penas, mas, também, o princípio da inaplicabilidade de penas com caráter perpétuo, que é defeso em nosso ordenamento.

Quanto à pena de multa. A fixação da pena de multa não obedece ao mesmo rito previsto para a pena corporal. Isso, porque, após a fixação da pena privativa de liberdade e do seu regime de cumprimento, segue o magistrado para um novo procedimento, e que vem a ser, a determinação da pena pecuniária do agente. Não é necessário dizer que isso só será possível se estiver expressamente posto em lei, pois tal não se presume.

A pena de multa será fixada, não em uma, mas em duas fases distintas. Na primeira fase, não será considerada a situação econômica do réu, devendo ser a multa fixada proporcionalmente à gravidade do tipo de crime praticado, e as circunstâncias que foram levadas em conta para a fixação da pena corporal.

A pena na primeira fase não será fixada em unidades monetárias, mas em uma unidade padrão, e aceita como referencial legal, denominado dia-multa, e cujo valor deverá ser estabelecido na segunda fase de fixação da pena pecuniária, com base na condição socioeconômica do réu.

O número de dias-multa varia de 10 a 360. O juiz, entretanto, deve ficar sempre atento, pois que isto é regra geral, nesse sentido, vale para todo e qualquer crime.

Assim, os crimes ditos de pequeno potencial ofensivo, como, por exemplo, o furto e o estelionato, devem ter as suas penas de multa fixadas próximas ao mínimo legal, isto é, de dez dias-multa, enquanto os crimes graves, como, por exemplo, o latrocínio, devem ter multa fixada no espaço de no máximo 360 dias-multa.

Assim, fixados na primeira fase, o número de dias-multa, que deverão ser pagos pelos apenados, cabe, agora, ao juiz, na segunda fase, fixar o valor unitário de cada um destes dias-multa.

Neste momento, o juiz deverá, então, levar em conta a capacidade socioeconômica do agente, devendo estabelecer uma variação de 1/30 (um trigésimo) do salário mínimo até cinco vezes esse salário.

A multa que não for paga não pode ser convertida em prisão, pois não há que se falar em prisão por dívidas no ordenamento jurídico brasileiro, salvo naquelas situações que estão previstas pela Constituição Federal. Portanto, ao se falar em execução da multa, não se está mais ao abrigo da matéria de Direito Penal, pois que ela deverá ser realizada pelo Procurador da Fazenda Estadual, ou Federal, quando for o caso de crimes de natureza federais.

Quanto à Substituição da Pena. A substituição da pena corporal por aquela conhecida como restritiva de direitos pode ser entendida como a última etapa no processo de fixação da pena e deverá respeitar o disposto no artigo 44 do Código Penal.

Desse modo, os requisitos para a substituição da pena são: a) ser crime doloso ou culposo com pena inferior a quatro anos, b) o crime não ter sido praticado com violência ou grave ameaça, c) o réu não ser reincidente no mesmo crime (reincidência específica), d) que as circunstâncias judiciais devem ser favoráveis ao apenado.

Obviamente, se o juiz considerou na primeira fase da fixação da pena, as circunstâncias judiciais favoráveis ao réu para fixar a pena-base, estas circunstâncias, também, deverão vir a ser consideradas favoráveis, quando da análise da substituição da pena.

Vejamos, algumas situações:

a) *as penas devem ser iguais ou inferiores a um ano*, e serão, assim, substituídas por uma prestação pecuniária, ou uma pena restritiva de direitos.

b) *as penas que forem superiores a 1(um) ano* serão substituídas por uma prestação pecuniária, e, cumulativamente, a uma restritiva de direitos, ou por duas restritivas de direitos.

Deve-se sempre observar que a prestação pecuniária não tem uma regra que a faça obedecer ao critério de fixação com base em dias-multa, devendo ser, assim, determinada uma importância entre um e 360 salários mínimos.

O Código Penal se refere à prestação pecuniária e, portanto, não é de boa técnica a fixação de pagamento de cestas básicas, uma vez que, estas não são pecúnia (dinheiro) e podem apresentar um valor variável, ainda mais quando se pensa um país como o Brasil, de grande e instável taxa de juros e inflação.

Certo é que a prestação pecuniária deve ser paga, preferencialmente, para a vítima, mas se, por qualquer motivo, esta não puder receber o pagamento, este será feito aos seus dependentes.

No caso extremo de não haver nem a figura da vítima, e nem a presença de dependentes, ou, ainda, no caso de não haver uma vítima determinada, que é a situação dos crimes contra a saúde pública, por exemplo, a prestação pecuniária deverá ser paga a entidades assistenciais, beneficiando-se, dessa maneira, todos aqueles indivíduos que, por razões variadas, delas dependem.

É mister ficar atento para o fato de que, a renda de prestação de serviços comunitários não é aplicada indistintamente, pois só pode ser aplicada, quando são de penas superiores a seis meses. Na sua sistemática, ela será cumprida à razão de uma hora de tarefa por dia de condenação, fixada de modo equilibrado e com o juízo do bom senso, pois não quer, o Judiciário prejudicar a jornada normal de trabalho.

13. Quanto ao instituto do *sursis*

Não sendo possível a substituição da pena, por ter sido o crime praticado com violência ou grave ameaça à pessoa, e a pena sendo inferior a dois anos, poderá ser concedida a suspensão condicional da pena, isto é, o *"sursis"*, desde que obedecendo-se ao disposto no artigo 77 do Código Penal.[493]

No período em que a pena estiver suspensa, o apenado fica sujeito às condições fixadas pelo juiz, como quer o artigo 78 do nosso ordenamento penal.

Pode-se, sem medo, afirmar que, as penas substitutivas, acabaram por tornar o *sursis*, um instituto em desuso, mas que ainda são efetivos para crimes como, de tentativa de roubo, em que o crime é praticado com violência, porém a pena não excede a dois anos.

14. Das espécies de penas restritivas de direito

As penas restritivas de direito emergiram como uma sanção independente, quando ocorreu a importante reforma da parte geral do Código Penal, em 1984.

Foram adotadas em nosso ordenamento, para serem uma alternativa, isto é, elas têm como objetivo serem oferecidas como substitutas às penas de prisão, isto porque, em alguns casos, respondem melhor ao princípio da proporcionalidade da sanção, bem como, pelo simples fato de que atendem melhor ao caráter da reeducação do agente delituoso.

---

[493] CÓDIGO PENAL, art. 77. A execução da pena privativa de liberdade, não superior a 2 (dois) anos, poderá ser suspensa, por 2 (dois) a 4 (quatro) anos, desde que: I – o condenado não seja reincidente em crime doloso; a culpabilidade, os antecedentes, a conduta social e a personalidade do agente, bem como os motivos e as circunstâncias autorizem a concessão do benefício; III – não seja indicada ou cabível a substituição, prevista no artigo 44 deste Código. § 1º A condenação anterior a pena de multa não impede a concessão do benefício. § 2º A execução da pena privativa de liberdade, não superior a 4 (quatro) anos, poderá ser suspensa, por 4 (quatro) a 6 (seis) anos, desde que o condenado seja maior de 70 (setenta) anos de idade, ou razões de saúde justifiquem a suspensão.

Mas para que o agente tenha a possibilidade de recebê-la, a lei exige que a ação ou omissão perpetrada contra a ordem jurídica tenha sido, inexoravelmente, sem periculosidade.

Outrossim, é correto afirmar, que ela cumpre um importante aspecto dentro da sistemática moderna, qual seja, a de ser economicamente mais viável aos interesses de política criminal.

Quando se atesta que tem o caráter substitutivo, faz-se necessário determinar o momento em que isso vem ocorrer. Vê-se, assim, que a substituição da pena privativa de liberdade pela pena restritiva de direitos é feita na própria sentença condenatória, o que quer dizer, igualmente, que é o juízo da ação o operador competente para deferi-la.

Efetuada a substituição, a pena restritiva, que passa a vigorar, deverá ter a mesma duração do restante da pena substituída, descontando-se, dessa forma, o tempo de pena privativa de liberdade que já foi cumprida pelo apenado.

Mas, não se pense que ela não pode, pelo descumprimento do agente das condições que deveria respeitar, retroagir à pena anterior. Tanto pode, que a doutrina chama esse processo de conversão.

No cálculo da pena privativa de liberdade, à qual o agente retorna, a execução do tempo será aquele que for deduzido do tempo já cumprido, por ele, na pena restritiva de direitos. A conversão é, portanto, pelo tempo restante da pena, operando-se, nesse sentido, o fenômeno da detração penal. Se o réu for condenado pela prática de outro crime, a conversão perde o seu caráter obrigatório, e passa a ser facultativo. Obrigatório, mesmo, só se for o réu condenado pela prática de um mesmo crime.

Destarte, não está errado afirmar que a conversão tem o condão de afastar o *bis in idem*, pois se o agente não tivesse direito de aproveitar o tempo cumprido, a pena, que no nosso país alcança o máximo de trinta anos, poderia correr o risco de se tornar perpétua, o que é, objetivamente, proibido pela nossa Constituição.

Assim, portanto, temos as seguintes espécies de penas restritivas de direito:

a) *prestação pecuniária*: é um pagamento, em dinheiro, feito à vítima, ou aos seus dependentes, e em casos extremos, a entidades públicas ou privadas. Ela é fixada pelo juízo da causa, portanto, não é de natureza arbitrária, sendo que está cominada a partir de um mínimo e um máximo, e que são, respectivamente, de um a 360 salários mínimos.

A sua natureza é recuperativa, isto é, o agente criminoso tem a oportunidade de tentar reparar o dano causado pela ação ou omissão. É importante ressaltar que o valor pago deverá ser deduzido do *quantum* estabelecido pela condenação, em uma ação que segue o rito da reparação civil. Ela é, assim, uma multa-reparatória.

b) *perda de bens e valores*: isso ocorre em favor do chamado Fundo Penitenciário Nacional (FPN), e que tem como topo do *quantum* fixado o prejuízo que foi causado pelo ato delituoso, ou, igualmente, pelo proveito obtido pelo agente, ou por um terceiro. Nesse último caso, a solução para a opção entre essas duas possibilidades é dada por aquele que for o mais elevado. É, assim, verdadeiramente, uma pena de natureza confiscatória.

Quando se fala da perda de bens e valores, diz-nos Cesar Roberto Bitencourt, é "questão igualmente interessante definir, afinal, quem é o 'beneficiário', referido no texto legal (art. 45, § 2º). Será o autor da infração penal, ora condenado, ou será o beneficiário do produto da pena de 'prestação pecuniária'? Não pode ser, a nosso juízo, o autor da infração penal ou condenado. Caso contrário, abrir-se-ia grande espaço para a *vindita privada*. Destinando-se à vítima ou a seus dependentes o produto da aplicação da pena de 'prestação pecuniária', freqüentemente, aquele, o condenado, preferiria 'cumprir' prestação de outra natureza, com inegáveis prejuízos aos seus destinatários. Logo, o vocábulo 'beneficiário' da substituição penal, mas, com certeza, refere-se ao beneficiário do resultado da aplicação desta pena pecuniária que, como afirmamos, tem caráter indenizatório".[494]

c) *prestação de serviços à comunidade ou a entidades públicas*: é, talvez, a pena restritiva que mais se aproxima do objetivo de ressocializar o agente criminoso.

A doutrina busca conceituar a prestação de serviços à comunidade como um dever, uma obrigação de prestar e emprestar uma quantidade de horas de trabalho do agente, não remunerado, e verdadeiramente útil, para a comunidade, durante o tempo livre do agente delituoso. É, assim, uma atribuição ao condenado, de realizar algumas tarefas, junto a entidades assistenciais, a hospitais, a escolas, a orfanatos e tantos outros estabelecimentos análogos a esses.

d) *interdição temporária de direitos*: essa prisão restritiva é de natureza específica, pois se aplica a determinados atos criminosos que foram cometidos pelo agente.

Essas interdições temporárias somente podem ser aplicadas quando se está a falar em crimes que foram cometidos com uma alta dose de abuso ou, mesmo, violação dos deveres inerentes ao cargo, função, profissão, atividade, ou até ofício.

Faz-se fundamental que o ato criminoso consumado esteja diretamente relacionado com o mau uso do direito interditado, pois se tal não fosse, a pena, em si, acabaria por violar o direito do cidadão de constituir, livre e autonomamente, qualquer atividade lícita que ele escolher.

Afirma César Bitencourt que as interdições temporárias não se confundem com os efeitos da condenação, que não são penais, mas apenas consequências reflexas da decisão condenatória. A interdição de direitos é uma sanção penal aplicável independentemente da sanção que couber no âmbito ético ou administrativo. Isto é, a condenação criminal não inibe os Conselhos Regionais de Classe e Administração Pública de aplicarem, em suas esferas de competência, as sanções correspondentes.[495]

e) *Limitação de fim de semana:* esta pena tem o objetivo de evitar o afastamento do agente criminoso de sua rotina diária e de manter as suas relações pessoais.

Mas, fundamentalmente, tem como fim, impedir que o agente, ao ficar encarcerado, o que o tornaria, inegavelmente, pelo ambiente degradante e corruptor do meio prisional, perdido para a sociedade. Assim, essa forma de pena restritiva é uma forma de prevenção especial.

Entretanto, essa pena restritiva foi muito mais uma fórmula teórica, do que uma prática possível. Tal situação é o resultado da falta de infra-estrutura, especialmente daqueles estabelecimentos que deveriam estar adequados, até porque, os verdadeiramente próprios para o cumprimento dessa pena, não existem. Hoje, em nosso país, ela é inviável, mais por uma falta de interesse político, e menos pelas dificuldades financeiras que por ventura, ela venha a exigir.

---

[494] BITENCOURT, César Roberto. Op. cit., p. 518.
[495] Idem, p. 530.

15. Da pena de morte

> (...) para sujeitar um homem a uma pena qualquer, a formalidade que a lei estabelece é a formação do processo, a defesa, o julgamento e a condenação por um tribunal; a lei, porém, não determina, em caso nenhum, que a conclusão de tal processo tenha o seu epílogo na morte do criminoso, nem mesmo por uma autoridade legal.[496]

> Já é tempo de terminar. A grande cruzada não é a da matança dos criminosos, mas sim a da erradicação das causas da criminalidade. É a da profilaxia e não a da terapêutica dessa grave doença social que é a delinquência.[497]

A polêmica em torno da pena de morte remonta, de forma mais ordenada, às discussões medievais. Uma das primeiras doutrinas a tratar do tema foi a do magistério de São Tomás de Aquino, que foi um entusiasta ativo dessa forma de sanção.

Ele sustentava a legitimidade da pena de morte, enquanto instrumento definitivo para a proteção da saúde do corpo social. E se a pena de morte era a alternativa para proteger a sociedade, cabia ao príncipe, que era o encarregado de velar por esta, aplicá-la, pois que detinha o monopólio do poder político. Fundamentava a sua posição na analogia do médico, obrigado a cortar o membro podre para preservar o resto do organismo.

Assim, cabia ao Estado, corporificado na figura do príncipe, eliminar tudo aquele membro que, ainda que pessoa física, ameaçasse com os seus atos ilícitos a paz social. Não importando se através de um poder editorial ou até meramente desigual e classista.

A pena de morte, em sendo assim, nascia já com um viés autoritário e sem ter relação com qualquer forma de justiça. Ele era uma resposta dura a uma conduta ilícita, que trazia o pânico para o tecido social.

Ao final de Século XVIII, sob o manto da aurora iluminista, começou-se a duvidar da legitimidade dessa espécie de pena, e mais ainda, pode-se dizer que, então, começa a campanha abolicionista, que propõe, desde o seu início, o fim dessa forma de sanção.

O ponto de partida das teses abolicionistas deve ser buscado no livro de César Beccaria, *Dos Delitos e Das Penas*. Aqui se encontram já todos os argumentos apresentados contra a pena de morte: a) a prisão perpétua é suficiente para afastar os homens dos delitos; b) muitos delinquentes, por vaidade, ou por mero fanatismo, encaram a morte com um rosto tranquilo, sem medo de afrontá-la, todavia, nem mesmo o fanatismo daqueles, ou a vaidade, conseguia persistir dentro dos muros de uma prisão, ainda mais para aqueles que recebiam duras penas privativas de liberdade; c) o mais importante argumento dessa corrente residia no fato de que a execução da pena de morte é não um horror, mas um espetáculo para a maioria dos que a presencia, e como tal, não inspira o saudável terror que a lei imagina supor.

---
[496] BARBOSA, Ruy. *Obras Completas*, v. 42, t. 2, 1915, p. 171.
[497] ANTUNES, Ápio Cláudio de Lima. *A Pena de Morte à Luz da Ciência e da Filosofia*. Pelotas: UFPEL, 1995. p. 60.

Enfim, todas essa afirmações se encontram já nas pastas do ilustre reformador italiano Beccaria. Até pela sua intensa influência, e da de seu contemporâneo austríaco Sonnenfels, a pena de morte foi suprimida em vários Estados europeus, ao longo do século XVIII.

A morte em si é medo. Medo da finitude do ser, medo da exiguidade de tempo de uma vida humana. Mas os sujeitos sociais encontraram uma forma curiosa para sublimar esse medo, qual seja, apreciado, enquanto espetáculo a morte de outrem.

Dessa forma, uma estranha catarse se formava em torno dos lugares de execução, independente de quem fosse o condenado à pena da capital. A morte de um outro era para todos aqueles que assistiam a tal cena, uma reafirmação de que se estava vivo e dessa maneira, a morte do condenado era uma vitória para os que assistiam à condenação.[498]

Disse Slovieff que a pena de morte é ímpia porque irrevogável e definitiva. A justiça humana, que por sua própria natureza convive com a possibilidade do erro, ao pretender impor essa pena, que é sempre definitiva. A justiça humana que por sua própria natureza convive com a possibilidade do erro, ao pretender impor essa pena, que é sempre definitiva, se atribui um caráter absoluto, numa escatologia que se pretende onisciente, mais que em verdade, busca uma analogia com os juízos divinos.

Ao se eliminar friamente um homem, através de uma sanção que não admite a revisão, a sociedade declara que o considera absolutamente culpável pelo seu passado, pelo seu presente, e absolutamente incorrigível pelo seu futuro.

Como nem a sociedade, nem os seus órgãos judiciais conhecem nada seguro, não somente sobre a futura incorrigibilidade do delinquente, bem como sobre a sua culpabilidade anterior, a possibilidade de se cometer um homicídio oficial é um fato concreto.

Nesse sentido é comum se perceber a grande quantidade de erros judiciais reconhecidos, mas por não se tratar de inocentes condenados à pena de morte, apesar de todas as sequelas, existe ainda, a chance de se redimir do erro oficial.

A pena de morte está profundamente maculada por uma cega demência da soberba humana, que confunde seu saber relativo, sua justiça condicional, com a prestação de uma certeza onipresente e onisciente, capaz, para os que a defendem, de conviver com uma presciência incondicional de culpa do agente.

É um ato de extrema desumanidade um homem, ungido do papel de senhor da verdade, dizer com a aplicação destaque um outro homem nada significa, nada representa, e de tal forma é descartável. Que, sobre ele, a espada do Estado pode tomar-lhe a própria vida.

O argumento dos que pretendem eliminar oficialmente aqueles que lesam a sociedade, na realidade, pode ser usado contra a própria pena de morte, pois qualquer forma de homicídio é execrável e não se pode pretender justificar uma morte com outra morte, pois a ninguém, muito menos ao poder do Estado, se pode admitir a capacidade de decidir quem tem ou não o direito de existir.

---

[498] A história é rica em relatar que, durante a revolução Francesa, a platéia delirante aplaudia a cada decapitação, e depois, fortemente embriagada participavam de festas onde era comum à prática de uma série de crimes, especialmente os de estupro, lesão corporal, homicídio e tantos outros.

CAPÍTULO XX

O mal principal dessa pena se funda no fato dela extinguir a vida humana, na audácia de romper definitivamente o laço de solidariedade humana em relação a um ser real, de carne e osso, mas que conduz os seus atos contra a paz social, ameaçando-a, é verdade, mas sem que isso se dê a nenhum poder a permissibilidade de se estabelecer uma "limpeza Social".

A pena de morte só pode causar espanto aos espíritos pequenos, aos delinquentes sem grande importância, aos cidadãos pacíficos, quer dizer, àqueles que, provavelmente, nunca cometeram delitos que pudessem vir a ser apenados com ela.

Os que cometem delitos de grande gravidade não são por ela intimidados, pois em sua psique a morte não é surpresa, mas uma questão de oportunidade.

No caminho da violência desmedida dos agentes que matam, traficam, aterrorizam, a insensibilidade é preceito de norma obrigatória e, dessa forma, o que aos outros surpreende, faz parte da psicologia criminal desses infratores.

Não é equivocado se afirmar que no universo da violência seus agentes, tanto de um como de outro lado, sofrem uma anestesia moral, psíquica, ou mesmo uma anestesia física, e que explica perfeitamente a pouca eficácia intimidativa que sobre eles exerce essa forma esdrúxula de pena.

Aos criminosos profissionais, autores de fatos punidos com a pena capital, ainda supondo-se que movidos pelos mesmos estímulos que os homens não delinquentes, tampouco os intimida a morte. Para eles, é como disse Thyrén, uma espécie de traço profissional que nada espanta.

A morte capital é um espetáculo. É o que se percebe nas execuções capitais daqueles países em que ainda se ocorrem publicamente, e longe de produzir o que se espera, acabam por descaracterizar o terror e, num universo de multimídia em que vivemos, ela é mais uma atração.

Assim, aquilo que deveria ser chocante e traumático, acaba por ter um efeito desmoralizador, já que não gera o medo ao ato ilícito, mas sim, um sucesso.

Toma ares de artista, de herói e não raro deixa seguidores dos seus feitos delituosos.

A cerca deste influxo corruptor sobre as massas, todos estão de acordo. Não faltam testemunhos das execuções capitais que, em lugar de contribuírem para o enfraquecimento das tendências criminais, acabam por constituir um mórbido atrativo ao delito.

Exemplo disso é a crescente criminalidade nos estados americanos, justamente naqueles que convivem com a pena capital. Apesar de todos os argumentos dos que a defendem, por terem-na como instrumento definitivamente útil a coibir a violência, esta não diminuiu, o que comprova que pena capital não é um fim útil, mas apenas um meio equivocado e deficiente de se combater as causas da criminalidade.

Um outro argumento contra a pena de morte é a sua irreparabilidade. A justiça humana, diz Prins, sendo como é, relativa, necessita de penas relativas, graduais e eventualmente reparáveis.

A pena de morte não é uma pena relativa: é absoluta. Pela sua própria natureza, não oferece a ninguém o recurso contra o possível erro judicial.

Um dos mais famosos equívocos judiciários ligado à pena de morte foi a execução dos operários italianos Sacco e Vanzzetti, nos Estados Unidos, no início do século, que, confundidos com outras pessoas, foram executados, e só mais tarde descobriu-se que, equivocadamente, haviam sentenciado pessoas inocentes.

Nicola Sacco e Bartolomeo Vanzetti, dois imigrantes italianos, foram acusados de assassinar um caixa e um vigilante de uma fábrica de calçados. Foram acusados, ainda, de roubar mais de 15 mil dólares da mesma fábrica de South Braintree (Massachusetts) em 15 de abril de 1920.

A execução de Sacco, um sapateiro, e de Vanzzeti, um vendedor ambulante, em 1927, foi condenada pela maioria dos países do mundo. O julgamento de assassinato se deu em Massachusetts e se prolongou de 1920 a 1927.

Mais tarde, foram presos os verdadeiros criminosos, quando já haviam sido mortos os dois inocentes. O reconhecimento foi, sem dúvida, tardio, já que não era mais possível ao Estado recuperar o mal causado em razão de seu erro, que, intencional ou não, havia levado dois inocentes à morte.

Tivemos aqui no Brasil o caso dos irmãos Naves, considerado o maior erro judiciário. Aconteceu na cidade mineira de Araguari, em pleno Estado Novo. Os irmãos Sebastião Naves, de 32 anos de idade, e Joaquim Naves, de 25 anos, eram trabalhadores que compravam e vendiam cereais e outros produtos. Tinham como sócio Benedito Caetano, que comprara, com o dinheiro emprestado, grande quantidade de arroz, transportando-o para Araguari, onde, ante a crescente queda dos preços, vendia-o por elevadíssima quantia.

Na madrugada de 29 de novembro de 1937, Caetano desapareceu, levando consigo todo o dinheiro da venda do arroz. Os irmãos Naves, constatando o desaparecimento do sócio e sabedores de que ele portava altos valores em dinheiro, comunicaram o fato à polícia, que imediatamente iniciou as investigações.

O delegado da polícia Francisco Vieira dos Santos, ao iniciar as investigações, não se pejou de firmar a sua convicção de que os irmãos Naves eram os responsáveis pela morte de Caetano.

Submetidos às mais cruéis torturas possíveis, privados de alimentação e de tudo o mais, os irmãos resistiram até o esgotamento. Da obra de João Alamy Filho, pode-se extrair o tamanho do sofrimento por que passaram os irmãos Naves. Leiam-se as descrições das torturas físicas e morais impingidas a Sebastião e Joaquim, pelo Delegado de Araguari, tenente Francisco Vieira dos Santos: "Estamos a 12 de janeiro. Dia terrível para os irmãos Naves. O depoimento de Malta tinha sido tomado a 7. Nos cinco dias subsequentes, o tenente era ferro em brasa. Diligências aqui, lá, acolá. Dia a dia, levava os presos pro mato. Longe. Onde ninguém visse. Nos ermos cerradões das chapadas de criar emas. Batia. Despia. Amarrava às árvores. Cabeça pra baixo, pés para cima. Braços abertos. Pernas abertas. Untados de mel. De melaço. Insetos. Formigas. Maribondos. Mosquitos. Abelhas. O sol tinia de quente. Árvore rala, sem sombra. Esperava. De noite cadeia. Amarrados. Amordaçados. Água? Só nos corpos nus. Frio. Dolorido. Pra danar. Pra doer. Pra dar mais sede. Pra desesperar. Noutro dia: vai, vem, retornam. O mesmo. Noutra noite: assim. Eles, nada. Duros. Nunca viu gente assim. Nunca teve de ser tão cruel. Tão mau. Tão violento. Nunca teve tanto trabalho para inventar suplícios. E, nada. Dia. Noite. Noites. Dias. Assim, assim. Um dia: 12, vão lá, à beira do rio Araguari, descem a serra. Eles vão juntos. Depois, separados. Escondidos, um do outro. Amarrados nas árvores. Como feras. Como touros no sangradouro. Pensam que é o fim. Não aguentam mais. Inchados. Doloridos.

CAPÍTULO XX

Dormentes. Esperam. Morre? Não morre? O tenente estava satisfeito. Tinha um plano. Perdera a noite. Mas valia, valeu. Conta pros dois, antes de separá-los, de amarrá-los longe, invisível um ao outro. Vocês vão morrer agora. Vamos matá-los. Não tem mesmo remédio. Não contam. Não confessam. Morrem. Morrerão. Separa-os. É a vez do Bastião. Tiros perto dos ouvidos, por trás. Gritos. Encenação. Ele resiste. Largam-no. Voltam para o Joaquim: Matamos seu irmão. Agora é a sua vez. Vai morrer. Joaquim era mais fraco. Aniquilado. Descora mais ainda. Não tem mais sangue. Verde. Espera. Tem piedade! Não me mate, seu tenente. Não tem jeito. Você não conta: morre. Bastião já se foi. Você vai também. Irá com ele. Só se contar. Confessa, bandido! Confessa, bandido! Confessa! Não quer mesmo? Então, vamos acabar com essa droga. Podem atirar. Atenção: Preparar! Fogo! Tiros. Joaquim sente o sangue correr perna abaixo. Não sabe onde o ferimento. Pensa que vai morrer. O delegado: Andem com isso, acabem com ele. Por piedade, seu tenente! Não me mate! Eu faço o que o senhor quiser! Pode escrever. Assino tudo, não me mate! Não aguento mais. Joaquim perde os sentidos. É levado secretamente aonde possa ser curado do ferimento. Mantém-se ausente. Feito o curativo. Não pode contar a ninguém. Caiu; machucou-se. Só. Tem de repetir tudo na Delegacia. Direitinho. Cara boa. Se não fizer, não terá mesmo outro jeito. Você é que sabe, Joaquim. Só se quiser morrer. Joaquim não mais vê Sebastião. Acha que está morto. Apavorado, procura controle. Quando está em ordem, levam-no à delegacia. Vai depor. Segunda. Terceira vez. Desta vez é confissão. Perfeita. Minuciosa. Bem ensaiada. Decorada como discurso de menino em grupo escolar ...".[499]

As suas esposas e até mesmo a mãe dos réus foram covardemente torturadas, inclusive com ameaças de estupro, caso não concordassem em acusar os maridos e filhos.

A defesa dos irmãos Naves foi exercida heroicamente pelo advogado João Alamy Filho. Pronunciados, os irmãos foram levados a julgamento pelo tribunal popular do Júri, sob a acusação de autores da morte de Benedito Caetano. Foram absolvidos por 6 x 1.

O Ministério Público, inconformado, recorreu ao Tribunal de Justiça, que anulou o julgamento. Realizado novo júri, os jurados novamente, e pelo mesmo placar, absolveram os réus.

O Tribunal de Justiça, então, alterou o veredito, já que a Constituição de 1937 tirara a autonomia e independência do júri popular, condenando aos réus ao cumprimento da pena de 25 anos e 6 meses de reclusão.

Após cumprirem parte da pena, ante o ótimo comportamento prisional dos dois, receberam o livramento condicional (em agosto de 1946). Joaquim Naves, doente, veio a falecer como indigente em um asilo de Araguari. De 1948 em diante, Sebastião Naves iniciou a busca da prova de sua inocência. Foi feliz, pois, em julho de 1952 (quinze anos passados), quando Benedito resolveu visitar seus pais em Nova Ponte, foi reconhecido por um primo de Sebastião Naves.

Sabedor do fato, Sebastião dirigiu-se a Nova Ponte, encontrando o tal de "morto" que, apavorado, passou a dar mil e uma desculpas, todas sem nexo, sustentando que jamais tivera notícia do que se passara com os ex-sócios. O caso passou a ser

---

[499] ALAMY FILHO, João. *O Caso Dos Irmãos Naves, Um Erro Judiciário*. 3ª ed. Belo Horizonte: Del Rey, 1993, p. 58.

nacionalmente conhecido. Em revisão criminal, os irmãos Naves foram finalmente inocentados em 1953. Por final, iniciou-se processo de indenização civil pelo erro judiciário.

Em 1956, veio a sentença mandando indenizar Sebastião e os herdeiros de Joaquim. De forma lamentável, o Estado de Minas Gerais recorreu e, finalmente, em 1960, ou seja, vinte e dois anos após, o Supremo Tribunal Federal conferiu o direito à indenização aos injustiçados.

Outro caso de erro judicial foi o caso Julius e Ethel Rosemberg, acusados de vender segredos atômicos a então União Soviética. Após um processo rumoroso, foram condenados à morte na cadeira elétrica. O Juiz Irving E. Kaufman. na sentença, declarou que o crime de Julius Rosemberg era mais grave do que um assassinato. Tardiamente, foi constatado o erro judicial. Na apreciação do filósofo existencialista francês Jean Paul Sartre, a execução de Rosemberg foi um "linchamento legal que mancha de sangue a todo um país".

É inexorável que toda e qualquer pena, por mais rigorosa que possa ser, mesmo que em uma natureza meramente privativa da liberdade, deva conter em si a possibilidade de reparação em caso de erro judicial. E, o que é mais importante, admitir a hipótese do arrependimento do réu.

Não há reparação possível para o conjunto de todos os sofrimentos físicos, morais e psíquicos experimentados pelo injustamente condenado.

A prisão que priva de liberdade um homem só pode ser em pequena parte mitigada com compensações de ordem material que não resgatam tudo aquilo que o ser sofreu por uma acusação injusta, mas que admite, pelo menos, alguma reparação.

Toda e qualquer sociedade que se diz democrática e ao abrigo da lei tem a obrigação de recuperar o réu e, para isso, é necessário conservar-lhe a vida.

Vá lá que não se espere que, entre a condenação e a expiação do agente na prisão, se opere o arrependimento. Dizem alguns que tal pretensão está longe da realidade dos fatos. Mas, em se tratando de seres humanos, retará sempre a esperança dessa possibilidade.

Ao contrário, aplicando-se a pena de morte, proíbe-se o réu de exercer o seu sagrado direito de arrependimento. Hoje, quer-se que o Estado ocupe o seu papel, qual seja, reeducar o detento.

Somente quem não tem em conta o valor de uma vida pode ignorar que na existência de um ser humano, qualquer que seja a sua autoridade, e qualquer que seja a sua razão, pode dispor sem pretender usurpar do poder maior, que é o Poder Divino.

16. Os Estados Unidos e a pena de morte

Desde a sua descoberta, a América do Norte tem sido objeto de uma perpétua fascinação tanto para os seus simples observadores quanto a seus mais contumazes críticos. Essa fascinação foi revelada desde o início por fortes significados, tais como, a "Terra Liberdade", a "Terra de muitos povos, "A terra da Bonança", etc.

Contudo, o signo mais forte associado a ela, hoje em dia, é o da contradição. Se por um lado se apregoa como a nação democrática por excelência de outro, exerce um papel autoritário quando se trata das suas relações externas. Como todo o império humano, busca impor seus valores ao mundo, criando assim, uma nova "paz romana".

Mas a mais fecunda das contradições tem relação com a existência da pena capital, diga-se que se não em todos os 50 Estados que formam a nação estadudinense, mas em grande número.

Os seus defensores acreditam que a presença da pena capital é, pelos seus efeitos, capaz de inibir e desestimular o delito mais grave. Pensam que a sua existência tem o condão de criar um medo em todos os que porventura venham a delinquir.

Teria, dessa forma, a pena de morte um poder de dissuadir, inibindo o agente, evitando assim a ação criminosa. Contudo, segundo os estudos de Edwin Sutherland, a verdade não é bem assim.[500]

Sutherland destaca que a taxa de homicídios nos Estados Unidos não tem diminuído. Ao contrário, em determinados locais tem até se multiplicado ao dobro. O crime de homicídio é bem maior naqueles estados onde há a pena capital, do que naqueles em que ela foi abolida.

Os historiadores Malcolm Bradbury e Howard Temperly, em estudos recorrentes, constataram que a violência é uma realidade americana, comum tanto em grandes centros urbanos como em pequenas comunidades do interior. E apontam vários fatores para isso.[501]

As diferenças entre os grupos raciais, de um lado, brancos x afro-americanos, e do outro, afro-americanos *x* latinos e asiáticos, acabam por se constituir em focos constantes de uma violência que não quer ceder, mas que, pelo contrário, agudiza o hiato entre essas distintas comunidades culturais.

Igualmente, a distância entre os ricos e os pobres, numa sociedade de forte apelo consumista, é por si só geradora de vários embates que alimentam a violência.

Somam-se a esses aspectos a cultura armamentista que predomina e que, a partir desses dados, pode-se perceber que a pena de morte é inoperante frente às questões que estão na base de formação da própria nação norte-americana.

Mas os abolicionistas da pena de morte não contam apenas com reflexões teóricas contrárias a essa forma definitiva de sanção. Suas posições são reforçadas pelas descobertas de constantes equívocos judiciários, que acabaram por conduzir à morte pessoas inocentes.

Em janeiro de 2002, o governador Geroge Ryan, do Estado de Illionois, um dos estados norte-americanos que ainda aplica a pena, decidiu impor uma moratória às condenações à morte. E isto tudo, depois que um relatório apontou o vergonhoso número que revelava que, a partir de 1987, treze inocentes foram condenadas à morte.

O último caso aconteceu com Anthony Porter, solto em 1999, depois de passar 16 anos à espera de execução da pena máxima. Ficou livre depois de comprovada sua inocência por um grupo de estudantes que realizou um rigoroso estudo do processo. A partir de uma análise isenta e desinteressada, descobriu-se que ele não era o verda-

---

[500] SUTHERLAND, Edwin. *Princípios de Criminologia*, 1949, p. 632 e segs.
[501] BRADBURY, Malcolm; TEMPERLEY, Howard; THOMPSON, Roger. *Introdução aos Estudos Americanos, Forense Universitária*. Rio de Janeiro, 1981.

deiro imputado, mas sim, outra pessoa muito parecida com ele. Porter foi libertado 48 horas antes de ser executado.

Por outro lado, Roger Thompson aponta para o fato de que, de cada dez pessoas condenadas à pena de morte, 7 são afro-americano, ou deles descendentes, e duas são latinas. Quer dizer, é branco, ainda que nas estatísticas de homicídio, proporcionalmente, a participação desse grupo racial venha a ser muito superior.

Gore Vidal defende a tese de que a pena de morte é uma excrescência incomparável com qualquer sociedade que pretende ser democrática. É ela a forma mais completa de ditadura, pois que é a ditadura da lei.[502]

No mesmo sentido, Noam Chomsky, crítico contumaz da sociedade americana, destaca que o discurso democrático só se faz possível porque, na realidade, esta é uma sociedade altamente exclusivista, e que, para apenas alguns poucos escolhidos são ofertadas todas as vantagens propaladas.

Independente de qualquer postura ideológica, a pena de morte não pode ser vista como um fim, devendo ser entendida como um meio inoperante. A sua incapacidade se dá por não resolver os conflitos socioculturais e econômicos de uma sociedade que, manifestamente rica, não o é na sua distributiva.

Atente-se para o fato ainda, de que os Estados Unidos, assim como em Cuba e Guatemala, vão se tornando exemplos isolados de presença de pena de morte, já que, desde o final do Século XIX, setenta e cinco países aboliram-na para qualquer tipo de crime. Entre eles, encontraram-se Venezuela (1863); Costa Rica (1877); França (1981); Portugal (1976) e Suécia (1972).

Atualmente, a pena de morte está concentrada no continente asiático, e mesmo lá já se percebem fortes reações das sociedades civis desses países na luta para a sua extinção.

17. História do direito penitenciário

Deve-se compreender o direito penitenciário, como um conjunto de normas jurídicas que disciplinam, que regulam e controlam todo o tratamento dado aos presos. Assim, ele estabelece uma disciplina normativa, ampla, sobre aqueles atos que submetem os apenados ao controle do Estado.

Essa construção sistemática do Direito Penitenciário deriva da unificação das normas do Direito Penal, do Direito Processual Penal, mas, também, de outros ramos do Direito, como do Direito Administrativo, do Direito do Trabalho, e, igualmente, da contribuição das ciências criminológicas, respeitados os princípios de proteção dos direitos do preso, da sua humanidade, da legalidade da sanção, e, principalmente, da jurisdicionalidade da execução penal.

Já a Ciência Criminológica, ou Penologia, é o estudo do próprio fenômeno social, e a partir disso, cuida do tratamento dos delinquentes, do estudo da sua personalidade, buscando traçar uma linha explicativa daqueles atos contrários ao direito.

Antigamente, o objeto da ciência criminológica ficava restrito ao estudo científico das penas privativas de liberdade e de sua execução, mas, atualmente, ela compre-

---

[502] VIDAL, Gore. *América*. Rio de Janeiro: Nova Fronteira, 1992.

ende, ainda, o estudo das medidas alternativas de prisão, das medidas de segurança, e o tratamento reeducativo da organização penitenciária, uma vez que se acredita que o agente criminoso pode vir a ser recuperado para o convívio social.

Mesmo que houvesse a figura do encarceramento de delinquentes, este não tinha caráter de pena, e sim, de preservação dos próprios réus, isso até o seu julgamento ou execução.

Naquele período, as penas tinham uma natureza meramente retributiva, pois os presos eram condenados, geralmente, à pena de morte e às penas corporais, e, também, às infamantes.

Durante vários séculos a prisão serviu de contenção nas civilizações mais antigas, quer dizer, era um escoadouro natural, destinado a todos os que, de alguma forma, viessem a ameaçar o *satus quo*. Nesse sentido, a sua finalidade era, basicamente, a de ser um lugar de custódia, e, lamentavelmente, de tortura.

A primeira instituição penal conhecida, na Antiguidade, foi aquela do Hospício de San Michel, em Roma, a qual era destinada, primeiramente, a aprisionar aqueles "meninos incorrigíveis" que perambulavam pela cidade, em grupos, ou individualmente, e era, por causa dos seus ocupantes, denominada de Casa de Correção.

O grande filósofo Platão propunha o estabelecimento de três tipos de prisões: uma, na praça do mercado, e que serviria como custódia; outra, na própria *polis*, e que teria como função servir de instrumento de correção; e, finalmente, uma terceira, destinada ao momento do suplício. Dessa forma, a prisão, para ele, possuía uma dupla natureza: a de servir como pena, bem como de custódia aos que tivessem ameaçado a paz da cidade.

Sem um espaço definido para guardar os presos até a celebração do julgamento, muitos lugares acabavam por recebê-los, o que feria a melhor eficiência do Estado em controlá-los. Utilizavam-se, desse modo, de calabouços de aposentos em ruínas, ou insalubres, de castelos, de torres, e, até mesmo de templos abandonados, palácios e outras construções.

Já na Idade Média, as sanções estavam submetidas ao arbítrio da Igreja, e que as impunham em função do *status* social a que pertencia o réu, legitimada essa imposição, por uma revelação ditada por Deus. A amputação de braços, a forca, a roda e a guilhotina constituíam-se em verdadeiros espetáculos, geralmente muito apreciados pelos camponeses e pelos citadinos.

Na verdade, no imaginário medieval, a sanção e a dor pública que ela transmitia eram os raros instantes de prazer permitido, sem medo de alguma admoestação por parte da Igreja. Ver e ouvir os lamentos de alguém sendo torturado em praça pública atendia aos interesses religiosos, já que essa demonstração servia como terapia à multidão, desviando-a da sua dura e pobre existência.

A arte de punir tornava-se assim, uma homeopatia contra os conflitos sociais latentes, servindo de exemplo, e causando o terror, única forma de sustentar toda a repressão.

Mas, foi também no período medieval que o direito, enquanto estrutura teórica que conhecemos, foi resgatado, não no Ocidente, mas lá, no Oriente, com a criação, em Constantinopla, do *Corpus Juris Civilis*, e que restabeleceu uma ordem mais universal, através de todas as normas prescritas no Código, no Digesto, nas Institutas e nas Novelas.

A criminalidade deu saltos expressivos do período moderno, e esse crescimento foi resultado da grande crise econômica que se abateu na Europa, paralelamente ao seu grande salto tecnológico.

É inegável que o crescimento do antropocentrismo, levado ao extremo de confrontar a verdade da fé, abandonou as multidões de famintos que, sem terras ou trabalhos, passaram a atacar as cidades, os mosteiros e o campo, em movimentos que entraram para a história com o nome de *jacqueries*.

Dessa forma, frente a tanta delinquência, a pena de morte perdeu a capacidade de ser a resposta da sociedade, pois ela não fazia diminuir a criminalidade, pelo contrário, radicalizava a própria ação do agente criminoso.

Na metade do século XVI, um movimento renovador iniciou-se, e de grande transcendência: as penas privativas de liberdade passaram a ser a grande arma dos Estados contra os criminosos comuns, e para isso, deu-se o impulso à criação e à construção de espaços definidos, as prisões, áreas organizadas para a correção, o controle, e a submissão, dos apenados.

Não mais a vida, mas a liberdade, não mais a morte, mas a privação do direito de ir e vir. A descoberta do valor desse bem, isto é, a liberdade, foi, sem dúvida, um grande avanço do Estado para enfrentar o crime.

A suposta finalidade dessas instituições prisionais era a busca para a reforma dos agentes criminosos, por meio de trabalho e de disciplina.

Prender significava uma ameaça, um aviso para todos os que não estivessem dispostos a seguir as normas legais do viver em sociedade.

Antes das casas de correção, propriamente ditas, surgiram as casas de trabalho na Inglaterra (1697), em Worcester, e em Dublin (1707), ao passo que em fins do século XVII já havia mais de vinte e seis dessas casas.

Ali, os prisioneiros estavam divididos em três grupos distintos: os explicitamente condenados ao confinamento solitário, os que haviam cometido faltas graves na prisão e, em derradeiro, os velhos delinquentes, a quem a prisão era um costume.

As raízes do Direito Penitenciário tiveram a sua gênese, no Século XVIII, com as análises renovadoras de Becaria e Howard. Durante muito tempo, o condenado fora objeto da execução penal, e apenas recentemente é que ocorreu o reconhecimento de que os apenados, enquanto seres humanos, tinham direitos próprios da pessoa humana. Nascia, assim, a relação de Direito Público entre o Estado e a figura do condenado.

A prisão, nesse sentido, o Direito Penitenciário, tem a sua evolução traçada em paralelo à da figura do agente criminoso. Tratar de um é tratar de ambos, já que o binômio, prisão e preso representa a alma desse direito de sanção.

CAPÍTULO XXI

DAS PENAS E DAS MEDIDAS DESPENALIZADORAS DA TRANSAÇÃO PENAL

A transação penal é um importante instrumento despenalizador. No entanto, em que pese essa sua característica, ela não significa uma descriminalização.[503]

O crime subsiste, até porque não há, exatamente, uma sanção, já que se abre mão de utilizar a via prisional, mas mantém como forma repressora a obrigação da reparação por parte do agente dos danos que ele causou à vítima. Educa-se, assim, com uma dimensão pecuniária, fazendo do próprio patrimônio do agente um meio para reeducá-lo, e por isso, a transação penal integra "um verdadeiro e moderno modelo de Justiça participativa e resolutiva".[504]

Dessa forma, a transação consiste em uma rede mútua de concessões entre as partes, ao abrigo do ordenamento jurídico, e que foi expressamente autorizada pelo artigo 98, inciso I, da Carta Constitucional.[505]

---

[503] PROCESSUAL PENAL – RECURSO EM SENTIDO ESTRITO – TRANSAÇÃO PENAL – MINISTÉRIO PÚBLICO – ARTIGO 76 DA LEI Nº 9.099/95 – DENÚNCIA REJEITADA – AUSÊNCIA DE PROPOSTA – APLICABILIDADE À JUSTIÇA FEDERAL – DIVERGÊNCIA ENTRE O JUIZ E O MEMBRO DO MINISTÉRIO PÚBLICO – APLICAÇÃO ANALÓGICA DO ARTIGO 28 DO CÓDIGO DE PROCESSO PENAL – RECURSO PROVIDO – 1) A Lei nº 9.099/95 ultrapassou os limites de um mero estatuto disciplinador dos Juizados Especiais, pois inseriu no sistema penal brasileiro medidas despenalizadoras para os ilícitos criminais de menor potencial ofensivo, projetando-se, assim, sobre os procedimentos penais instaurados perante outros órgãos judiciários. 2) Portanto, no âmbito da Justiça Federal, mesmo que ausente a Lei prevista no artigo 98, parágrafo único, da Constituição Federal, os dispositivos legais que tratam da transação penal (art. 76); da representação nos casos de lesões, culposas ou dolosas, de natureza leve (arts. 88 e 91); e da suspensão condicional do processo (art. 89); são normas de incidência imediata, na medida em que são mais benéficas aos infratores. 3) Entendimento do col. Supremo Tribunal Federal, que vem sendo adotado no âmbito de outros Tribunais Regionais Federais. 4) Por outro lado, o eg. Superior Tribunal de Justiça tem entendido que, havendo divergência entre o Juízo e o membro do Ministério Público Federal, quanto à não apresentação de proposta de transação penal, a questão há de ser resolvida à luz do artigo 28, c/c o artigo 3º, do Código de Processo Penal, vale dizer, com o encaminhamento dos autos ao Procurador-Geral. 5) Nessa perspectiva, no caso, o silêncio do Ministério Público, quanto à apresentação da proposta de transação penal, não enseja a rejeição da denúncia. 6) Muito embora seja possível, ao Ministério Público Federal, requerer a expedição de certidões de antecedentes criminais, indispensáveis à apresentação de proposta de transação penal, bem como de suspensão condicional do processo, inexiste dispositivo legal que impeça o requerimento de tais diligências ao Judiciário. 7) Recurso em sentido estrito provido para, reformando a decisão recorrida, determinar que o ilustre Juízo a quo providencie, no caso, o regular prosseguimento do feito, com a remessa dos autos ao eminente Procurador-Geral da República. (TRF 1ª R. – RCCR 32000031693 – AM – 3ª T. – Rel. Des. Fed. Plauto Ribeiro – DJU 18.10.2002, p. 25).

[504] GOMES, Luís Flávio. Projeto de Criação dos Juizados Especiais Criminais, in *RBCCRIM* 9/282, 1995.

[505] CONSTITUIÇÃO FEDERAL, art. 98. A união, no Distrito federal e nos territórios, e os Estados criarão: I – juizados especiais, providos por juízes togados, ou togados e leigos, competentes para a conciliação, o julgamento e a execução de causas cíveis de menor complexidade e infrações penais de menor potencial ofensivo, mediante os procedimentos oral e sumaríssimo, permitidos, nas hipóteses previstas em lei, a transação e o julgamento de recursos por turmas de juízes de primeiro grau.

Todavia, essa liberalidade para transacionar não se dá sem limites, eis pois, esta se desenvolve em sessão presidida pelo juiz ou pelo conciliador.

Dessa forma, não pode o Ministério Público deixar de oferecer a denúncia em troca de alguma confissão de um crime menos grave, ou da colaboração do suspeito para que se possa identificar outros participantes do crime.

Por outro lado, o Ministério Público é competente, dentro do processo dos juizados especiais, para ofertar o benefício, e apenas ele tem essa possibilidade, uma vez que o juízo apenas conduz a audiência, buscando a conciliação das partes.[506]

A transação não é um instituto sem condições prévias, pois como quer o artigo 76 da Lei 9.099/95, ela sempre se dá dentro de um espaço legal predeterminado.[507]

1. Das características da transação penal

A transação penal apresenta algumas características próprias, e que são: a) *personalíssima*, b) *voluntária*, c) *formal* e, d) *tecnicamente assistida*.

Personalíssima. Quando se diz que a transação penal é personalíssima, quer se afirmar que ela é um ato exclusivo do acusado. Portanto, ninguém poderá, em nome do autor do fato ilícito, arvorar-se como seu representante frente a esse instituto. Conclui-se, então, que aquele que for declarado revel não poderá aceitar essa hipótese de pena não privativa de liberdade.

É inegável que o consentimento do agente criminoso é fundamental para não eivar o ato de vício que somente terá como resultado a sua nulidade. A autodisciplina e o senso de responsabilidade, que fundamentam a transação, exigem o comprometimento moral e emocional do autor.[508]

Segundo Manoel Pedro Pimentel, a única possibilidade de substituição da personalidade "reside na vontade da própria pessoa, na sua adesão à ideia de substituir

---

[506] TRANSAÇÃO PENAL – TITULARIDADE DO MINISTÉRIO PÚBLICO – DIVERGÊNCIA – ART. 28 DO CPP – RECURSO CONHECIDO E PROVIDO – É prerrogativa exclusiva do Ministério Público a iniciativa para a proposta de transação penal, sendo descabida, em tese, a sua realização pelo Julgador. Divergindo o Juiz e o Representante do Parquet, quanto à proposição da benesse legal, os autos devem ser encaminhados ao Procurador-Geral de Justiça, por aplicação analógica do art. 28 do CPP. Recurso conhecido e provido para anular a decisão monocrática que concedeu a transação penal, a fim de que seja adotado o procedimento do art. 28 do CPP. (STJ – ROMS 9009 – MG – 5ª T. – Rel. Min. Gilson Dipp – DJU 03.06.2002).

[507] Lei 9.099/95, art. 76. Havendo representação ou tratando-se de crime de ação penal pública incondicionada, não sendo caso de arquivamento, o Ministério Público poderá propor a a aplicação imediata de pena restritiva de direitos ou multa, a ser especificada na proposta. § 1º Nas hipóteses de ser a pena de multa a única aplicável, o juiz poderá reduzi-la até a metade. § 2º Não se admitirá a proposta se ficar comprovado: I – ter sido o autor da infração condenado pela prática de crime, à pena privativa de liberdade, por sentença definitiva; II – ter sido o agente beneficiado anteriormente, no prazo de 5 (cinco) anos, pela aplicação d pena restritiva ou multa, nos termos deste artigo; III – não indicarem os antecedentes, a conduta social e a personalidade do agente, bem como os motivos e as circunstâncias, ser necessária e suficiente a adoção da medida. § 3º Aceita a proposta pelo autor da infração e seu defensor, será submetida à apreciação do juiz. § 4º Acolhendo a proposta o Ministério Público aceita pelo autor da infração, o juiz aplicará pena restritiva de direitos ou multa, que não importará em reincidência, sendo registrada apenas para impedir novamente o mesmo benefício no prazo de 5 (cinco) anos. § 5º da sentença prevista no parágrafo anterior caberá a apelação referida no artigo 82 desta Lei. § 6º A imposição da sanção de que trata o § 4º deste artigo não constará de certidão de antecedentes criminais, salvo para os fins previstos no mesmo dispositivo, e não terá efeitos civis, cabendo aos interessados propor a ação cabível no juízo cível.

[508] BITENCOURT, César Roberto. Op. cit., p. 606.

ou alterar os seus padrões de conduta, os modelos e os valores que adotou, o que somente acontecerá se o impulso vier de dentro para fora do homem".[509]

Voluntariedade. Cabe ao autor, livre e espontaneamente, manifestar a sua vontade sobre o querer, ou não, aceitar o instituto da transação. O ato deve ser livre de qualquer vício do consentimento, vedada a coação, o constrangimento, ou a simples ameaça.

Faz-se mister ressaltar que com a transação penal se substitui o conceito de verdade material, pelo conceito de verdade consensual. Pela verdade consensual, fruto da livre expressão da vontade do agente, este tem o leque de frustrações diminuído, já que é franca a manifestação do seu desejo. Com a verdade consensual, essa predisposição de acerto parte de dentro do autor da infração penal, como um valor pessoal, com uma disposição anímica diferente, espontânea, com grande probabilidade de êxito.[510]

Formalidade. O terceiro elemento característico da transação penal é de que prepondera o princípio da formalidade no instituto da transação penal. Quer dizer, há um certo rigor para que não seja coberto de nulidade quanto ao seu procedimento. Assim, quem o oferece é o Ministério Público, na frente de um juiz, e o réu, com o seu defensor constituído, manifesta a sua livre vontade em aceitar, ou não.

Dessa maneira, é imperiosamente proibido usar-se de subterfúgios, falsas manobras ou meias-verdades para com o agente, demonstrando-se claramente, todos os aspectos da transação que está sendo ofertada.[511]

Tecnicamente assistida. Finalmente, o quarto aspecto diz respeito ao fato de que a transação penal deve ser tecnicamente assistida, isto é, o agente não pode prescindir da presença de um defensor, uma vez que, não havendo a presença deste profissional junto ao réu, configura-se ferimento ao princípio da ampla defesa.

2. Natureza jurídica da transação penal

Tem ela, em síntese, uma natureza conciliatória, uma vez que fruto de uma manifestação de vontade em aceitar ou não a proposta feita pelo órgão do Ministério Público.

Sendo, portanto, de natureza conciliatória, quer dizer, fruto de uma transigência que põe fim ao processo, a decisão que a legitima essa convergência de vontades, tem natureza homologatória, jamais condenatória.

---

[509] PIMENTEL, Manoel Pedro. *O Crime e a Pena na Atualidade*. São Paulo: Revista dos Tribunais, 1983, p. 186.
[510] BITENCOURT, César Roberto. Op. cit., p. 611.
[511] CONTRAVENÇÃO PENAL – PROCESSO PENAL – CERTIDÃO CONTRADITÓRIA – ESCLARECIMENTO – PREENCHIMENTO DOS REQUISITOS DOS BENEFÍCIOS DA LEI Nº 9.099/95 – DIREITO SUBJETIVO DO RÉU – NULIDADE – SENTENÇA CASSADA – OFERECIMENTO DE PROPOSTA DE TRANSAÇÃO PENAL – SENTENÇA CASSADA – 1. Anula-se o processo que, por omissão de formalidade preliminar essencial à validade do ato (denúncia), quando – Em razão de evidente erro material em certidão – Induziu a engano o representante do MP que, ao invés de ofertar a cabível transação penal, apresentou desde logo a peça inicial acusatória, sem antes propiciar, também, a proposta de suspensão do processo, dando azo à sentença condenatória, que, diante do mesmo erro, considerou presente a reincidência e não concedeu, nem mesmo, a substituição da pena privativa de liberdade por restritiva de direitos. 2. Apelação conhecida e provida, para o fim de anular o processo a partir da denúncia, com a determinação da renovação dos atos, a partir da proposta de transação penal, do art. 76 da ljecrim. Sentença cassada. (TJDF – APJ 20010110904803 – DF – 2ª T.R.J.E. – Rel. Des. Benito Augusto Tiezzi – DJU 08.08.2002, p. 61).

Assim, a transação não é uma sanção, mas sim, base para uma sentença declaratória constitutiva de uma situação de fato, que vem a favorecer em grande sentido, a política criminal do Estado e a celeridade processual.

Todavia, essa não é uma posição pacífica, pois há julgados que entendem a natureza da transação como uma sentença condenatória.[512]

Um último aspecto a ser abordado quanto ao tema aqui proposto diz respeito à importante modificação que a Lei 10. 259, de 12 de julho de 2001.A lei que instituiu o Juizado Especial Federal, por ser uma lei posterior, e que trata da mesma matéria tratada pela lei dos JECC-Juizados Especiais Cíveis e Criminais estaduais, redefiniu o conceito de infração de menor potencial ofensivo.

Pela Lei 9.099/95, era entendido como infração de menor poder ofensivo, toda a infração com pena máxima cominada, não superior a 1 (um) ano. Agora, com a Lei 10.259/01, pelo seu § 2º, a infração de menor potencial ofensivo é toda aquela que a lei comine pena máxima não superior a dois anos, ou multa.

Assim, ampliado que foi o espaço da compreensão da infração de menor potencial ofensivo, sendo este um dos requisitos da transação, como quer o artigo 98 da lei dos JECC, o próprio universo dela também foi ampliado, permitindo-lhe estender o seu benefício a um grupo maior de agentes.[513]

---

[512] CRIMINAL – *HABEAS CORPUS* – CRIMES CONTRA O MEIO AMBIENTE – LEI Nº 9.099/95 – NULIDADE DO ACÓRDÃO POR IRREGULARIDADE NA COMPOSIÇÃO DO ÓRGÃO JULGADOR – CONVOCAÇÃO DOS JUÍZES DE DIREITO COMPATÍVEL COM OS POSTULADOS CONSTITUCIONAIS – ILEGALIDADE NÃO-VISLUMBRADA – NATUREZA JURÍDICA DA SENTENÇA HOMOLOGATÓRIA DA TRANSAÇÃO PENAL – REPARAÇÃO APENAS PARCIAL DO DANDO AMBIENTAL – NATUREZA JURÍDICA DA SENTENÇA HOMOLOGATÓRIA DA TRANSAÇÃO PENAL – OBRIGATORIEDADE DE CUMPRIMENTO DOS TERMOS DO ACORDO – ORDEM DENEGADA – I. Não se acolhe alegação de nulidade do acórdão por suposta irregularidade na composição do Órgão Julgador, pois o procedimento de substituição dos Desembargadores dos Tribunais de Justiça, mediante convocação de Juízes de Direito, é compatível com os postulados constitucionais – daí não decorrendo, tampouco, qualquer ilegalidade. Precedente do STF. II. A sentença homologatória da transação penal tem natureza jurídica condenatória e faz lei entre as partes. III. Se o paciente se obrigou à reparação de toda a área danificada, no acordo celebrado quando da transação penal homologada, é descabido o pleito de reparação apenas parcial dos danos ambientais causados. IV. Ordem denegada. (STJ – HC 14957 – SP – 5ª T. – Rel. Min. Gilson Dipp – DJU 03.06.2002).

[513] PORTE ILEGAL DE ARMA – MENOR POTENCIAL OFENSIVO – TRANSAÇÃO PENAL – OFERTA PELO JUIZ – POSSIBILIDADE – LEI Nº 9.099/95, ART. 76 – A Lei nº 10.259/01 ampliou o conceito de crime de menor potencial ofensivo. A partir daí, possibilitou a transação penal, pois Lei nova mais benéfica, de conteúdo material, se aplica imediatamente aos processos em curso. A oferta de transação pode partir do juiz, não sendo privilégio do Ministério Público. Correição parcial desacolhida. (TJRS – CPar 70004205431 – 6ª C.Crim. – Rel. Des. Ivan Leomar Bruxel – J. 01.08.2002).

CAPÍTULO XXII

DA DECADÊNCIA, DA PEREMPÇÃO E DA PRESCRIÇÃO

1. Do conceito

A decadência é a perda do direito de queixa ou de representação pelo decurso do tempo, sem que o titular do direito o exercite. O agente tem um tempo para exercer o seu direito. Passado esse período, se o sujeito se manteve inerte, sem acionar o seu direito correspondente, perde o direito de queixa ou de representação.

A perempção é também a perda do direito de ação, em razão da sua inércia. A prescrição, finalmente, é a perda da pretensão punitiva ou executória do Estado, em razão do decurso do tempo. Assim, perdendo o tempo legal para agir, o Estado fica sem ter como alcançar o agente criminoso, tanto no que diz respeito à pretensão punitiva, quanto ao que diz respeito a sua pretensão executória.

Magalhães Noronha afirma que, tendo o ofendido o direito de perseguir o ofensor, não há esse direito de ser infinito, pairando durante toda a vida, como constante ameaça, sobre a cabeça do agressor.[514]

Mas se é o Estado que se mantém inerte, no papel analógico ao do indivíduo que não age, se é ele que perde o direito de agir, resta ao ofendido o direito de ação.

Assim, a prescrição é a maneira pela qual se extingue a punibilidade do autor de um crime ou contravenção, por não haver o Estado exercido, no tempo legal, o seu direito de ação, ou por não ter efetivado a condenação que deveria impor.[515]

Quando o agente não leva adiante a ação privada, mantendo-se inoperante, é o próprio direito que lhe foge. Portanto, é o modo por que se extingue uma relação processual penal (ou civil, caso a ação pertença privativamente à vítima), por causas taxativas em lei, e que se fundam, na inércia, no desinteresse ou na emulação do autor (ou querelado).

2. Da natureza jurídica

Quando se fala em decadência, perempção ou prescrição, deve-se entendê-las, todas, como causas extintivas da punibilidade.[516] E como causas de extinção da puni-

---
[514] NORONHA, Magalhães. Op. cit., p. 338.
[515] PROCESSUAL PENAL – *HABEAS CORPUS* – TRANCAMENTO DE AÇÃO PENAL – AUSÊNCIA DE DENÚNCIA – DECADÊNCIA – AUTORIA DESCONHECIDA – Não tendo sido oferecida denúncia, é desprovida de lógica a alegação de inépcia e tampouco de ilegitimidade ativa do Ministério Público, capazes de ensejar o trancamento de ação penal ainda não ajuizada. – É incabível a alegação de decadência do direito de queixa quando ainda desconhecida a autoria do fato. – Recurso ordinário desprovido. (STJ – RHC 11274 – SP – 6ª T. – Rel. Min. Vicente Leal – DJU 04.02.2002)
[516] CÓDIGO PENAL, art. 107, IV: Extingue-se a punibilidade: IV – pela prescrição, decadência ou perempção.

bilidade, a regra diz que o juiz deve decretá-la de ofício, obedecendo ao procedimento formal de ouvir, previamente, o órgão ministerial.[517]

3. Dos prazos decadenciais

O artigo 103 do Código Penal afirma que, salvo disposição expressa em contrário, o ofendido decai do direito de queixa ou de representação se não o exerce dentro do prazo de seis meses, contado do dia em que veio a saber quem é o autor do crime ou, no caso do § 3º do artigo 100 do Código, do dia em que se esgota o prazo para o oferecimento da denúncia.[518]

O prazo assim, não está em relação à data do delito, mas do momento em que se sabe quem é o agente do crime. Mas tal prazo não é regra sem exceção. No caso da ação privada que é subsidiária da pública, esta deve ser proposta em seis meses, a contar do dia em que se esgota o prazo para a denúncia.[519]

Se o réu estiver em liberdade, a denúncia deve ser oferecida no prazo de 15 dias, sendo que tal prazo decai para cinco dias, se o réu estiver preso. Somente a partir do esgotamento desses limites de tempo, é que se vai estabelecer o prazo de seis meses.[520]

Um outro exemplo de exceção é o caso do crime de adultério, outro exemplo de ação penal privada. O prazo que a própria lei oferece para a queixa do cônjuge ofendido é de apenas um mês, contado o período a partir do conhecimento do fato.[521]

---

[517] CÓDIGO DE PROCESSO PENAL, art. 61. Em qualquer fase do processo, o juiz se reconhecer extinta a punibilidade, deverá declara-lo de ofício.

[518] PROCESSUAL PENAL – *HABEAS CORPUS* – TRANCAMENTO DE AÇÃO PENAL – AUSÊNCIA DE DENÚNCIA – DECADÊNCIA – AUTORIA DESCONHECIDA – Não tendo sido oferecida denúncia, é desprovida de lógica a alegação de inépcia e tampouco de ilegitimidade ativa do Ministério Público, capazes de ensejar o trancamento de ação penal ainda não ajuizada. – É incabível a alegação de decadência do direito de queixa quando ainda desconhecida a autoria do fato. – Recurso ordinário desprovido. (STJ – RHC 11274 – SP – 6ª T. – Rel. Min. Vicente Leal – DJU 04.02.2002)

[519] CRIMINAL – HC – CALÚNIA, DIFAMAÇÃO E INJÚRIA – LEI DE IMPRENSA – FUNCIONÁRIA PÚBLICA – JUÍZA DE DIREITO – LEGITIMIDADE CONCORRENTE PARA A PROPOSITURA DA AÇÃO PENAL – REPRESENTAÇÃO DO OFENDIDO – DECADÊNCIA – ALEGAÇÃO PREJUDICADA – ORDEM DENEGADA – O funcionário público – In casu, Juíza de Direito – Atingido em sua honra, por ato decorrente de seu ofício, possui legitimidade concorrente para propor a respectiva ação penal. Precedentes desta Corte e do STF. Evidenciada a legitimidade concorrente do ofendido e do Ministério Público para a propositura de ação penal, na hipótese de crime contra a honra de funcionário público, cometido em razão de suas funções, resta prejudicada a alegação de decadência do direito de representação. Ordem denegada. (STJ – HC 20914 – PA – 5ª T. – Rel. Min. Gilson Dipp – DJU 02.09.2002)

[520] RECURSO EM SENTIDO ESTRITO – QUEIXA-CRIME – CALÚNIA – REJEIÇÃO – DECADÊNCIA – INOCORRÊNCIA – ARTIGOS 43, INC. III E 44 DO CPP – INOBSERVÂNCIA – SENTENÇA MANTIDA – RECURSO DESPROVIDO – I – O prazo de seis meses para intentar a ação penal privada conta-se da data da ciência do fato pela vítima ou por seu representante legal. Sendo o prazo de direito material, é ele fatal, não sofrendo interrupção ou suspensão. Se da data do fato constante da inicial até a data aposta na etiqueta de distribuição, e não do protocolo da Vara Criminal para onde foi distribuída a petição, não decorreram seis meses, não incide a causa da extinção de punibilidade do art. 107, inc. IV, do CPB. II – Ausentes as condições da ação relativas à legitimidade da parte e ao interesse de agir, a primeira consistente na não comprovação da filiação supostamente havia entre os querelantes e o advogado subscritor da inicial, e, a segunda relativa à falta de justa causa consubstanciada na ausência de provas mínimas a embasar a acusação, impõe-se a manutenção da decisão que rejeitou a denúncia. (TJDF – RSE 20010110568317 – DF – 1ª T.Crim. – Rel. Des. Natanael Caetano – DJU 08.05.2002, p. 67)

[521] CÓDIGO PENAL, art. 240. Cometer adultério: Pena – detenção, de 15 (quinze) dias a 6 (seis) meses. § 2º A ação penal somente pode ser intentada pelo cônjuge ofendido, e dentro de 1 (um) mês após o conhecimento do fato.

E, ainda, igualmente crime de ação penal privada, o crime de induzimento a erro essencial ou ocultação de impedimento para o casamento, o prazo de seis meses para o oferecimento da queixa do contraente enganado só se inicia depois de transitar em julgado a sentença anulatória de casamento.[522]

A Lei 9.099/95, ao entrar em vigor, trouxe para os delitos cometidos ao abrigo da sua competência, o prazo decadencial comum, isto é, de seis meses, contado do dia em que veio a saber quem é o autor do crime.

E os prazos decadenciais são contados com a inclusão do dia inicial, isto é, a data em que o sujeito tomou consciência da data da autoria.[523] Observe-se que a ciência certa pela vítima de quem é o agente é o fator fundamental para se estabelecer a contagem do prazo decadencial.

No caso de serem vários os agentes criminosos, a doutrina tem apresentado algumas posições distintas, para que se defina o início da contagem do prazo decadencial.

Uma primeira posição diz que o prazo começa na data em que se descobriu o primeiro dos muitos autores. Outra diz que o prazo dever começar a ser contado do dia em que se apurou a descoberta do último agente. E, finalmente, ainda há aquela posição que defende a tese de que o prazo corre a partir dos dias em que sucessivamente se foram conhecendo os partícipes, correndo para um deles o lapso que se inicia na data do respectivo conhecimento.

Magalhães Noronha acredita que a solução mais correta é a apresentada pela primeira posição. Isto é, uma vez descoberto o primeiro agente criminoso, aquele que é o ofendido tem todas as condições para intentar a ação, não sendo obrigatório dele conhecer todos os autores. O conhecimento posterior dos outros agentes não teria o condão de afastar o prazo decadencial, assim, não poderia ser interrompido o prazo decadencial.

José Frederico Marques entende que, nas legislações que exigem o conhecimento do autor, surge questão quando se trata de vários partícipes: – Necessário é que se conheçam todos, antes que comece o termo? Prevalece a opinião que basta o conhecimento de um partícipe.[524]

Outrossim, é importante respeitar o fato de que o prazo decadencial é improrrogável e ele não se suspende, nem mesmo se interrompe.

Todavia, essa afirmação nos coloca frente a uma questão bastante presente na prática processual, que é a do conflito que se estabelece quando, o ofendido é menor de idade, sendo, portanto, para as regras processuais, ainda incapaz.

A solução aqui é dada pelo Código de Processo Penal[525] é bastante clara, pois este estatuto assevera que sendo a vítima menor de 18 anos, será exercido pelo seu representante legal, mas no caso dos interesses de ambos colidirem, poderá ser cons-

---

[522] CÓDIGO PENAL, art. 236 (...). parágrafo único. Contrair casamento, induzindo em erro essencial o outro contraente, ou ocultando-lhe impedimento que não seja casamento anterior: Pena – detenção, de 6 (seis) meses a 2 (dois) anos. Parágrafo único. A ação penal depende de queixa do contraente enganado e não pode ser intentada senão depois de transitar em julgado a sentença que, por motivo de erro ou impedimento, anule o casamento.

[523] CÓDIGO PENAL, art. 10: O dia do começo inclui-se no cômputo do prazo. Contam-se os dias, os meses e os anos pelo calendário comum.

[524] MARQUES, Frederico. Op. cit., p. 190. (*apud* BARRAGLINI. *Il Diritto di Querela*).

[525] CÓDIGO DE PROCESSO PENAL, art. 33. Se o ofendido for menor de 18 (dezoito) anos, ou mentalmente enfermo, ou retardado mental, e não tiver representante legal, ou colidirem os interesses deste com os daquele, o direito de queixa poderá ser exercido por curador especial, nomeado, de ofício ou a requerimento do Ministério Público, pelo juiz competente para o processo penal.

tituído um curador especial, e que será nomeado de ofício, ou a requerimento do órgão ministerial. Chama-se a atenção para o fato de que o requerimento é elaborado pelo Ministério Público, mas a nomeação é de competência exclusiva do juiz.

Mas no caso de ser a vítima menor de 21 anos e maior de 18 anos,[526] ela poderá apresentar a queixa, desde que conhecida a identidade do agente. Caso ela não o faça, o seu representante legal tem o direito de representar também. Aqui, é fundamental esclarecer que, com a entrada em vigor do Novo Código Civil, em 11 de janeiro de 2002,[527] e que reduziu a maioridade para os 18 anos, a regra processual penal entra em franco conflito com aquela do Código Civil, pois que se o sujeito, aos 18 anos já é maior, a decisão de representar queixa, ou não representar, é uma exclusividade sua, pois, na ação penal privada, o elemento vontade é *conditio sine qua non* para a sua legitimidade.

Em todo caso, acredita-se que a melhor solução é respeitar o procedimento constante no Novo Código Civil, uma vez que é a norma que estabelece as definições, e noções da constituição da personalidade dos sujeitos sociais.

Assim, aquela questão anterior, do conflito de vontades entre o representante e a vítima menor de 21 anos, mas maior de 18 anos, perde um pouco a razão de ser, na medida em que, como já se disse, a maioridade civil é agora alcançada aos 18 anos, e o sujeito torna-se, assim, absolutamente capaz de responder pela sua vida social, desde que não apresente, é claro, nenhuma enfermidade mental.

A questão ainda pode ser confrontada com o comando pacificado da Súmula 594 do Supremo Tribunal Federal, que determina que "Os direitos de queixa e de representação podem ser exercidos, independentemente, pelo ofendido ou por seu representante legal". Aqui, o que se está a consagrar não é a incapacidade do sujeito ainda relativamente incapaz, mas sim, o princípio processual da duplicidade dos prazos processuais, que é situação amplamente consolidada pelo estatuto processual, bastando para isso uma boa exegese dos artigos 34[528] e 38[529] do Código de Processo Penal.[530]

4. Da perempção: causas de perempção

O estatuto processual penal destaca, em seu artigo 60, as causas em que ocorre a extinção da punibilidade pela ação da perempção: a) quando iniciada a ação penal,

---

[526] CÓDIGO DE PROCESSO PENAL, art. 34. Se o ofendido for menor de 21 Vinte e um) anos e maior de 18 (dezoito) anos, o direito de queixa poderá ser exercido por ele ou por seu representante legal.

[527] CÓDIGO CIVIL, art. 5º. A menoridade cessa aos 18 (dezoito) anos completos, quando a pessoa fica habilitada à prática de todos os atos da vida civil.

[528] CÓDIGO DE PROCESSO PENAL, art. 34. Se o ofendido for menor de 21 (vinte e um) e maior de 18 (dezoito) anos, o direito de queixa poderá ser exercido por ele ou por seu representante legal.

[529] *HABEAS CORPUS* – PENAL E PROCESSUAL PENAL – VÍTIMA POBRE – MOMENTO DE COMPROVAÇÃO – NÃO SUJEIÇÃO AO PRAZO PREVISTO NO ART. 38, DO CPP – PRECEDENTE – A comprovação de miserabilidade jurídica da vítima não está condicionada ao prazo previsto no art. 38, do CPP (determina o prazo de seis meses para o oferecimento da representação), podendo sua prova ser produzida posteriormente. – Precedentes. – Ordem denegada. (STJ – HC 16576 – MG – 5ª T. – Rel. Min. Jorge Scartezzini – DJU 04.02.2002)

[530] CÓDIGO DE PROCESSO PENAL, Art. 38. Salvo disposição em contrário, o ofendido, ou seu representante legal, decairá no direito de queixa ou de representação, se não o exercer dentro do prazo de 6 (seis) meses, contado do dia em que vier a saber quem é o autor do crime, ou, no caso do artigo 29, do dia em que se esgotar o prazo para o oferecimento da denúncia.

o queixoso deixar de promover o andamento do processo durante 30 dias seguidos, b) quando, ao morrer o queixoso, ou sobrevier sua incapacidade, não comparecer em juízo, para dar prosseguimento ao processo, dentro do prazo de 60 dias, qualquer das pessoas a quem couber fazê-lo, c) quando o queixoso deixar de comparecer, sem motivo algum justificado, a qualquer ato do processo a que deve estar presente, d) quando o queixoso, sem motivo justificado, deixar de formular pedido que explicitamente formule a condenação do agente criminoso, nas suas alegações finais, e, finalmente, e) quando, sendo o queixoso, pessoa jurídica, esta se extinguiu sem deixar sucessor.

Quanto ao comparecimento do querelante, observa-se, todavia, que não há necessidade da presença deste, ou mesmo de seu procurador quando se dá o interrogatório do agente, uma vez que o interrogatório é apenas um ato judicial.[531]

Por outro lado, na audiência de instrução, basta o comparecimento do procurador do queixoso, a menos quando se exija o seu comparecimento para a prática de algum ato processual.[532]

Observa-se que, em relação à obrigatoriedade de constar nas alegações finais o pedido de condenação do agente, é mister atentar para o fato de que, diversamente da ação penal de natureza pública, em que é possível a condenação ainda quando o órgão ministerial requeira a absolvição, no caso da ação penal privada, o pedido de condenação é inexorável.

Não há, para o pedido de condenação, uma estrutura única, incondicional, pois basta para o mesmo que das conclusões do conteúdo das alegações, se chegue, de forme certa e clara, a inequívoca pretensão condenatória por parte da vítima, em relação ao agente agressor.

5. Da prescrição

O tempo, que tudo apaga, não pode deixar de influir no terreno repressivo. O decurso de dias e anos, sem punição do culpado, gera a convicção da sua desnecessidade, pela conduta reta que ele manteve durante esse tempo. Com efeito, não se pode admitir que alguém fique eternamente sob ameaça da ação penal, ou sujeito indefinidamente aos seus efeitos, antes de ser proferida sentença, ou reconhecida sua culpa (em sentido amplo).[533]

A prescrição é, então, igualmente, uma extinção da punibilidade, isto é, a perda da pretensão punitiva e executória, em razão do decurso do tempo. E se justifica amplamente. O Estado não pode ficar a brandir a espada sobre a cabeça de uma pessoa,

---

[531] PENAL – PROCESSUAL PENAL – AÇÃO PENAL PRIVADA – PEREMPÇÃO – CPP, Art. 60, III. Ausência, sem justificativa, do querelante e de seu patrono à audiência de inquirição de i testemunhas de defesa, embora intimados. Em se tratando de ação penal da exclusiva iniciativa ofendido, o não comparecimento injustificado deste, ou do seu representante legal, que seja o querelante, a um ato o processo, determinará a perempção da ação penal, por abandono do autor. (TJCE – APen 1999.00195-0 – 1ª C.Crim. – Rel. Des. Carlos Facundo – DJCE 16.05.2000). *JCPP.60, JCPP.60.III*.

[532] PENAL/PROCESSUAL PENAL – PEREMPÇÃO – RECURSO EM SENTIDO ESTRITO – PLEITO IMPROVIDO – UNÂNIME – Querelante que, intimado, não comparece, bem como seu advogado, à audiência para inquirição das testemunhas arroladas na exceção da verdade. Perempção da ação penal e extinção da punibilidade. Arts. 60, III, do CPP, e 107, IV, do CP. (TJPE – RSE 72783-3 – Rel. Des. Dário Rocha – DJPE 24.04.2002 – p. 76). *JCPP.60, JCPP.60.III, JCP.107, JCP.107.IV*.

[533] NORONHA, Magalhães. Op. cit., p. 361/362.

indefinidamente. A espada de Dâmocles é uma iniquidade, pois que, ainda que seja o ser humano agente de um crime, não perde, nem por isso, os seus direitos constitucionais.

Esse poder atemporal só poderia significar uma ameaça à paz social, pois, seria uma ameaça constante sobre todos os preceitos democráticos que coadunam o pacto social. Assim, necessário é que o Estado tenha a competência que dele se espera, para que, a partir da prática de um ilícito, onde está a gênese do direito, a pretensão punitiva, possa atuar contra o agente criminoso num tempo razoável.

Condenado pelo único instrumento legalmente aceito pelo nosso ordenamento jurídico, o da sentença transitada em julgado, o aparelho estatal passa a deter as condições para praticar a pretensão executória, isto é, passa a ter o direito de obrigar o agente criminoso a cumprir a sanção que lhe foi imposta.[534] Desta forma, o tempo é o fiel da balança e somente este se interpõe, como um muro, frente aos desmandos de uma condenação, que não pode ser *ad infinitum*.[535]

Se a prescrição é o resultado do decurso do tempo, isso nos permite, por outro lado, afirmar que não se aceita, como regra geral, a imprescritibilidade em nosso ordenamento jurídico. Regra geral, porque a própria Carta Constitucional, que é o mandamento máximo de todo o sistema, excepcionou, por exemplo, no caso de crime de racismo, a possibilidade da imprescritibilidade.[536] Bem assim, os crimes de ação dos grupos armados.[537]

6. Dos fundamentos jurídicos da prescrição

A prescrição é um fato juridicamente relevante. É segurança jurídica, uma vez que todo o ordenamento que se propõe à justiça deve ser equilibrado e proporcional. E sendo assim, esse instituto traz em si, as condições para a sua própria legitimidade.

Um dos primeiros fundamentos da prescrição é, como já se disse, o decurso do tempo, pois este leva ao "esquecimento" o fato criminoso. É que o tempo tem o condão de diminuir, de atenuar a repercussão dos fatos, dos acontecimentos.

Todavia, essa é uma questão de difícil aceitação, pois há fatos e fatos, segundo o alarme social que eles provocam, de diferentes repercussões. Assim, por exemplo, num caso de latrocínio, o clamor pode não se apagar no prazo prescricional. Mas, nem por isso se há de admitir a inatividade estatal. Quer-se chamar atenção para o

---

[534] CRIMINAL – RESP – ESTELIONATO – AFRONTA AOS ARTS. 110 E 113 DO CÓDIGO PENAL – EXTINÇÃO DA PUNIBILIDADE – PRESCRIÇÃO DA PRETENSÃO EXECUTÓRIA – DECRETAÇÃO EM PRELIMINAR – RECURSO JULGADO PREJUDICADO – I – Transcorridos mais de 04 anos desde o trânsito em julgado para a acusação, em feito com trânsito em julgado para ambas as partes, sem que tenha sido iniciado o cumprimento da condenação, deve ser declarada a extinção da punibilidade pela prescrição da pretensão executória. II – Declarada a extinção da punibilidade da recorrida e recurso julgado prejudicado. (STJ – RESP 115372 – DF – 5ª T. – Rel. Min. Gilson Dipp – DJU 01.07.2002) JCP.110, JCP.113.

[535] "La prescripción extintiva del delito constituye una renuncia, hecha preventivamente y legislativamente por el Estado y determinada por la fuerza deletera Del tiempo a hacer valer la pretensión punitiva contra un determinado individuo, inculpado de un delito". In MANZINI, *Tratado de Derecho Penal*, vol. V, Editar Editores, 1950, p. 150.

[536] CONSTITUIÇÃO FEDERAL, art. 5º (...). XLII – a prática de racismo constitui crime inafiançável e imprescritível, sujeito à pena de reclusão, nos termos da lei.

[537] CONSTITUIÇÃO FEDERAL, art. 5º (...) XLIV – constitui crime inafiançável e imprescritível a ação de grupos armados, civis ou militares, contra a ordem constitucional e o Estado Democrático.

fato de que a regra geral deixa escapar particularidades que, colocadas no todo, podem, igualmente, ameaçar a segurança social.[538]

O segundo fundamento tem relação com o fato de que, transcorrido o tempo, o agente pode ter alcançado a sua recuperação frente aos valores da sociedade.

E o fim da pena tem que, obrigatoriamente, visar à reforma do delinquente. Não pode ter o sentido, nem de vingança e nem de benemerência, tem que ter o sentido de se obter o justo.

Mais, ainda que o réu venha a ser condenado, ainda que seja julgado culpado, ainda que tenha ele atuado contrário à lei, a prescrição ainda assim deve ser decretada. É que, não tendo o Estado obtido, em tempo oportuno, os fins que lhes são obrigatórios, descumpriu a lei, tanto quanto o delinquente.[539]

Este fundamento, o terceiro da prescrição, tem relação direta com a inércia do Estado. É ele quem tem de assumir a responsabilidade por não ter podido exercer a sua pretensão punitiva e executória.

A prestação jurisdicional que tarda, com a ressalva de crimes de grande grau delitivo, não pode atingir o fim maior da jurisdição, qual seja, a justiça.

Finalmente, o último fundamento da jurisdição diz respeito ao fato de que o decurso do tempo enfraquece o suporte probatório, ou seja, o longo e arrastado lapso temporal faz surgir uma inquebrantável dificuldade, qual seja, a de coligir provas que, efetivamente, possibilitem uma justa apreciação do delito.

7. Da distinção entre a prescrição e a decadência

A prescrição e a decadência não são institutos irmãos. Apesar de contarem com o elemento comum do decurso temporal, e que provoca em ambos o efeito da extinção da punibilidade, eles apresentam distinções consideráveis: assim, por exemplo, a decadência só ocorre antes do início da ação penal. A prescrição, por seu turno, pode ocorrer a qualquer momento, isto é, tanto antes, quanto no curso da ação, ou mesmo, ainda, depois do trânsito em julgado da condenação.

Bem assim, a decadência somente acontece em ação penal de natureza privada, bem como na ação penal pública condicionada à representação. Aqui também há o espaço para a manifestação da vontade do queixoso. Já a prescrição não observa qual-

---

[538] INQUÉRITO POLICIAL – PRESCRIÇÃO DA PRETENSÃO PUNITIVA DO ESTADO – EXTINÇÃO DA PUNIBILIDADE – TRANCAMENTO VIA *HABEAS CORPUS* – POSSIBILIDADE – 1. A extinção da punibilidade do crime, pela prescrição em abstrato da pretensão punitiva, matéria eminentemente de ordem pública, inibe qualquer decisão condenatória subseqüente. 2. O *Habeas Corpus* é meio hábil à decretação da extinção da punibilidade pela prescrição da ação ou da condenação. 3. Extinção da punibilidade reconhecida, ordem concedida. (TRF 5ª R. – HC 1.220 – RN – 4ª T. – Rel. Des. Fed. Napoleão Nunes Maia Filho – DJU 14.01.2002)

[539] EXTRADIÇÃO – TRATADO DE EXTRADIÇÃO CELEBRADO ENTRE O GOVERNO DA REPÚBLICA FEDERATIVA DO BRASIL E O GOVERNO DO REINO UNIDO DA GRÃ-BRETANHA E IRLANDA DO NORTE – CRIME DE ROUBO – PRESCRIÇÃO DA PRETENSÃO EXECUTÓRIA DA CONDENAÇÃO – 1. Se o tratado de extradição prevê que o país requerido poderá recusar o pedido, "em decorrência do lapso de tempo decorrido", compatibilizando-se assim com o preconizado no art. 77, VI, da Lei nº 6.815/80, e constatada, perante a lei brasileira, a prescrição da pretensão executória da condenação proferida pela Justiça alienígena, é de negar-se seguimento ao pedido de extradição, ficando prejudicada a possibilidade de decretação da prisão do extraditando. 2. Questão de Ordem acolhida para negar seguimento ao pedido de extradição. (STF – EXTRQO – 721 – UK – TP – Rel. Min. Maurício Corrêa – DJU 04.05.2001, p. 3).

quer limitação quanto à natureza de qualquer crime, pouco lhe importando a natureza jurídica da ação.

E, por fim, enquanto a prescrição atinge em forma direta a pretensão punitiva, e indiretamente, o direito de ação, por seu lado, a decadência atinge diretamente o direito de ação, mas indiretamente, a pretensão punitiva.

Em seus efeitos, os dois institutos são inversos, já que à decadência interessa mais a própria ação, isto é, o início da resposta ao agente criminoso, para só então buscar a respectiva punição, esta, através da ação estatal. E, portanto, ao Estado, já provocado, e com o andamento processual já instaurado, interessa a punição e a sua execução.

Quanto aos efeitos, a perempção ocupa analogamente o papel da decadência, distinguindo-se, igualmente, da prescrição.

Da distinção entre a prescrição da pretensão punitiva e da executória:

A prescrição da pretensão punitiva apresenta três formas de extinção: a) pela pena abstrata,[540] b) pela pena em concreto, com efeito *ex tunc*,[541] e, c) pela pena em concreto, mas após a última interrupção.[542]

A primeira forma de extinção da pretensão punitiva, pela pena abstrata, é a única que admite que a forma da prescrição possa ser reconhecida antes mesmo da existência de uma sentença condenatória, e por isso, é conhecida como prescrição de pretensão punitiva abstrata.[543]

E a prescrição é calculada de acordo com a pena privativa de liberdade máxima, cominada abstratamente ao delito.

A segunda forma é a da pena em concreto com efeito *ex tunc*. Aqui, a prescrição da pretensão punitiva só pode se dar se não aconteceu a prescrição abstrata, mas se já houve uma sentença condenatória com trânsito em julgado para a acusação.[544]

---

[540] CÓDIGO PENAL, art. 109. A prescrição, antes de transitar em julgado a sentença final, salvo o disposto em julgado nos §§ 1º e 2º do art. 110 deste Código, regula-se pelo máximo da pena privativa de liberdade cominada ao crime (...).

[541] CÓDIGO PENAL, art. 110. A prescrição depois de transitar em julgado a sentença condenatória regula-se pela pena aplicada e verifica-se nos prazos fixados no artigo anterior, os quais se aumentam de um terço, se o condenado é reincidente. § 1º A prescrição, depois da sentença condenatória com trânsito em julgado para a acusação, ou depois de improvido seu recurso, regula-se pela pena aplicada. § 2º A prescrição, de que trata o parágrafo anterior, pode ter por termo inicial data anterior à do recebimento da denúncia ou da queixa.

[542] CÓDIGO PENAL, art. 110 (...) § 1º A prescrição, depois da sentença condenatória com trânsito em julgado para a acusação, ou depois de improvido seu recurso, regula-se pela pena aplicada.

[543] RECURSO ESPECIAL – PENAL E PROCESSO PENAL – CRIME CONTRA A HONRA – ART. 140 DO CÓDIGO PENAL – PRESCRIÇÃO – "Segundo o art. 109, do Código Penal, a prescrição, antes de transitar em julgado a sentença final, regula-se pelo máximo da pena cominada ao crime. Neste caso o máximo da pena em abstrato é de seis meses, sendo o lapso prescricional de dois anos. Como já decorreram mais de dois anos, contando da data do fato, ocorrido em 11 e 14 de novembro de 1999, sem qualquer causa interruptiva, visto que a queixa-crime foi rejeitada, tem-se como consumada a prescrição da pretensão punitiva". "A ocorrência de prescrição no curso do Recurso Especial impede seu conhecimento, devendo ser declarada extinta a punibilidade, julgando-se prejudicado o apelo". Recurso Especial prejudicado em face da ocorrência da prescrição da pretensão punitiva. (STJ – RESP 337583 – SP – 5ª T. – Rel. Min. José Arnaldo da Fonseca – DJU 09.09.2002).

[544] RECURSO EM SENTIDO ESTRITO – DECISÃO QUE INDEFERIU PEDIDO DE RECONHECIMENTO DA EXTINÇÃO DA PUNIBILIDADE PELA OCORRÊNCIA DA PRESCRIÇÃO RETROATIVA, ANTES DA PROLAÇÃO DA SENTENÇA CONDENATÓRIA – INTELIGÊNCIA DO ARTIGO 110, § 1º, DO CÓDIGO PENAL – A prescrição depois da sentença condenatória com trânsito em julgado para a acusação, ou depois de improvido seu recurso, regula-se pela pena aplicada (Art. 110, § 1º, do CP). Dessa forma, para a decretação da prescrição retroativa, exige-se a sentença condenatória de 1º grau trânsita em julgado para a acusação ou o desprovimento do seu recurso. E assim o é, enquanto tal modalidade regula-se pela pena aplicada in concreto. Descabe falar, pois, em reconheci-

Ela possui como termo inicial a data da consumação do fato, ou como quer a doutrina, os outros *dies a quo*, da prescrição abstrata.[545]

Portanto, aqui, o prazo prescricional toma por referência, como base, a pena imposta na sentença condenatória, isto é, a pena concretizada na sentença.

E a terceira forma de prescrição da pretensão punitiva é aquela em que a pena se dá em concreto, mas após a última interrupção. Aqui, também se leva em conta a pena aplicada na sentença e que só pode ser reconhecida como tal a partir do trânsito em julgado para a acusação, ou ainda, desde que tenha sido provido o seu recurso.

Ela se dá entre a data da última interrupção, isto é, a data da publicação da sentença condenatória, e o trânsito em julgado para a acusação e a defesa. Ela é assim conhecida como prescrição da pretensão punitiva intercorrente ou subsequente, e o seu objetivo declarado é permitir uma maior celeridade processual.[546]

Por sua vez, a prescrição da pretensão executória não aceita subdivisões. Isso, porque, quando a extinção da punibilidade incide após o trânsito em julgado da decisão condenatória, o órgão estatal perde o seu direito à execução da pena contra o agente criminoso.[547]

Ainda que em regra, ela seja regida pela pena imposta na sentença condenatória, por algumas vezes, o prazo prescricional da pretensão executória, igualmente toma como base o resto de pena imposta.

Assim, não se confundem esses dois institutos da prescrição, até porque um atua sobre a possibilidade de se constituir a sanção, enquanto o outro só pode acontecer após a aplicação daquela, quer dizer, a sua aplicabilidade em concreto.

---

mento ou declaração antecipados. (TRF 3ª R. – RSE 97.03.009952-1 – SP – 5ª T. – Rel. Juiz André Nabarrete – DJU 20.05.1997). *JCP*.110.

[545] CÓDIGO PENAL, art. 111. A prescrição, antes de transitar em julgado a sentença final, começa a correr: I – do dia em que o crime se consumou; II – no caso de tentativa, do dia em que cessou a atividade criminosa; III – nos crimes permanentes, do dia em que cessou a permanência; IV – nos de bigamia e nos de falsificação ou alteração de assentamento do registro civil, da data em que o fato se tornou conhecido.

[546] PENAL – RECURSO ESPECIAL – ASSISTÊNCIA DE ACUSAÇÃO – HOMICÍDIO CULPOSO – PRESCRIÇÃO – REDUÇÃO DO PRAZO – RÉU COM 70 ANOS DE IDADE – SENTENÇA E ACÓRDÃO – 1 – A expressão "sentença" deve ser interpretada em sentido lato, abrangendo acórdão (art. 115 do CP). II – Para efeito de interrupção do prazo prescricional (art. 117, inciso I do CP) é de ser observada a data do julgamento em segundo grau em que se concluiu pelo recebimento da exordial acusatória. Declara-se extinta a punibilidade pela prescrição da pretensão punitiva, não se conhecendo, por prejudicado, do recurso. (STJ – RESP 231153 – SP – 5ª T. – Rel. Min. Felix Fischer – DJU 16.12.2002)

[547] PENAL – LEI DE IMPRENSA – PRESCRIÇÃO DA PRETENSÃO PUNITIVA E EXECUTÓRIA – CÓDIGO PENAL – APLICAÇÃO DAS REGRAS GERAIS – OCORRÊNCIA – Em tema de prescrição penal relativa aos crimes definidos na Lei de Imprensa – Lei nº 5.250/67, o prazo é regulado pelo art. 41 do mencionado diploma legal, aplicando-se, no mais, as regras gerais previstas no art. 110 e seguintes, do Código Penal. Interrompe-se a prescrição pelo recebimento válido da denúncia ou da queixa-crime (Código Penal, art. 117, I). A prescrição da pretensão punitiva superveniente, regulada pela pena em concreto, ocorre, nos termos do art. 110, § 1º do CP, na hipótese em que, passada em julgado a sentença condenatória para a acusação, transcorre o lapso temporal prescricional entre o decreto condenatório e o seu trânsito em julgado definitivo. A prescrição penal retroativa, espécie regulada pelo *quantum* da pena fixada na sentença condenatória recorrível transitada em julgado para a acusação, ocorre com o decurso do prazo entre a data da consumação do delito e a do recebimento da queixa-crime, ou entre esta e a da sentença condenatória. Após a condenação, o prazo prescricional regula-se pela pena imposta, contado a partir do trânsito definitivo da decisão. *Habeas corpus* concedido. (STJ – HC 18513 – SP – 6ª T. – Rel. Min. Vicente Leal – DJU 06.05.2002).

8. A forma de contagem da prescrição da pretensão punitiva

O artigo 109 do Código Penal traz, de forma explícita, a forma de contagem dessa espécie de prescrição. Como se pode perceber, essa é regulada pelo máximo da pena privativa de liberdade cominada, quando da sentença. Então, deve-se pegar o máximo da pena abstrata e enquadrar, de forma direta, na tabela oferecida pelo artigo do Código, para assim, se saber o prazo prescricional. Por uma questão de didática, vai-se inverter a fórmula apresentada pela lei.

Assim: a prescrição se dará em dois anos, se o máximo da pena for inferior a um ano. A prescrição se dará em quatro anos, se o máximo da pena for igual a um ano e não exceder a dois anos. Em oito anos, se o máximo da pena for superior a dois anos, não excedendo a quatro anos. Em 12 anos, se o máximo da pena for superior a quatro anos e não exceda a oito anos. Em 16 anos, se o máximo da pena for superior a oito anos, não excedendo a 12 anos. Finalmente, em 20 anos, se o máximo da pena é superior a 12 anos.

No caso de acontecer alguma situação em que a pena venha a ser aumentada, o cálculo para se encontrar a prescrição deverá obedecer ao cálculo da soma da pena máxima com o máximo de aumento permitido pela causa de majoração, e assim, enquadrar o resultado, naqueles lapsos de tempo colocados acima.

Ao contrário, havendo alguma causa de diminuição de pena, o cálculo será ao inverso, isto é, da pena máxima será diminuído o mínimo permitido pela causa de diminuição, colocando-se o resultado dentro daquele mesmo lapso de tempo acima.

8.1. Do termo inicial

Em geral, no caso da prescrição da pretensão punitiva, o termo inicial começa a fluir no dia em que o crime se consumou. Por seu lado, no que diz respeito à prescrição da pretensão executória, não se pode confundir o momento da análise com o termo inicial.

A prescrição da pretensão executória, para poder ser analisada, tem que ocorrer após o trânsito em julgado da sentença condenatória para todas as partes do processo, quer dizer, tanto para o Ministério Público, quanto para os assistentes, réu, querelante e querelado.

É sabido que o trânsito em julgado ocorre quando a sentença se torna irrecorrível. Se esta ainda não transitou em julgado para qualquer uma das partes, não será possível analisar a ocorrência da prescrição executória.[548]

---

[548] CRIMINAL – RECURSO ESPECIAL – ESTELIONATO CONTRA O INSS – CRIME PERMANENTE – TERMO INICIAL PARA A CONTAGEM DO LAPSO PRESCRICIONAL – CESSAÇÃO DO RECEBIMENTO DAS PRESTAÇÕES INDEVIDAS – PRESCRIÇÃO INCORRETAMENTE DECRETADA EM 2º GRAU – RECURSO MINISTERIAL RESTRITO À DECLARAÇÃO DO TERMO INICIAL PARA A VERIFICAÇÃO DA PRESCRIÇÃO – LAPSO PRESCRICIONAL IMPLEMENTADO – PREJUDICIALIDADE DO RECURSO MINISTERIAL – PRESCRIÇÃO DECRETADA DE OFÍCIO – O estelionato praticado contra a Previdência Social é crime permanente, iniciando-se a contagem para o prazo prescricional da cessação do recebimento do benefício indevido e, não, do recebimento da primeira parcela da prestação previdenciária, como entendeu o acórdão recorrido. Recurso ministerial restrito à definição do termo inicial para a implementação da prescrição. Apresentado recurso de apelação somente pela defesa, a pena imposta aos recorridos não poderia vir a ser majorada, motivo pelo qual, verificado o preenchimento do prazo prescricional de 04 (quatro) anos, decreta-se a extinção da punibilidade dos recorridos, pela

Entretanto, independente dessa questão, o termo para a prescrição da pretensão executória começa a fluir do dia em que transitar em julgado a sentença condenatória para a acusação. Nesse momento, já está correndo o prazo.[549]

Em casos onde o réu está foragido, ou em situação em que teve decretada a revogação do livramento condicional, a prescrição há de ser regulada pelo tempo que lhe restar da pena. Assim, o operador do direito deve calcular a prescrição, a partir do tempo que resta de pena a ser cumprida, e enquadrá-lo naquele lapso de tempo referido pelo artigo 109 do Código Penal.

8.2. Da prescrição retroativa

A pretensão retroativa, com as alterações trazidas pela reforma da parte geral do Código Penal de 1984, voltou a alcançar a pretensão punitiva, sendo uma exceção à regra geral estipulada no artigo 109 do nosso Código. Assim, a prescrição retroativa rescinde a sentença condenatória, vindo a atingir, inclusive, os seus efeitos principais e secundários.

Para que ela possa ser aplicada, não se faz mais obrigatória a presença do recurso da acusação, bem como na hipótese do recurso não ser provido.

Cumpre ressaltar que ela teve o seu espaço ampliado, pois passou a atingir o fato, em distintos momentos: a) do recebimento da denúncia, b) da publicação da sentença, e, c) do momento em que a sentença foi publicada, até ao julgamento em segundo grau.

Divergem os doutrinadores quanto ao momento em que se decreta a prescrição punitiva. Para uns, ela deve ser decretada pelos tribunais, já que o juiz, ao prolatar a sentença, não tem mais poder jurisdicional. Outros admitem que a decretação deva ser dada pelo juiz que prolatou a sentença condenatória, ou mesmo, o juiz da execução penal.

Chama-nos a atenção Flávio Augusto Monteiro de Barros, que o reconhecimento da prescrição retroativa jamais pode ser decretado na sentença condenatória. Com efeito, no momento da sentença ainda falta o pressuposto de análise da prescrição retroativa, qual seja, o trânsito em julgado para a acusação ou o improvimento de seu recurso.[550]

8.3. Da suspensão e da interrupção da prescrição

Suspender é fazer cessar, impedir, deter, conter. Aquilo que suspende pode ser transposto. Assim, vencido o obstáculo suspensivo da prescrição, o prazo prescricional segue seu curso do mesmo ponto em que havia sido suspenso.

---

prescrição intercorrente. Decretada a extinção da punibilidade dos recorridos pela prescrição e recurso julgado prejudicado. (STJ – RESP 106552 – SP – 5ª T. – Rel. Min. Gilson Dipp – DJU 10.06.2002)

[549] ADMINISTRATIVO – PRESCRIÇÃO – DECRETO 20.910/32 – INTERPRETAÇÃO – FATO CRIMINAL – 1. Ato ilícito cometido por agente do Estado que motivou ação penal. 2. Em casos dessa natureza, o termo inicial do prazo prescricional para a propositura da ação de responsabilidade civil é contado a partir do trânsito em julgado da sentença criminal. 3. Interpretação sistêmica das regras prescricionais aplicadas nas relações jurídicas com o Estado. 4. Recurso do Estado improvido com o reconhecimento de que o termo inicial para efeitos de prescrição não é o dia da ocorrência do fato ilícito e danoso, porém, o de quando ocorreu o trânsito em julgado da sentença criminal. (STJ – RESP 279086 – MG – 1ª T. – Rel. Min. José Delgado – DJU 09.04.2001 – p. 00335).

[550] BARROS, Flávio Augusto Monteiro de. Op. cit., p. 538.

Impedimento é o obstáculo que torna inviável o início do fluxo temporal para a possibilidade da prescrição.

E a suspensão é um obstáculo surgido durante defluxo do prazo prescricional, que paralisa temporariamente o seu andamento. Desaparecido o obstáculo suspensivo, o prazo volta a correr, computando-se o período anterior ao da suspensão.

O artigo 116 do Código Penal traz duas situações: a primeira diz que "enquanto não resolvida, em outro processo, questão de que dependa o reconhecimento da existência do crime". Assim, a questão prejudicial aqui é a que influi na tipicidade do delito.

A segunda afirma que, "enquanto o agente cumpre pena no estrangeiro". Essa se justifica pela simples impossibilidade em se obter a extradição do acusado e, portanto, não estando no país, impedido está de cumprir a sanção.

Não se podem deixar de fora as outras causas que o nosso ordenamento admite a suspensão da prescrição. São elas: a) no caso dos parlamentares, deputados e senadores, cuja casa legislativa negue a licença para o processo, ocorre a suspensão da prescrição, cujo prazo continuará a fluir somente após o término, ou perda do mandato (artigo 53, § 2º, da Constituição Federal), b) a outra causa está disposta no § 6º da Lei 9.099/95, que dispõe que não ocorrerá a prescrição durante o prazo de suspensão do processo. Encerrada a suspensão do processo, o prazo prescricional volta a fluir normalmente. c) com o evento da Lei 9.271/96, dando nova redação ao artigo 366 do Código de Processo Penal, surgiu uma nova causa de suspensão. É a que determina que, quando o réu for revel, deve ser citado por edital. Quer dizer, nesse caso, está suspensa a prescrição até o dia em que ele comparecer pessoalmente, ou através de procurador. d) e, finalmente, a última causa de suspensão ocorre quando o réu é citado através de carta rogatória em lugar sabido. Fica suspensa a prescrição até o cumprimento da carta (é a atual redação do artigo 368 do Código de Processo Penal, alterado que foi pela Lei 9.291/96).

Mas ocorrem, igualmente, sobre o instituto da prescrição, causas de sua interrupção. Nesta, o prazo prescricional começa a correr, novamente, do dia da interrupção, o que torna sem efeito o período prescricional anterior. Assim, na interrupção, contrariamente à suspensão, não se computa o tempo vencido anteriormente.

Dispõe o artigo 117 do Código Penal as situações em que ocorre a interrupção da prescrição. São elas: a) o recebimento da denúncia, ou da queixa, b) a pronúncia, c) a decisão confirmatória da pronúncia, e, d) a sentença condenatória recorrível.

No primeiro caso, a interrupção da prescrição ocorre no momento em que o juiz recebe a queixa ou denúncia. Não há necessidade que o juiz se manifeste formalmente sobre a instauração do processo crime. Os tribunais entendem que a simples designação de interrogatório ao réu, é suficiente para que se tenha por recebida a denúncia.

No segundo aspecto, se dá a interrupção da prescrição com a intimação pessoal do réu da sentença de pronúncia. Se essa se der através de acórdão do tribunal *ad quem*, a interrupção se dá a partir da publicação do acórdão. Essas hipóteses são próprias de processos da competência do Tribunal Popular do Júri.

E, finalmente, a última causa interruptiva da prescrição. É a que se dá a partir da publicação da sentença condenatória.

8.4. Da prescrição aplicada a outros institutos

No caso da pena de multa, a prescrição ocorre em dois anos, quando a multa for a única pena cominada. Ou no mesmo prazo estabelecido para a prescrição privativa de liberdade, quando a multa for alternativa ou cumulativamente cominada.[551]

Em relação ao concurso de crimes, a prescrição punitiva é idêntica em relação às três formas, pois que ela é regulada pelo máximo de pena abstrata, fluindo, separadamente, em relação a cada um dos delitos.

Já em relação à prescrição da pretensão executória, no concurso dos crimes materiais, ela é regulada pela pena concreta de cada um dos crimes considerados isoladamente.

No concurso formal e no crime continuado, a prescrição, seja tanto a executória, quanto a punitiva, são reguladas pela pena em concreto, desconsiderando-se o acréscimo decorrente da continuação ou do concurso formal.[552]

Por sua vez, na medida de segurança, diz o artigo 96 do Código Penal que "extinta a punibilidade, não se impõe medida de segurança nem subsiste a que tenha sido imposta".[553]

Dessa forma, no tocante à prescrição punitiva, não há qualquer incoerência no sentido de que a prescrição seja regulada pelo máximo da pena privativa de liberdade, quer se trate de inimputável, ou de semi-imputável.

Já quanto à prescrição executória do semi-imputável, para alguns doutrinadores, ainda que combatida por outros, ela também é regulada pela pena em concreto.

Por fim, resta a análise da prescrição nos crimes falimentares. Quer seja caso de prescrição punitiva, executória, retroativa, ou superveniente, se operará em dois anos (conforme o artigo 199, parágrafo único, da Lei de Falências). E o prazo da prescrição punitiva só iniciará a fluir na data em que transitar em julgado a sentença que encerrou a falência ou que julgou cumprida a concordata.[554]

---

[551] CRIMINAL – EMBARGOS DE DECLARAÇÃO – SONEGAÇÃO FISCAL – CRIME CONTRA A ORDEM TRIBUTÁRIA – PRESCRIÇÃO – OMISSÃO VERIFICADA – EMBARGOS ACOLHIDOS – Transcorridos mais de 02 anos desde a sentença que condenou os embargantes por sonegação fiscal, exclusivamente à pena de multa, até a presente data, declara-se extinta sua punibilidade, pela ocorrência da prescrição intercorrente ou superveniente. A declaração da extinção da punibilidade dos embargantes, quanto ao crime contra a ordem tributária, pela ocorrência da prescrição intercorrente ou superveniente, é, da mesma forma, medida que se impõe, se transcorridos mais de 04 anos desde a decisão condenatória até a presente data. Embargos acolhidos, para declarar extinta a punibilidade dos embargantes. (STJ – EDRESP 107232 – BA – 5ª T. – Rel. Min. Gilson Dipp – DJU 03.06.2002)

[552] PENAL – PECULATO – FALSIDADE IDEOLÓGICA – CONCURSO FORMAL – INAPLICAÇÃO – ABSORÇÃO DO CRIME MEIO PELO CRIME FIM – PRESCRIÇÃO – 1. O crime de falsidade ideológica fica absorvido pelo crime de peculato, quando esse último figurar como delito-fim. Precedente do STJ (CC 21339/SP, Rel. Min. Gilson Dipp, DJU 17.02.1999). 2. Apelação improvida. 3. Extinção da punibilidade, pela prescrição da pretensão punitiva do Estado, nos termos dos arts. 110, § 1º, e 114, II, c/c o art. 109, V, do CP, uma vez que o termo ad quem do prazo prescricional venceu em 17 de abril de 1999, dado que a sentença recorrida, na qual se impôs ao réu a pena de multa e de reclusão em 2 (dois) anos e 10 (dez) dias-multa, fora publicada em 17 de abril de 1995. (TRF 1ª R. – ACR 01226034 – PA – 2ª T.Supl. – Relª Juíza Conv. Ivani Silva da Luz – DJU 17.10.2002, p. 123)

[553] TÓXICO – USO PRÓPRIO – PRESCRIÇÃO – Sentença absolutória que reconhecendo a inimputabilidade do réu, aplicou-lhe medida se segurança consistente em internação em hospital de custódia, pelo prazo mínimo de um ano – Lapso temporal superior a um ano entre o recebimento da denúncia e a sentença – Réu menor de 21 anos na data do fato – Consideração da pena mínima abstratamente cominada em lei para contagem do prazo prescricional – Extinção da punibilidade pela prescrição da pretensão punitiva, insubsistente a medida de segurança. (TJSP – ACr 295.467-3 – Santa Bárbara D'Oeste – 3ª C.Crim. – Rel. Des. Walter Guilherme – J. 22.02.2000 – v.u.).

[554] PENAL – CRIME FALIMENTAR – PRESCRIÇÃO – OCORRÊNCIA – Este Tribunal, em diversos julgamentos, tem reafirmado a tese consagrada nos verbetes das Súmulas nºs. 147 e 592, do Supremo Tribunal Federal, afirmativas de que o prazo prescricional nos crimes falimentares começa a fluir a partir da data do trânsito em julgado

Mas, se a falência se arrastar por longos lapsos temporais, como é o que acontece, normalmente, existe uma súmula editada pelo Supremo Tribunal Federal, que é a de nº 147, e que determina que "a prescrição de crime falimentar começa a correr da data em que deveria estar encerrada a falência, ou da data do trânsito em julgado da sentença que a encerra ou que julgar cumprida a concordata".[555]

Portanto, após a sentença que a declara a falência, deverá por se dar por encerrada após dois anos. Por fim, todas as causas, quer suspensivas, quer interruptivas, bem como as causas de prescrição retroativa e executória, são aplicadas aos crimes falimentares.

9. Anistia, indulto, graça, comutação e perdão a anistia no Brasil[556]

Recentemente, a mídia nacional se viu agitada com o decreto de prisão preventiva de mais de uma dezena de cidadãos brasileiros, por ordem de Juiz italiano, e a pedido do Ministério Público Romano.

Preliminarmente, falou-se na extradição dos mesmos, surgindo, de logo, o impedimento ante a proibição constitucional.

Depois, movimentou-se uma parcela da opinião pública no sentido de se revogar a lei de anistia, a fim de que se pudessem processar os futuros prisioneiros justiçados pela Itália.

Nenhuma das matérias em tela, nem extradição e nem anistia, se beneficiam com alteração, em vista das cláusulas pétreas de nossa Constituição. É que, tais cláusulas, universalmente, se constituem em institutos que, fazendo parte da Carta Magna, são irrevogáveis.

9.1. Conceitução e finalidades da anistia

Cabe aqui, especialmente, o exame de alguns aspectos relativos ao fim jurídico e social do instituto da anistia.

Primordialmente, o seu uso é dirigido ao fim de apaziguar, serenar e pacificar os ânimos exacerbados, advindo, normalmente, de divergências que se seguem às crises políticas, geralmente, revolucionárias.

O fim social da anistia se encontra nas próprias origens do instituto, qual seja, restabelecer a concórdia entre nacionais depois das lutas intestinas. Seu objetivo teleológico, portanto, é o mais nobre possível, eis que filantrópico e altruísta.

---

da sentença que encerrar a falência ou de quando deveria ser encerrada, seja, depois de dois anos da decretação da quebra, conforme preceituam o art. 132, §1º, e art. 199, todos da Lei de Falências. *Habeas corpus* concedido. (STJ – HC 19319 – PR – 6ª T. – Rel. Min. Vicente Leal – DJU 01.07.2002)

[555] PENAL – CRIME FALIMENTAR – ABSOLVIÇÃO – RESTABELECIMENTO DA PENA DE MULTA – PRESCRIÇÃO – 1. A absolvição, em sede de recurso de apelação, teve apoio na ausência de tipicidade da conduta. O recurso especial interposto pelo Ministério Público visa o restabelecimento da sentença condenatória à pena de multa, prolatada há mais de dois anos. 2. Neste caso incide a extinção da punibilidade pela ocorrência da prescrição (art. 114, I, do Código Penal). Aplicação conjunta das normas da Lei de Falências com as regras do Código Penal. 3. Recurso prejudicado. (STJ – RESP 246144 – SP – 6ª T. – Rel. Min. Fernando Gonçalves – DJU 04.02.2002, p. 585)

[556] Artigo publicado na *Revista Magister de Direito Penal e Processo Penal* nº 21, disponível em www.editoramagister.com

Carlos Maximilano explica que a palavra *amnistia* vem do grego – *esquecimento* – que seria "o ato do poder soberano que cobre com o véu do olvido certas infrações criminais e, em consequência, impede ou extingue os processos respectivos e torna de nenhum efeito penal as condenações".[557]

Os Romanos tinham-na como *lex oblivionis,* mostrando que a escolha do *nomen juris* tinha que representar, em sua razão ontológica, o esquecimento [amnésia].

Bruno e Valério concederam anistia aos que haviam acompanhado o rei Tarquínio; Cícero, invocando o exemplo de Thrasybulo, obteve outra, no Senado, para os assassinos de Júlio César.[558]

É ainda Maximiliano quem nos dá a notícia da vida do Decreto de Patróclides logo depois da batalha de Egos Potamos, que pôs fim às guerras do Peloponeso: "Esta anistia, destinada a reconciliar com a pátria, naquele momento de perigo supremo, tudo o que lhe restava de cidadão, bem como a unir todos os corações em um último esforço, fora imitada segundo recorda o próprio Patroclides, da que votaram os atenienses por ocasião das Guerras Médicas".[559]

Barbalho, aborda a matéria refere à anistia como "... núncia de paz e conselheira de concórdia, parece antes, *do céu prudente aviso*, que expediente de homens".[560]

Diz que seu nome traduz *esquecimento,* que é mais que perdão e misericórdia, pois não humilha nem abate ninguém.

Anaurelino Leal, em sua *Teoria e Prática da Constituição Federal Brasileira*, leciona que "a *amnistia* é, portanto, o esquecimento de uma ou muitas infrações: *lex oblivionis quam Groeci amnestia vocant.*[561]

É que, confirmam os doutos, a anistia não se concede por sentimentalismo ou bondade, simpatia pelo vencido ou misericórdia pessoal. É medida amplamente política, adotada por motivos elevados, que não humilham o cidadão a quem ela aproveita, inspirada por sérias razões de Estado.

É medida pacificadora, supremo recurso para a união nacional. Nas raízes. E continua o eminente constitucionalista: "Tomando-a, portanto, em tal sentido, ela só encontra limites no futuro. Não se anistiam atos futuros, mas atos pretéritos, o que faz da instituição jurídica em exame um modo de retroatividade da lei; isto é, o ato que determina a anistia retroage, impedindo que as leis penais vigentes, punitivas das infrações anistiadas, tenham execução a respeito delas".[562]

9.2. Anistia, indulto, graça, comutação e perdão

De outro lado, a anistia tem seu caráter eminentemente genérico, distinguindo-se da graça, do indulto e do perdão por serem medidas individuais, nominativas. Assim, por exemplo, o indulto de natal é endereçado aos presos que preencherem

---

[557] MAXIMILIANO, Carlos. *Comentários a Constituição Brasileira*, 3ª ed. Porto Alegre: Livraria do Globo, 1922, p. 471.
[558] MAXIMILIANO, Carlos. Op. cit., p. 467.
[559] MAXIMILIANO, Carlos. Op. cit., c/ referência à obra de PERROT, George. *Essai sur de Droit Public d"Athènes*, 1869, p. 209, nota 1.
[560] BARBALHO, João U. C. *Constituição Federal Brasileira – Comentários,* 2ª ed. Rio de Janeiro: F. Bruiguiet, 1924, p. 179.
[561] LEAL, Anaurelino. *Theoria e Prática da Constituição Federal Brasileira*. Rio de Janeiro: F.Briguiet, 1925, p. 752.
[562] LEAL, Anaurelino. Op. cit., p. 752.

determinadas condições estipuladas no decreto. O mesmo se diga da graça e do perdão.

Maximiliano analisa os conceitos de *indulto, anistia* e *comutação* definindo como: "*Indulto* é o perdão total ou parcial da pena concedido a um indivíduo; anistia, o esquecimento total, ordenado em lei ou prometido em proclamação, de um ou mais crimes praticados por uma classe de pessoas: denomina-se *comutação*, a substituição de uma pena por outra menos grave".[563]

Por isso, o indulto é ato do Executivo, e a anistia só pode ser por ato do Congresso Nacional. Um tem caráter individual; o outro é coletivo. Aquela elimina completamente a falta, enquanto o último conserva os efeitos morais e civis do crime.

De outro lado, *indulto* e *perdão* somente podem existir a réus já condenados. O Presidente da República, e nunca o Congresso Nacional, só pode perdoar ou indultar penas impostas a réus condenados por sentença com trânsito em julgado.

Para melhor ilustrar a matéria, Mendonça de Azevedo faz a distinção a partir de um *Habeas Corpus*, oriundo do Rio Grande do Sul, do qual refere:

"O impetrante fundou o seu pedido de H.C. na circunstância de deverem estar os pacientes compreendidos no Decreto n. 310, ele 21 de Outubro ele 1895, que anistiou a todos aqueles que direta ou indiretamente se envolveram nos movimentos revolucionários ocorridos no território da Republica. Entretanto, das provas constantes destes autos claramente se evidencia: que os pacientes, logo que tiveram notícia do movimento revolucionário realizado em Porto Alegre, no dia 27 de Junho ele 1892, saíram para a rua, provocando desordens, e que depois foram para a estrada, onde assassinaram o capitão Crescêncio, que com outros companheiros, se dirigia pacificamente para a vila de Viamão.

Ora, assim sendo, não se pode considerar semelhante assassinato como crime político. A simples circunstância de ter coincidido esse homicídio com a notícia de um movimento revolucionário não basta para se inferir que fosse o mesmo crime de natureza política.

Para que um crime, aliás de natureza comum, possa ser classificado como crime político, é essencial a prova plena de que teve ele por móvel único e exclusivo um interesse puramente político.

Mas não existe em nenhuma delas, peças do processo o mais ligeiro indicio de haver sido a morte do capitão Crescêncio determinada por qualquer interesse político comprometido; ao contrário, da sua leitura ressalta a convicção de que a causa desse assassinato obedeceu antes a uma vingança pessoal, pois que um dos assassinos era inimigo do assassinado" (20.10.1897).[564]

E continuava o comentador constitucional: "*amnistia* não é absolvição, nem produz os efeitos desta".

Ruy Barbosa, quem mais entre nós doutrinou sobre a anistia, assim lecionava: "São bem conhecidas as características da anistia. O 'véu de eterno esquecimento', em que os publicistas e criminalistas dizem por ela envolvidas as desordens sociais, objeto desse ato de alta sabedoria política, não é uma vulgar metáfora, mas a formula

---

[563] MAXIMILIANO, Carlos. Op. cit., p. 555.
[564] AZEVEDO, José Affonso Mendonça de. *A Constituição Federal Interpretada pelo Supremo Tribunal Federal*. Rio de Janeiro: Ed. Typ. da Revista do Supremo Tribunal, 1925, p. 96.

de uma instituição soberana. Por ela, não só se destroem todos os efeitos da sentença, e até a sentença desaparece, senão que, remontando-se ao delito, se lhe elimina o caráter criminoso, suprimindo-se apropria infração. Por ela, ainda mais, além de se extinguir o próprio delito, se repõem as coisas no mesmo estado em que estariam, se a infração nunca se tivesse cometido. Esta é a anistia verdadeira, a que cicatriza as feridas abertas pelas revoluções, aquela cujas virtudes o historiador grego celebrava nesta palavras de eloquente concisão: Eles perdoaram, e daí avante conviveram em democracia".[565]

Themístocles Cavalcanti, em seus "comentários", diz que a anistia apaga o crime político, é ato de benemerência pública.[566]

9.3. A anistia é tanto irrevogável quanto irrecusável

Outra característica da anistia é ser ela tão irrecusável quanto irrevogável. Não cabe à classe beneficiada com a lei que a anistiou falar em não aceitação. Não lhe cabe buscar a absolvição em qualquer juízo ou instância. Especialmente se ela é ampla e total, como a última a vigorar no país. Por isso, por ser ampla e irrestrita, também, é irrevogável.

9.4. História da anistia dos crimes acontecidos após 1964

Ernesto Geisel, assumindo a Presidência da República em 1974, trazia a todos os brasileiros a promessa de fazer uma "lenta, segura e gradual" distensão política.

No entanto, e contraditoriamente, é no seu governo que ocorrem duas mortes: a do jornalista Vlamidir Herzog e a do operário Manoel Fiel Filho. Registrou-se, também, o assassinato de dirigentes do Partido Comunista do Brasil no episódio que ficou conhecido como "Chacina da Lapa".

Foi no seu governo que se editou o pacote de abril, e no qual se continuaram as cassações de mandatos políticos. As eleições continuavam indiretas, para a Presidência da República, Governadores de Estados e Senadores, bem como aos Prefeitos das capitais.

À época, na Câmara dos Deputados, a oposição obtete considerável maioria. Isso deu coragem à sociedade civil para se organizar e resistir. Assim é que foi criado o Movimento Feminista pela Anistia.

A Ordem dos Advogados do Brasil, a Associação Brasileira de Imprensa e a Igreja Católica se posicionam em favor da democratização ampla e total. O movimento estudantil e operário saiu às ruas. Surgem, em 1978, os primeiros Comitês Brasileiros de Anistia, congregando os opositores da ditadura, com apoio decisivo de diversos parlamentares.

É realizado em São Paulo o 1º Congresso Nacional da Anistia, com a presença e participação de milhares de pessoas, lutando pela "Anistia, ampla, geral e irrestrita". Ampla, porque deveria alcançar os atos de todos os punidos com base nos Atos Institucionais; geral e irrestrita porque não deveriam impor qualquer condição aos

---
[565] BARBODSA, Ruy. *Comentários à Constituição Federal Brasileira*, vol. II, São Paulo: Saraiva, 1933, p. 442/443.
[566] CAVALCANTI, Themístocles Brandão. *A Constituição Federal Comentada*. Rio de Janeiro: José Confino, 1948, p. 133.

seus beneficiários, inclusive com a ausência de exame de mérito dos atos por eles praticados.

Findo o governo Geisel, assume a Presidência o general João Batista Figueiredo. Isso em 1979. O Regime Militar sequer admitia a possibilidade de anistia e sugere o indulto para os presos políticos, o que não foi aceito por ninguém.

Começa a distensão. Os atos, nas ruas e no Congresso Nacional, se engrandecem. Com o apoio de parlamentares, dos Comitês de Anistia e de parcelas da opinião pública, partem em luta pública por uma anistia ampla, geral e irrestrita.

Há a famosa greve dos presos políticos, com uma importância enorme para o desenrolar dos fatos. Dura perto de um mês.

O presidente João Figueiredo se compromete, então, a revisar os inquéritos e processos de cassações e as condenações dos presos políticos. Em agosto de 1979, encaminha ao Congresso Nacional, um novo projeto de anistia composto de 15 artigos, diz em seu artigo nº 1: "É concedida anistia a todos quanto, no período compreendido entre 2 de setembro de 1961 e 15 de agosto de 1979, cometeram crimes políticos ou conexos com estes, crimes eleitorais aos que tiveram seus direitos políticos suspensos e aos servidores da administração direta e indireta, de fundações vinculadas ao poder público, aos servidores dos Poderes Legislativo e Judiciário. Aos militares e representantes sindicais punidos com fundamento em atos institucionais e complementares e outros diplomas legais".

O artigo era composto de três parágrafos. Um deles dizia: "Excetuam-se dos benefícios da anistia os que foram condenados pela prática de crimes de terrorismo, assalto, sequestro e atentado pessoal".

Não era o que se queria e nem o que se pedia, e sim, o que se podia admitir para a época. Dizia-se que era o arrombamento das portas por onde entraria a plena e total democracia.

Por isso, o projeto foi aprovado e promulgado no dia 28 de agosto de 1979. São soltos, então, os presos políticos e retornam ao país os exilados. Volta a reinar a paz, sem que se perca de vista o sonho da anistia ampla, geral e irrestrita.

9.5. Anistia pós-regime discricionário

Em 1985, depois de duas décadas, tem início o ciclo dos governos civis. É eleito Tancredo Neves que, morrendo antes mesmo de sua posse, dá lugar a seu vice-presidente, José Sarney.

Em novembro do mesmo ano, através da Emenda Constitucional de nº 26, é concedida a anistia que, pelo seu art. 4º, demonstrava que o destino era a "todos os servidores públicos da Administração Direta e Indireta e Militares, punidos por atos de exceção, institucionais ou complementares".

Seu § 1º acrescentava: "É concedida, igualmente, anistia aos autores de crimes políticos ou conexos, e aos dirigentes e representantes de organizações sindicais e estudantis, bem como aos servidores civis ou empregados que hajam sido demitidos ou dispensados por motivação exclusivamente política, com base em outros diplomas legais".

Veio a Constituição de 1988 que, nos Atos das Disposições Constitucionais Transitórias, determinava, pelo seu artigo 8º: "É concedida anistia aos que, no período de 18 de setembro de 1946 até a data da promulgação da Constituição, foram atingidos em decorrência de motivação exclusivamente política, por atos de exceção, institucionais ou complementares, aos que foram abrangidos pelo Decreto Legislativo nº 18 de 15/12/1961, e aos atingidos pelo Decreto-Lei nº 864 de 12/09/1969, asseguradas as promoções, na inatividade, ao cargo, emprego, posto ou graduação a que teriam direito se estivessem em serviço ativo, obedecidos os prazos de permanência em atividades previstas nas leis, regulamentos vigentes, respeitadas as características e peculiaridades das carreiras dos servidores públicos civis e militares e observados os respectivos regimes jurídicos".

Foram essas leis que ampliaram a anistia concedida em 1979, ensejando diversas ações indenizatórias, algumas delas milionárias até.

Somente em 1996 é que foi aprovada a Lei 9.140/96, que concedia indenizações às famílias dos desaparecidos políticos, parcela esquecida na legislação anterior. No entanto, ficara restrita aos Estados de São Paulo, Paraná, Rio Grande do Sul e Santa Catarina.

Treze anos depois da promulgação da Constituição é que, através da Medida Provisória nº 2.151/01, foi regulamentado o artigo 8º das Disposições Constitucionais Transitórias. Constituía-se de cinco capítulos e de vinte e dois artigos.

O período abrangido pelos efeitos da anistia é mais amplo, pois que, de 18 de setembro de 1946 a 05 de outubro de 1988. Dava poderes ao Ministro da Justiça a formar uma Comissão Especial para examinar os direitos civis e indenização aos anistiados.

Como nunca antes, a legislação do *esquecimento* foi tão generosa e altruísta. E sendo a anistia uma via de mão dupla, o ato de anistia faz esquecer, obrigatoriamente, os atos que geraram as razões da existência de anistiados

9.6. Conclusão

As sucessivas Leis e Medidas Provisórias que dispõem sobre a anistia têm como anistiados todos aqueles que, de qualquer forma, praticaram atos políticos, desde a promulgação da Constituição Federal de 1946, até a de 1988.

Sendo a anistia um ato eminentemente político, tanto que inscrita no capítulo dedicado ao Poder Congressual, e não do Poder Judiciário e nem ao do Executivo, tem caráter amplo, irrecusável, é de *per se,* irrevogável.

Até porque, os maiores prejudicados com a revogação da lei benéfica, seriam aqueles que teriam sido o alvo principal da lei, pois que, ficariam, sem dúvida, desnudos de sua veste protetora.

E assim sendo, sob o risco de terem que ver suas atitudes examinadas pelo Poder Judiciário.

Sendo, portanto, a anistia, segundo Ruy Barbosa, "o véu de eterno esquecimento", e Barbalho a "núncia de paz e conselheira de concórdia, parece antes, do céu prudente aviso, que expediente de homens", não há como se alterar o ato de benemerência postulado pelo povo e dado pelo Estado, pena de se estar demonstrando, através de casuísmos, a existência daquilo que, paradoxal e ironicamente, Mao Tsé-Tung denominou de "a ditadura democrática".

Obras consultadas

ABBAGNANO, Nicola. *Dicionário de Filosofia*, 3ª ed., São Paulo: Martins Fontes, 1998.

ALAMY FILHO, João. *O Caso dos Irmãos Naves*: um Erro Judiciário, 3ª ed. Belo Horizonte: Del Rey, 1993.

ALIMENA, Bernardino. *Princípios de Derecho Penal*. Madrid: Libreria General de Victoriano Suárez, 1915.

ALTAVILA, Jayme. *A Origem dos Direitos dos Povos*, 3ª ed. São Paulo: Melhoramentos, 1963.

ALTHUSSER, Louis. *Aparelhos Ideológicos do Estado*, 2ª ed. Rio de Janeiro: Edições Graal, 1985.

ALVES, Roque de Brito. *Ciúme e Crime*. Recife: Universidade Católica de Pernambuco, 1984.

———. *Conferências Pronunciadas na Europa Sobre a Nova Parte Peral do Código Penal Brasileiro*. Recife.

AMORIM, Edgar Carlos de. *O Juiz e a Aplicação das Leis*, 3. ed. Rio de Janeiro: Forense, 1997.

ANDREUCCI, Ricardo Antunes. *Coação Irresistível por Violência*. São Paulo: José Bushatsky, 1974.

ANTOLISEI, Francesco. *Manuale de Diritto Penale*, 3ª ed. Milano: Dott. A. Giuffrè, 1975.

ANTUNES, Ápio Cláudio de Lima. *A Pena de Morte à Luz da Ciência e da Filosofia*. Pelotas: UFPEL, 1995.

ASÚA, Luis Jimenez de. *Tratado de Derecho Penal*, 6ª ed. Buenos Aires: Editorial Losada, 1950.

BALESTRA, Carlos Fontán. *Derecho Penal*, 7ª ed. Buenos Aires: Abeledo-Perrot, 1972.

BATISTA, Nilo. *Introdução Crítica ao Direito Penal Brasileiro*. Rio de Janeiro: Revan, 1990.

BATTAGLINI, Giulio. *Direito Penal*. São Paulo: Saraiva, 1973.

BECCARIA, Césare. *Dos Delitos e das Penas*. São Paulo: Hemus, 1971.

BETIOL, Giuseppe. *Direito Penal, Parte Geral*. Coimbra: Coimbra Editora, 1970.

BITENCOURT, César Roberto. *Manual de Direito Penal*. São Paulo: Saraiva, 1999.

BOSCHI, José Antonio Paganella. *Das Penas e seus Critérios de Aplicação*. Porto Alegre: Livraria do Advogado, 2000.

BOUZAT, Pierre; PINATEL, Jean. *Traité de Droit Pénal et de Criminologie*. Paris: Librairie Dalloz, 1970.

BRUNO, Aníbal. *Direito Penal*, 4ª ed. Rio de Janeiro: Forense, 1984.

CARMIGNANI, Giovani. *Elementi di Diritto Criminale*, 2ª ed. Milano: Carlo Brigola, 1882.

CARNELUTTI, Francesco. *Teoria General Del Delito*. Trad. por Victor Conde. Madrid: Revista de Derecho Privado, 1941.

CARRARA, Francesco. *Opuscoli di Diritto Criminale*, 6ª ed. Firenze: Casa Editrice Libraria; Fratelli Cammelli, 1909.

———. *Programma Del Corso di Diritto Ciminale*, 9ª ed. Firenze: Editrice Libraria; Fratelli Cammelli, 1912.

CARVALHO, Salo de. *Pena e Garantia*: uma Leitura do Garantismo de Luigi Ferrajoli no Brasil. Rio de Janeiro: Lumen Juris, 2001.

CASTRO, Viveiro de. *A Nova Escola Penal*, 2ª ed. Rio de Janeiro: Jacinto Ribeiro dos Santos, 1913.

CAVALCANTI NETTO, João Uchoa. *O Direito, um Mito*. 4ª ed. Rio de Janeiro: Editora Rio, 2002.

CERNICCHIARO, Luiz Vicente. Pena. Tentativa. Teoria Geral do Tipo. Configuração Jurídica. *RJ* nº 239. SET/1997.

CÓDIGO CRIMINAL, Projecto n° 118, de 1935. *I" Conferência Brasileira de Criminología de 1936*, Câmara dos Deputados. Rio de Janeiro: Imprensa Nacional, 1937.

COELHO, Walter M. *Teoria geral do Crime*, v. 1, 2ª ed. Porto Alegre: Sergio Antonio Fabris Editor e ESMP, 1998.

COMTE, Auguste. *Curso de Filosofia Positiva*. Coleção Os Pensadores, 5ª ed. São Paulo: Nova Cultural, 1991.

CORRÊA, Mariza. *Os Crimes em Família*. Monografia. São Paulo: Brasiliense, 1983.

CORREIA, Alexandre; SCIASCIA, Gaetano. *Manual de Direito Romano*, 4ª ed. São Paulo: Saraiva, 1961.

CUELLO CALÓN, Eugenio. *Derecho Penal*, 16ª ed. Barcelona: Bosch, 1971.

CUNHA, Manuela Carneiro. *Os Direitos dos Índios*. São Paulo: Brasiliense, 1987, p. 2.

DEFOE, Daniel. *Robinson Crusoé*. Rio de Janeiro: Livraria Ediouro, 1998.

DELMANTO, Celso. *Código Penal Comentado*. São Paulo: Saraiva, 1996.

DESCARTES, René. *Discurso do Método*. Coleção os Pensadores, 5ª ed. São Paulo: Nova Cultura, 1991.

DRUMMOND, Lima; VIANNA, Domingues. *Directo Criminal*, 2ª ed., Rio de Janeiro: F. Briguiet, 1915.

ERNEST-CHARLES. *La Passion Criminelle*. Paris: Ernest Flamarion Éditeur, 1923.

FARIA, Antônio Bento de. *Código Penal Brasileiro Comentado*, 3ª ed. Rio de Janeiro: Record Editora, 1961.

——. *Código Penal do Brasil*. Anotações de Theórico-Práticas, 3ª ed. São Paulo: Livraria Francisco Alves, 1919.

FERNANDES, Florestan. *Antecedentes Indígenas*: Organização Social das Tribos Tupis. São Paulo: Brasiliense, 1991.

FERRAJOLI, Luigi. *Direito e Razão*: Teoria do Garantismo Penal. São Paulo: Revista dos Tribunais, 2002.

FERRAZ, Esther de Figueiredo. *A co-delinqüência no Direito Brasileiro*. São Paulo: Bushatsky, 1976.

FERRI, Enrico. *O Delicto Passional na Civilização Contemporânea*. Trad. por Roberto Lyra, São Paulo: Saraiva, 1934.

——. *Os Criminosos na Arte e na Literatura*. Lisboa: Livraria Clássica Editora, 1923.

——. *Principii di Diritto Criminale*. Torino: Unione Tipografico Editrice Torinense, 1928.

——. *Sociologia Criminale*. Madrid: Centro Editorial de Góngora.

FLORIAN, Eugenio. *Trattato di Diritto Penale*: Dei Reati e Delle Pene in Generale. Milano: Casa Editrice Dott Francesco Vallardi.

FOUCAULT, Michel. *História da Loucura na Idade Clássica*. São Paulo: Perspectiva, 1987.

FRAGOSO, Heleno Cláudio. *Lições de Direito Penal*. Parte Geral, 4ª ed. Rio de Janeiro: Forense, 1980.

FRANCO, Ary Azevedo. *Directo Penal*. Rio de Janeiro: Typ. Lith. Almeida Marques, 1934.

FREUD, Sigmund. *Obras Completas*. Rio de Janeiro: Delta, 1958.

FULLER, Lon L. *O Caso dos Exploradores de Caverna*. Porto Alegre: Sergio Antonio Fabris, 1976.

GAMA, Affonso Dionysio. *Código Penal Brasileiro*, 2ª ed. São Paulo: Saraiva, 1929.

GARAUD, R. *Traité Théorique et Pratique du Droit Penal Français*. Paris: L. Larose et Forcel, 1888.

GARCIA, Basileu. *Instituições de Direito Penal*. São Paulo: Max Limonad, 1952.

——. *Instituições de Direito Penal*. São Paulo: Saraiva, 1969.

GAROFALO, Rafael. *Victimas do Delicto*. Lisboa: Tavares & Irmão, 1899.

GESSINGER, Ruy Armando. *Da Dispensa da Pena (Perdão Judicial)*. Porto Alegre: Sergio Antonio Fabris, 1984.

GOMES, Eusébio. *Tratado de Derecho Penal*. Buenos Aires: Compañia Argentina de Editores, 1939.

GOMES, Luís Flávio. Projeto de Criação dos Juizados Especiais Criminais, in *RBCCRIM* 9/282, 1995.

GONZAGA, João Bernardino. *O Direito Penal Indígena*, 2ª ed. São Paulo: Max Limonad, [s/d].

GRASSET, J. *Denifous et Demiresponsables*. Paris: Félix Alcan Èditeur, 1908.
HASSMER, Winfried. *Fundamentos Del Derecho Penal*. Barcelona: Casa Editorial, 1984.
HAUS, J. J. *Príncipes Gènéraus de Droit Penal Belgue*. Gand: H. Hoste, Libraire-Éditeur, 1869.
HOBBES, Thomas. *Leviatã ou a Essência, Forma e Poder de uma Comunidade Eclesiástica e Civil*, Coleção Os Pensadores, 5ª ed. São Paulo: Nova Cultura, 1991.
IHERING, Rudolf von. *A Luta Pelo Direito*, 14ª ed. Rio de Janeiro: Editora Forense, 1994
JAKOBS, Günter. *Derecho Penal*. Parte General, Fundamentos y Teoria de La Imputación. Madrid: Jurídicas, 1995.
——. *La Imputacion Objetiva en Derecho Penal*. Madrid: Cuaternos Civitas, 1996.
JESCHECK, Hans Heinrich. *Tratado de Derecho Penal*, Parte General. Barcelona: Casa Editorial, 1981.
JESUS, Damásio de. *Direito Penal*. São Paulo: Saraiva, 1998.
KRAFFT-EBING, Richard von. *Psychopathia Sexualis*. Paris: Ed. Payot, 1950.
LASSERRE, Emmanuel. *Os Delinqüentes Passionais*. Lisboa: Livraria Ferreira, 1909.
LEMOS SOBRINHO, Antonio. *Da Legítima Defesa*, 2ª ed. São Paulo: Saraiva, 1931.
LISZT, Franz von. *Tratado de Derecho Penal*. Madri: Editorial Réus, 1929.
——. *Tratado de Direito Penal Alemão*. F. Briguiet, 1899.
LOMBROSO, C.; FERRERO, G. *La Donna Delinquente*, 4ª ed. Torino: Fratelli Bocca Editori, 1923.
LUISI, Luis. *O Tipo Penal*: a Teoria Finalista e a Nova Legislação Penal. Porto Alegre: Sergio Antonio Fabris, 1987.
LYRA, Roberto. *Direito Penal Científico*. Rio de Janeiro: José Konfino, 1974.
——. *Expressão Mais Simples do Direito Penal*. Rio de Janeiro: José Konfino, 1953.
——. *Guia do Ensino e do Estudo de Direito Penal*. Rio de Janeiro: Forense, 1956.
——. *Policía e Justiça para o Amor*. Rio de Janeiro: Editora A Noite.
MACHADO, Alcântara. Projeto *do Código Criminal Brasileiro*. São Paulo: RT, 1938.
MACHADO, Raul. *A Culpa no Direito Penal*, 2ª ed., São Paulo, 1943.
MACHIAVEL, Nicolau. *O Príncipe*. Coleção Os Pensadores, 5ª ed. São Paulo: Nova Cultura, 1991.
MAGGIORE, Giuseppe. *Diritto Penale*. Parte Speciale. Bologna, 1949.
MAIRET, A.; ÈUZIERE, J. *Les Invalides Moraux*. Montpellier: Coulet et Fils Èditeur.
MALCOLM, Bradbury; HOWARD Temperley; THOMPSON Roger. *Introdução aos Estudos Americanos*. Rio de Janeiro: Forense Universitária, 1981.
MANCI, Filippo. *Il Delitto Passionale*. Torino: Fratelli Bocca Editori, 1928.
——. *Reati Sessuali*. Torino: Fratelli Bocca Editori, 1927.
MANTOVANI, Ferrando. *Diritto Penale*. Parte Generale. Bologna: Casa Editrice Dott Antonio Milani, 1979.
MARQUES, José Frederico. *Tratado de Direito Penal*. São Paulo: Saraiva, 1990.
MARX, Karl. *Manuscritos Econômico-Filosóficos e Outros Textos Escolhidos*, Coleção os Pensadores, 5ª ed. São Paulo: Nova Cultura, 1991.
MAUDSLEY, H. *Le Crime et la Folie*. Paris: Félix Alcan Èditeur, 1901.
MEIRA, Sílvio. *A lei das XII Tábuas*, 3ª ed. Rio de Janeiro: Forense, 1972.
MELLUSI, Vicenzo. *Dall'amore Al Delitto*. Torino: Ed. Unione Tipografico, 1913.
——. *Donne Che Uccidono*. Torino: Fratelli Editori, 1924.
MEZGER, Edmund. *Derecho Penal*, Madrid: Revista Derecho Privado, 1935.
——. *Diritto Penale (Strafrecht)*. Padova: CEDAM, 1935.
MIRABETE, Julio Fabbrini. *Manual de Direito Penal*, 7ª ed. São Paulo: Atlas, 1992.
MOLINA, Antônio Garcia-Pablos de. *Criminologia, uma Introdução a seus Fundamentos Teóricos*. Traduzido por Luiz Flávio Gomes. São Paulo: Revista dos Tribunais, 1992.
BARROS, Flávio Monteiro de. *Direito Penal*, Parte Geral, v. 1. São Paulo: Saraiva, 1999.
MORAES, Alexandre. *Direitos Humanos Fundamentais*: Teoria Geral, Comentários aos arts. 1º a 5º da Constituição da República Federativa do Brasil, Doutrina e Jurisprudência, 3ª ed. São Paulo: Atlas, 2000.

MORAES, Evaristo de. *Um Caso de Homicídio por Paixão Amorosa*. Rio de Janeiro: Martinho Araújo,1914.
MORGAN, Lewis Henry. *Sistemas de Consangüinidade e Afinidade da Família Humana e a Sociedade Primitiva.*
MORO, Aldo. *Unitá e Pluralitá di Reati*, 1951.
MORRIS, Ruth. *Crumbling walls, Why prison fail, Native people and the Canadian Justice System*. Nova York: Mosaic Press, 1989.
MUNHOZ NETO, Alcides. *A Ignorância da Antijuridicidade em Matéria Penal*. Rio de Janeiro: Ed. Forense, 1978.
MUÑOZ CONDE, Francisco. *Derecho Penal y Control Social*. Fundación Universitária de Jerez, 1985.
NERY, Fernando. *Lições de Direito Criminal*, 3ª ed., Rio de Janeiro: Guanabara, 1933.
NORONHA, Edgar Magalhães. *Direito Penal*, 23ª ed. São Paulo: Saraiva, 1985.
——. Direito Penal, 36ª ed. São Paulo: Saraiva, 2001.
——. *Do Crime Culposo*. São Paulo: Saraiva, 1974.
O NOVO CÓDIGO PENAL. *Conferências Pronunciadas na Faculdade de Direito da Universidade de São Paulo*, por iniciativa das Secretarias de Estado da Educação e da Justiça, sendo Interventor Federal o Exmo. Sr. Dr. Fernando Costa, 1º Vol., Ed. Imprensa Oficial do Estado de São Paulo, 1942.
PEIXOTO, Afrânio. *Criminologia*, 2ª ed. Rio de Janeiro: Guanabara, 1938.
PIERANGELI, José Henrique. *Alguns Aspectos de Penas no Projeto de Código Penal*. RT 580/307, 1984.
——. *O Consentimento do Ofendido (na Teoria do Delito)*, 2ª ed. S. Paulo, 1996.
——. *Códigos Penais do Brasil*: Evolução Histórica. São Paulo, 1980.
PIMENTEL, Manoel Pedro. *Crimes de Mera Conduto*, 2ª ed. São Paulo: Revista dos Tribunais, 1968.
——. *Direito Penal Econômico*. São Paulo: Revista dos Tribunais, 1973.
——. *Do Crime Continuado*. São Paulo: Revista dos Tribunais, 1969.
——. *Estudos e Pareceres de Direito Penal*. São Paulo: Revista dos Tribunais, 1973.
——. *O Crime e a Pena na Atualidade*. São Paulo: Revista dos Tribunais, 1983.
PINATEL, Jean. *La sociedad Criminógena*. Traduzido por Luiz Rodrigues Ramos, Colección Arion. Aguilar, 1979.
PISAPIA, Gian Domenico. *Instituzioni di Diritto Penale*, 3ª ed. Padova: Casa Editrice Dott Antonio Milani, 1975.
POLLITZ, Paul. *Psicologia do Criminoso*. Rio de Janeiro: Atlântida, 1934.
PONTES, Ribeiro. *Código Penal Brasileiro*, 6ª ed. Rio de Janeiro: Freitas Bastos, 1968.
PUIG PEÑA, Frederico. *Derecho Penal*. Madrid: Editorial Revista de Derecho Privado, 1969.
RAMOS, Juan P. *Curso de Derecho Penal*, 3ª ed. Buenos Aires: Biblioteca Jurídica Argentina, 1942.
REALE JUNIOR, Miguel. *Antijuridicidade Concreta*. São Paulo: Revista dos Tribunais, 1973.
——. *Teoria do Delito*. São Paulo: Revista dos Tribunais, 1998.
RESENDE DE BARROS, Sérgio. Matrimônio e Patrimônio. In *Revista Brasileira de Direito de Família*. jan-fev-mar.2001.
RIBEIRO, Jorge Severiano. *Código Penal dos Estados Unidos do Brasil Comentado*. Rio de Janeiro: Livraria Jacintho, 1941.
ROUSSEAU, Jean-Jacques. *Discurso Sobre a Origem e os Fundamentos da Desigualdade Entre os Homens*, Coleção Os Pensadores, 5ª ed. São Paulo: Nova Cultura, 1991.
——. *Do Contrato Social*, Coleção Os Pensadores, 5ª ed. São Paulo: Nova Cultura, 1991.
ROXIN, Claus. *Política Criminal y Sistema del Derecho Penal*, Barcelona, 1972.
RUY BARBOSA, *A Imprensa*, Rio de Janeiro, 31 de março de 1899, Obras Seletas de Ruy Barbosa, vol. VIII, Rio de Janeiro: Casa de Rui Barbosa, 1957.
SCHNEIDER, Hans Joachim. La Victimación de los Aborígenes en la Australia Central. *Revista de Derecho Penal y Criminología*. Madrid: Universidad Nacional de Educación, n. 1, p. 363, n. 3.3, 1991.

SILVA, Antônio José da Costa e. *Código Penal dos Estados Unidos do Brasil Comentado*. São Paulo: Editora Nacional, 1930.

SILVA, José Geraldo da. *Direito Penal Brasileiro*. São Paulo: Saraiva, 1996.

SILVA, Josino do Nascimento. *Código Criminal do Império*, 9ª ed. Rio de Janeiro: Eduardo & Henrique Laemmert, 1863.

SILVEIRA, J. F. Oliosi da; MARQUES, Jader. *Código Penal Comentado*. Porto Alegre: Síntese, 1999.

SIRVINSKAS, Luis Paulo. *Introdução ao Estudo de Direito Penal*. São Paulo: Saraiva, 2003.

SOARES, Oscar de Macedo. *Código Penal da República dos Estados Unidos do Brasil*, 5ª ed. Rio de Janeiro: Livraria Garnier, 1910.

SODRÉ, Antônio Moniz de Aragão. *As Três Escolas Penais (Clássica, Anthropológica e Crítica)*. Estudo Comparativo, 4ª ed. Rio de Janeiro: Freitas Bastos, 1938.

SOLER, Sebanstian. *Derecho Penal Argentino*, 6ª reim. Buenos Aires: Tipografica Editora Argentina, 1973,

SUTHERLAND, Edwin. *Princípios de Criminologia*. São Paulo: Livraria Martins, 1949.

TARDE, Gabriel. *A Criminalidade Comparada*, prefácio do Prof. Roberto Lyra. Rio de Janeiro: Nacional de Direito, 1957.

TARDIEU, Ambroise. *Attentats Aux Moeurs*. Paris: Librairie J. B. Baillière Et Fils, 1878.

TEIXEIRA, Paulo Roberto. *Direito Penal*. São Paulo: Saraiva, 1928.

THEODORO JÚNIOR, Humberto. O Juiz e a Revelação do Direito in Concreto. *Juris Síntese* nº 31. SET/OUT de 2001.

TOLEDO, Francisco de Assis. *Princípios Básicos de Direito Penal*, 5ª ed. São Paulo: Saraiva, 1994.

VERGARA, Pedro. *Da Legítima Defesa Subjetiva*. Porto Alegre: Livraria do Globo, 1929.

VIDAL, Gore. *América*, Rio de Janeiro: Ed. Nova Fronteira, 1992.

VINDING, Karl. *Compendio di Direitto Penal*. Roma: Athenaeum, 1927.

WEINMANN, Amadeu de Almeida. Gênese do Código Penal Brasileiro, *Revista Síntese*, nº 13, Porto Alegre.

WEINMANN, Amadeu de Oliveira. *Infância: um dos nomes da não razão*. Tese apresentada ao Programa de Pós-Graduação em Educação da Faculdade de Educação da Universidade Federal do Rio Grande do Sul, Linha de Pesquisa "Ética, Alteridade e Linguagem na Educação", como requisito parcial para obtenção do título de Doutor em Educação. Porto Alegre, 2008

WELZEL, Hans. *Derecho Penal Aleman*, 11ª ed. Editoria Juridica de Chile, 1970.

———. *El Nuevo Sistema de Derecho Penal*: una Introducción a la Teoría Finalista, Barcelona: Ariel, 1974.

ZAFFARONI, Eugenio Raúl, *Tratado de Derecho Penal*. EDIAR, 1987.

———. *Da tentativa*, 5. ed. São Paulo, 1998,

———; PIERANGELI, José Enrique. *Manual de Direito Penal Brasileiro*, Parte Geral. São Paulo, 1997.

ZDRAVOMÍSLOV, Schneider; RASHKÓVSKAIA, Kelina y. *Derecho Penal Soviético*, Parte General, Bogotá: Temis, 1970.

Índice

- Prefácio à 2ª edição –
  Marco Aurélio Costa de Oliveira 7
- Apresentação à 2ª edição –
  Marco Antonio Marques da Silva 9
- Prefácio à 1ª edição – *Nelson Jobim* 11
- Apresentação à 1ª edição – *Oswaldo Lia Pires* 13

Introdução 15

Capítulo I – AS ORIGENS DO DIREITO 21
1. Origens do Direito 21
2. Breves considerações históricas acerca do Direito e do Direito Penal 25
3. Direito Penal no mundo antigo, a Legislação Mosaica e o Velho Testamento 27
4. O Código de Manu 28
5. O Código de Hamurabi 31
6. O Direito Helênico 32
7. Lei das XII Tábuas. Antecedentes históricos 33
8. O Direito Romano 36
9. O Direito na Idade Média 37
    9.1. O Direito Germânico 38
    9.2. Direito Canônico 39
    9.3. Direito Medieval 39
10. O Direito Penal indígena 40
    10.1. Da visão penal sobre o universo indígena 41
11. O Direito dos indígenas nas Constituições 46
12. Gênese do Código Penal brasileiro 48
13. A legalidade e as nossas leis penais 50
14. Os primeiros julgamentos 54
15. O justo e a justiça política 55

Capítulo II – AS ESCOLAS PENAIS 59
1. História das escolas penais 59
2. A escola clássica 61
3. A escola positivista 62
4. A terceira escola 64
5. A escola moderna alemã 64
6. Outras escolas penais 65

Capítulo III – CRIMINOLOGIA 67
1. Considerações históricas 67
2. Histórico da criminologia 68
3. Lombroso e o homem delinquente 69
4. Os estudiosos da Criminologia 70
5. Os criminosos passionais 71
6. Vitimologia 73
7. Phillippe Pinel 74
8. Pinel e a instituição do manicômio na França 75
9. Sigmund Freud 76
10. Criminosos em consequência de um sentimento de culpa 77
11. Uma breve abordagem da loucura, enquanto manifestação cultural e repressão social 79
12. Um estudo de caso: a paixão como gênese da morte 82
13. Antropologia criminal 85

Capítulo IV – CONCEITO DE DIREITO PENAL 87
1. Denominação da matéria 87
2. Características do Direito Penal 88
    2.1. Direito Positivo 88
    2.2. Direito Público 90
    2.3. Direito Constitutivo 93
3. O Direito Penal como Direito sancionador 94
4. Finalidades do Direito 96
5. Divisão do Direito Penal 97
    5.1. Direito Penal Subjetivo 97
    5.2. Direito Penal Objetivo 98
6. Direito Penal Fundamental e Complementar 101

Capítulo V – NORMA PENA 103
1. Introdução 103
2. Diferenças entre as normas jurídicas e as normas morais 103

3. Definição de norma penal 104
4. Atributos da norma penal-exclusividade 105
   4.1. Imperatividade 106
   4.2. Generalidade 107
   4.3. Anterioridade e legalidade 108
   4.4. Analogia *in bonam partem* 109
   4.5. Irretroatividade 110
   4.6. Igualdade 111
5. Objeto da norma penal 112
6. Norma penal em branco 113
7. Classificação das normas penais em branco 115
8. Retroatividade da norma penal em branco 116
9. Concurso aparente de normas 119
10. Princípio da especialidade 121
11. Princípio da consunção 123
12. O Princípio da subsidiariedade 125
13. Do princípio da alternatividade 128
14. Princípio da insignificância 128

Capítulo VI – A LEI PENAL NO TEMPO 131
1. A definição do conceito 131
2. Da irretroatividade 131
3. Da ultratividade 134
4. Critérios para avaliação da lei mais benéfica 135
5. Da lei excepcional ou temporária 136
6. Da medida de segurança 137
7. O tempo do crime 138

Capítulo VII – A LEI PENAL NO ESPAÇO 143
1. Princípio da extraterritorialidade 143
2. Princípio da nacionalidade (ou da personalidade) 147
3. Princípio da defesa 148
4. Princípio da justiça penal universal 149
5. Princípio da representação 150
6. Princípio da extradição 151

Capítulo VIII – LUGAR DO CRIME 153
1. Conceito 153
2. Importância do *iter* para o reconhecimento da competência 153
3. Crime à distância ou plurinacional 154
4. Crime plurilocal 154
5. Teoria da ubiquidade 154

Capítulo IX – DO CRIME 157
1. Conceito de crime e de contravenção 157
2. Objeto do Crime 163
3. Sujeito ativo do crime 164
4. Sujeito passivo do crime 166
5. Da classificação dos crimes 168
   5.1. Crimes materiais, formais e de mera conduta 168
   5.2. Crimes de dano e de perigo 168
   5.3. Crimes instantâneos, permanentes e "a prazo" 169
6. Dos crimes comissivos e omissivos 170
7. Dos crimes comuns, próprios e de mão própria 171
8. Dos crimes unissubjetivos e dos plurissubjetivos 171
9. Dos crimes simples e complexos 171
10. Dos crimes principais e acessórios 172
11. Dos crimes à distância, plurilocais e em trânsito 172
12. Do crime putativo 173
13. Dos crimes hediondos 174

Capítulo X – DA CAUSA E DO RESULTADO 179
1. Conceito de causa e conceito de resultado 179
2. A ação, a omissão e o resultado 179
3. Teoria naturalista e teoria normativa ou Jurídica; a vontade, o ato exterior e o resultado e a modificação do mundo exterior; causa, condição e concausa 180

Capítulo XI – DO TIPO PENAL 187
1. Conceito de tipo 187
2. Evolução doutrinária: a teoria do tipo 188
3. A adequação típica 191
4. Espécies de tipos 194
   4.1. Tipo fundamental e tipo derivado 194
   4.2. Tipo fechado e tipo aberto 195
   4.3. Tipo simples e tipo misto 195
5. Tipos conexos 196

Capítulo XII – O DOLO NO TIPO 197
1. O conceito de dolo e a visão jurídica do conceito 197
2. Teoria da representação 199
3. Teoria da vontade 200
4. Teoria mista 201
5. Espécies de dolo 206
   5.1. Dolo direto e dolo indireto 206
   5.2. Dolo indireto alternativo, e dolo indireto eventual 206
   5.3. Dolo de dano e dolo de perigo 208
   5.4. Dolo genérico e dolo específico 209
   5.5. Dolo geral (*dolus generalis*) ou erro sucessivo 209

5.6. Dolo antecedente, concomitante e subsequente 209
5.7. Dolo de propósito e dolo de ímpeto 210
5.8. Dolo *bonus* e dolo *malus* 210
5.9. Dolo de consequências necessárias 210
5.10. Dolo civil 210
6. O crime e os motivos determinantes (uma homenagem a Pedro Vergara) 211
7. Os motivos determinantes e as escolas penais 215
8. O motivo e o dolo no entender da corrente finalista da ação 217
9. Os motivos determinantes e a aplicação da pena 220
10. Os motivos determinantes e a segurança nacional 221

Capítulo XIII – O DELITO CULPOSO 223
1. A culpabilidade em seu sentido amplo 223
2. Histórico da culpabilidade 224
3. Concepção psicológica da culpabilidade 226
4. Imputabilidade 229
   4.1. Doença mental 235
   4.2. Psicoses orgânicas 236
   4.3. Psicoses tóxicas 236
   4.4. Psicoses funcionais 237
   4.5. Embriaguez 237
   4.6. Da responsabilidade penal do menor 239
   4.7. Direito Penal do menor e sua história 241
   4.8. Pena não! medidas socioeducativas, sim! 242
   4.9. Semi-imputabilidade 244
5. O elemento psicológico normativo 245
6. A culpabilidade, *stricto sensu* 246
7. Dos elementos do crime culposo 249
   7.1. Violação de um dever de cuidado 249
   7.2. Do resultado involuntário 250
   7.3. Do nexo de causalidade no crime culposo 251
   7.4. Da previsibilidade 251
   7.5. Da tipicidade no tipo culposo 252
8. Espécies do tipo culposo 252
   8.1. Da culpa consciente e da culpa inconsciente 252
   8.2. Da culpa imprópria e da culpa própria 253
   8.3. Da culpa presumida 253
   8.4. Da compensação de culpas 254
   8.5. Das causas que permitem a exclusão da culpa 254

Capítulo XIV – A COAÇÃO NO DIREITO PENAL 257
1. Conceito de coação 257
2. Obediência hierárquica 260

Capítulo XV – ANTIJURIDICIDADE 263
1. Conceito 263
2. Estado de necessidade 265
3. Causas de exclusão do estado de necessidade 268
4. Exclusão de criminalidade e exclusão de culpabilidade 270
5. Legítima defesa 271
   5.1. Histórico da legítima defesa 274
   5.2. O instinto de defesa e o Direito Penal 274
   5.3. Mecanismos de defesa 275
   5.4. A defesa como meio de sobrevivência 276
   5.5. O medo como forma de defesa 277
   5.6. O medo e a imaginação humana 278
   5.7. A teoria da perturbação ou da coação moral 279
   5.8. A teoria da colisão dos direitos 279
   5.9. A teoria da defesa pública subsidiária 280
   5.10. A teoria que considera a legítima defesa como um direito público subjetivo 280
   5.11. Teoria da delegação do poder de polícia 281
   5.12. A teoria da sociabilidade dos motivos 281
   5.13. A teoria que baseia a legítima defesa na licitude da ação 282
   5.14. Conclusão 282
6. Estrito cumprimento de dever legal 283
7. Exercício regular de um direito 285
8. Intervenções médico-cirúrgicas 286
9. Lesões e morte nos esportes 287
10. Consentimento do titular do bem jurídico 288
11. Desistência voluntária e arrependimento eficaz 289
12. Crime impossível 291

Capítulo XVI – ERRO NO DIREITO PENAL 295
1. Conceito de erro 295
2. O erro no Direito Penal 296
3. Erro sobre os elementos do tipo 299
4. Descriminantes putativas 301
5. Erro determinado por terceiro 303
6. Erro sobre a pessoa 303
7. Erro sobre a ilicitude do fato ou erro de proibição 304
8. Crime putativo 306

Capítulo XVII – DO CRIME CONSUMADO E DA TENTATIVA 309
1. Introdução 309
2. Da consumação nas diferentes espécies de crimes 310
3. As fases do crime (*iter criminis*) 311
4. Da tentativa 314
5. Dolos que admitem compatibilidade com a tentativa 316
6. Das formas em que não se admite a figura da tentativa 316
7. Das espécies de tentativa 317
8. A punibilidade admitida à tentativa 318
9. Desistência voluntária 318

Capítulo XVIII – CONCURSO DE PESSOAS 321
1. Conceito 321
2. A teoria pluralística 321
3. A teoria dualista 322
4. A teoria monista 322
5. Autoria e participação 323
6. Da autoria colateral 324
7. Coautoria no crime culposo 325
8. Coautoria culposa nos delitos dolosos 326
9. Do mandato criminal 326
10. Os requisitos do concurso de pessoas 327

Capítulo XIX – DO CONCURSO FORMAL E MATERIAL NO SISTEMA DO CÓDIGO PENAL 331
1. Conceito de concurso de crimes 331
2. Concurso material 332
3. Concurso formal 333
4. Crime continuado 335
5. Natureza jurídica do crime continuado 336
6. Requisitos do crime continuado 337
7. Das condições especiais 338
8. Crimes onde não se pode admitir a continuidade delitiva 338
9. Do crime continuado específico 339

Capítulo XX – DAS PENAS, UMA ABORDAGEM ANALÍTICA 341
1. Breve desenvolvimento histórico e filosófico da pena através dos tempos 341
2. Do conceito de pena 342
3. Dos fundamentos e dos fins da pena 344
4. Dos princípios de direito que são aplicados na pena 346
   4.1. Princípio da igualdade 346
   4.2. Princípio da legalidade 347
   4.3. Princípio da individualização da pena 347
   4.4. Princípio da proporcionalidade 348
   4.5. Princípio da inderrogabilidade penal 348
   4.6. Princípio da humanidade 348
5. Da questão em torno do garantismo penal – uma abordagem crítico-teórica 349
   5.1. A gênese analítica do garantismo 350
   5.2. O garantismo como Direito Fundamental 352
   5.2. Significações do conceito de garantismo 354
   5.3. Primeiro sentido do conceito de "garantismo" 354
   5.4. Segundo sentido do conceito de "garantismo" 355
   5.5. Terceiro sentido do conceito de "garantismo" 357
   5.6. Impressões finais do conceito de "garantismo" 358
6. Classificação doutrinária das penas. Os regimes de pena aceitos em nosso ordenamento jurídico 359
7. Da progressão e da regressão 363
8. Da detração penal 365
9. Da remissão 366
10. Dos tipos de pena aceitos em nosso país. Das penas privativas de direito 366
11. Da fixação das penas 367
12. Do regime inicial das penas 371
13. Quanto ao instituto do *sursis* 373
14. Das espécies de penas restritivas de direito 373
15. Da pena de morte 376
16. Os Estados Unidos e a pena de morte 381
17. História do direito penitenciário 383

Capítulo XXI – DAS PENAS E DAS MEDIDAS DESPENALIZADORAS DA TRANSAÇÃO PENAL 387
1. Das características da transação penal 388
2. Natureza jurídica da transação penal 389

Capítulo XXII – DA DECADÊNCIA, DA PEREMPÇÃO E DA PRESCRIÇÃO 391
1. Do conceito 391
2. Da natureza jurídica 391
3. Dos prazos decadenciais 392
4. Da perempção: causas de perempção 394
5. Da prescrição 395
6. Dos fundamentos jurídicos da prescrição 396

7. Da distinção entre a prescrição e a decadência 397
8. A forma de contagem da prescrição da pretensão punitiva 400
   8.1. Do termo inicial 400
   8.2. Da prescrição retroativa 401
   8.3. Da suspensão e da interrupção da prescrição 401
   8.4. Da prescrição aplicada a outros institutos 403
9. Anistia, indulto, graça, comutação e perdão a anistia no Brasil 404
   9.1. Conceitução e finalidades da anistia 404
   9.2. Anistia, Indulto, Graça, Comutação e Perdão 405
   9.3. A anistia é tanto irrevogável quanto irrecusável 407
   9.4. História da anistia dos crimes acontecidos após 1964 407
   9.5. Anistia pós-regime discricionário 408
   9.6. Conclusão 409

Obras consultadas 411

Impressão:
Evangraf
Rua Waldomiro Schapke, 77 - P. Alegre, RS
Fone: (51) 3336.2466 - Fax: (51) 3336.0422
E-mail: evangraf.adm@terra.com.br